余杭年鉴

YUHANG YEARBOOK

2022

中共杭州市余杭区委党史研究室
（杭州市余杭区地方志编纂研究室） 编

方志出版社
Publishing House of Local Records

图书在版编目（CIP）数据

余杭年鉴．2022 / 中共杭州市余杭区委党史研究室（杭州市余杭区地方志编纂研究室）编．— 北京：方志出版社，2022.12
ISBN 978-7-5144-5350-8

Ⅰ．① 余… Ⅱ．① 中… Ⅲ．① 余杭区—2022—年鉴 Ⅳ．① Z525.54

中国版本图书馆 CIP 数据核字（2022）第 238922 号

责任编辑：刘方圆
责任校对：刘玉霞
责任印制：梅中英
出 版 者：方志出版社
地　　址：北京市朝阳区潘家园东里 9 号（国家方志馆4层）
邮　　编：100021
网　　址：http: //www. zgfzcb. cn
发　　行：方志出版社图书营销中心（010–67110500）
印　　刷：杭州余杭人民印刷有限公司
开　　本：889 毫米 × 1194 毫米　　1/16
印　　张：26.75 印张　**插页**：1.875 印张　**地图**：1 幅
字　　数：952 千字
版　　次：2022 年 12 月第 1 版
印　　次：2022 年 12 月第 1 次印刷
定　　价：268.00元

余杭年鉴

YUHANG YEARBOOK

余杭区委党史工作委员会
余杭区地方志编纂委员会领导小组

顾　　问　刘　颖

组　　长　王　华

副 组 长　朱红丹　张　立　倪伟俊　吴伟强

办公室主任　徐娟妹

中共杭州市余杭区委党史研究室
（杭州市余杭区地方志编纂研究室）

主　　编　徐娟妹

执行副主编　梁慧娟

副 主 编　郭贤松

编　　辑　范雅君　刘雪萍　陈　林　姚　敏
李景苏　周建国

封面摄影　倪明伟

编辑说明

一、《余杭年鉴（2022）》以马克思列宁主义、毛泽东思想、邓小平理论、“三个代表”重要思想、科学发展观、习近平新时代中国特色社会主义思想为指导，坚持辩证唯物主义和历史唯物主义的立场、观点和方法，记载2021年杭州市余杭区经济、政治、文化、社会、生态建设等方面情况。

二、《余杭年鉴（2022）》是余杭连续编纂的第32本年鉴。本年鉴正文采用类目、分目、条目三级结构层次，根据条目内容穿插相关照片、表格。本年鉴增设“共同富裕示范区建设”“企业上市”分目。全书内容全面、资料翔实，为各级领导决策和区内外人士了解余杭提供可靠的参考资料。

三、《余杭年鉴（2022）》所采用的文字原稿和数据，均由区级机关各部门，各镇、街道和有关单位提供，文后署名，并经供稿单位审核。

四、凡涉及余杭国民经济和社会发展全局性数据，以余杭区统计局提供的统计公报为准。由于2021年4月余杭行政区划优化调整，其他全年性数据，未特别注明的，1—12月均按新余杭区口径统计；其他统计口径的，在条目末说明。

五、本年鉴所载之党、党的委员会（党组、党支部等）和党员，如非特别注明，均指中国共产党及其组织和成员。

六、全书记载时间基本为2021年，个别特殊事项适当上溯或下延。

七、《余杭年鉴（2022）》主体内容中，单位名称一般采用全称，如单位名称较长，第一次出现时使用全称并括注简称，后以简称行文。

八、《余杭年鉴（2022）》采用双重检索系统。书前有目录，书后有索引。索引采用分析索引法。

2021年
数字余杭

总面积**942**平方千米

户籍人口**70.14**万人

地区生产总值**2502.20**亿元

财政总收入**745.31**亿元，地方一般公共预算收入**375.69**亿元

固定资产投资比上年增长**4.9%**

消费品零售总额**676.29**亿元

进出口总额**348.58**亿元

实际利用外资**11.51**亿美元

常住居民人均可支配收入：**77184**元（城镇）、**48705**元（农村）

余杭靓城金色未来——未来科技城鸟瞰（摄于2021年9月）

（区住建局 供图）

党史学习教育

2021年6月16日至10月9日，“奋斗百年路 逐梦在余杭”余杭区庆祝中国共产党成立100周年主题展在梦想小镇举行（金红华 摄）

2021年11月25日，区主要领导到径山镇宣讲党的十九届六中全会精神（区融媒体中心 供图）

2021 年 10 月 9 日，中共西镇区委旧址开馆仪式举行　（仁和街道 供图）

未来科技城庆祝中国共产党成立 100 周年的花海景观（摄于 2021 年 6 月 24 日）（丁程逍 摄）

2021 年 5 月 28 日，余杭区少先队庆祝建党 100 周年“红领巾 Talk”暨庆祝六一国际儿童节活动在仓前中心小学举行
（团区委 供图）

2021 年 4 月 2 日至 6 月 30 日，瓶窑镇举行“人民江山 百年影像 百场电影 庆贺百年”活动
（瓶窑镇 供图）

2021 年 7 月，庆祝中国共产党成立 100 周年，杭州钱江经济开发区党工委、仁和街道党工委主办的“光影博物馆余杭站”在仁和街道开馆展览（明主 摄）

2021 年 8 月 4 日，“百年铸辉煌 永远跟党走”——鸬鸟镇“唱支山歌给党听”合唱比赛举行

（区委宣传部 供图）

行政区划优化调整

2021 年 5 月 4 日，行政区划优化调整后新的中共杭州市余杭区委员会、中共杭州市余杭区纪律检查委员会在文一西路 1500 号挂牌　　（区融媒体中心 供图）

2021 年 5 月 4 日，余杭区委入驻，举行升国旗仪式　　（区融媒体中心 供图）

2021 年 7 月 27 日，杭州市余杭区揭牌仪式举行。杭州市余杭区人民代表大会常务委员会、杭州市余杭区人民政府、中国人民政治协商会议浙江省杭州市余杭区委员会、杭州市余杭区监察委员会揭牌　（陈书恒 摄）

2021 年 8 月 18 日，杭州市余杭区人民法院、杭州市余杭区人民检察院揭牌仪式举行　（区法院 供图）

创新驱动

2021 年 5 月 6 日，余杭区创新发展大会举行 （区融媒体中心 供图）

2021 年 6 月 5 日，2021 全球人工智能技术大会在余杭区开幕 （区融媒体中心 供图）

2021 年 9 月，中国美术学院良渚校区正式启用　　（杭州良渚新城管委会 供图）

菜鸟网络杭州仁和园区（摄于 2021 年）　　（区政协 供图）

2021 年 钱江经济开发区被评为省级双创示范基地（摄于 2021 年 3 月）（杭州钱江经济开发区管委会 供图）

南方泵业股份有限公司的“无人车间”（摄于2021年9月）　（区经信局 供图）

良渚实验室夜景图（摄于2021年）
（区科技局 供图）

良渚实验室内部（摄于2021年）
（区科技局 供图）

数字农业——宇航梦园数字农业展示系统（摄于 2021 年 5 月）　（林天立 摄）

2021 年 11 月 13 日，径山前溪村开展农产品直播活动　（林天立 摄）

城乡建设

运溪高架路鸟瞰图（摄于2021年5月）　（黄德灿 摄）

2021年8月1日，运溪高架路正式通车　（区融媒体中心 供图）

2021 年，凤凰山公园、五常北部园区公园、良渚古城遗址公园、杭州钱江经济开发区智荟动力公园被评为“浙江省优质综合公园”。图为智荟动力公园（杭州钱江经济开发区管委会 供图）

2021 年 11 月，余杭区被评为“四好农村路”全国示范县（区交通运输局 供图）

城市小公园建设——良渚门户公园（摄于2021年1月）　　（区住建局 供图）

2021年，五常街道油田小区被评为杭州市“美好家园”住宅示范小区（摄于2021年4月）
（区住建局 供图）

美丽余杭

2021 年 6 月 5 日，2021 年世界环境日“人与自然和谐共生”主题宣传暨“良渚稻作文明”低碳环保研学活动在良渚古城遗址公园举行

（市生态环境局余杭分局 供图）

2021 年 6 月 5 日，“良渚稻作文明”低碳环保研学活动在良渚古城遗址公园举行（市生态环境局余杭分局 供图）

2021 年 6 月 29 日，第十一个浙江生态日主会场活动在黄湖镇青山村举行 （林天立 摄）

2021 年，东苕溪和鸬鸟溪“美丽河湖”、瓶窑镇“水美乡镇”通过市级评审。图为东苕溪支流太平溪鱼鳞坝
（区林业水利局 供图）

瓶窑十里渠风光（摄于 2021 年 9 月 24 日）（冯寿鹏 摄）

苕溪湾公园（摄于 2021 年 10 月）（刘焕根 摄）

基层治理

2021 年 9 月 1 日，余杭区社会矛盾纠纷调处化解中心良渚分中心在良渚街道成立　（良渚街道 供图）

2021 年 8 月，中泰街道石鸽社区"红色风暴"小区民主协商议事会活动现场　（区民政局 供图）

仓前街道向往经济体“楼宇法窗”惠企服务平台——骑士驿站（摄于 2021 年 12 月 24 日）

（区司法局 供图）

2021 年 5 月，仓前街道葛巷社区入选省级未来社区创建名单（仓前街道 供图）

社会生活

2021 年，医共体余杭模式入选全国“紧密型县域医疗卫生共同体实践案例”。图为余杭区第三人民医院开展医共体双向转诊服务
（区卫生健康局 供图）

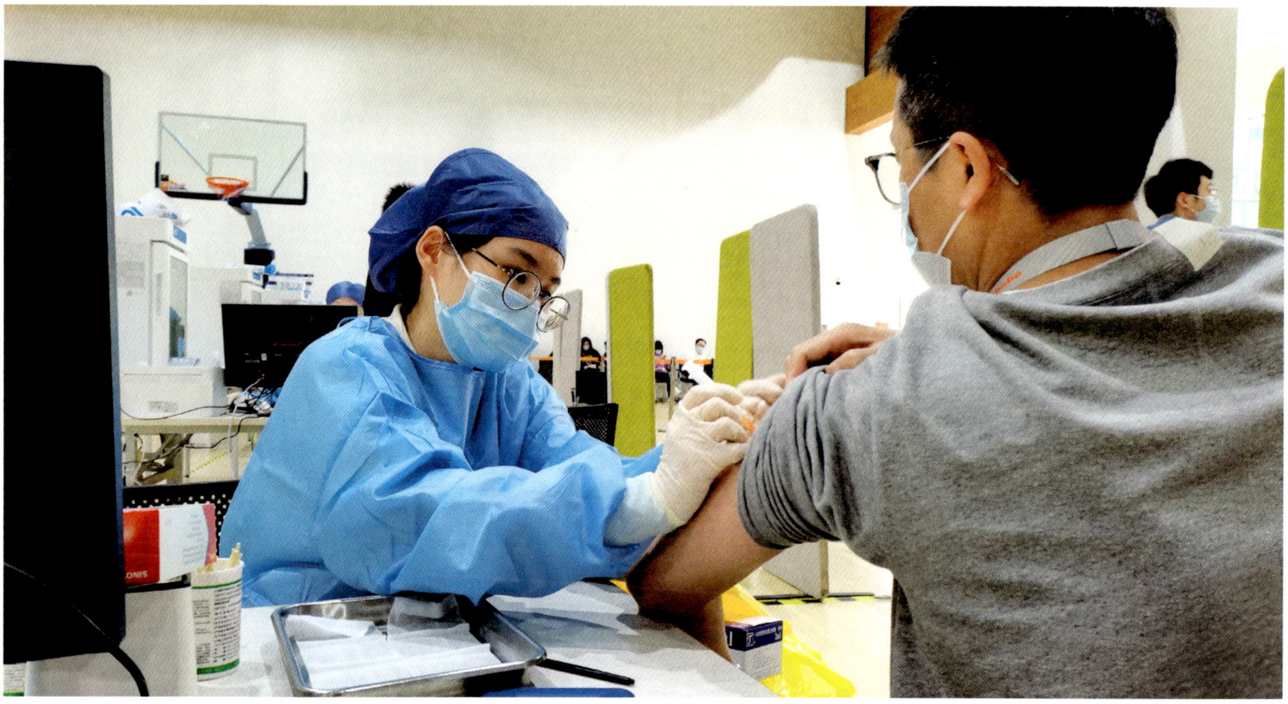

2021 年，余杭区第二人民医院医生到阿里巴巴集团为企业员工接种新冠疫苗　（区卫生健康局 供图）

径山镇绿景村的“在山野”露营基地（摄于 2021 年 8 月 21 日）　（刘焕根 摄）

2021 年 6 月，瓶窑镇第一中心幼儿园开展垃圾分类教育　（林天立 摄）

文体惠民

2021 年 8 月 21 日，余杭区教育高质量发展奋进大会举行　　（区教育局 供图）

2021 年 9 月 29 日，瑶山遗址公园建成开放　　（盛淑彦 摄）

2021 年，径山镇（茶文化）入选“中国民间文化艺术之乡”。图为径山村围炉煮茶茶艺表演

（刘焕根 摄）

径山镇径山村村民纳凉卡拉 OK（摄于 2021 年 6 月 15 日）

（刘焕根 摄）

2021 年，余杭区被评为全省农村文化礼堂建设示范区。图为中泰街道紫荆村文化礼堂　（区委宣传部 供图）

2021 年 8 月 21 日，新建成的良渚中学更名为“余杭第一中学”。图为学校航拍　（良渚街道 供图）

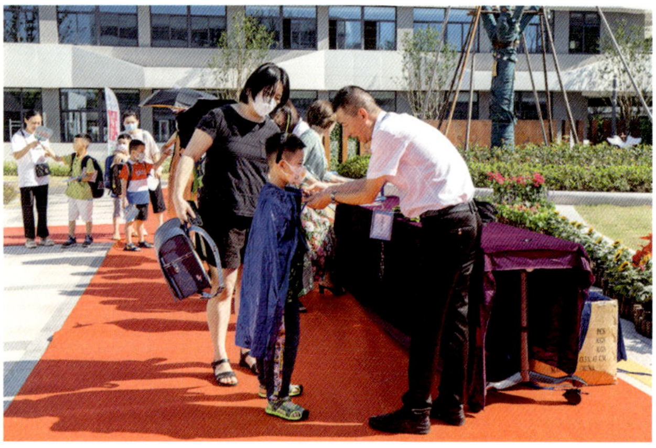

2021 年 8 月 30 日，未来科技城海辰小学开学现场　（周芷滢 摄）

2021 年 10 月 28 日，余杭区首届科创体艺节启动仪式举行　（区教育局 供图）

总 目 MAIN CONTENTS

001 特　载
045 特　辑
049 大事记
056 余杭概览
066 中共杭州市余杭区委员会
086 杭州市余杭区人民代表大会
092 杭州市余杭区人民政府
101 政协杭州市余杭区委员会
104 中共杭州市余杭区纪律检查委员会
杭州市余杭区监察委员会
106 民主党派·工商联
111 群众团体
124 法　治
136 军　事
138 城乡建设与管理
144 自然资源管理·环境保护
148 交　通
153 邮政·电信
157 供电·供排水
160 数字化改革
164 农业·水利
177 工　业
187 建筑业·房地产业
190 商贸流通
196 旅游业
201 金　融
206 财政·税务
208 经济管理与监督
223 科学技术
226 教　育
233 文化·传媒
244 良渚遗址
250 体　育
252 卫生健康
262 社会生活
279 镇·街道
301 产业平台
308 全区组织机构及负责人名录
324 先进人物·先进集体
327 附　录
394 索　引

Main Contents

001 Features
045 Special Reports
049 Chronicle of Major Events
056 General Introduction of Yuhang
066 Yuhang District Committee of the Communist Party of China
086 People's Congress of Yuhang District
092 The People's Government of Yuhang District
101 Yuhang District Committee of the Chinese People's Political Consultative Conference
104 Yuhang District Commission for Discipline Inspection of the CPC, the Commission of Supervision of Yuhang District
106 The Democratic Parties and Federation of Industry and Commerce
111 Mass Organizations
124 Rule of Law
136 Military
138 Urban and Rural Construction and Management
144 Natural Resources Management and Environmental Protection
148 Traffic
153 Posts and Telecommunications
157 Electricity Supply and Water Supply
160 Digital Reform
164 Agriculture and Water Conservancy
177 Industry
187 Construction Industry and Real Estate Industry
190 Commercial Circulation
196 Tourism
201 Finance
206 Finance and Taxation
208 Economic Management and Supervision
223 Science and Technology
226 Education
233 Culture and Mass Media
244 Liangzhu Site
250 Sports
252 Health and Wellness
262 Social Life
279 Towns and Streets
301 Industrial Platform
308 Directories of Organizations and Principals in Yuhang
324 Advanced Figures and Advanced Units
327 Appendix
394 Index

目 录 CONTENTS

特 载

001 迈步从头越 启航新征程 为高水平建设创新余杭品质之区文明圣地努力奋斗
——在中国共产党杭州市余杭区第十五次代表大会上的报告

011 中共杭州市余杭区第十四次代表大会以来工作总结

015 坚持高质量发展 统筹现代化建设 全力创建共同富裕示范先行区
——在区委十五届二次全体（扩大）会议上的报告

022 深入学习贯彻党的十九届六中全会精神 纵深推进“创新余杭、品质之区、文明圣地”建设奋力争当展示“重要窗口”和共同富裕示范区的排头兵
——在区委十五届五次全体（扩大）会议上的报告

033 政府（筹）工作报告
——在杭州市余杭区第十六届人民代表大会第二次会议上

特 辑

045 党史学习教育

046 余杭区行政区划优化调整

047 年度十件大事

047 余杭区开展党史学习教育

047 之江实验室参与研究成果登上《自然》杂志封面

047 余杭区完成行政区划优化调整

047 余杭区举行创新发展大会

048 余杭区获得省“科技创新鼎”

048 余杭建设共同富裕示范先行区

048 运溪高架路通车

048 余杭区被评为国家生态文明建设示范区

048 良渚遗址入选“百年百大考古发现”

048 余杭区被评为平安中国建设示范县

大事记

049 1 月

049 2 月

050 3 月

050 4 月

050 5 月

051 6 月

052 7 月

052 8 月

053 9 月

053 10 月

054 11 月

054 12 月

余杭概览

056 自然地理

056 地理位置

056 地形地貌

056 自然资源

056 气候特征

057 主要气候事件

058 历史文化

058 建置沿革

059 名胜古迹

059 历代名人

059 区划及人口

059 行政区划

059 人口

060 交通区位

060 共同富裕示范区建设
060 概况
060 径山镇“3×N”共富行动试点
060 “西部富美”行动举措
060 美丽乡村与美丽经济共建共享实践试点
061 高科技企业助残
061 “智慧慈善”试点
061 高质量发展建设共同富裕示范先行区实施方案
061 共同富裕领导小组成立
061 区委社会建设委员会成立

061 经济建设
061 经济总量
062 创新载体提档升级
062 产业发展

062 政治建设
062 党史学习教育
062 行政区划调整
063 法治建设

063 文化建设
063 主旋律文艺精品
063 余杭被评为省农村文化礼堂建设示范区
064 “扫黄打非”进基层

064 社会建设
064 平安中国建设
064 社会治理
064 公共服务优化供给

065 生态文明建设
065 生态文明建设目标责任制
065 生态文明建设成果
065 生态文明制度体系建设
065 自然生态保护
065 减污降碳工作

中共杭州市余杭区委员会

066 重要会议
066 全区党史学习教育动员部署会
066 杭州市余杭区、临平区党员代表会议
066 中国共产党杭州市余杭区第十五次代表大会
066 学习中共中央总书记习近平在庆祝中国共产党成立100周年大会上的重要讲话精神
067 区委十五届二次全体（扩大）会议
067 区委“学习贯彻党的十九届六中全会精神”专题学习会

067 重要决策和活动
067 余杭区委、区纪委揭牌
067 《关于制定余杭区国民经济和社会发展第十四个五年规划和二〇三五年远景目标的建议》
067 创新发展“翱翔计划”发布
067 数字化改革“创景计划”发布
068 靓城行动“1466”计划发布
068 西部富美“1355”行动发布
068 教育高质量发展奋进计划发布

068 组织工作
068 基层党组织
069 “百年奋斗路 逐梦在余杭”系列活动
069 重点项目服务保障
069 大党建助推中心大局
069 区划优化调整干部配备
069 区镇两级换届
069 年轻干部全周期培育
069 干部监督管理
070 农村基层党建
070 城市基层党建
070 “两新”党建
070 “禹雁先锋”行动
070 人才招引
071 人才服务
071 部机关建设

071 宣传思想工作
071 党史学习教育
071 中国共产党成立100周年主题宣传

071 微融媒矩阵建设
071 “清朗网络”智治系统建设
071 “新时代创客说”宣讲
072 城市文明创建
072 “好人群像”
072 《余杭辞典》出版

072 统一战线工作
072 概况
073 同心抗疫
073 民主党派换届
073 “同心筑梦跟党走”主题活动
073 新阶层人士培养
073 新英网络年会
073 统战工作专题培训
073 开明·同心服务基地入驻百丈
074 新联会换届
074 新联会交流调研
074 “九谷同心荟”成立
074 结对帮扶云签约

074 改革工作
074 数字化改革工作机制建立健全
074 数字化改革“创景计划”
075 “县乡一体、条抓块统”改革
075 重点改革任务推进
075 数字化改革成果

075 机构编制工作
075 概况
075 行政区划优化调整机构设置
075 事业单位法人登记管理
076 机构调整及设立
076 开发区（平台）运行体制调整
076 机构编制审批保障
076 人才编制保障
076 机构编制和人员管理信息平台调整

076 效能监督综合考评工作
076 余杭区获杭州市综合考评第一
076 区级综合考评体系完善
077 社会评价工作
077 社会评价意见整改
077 督查工作

078 信访工作
078 概况
078 “党建+信访”工作法
079 信访工作责任落实
079 信访代办
079 诉求渠道畅通
079 信访积案化解

079 史志编研
079 概况
080 史志庆祝建党 100 周年活动
080 党史学习教育助力
080 史志正本编研
080 《余杭年鉴（2021）》出版
080 《余杭微村（社区）志》（第一辑）编纂完成

080 党校工作
080 概况
080 美丽洲大讲堂
082 区管干部学习贯彻党的十九届五中全会精神集中轮训
082 新一届村（社区）党组织书记培训班
082 政法信访系统干部培训班
083 领头雁系列培训班暨村（社区）书记党史学习教育示范班
083 数字化改革专题培训班
083 区管领导干部党史专题培训班
083 区管副职“护航计划”培训班
083 党员轮训示范班
083 社会培训
083 党校科研工作
083 “红色智库”建设

084 老干部工作
084 概况
084 老干部思想政治工作
084 老干部服务管理
084 老干部支部规范化建设
085 “银领护杭”活动
085 文化养老工作

085 保密工作
085 概况
085 保密宣传教育
085 保密制度建设
085 保密行政管理

杭州市余杭区人民代表大会

086 综 述
086 概况
086 决议决定

087 重要会议
087 区十六届人大一次会议
088 区第十六届人大常委会会议

089 主要工作
089 围绕中心工作监督履职
089 民生工作监督
090 “法治余杭”建设监督
090 代表履职平台拓展
090 代表履职能力提升
091 代表建议办理
091 人大工作数字化改革
091 基层人大工作
091 人大信息工作

杭州市余杭区人民政府

092 重要会议
092 区政府常务会议
093 区政府筹备组会议
094 区政府全体（扩大）会议

094 主要工作
094 高质量发展
094 行政区划优化调整
095 创新动力赋能激发
095 产业质效提升
095 城市建设
095 生态建设
095 社会事业
095 风险管控
095 政府改革
095 建议提案办理

096 应急管理
096 概况
096 安全生产责任体系建设
096 基层应急体制机制
096 应急救援保障体系建设
096 防汛防台整体智治
096 城市安全运行 CT 智治平台上线运行
097 防灾减灾救灾能力建设
097 余杭区自然灾害综合风险普查
097 森林防火灭火

097 机关事务管理
097 办公场址搬迁
098 智慧后勤
098 后勤管理“四减量”
098 公车管理
098 公务接待
099 公物仓管理
099 干部关心关爱
099 区级机关疫情防控

099 外事工作
099 概况
099 外事会议及活动
100 余杭区外语外事人才库交流活动

100 侨务工作
100 概况
100 区侨联换届
100 侨联“群团集市”

100 港澳台事务
100 台湾青年设计团队到余杭区考察交流
100 迎亚运活动

政协杭州市余杭区委员会

101　综　述
101　概况
101　协商平台建设

101　重要会议
101　区政协十二届一次会议
102　区政协常务委员会会议

102　主要工作
102　政协筹备工作
102　数字政协系统
102　视察调研
102　提案办理
103　协商议政
103　文化活动
103　政协统战工作

中共杭州市余杭区纪律检查委员会 杭州市余杭区监察委员会

104　纪检监察工作
104　概况
104　政治巡察
104　一体推进“三不”机制建设
104　作风效能建设
104　基层监督检查
105　清廉建设

105　区委巡察
105　概况
105　巡察全覆盖
105　全国巡察试点工作

民主党派·工商联

106　民主党派
106　政治协商
106　参政议政
106　中国国民党革命委员会余杭区基层委员会
107　中国民主同盟余杭区基层委员会
107　中国民主建国会余杭区基层委员会
107　中国民主促进会余杭区基层委员会
108　中国农工民主党余杭区基层委员会
108　中国致公党余杭区基层委员会
108　九三学社余杭区基层委员会

109　区工商联（总商会）
109　概况
109　区工商联（总商会）第十二次会员代表大会
109　商会建设
109　“亲清”政商关系构建
109　企业理想信念教育
110　企业经营能力提升
110　工商联宣传
110　工商联防疫抗疫
110　东西部协作结对帮扶
110　爱心公益

群众团体

111　杭州市余杭区总工会
111　概况
111　职工建功立业工程
111　职工素质提升工程
111　职工技能竞赛
111　困难职工帮扶
112　职工医疗互助
112　服务职工
112　服务企业
112　劳模工作
112　“余杭工匠”认定
112　工资集体协商
112　和谐劳动关系建设
112　职工文化阵地建设
112　网上工会建设
113　基层工会组织
113　工会志愿者服务
113　“最美系列”评选
113　工会改革
113　工会宣传

113　共青团杭州市余杭区委员会
113　基层团组织建设
113　团干部队伍建设
114　青少年党史学习教育
114　青年就业创业服务
115　青年商会工作
115　志愿服务
115　未成年人保护和预防青少年违法犯罪
115　网上共青团
115　少先队工作
115　共青团杭州市余杭区委二十届三次全体（扩大）会议
115　余杭区少先队工作委员会十届二次全体（扩大）会议

116　杭州市余杭区妇女联合会
116　概况
116　基层妇女组织改革
116　美丽家园建设
116　女性人才工作
116　女性创业创新工作
116　妇女儿童家庭服务项目
116　走亲连心“四必访”活动
116　“平安家庭”创建
117　反家暴工作
117　妇儿工委工作
117　余杭区第十三次妇女代表大会

117　杭州市余杭区科学技术协会
117　概况
117　“全国科普日”科普宣传周活动
117　科普阵地提升改造
117　院士之家建设
117　“院士专家余杭行”活动
118　智汇科创讲堂
118　老年人智能手机科普专项行动
118　“未来科学家”进学校科普活动
118　科普知识进企业
118　余杭蜜梨科技小院建设
118　反邪教宣传
118　疫情防控科普宣传
119　余杭区科学技术协会第九次代表大会
119　第五届世界生命科技大会在余杭举行

119　杭州市余杭区文学艺术界联合会
119　获奖和参展（入选）作品
120　文艺题材作品扶持
120　文艺赛事和文艺展览
120　主题文艺创作
120　文艺志愿活动

120　杭州市余杭区残疾人联合会
120　概况
121　残疾人按比例就业
121　残疾人社会保障
121　残疾人保险
121　“残疾人之家”建设
121　无障碍建设
121　残疾人康复服务
121　残疾人文化建设
121　残疾人体育
122　残疾人权益维护

122　杭州市余杭区红十字会
122　概况
122　博爱帮困
122　杭红公益联盟余杭子联盟成立
122　救护培训
122　AED 配置
122　应急救援
122　区红十字会被评为省级“数字红会”试点单位
123　造血干细胞捐献
123　器官遗体捐献
123　三级志愿服务阵地成立
123　红十字宣传
123　“红十字救在身边”基层联系站点示范项目
123　“生命髓缘”造血干细胞应用场景上线

法　治

124　政法委及综治
124　概况
124　社会稳定维护
124　基层治理基础夯实
124　三级矛调中心建设
124　社会治理创新

125　平安创建
125　执法监督
125　政法队伍建设

125　法治政府建设
125　概况
125　“大综合一体化”行政执法改革
125　镇（街道）合法性审查全覆盖
125　依法行政能力数字赋能
126　重大行政决策规范化建设
126　行政规范性文件管理
126　行政机关合同管理
126　行政执法规范
126　行政执法监督
126　行政复议能力提升
127　行政应诉
127　行政争议化解
127　法治政府建设评议考核

127　公　安
127　概况
127　公安系统疫情防控
127　庆祝中国共产党成立 100 周年安保
127　扫黑除恶
127　电信网络诈骗打击
128　涉毒打击处理
128　黄赌打击处理
128　经济案件打击处理
128　“食药环知”领域打击处理
128　公安领域基层治理
128　一窗通办
128　交通管理
128　警企共建
128　“余悦警心”暖警工程
129　特大网络组织领导传销案
129　公安部目标制贩毒案
129　特大荐股诈骗案
129　特大销售假冒注册商标汽配案

129　检　察
129　概况
129　刑事检察工作
129　民事检察工作
129　行政检察工作
129　公益诉讼检察
130　未成年人检察工作
130　检察工作服务保障共同富裕
130　检察工作服务保障营商环境
130　检察工作服务保障全域美丽
130　基层社会治理
130　数字检察建设
130　网络生态空间治理
131　女子取快递被造谣出轨案
131　“检爱同行，共护未来”主题开放日活动
131　法治政府建设推进会
131　“护航民企发展”检察开放日
131　区委检察工作会议

132　法　院
132　概况
132　法治营商环境优化
132　共同富裕司法保障
132　法院数字化改革
132　刑事犯罪惩治
133　民商事纠纷化解
133　法院行政争议化解
133　执行难题破解
133　法院参与基层社会治理
133　民事诉讼程序改革
133　“全域数字法院”建设
134　法院主动接受监督

134　司法行政
134　概况
134　“法治余杭”建设
134　公共法律服务供给
134　社会普法
135　司法系统平安建设
135　司法行政数字化改革

军　事

136　区人武部
136　概况
136　练兵备战

136 民兵整组
136 征兵工作
136 双拥共建
136 国防教育
136 防汛防台演练
137 参与地方经济社会建设

137 人民防空
137 概况
137 人防建设
137 “3·1”国际民防日系列宣传活动
137 “5·12”防灾减灾日系列活动

城乡建设与管理

138 城乡规划
138 规划编制
138 规划审批
138 规划监督

138 城乡建设
138 靓城行动项目推进
139 美丽城镇建设
139 “五水共治”专项行动
139 城区绿化建设
139 “三改一拆”（城中村改造）专项行动
139 老旧小区综合改造提升
139 轨道交通建设
139 城市基础设施建设
140 地下空间及综合管廊
140 公共停车场及充电桩
140 “海绵城市”建设
140 燃气行业管理
140 管道燃气改造
140 住房和城乡建设系统“最多跑一次”改革
141 征迁清零
141 安置房建设
141 消防管理
141 城建档案管理
141 5G基站建设
141 城乡风貌整治提升和未来社区建设
141 亚运城市建设保障

142 城市管理与综合执法
142 概况
142 民生实事工程
142 城市品质升级
142 城市安全运行
142 综合执法数字化改革
143 城市治理痛点难点破解
143 行政执法体系健全

自然资源管理·环境保护

144 自然资源管理
144 概况
144 耕地保护
144 用地保障
144 节约集约用地
144 土地市场管理
144 违法用地整治
145 土地征收
145 测绘管理
145 地质灾害防治
145 矿政管理
145 不动产登记服务

145 环境保护
145 生态环境状况
145 生态环境保护督察保障及问题整改
145 环境监管执法
145 环境应急管理与信访处置
146 水污染防治
146 大气污染防治
146 土壤环境监管
147 固体废物监管
147 污染减排及气候变化应对
147 生态环境行政审批
147 生态环境宣传教育
147 环境监测
147 环保服务

交　通

148　综　述
148　概况
149　农村物流

149　交通运输
149　概况
149　维修驾培行业
149　春运期间道路安全运输
149　国庆期间公交安全运输

149　交通建设
149　运河大桥改造工程可行性研究报告获批
150　东西向快速通道项目启用扬尘噪声监控系统
150　上跨宣杭老线工程架梁任务完成
150　东西向快速路高架主体工程贯通
150　运溪高架路通车
150　紫滕路（前程路—蒿山路）竣工
150　文二西路至凤新路段实现双向通行
150　104 国道至涉铁段正式完成交通改道

150　公路养护与管理
150　智慧养护信息化管理系统
151　非收费国省道养护工作
151　余杭区被评为“四好农村路”全国示范县
151　汛期道路养护安全巡查
151　公路养护智能化管理
151　县道大中修及县道危桥改造工程

151　港航管理
151　水上应急搜救中心第一艘搜救艇投入使用
151　杭嘉湖地区泥浆渣土船舶联动执法行动
151　台风期间港航管理
152　余杭辖区完成首个渣土码头双挖机备案
152　东塘大桥水域航道治理
152　船舶与港口防污染工作

152　交通配套设施建设
152　概况
152　余杭区首批综合供能站竣工
152　公交线路新增优化
152　智慧停车项目升级改造

邮政·电信

153　邮　政
153　概况
153　“交邮快农商融合发展”项目
153　邮政行业转型发展能力提升
153　寄递行业平安建设
153　“Yoohoo”绿计划
154　寄递业务巡视整改
154　邮政业务

154　数字电视
154　概况
154　教育网升级
154　全民 4K 普及活动
154　庆祝中国共产党成立 100 周年安全播出保障
154　“家政一键通”应用场景

155　通　信
155　中国电信股份有限公司杭州余杭区分公司
155　中国移动通信集团浙江有限公司余杭分公司
156　中国联合网络通信有限公司余杭区分公司

供电·供排水

157　供　电
157　概况
158　电网建设
158　电力服务
158　电力行业绿色转型
158　电力行业安全管理

158　供排水
158　概况
159　供排水专项规划方案
159　供排水基础设施建设
159　高层住宅二次供水改造
159　农村污水改造
159　供排水服务
159　“污水零直排区”创建
159　水务精细化管理
159　供排水体制改革

数字化改革

160 综 述
160 概况
160 城市数字化建设
160 数字化改革体系完善
160 “创景计划”
161 政府门户网站建设
161 政府投资信息化项目管理
161 余杭数字化改革企业联盟成立

161 一体化智能化公共数据平台
161 一体化智能化公共数据平台建设
161 数字孪生底座建设
161 “余杭一码通”应用建设
161 “一网一心一脑”项目
161 首席数据官制度建立

162 党政机关整体智治
162 省级应用承接
162 区级应用场景建设协调
162 理论制度成果

162 数字政府系统
162 概况
162 数字政府门户建设
162 “健康真周到”应用建设

162 数字经济系统
162 数字经济系统顶层设计
163 重点应用场景打造

163 数字社会系统
163 概况
163 数字社会系统应用成果

163 数字法治系统
163 概况
163 数智治理系统

农业·水利

164 综 述
164 概况
164 西部富美“1355”行动项目推进
164 美丽乡村建设
164 “一证一码”监管模式
164 两个“三品一标”融合发展
165 农产品检测
165 农业科技项目建设
165 基层农技推广体系改革与建设项目
165 “三农”人才工作
165 农民素质教育培训
166 农民培训视频
166 农文旅融合示范创建行动
166 农村人居环境整治提升行动
166 农业农村电商建设
166 全国农业综合行政执法示范窗口创建
167 余杭区被评为县域农业农村信息化发展水平先进县

167 种植业
167 农田建设任务
167 测土配方施肥
167 水肥一体化技术推广
167 受污染耕地安全利用
167 垦造耕地后续管护
167 肥药定额制试点
168 “肥药双控”工程
168 “肥药两制”改革
168 绿色防控技术示范推广
168 植保社会化服务
168 农田氮磷生态拦截渠道建设
168 余杭区单季晚稻亩产打破杭州市纪录
168 田畈儿牌孝顺米获浙江好稻米优质奖
168 市级“菜篮子”基地（蔬菜类）建设项目
168 径山茶品牌提升

169 畜牧业
169 概况
169 种质资源普查和保护
169 畜禽养殖兽用抗菌药减量化和饲料环保化行动
169 重大动物疫病防控

169 动物卫生监督
169 畜牧生产数字化

169 水产业
169 概况
169 水产健康养殖示范场创建
169 渔业资源增殖放流
169 渔业生产设施项目建设

170 农业机械
170 概况
170 农机购置补贴
170 农机作业环节补贴
170 新型农机设备引进
170 项目与服务组织建设
170 智慧农机建设
170 农机免费实地检验
170 农机监理
170 余杭区被评为省农业“机器换人”高质量发展先行县

170 农业产业化经营
170 政策性农业保险“扩面提标增品”
171 农村金融体制改革
171 新时代乡村振兴综合集成改革
171 国家现代农业产业园创建
171 百园农业工作
171 家庭农场培育
171 村级集体经济发展
171 农村宅基地管理
171 第二批全国乡村治理示范村镇
171 益民合作社入选全国农业社会化服务创新试点单位
172 农业企业建设
172 休闲观光农业（农家乐）
172 农业全产业链和孵化创业建设
172 “禹上田园”区域公用品牌建设

172 农村经营管理
172 清廉乡村建设
172 省集体经济数字系统上线
172 农村产权网拍交易
172 “三资”专项整治
173 农村土地制度改革

173 林　业
173 概况
173 林业项目建设
173 生态廊道建设
173 植树造林
173 “百万亩”国土绿化
173 森林资源保护
173 公益林管理
174 森林火灾防控
174 林业有害生物防治
174 古树名木保护
174 野生动物保护

174 农林资产经营
174 概况
174 乡村振兴助力
174 农林项目建设
175 耕地功能恢复
175 生猪产业
175 种子产业

175 水　利
175 概况
175 水雨汛情
175 防汛防台工作
175 防洪排涝工程建设
175 河道综合整治项目
175 水资源保护
176 水利工程建设管理
176 水利工程运行管理
176 涉水违法建筑巡查
176 水文监测预报预警
176 水利审批
176 水利信息化
176 水利宣传和水情教育

工　业

177 综　述
177 概况
178 3家孵化器被评为国家级科技企业孵化器
179 4家企业被评为省节水型企业

179　17 家企业入选杭州“未来工厂”培育名单
179　区小微企业园入选省级小微企业园名单
179　2 家企业入选国家级专精特新“小巨人”名单
179　5 个项目入选省首台（套）产品工程化攻关项目名单
179　联东 U 谷产业园获市级认定
180　2 家企业入选中国民营企业 500 强名单
180　工业企业项目获国家科学技术进步奖
180　3 家园区被评为省四星级园区及数字化示范单位
180　余杭区小微企业园联合会成立
180　未来科技城企业获认定
181　新增 1 家省级孵化器和 5 家省级众创空间
181　品字标浙江制造工业产品及其企业
182　“浙江制造”标准制（修）订企业

182　装备制造业
182　概况
182　电磁兼容检测实验室通过评审
182　“VEF-1 锂电扩管器”获 DIA 佳作奖
182　钱江经济开发区与海纳智能装备签订项目
182　南方泵业股份有限公司
183　杭州五星铝业有限公司
183　杭州申昊科技股份有限公司
183　杭州益利素勒精线有限公司

184　数字经济产业
184　概况
184　余杭区被评为中国产业区块链核心聚集区
184　2 家企业入选全球区块链企业创新 50 强
184　余杭企业 3D 扫描打印技术还原禄丰恐龙
184　14 件案例入选全省数字经济“五新”优秀案例
184　4 家企业入选省智能工厂名单

184　健康制造业
184　概况
184　余杭科技产品参展中国国际福祉博览会
185　心血管医疗科技创新中心总部基地落地余杭
185　持续葡萄糖监测系统上市
185　3 家生物医药企业上市

185　环保制造业
185　概况
185　中国绿色设计助力碳中和高峰论坛
185　高性能复合材料国际论坛——余杭论坛
186　双创大赛杭州赛区新能源和新材料专场在余杭举行
186　2 家环保企业上市
186　高烯科技公司石墨烯产品获奖

建筑业·房地产业

187　建筑业
187　概况
187　建筑企业资质管理
187　建筑市场定期巡查
187　建筑市场规范管理
187　建筑业行政处罚
187　建设工程质量与安全
188　工程质量检测管理
188　建筑工地标准化建设
188　建筑工地起重机械安全监管
188　建设工程招投标管理
188　建筑工业化
188　工程建设项目审批制度改革

188　房地产业
188　概况
189　房地产市场监管
189　既有住宅加装电梯
189　物业行业管理
189　白蚁防治
189　非商品住宅类项目监管

商贸流通

190　商贸管理
190　概况
190　消费促进工作
190　市场体系建设
190　商贸领域数字化改革

191　对外经济贸易
191　概况
191　利用外资
191　外贸出口
191　外贸公共服务

191 境外投资与服务外包
191 余杭区贸促会工作

191 国内经济合作
191 国内招商主要活动
192 山海协作
192 对口帮扶

192 电子商务
192 概况
192 跨境电商产业集群
193 直播电商产业发展
193 电子商务领域营商环境优化

193 粮食流通
193 粮食订单与收购
193 储备粮油管理
193 粮食流通监管
193 粮食企业安全生产管理
194 “四无”粮仓陈列馆

194 盐业销售
194 概况
194 小包装盐及高端精品盐销售
194 食盐网络配送
194 疫情期间食盐供应

194 烟草专卖
194 概况
194 卷烟打假
194 烟草专卖终端建设
194 烟草行政许可

195 供销合作商业
195 概况
195 农业生产服务
195 农产品销售
195 农资供应
195 村社共建
195 供销农信融资担保公司余杭分公司成立
195 区供销联社第七次代表大会

旅游业

196 综　述
196 概况
196 “杭州亚运人文体验点”创建
196 区文广旅体局被评为全国先进集体
196 省、市文化和旅游 IP 创建
197 “百县千碗·余杭至味”美食征集

197 旅游规划
197 省 A 级以上景区村庄创建
197 省 A 级景区镇创建
197 区旅游专班成立
197 红色旅游精品线路创建
197 旅游业“微改造、精提升”行动
197 全国乡村旅游重点村创建
197 “浙江省四星级旅游购物场所”评定
197 省工业旅游示范基地创建

198 旅游宣传推广
198 外来务工人员首道门票免费
198 “浙里好玩·尽享余杭 48 小时”专题活动
198 鸬鸟山花节暨鸬鸟户外季
198 第 20 届中国茶圣节
198 杭州百丈杜鹃花节
198 浙江文化和旅游总评榜荣誉
199 省文化和旅游系统宣传员培训班在余杭举行
199 《振兴路上》播出余杭两镇事迹
199 伴手礼创意设计大赛获奖
199 《我们圆桌会》在青山村拍摄

199 旅游数字化
199 首批文旅应用场景试点单位创建
199 30 秒入住、20 秒入园场景应用

199 旅游开发建设
199 “动漫 IP ＋乡村旅游”模式
200 国企加村集体经济模式
200 精品民宿项目完工
200 闲林埠老街开街
200 第二届慢生活节

金　融

201　中国人民银行余杭支行
201　概况
201　民营企业和小微企业金融服务
201　信贷投放
201　金融数字赋能
201　科创金融发展
201　金融生态维护
202　金融消费权益保护
202　外汇管理服务
202　货币管理

202　银行和保险业监管
202　概况
202　知识产权质押登记线上办理

203　政策性银行和国有商业银行
203　中国农业发展银行杭州市余杭支行
203　中国工商银行股份有限公司杭州余杭支行
203　中国农业银行股份有限公司杭州余杭支行
203　中国银行股份有限公司杭州余杭支行
203　中国建设银行股份有限公司杭州余杭支行

204　股份制银行
204　交通银行股份有限公司杭州余杭支行
204　中信银行股份有限公司杭州余杭支行
204　浙江杭州余杭农村商业银行股份有限公司

205　保险公司
205　中国人民财产保险股份有限公司杭州市余杭支公司
205　中国太平洋财产保险股份有限公司杭州市余杭支公司

财政·税务

206　财　政
206　概况
206　组织财政收入
206　民生保障支出水平提升
206　财政服务经济发展
206　财政数字化改革
207　财政管理与监督

207　税　务
207　概况
207　减税降费
207　税务领域营商环境优化
207　税收征管改革

经济管理与监督

208　经济体制改革
208　概况
208　“浙里拍”手机智能证件照拍摄系统
208　商事登记全流程智能化办理审批系统
209　税小余云服务
209　人工智能产业知识产权运营中心成立
209　浙江省首单知识产权证券化产品

209　计划管理
209　区级政府投资项目
209　镇（街道）投资项目

209　价格管理
209　价费改革
210　价格服务

210　企业上市
210　概况
210　企业上市工作机制
210　创新发展“翱翔计划”
210　企业上市氛围营造

211　行政服务
211　概况
211　“三级联动”服务体系建设
211　基层政务资源配置体系优化
211　公共资源交易监管
212　小额公共资源交易智慧监管体系
212　投资项目服务
212　政务服务“一码通办”
212　“未来大厅”建设
212　重点企业走访

213 审　计
213 概况
213 政策跟踪审计
213 经济责任审计
213 经济责任审计规范创新
213 财政资金审计
213 固定资产投资审计
213 民生审计
213 审计整改成果转化运用
214 内部审计全覆盖路径探索
214 “数字审计”模式应用
214 “审计红盟”品牌

214 统计管理
214 概况
214 统计监督
214 统计分析
214 统计服务
214 统计法治
215 统计信用建设
215 统计数字员工
215 统计“最多报一次”试点改革
215 统计基层网格化建设

215 安全生产监督管理
215 概况
215 “同心守安”红色联盟
216 安全生产综合治理三年行动
216 安全生产领域“大综合一体化”改革
216 安全生产标准化
216 危险化学品专项整治
217 小微企业安全生产综合整治

217 市场监督管理
217 质量提升行动
217 政府质量奖
217 网络市场监管
218 电动自行车综合治理
218 “浙江外卖在线”推广
218 消费举报投诉“一件事”改革
218 特种设备安全监管
219 公共检测服务
219 外卖业党建
219 计量合格评定
219 商品市场规范化建设
219 知识产权保护
219 生物医药产业发展
220 数智大市场
220 食品安全监管
220 市场监管数字化改革
220 市场主体发展
221 综合执法
221 冷链物防监管
221 企业联动服务
221 事中事后监管

221 海　关
221 概况
222 海关服务企业
222 进出口货物查验

科学技术

223 综　述
223 概况
223 科技创新项目

224 科技管理
224 “你创@我投”医疗健康创新创业大赛
224 科技成果竞价会中电海康余杭区专场活动
224 调研阿里巴巴
224 “百地千名行长进民企送服务”专项行动
224 人工智能与慢病管理发展高峰论坛
224 未来科技城孵化载体行业交流会
224 生命科技小镇创新攻坚大会
225 科技特派员与入驻镇（街道）对接会
225 人工智能产业产学研直播培训会
225 领军型创新创业团队服务

225 科技成果
225 余杭区获“科技创新鼎”
225 新增6家市级孵化器
225 余杭区2020年度创新指数位列全省第四
225 之江实验室研究成果获“戈登·贝尔奖”
225 外国专家

教 育

226 综 述
226 概况
227 省现代化学校创建
227 省义务教育标准化学校创建
227 教育系统庆祝建党 100 周年系列活动
227 “入学早知道”应用场景
227 教育高质量发展奋进大会
227 市级绿色学校评定

227 学前教育
227 概况
227 学前教育宣传月活动
227 12 个新园（区）秋季投入使用

228 义务教育
228 概况
228 余杭区学子获中小学生艺术节比赛一等奖
229 2021 年余杭区中小学生乒乓球比赛
229 2021 年余杭区小学生“三棋”比赛
229 余杭区第 51 届中小学生田径运动会
229 2021 年余杭区中学生篮球比赛
229 青少年校园足球特色学校评定

229 高中教育
229 概况
230 市中职师生职业能力大赛获奖
230 教育部重点推荐项目评定
230 全国中小学中华优秀传统文化传承学校评定
230 杭州市中小学生研学旅行市级优秀学校评定

230 成人教育
230 概况
230 52 名“双证制”教育学员毕业
230 2021 年浙江省现代化成校评定
230 全民终身学习活动周

231 教师队伍建设
231 概况
231 教育对口帮扶
231 浙江省教坛新秀评定

文化·传媒

233 综 述
233 概况
233 余杭区入选省公共文化服务现代化先行区培育名单
233 第七次乡镇（街道）综合文化站评估定级
233 省级文化强镇、文化示范村创建和复评
233 “文化基因”解码工程
234 社会化运营管理项目

234 群众文化
234 新春系列文化活动
234 “相约”“美丽洲”系列文化活动
234 “走向辉煌”庆祝建党 100 周年系列活动
234 余杭区国庆系列文化惠民活动

234 文艺创作
234 概况
234 理论调研写作
235 戏剧曲艺创作
235 文学创作
235 视觉艺术创作
235 舞蹈创作
235 声乐创作

236 非物质文化遗产保护
236 “服务传承人月”活动
236 非遗保护发展指数名列全省第一
236 余杭区第 16 个“非遗保护月”活动
236 区级传统工艺工作站设立
236 径山镇入选中国民间文化艺术（茶文化）之乡
236 “余韵非遗·梦想 live 季”系列活动
236 中国传统工艺展

236 文化市场管理
236 概况
236 文旅市场防疫和安全专项检查
237 文化市场“护校安园”专项行动

237 图书馆
237 概况
237 “一键借阅”平台
237 汽车图书馆流动服务

237 24 小时自助图书馆
237 区图书馆被评为省“满意图书馆”
237 “永远的丰碑·光辉的历程”作品征集
238 余阅公共阅读空间建设
238 镇（街道）分馆专职图书管理员派驻
238 “梦想书会”系列读书会
238 “你点书·我买单”惠民活动
238 万册图书下基层活动
238 阅读讲座进校园
238 “书香校园·伴我成长”主题展览进校园

239 电视广播
239 概况
239 广播电视安全播出保障机制建立
239 广播电视节目制作经营机构业绩审核

239 文物保护
239 文物保护和民生实事项目
239 地下文物考古及科技保护
239 乡村博物馆建设
239 革命文物保护利用
240 章太炎故居纪念馆入选十佳文物保护利用案例
240 文物保护政策机制建设
240 文博单位安全管理
240 余杭区文物局成立
241 章太炎先生生平展
241 章太炎嫡孙章念驰文物捐赠仪式

241 档案工作
241 概况
241 档案基层治理国家级试点
241 档案征集编研
241 档案宣传

242 融媒体
242 概况
242 “学习强国”优秀作品月赛两次获奖
242 区融媒体中心获全省新闻协作特等奖
242 短视频作品获省广播电视新闻奖新媒体奖
242 余杭区创新发展大会宣传报道
243 余杭区第十五次党代会宣传报道
243 区“两会”宣传报道
243 区融媒体中心进入全省县（市、区）融媒排行榜
243 黄湖镇微融媒体中心启用
243 余杭位列省融合传播新闻协作两榜第一

良渚遗址

244 综 述
244 概况
244 良渚文化志愿者总队获市级“最美”称号

244 良渚遗址保护与研究
244 《良渚》项目入选省社科普及创新项目
245 良渚古城南城墙遗址剖面首次系统性修复
245 “良良的世界”入选世界遗产教育创新案例
245 重温习近平总书记关于良渚遗址重要批示精神理论研讨会
245 良渚遗址保护总体规划修编
245 良渚遗址文物安全巡查网格智治模块
246 北村遗址被评为浙江考古重要发现

246 遗址公园建设与运营
246 智慧景区二期建设
246 小微水体治理
246 良渚古城风筝文化节
246 良渚古城遗址公园西门正式开放
247 宫殿巨型木构展示点正式开放
247 瑶山遗址公园试开园

247 良渚文化宣传与推广
247 良渚文明线上主题展
247 《遗产里的中国》第一集《良渚》开播
247 “点亮圣地，点亮文明”主题元宵灯会
248 2021 年联合国中文日介绍良渚文化
248 良渚文化走进全国高校巡展
248 “我在中华文明圣地学党史”主题展
248 韩国国际旅游展体现良渚元素
248 良渚遗址与延安革命纪念地开展战略合作
248 良渚文化主题展在国际服务贸易交易会举行
248 外媒采访团走进良渚博物院
248 良渚主题系列文化交流活动在雅典举行
248 良渚作为《中国考古大会》首篇开播

249 良渚文化文创产业
249 “金钰良源”被评为全国百佳文创产品
249 良渚文创箱包成为奥运会中国体育代表团装备
249 良渚文创入驻天猫
249 金融业“良渚文化传承示范基地”挂牌
249 首部良渚主题日历发行

体 育

250 综 述
250 概况
250 体育活动

250 群众体育
250 基层体育设施建设
250 “活力机关·共迎亚运”机关文体活动
251 杭州市毅行大会（余杭站）

251 竞技体育
251 杭州市第 20 届运动会（青少年部）比赛参赛
251 陈莎莎获东京奥运会参赛资格
251 余杭籍运动员获第 14 届全运会金牌

251 体育产业
251 “泳池‘一件事’”入选“揭榜挂帅”项目
251 巨岩欣成入选“国家智能社会治理实验基地”
251 谢欣被评为省体育产业领军人物
251 陈文忠被评为中国体育产业领军人物

卫生健康

252 综 述
252 概况
252 中医药事业发展
253 智慧健康应用

253 健康余杭
253 概况
253 公共政策健康影响评价
253 健康细胞工程
253 大健康发展理念宣传

253 新冠疫情防控
253 新冠疫苗接种
254 人物同防
254 核酸检测
254 发热门诊
254 院感防控
254 防疫科普

254 卫生健康监督执法
254 概况
254 “双随机、一公开”监管
255 医疗服务监督
255 无证行医打击
255 环境卫生监督
255 消毒产品与餐饮具集中消毒企业监管
255 职业卫生监管
255 卫生健康领域行政审批

255 疾病预防控制
255 概况
255 重点传染病管理
256 免疫规划管理和预防接种服务
256 艾滋病防治
256 青春健康教育
256 健康教育及控烟
256 居民健康素养监测
257 疟疾防治
257 布鲁氏菌病防治
257 省网慢性病监测
257 社区高血压、糖尿病随访管理
257 职业卫生
257 学校卫生监测
258 地方病工作
258 水质卫生监测
258 院感消毒监测
258 食品安全风险监测
258 疾控检验检测
258 精神卫生

258 妇幼保健
258 概况
258 3 岁以下婴幼照护
259 母婴安全保障

259 消除艾滋、梅毒、乙肝母婴传播试点项目
259 优生检查
259 产前查和无创 DNA
259 新生儿疾病筛查
259 儿童发育监测筛查
259 托幼机构保健管理

259 基层卫生
259 概况
260 家庭医生签约服务
260 老年人健康体检

260 医疗服务
260 概况
260 院前急救
260 AED 网络布点

260 人才队伍与医学科研
260 概况
261 医疗人才培养
261 卫生健康系统科研立项

261 爱国卫生运动
261 卫生镇（街道）创建复审
261 病媒生物防制
261 清露拆棚行动

社会生活

262 人口监测与家庭发展
262 概况
262 三孩政策落实
262 计划生育利益导向
262 公共场所母婴设施建设
262 计划生育协会基层组织建设
262 生育关怀行动
263 计划生育特殊家庭“暖心行动”

263 民政事务
263 概况
263 养老服务设施
263 家庭适老化改造
263 居家养老服务
263 助餐服务
264 养老队伍建设
264 养老资金
264 困境儿童扶助
264 困境儿童关爱队伍建设
264 儿童之家建设
264 帮扶救助
265 慈善救助
265 城乡社区建设
265 基层治理
265 社会工作人才队伍建设
265 社会组织培育发展
266 殡葬管理服务
266 移民安置
266 地名管理
266 婚姻和收养登记
267 流浪乞讨人员救助

267 退役军人事务
267 概况
267 退役军人服务
267 退役军人工作体系建设
267 退役军人权益保障
267 拥军优抚
268 烈士褒扬
268 退役军人移交安置
268 退役军人就业创业
268 军休服务
268 退役军人志愿服务

268 人才人事
268 概况
269 高层次人才培养服务
269 数字经济人力资源服务产业园成立
269 大学生创新创业
269 技能人才培养
269 机关单位招聘

270 劳动保障
270 概况
270 重点群体帮扶
270 线上线下招聘平台搭建

270 劳务扶贫
270 就业村（社区）建设
270 就业数字化改革
270 劳动争议调处

271 社会保障
271 概况
271 社保提质增效
271 社保业务“全口径”下延

271 医疗保障
271 概况
271 因病致贫返贫专项治理
271 医保“两定”机构
271 医保基金监管
272 医保系统疫情防控
272 医疗服务价格改革
272 医保药品、耗材带量采购
272 医保信息业务编码维护

272 老龄工作
272 为老服务
272 文化养老
272 老龄品牌创评
273 老年健康服务体系建设

273 公积金管理
273 概况
273 按月转账合作银行
273 跨省通办专窗设立
273 公积金卡通形象
274 公积金服务网点增设

274 民族与宗教事务
274 概况
274 宗教场所平安创建
274 民间信仰场所“控量提质”工作
274 径山寺复建工程完成

274 关心下一代工作
274 概况
274 “传承红色基因，争做时代新人”主题教育
274 关爱帮教未成年人
274 “零犯罪学校”创建
274 快乐假日学校
275 特殊儿童就学情况调研

275 居民生活
275 概况
275 城乡居民收入保持稳步增长态势
275 工资性收入
276 经营净收入
277 财产净收入
277 转移净收入
277 居住支出
277 食品烟酒支出
277 其他用品和服务支出
278 生活用品及服务支出
278 衣着、医疗保健支出
278 交通通信、教育文化娱乐支出

镇·街道

279 余杭街道
279 概况
280 新建社区揭牌
280 菜鸟智谷选址余杭街道
280 浙江港澳青年人才服务中心落户余杭街道
280 人工智能小镇创建为省特色小镇

281 闲林街道
281 概况
281 闲林街道首个数字化垃圾收集点启用
281 闲林街道被评为美丽城镇省级样板

281 仓前街道
281 概况
282 葛巷社区入选省级未来社区创建名单
282 “经济体”建设
283 住宅小区“小区长”制
283 党员“四联”工作
283 机场快线（地铁）安置房项目开工

283 中泰街道
283 概况

284 工业园区有机更新
284 紫荆村创建“中国竹笛第一村”项目启动
284 “文化赋能”大会
285 “平安 BOX”启用

285 五常街道
285 概况
286 五常街道数字治理
286 产业社区党建试点
286 省企业码应用镇（街道）级试点
286 五常街道未来社区建设

286 良渚街道
286 概况
287 良渚街道区域规划
288 良渚老集镇更新改造
288 党建品牌矩阵构建
288 良渚街道“最多跑一次”改革
288 良渚市民客厅启用
288 良渚文化村通过省级未来社区创建验收
288 良渚同心荟启用
288 区矛调中心良渚分中心成立
289 良渚司法所创建为省“枫桥式”司法所

289 仁和街道
289 概况
290 退休业务“家门口办理”试点
290 仁和街道“同心守安”红色联盟成立
290 中共西镇区委旧址
290 仁和慈善分会获省级示范慈善分会称号
290 益民合作社单季晚稻创杭州纪录

291 瓶窑镇
291 概况
292 地方特色菜“窑山宴”
292 余杭区第 16 个非遗保护月启动仪式在瓶窑举行
292 苕溪话共富主题行动

292 径山镇
292 概况
294 共同富裕探索
294 “最美径山人”颁奖典礼
294 第五届径山禅宗祖庭文化论坛

294 黄湖镇
294 概况
295 未来乡村建设
296 龙坞水源保护项目受益者付费模式启动
296 全国大学生乡村振兴创意大赛在黄湖举行
296 第 11 个“浙江生态日”主题宣传活动在黄湖举行
296 未来乡村 2.0“民生议事堂”活动

296 鸬鸟镇
296 概况
298 第 18 届余杭区蜜梨生活节
298 鸬鸟被评为全国“一村一品”示范村镇
298 市文创新势力评选活动决赛在鸬鸟举行

298 百丈镇
298 概况
299 百丈镇公益文化活动
299 百丈镇校地党建共同体成立
300 “同心童梦，致敬百年”主题活动
300 学军小学与百丈镇中心小学开展共建
300 双枪科技股份有限公司上市
300 三叶青农业科技有限公司院士指导站揭牌
300 市国际盲人节主题活动在百丈举行

产业平台

301 浙江杭州未来科技城（海创园）
301 概况
301 梦想小镇建设
301 未来科技城省级研发中心新增 29 家
301 之江实验室先进计算机研究中心成立
301 全球人工智能技术大会在未来科技城举行
302 省智慧医疗创新中心入驻未来科技城
302 淘宝小镇电子商务线上产业园开园
302 中国数字健康大会在未来科技城举行
302 市海外高层次人才创新创业大赛外国人专场决赛
302 第 18 届中国 ECR 大会
302 DeepTech 中国创新中心落地未来科技城
303 全省首家全流程在线共享法庭落户未来科技城

303 杭州良渚新城
303 概况

303 良企俱乐部成立
304 浙大校友创业大赛浙江赛区在良渚新城举行
304 万劢德数字产业园项目开工
304 中国美术学院良渚校区启用
304 世界生命科技大会在梦栖小镇举行
304 良渚中央商务核心区提升工程启动

305 杭州钱江经济开发区
305 概况
305 光影博物馆余杭仁和广场站
305 钱江经济开发区被认定为省双创示范基地
306 钱江经济开发区智能制造创新中心启用
306 钱江经济开发区人才公寓主体结顶
306 第 19 届中国焊接之桥行业发展论坛
306 优稳自动化公司获国家科学技术进步奖
306 钱江经济开发区公园入选市海绵城市建设示范区域
306 钱江经济开发区入选市融合发展试点名单
307 恒丰家具有限公司成为亚运会供应商
307 钱江经济开发区被评为市绿色低碳工业园
307 智荟动力公园被评为省优质综合公园

全区组织机构及负责人名录

308 中国共产党余杭区第十四届委员会（3—7 月为筹备组）
310 余杭区第十五届人民代表大会常务委员会（3—7 月为筹备组）
311 余杭区人民政府（3—7 月为筹备组）
314 中国人民政治协商会议第十一届杭州市余杭区委员会（3—7 月为筹备组）
315 杭州市余杭区监察委员会（3—7 月为筹备组）
315 杭州良渚遗址管理区
316 余杭经济技术开发区（2021 年 4 月行政区划调整至临平）
316 杭州钱江经济开发区
316 浙江杭州未来科技城（海创园）
317 法院、检察院
317 群众团体
318 其他区直属单位
320 镇·街道

先进人物·先进集体

324 先进人物
324 金李梅
324 庞汝勋
324 2021 年“余杭工匠”

325 先进集体
325 余杭区获得的国家级荣誉
325 余杭区获得的省级荣誉
326 区直单位获省委、省政府及国家级表彰
326 镇（街道）、平台受省委、省政府及国家级表彰

附　录

327 文件辑录
327 杭州市余杭区人民政府关于印发《杭州市余杭区国民经济和社会发展第十四个五年规划和二〇三五年远景目标纲要》的通知

366 统计公报
366 杭州市余杭区 2021 年国民经济和社会发展统计公报

371 统计资料

386 统计分析
386 工业增速排名靠前 高质量发展扎实推进
——2021 年余杭区规模工业经济运行情况
389 工业经济稳中向好 营收利润实现双增
——2021 年余杭区规模工业效益运行分析
392 社会消费品零售总额增速全市第一 引擎企业带动发展
——2021 年余杭区消费品市场运行情况简析

索　引

394 主题索引
412 表格索引

迈步从头越 启航新征程
为高水平建设创新余杭品质之区文明圣地努力奋斗

——在中国共产党杭州市余杭区第十五次代表大会上的报告

杭州市委常委、余杭区委书记　张振丰

2021年6月18日

中国共产党杭州市余杭区第十五次代表大会，是在余杭区行政区划调整、经济社会发展开启新征程的关键时刻召开的一次具有里程碑意义的会议。大会的主题是，高举习近平新时代中国特色社会主义思想伟大旗帜，全面贯彻落实党的十九届五中全会、省委十四届九次全会和全市部分行政区划优化调整实施动员大会精神，回顾总结过去五年工作，研究部署未来五年全区经济社会发展和全面从严治党各项任务，号召全区党员干部群众，为高水平建设创新余杭、品质之区、文明圣地努力奋斗！

一、站在新起点，回望光辉历程，我们对未来发展充满信心

今年3月经国务院批准调整余杭区行政区划，恰逢“两个一百年”交汇之际，正值奋进“十四五”和2035年远景目标起步之时，余杭由此翻开了新的篇章。这次行政区划调整，不是简单的区域分拆，而是深层次的空间大重构、资源大调整、发展大提速，现在的余杭是一个裂变而来的高能新区、一块机遇叠加的战略高地、一片充满希望的发展热土。特别是区第十四次党代会以来，面对复杂的宏观形势、激烈的区域竞争和繁重的发展任务，在党中央和省委、市委的坚强领导下，区委团结带领广大党员干部群众强化党建统领，统筹抓好改革发展稳定各项工作，锐意进取、奋勇争先，为行政区划调整后未来发展打下了坚实基础。

（一）回顾五年成就，我们要带着荣光、奔向未来，扬帆起航再出发。区第十四次党代会以来所取得的丰硕成果，印证了我们过去五年所走过的极不平凡的光辉历程。这是余杭坚定不移沿着习近平总书记指引的方向奋勇前进，勇担国家重大使命，知名度、美誉度、影响力实现大跃升的重要时期，圆满完成良渚古城遗

址申遗和全国“双创”活动周服务保障两大国字号任务，打响了“中华文明圣地、创新活力之区”的城市品牌。这是余杭坚持人才引领、创新驱动，推动高质量发展，创新活力、综合实力、辐射能力实现大跨越的重要时期，数字经济发展持续领跑省市，2017 年以来财政总收入、地方财政收入总量全省双第一，2018 年地区生产总值跃居全省首位，2020 年一般公共预算收入首次超过昆山，登顶全国第一，2017 年以来连续四年获得全市区（县、市）综合考评第一。这是余杭全面融入主城发展，确立一流标准，城乡环境、生态环境、营商环境实现大改善的重要时期，我们统筹推进靓城行动、美丽城镇、美丽乡村等建设，持续打好“五水共治”“五气共治”“五废共治”“三改一拆”等组合拳，以“最多跑一次”改革、数字化改革释放发展活力，吸引了一大批优质项目和高端人才落户。这是余杭坚持以人民为中心，持续保障和改善民生，群众获得感、安全感、满意度实现大提升的重要时期，一大批民生实事工程落地见效，城乡居民收入稳步增长，就业和社会保障、住房保障、社会救助体系不断完善，教育、医疗、养老等公共服务持续改善，先研先试“余杭绿码”等创新举措助力疫情防控，平安考核从相对落后到连续三年进入全省前十位，去年创造了全省第二的历史最好成绩。这是余杭全面从严加强党建，统领经济社会发展，风清气正、心齐气顺、干事创业的政治生态不断巩固的重要时期，统筹抓好纪检、组织、宣传、统战、意识形态、群团组织、党管武装等各领域党的建设，大党建考核连续 3 年全市第一。特别是在行政区划调整工作中，我们以强烈的政治意识、大局意识，坚决贯彻党中央、国务院和省市党委、政府决策部署，围绕“平稳有序、安全稳定、减少影响”工作目标，扎实推进机构设置、人事安排、资产划转、区党代会和区两会筹备等各项工作，有序完成区委、区纪委挂牌和新驻地搬迁，召开全区创新发展大会等系列会议，研究制定“翱翔计划”“创景计划”等系列举措，抓改革发展稳定等各项工作一刻不放松，广大党员干部做到了思想不乱、工作不断、斗志昂扬，社会各界对余杭未来发展寄予了厚望、充满了信心。各位代表、同志们，过去五年所取得的成绩，最根本在于习近平总书记和党中央的举旗定向，靠的是省委、市委的坚强领导，离不开历届区委带领全区上下的接续奋斗。在此，我代表中共杭州市余杭区委，向全区广大党员和干部群众，向老领导、老同志，向各民主党派、工商联和人民团体，向驻余部队官兵和社会各界人士，表示衷心感谢并致以崇高敬意！

（二）总结宝贵经验，我们要传承弘扬、继往开来，奋力谱写新篇章。回顾这些年来的工作，各项成绩来之不易、实践经验弥足珍贵，我们深切体会到：一是要上接天线、下接地气，在贯彻执行中创造特色。我们坚持以高度的政治自觉，紧紧围绕习近平总书记重要讲话和指示批示精神，对标对表党中央和省委、市委一系列重大决策部署，密切联系余杭实际，谋划布局、坚决落实，创新举措、敢闯敢试，创造性地开展工作，在科技创新、人才工作、大孵化器战略、上市培育、平台建设、全域美丽、营商环境、大遗址保护、数字防疫、垃圾分类等诸多领域体现了余杭特色，开创了余杭模式，打响了余杭品牌。二是要保持定力、迭代升级，在接续传承中创新发展。我们始终围绕区第十四次党代会提出的“成为名副其实的全省榜样”战略定位，紧扣“五大余杭”目标，聚焦“三个全域”建设，锚定“干好一三五、争当排头兵”，根据发展新形势、上级新要求、群众新期待，谋定而动、与时俱进赋予新内涵，“五场硬仗”轮番打响、捷报频传，“三个全域”成效显著、深入人心，高质量可持续快发展的态势加快形成、不断巩固。三是要借势借力、苦练内功，在抢抓机遇中厚植优势。我们坚持从更高的站位、更宽的视野，胸怀大局审视余杭、跳出余杭、发展余杭，融入“一带一路”，用好两种资源放大全国“双创”高地优势，融入长三角、接轨大上海放大“桥头堡”优势，融入全省“大湾区大花园大通道大都市区”建设放大区位交通生态优势，借助良渚古城遗址申遗成功放大文化文明优势，抢抓直播经济等新风口放大数字经济先发优势，不断在危机中育先机、于变局中开新局。四是要集思广益、定了就干，在凝心聚力中共建共享。我们坚持一切为了群众、一切依靠群众，通过问计于民、问需于民、问政于民，统一思想、凝聚共识，一旦定了就干、干就干好，群策群力推进“靓城行动”、民生实事、安全生产、矛盾化解等取得实效，余杭进入了经济发展质效最优、城乡面貌变化最大、人民群众得实惠最多的一个黄金发展期。五是要示范带动、团结奋进，在党建统领中干事创业。我们始终做到党的建设抓在前、纪律规矩挺在前、党员干部冲在前，喊响“跟我上”，最难的事由领导干部领衔，最艰巨的任务由党员带头冲锋，党旗高高飘扬在项目攻坚、服务群众、疫情防控、抗险救灾等一线，干事创业精气神持续提振。我们在众多大战大考中经受住了考验，特别是在这次行政区划调整过程中，广大干部坚决服从组织安排，克服困难快速进入新角色、融入新集体、争创新业绩，充分展现了良好的政治品质和格局担当。我们要坚持科学的历史思维，用好实践经验启迪智慧、砥砺品格，在传承中开创未来。

（三）展望未来发展，我们要抢抓机遇、攻坚克难，居安思危谋长远。进入“后行政区划调整时期”，我们必须准确把握历史方位，强化开启新一轮大发展的信心和底气。一是要抢抓多重机遇，用好发展红利。当前，“两个大局”相互交织，“东升西降”成为大趋势，随着长三角一体化发展等国家战略的深入实施，我们仍处于大有可为的重要战略机遇期；浙江坚决扛起习近平总书记和党中央、国务院赋予的历史使命，正朝着建设“重要窗口”的新目标新定位阔步前行，加快高质量发展建设共同富裕示范区，全力推动城西科创大走廊建设综合性国家科学中心和全球领先的数字科创中心；杭州牢记习近平总书记“建设创新活力之城、历史文化名城、生态文明之都、美丽中国样本”嘱托，按照“四个杭州”“四个世界一流”要求，加快构建“一核九星、双网融合、三江绿楔”市域发展新格局，高水平打造“数智杭州·宜居天堂”，全力实施“亚运城市行动”等等。这些机遇都是我们的直接重大利好。二是要发挥自身优势，坚定发展自信。行政区划调整后的余杭继承了“中华文明圣地、创新活力之区”的基因：文化底蕴深厚，拥有5000多年良渚文化、2000多年运河文化、1000多年径山文化交汇交融形成的独特人文优势；创新活力强劲，科研重器和高等院校集聚度高，在以数字科技为核心的科技革命和产业变革竞赛中处于先发位置；生态环境优美，大径山生态区森林覆盖率高、生态基底好，区内湖泊、河流、湿地、农田广泛分布，形成了丰富多样的山水林田湖草资源。这些都为余杭提升经济硬实力、城市竞争力、文化影响力提供了支撑，我们要充满自信，努力打牢高质量之基、激活竞争力之源、走好现代化之路。三是要保持坚定清醒，补齐发展短板。在看到诸多优势的同时，我们要时刻保持清醒。今后一个时期余杭将处于综合发展优势的重塑期、新旧动能转换的加速期、迈入共同富裕的跨越期，需要应对的挑战不少，补齐短板的任务十分紧迫：一是综合能级不够强，城市产业竞争力、创新要素集聚力、对外影响辐射力与先进地区相比还有较大差距，特别是城市核心功能与经济实力、群众期盼不相匹配。二是民生供给有弱项，群众改善教育配套、交通出行、养老服务、住房保障等诉求强烈，公共产品供给还不能有效满足群众需求。三是产业结构不平衡，数字经济产业总体偏“软”，制造业投入和贡献有待提升，高质量发展“双引擎”仍需持续建强。四是资源要素紧约束，经济快速发展、人口持续流入，与土地资源、水资源、碳排放指标管控趋紧的矛盾日益突出，交通、电力、供水、环保等基础设施和生态环境的承载力面临挑战。五是治理创新需深化，随着城市国际化、人口多元化、社会现代化，精神文明建设、平安建设、法治建设的实效性还要进一步加强，党委政府治理能力和治理水平还需不断提升。六是队伍建设要跟上，面对重整行装再出发的使命任务，少数干部存在畏难不前、怕苦怕烦的情绪，一些干部思想作风、能力素质和全面从严治党的责任意识也还有待强化。我们要始终坚持问题导向、强化系统观念，立足区情、把握大局，理清思路、谋深谋细，确保每一步迈得更加坚实有力。

二、开启新征程，扛起历史使命，我们要绘好未来发展蓝图

雄关漫道真如铁，而今迈步从头越。一个时代有一个时代的使命、一代人要有一代人的

担当，身处大时代、面对大变革，我们更应抢抓大机遇、展现大作为。未来五年，全区工作的指导思想是：高举习近平新时代中国特色社会主义思想伟大旗帜，深入贯彻党的十九大和十九届二中、三中、四中、五中全会精神以及习近平总书记在浙江、杭州考察时的重要讲话精神，立足新发展阶段，贯彻新发展理念，构建新发展格局，忠实践行“八八战略”，以高质量可持续快发展为主题，以数字化、高端化、国际化、一体化、品质化“五化共促”为路径，聚焦打造面向世界、引领未来、服务全国、辐射全省的未来城市样板地、未来科技策源地、未来产业引领地，构建“一廊一轴、一心三片”空间新格局，持续深化“三个全域”建设，全力创建“综合性国家科学中心核心区、全国共同富裕示范先行区、全面数字化改革引领区”，高水平建设创新余杭、品质之区、文明圣地，奋力展现建设“重要窗口”和“数智杭州·宜居天堂”的排头兵、领头雁风采。

（一）坚持高标准定位，聚焦“三个全域、三区创建”发力。余杭是“三个地”和“重要窗口”省会城市杭州的重要城区，是实证中华5000多年文明史的圣地，是杭州城西科创大走廊的核心区，被赋予了建设成为杭州“一核九星”市域发展新格局中“最闪亮、最耀眼之星”的光荣使命。我们要坚持高标定位，努力在省市发展大局中领跑领先。

——锚定打造“全域创新策源地”首位战略，全力创建“综合性国家科学中心核心区”。坚定不移走人才引领、创新驱动发展之路，坚持“四个面向”，服务“三大科创高地”建设，抢抓杭州城西科创大走廊、城东智造大走廊、G60科创大走廊建设等机遇，全域打造国际化高端“人才特区”，完善高能级产业平台体系，迭代升级大孵化器战略，推动重要科研机构、重点高等院校、重大科技平台和科研基础设施集群发展，优化创新创业创造生态系统，强化企业创新主体地位，支持龙头企业牵头组建创新联合体和公共技术平台，全力攻坚前沿科技和“卡脖子”技术，努力向科技创新“无人区”进军，在创建综合性国家科学中心过程中发挥好核心引领、示范带动作用。

——丰富建设“全域美丽大花园”内涵实质，全力创建“全国共同富裕示范先行区”。坚决贯彻省委十四届九次全会决策部署，全面落实《浙江高质量发展建设共同富裕示范区实施方案（2021—2025年）》，自觉践行以人民为中心的发展思想，着眼人的全面发展和社会全面进步，不断丰富“自然生态与人文环境、现代都市与田园乡村、历史文化与现代文明相生相融发展模式”的内涵，统筹乡村振兴和城乡融合发展，积极拓宽“绿水青山就是金山银山”转化通道，加快推进未来社区、乡村新社区等共同富裕现代化基本单元建设，着力补齐公共服务短板，持续改善群众生活品质，鼓励城乡居民通过创新创业实现创收创富，进一步缩小城乡和收入差距，不断实现人民对美好生活的向往，努力在高质量发展建设共同富裕示范区进程中走在前列。

——围绕实现“全域治理现代化”再上台阶，全力创建“全面数字化改革引领区”。顺应数字时代发展潮流，抢抓数字技术产业变革机遇，坚持以数字化引领、撬动、赋能现代化建设，落实全省数字化改革“152”工作体系，以多跨场景应用为抓手，整体驱动治理理念、治理机制、治理工具、治理手段、治理方法等全方位、系统性、重塑性变革，推动区域治理适应生产力变革、社会关系调整，率先形成与数字变革时代相适应的生产方式、生活方式、治理方式，努力通过数字化改革扩大区域竞争先发优势。

（二）聚焦高质量发展，确立“可持续、快发展”目标。未来五年是余杭在全面建成小康社会基础上更进一步开启全面建设社会主义现代化新征程的关键时期。我们要切实发挥好目标导向的指南针作用，首先要完成好“十四五”规划目标，确保到2025年，为基本实现高水平社会主义现代化开好局、起好步。具体要做到“六个走在前列”：

——经济发展硬实力走在前列。创新驱动经济高质量发展成效显著，全区生产总值年均增长6.5%以上，力争突破3100亿元，财政总收入达900亿元。产业结构持续优化，数字经济核心产业增加值年均增长8%，服务业增加值年均增长7.5%，规上工业增加值年均增长6%，高新技术产业增加值占规模工业增加值比重不断提升。

——创新策源带动力走在前列。科技创新策源能力达到世界先进水平，全区研究与试验发展经费占生产总值比重达到4.5%，基础研究占研发支出比重稳步提升，国家高新技术企业达到2500家，科技型中小企业达到5000家，上市企业达到60家，省级以上孵化器达到20个，每万人发明专利拥有量达到45件，人才总量达到50万人。

——文化文明影响力走在前列。实证中华5000多年文明史的良渚古城遗址得到精心守护，大运河文化得到更好保护传承利用，两大世界遗产综合带动效应不断放大，打响径山文化品牌，市民道德文化素质和社会文明程度全面提升，文化事业更加繁荣，文化设施更加完备，文化产业更加发达，文化形象更加鲜明，文化生活更加丰富。

——美好生活幸福力走在前列。人民群众的高品质生活需要和全生命周期需求得到充分满足，生产生活方式全面绿色转型，围绕“幼有善育、学有优教、劳有厚得、病有良医、老有颐养、住有安居、弱有众扶”，提升公共服务供给水平，确保居民人均可支配收入增长与经济增长基本同步，中等收入群体为主的橄榄型社会结构基本形成，共同富裕率先取得实质性重大进展。

——区域治理引领力走在前列。共建共治共享的社会治理体系更加完善，民主法治更加健全，数字治理不断创新，“整体智治、唯实惟先”的现代政府基本形成。重大风险防范、防灾减灾救灾能力显著增强，现代应急体系基本建成，发展安全保障更加有力。国土空间开发保护格局得到优化，生态环境质量不断改善。

——改革开放驱动力走在前列。以数字化改革牵引全面深化改革，努力营造一流营商环境，基本建成高标准市场体系，市场活力、社会活力充分激发，全力建设全国改革创新先行区。国际化开放水平全国领先，集聚配置全球资源要素能力大幅提升，举办更多国际赛事和国际科技文化交流等活动。实际利用外资、货物贸易进出口总额等主要指标稳步增长。

在此基础上，我们接续奋斗，确保2026年十五届区委届满时，地区生产总值达到3300亿元，数字经济核心产业增加值达到2600亿元，财政总收入达到970亿元，完成上级下达节能减排任务，以先行示范标准推动碳达峰迈出坚实步伐；确保到2035年，经济社会发展全面领先，创新驱动力全面提升，新型智慧城市全面建设，文化软实力全面增强，高品质生活全面创造，环境质量全面改善，全面从严治党得到整体提升，基本实现高水平社会主义现代化，成为名副其实的全省建设“重要窗口”排头兵。

（三）建设高能级城区，形成“一廊一轴、一心三片”格局。抢抓行政区划调整后区域空间重构的机遇，在“多规融合”的国土空间“一张图”中，科学划定生态保护、文物保护、永久基本农田和城镇开发边界“四条线”，健全完善区域协调、城乡一体发展机制，优化重大基础设施、重大生产力和公共资源布局，提升资源、环境、经济和人口承载力。

——服务科创大走廊建设，辐射带动区域创新发展。借力云城发展，强化未来科技城重大科技设施、人才等要素集聚，通过文一西路、天目山路、留祥路，以及地铁5、16号线和机场快线等东西向综合交通走廊，西溪湿地、梦溪水乡、南湖等湿地湖链风景廊道，有机串联生态、科创、产业、生活、文化空间，打造杭州城西科创大走廊核心区，辐射带动良渚新城、钱江经济开发区和周边地区，构建产学研紧密协同、产城人高度融合的创新发展“金腰带”。

——推进千年发展轴建设，打造集中展示“重要窗口”。结合城西科创大走廊南北两翼拓展联动发展，加快推进瓶仓大道—运溪路、凤都路—良睦路等南北向交通主轴的提升和建设，串联良渚古城遗址、中国（杭州）航空科技小镇、云城核心区域、未来科技城中央公园，共同打造古城与新城辉映、历史与现代交汇、文化与科技融合的发展空间，成为集中展示未来城市样板地、未来科技策源地、未来产业引领地的“重要窗口”，集中展示践行创新、协调、绿色、开放、共享的新发展理念成果的“重要窗口”，集中展示全面真实古代中国和现代中国的“重要窗口”。

——加快区域新中心建设，着力补强城市核心功能。联动未来科技城和云城核心区域，打造规划范围约70平方公里的城市核心区。贯彻“公园城市”理念，联动人与自然、城市与田园、科技与生活，聚焦“创新＋枢纽＋商务＋公共服务”复合功能，对标世界一流打造未来科技文化中心、城西高铁枢纽中心等区块地标建筑群，着力引进世界500强、国企央企、行业头部企业设立研发、销售总部，建设超级总部基地；完善核心区内部以及连接周边地区道路交通体系，加快国际化高端公共服务配套设施规划建设，提升城市门户形象，强化中央活动区功能，高标准打造全区科创中心、经济中心和行政中心，同步建设成为杭州城市级新中心。

——科学统筹三片区建设，确保区域均衡协调发展。城西片包括未来科技城、云城余杭区块，以及余杭、闲林、仓前、中泰、五常五个街道，发挥海创园、梦想小镇、人工智能小镇、5G创新园、区块链产业园等创新平台和名校名企名院资源集聚优势，重点建好之江、湖畔、良渚三大实验室和未来科技文化中心、城西高铁枢纽中心、南湖科学中心，大力发展以数字经济和生命健康为核心的未来产业，加快实现“城西腾飞”。东部片包括良渚遗址管理区、良渚新城、钱江经济开发区，以及良渚、仁和两个街道和瓶窑镇部分区域，依托良渚古城遗址、中法航空大学、中国美院良渚校区、梦栖小镇、浙大先进电气装备创新中心等历史文化、高校和创新平台资源集聚优势，着力打造中华文明朝圣地和文旅融合新引擎，加快建设良渚新城中央商务区，推进钱江经济开发区“南联东进”，深化瓶窑省级小城市培育，全力推动数字文化、生命健康、新材料、新装备、新能源、航空科技、电子信息等产业发展，加快实现“东部兴盛”。西部片包括径山、黄湖、鸬鸟、百丈四个镇，以及余杭街道、瓶窑镇部分区域，以全域景区化为目标，启动大径山省级旅游度假区创建，依托国家现代农业产业园，大力发展数字农业、绿色金融、工厂化农业、田园综合体、大健康产业等美丽经济和现代科技农业，打造成为创新创业企业和人才的后花园，加快实现“西部富美”。

三、聚焦新发展，提升综合能级，我们要建设一流中心城区

未来五年，要实现新目标、新发展、新跨越，必须要有大视野、大格局、大担当，以世界一流的标准、世界一流的业绩、世界一流的胸襟和气魄，努力成为世界一流的现代化国际大都市中心城区，把高水平建设创新余杭、品质之区、文明圣地，聚焦到提升城市综合能级上来。

（一）坚持人才引领、资源融合，提升创新策源能级。积极参与科技创新的新型举国体制，推动有效市场和有为政府更好结合，强化企业创新主体地位，集聚整合创新资源，把政府、市场、社会等各方面力量拧成一股绳，形成推进科技创新的强大合力。一是要打造国际化高端“人才特区”。围绕打造全球人才蓄水池，加快构建“热带雨林式”人才生态。落实“鲲鹏行动”计划，制定中长期人才发展规划和紧缺人才引培清单，实施“未来之星”百千万计划，用好校地合作联盟、创新创业大赛、梦溪论坛等载体，着力引进一批全球顶尖人才和创新团队。加强应用型、技能型人才培养，不断壮大高水平工程师和高技能人才队伍。深化人才发展体制机制改革，贯彻“我负责阳光雨露、你负责茁壮成长”理念，健全薪酬福利、子女教育、社会保障、住房保障、税收优惠等制度，全域布局人才创新创业服务综合体，优化人力资源市场配置，加快浙江人才大厦建设，完善国际社区、国际学校、国际医院等生活设施配套，为海内外高层次人才提供具有国际竞争力和吸引力的工作生活环境。大力弘扬科学家精神和工匠精神，形成热爱科学、崇尚创新的浓厚社会氛围。二是要推进多元化创新载体建设。围绕创建“综合性国家科学中心核心区”目标，全力支持之江实验室打造成世界一流的智能计算国家实验室，加快湖畔实验室、良渚实验室、超重力大科学装置、多维超级感知、社会治理大数据与模拟推演等重大科研基础设施建设，打造国家、省重点实验室和大科学装置集群。深入实施“名校名院名所”工程，推动清华大学、浙江大学、西湖大学、中法航空大学等高校与区内龙头企业共建联合研究院，协同参与重大科技攻关专项“揭榜挂帅”。提升企业技术创新能力，引导鼓励企业加大研发投入，实现规模以上工业企业研发活动、研发机构、发明专利全覆盖。三是要促进科技成果产业化落地。围绕构建“产学研用金、才政介美云”高

效协同联动机制，打造“原创科技—研发中试—成果孵化—产业化”全创新链。充分发挥“1＋N”知识产权服务平台体系和杭州知识产权法庭（未来科技城）巡回审判庭等作用，切实强化知识产权保护。健全科技服务与成果转化机制，依托浙江（杭州）知识产权创新产业园等平台，促进科技成果资本化产业化，运用政府采购政策加大对首台（套）、首批次创新产品和服务的支持力度。鼓励发展天使投资、创业投资，积极引进国内外顶尖投资机构，更好发挥产业基金作用，深化与上交所、深交所战略合作，支持成长型创新创业企业赴科创板、创业板上市融资。

（二）坚持两轮驱动、多链融合，提升产业发展能级。深入实施数字经济“一号工程”2.0版和“新制造业计划”，聚焦产业基础高级化、产业链现代化，优化创新链、人才链、资金链、政策链配置，加快构建实体经济、科技创新、现代金融、人力资源协同发展的现代产业体系。一是要打造“三高地一基地”，抢占产业高质量发展先机。坚持数字产业化和产业数字化双向发力，培育壮大人工智能、区块链、集成电路、5G物联网、高端软件等数字产业，深入实施“上云用数赋智”行动，积极培育“未来工厂”“灯塔工厂”，促进平台经济规范健康持续发展，打造全球数字经济创新高地；聚焦创新药物研发、先进医疗设备及器械制造、医学健康服务等产业，依托中国（杭州）数字·健康小镇、良渚生命科技小镇等产学研平台和创新药物成药性评价等公共技术服务平台，优化生命健康创新创业生态，打造全球生物医药研发高地；以创建新一代人工智能创新发展试验区核心区、国家民用无人驾驶航空试验区核心区等为契机，聚焦航空航天装备、前沿新材料、量子信息、未来网络、网络安全等战略性新兴产业，实施未来产业孵化与加速计划，打造全球未来新兴产业发展高地；以阿里全球总部、中电海康总部、vivo全球AI总部、OPPO全球移动终端研发总部、字节跳动杭州（余杭）研发中心等为标杆，发挥海内外重点城市招商中心、人才驿站作用，大力招引研发总部和人才团队项目，打造全球科技企业和顶尖人才创新研发总部基地。二是要突出“高新特专”导向，完善高能级产业平台体系。未来科技城、良渚新城、钱江经济开发区要对标全球先进，吸附汇聚高端要素，打造产业发达、产城融合、环境优美的产业创新高地。完善特色小镇梯度培育机制，以“产业更特、创新更强、功能更优、形态更美、机制更活、辐射更广”为目标，打造特色小镇2.0版。探索政府主导、企业自主和市场参与等存量空间提升模式，推进镇街工业园区转型升级，通过“整片规划、整片打造、整片开发”，建设一批专业园区、特色基地，为企业转型升级提供空间，同时承接服务区级产业平台孵化项目中试、加速、产业化和上市募投项目建设。迭代升级大孵化器战略，未来五年全区孵化器载体物理空间达到1000万平方米以上。三是要深化营商环境建设，持续引培大好高产业项目。不断优化市场化法治化国际化营商环境，迭代升级“小巨人”、制造业单项冠军、隐形冠军以及上市企业、“双百”企业引培和国资国企改革等政策体系，加大“个转企、小升规、规改股、股上市”市场主体梯队培育力度。在切实保护耕地的同时，充分考虑重大产业平台、城市配套完善等需求，科学拓展城镇开发边界，积极争取更多建设用地空间，加强“云上供地”等要素保障举措适配实体经济发展。实施“融资畅通工程”，增强金融服务实体经济能力。全面落实“三服务”2.0版，构建亲清政商关系，弘扬企业家精神，促进民营企业高质量发展。全面融入新发展格局，着眼更高水平参与全球产业链价值链分工，持续用好“三大比拼”、季度“双集中”等行之有效的工作载体，聚焦“链主型”企业，落实“链长制”招引，实现“引进一个大项目、形成一个大产业、打造一个产业集群”目标，同时要积极引培一批铺天盖地的科技型中小企业。

（三）坚持传承弘扬、文旅融合，提升城市文化能级。围绕举旗帜、聚民心、育新人、兴文化、展形象的使命任务，全面打造物质文明与精神文明相互协调、历史文化与现代文明赓续传承、文化事业与文化产业共同繁荣的文化文明高地，不断提升余杭文化软实力、影响力和竞争力。一是要引领文化文明建设新风尚。坚持守正创新，强化理论传播阵地和学习宣讲平台建设，推动学习贯彻习近平新时代中国特色社会主义思想走深走心走实。大力弘扬红船精神、浙江精神、良渚古城遗址“申遗精神”、“双创”活动周服务保障“86天精神”，依托仁和中共西镇区委旧址、鸬鸟余杭抗日战争纪念馆、仓前“四无”粮仓、五常“五九批示”纪念馆、径山小古城村等红色文化基地，推动理想信念教育常态化制度化开展。持续推进社会主义核心价值观落细落实落地，深入开展文明单位、文明村镇、文明校园、文明家庭等系列创建，以及“余杭好家风”“道德模范”和“最美”系列选树活动，引导群众在深化全民阅读、垃圾分类、礼让斑马线等细微处见涵养、显文化，进一步增强文明意识、提高文化素养、养成文明习惯。二是要推动文化品牌焕发新魅力。不断做强良渚、运河、径山三大文化IP，协同良渚国家文化公园和大运河国家文化公园规划建设，放大两大世界遗产叠加效应，持续办好“杭州良渚日”“径山禅宗祖庭文化论坛”等活动，深入挖掘苕溪文化资源，推进“城市记忆工程”、非遗保护工程，突出以现代科技赋能文化传承创新，打造中华文化展示地。深入实施文化惠民工程、文艺精品工程，加快建设国家版本馆杭州分馆、良渚文化艺术走廊、“五馆一中心”等重大文化地标和公共文化设施，整合文化礼堂、文化家园等载体开展丰富多彩的文化活动，让群众在家门口处处都能享受文化滋养。三是要塑造文化产业发展新优势。实施文化产业数字化战略，大力发展新型文化企业、文化业态、文化消费模式，壮大数字内容、设计服务、创意生活等文化产业，谋划建设中国（杭州）数字文化小镇，打造艺术和生活、文化和科技相互融合的文创产业功能区。用好余杭“文旅融合指数”，实施文旅“1010”工程，推进水乡人文、禅茶竹海、科创休闲、世遗非遗等资源串珠成链，高质量打造全国文旅融合样板区。

（四）坚持以民为本、三生融合，提升配套支撑能级。聚焦人民对美好生活的向往，强化高质量发展导向、问题导向、民生导向，对标生态、生活、生产三生融合的要求，统筹推进靓城行动“1466”计划和西部富美“1355”行动，优化公共产品供给，积极探索建设共同富裕美好社会。一是要展现生态环境之美。开展环境大提升攻坚行动，积极争创国家生态文明建设示范区，推进碳达峰碳中和工作，加快绿色低碳发展方式转型。实施蓝天、碧水、净土、清废、治塑等行动，深化“清新空气示范区”“污水零直排区”“无废城市”创建，强化土壤环境分类分级污染防治。实施“万顷湿地、万里碧水”工程，加强湿地资源保护利用，用好岸线资源建设亲水空间，打造湿地水城典范。开展空间大优化攻坚行动，加快推进城市核心区建设，统筹城镇老旧小区改造、未来社区“三化九场景”推进行动、“千村示范、万村整治”工程，有机串联美丽城市、美丽城镇、美丽乡村，实施“四好农村路”、风景线路、节点景观和绿道绿廊等提升工程，下好“绣花功夫”精细城市管理，加大违建拆除力度，着力改善城乡环境面貌。二是要打造生活品质之区。千方百计拓宽居民增收渠道，强化创业带就业，稳步提高劳动报酬占比，健全村级集体经济收入增长长效机制，强化村级集体经济富民惠民功能。实施“教育高质量发展奋进计划”，优化教育资源布局，全面提升各类教育发展水平，确保余杭教育“三年大变样、五年攀高峰”。深化“健康余杭”建设，优化医疗卫生资源配置，加强全人群、全生命周期健康管理，进一步健全公共卫生体系。高度关注“一老一小”，构建居家社区机构相协调、医养康养相结合的养老服务体系和高质量婴幼儿照护服务体系，完善公共体育、口袋公园、无障碍设施等建设，加快构建“15分钟公共服务圈”，打造友好型城市。坚持“房住不炒”，完善住房保障体系，推广“实物+货币”安置模式。健全就业保障、社会保险、社会救助、优抚安置、慈善事业等保障体系，牢牢守住民生底线。实施数字生活新服务行动，打造全国数字生活引领区。三是要夯实生产生活之基。开展配套大完善攻坚行动，统筹给排水、供电、供气、水利、环保等城市基础设施建设，加大地下空间、综合管廊、西险大塘防洪等工程建设力度，加快5G基站、新能源汽车充电桩、大数据中心、工业互联网等新型基础设施建设，构建布局完整、科学高效、适度超前、安全可靠的现代化基础设施体系。开展交通大发展攻坚行动，以高铁西站为核心，统筹推进地铁三、四期余杭段项目，以及中环、文一西路快速路、莫干山路快速路、留祥快速路西延、良祥路等一批国道、城市快速路、主干道路的规划建设，织密交通网、打通断头路，着力打造成为杭州外联内畅的重要城市门户枢纽。

（五）坚持整体智治、系统融合，提升综合治理能级。以数字化改革为引领，加快形成整体感知、科学决策、主动服务、高效运行、智能监管的新型治理形态、治理模式，推进区域治理体系和治理能力现代化。一是要强化整体智治，实现高效便民。打造党政机关整体智治“余杭样板”，加强数据获取、数据共享、系统集成，实现全局“一屏掌控”、政令“一键智达”、执行“一贯到底”、服务“一网通办”、监督“一览无余”。深化“数字政府”建设，聚焦“一件事”“网上办”“掌上办”，依托浙里办、浙政钉、亲清在线等优化政务服务流程，打造更高水平的“移动办事之区”“移动办公之区”。高水平运营大数据公司，积极发挥数字化改革企业联盟作用，迭代升级“数字资源超市”，建设一体化智能化公共数据平台。强化数据安全保障，切实保护政府、企业和个人的信息安全。二是要赋能平安建设，夯实和谐基础。提升平安建设精密智控水平，聚焦警源、安源、访源、诉源“四源治理”，实现由“经验决策”向“大数据决策”转变。坚持专群结合、群防群治，推进公安大数据智能化平台建设，提升社会治安立体化智能化防控水平，坚持线上线下联动，重拳打击网络电信诈骗等各类犯罪。深化安全监管“图码指数”、城市安全运行“CT”、交通安全“四色码”、健康码等数字技术在安全生产、防灾减灾、交通安全、公共卫生、食药安全等领域的运用，牢牢守住公共安全底线。建设社会治理综合服务“云上中心”，创新“社会矛盾风险智能预警处置”等应用场景，强化诉调对接，坚持用好领导包案化解等经验做法，确保实现矛盾纠纷源头防控和办理质效“双提升”、走访结构和信访生态“双优化”。三是要加强“四治融合”，创新基层治理。纵深推进“县乡一体、条抓块统”改革试点，建立健全党建统领“四治融合”的现代化基层治理体系。要夯实自治基石，坚持“众人的事情由众人商量”，助力乡村区域协同发展，深化“物居业网”四方联动，引导社会组织参与社会治理，打造“全域协商”品牌。要筑牢法治保障，深化法治余杭建设，完善“一网智治”数字法治体系，加大“互联网+普法”应用力度，实施好“法律援助惠民工程”，建设覆盖城乡、便捷高效、均等普惠、智慧精准的现代公共法律服务体系。要强化德治引领，注重发挥党员、乡贤等先进榜样作用，让好家风、好家规、好家训浸润乡里。要加快智治转型，推进“城市大脑”与“镇街小脑”“村社微脑”实时交互、基层事务“一体联动”，打通智治“最后一公里”。

四、展示新形象，坚持全面从严，我们要强化党建统领保障

党建是生产力，更是竞争力。开启新征程、实现新发展，党的领导是关键。我们要不断树牢党建是最大政绩的意识，坚决扛起管党治党责任，把全面从严治党贯穿于今后五年和现代化建设的全过程，为高水平建设创新余杭、品质之区、文明圣地提供坚强保障。

（一）发挥党委总揽全局、协调各方的领导核心作用，凝聚团结奋进的强大合力。坚持和完善党领导经济社会发展的体制机制，注重发挥党委议事协调机构职能作用，不断提高把方向、管大局、作决策、保落实的能力。全力支持人大、政府、政协、监委、法院、检察院依法依章程履行职能、开展工作。巩固和发展新时期爱国统一战线，加强对民族宗教人士、党外人士、新阶层人士、侨胞等的政治引领；健全和落实党管武装制度，深化双拥共建，加快军民深度融合发展；加强“数智群团”平台建设，更好发挥群团组织作为党联系广大群众的桥梁纽带作用，最大限度地凝聚社会各界的共识和力量推进改革发展，维护和谐稳定。

（二）坚持思想建党和制度治党紧密结合，激发干事创业的活力源泉。始终把思想政治建设摆在首位，持续巩固深化“不忘初心、牢记使命”主题教育成果，认真开展党史学习教育和庆祝建党100周年系列活动，教育引导广大党员干部从党史中汲取历史经验，坚定不移向党中央看齐，不断提高政治判断力、政治领悟力、政治执行力，增强“四个意识”、坚定“四个自信”、做到“两个维护”。坚持思想建党和制度治党一体谋划、一体部署、一体推进、

同向发力，健全完善党委（党组）理论学习中心组学习、巡听旁听、重大决策前理论学习等各项制度，不断开辟用习近平新时代中国特色社会主义思想武装头脑、指导实践、推动工作的新境界；坚持民主集中制，认真落实集体领导制度；严格执行《关于新形势下党内政治生活的若干准则》，着力增强党内政治生活的政治性、时代性、原则性、战斗性；全面落实党管意识形态工作责任制，不断提高网络空间综合治理的现代化水平，围绕全媒体深度融合发展打好舆论宣传主动仗、唱响“余杭好声音”，提振精气神、凝聚正能量。

（三）打造适应现代化建设需要的干部队伍，提升引领发展的能力素质。坚持新时代好干部标准，健全完善选人用人机制，着力打造一支政治过硬、领导现代化能力强的高素质专业化干部队伍。统筹行政区划调整后事业发展、班子建设和干部成长的新需要，树立“使用就是最好的培养”理念，注重在基层一线、吃劲岗位、重点项目中锻炼和选拔干部。拓宽干部来源渠道，通过开展优秀年轻干部综合选拔、中层干部跨单位跨地区交流，以及面向全国 C9 联盟高校、世界百强高校招聘专业紧缺型党政储备人才，持续优化干部结构、提升整体活力。继续用好“宇航先锋”链式培养、与知名高校合作培养等机制，提升党员干部推进现代化建设的新能力。坚持严管和厚爱结合、激励和约束并重，严格执行领导干部重大事项请示报告制度，健全完善考核评价和容错免责机制，落实落细干部关心关爱制度，不断激发广大党员干部创造性张力、排头兵意识，持续擦亮“守正创新、唯实争先、大气开放”的余杭干部品牌。推进党管人才体制机制创新，不断优化人才发展环境。

（四）确保政治属性和服务功能相统一，构建坚强有力的战斗堡垒。严格落实党建工作责任制，压紧压实各级党组织全面从严治党主体责任、党组织书记“第一责任人”责任，真正做到“用责任制管责任人、用责任人带一班人”。全面落实新时代规范村级组织运行二十条，持续推进村社班子整固、集体经济巩固、村社组织活动场所建设“三大提升行动”，不断建强村社干部队伍。深耕党建引领城市社区治理，做实党员联楼联户联企联铺“四联”工作，全面推进小区党组织建设。统筹抓好两新组织、园区、楼宇、市场、机关、国有企业等各领域党建，促进党的组织和党建工作有形有效覆盖。健全“民呼我为”为民办事长效机制，多把惠民的实事交给基层党组织去做，让办好事、办实事的过程成为基层党组织凝聚和引导群众的过程，成为党员干部树立形象、增加威信的过程。

（五）深入推进党风廉政建设，营造风清气正的政治生态。深化“清廉余杭”建设，不断完善党风廉政建设“党委主体责任、党委书记第一责任、班子成员‘一岗双责’、纪委监督责任”四责协同的工作机制。综合运用监督执纪“四种形态”，突出抓早抓小、防微杜渐，用纪律管住大多数。健全完善监督体系，加强对领导干部履行经济责任、自然资源资产责任等的审计监督，推动各类监督贯通协同。充分发挥巡视巡察作用，持续做好上级巡视、督察反馈问题整改，高水平推进区委巡察全覆盖。深入贯彻中央八项规定及其实施细则精神，持续纠治“四风”突出问题，严肃查纠“三不”行为，健全完善基层减负常态化机制。坚持严惩腐败无禁区、全覆盖、零容忍，保持惩治腐败高压态势，切实解决好群众身边的不正之风和腐败问题，加强反腐倡廉教育，一体推进不敢腐、不能腐、不想腐，着力营造干部清正、政府清廉、政治清明、社会清朗的良好生态。

各位代表、同志们，征程万里风正劲，重任千钧再奋蹄。新的蓝图鼓舞人心，新的使命催人奋进，新的征程任重道远。让我们更加紧密地团结在以习近平同志为核心的党中央周围，在省委、市委的坚强领导下，重整行装再出发，人人当好主人翁，以而今迈步从头越的豪气、奋发有为快发展的锐气、开拓进取勇创新的朝气，唯实惟先、善作善成，为高水平建设创新余杭、品质之区、文明圣地努力奋斗，以优异成绩庆祝中国共产党成立 100 周年！

中共杭州市余杭区第十四次代表大会以来工作总结

2021年6月18日

区第十四次党代会以来，面对复杂的宏观形势、激烈的区域竞争和繁重的发展任务，在党中央和省委、市委的坚强领导下，区委团结带领广大党员干部群众，始终高举习近平新时代中国特色社会主义思想伟大旗帜，忠实践行“八八战略”，围绕区第十四次党代会提出的“成为名副其实的全省榜样”战略定位，紧扣建设创新余杭、美丽余杭、文化余杭、平安余杭、幸福余杭“五大余杭”目标，聚焦全域创新策源地、全域美丽大花园、全域治理现代化“三个全域”建设，经济社会各项事业取得了历史性成就、实现了跨越式发展、走在了省市的前列。

一、强化定力抓落实，干成了一件又一件大事

始终将学懂弄通做实习近平新时代中国特色社会主义思想作为最大的政治任务，每当习近平总书记发表重要讲话，都第一时间通过区委常委会会议、区委理论学习中心组学习会、周三夜学、主题党日活动等载体传达学习，并联系党中央和省委、市委重大决策部署，对标对表抓落实，坚决做到“总书记有号令、上级有部署、余杭见行动”。认真贯彻习近平总书记关于良渚遗址保护和申遗等重要指示批示精神，圆满完成良渚古城遗址申遗和全国“双创”活动周服务保障两大国字号任务，打响了“中华文明圣地、创新活力之区”的城市品牌。深入贯彻习近平总书记考察浙江和杭州时的重要讲话精神，全力争当全省建设“重要窗口”排头兵。全面落实长三角一体化发展国家战略，着力打造杭州接轨大上海融入长三角的“桥头堡”，建成梦想小镇沪杭创新中心、合杭梦想小镇，增设余杭高铁站赴沪始发列车，与海宁签订全面战略合作协议，推动区域合作再上新台阶。全力打好“三大攻坚战”，网贷金融风险全面出清，3个东西部扶贫协作对口帮扶县全部如期“脱贫摘帽”，坚决做好中央生态环保督察反馈问题整改。打赢扫黑除恶专项斗争攻坚战，荣获全省成绩突出集体称号。落实乡村振兴战略，成功创建国家现代农业产业园，获评全省实施乡村振兴战略优秀单位。牢固树立大局意识，以强烈的责任担当推动省委、市委关于“四个强省”、城西科创大走廊建设、“最多跑一次”改革、数字化改革、“数智杭州·宜居天堂”建设等重大决策部署落实落地。

二、一张蓝图绘到底，实现了一次又一次跨越

坚定走人才引领、创新驱动发展之路，一任接着一任干、一年接着一年干，经济社会发展实现从跟跑到领跑的历史性跃迁。2017年以来财政总收入、地方财政收入总量全省双第一，2018年地区生产总值跃居全省首位，2020年一般公共预算收入首次超过昆山、登顶全国第一，经济总量从1000亿级跃升至3000亿级，2017年以来连续4年获得全市区（县市）综合考评第一。一是强化创新平台支撑。打造以国家级产业平台为龙头，以省级经济开发区、省级实验室、区级产业平台、特色小镇、产业园区、孵化器等为梯队的创新平台体系。余杭经济技术开发区跻身国家级经济开发区50强，未来科技城获国务院通报表彰，临平新城产城融合发展水平不断提升，良渚新城中央商务区建设加快推进，钱江经济开发区全力打造“最美开发区”。成功引进之江实验室、良渚实验室、湖畔实验室、超重力大科学装置、中法航空大学、中国美院良渚校区、浙江理工大学时尚学院等高校和科研重器，以及浙大高端装备研究院、

先进电气装备创新中心、基础医学创新研究院等一批科技创新平台，建成人工智能小镇、工业互联网小镇、数字·健康小镇、5G 创新园、区块链产业园等特色小镇和创新园区，梦想小镇、艺尚小镇和梦栖小镇先后成功命名省级特色小镇、数量全省第一。大力实施大孵化器战略，截至 2020 年底拥有孵化载体 167 个、物理空间 800.35 万平方米。二是夯实产业创新基础。全面实施数字经济“一号工程”和“新制造业计划”，截至 2020 年底数字经济核心产业增加值达到 1708 亿元，占生产总值比重为 56%。聚焦数字经济和生物医药等主导产业，持续开展双招双引、项目推进、三服务“三大比拼”和重大项目集中开工、集中签约季度“双集中”活动，确保了阿里云计算数据中心、vivo 全球 AI 总部、OPPO 全球移动终端研发总部、优必选全球总部（全国第二总部）、百联奥特莱斯、信达生物等重大项目签约落户和开工建设。加快数字经济赋能制造业发展，依托阿里云 supET 创新中心、中国工业互联网研究院浙江分院等创新平台，打造面向长三角地区的工业互联网产业集聚区，老板电器、春风动力、迅犀科技 3 家企业入选全省首批“未来工厂”，数量全省第一。落实“凤凰行动”计划和高新技术企业倍增计划，截至 2020 年底上市企业总量达 32 家，国家高新技术企业总量达 1773 家，夺得全省“科技创新鼎”。三是厚植人才资源优势。开展“人才特区”试点，打造“热带雨林式”人才创新创业生态，成立全国首个人才小贷公司，推出“人才创业险”“顶尖人才引育”新政，加快浙江人才大厦建设，启用国际人才港、国际人才园等平台，成功引进戴琼海院士、张伯礼院士领衔的创新实验室项目，截至 2020 年底累计引进海外高层次人才 5800 余名，其中国家级海外高层次人才 176 名，人才资源总量达 45 万人。

三、全力以赴优环境，蓄积了一波又一波动能

坚持全面融入主城发展不动摇，围绕加快实现“东部崛起、中部兴盛、城西腾飞、西部富美”，全力建设高能级大都市新区，逐步成为全省乃至全国最具吸引力的地区之一。一是城乡面貌不断改善。统筹推进靓城行动、美丽城镇、美丽乡村等建设，实施“六大西进”行动和靓城行动东部片区“1618”工程，实现城乡环境和百姓幸福指数双提升。坚持新城建设和老城改造同步、城市品质和镇村环境齐抓、精品建设和精细管理并重，未来科技城、临平新城、良渚新城等城市形象日新月异，余杭大剧院、临平山运动休闲公园、丰收湖公园等项目精彩亮相，塘栖、仓前、瓶窑 3 个镇街入选首批美丽城镇省级样板，获评全省小城镇环境综合整治工作先进单位、全省新时代美丽城镇建设优秀区（县、市）、全省新时代美丽乡村示范区（县、市）。完善城乡交通基础设施，加快推进高铁西站枢纽、运河二通道、东西向快速路、地铁轨道交通、快速路网五大百亿交通项目，新开通运营地铁轨道线路 3 条，“三路一环”快速路网建成通车，获评全省“四好农村路”示范区（县、市）和全省美丽经济交通走廊示范区（县、市）。二是生态环境不断提升。持续打好“五水共治”“五气共治”“五废共治”“三改一拆”“净土保卫战”等组合拳，九峰环境能源项目、临平净水厂等重大环境基础设施建成投用，治水工作三夺“大禹鼎”，PM2.5 等主要污染

梦栖小镇（摄于 2021 年）（杭州良渚新城管委会 供图）

物浓度持续下降，生活垃圾分类“余杭模式”获评省改革创新最佳实践案例，累计处置违法建筑2202.45万平方米，全面完成“低散乱”企业（作坊）淘汰整治任务，荣获“美丽浙江建设工作考核”优秀单位。三是服务环境不断优化。坚持以“最多跑一次”改革为牵引，着力打造国际一流营商环境，制定实施“全域创新66条”“营商环境60条”等政策，打造“移动办事之区”，探索长三角政务服务一体化“杭海通办”模式,实现跨区域异地事项“就地办理”。全面实施数字化改革，围绕“规定动作接得住、自选动作有创新、揭榜挂帅有余杭”要求，统筹推进全省数字化改革“152”工作体系落地，首创“数字资源超市”助力政府数字化转型和“城市大脑·余杭平台”建设。推进全省全面创新改革试验区建设，人才全生命周期服务等5项改革经验获《浙里改（领跑者）》刊登推广，数量全省第一，创新发展的软环境不断优化。

四、惠民利民增福祉，办好了一批又一批实事

始终坚持将新增财力三分之二以上用于保障和改善民生，持续打好重大民生项目建设硬仗，切实把改革发展红利转化为民生幸福指数。一是大力实施民生实事工程。切实办好回迁安置、老旧小区改造提升、既有住宅加装电梯、养老助餐等民生实事和“关键小事”，回迁安置居民1.48万户，改造提升老旧小区约111万平方米，既有住宅加装电梯惠及居民3000余户，居家养老服务（照料）中心总量达到217家。教育服务扩面提质，竣工学校项目100余个，获评全省首批教育强区（县、市）。浙大一院总部一期、区中医院、区三院迁建等项目建成投用，扎实推进“双下沉、两提升”，医共体建设获评全省成效明显区（县、市），户籍人口人均期望寿命提高到84.57岁。着力攻坚增收脱薄，全面消除村级经营性收入70万元以下的相对薄弱村。二是持续提升社会保障水平。不断完善就业、养老、医疗、住房、城乡低保、社会救助等保障体系。截至2020年底社会保险全民参保登记率达100%，城乡居民养老保险参保率达96.57%，全民医疗保险参保率达到99.20%。多渠道促进增收，城乡居民收入比居省市最低行列。建立健全退役军人服务保障体系，不断浓厚崇军、爱军、拥军氛围。落实人才保障住房政策，累计发放大学生及创业人员公租房补贴1.7亿元。针对家庭困难学生、因病致贫家庭、孤寡老人等困难群体，制定实施“三个不让”政策，筑牢民生保障底线。三是不断满足群众文化需求。深入开展社会主义核心价值观教育，扎实开展群众性精神文明创建活动，持续开展“最美余杭人”等先进典型选树，人文素质得到新的提升。精心守护良渚遗址这一实证中华5000多年文明史的圣地，办好“杭州良渚日”活动，大力推进大运河国家文化公园（余杭段）建设，保护传承利用径山文化、超山金石和梅花文化以及各级非物质文化遗产。统筹文化事业、文化产业和旅游业发展，中国民间文艺最高奖“山花奖”、中国曲艺最高奖“牡丹奖”等落户余杭，建成启用区融媒体中心，文创产业增加值总量连续8年蝉联全市第一，着力打造全国文旅融合样板区。高星级社区文化家园数量全市第一，农村文化礼堂实现全覆盖，亚运场馆项目主体完工。

五、攻坚克难保平安，战胜了一个又一个挑战

牢固树立大平安理念，始终强化底线思维，确保社会大局平安和谐稳定。平安考核从相对落后到连续3年进入全省前十位，2020年创造了全省第二的历史最好成绩，夺得“平安金鼎”，人民群众安全感明显增强。一是统筹战疫情促发展。坚决贯彻党中央和省委、市委决策部署，全力打好抗击新冠肺炎疫情的人民战争、总体战、阻击战。第一时间落实全省重大突发公共卫生事件一级响应要求，迅速建立并完善疫情防控指挥体系顶层设计，在全市最早设置主要交通检查卡点、最早实行小区封闭管理、最早出台“十项从严”管控措施。坚持群防群控，5.6万余名党员干部下沉一线，带动67.6万余名群众参与疫情防控。先研先试“余杭绿码”，为研发升级“健康码”提供余杭实践，首创“惠企政策集中兑现办公室”，开通专列、包机组

织员工返岗复工，在统筹疫情防控和经济社会发展的大战大考中经受住了考验。二是防范化解重大风险。建立健全重大决策风险评估机制，不断完善风险预警监测、及时处置、舆情应对等工作体系。落实重大不稳定因素区、镇街（部门）两级领导包案化解，乔司商城、闲林水库等一批历史遗留问题得到有效处置。坚持有效市场和有为政府协同发力，切实做好兴源环境等上市企业纾困解难工作。积极防御“利奇马”等台风和超长梅汛期，科学调度分洪泄洪，及时处置管涌险情，保障人民群众生命和财产安全。三是深化平安法治建设。积极探索矛盾纠纷调处化解“最多跑一地”，率先建成区级社会治理综合服务中心，全省现场会在余杭召开。加大电信网络侵财、黄赌毒等违法犯罪行为打处力度，不断完善社会治安立体防控体系建设。深入开展政法队伍教育整顿，推进扫黑除恶常态化。持续开展道路交通、建筑施工、消防安全等专项整治行动，安全生产事故起数、死亡人数持续下降，2020 年道路交通事故死亡人数首次控制在百人以内，创近 18 年新低。落实现代化法治体系建设要求，成功创建法治浙江（法治政府）示范区，运用法治思维和法治方式解决问题的能力不断提升。

六、全面从严强党建，营造了团结干事好氛围

始终把抓好党建作为最大的政绩，统筹抓好纪检、组织、宣传、统战、意识形态、党管武装等各领域党的建设，为高质量可持续快发展提供坚强政治保障，大党建考核连续 3 年全市第一。坚持把政治建设摆在首位，认真开展“两学一做”学习教育、“不忘初心、牢记使命”主题教育、党史学习教育和庆祝建党 100 周年系列活动，党员干部理想信念更加坚定。牢牢掌握意识形态工作领导权，理论宣讲“余杭好声音”创新做法在全国经验交流会上做典型发言。实施“宇航先锋”干部链式培养，面向全国“双一流”高校和世界百强名校招聘党政储备人才，打造高素质专业化干部队伍。不断夯实基层基础，落实“一肩挑”要求高质量完成村社组织换届，推动党建引领基层民主协商议事扩面提质，持续推进后进基层党组织整转，加强基层领头雁队伍建设，推动基层党建全面进步、全面过硬。驰而不息纠治“四风”，落实基层减负举措，持续深化纪检监察体制改革，扎实推进政治巡察，保持惩治腐败高压态势，着力打造“清廉余杭”。积极做好中央巡视配合和省委巡视反馈问题整改落实工作。充分发挥区委常委会作为全区各项事业的领导核心作用，支持人大、政府、政协、监委、法院、检察院等依法履职，切实加强对群团、党史、档案、党校、老干部、双拥、关心下一代等工作领导，增进与各民主党派、工商联和各界人士的合作共事，努力营造团结一致、干事创业的良好氛围。

区第十四次党代会以来所取得的成绩，最根本在于习近平总书记和党中央的举旗定向，靠的是省委、市委的坚强领导，离不开历届区委带领全区上下的接续奋斗。这些成绩也为行政区划调整后的余杭区、临平区高质量发展打下了坚实基础。

坚持高质量发展 统筹现代化建设
全力创建共同富裕示范先行区

——在区委十五届二次全体（扩大）会议上的报告

杭州市委常委、余杭区委书记 张振丰

2021年7月12日

这次全会的主要任务是，认真学习贯彻习近平总书记在庆祝中国共产党成立100周年大会上的重要讲话和中共中央、国务院《关于支持浙江高质量发展建设共同富裕示范区的意见》精神，全面落实党的十九届五中全会和省委十四届九次全会、市委十二届十二次全会、区第十五次党代会部署要求，总结上半年工作、布置下半年任务，进一步动员全区上下，以永无止境的追求干在实处、以要谋新篇的担当走在前列，坚持高质量发展、统筹现代化建设，全力创建共同富裕示范先行区。

一、强化政治定力，坚持统筹谋划抓重点，实现“十四五”开好局起好步

今年以来，庆祝建党100周年、党史学习教育、开局“十四五”、启动实施行政区划调整、区级提前换届等大事、要事、喜事汇集，全区广大党员干部坚决贯彻党中央和省委、市委决策部署，讲政治、顾大局、守纪律，统筹重大庆典护航、重要改革实施、重点工作推进，经济社会各项事业发展保持良好势头。重点做了三方面工作：

（一）精心组织开展党史学习教育，喜迎党的百年华诞。按照党中央和省委、市委统一部署，召开全区党史学习教育动员部署大会，组建专班推进工作实施，充分挖掘本地红色资源，打造“我在中华文明圣地学党史”等特色载体，举办重温习近平总书记关于良渚遗址重要批示精神理论研讨会，持续办好“杭州良渚日”活动。区领导以上率下开展“七个一”专题实践活动，带动全区分层分类分级开展研究式、体验式、互动式、情景式学习，努力争当学史明理、学史增信、学史崇德、学史力行示范生。精心组织建党100周年系列庆祝活动，线上线下结合开展“走向辉煌”等主题庆祝活动、“领航新征程”等网络宣传活动、“红色故事少年说”等群众性活动，携手临平区举办“同心向党谱华章”文艺晚会，制作播出《大浪淘沙》等文艺献礼精品，全区人民爱党爱国爱家乡的热情持续点燃，营造了庆祝建党100周年浓厚氛围。深入开展“办实事、解难题、减负担”暨“民呼我为”专题实践活动，动态办好“百件民生小事”，各级党组织和党员干部深

2021年7月12日，中共杭州市余杭区委十五届二次全体（扩大）会议召开
（区融媒体中心 供图）

入基层一线听意见、问需求、办实事，累计破解难题1.65万余件。圆满完成平安护航庆祝中国共产党成立100周年维稳安保任务，围绕“六个严防、三个确保”目标，按照“最严责任、最大力度、最实作风、最佳效果”要求，全面落实重大维稳安保等级响应，全面开展安全隐患大排查大整治专项行动，全面加强重点人、重点事、重点物、重点场所管理，实施信访积案攻坚专项行动，集中治理重复信访，涉及国家、省、市三级交办重复信访件综合化解率达99.6%。

（二）平稳有序推进行政区划调整，做到两手抓两不误。统筹行政区划调整和经济社会发展各项工作。与临平区建立行政区划调整联席会议制度、签订“六共促发展”战略合作协议，扎实推进机构设置、干部分流、资产划转等各项工作；有序完成区委、区纪委挂牌和新驻地搬迁；认真筹备区党代会和区“两会”，圆满完成区党代表、人大代表选举，顺利产生区政协委员。召开全区创新发展大会，成功举办全球人工智能技术大会、科技人才月等活动，创新设立“招才局”，持续造浓创新发展氛围。获得全省党政领导科技进步目标责任制考核、人才工作述职评议考核优秀单位，之江实验室、良渚实验室、湖畔实验室等11家单位的15项成果获省科学技术奖，夺得全省“科技创新鼎”。持续开展“三大比拼”和季度“双集中”活动，集中签约润丰能源、东方略总部等重大项目105个、总投资超450亿元，集中开工同花顺等重大项目45个、总投资345亿元，新增上市企业1家、另有5家企业通过发审会审核。扎实推进中央生态环保督察反馈问题整改，“浙江生态日”活动在我区成功举办。强化新冠肺炎疫情常态化防控，有序推进疫苗接种工作。统筹推进数字化改革、“县乡一体、条抓块统”改革等重大改革，“入学早知道”“一体化资源系统”等5个项目在全省成功揭榜挂帅。预计上半年地区生产总值达1160亿元、增长12%，财政总收入489.19亿元、地方财政收入247.47亿元，分别增长15.1%、14.68%，主要经济指标继续位居省市前列，经济发展实现“半年红”。

（三）圆满召开区第十五次党代会，绘好未来发展蓝图。按照省委、市委要求，提前开展区党代表换届选举工作，实现区党代表一次选举成功率、组织意图实现率、区领导满票率三个100%；顺利完成区第十五次党代会各项任务，实现区委委员、候补委员、纪委委员满票当选率三个100%，选举产生新一届区委、区纪委领导班子，营造了风清气正、心齐气顺的良好政治生态。根据行政区划调整后的区情实际，围绕区第十五次党代会确立的新定位新目标新要求，扎实开展区“十四五”规划和二〇三五年远景目标《纲要》编制工作，集思广益谋划未来发展蓝图。既重视战略谋划，又重视战术打法，研究制定并正逐个启动创新发展“翱翔计划”、数字化改革“创景计划”、靓城行动“1466”计划、西部富美“1355”计划和教育高质量发展奋进计划，各项工作都以“百米冲刺”的速度奔跑起来，站在新起点上的余杭展现了一派朝气蓬勃、热火朝天、蒸蒸日上的新气象。

二、强化系统观念，走好“十四五”第一程，做到共同富裕余杭示范先行

习近平总书记在庆祝中国共产党成立100周年大会上，系统阐述了“以史为鉴、开创未来”必须牢牢把握的“九个必须”经验启示和根本要求，其中之一就是“必须团结带领中国人民不断为美好生活而奋斗”。随着“十四五”开启全面建设社会主义现代化国家新征程，党和国家把促进全体人民共同富裕摆在更加重要的位置，我们要强化政治判断力、政治领悟力、政治执行力，向着这个目标更加积极有为地进行努力。

（一）正确认识干好“十四五”与推动共同富裕的内在联系。去年12月18日，区委十四届十二次全会审议通过了区委关于制定“十四五”规划和二〇三五年远景目标《建议》，由于行政区划调整这一重大改革，根据市委要求和行政区划调整后的区情实际，结合区第十五次党代会明确的新定位新目标新要求，重新制定我区“十四五”规划和二〇三五年远景目标《建议》，提交本次全会审议。同时，去年召开的党的十九届五中全会强调要“扎实推动共同富裕”，审议通过的中央关于制定“十四五”规划和二〇三五年远景目标《建议》

明确了“到二〇三五年，全体人民共同富裕取得更为明显的实质性进展”远景目标。今年全国“两会”政府工作报告将“持续增进民生福祉，扎实推动共同富裕”确定为实化量化“十四五”时期经济社会发展主要目标和重大任务之一，国家“十四五”规划和二〇三五年远景目标《纲要》提出“支持浙江高质量发展建设共同富裕示范区”，党中央和国务院还专门出台了《关于支持浙江高质量发展建设共同富裕示范区的意见》。省委扛起政治责任、强化使命担当，召开省委十四届九次全会贯彻党中央、国务院《意见》精神，专题研究部署全省高质量发展建设共同富裕示范区的各项工作；市委也专题召开十二届十二次全会贯彻中央和省委部署要求，提出要开创“大杭州、高质量、共富裕”发展新局，争当浙江高质量发展建设共同富裕示范区的城市范例。站在行政区划调整、经济社会发展开启新征程的历史起点上，我们要心怀“国之大者”、服务省市大局，按照省委“‘十四五’时期是共同富裕示范区建设的‘第一程’，是更宽领域更高层次转入创新驱动发展模式，实现高质量发展、竞争力提升、现代化先行的关键期”的重要判断，坚持系统观念，在“十四五”时期纷繁复杂工作任务中把握重点、抓住要害，聚焦共同富裕，努力做到“一子落而满盘活”，具体来说就是要忠实践行“八八战略”，勇当建设“重要窗口”排头兵，围绕建设共同富裕美好社会，全面细化落实各项目标任务，坚持高质量发展导向、问题导向、为民导向，以数字化、高端化、国际化、一体化、品质化“五化共促”为路径，深化“三个全域”建设，努力在改革创新、推动高质量发展上争当表率，在缩小区域差距、城乡差距、收入差距上争做示范，在率先实现共同富裕上走在前列，全力创建共同富裕示范先行区。为此，根据《浙江高质量发展建设共同富裕示范区实施方案（2021—2025年）》和《杭州争当浙江高质量发展建设共同富裕示范区城市范例的行动计划（2021—2025年）》，制定《余杭高质量发展建设共同富裕示范先行区实施方案（2021—2025年）》，提交本次全会审议。

（二）深刻理解创建共同富裕示范先行区的重要意义。实现共同富裕不仅是经济问题，而且是关系党的执政基础的重大政治问题。我们要把思想和行动统一到党中央和省委、市委决策部署上来，提高政治站位、强化发展担当、厚植为民情怀推动共同富裕示范先行区创建。首先，这是我们牢记嘱托、践行使命的政治自觉。习近平总书记指出“共同富裕是马克思主义的一个基本目标，也是自古以来我国人民的一个基本理想；是社会主义的本质要求，是我们党的重要使命。”在中国共产党成立100周年之际，党领导全国人民在中华大地上全面建成了小康社会，历史性地解决了绝对贫困问题，正带领着全国各族人民向着全面建成社会主义现代化强国的第二个百年奋斗目标奋进，提出了要“扎实推动共同富裕”，这是一场深刻社会变革，是中国特色社会主义迈向更高阶段的社会形态。在这个过程中，党中央、国务院赋予浙江高质量发展建设共同富裕示范区的光荣使命。作为“三个地”和“重要窗口”省会城市杭州的重要城区，余杭更加要有大局意识、担当意识，自加压力、奋勇争先，在全省高质量发展建设共同富裕示范区进程中先行先试、走在前列。其次，这是我们抢抓机遇、加快发展的战略之举。共同富裕是以高质量发展为基石的共同富裕。国家支持浙江高质量发展建设共同富裕示范区，给出了一系列政策“大礼包”，比如“支持布局科技基础设施和平台，建设创新策源地”“支持做优做强战略性新兴产业和未来产业，打响‘浙江制造’品牌”“支持推动农村一、二、三产业融合发展，建设农业现代化示范区”“支持加快线上线下消费双向深度融合”，等等，这些政策红利也是推动我区高质量可持续快发展的重大机遇。我们要借势发力、乘势而上，坚定不移推动人才引领、创新驱动发展，在全省建设“互联网+”、生命健康、新材料三大科创高地进程中，积极争取和布局国家、省重点实验室和大科学装置，全力打造国际化高端“人才特区”，高质量推进区级产业平台建设，深入实施大孵化器战略，持续建强数字经济和新制造业“双引擎”，奋力打造全球数字经济创新高地、全球生物医药研发高地、全球未来新兴产业发展高地、全球科技企业和顶尖人才创新研发总部基地，努力创建“综合性国家科学中心核心区”，为创建共同富裕示范先行区打下更加坚实的基础。第三，这是我们必须作答、务必答好的民生答卷。共同富裕归根结底还是要以群众的幸福感获得感满意度来检验。面对人民日益增长的美好生活需要和不平衡不充分的发展之间的矛盾，尽管我们下大力气不断提升人民生活品质，但依然存在许多民生短板问题。群众对改善教育惠民、养老服务、便民服务、交通出行等诉求强烈，优质民生资源供给与人民群众期盼还不匹配。这些问题是创建共同富裕示范先行区过程中必须攻坚的难点堵点，也是我们推进高质量发展可以提升的空间、挖掘的潜力所在，需要一件一件去解决、一项一项去提升，不断满足人民对美好生活的向往。

（三）精准把握创建共同富裕示范先行区的内涵要求。共同富裕是中国特色社会主义制度优越性的集中体现，要立足当前、着眼长远，统筹考虑需要和可能，尽力而为、量力而行，不吊高胃口、不搞“过头事”。共同富裕不是总量富裕、平均富裕，而是普遍富裕上的差别富裕；不是同时富裕、同步富裕，而是鼓励先富带后富、先富帮后富；不是物质富裕、精神贫瘠，而是高度协调的全面富裕。我们要让人民群众真真切切感受到共同富裕看得见、摸得着、真实可感，率先展现共同富裕美好社会的基本图景，为全市全省乃至全国贡献典型示范样板。在落实《余杭高质量发展建设共同富裕示范先行区实施方案（2021—2025年）》明确的“七个示范先行目标、七项争先举措”过程中，总的要把握六个方面要求：一是区域协调协同。围绕“一廊一轴、一心三片”空间新格局，推动新型城镇化和乡村振兴全面对接，以靓城行动“1466”计划为抓手整体提升城市现代化水平，以西部富美“1355”计划为抓手缩小城乡发展差距，加快形成“一廊”辐射、“一轴”串联、“一心”引领、“三片”共兴的城乡统筹协调、区域均衡协同发展格局，提升资源、环境、经济和人口承载力。同时，分类精准开展协作帮扶、对口支援、对口合作，为全市全省全国大局贡献力量。二是生活富裕富足。坚持创新驱动，提升经济发展质效，确保“居民收入增长和经济增长基本同步、劳动报酬提高和劳动生产率提高基本同步”，强化村级集体经济富民惠民功能，鼓励城乡居民通过创新创业实现创收创富，发挥慈善等第三次分配作用，完善低收入群体、困难群众兜底保障标准动态调整机制，着力缩小地区、城乡和收入差距，率先形成以中等收入群体为主体的橄榄型社会结构。三是精神自信自强。坚持“富口袋”和“富脑袋”并重，赓续红色基因、传承历史文脉、展现时代精神，用好红色文化资源深化理想信念教育，保护传承利用好良渚、运河、径山三大文化，大力弘扬良渚古城遗址“申遗精神”、“双创”活动周服务保障“86天精神”，践行社会主义核心价值观，注重家庭家教家风建设，构建友善诚信守法社会，实施文化惠民、文艺精品工程，不断丰富人民群众精神文化生活，加快实现市民素质和社会文明程度达到新高度。四是环境宜居宜业。按照先生态、后生活、再生产的“三生融合”理念，统筹山水林田湖草系统治理，深入打好治水治气治土治废治塑攻坚战，扎实推进碳达峰碳中和工作，打造湿地水城典范，推进未来社区、乡村新社区等共同富裕现代化基本单元建设，拓展绿水青山就是金山银山转化通道，不断践行自然生态与人文环境、现代都市与田园乡村、历史文化与现代文明相生相融发展模式。五是社会和谐和睦。坚持以数字化改革赋能治理方式优化、赋能治理体制完善、赋能治理能力提升，不断完善整体智治体系，深化平安余杭、法治余杭建设，切实增强重大风险防范、防灾减灾救灾、社会治安防控、公共安全应急保障等能力，健全党建统领下的自治、法治、德治、智治“四治融合”基层治理体系和“众人的事情由众人商量”基层民主协商制度，加快构建人人有责、人人尽责、人人享有的社会治理共同体。六是公共服务普及普惠。聚焦人民群众高品质生活需要和全生命周期需求，健全优质公共服务资源统筹共享机制，积极推进学前教育、公共卫生、养老照料、体育健身等15分钟公共服务圈建设，实施教育高质量发展奋进计划，深化“健康余杭”建设，完善住房市场体系、住房保障体系和公积金服务体系，切实解决好新市民、青年人等人群住房问题，确保实现“幼有善育、学有优教、劳有厚得、病有良医、老有颐养、住有安居、弱有众扶”。

三、强化干事导向，聚力关键性重点举措，苦干实干奋力夺取“全年红”

当前，各项工作千头万绪、任务繁重，但是抓发展一刻都不能停、抓改革一点都不能等、抓稳定一丝都不能松、抓民生一分都不能落，要坚持党建统领，深入开展“三大比拼”，持续推进攻坚破难，确保完成全年各项工作目标任务。这里着重就下半年必须抓紧抓实抓好的九方面工作作一强调。

（一）全面实施“五大计划”。创新发展“翱翔计划”、数字化改革“创景计划”、靓城行动“1466”计划、西部富美“1355”计划、教育高质量发展奋进计划“五大计划”是我们抓区第十五次党代会决策部署落实落地、推进扬优势补短板强弱项的战略抓手、关键招数。我们要坚持谋定而动，在加强前瞻性思考、战略性布局、全局性谋划的基础上，进一步把关键问题、核心任务、重大项目、重要举措弄清楚、想明白、琢磨透。前期，我们先后召开全区性大会对“翱翔计划”“创景计划”和靓城行动“1466”计划进行了专题部署，接下去还将发布西部富美“1355”计划和教育高质量发展奋进计划。全区各级各部门要牢固树立“定了就干、干就干好”的意识，要做局内人、不当旁观者，找准着力点、打好主动仗，干一件成一件形成“滚雪球”效应，造浓全区总动员、全员上跑道、全社会齐发力的浓厚干事创业氛围。

（二）深入开展“双招双引”。“双招双引”是经济工作的“生命线”、创新发展的“主战场”。要瞄准“三高地一基地”产业定位，聚焦“链主型”企业，落实“链长制”招引，靶向招引一批人才引领型、创新驱动型、产业带动型的产业链上下游优质项目，结合工业用地有机更新，迭代升级大孵化器战略，全面实施“翱翔计划·未来之源”行动，确保新增孵化物理空间150万平方米、力争180万平方米来保障引进项目落地，全力打造富有国际竞争力的产业集群。落实“鲲鹏行动”计划，全面实施“翱翔计划·未来之星”行动，加快推进浙江人才大厦、梦溪论坛等重要载体建设，提升人才创新创业全生命周期服务便利化水平，全力打造国际化高端“人才特区”。发扬“蚂蟥精神”和钉钉子精神，以时不我待的干劲、“虎口夺食”的拼劲主动出击、紧盯项目，雷打不动开展季度重大项目集中签约活动，持续造浓大招引大发展的良好氛围。

（三）全力攻坚项目建设。抓项目就是抓投资、抓投资就是抓发展。特别是针对我区固定资产投资“总量大、增速缓”的现状，平台、镇街和区级相关部门、国有公司要牢牢抓住项目建设这个“牛鼻子”，强化“站在未来看今天”的前瞻意识，围绕“十四五”重大发展战略、重大基础设施、重点发展产业、重点民生工程，及早谋划和储备一批投资规模大、科技含量高、带动能力强的项目，以项目谋划推进工作落实；强化“攻山头、打硬仗”的攻坚意识，坚持开展季度重大项目集中开工活动，着力攻坚年度“152”工程和省、市重点项目以及靓城行动“1466”计划明确的464个年度项目，聚焦投资结构性指标短板加强项目支撑，确保交通、高新技术产业、民间、生态环境和公共设施、工业五大结构性指标完成年度增长目标；强化“要素跟着项目走”的服务意识，抓好项目全生命周期管理，对招商引资项目特别是季度集中签约引进的重点项目，要主动提供“送政策上门”“现场办公”等服务，各级领导干部特别是“一把手”要集中精力盯紧重点项目、关键环节，及时发现、分析、解决问题，确保项目尽早落地建设、投产运行。

（四）落实落细“三服务”2.0版。聚焦高质量发展、高效能治理、高品质生活，升级服务理念，创新服务方法，拓展服务成果，服务企业要更加精准高效。贯彻“我负责阳光雨露、你负责茁壮成长”理念，全面落实“翱翔计划·未来之力”行动，在“全域创新66条”政策基础上，聚焦顶尖人才项目引育、独角兽和鲲鹏企业引育、重大科研载体和公共服务平台建设，动态调整优化产业扶持政策，做到惠企政策精准推送、应知尽知、应兑尽兑、应享尽享；全面落实“翱翔计划·未来之光”行动，构建产业发展最优资本生态圈，增强金融服务实体经济能力，落实“凤凰行动”计划，力争全年新增上市企业7家。服务基层要更加务实担当。以“县乡一体、条抓块统”改革为抓手，有效提高基层治理水平，服务基层促和谐；严格落实为基层减负规定，在剔除花拳绣腿、繁文缛节、表面文章上使狠劲，引导和激励基层干部把更多的精力放在真抓实干上、更多的智慧用在谋求发展上、更多的心思花在如何解决群众问题上。服务群众要更加用心用情。深入开展“办实事、解难题、减负担”暨“民呼我为”专题实践活动，加快建设“小事大情”感知系统，努力实现民生诉求一端掌控、民意指数一览无余、民意预警一键总揽，以为民办事的实际成效践行以人民为中心的发展思想。

（五）纵深推进数字化改革。贯彻落实省委打造全球数字变革高地的决策部署，以科技创新和数字化改革催生新的发展动能。深入实施数字经济“一号工程”2.0版，以“产业大脑＋未来工厂”为突破口赋能传统产业转型升级，积极培育壮大人工智能、区块链、集成电路、5G物联网、高端软件等数字产业，促进平台经济规范健康持续发展，打造全球数字经济创新高地。发挥数字化改革作为现代化建设和共同富裕“船”和“桥”的作用，推动共享数字红利，紧紧围绕共同富裕大场景，从解决群众社会生活的高频需求入手，全力推动“舒心育儿”等一批民有所需、民有所呼、民有所感的场景应用率先落地，注重解决“数字鸿沟”问题，面向老年人、残障人士等弱势群体推进相关服务的适应性改造，创造优质普惠的数字新生活。抓住城西科创大走廊全域探索建设“整体智治示范区”的机遇，以数字化引领、撬动、赋能现代化建设，率先形成与数字变革时代相适应的生产方式、生活方式、治理方式，全面赋能“未来城市样板地、未来科技策源地、未来产业引领地”建设。

（六）高水平编制“十四五”专项规划。这次全会审议通过区“十四五”规划和二〇三五年远景目标《建议》后，即将召开区“两会”审议通过区“十四五”规划和二〇三五年远景目标《纲要》，接下去各专项规划的编制是重中之重，直接关系我区“十四五”发展的成色。纵向上要上接天线、下接地气，既要加强与中央和省市专项规划的对接，找准与国家和省市重大发展战略的结合点、发力点；又要立足区情实际，广泛征求和吸纳各方面意见，集思广益增强规划的针对性、操作性和实效性。横向上要协同紧密、形成体系，准确把握《建议》精神和《纲要》总体要求，对标先进地区拓宽视野思路，各专项规划间做到既各有侧重、突出重点，又相互衔接、相互促进，形成逻辑紧密的规划体系，确保“十四五”目标任务能够

未来科技城夜景（摄于2021年）（倪明伟　摄）

落到实处、抓出实效。

（七）提升城乡建管水平。坚持高起点规划，围绕“一廊一轴、一心三片”空间新格局，加强城市总体设计和重点区块、重要轴线的城市设计，勾勒好城市天际线和建筑轮廓线，通过科学规划不断优化城市格局、丰富城市内涵、引领城市发展。坚持高标准建设，聚焦“一心”即城市核心区，加快推进未来科技文化中心、云城高铁枢纽中心、南湖科学中心等重点区块建设，启动实施梦溪水乡综保工程；统筹制定三个片区建设计划，加快建设良渚新城中央商务区、钱江经济开发区南部创新片区、中国（杭州）航空科技小镇、大径山省级旅游度假区，提升三大片区之间交通互联互通、产业协同创新水平。坚持高水平管理，结合“亚运城市行动”做精城市管理，大力开展基础环境整治，持续推进“污水零直排区”“无废城市”等创建，全域消除“脏乱差”现象，确保完成全年生活垃圾减量和资源化利用目标，以最大的力度、最快的速度实现余杭城乡环境面貌焕然一新。

（八）切实筑牢平安底线。平安工作无小事，要聚焦警源、安源、访源、诉源“四源治理”，切实巩固这几年平安余杭建设成效。充分发挥三级社会治理综合服务中心（信访超市）矛盾纠纷“一站化解”作用，努力实现“小事不出村、大事不出镇、矛盾不上交”。深入落实领导包案化解机制，持续攻坚信访积案、历史遗留问题和重大不稳定因素，全力维护社会和谐稳定。认真开展危化品、消防、安全生产、道路交通、城市地下隐患、食药卫生、文物安全等专项治理，深入排查、从严整治。全面推进网络空间法治化，坚决打击各类网络和电信诈骗违法犯罪活动。慎终如始绷紧新冠肺炎疫情防控这根弦，落实常态化疫情防控措施，继续做好疫苗接种工作。加强台风、强降雨等灾害综合监测预警，着力提升防灾减灾救灾能力，切实保障人民群众生命财产安全。

（九）强化党建统领保障。深入学习贯彻习近平总书记在庆祝中国共产党成立100周年大会上的重要讲话精神，持续开展党史学习教育，引领党员干部牢固树立政治理想、正确把握政治方向、坚定站稳政治立场，压紧压实各级党委（党组）主体责任，牢牢把握意识形态领导权话语权，切实增强“四个意识”、坚定“四个自信”、做到“两个维护”。坚持党的领导，认真做好区“两会”筹备和召开工作，平稳有序推进镇一级换届。继续实施好干部链式培养“宇航先锋计划”，统筹推进各领域党建，抓实党管人才工作。严格执行中央八项规定及其实施细则精神，驰而不息纠治“四风”，深入整治群众身边腐败和作风问题。切实做好中央、省委巡视反馈问题和省、市“七张问题清单”整改工作。推进统战工作创新发展，落实党管武装政治责任，切实加强党建带群团建设各项工作。同时，进一步发扬好广大党员干部在行政区划调整中展现出来的责任意识、奉献精神和政治品格，凝聚力量、凝聚人心、凝聚智慧，激发大家同心建设共同富裕示范先行区的创业激情。

同志们，星光不问赶路人，时代不负奋斗者。我们的党百年华诞风华正茂，带领全国人民向着第二个百年奋斗目标奋进；我们余杭经历重大改革调整，重整行装再出发开启“二次创业”的新征程。我们要始终与党同心、与人民同行、与时代同步，高举习近平新时代中国特色社会主义思想伟大旗帜，在党中央和省委、市委的坚强领导下，坚持高质量发展、统筹现代化建设，干好“十四五”、勇当排头兵，全力创建共同富裕示范先行区，努力为省市大局扛起余杭担当、贡献余杭力量！

深入学习贯彻党的十九届六中全会精神
纵深推进“创新余杭、品质之区、文明圣地”建设
奋力争当展示“重要窗口”和共同富裕示范区的排头兵

——在区委十五届五次全体（扩大）会议上的报告

杭州市委常委、余杭区委书记　刘　颖

2022年1月7日

这次全会的主要任务是，深入学习贯彻党的十九届六中全会精神和省委十四届十次全会、市委十二届十四次全会精神，回顾总结2021年工作，重点部署2022年任务，动员全区上下从党的百年奋斗历程中汲取智慧和力量，砥砺前行，接续奋斗，纵深推进“创新余杭、品质之区、文明圣地”建设，奋力争当展示“重要窗口”和共同富裕示范区的排头兵，以优异成绩迎接党的二十大胜利召开。

一、在重大历史进程和重大改革调整中开启新局，我们信心满满

2021年是余杭区发展史上极不平凡的一年。站在“两个一百年”的历史交汇点和建党百年的关键时期，余杭区经历了区划调整。面对错综复杂的宏观环境和压力叠加的多重挑战，区委常委会团结带领全区上下坚决贯彻习近平新时代中国特色社会主义思想，认真落实党中央和省委、市委决策部署，着眼发展大局，强化系统思维，以数字化改革为引领，统筹推进调区划、谋蓝图、促发展、惠民生、保平安、强党建等各项工作，开启了奋进“十四五”的新征程。重点抓好了三件大事：

一是认真开展党史学习教育，喜迎建党百年。围绕“学党史、悟思想、办实事、开新局”的要求，区委常委会以上率下落实学习教育制度，深入学习习近平总书记“七一”重要讲话精神。充分挖掘本地红色资源，打造“我在中华文明圣地学党史”等特色载体。深入开展“民呼我为”主题实践活动。精心组织庆祝建党百年系列活动。扎实开展六中全会精神“六讲六做”大宣讲活动，确保在余杭落地见效。

二是聚焦聚力平稳平安平静，完成区划调整。坚持大局至上，组建工作专班，落细实施方案，积极稳妥推进机构设置、人事安排、资产划转、新驻地搬迁等相关工作。成功召开区党代会和区“两会”。统筹干部合理配置，加强干部关心关爱，出台“真心六条”等暖心举措，加快实现思想融合、感情融合、工作融合，全力打造“干事创业好团队、和谐温暖大家庭”。

三是用心绘好未来发展蓝图，实现精彩开局。根据区划调整后的新形势、新要求，我们重新修编区“十四五”规划和二〇三五年远景目标纲要，锚定高水平建设“创新余杭、品质之区、文明圣地”，明确“一廊一轴、一心三片”空间新格局，编制数字经济、综合交通等重点专项规划。制定出台余杭区高质量发展建设共同富裕示范先行区实施方案，成立区委社会建设委员会。以“五大计划”为抓手，经济社会保持良好发展态势：预计全年地区生产总值增长7%左右，财政总收入745.3亿元，增长15.2%，一般公共预算收入375.7亿元，增长14.0%，上述三项经济总量指标均位居全市第一。

一年来的工作成效，主要体现在六个方面：

（一）强化“人才引领、创新驱动”，经济运行总体保持良好态势。围绕打造国际化高端“人才特区”，实施“未来之星”百千万人才引培计划，创新设立“招才局”，成功举办国际人才月等活动，新引进顶尖人才20名、领

2022年1月7日，中共杭州市余杭区委十五届五次全体（扩大）会议召开　（区融媒体中心　供图）

等3项改革创新获《竞跑者》录用；全省首个区级数智治理中心建成运行，一体化智能化公共数据平台考核全省第二、全市第一。稳步推进“县乡一体、条抓块统”改革试点，区级统筹力、部门保障力和镇街执行力有效提升。

（三）着眼“空间重构、生态优先”，城乡建设管理水平不断提升。根据区划调整后空间重构、资源调整的实际，及时抓好国土空间分区规划编制、生态保护红线划定等工作。启动未来科技城梦溪水乡、南湖综保工程和体育中心项目国际招标，推进良渚新城核心区综合提升，完善钱江经济开发区南片区规划。瓶窑镇连续三年获评省级小城市培育考核优秀单位，良渚、闲林街道获评美丽城镇省级样板，6个镇街获评美丽城镇市级样板。结合未来乡村建设，全面推进美丽乡村示范创建，守牢耕地红线，坚决制止耕地“非农化”“非粮化”。开展交通攻坚行动，运溪高架建成，轨道交通和快速路项目加快实施，成功创建“四好”农村路全国示范县。扎实推进“碳达峰碳中和”“林长制”改革和中央生态环保督察反馈问题整改等工作，持续打好“五水共治”“五气共治”“五废共治”组合拳，成功举办第十一个“浙江生态日”活动，获评国家生态文明建设示范区。

（四）聚焦“以民为本、人民至上”，民生福祉百姓口碑持续改善。全面完成年度民生实事项目。持续做好稳就业保就业工作，城镇登记失业率为2.59%。落实“双减”政策，实施教育高质量发展奋进计划，新投用教育项目23个。深化“健康余杭”建设，医共体余杭模式入选全国“紧密型县域医疗卫生共同体实践案例”。新增示范型居家养老服务（照料）中心25家，居家老年人送餐服务模式上升为省级地方标准。依托文化礼堂、文化家园等阵地丰富群众文化生活，获评全省农村文化礼堂建设示范区。浓厚“迎亚运”氛围，新建区级健身设施59处。加快推进回迁安置，竣工安置房75万平方米。良渚遗址入选国家“百年百大考古

军人才310名、院士专家级人才领衔项目10个，海外高层次人才总量达4955名，人才总量超30万名。创新策源能力持续增强，3家企业获国家科技进步奖二等奖，之江实验室、良渚实验室、湖畔实验室等11家单位15项成果获省科学技术奖，夺得全省“科技创新鼎”。中法航空大学、浙大超重力大科学装置等项目加快推进，中国美院良渚校区建成启用。人工智能小镇正式命名为省级特色小镇，“大孵化器”战略新增物理空间近160万平方米。坚持每季度“双集中”活动，集中签约强新科技等重大项目225个、总投资超1000亿元，集中开工字节跳动等重大项目95个、总投资超700亿元，其中钉钉总部等“152”项目全部开工。数字经济和新制造业“双引擎”进一步增强，预计全年实现数字经济核心产业增加值1600亿元，规上工业增加值增长15%。大力支持企业创新，新入选科技部公示国家级高新技术企业509家、数量全省第一，新增上市企业7家、总数达到22家。

（二）围绕“数字赋能、整体智治”，全面深化改革工作纵深推进。按照全省数字化改革“152”体系，完善区级顶层设计，8个项目入选省级揭榜挂帅名录，“城市CT”在全省数字化改革推进会上演示并被评为全省“最佳应用”，相关做法在《领跑者》刊登推广。“法治政府建设看评督”“数字政协”“清朗网络”等场景应用获省级领导批示肯定；“数智大市场”等20个应用场景上线运行；“合法性审查”

2021 年 12 月 17 日，良渚街道被评为新时代美丽城镇建设省级样板　（良渚街道　供图）

发现”和考古遗址保护展示优秀项目，大运河国家文化公园建设加快推进，成功举办第五届径山禅宗祖庭文化论坛，非遗发展指数评估位列全省第一。

（五）紧盯“守牢底线、平安建设”，和谐稳定治理基础更加扎实。坚决扛起保一方平安的政治责任，一体化推进平安余杭和法治余杭建设，获评平安中国建设示范县，并赴京接受表彰，受到习近平总书记亲切会见。压实“四方责任”，完善常态化疫情防控举措，落实新冠疫苗接种268.98万剂次，筑牢群体免疫屏障，高分交出“12·7”杭州突发疫情防控的大考答卷。圆满完成平安护航中国共产党成立100周年、六中全会等维稳安保任务，实施信访积案攻坚专项行动，强化“四源治理”，涉及国家和省市三级交办重复信访件综合化解率达99.75%。全面开展安全隐患大排查大整治专项行动，安全生产事故起数同比下降16.7%，道路交通全口径亡人数同比下降28%，成功防御“烟花”等超强台风。扎实推进政法队伍教育整顿，常态化开展扫黑除恶斗争，网络电信诈骗等新型犯罪得到有效遏制。持续提升法治余杭建设水平，高质量推进“共享法庭”建设，成功创建法治浙江示范区。

（六）坚持“全面从严、党建引领”，党的建设各项工作日益加强。扛起全面从严治党主体责任，扎实推进纪检监察、组织、宣传、意识形态、统一战线、群团组织、党管武装等各领域党的建设。意识形态工作责任制进一步落实。领导班子和干部队伍建设持续强化，干部发现储备、锻炼培养、选拔任用和管理监督全链条机制日益完善，区、镇两级换届工作圆满完成。大力实施“红色根脉强基工程”，创建全市首个跨镇域党建联盟，创新党员联楼联户联企联铺“四联”机制，获《人民日报》点赞。全力做好中央和省委巡视反馈问题、“七张问题清单”整改落实工作。纵深推进“清廉余杭”建设，围绕共富建设、数字化改革、区划调整等重大决策部署落实情况开展监督检查149次、查纠问题109个、问责6人；从严正风肃纪，严格落实中央八项规定精神，严肃整治“四风”及“三不”问题，查处案件81个、处理118人；保持反腐败高压态势，立案228件、党纪政务处分231人，留置10人，移送司法7人；充分发挥巡察“利剑”作用，实现十四届区委巡察届内全覆盖，启动十五届区委第一轮巡察，风清气正的政治生态持续优化。

同志们，过去一年成绩的取得，是党中央和省市党委政府正确领导、亲切关怀的结果，是区四套班子同心同德、凝心聚力的结果，是各镇街、村社和平台、部门克难攻坚、苦干实干的结果，是各位老领导、各民主党派、工商联、无党派人士、群众团体和辖区各企事业单位积极参与、大力支持的结果。在此，我代表中共余杭区委，向为余杭经济社会发展做出贡献的广大党员干部群众和社会各界，表示崇高的敬意和衷心的感谢！

在充分肯定成绩的同时，我们也清醒看到工作中存在的不足和挑战，主要表现在：追兵逼近，部分传统优势项目存在被赶超的忧患；

先进制造业的规模和质量有待提升；城市功能不够完善，基础设施相对滞后，城市管理精细化品质化需持续努力；教育、卫生、文化等社会公共服务与群众的期待还有较大差距；社会矛盾风险防控压力依然较大；少数干部的思想认识和能力水平与新使命、新要求还不相适应，干事热情和创业激情还需进一步激发。对此，我们一定要高度重视，采取有力举措切实加以解决。

二、从党的十九届六中全会精神中汲取智慧和力量，我们豪情满怀

党的十九届六中全会通过的决议，总结党的百年奋斗重大成就和历史经验，对实现第二个百年奋斗目标提出明确要求，是一篇马克思主义的纲领性文献，是新时代中国共产党人牢记初心使命、坚持和发展中国特色社会主义的政治宣言，是以史为鉴、开创未来、实现中华民族伟大复兴的行动指南。省委十四届十次全会和市委十二届十四次全会深入学习贯彻六中全会精神，向全省全市党员干部发出了坚定不移做“两个确立”忠诚拥护者、“两个维护”示范引领者的动员令。对此，我们要全面系统、准确完整把握六中全会的核心要义、精神实质、实践要求，联系余杭实际，深入思考余杭的现状和未来，从战略高度做大格局、从长远角度谋划全局，顺势而为、乘势而上。

一要对照实现第二个百年奋斗目标新的赶考之路来思考余杭。党的十九届六中全会指出：过去一百年，党向人民、向历史交出了一份优异答卷。现在，党团结带领中国人民又踏上了实现第二个百年奋斗目标新的赶考之路。2020年春天，习近平总书记亲临浙江考察调研并赋予浙江“努力成为新时代全面展示中国特色社会主义制度优越性的重要窗口”新目标新定位；去年，党中央又赋予浙江为全国实现共同富裕先行探路的新使命。这是总书记和党中央为浙江在新的赶考之路上定制的考题，也为新发展阶段浙江的高质量发展注入强劲动力。面对新时代的新答卷，余杭作为全省经济强区，有责任也有能力考出好成绩、展现新气象、担当新作为，争当展示“重要窗口”和共同富裕示范区的排头兵。

二要对照省市重大决策部署来思考余杭。省委提出深入学习贯彻六中全会精神，要全力放大新时代浙江干在实处、走在前列、勇立潮头的12个方面新优势，主动塑造变革性实践、突破性进展、标志性成果，其中强调要落实文化强省、人才强省、创新强省战略，加快推进杭州城西科创大走廊、国家实验室等重大平台建设。市委提出要积极推进文化兴盛行动，举全市之力推动城西科创大走廊更好更快发展，争创综合性国家科学中心。余杭作为实证中华五千多年文明史的圣地，城西科创大走廊最重要的一极，我们必须主动对标省市重大战略，抢抓重大机遇，扛起责任担当，在打响良渚文化牌、依托大走廊实现创新驱动发展等领域实现新跨越。

三要对照先进城区的发展经验来思考余杭。面对千帆竞发、百舸争流的新时代，我们必须强化“没有走在前列也是一种风险”的忧患意识，拉高标杆，敢于向好的学、与强的比、朝高的攀。比如深圳南山区坚持实施“总部研发＋高端制造”等战略举措，畅通科技成果高效转化通道，完善金融科技服务体系，全力保障产业发展空间，2020年地区生产总值超6500亿元，长期位居全国县域综合实力百强榜首位。这次行政区划调整后，主城区之间、省内兄弟城区之间，综合实力差距都在伯仲之间，稍有不慎我们就会被反超。

通过以上对照，我们来不得半点骄傲自满，必须时刻保持清醒头脑，对标对表中央、省市重大战略和先进标兵，从六个方面再来一次思想解放大讨论，进一步明形势、树标杆、拓思路、促发展，努力保持先进、争创一流：

一是思想再解放，必须破“经验主义、惯性思维”，立“改革攻坚、勇立潮头”，推动思想认识高起点。多年来，全区上下以一往无前的进取精神和继往开来的创新实践，发展日新月异，生活日益美好。但与争当展示“重要窗口”和共同富裕示范区排头兵的新要求相比，一些传统的思维模式已难以解决新矛盾新问题。有的同志把“惯例”当金科，奉“经验”为玉律，习惯于“我们以前就是这么干的”；有的同志缺少站在全局看现在的眼光，对区划调整之后余杭的阶段性特征把握不准、研究不深，提出的思路对策跟不上形势。面对新时代，我们一定要打破格式化的自我设限，要有“王侯将相，宁有种乎”的气势、“弄潮儿向涛头立”的冲劲，善于“无中生有”挖掘潜在资源，善于“点石成金”提升现有优势，善于“借势发力”巧用各方力量，把更多“这不行”“那不行”变为“怎样才行”“一定能行”，以思想大解放、观念大转变再探新路径、再创新优势。

二是思想再解放，必须破“昨日辉煌、曾经拥有”，立“做大格局、争创一流”，推动城区发展高水平。经过多年的发展，余杭各项事业取得了可喜进步，但与争当展示“重要窗口”和共同富裕示范区排头兵的新要求相比，我们没有任何理由自满，要进一步增强忧患意识、危机意识。比如，余杭这些年综合考评都是全市第一，平安创建、生态建设等全国性荣誉也很多。但是，在当前经历了区划调整后新的形势下，我们的传统强项是否能继续“涛声依旧”，会不会由“先发”变成“后进”？再比如，行政中心转移后，城西的产业平台变成了城市中心，如今的余杭城区发展之路怎么才能实现弯道超车？城区发展如逆水行舟，不进则退，小进也是退，余杭绝不能流连于“昨日辉煌”，必须来一场自我革命，以更广的视野、更宽的胸襟、更大的格局、更好的举措，跳出余杭看余杭、立足全局谋余杭。我们要打造一流的国际化现代城区，“一流”应当落实到各镇街、各部门、各行业、各领域，每个人都应该有这样的信心和姿态。大家要进一步增强发展的紧迫感和责任感，坚持一流的标准、实干的导向、前列的意识，紧密联系余杭实际，重点在做优平台、做强产业、做深融合、做好统筹、做精治理、做实民生等方面取得新突破，在推进余杭新一轮发展中争取更大的作为。

三是思想再解放，必须破“动力不足、亩产不高”，立“创新驱动、项目带动”，推动产业提升高质量。近年来，我们坚定不移地以经济建设为中心，全力推进新旧动能转换，做了不少有益探索。但与争当展示“重要窗口”和共同富裕示范区排头兵的新要求相比，我们在主导产业、项目支撑、投资结构、招大引强、企业服务等方面仍然存在着差距。当前，余杭虽处在全省经济发展的第一方阵，但是与宁波鄞州、北仑在经济总量、财政收入等方面差距日益缩小，甚至被反超。我们要清醒地看到，当下的余杭经济发展正面临“三期叠加”的态势：一是数字经济增长“平台期”，预计全年数字经济核心产业增加值增速仅3%左右。二是新兴发展动能“孕育期”，从新引进头部企业税收贡献看，尚有个培育过程，目前还无法挑起重担。三是产业转型升级“阵痛期”，尤其数字经济与新制造业“双引擎”亟须改变“软强硬弱”的局面。对此，要找准余杭的区位优势和方向路径，全力以赴稳增长，千方百计保增长，坚持规划引领、强化项目意识、推动产业集聚，尤其要进一步建强三大平台，并通过传统工业园区有机更新，提高亩均税收，大抓项目招引，带来一批企业、带动一个产业、带活一片区域。要清醒地认识到人才是创新的第一资源，坚持营造人才最优生态，广纳海外人才、厚植本土人才、集聚青年人才，高标准打造人才创新创业平台，优化提升人才服务举措，把人才、科技优势转化为创新优势、产业优势和发展优势。

四是思想再解放，必须破“服务短板、治理弱项”，立“全域推进、全面提升”，推动人民生活高品质。余杭作为人口密集的新兴城区，我们必须看到，虽然我们办了许多民生实事，赢得了各方点赞，但与争当展示“重要窗口”和共同富裕示范区排头兵的新要求相比，我们在公共服务供给、城市治理上还有许多薄弱环节。尤其是行政中心迁移后，余杭区的公共服务短缺现象显而易见，与群众对教育、医疗、养老等公共服务的品质要求还有很大距离；基层社会治理和数字化改革场景应用等方面也有待进一步深化，等等。我们要把人民群众对美好生活的向往作为工作的出发点和落脚点，积极回应群众新期待，从群众最关心的事情做起，从群众最不满意的地方改起，加快补齐公共服务短板，坚持办好民生实事，让生活更具智慧、治理更加科学、城市更有温度。

五是思想再解放，必须破“本领恐慌、能力危机”，立“学习为要、实绩为上”，推动干部队伍高素质。在新一轮发展中要抢占先机、走在前列，我们的党员干部手里必须要有几把“刷子”，掌握几门“硬功”，争当行家里手。

多年来，全区广大干部在推动经济社会发展的浪潮中摸爬滚打、历经风雨，积累了许多经验，这是我们做好今后工作的宝贵财富。但与争当展示“重要窗口”和共同富裕示范区排头兵的新要求相比，在这样一个知识“保质期”越来越短、能力“迭代率”越来越高的时代，有的干部表现出不适应，在推动工作中显得力不从心，老办法不管用、新办法不会用、硬办法不敢用、软办法不顶用。问题是时代的声音，出现“本领恐慌”不可怕，当“自身能力账户”余额不足时，大家一定要及时“充值”。我们余杭的干部要养成终身学习的习惯，既要向书本学习，也要向老同志学习、向基层群众学习、向专家学者学习、向国内外先进经验学习。要加强实践锻炼，唯有经风雨、见世面、受考验，才能在担当中历练、在尽责中成长，以硬本领和真把式，敢为、能为、善为。区委将一如既往地坚持鲜明的实绩导向，看干部优不优秀，就看他干了什么事、干成了多少事、干的事组织和群众认不认可，谁有本事谁来，谁有能力谁干，谁先干成谁先上，真正让干得出色、干出成绩的干部有舞台、有前途、有奔头。

六是思想再解放，必须破“坐而论道、畏难推诿”，立“抢抓机遇、立说立行”，推动工作落实高效能。毋庸置疑，余杭的干部关键时刻拉得出、冲得上、打得赢，这些年来交出了一份份精彩的答卷。我们开展比学赶超大比武活动，各镇街和部门都展示了良好风貌。但与争当展示“重要窗口”和共同富裕示范区排头兵的新要求相比，我们也要看到，仍然有些单位、有些干部的精神状态与所肩负的职责使命不够匹配。比如，个别干部安于现状、不思奋进，只求平安守成，不求建功立业；个别干部不敢担当、相互推诿，为了不出事、宁可少干事；个别干部光说不练、浮于表面，研究工作不深入、方法举措不精准。当前，我们肩负的任务艰巨，承担的使命光荣，需要各级党员干部有不一般的精神、不一般的干劲、不一般的担当。我们要时刻保持“开局就是决战、起步就是冲刺”的良好状态，要干就干好，要干就干成一流，推动余杭走在前列、再创辉煌。

我们要通过以上“三个对照”的思考和“六破六立”思想再解放，问出自信、问出干劲，问出思路、问出办法，问出方向、问出未来，问出一流的状态、问出必胜的决心，推动余杭各项工作开启新征程、再上新台阶，全力书写好新时代新答卷。为此，我们在奋进新的赶考之路上必须进一步强化六个意识：

（一）强化政治意识，坚定不移做“两个确立”的忠诚拥护者、“两个维护”的示范引领者。旗帜鲜明讲政治，切实增强拥护“两个确立”、做到“两个维护”的责任担当。要坚定政治信仰，深入学习习近平新时代中国特色社会主义思想，做到学思用贯通、知信行统一，坚定不移沿着习近平总书记指引的方向奋勇前行。要强化政治担当，胸怀“两个大局”，心怀“国之大者”，坚决贯彻习近平总书记重要指示批示精神和党中央决策部署，全面落实省委、市委工作要求，切实做到“总书记有号令、上级有部署、余杭见行动”。要提高政治判断力、政治领悟力、政治执行力，勤于学习、勇于实践、善于总结，全面提高把握新发展阶段、贯彻新发展理念、构建新发展格局的能力和水平。

（二）强化项目意识，坚定不移做“重要窗口”的优秀建设者、“八八战略”的忠实践行者。新时代推进高质量发展，项目建设是关键一招。项目是纲，纲举目张：项目是强实力的关键变量，余杭新一轮综合实力提升，靠的就是项目，大项目大发展，小项目小发展，没项目没发展，抓住了项目，就等于抓住了发展的关键。项目是争优势的根本途径，因为项目是摇钱树，今年不种树，来年不结果，没有新项目，只能吃老本，出不了新优势。项目是补短板的重要法宝，我们在产业发展、城市能级、环境治理、公共服务等方面的短板，都需要以项目为抓手，补到关键处，补出实效来。同时，项目是镜，照人长短：项目不会主动送上门来，项目的谋划、引进、落地、推进到最后产生效益，都是实打实、硬碰硬的过程，每一个环节都在考验着我们各级党员干部“想不想抓、愿不愿抓项目”的担当精神、“会不会抓、能不能抓项目”的综合素质、“敢不敢抓、真不真抓项目”的工作作风。

（三）强化创新意识，坚定不移做深化改革的攻坚开拓者、跨越发展的优势再造者。坚持创新驱动，是余杭近年来快速发展的最显著特征。面对新时代，我们依然要坚定不移走“人才引领、创新驱动”之路，落实人才强省、创新强省的首位战略，服务三大科创高地建设，聚焦基础研究、成果转化、产业创新、人才引培，加快推动重要科研机构、重点高等院校、重大科技平台和科研基础设施集群发展，完善高能级产业平台体系，打造国际化高端“人才特区”，不断优化创新创业生态系统。只要我们继续弘扬敢闯敢试、守正出新的改革创新精神，就一定能为争当展示“重要窗口”和共同富裕示范区排头兵提供不竭动能，注入新的活力。

（四）强化为民意识，坚定不移做共同富裕的先行探路者、民生福祉的不懈奋斗者。我们必须自觉践行以人民为中心的发展思想，统筹乡村振兴和城乡融合发展，积极拓宽“两山”转化通道，加快推进未来社区、未来乡村等共同富裕基本单元建设，努力在共富示范区建设中走在前列。要从群众最关心最直接的问题入手，围绕“幼有善育、学有优教、劳有厚得、病有良医、老有颐养、住有安居、弱有众扶”，全力办好各类民生实事，加快补齐公共服务短板，干一件像一件，干一件成一件，干一件让老百姓满意一件，使共富示范区的建设成果更多更公平惠及全区人民。

（五）强化文化意识，坚定不移做文明圣地的精心守护者、文化遗产的传承弘扬者。要强化文化担当，牢固树立“保护文物也是政绩”的理念，围绕打造中华文明朝圣地和中华文化展示地，切实做好“后申遗时代”良渚文化保护利用工作，把实证中华五千多年文明史的圣地保护好、守护好。要放大综合效应，加强对传统优秀文化资源、红色文化资源、名人文化资源、特色地域文化资源的保护和利用，守好“红色根脉”、传承文化基因。要建设文化强区，深入实施“红色根脉赓续、城市形象传播、历史文化传承、社会风尚引领、公共文化惠民、文艺精品攀峰”工程，彰显文化特征、厚重文化积淀、丰富文化表达、做大文化产业，让文化自信成为余杭发展的强大精神力量。

（六）强化争先意识，坚定不移做走在前列的奋进攀登者、勇立潮头的领先领跑者。余杭在新一轮发展中要抢占先机、走在前列，必须在全区上下进一步营造比学赶超、争先创优的浓厚氛围，通过赛马榜、现场会、“美丽余杭竞赛群”等载体，比谁速度快、比谁招数多、比谁成效好，引导全区干部群众进一步解放思想、凝心聚力，不争论、争时间，不评论、评业绩。要树立强烈的目标竞争意识，积极争做各个行业、各条战线的先进典型，当先锋、做样板。要干字当头、实干为先，以不服输、不甘平庸的志气，保持一流状态，坚持一流作风，好好干、加油干、努力干、拼命干，人人都是主角、处处都要争先，打造更多看得见、摸得着、感受得到的新成果。

三、在争当展示“重要窗口”和共同富裕示范区排头兵的赶考路上，我们坚持到底

2022 年是党的二十大召开之年，是北京冬奥会和杭州亚运会举办之年，省第十五次党代会、市第十三次党代会也将召开，做好今年工作具有十 分重要的意义。2022 年工作的总体要求是：高举习近平新时代中国特色社会主义思想伟大旗帜，深入贯彻落实党的十九届六中全会和中央经济工作会议精神以及省委全会和市委全会精神，坚持稳中求进工作总基调，强化党建引领，推进数字化改革，统筹疫情防控和经济社会发展，统筹发展和安全，聚焦打造面向世界、引领未来、服务全国、辐射全省的未来城市样板地、未来科技策源地、未来产业引领地，纵深推进“创新余杭、品质之区、文明圣地”建设，奋力争当展示“重要窗口”和共同富裕示范区排头兵，努力为省市发展大局贡献更大余杭力量。

新的一年主要预期目标：地区生产总值增长 7%，规模工业增加值增长 8%；财政总收入增长 10%，一般公共预算收入增长 10%；固定资产投资增长 7%；社会消费品零售总额增长 8%；R&D 经费支出相当于生产总值比例达到 4.15% 左右；城镇和农村居民人均可支配收入与经济增长同步。完成省、市下达的节能减排任务。具体要抓实“六大行动”：

（一）全力推进发展大比拼行动。坚持稳进提质，坚定不移走创新驱动发展之路，深入实施创新发展“翱翔计划”，以比学赶超、争创一流的劲头，努力在新一轮比拼中抢占先机、

赢得主动。一要系统性推进产业发展。产业导向要再聚焦，重点围绕打造全球数字经济创新高地、生物医药研发高地、未来产业发展高地、智能装备产业高地以及全球科技企业与顶尖人才创新研发总部基地“四高地一基地”，建强创新链产业链，实现集聚集约集群发展。产业质效要再提升，深入实施数字经济2.0版，坚持数字产业化与产业数字化协同发力，加快推进vivo全球AI总部、OPPO全球移动终端研发总部、杭州心血管医疗科技全球创新中心等重点产业项目，着力建设“未来工厂”，推动数字经济与实体经济深度融合。深化“亩均论英雄”改革，探索“供地”转“供楼”、“楼均论英雄”，推进“3655”梧桐计划，加快工业用地有机更新和传统工业园区转型升级，实现制造业“腾笼换鸟”“凤凰涅槃”。二要整体性提升平台能级。举全区之力建设城西科创大走廊核心区，依托之江实验室、良渚实验室、湖畔实验室、浙大超重力大科学装置、中法航空大学、北航创新研究院、浙江脑机交叉研究院（临港国家实验室浙江基地）等创新平台和高校院所集聚优势，争取更多科研重器落户余杭、更多科研成果就地转化，全力争创综合性国家科学中心核心区。推进三大平台产业错位、创新联动发展：未来科技城要聚焦发展新一代信息技术、生物医药、科技服务、总部经济等产业，确保省级高新区创建成功，并向国家级高新区迈进；良渚新城要聚焦数字文化、生命健康、总部经济“2＋1”产业定位，全力打造城北新中心、产业新高地；钱江经济开发区要以智能制造为主攻方向，大力发展新材料、新装备、新能源产业，全力创建长三角智能制造示范区、创新发展总部基地引领区。三要标志性招引重大项目。瞄准“大好高”，强化双招双引“一把手”工程，健全区领导带头招商、敲门招商和以商引商机制，聚焦世界500强、中国民营企业500强和中字头央企等头部企业，招引关联度高、带动力强的优质项目。加大土地招商力度，力争全年土地出让成交额超400亿元。坚持招商与招才并举、引资和引智并重，以人才招项目，以项目引人才，以资本兴产业。加强签约项目全周期管理，用好季度“双集中”机制，试行“拿地即开工”，全力以赴抓开工、抓进度、抓质量、抓投产，以项目带动有效投资，实现更有质量和效益的发展。四要机制性培育市场主体。精准政策供给，激发市场主体活力，提振企业信心，携手应对“需求收缩、供给冲击、预期转弱”三重压力。深入实施“凤凰行动”计划和科技企业“双倍增”行动计划，完善各类市场主体做大做强的引导机制，着力培育专精特新“小巨人”、制造业单项冠军和隐形冠军，不断壮大资本市场余杭板块，确保新增上市企业5家以上。持续打造一流营商环境，落实“三服务”“亲清直通车”2.0版，走访企业解决困难，及时兑现扶持资金，努力降低税费负担，不断增强企业根植余杭的信心。积极构建“亲、清”政商关系，进一步加大对民营经济的支持力度，让民营企业在余杭健康 成长。

（二）全力推进改革大攻坚行动。坚持以数字化改革引领撬动全方位系统性变革，推动改革更好对接发展所需、基层所盼、民心所向，服务经济社会发展大局。一要深入推进数字化改革。围绕数字化改革全面贯通、集成突破、集中展示之年总体目标，深入实施“创景计划”，全力争取试点项目，积极承接省市重大应用贯通落地，为全省数字化改革提供更多余杭经验、余杭方案。突出跑道竞跑，紧扣“1512”体系，聚焦多跨应用开发主战场，围绕提升党政机关整体智治等六大系统贯通度，把场景应用开发与流程再造、制度变革、机制完善协同起来，加快打造数字化改革标志性成果，努力领跑全市、竞跑全省。突出管用好用，聚焦群众高频需求和企业共性需求，增量开发一批让社会、企业、群众爱不释手的场景应用，着力打破数字壁垒、放大数字红利，提升人民群众参与感、体验感和获得感。二要持续深化重大改革试点。深化县域整体智治改革，构建区、镇街、村社三级数智治理体系，迭代升级“一中心四平台一网格”。深化“大综合一体化”行政执法改革，健全行政执法余杭方案，稳步形成“一支队伍管执法”的基层治理新格局。积极申报省市未来社区、未来乡村创建试点，强化数字赋能，全力打造全国“未来乡村实验区”。做好全省“浙里平安风险监测管理平台”试点建设工作。三要谋深抓实自身体制改革。坚持“全区一盘棋”，优化三大平台运行机制，进一步理顺平

杭州西站建设现场（摄于2021年）　　（区住建局　供图）

地铁3、4、10号线和5号线二期、机场快线、高铁西站枢纽，以及文一西路提升、留祥路西延、莫干山路高架等快速路，加快实施良睦路延伸、运溪高架匝道、杭州中环余杭段等项目，打通城市核心区和其他片区之间的交通“大动脉”。抓实项目推进，保障高铁西站南北综合体地标项目、双铁上盖TOD综合开发等云城重点项目，加快未来科技文化中心、南湖科学中心、良渚中央商务核心区建设。实施有机更新，提升改造老旧小区18.5万平方米。推进乡村振兴，深化农村一、二、三产业融合发展，守好粮食安全底线，确保完成4.3万亩耕地功能恢复，争创新时代美丽乡村标杆区。三要优化城市管理。坚持城市管理精细化、品质化、智慧化、国际化，深入实施“美丽杭州”创建暨“‘迎亚运’城市环境大整治、城市面貌大提升”长效管理行动，加快亚运场馆周边环境改造、良渚古城遗址迎亚运提升等重大项目，以主干道、入城口和交界区域等为重点，全面提升城市美化、序化、洁化、绿化、彩化、亮化水平，以城市新形象迎接亚运盛会。四要加强生态治理。深入践行“两山”理念，稳步推进“碳达峰碳中和”，率先创建一批低（零）碳镇街、村社、园区，推动生产方式、生活方式绿色低碳转型。实施蓝天、碧水、净土、清废、治塑等行动，深化“污水零直排区”“无废城市”创建，加大扬尘污染治理力度，启动仁和净水厂等污水处理设施建设，预防土壤环境污染，持续推进“垃圾革命”，巩固国家生态文明建设示范区创建成果。

台与部门、平台与镇街权责关系，加强部门对全区工作的统筹管理，突出平台的经济建设职能，让平台能够专注产业“轻装上阵”。优化镇街财政体制，坚持财权与事权相匹配原则，激励镇街发展税源经济，统筹城乡融合发展。优化产业政策体系，突出依法合规度、产业导向度、横向领先度、企业满意度、绩效评比度，让这些政策释放招商引资、安商稳商的黄金效应。积极稳妥推进国有企业体制改革。

（三）全力推进城区大提升行动。抢抓杭州亚运会重大机遇，深入实施靓城行动“1466”计划，加快从现状产业平台向都市新中心转变。一要统筹区域规划。坚持人口结构、产业发展、生态涵养、基础设施和公共服务一体考虑，生产布局、生活环境、生态空间一体安排，城市规划、建设、管理一体展开，科学划定“三区三线”，积极向上争取政策，为未来发展提供空间保障。完善《余杭未来城市及中心片区空间概念规划》《余杭区综合交通专项规划》等规划，努力实现多规融合、“一张图”全覆盖。编制湿地保护利用规划和“湿地水城”三年行动计划，做好余杭水文化文章，打造世界级“湿地水城”典范。二要建设美丽城乡。坚持交通先行，拉开城市框架，围绕区块之间打通、中心路网加密、公共交通优先的原则，确保建成

（四）全力推进民生大改善行动。始终把人民对美好生活的向往作为奋斗目标，聚焦群众急难愁盼问题，优化公共服务供给。一要坚持从无到有。坚持问题导向、需求导向，立足区情实际和群众所需，认真梳理教育、卫生、文化、养老等公共服务领域存在的短板，加快布局建设城市“标配”设施和“必设”机构，全力推进区公共卫生中心、“五馆一中心”等

重大项目。深化民生实事人大代表票决制，办好新一轮年度民生实事。二要坚持从少到多。注重在供给总量和人均占有量上实现新突破，加快推进教育高质量发展奋进计划，开工建设教育项目19个、竣工投用15个；保障浙大一院二期项目建设，建成投用良渚医院；高度关注“一老一小”，新增10家示范型居家养老服务（照料）中心，实现镇街未保站、村社未保点和儿童之家全覆盖。三要坚持从有到优。对照品质之区定位，推进公共服务优质化，让民生事业更有品位、更有质感。坚持减负和提质并重，加快名校集团化办学，大力实施名校、名师、名校长引育工程，努力打造优质均衡、人民满意的美好教育。深化医共体、医联体改革，大力引进医技人才，实现居民全生命周期健康服务管理。健全居家社区机构相协调、医养康养相结合的养老服务体系和高质量婴幼儿照护服务体系，完善公共体育、口袋公园、无障碍设施等建设，加快构建15分钟公共服务圈，打造友好型城市。四要坚持从点到面。进一步完善就业帮扶、社会保险、住房公积金、社会救助、社会福利、社会优抚和慈善事业等社会保障体系，深化“扩中”“提低”改革，深入实施西部富美“1355”计划，率先探索促增收、优分配、强能力、重帮扶、提品质的实现路径，着力缩小“三大差距”，让人民群众真切感受到共同富裕看得见、摸得着、真实可感，而不是一句口号。以高度的政治自觉和责任担当，推进东西部协作、山海协作、区县协作和对口支援，为全市全省全国大局贡献力量。

（五）全力推进文化大兴盛行动。切实肩负起保护文化遗产、赓续城市文脉、弘扬优秀文化的使命担当，促进良渚、运河、径山等传统优秀文化与红色文化、名人文化、地域特色文化交相辉映、彼此赋能，提升文化软实力，擦亮文化金名片。一要注重以文铸魂，繁荣文化事业。坚守文物安全底线，挖掘余杭文化底蕴，不断放大两大世界遗产综合带动效应，有序推进国家版本馆杭州分馆、良渚博物院二期等重大项目建设，持续办好“杭州良渚日”、中国茶圣节等活动。深入实施文化惠民、文艺精品工程，建好用好文化礼堂、文化家园，为百姓献上更多“文化大餐”。二要注重以文兴业，发展文化产业。把文化产业发展与土地规划、双招双引联动谋划，设立数字文化产业基金，加快良渚数字文化社区等平台建设，壮大数字内容、创意设计、动漫游戏、影视创作等优势产业，推出更多引领潮流的文创园区、文创街区、文创市集，打造有影响力的创意设计之城。三要注重以文旺城，加快文旅融合。以成功创建全省全域旅游示范区为新起点，高标准推进文旅基础设施完善、景区景点建设，启动大径山省级旅游度假区创建。统筹整合文化旅游资源，加快大径山绿道系统建设，推进瓶窑镇、余杭街道千年古城复兴试点，用最美公路、最美绿道、最美廊道、最美游线，将余杭大地上的如画美景、古城古镇、人文故地、水乡湿地、茶山竹海等串珠成链，打造更多文化味、时尚感和烟火气兼具的文旅载体，切实把人气聚起来，把商气汇起来，让余杭热起来。四要注重以文化人，倡导文明新风。以社会主义核心价值观为引领，大力弘扬伟大建党精神、红船精神、抗疫精神，深入推进文明城市创建，推动新时代文明实践中心建设，持续开展“余杭好家庭”创建及“美丽余杭人”等“最美”系列选树活动，推动“最美现象”成为“最美风尚”，迎接“最美亚运”。

（六）全力推进社会大平安行动。以平安护航党的二十大、杭州亚运会为主线，瞄准“长安杯”，围绕平安领域“五场硬仗”，建设更高水平的平安余杭，决不出现重大政治安全事件、治安安全事件、安全生产事件、社会稳定事件。一要守牢平安底线。慎终如始做好疫情防控，从严从实落实常态化防控举措，巩固来之不易的防疫成果。紧盯重点领域，动态开展各类安全隐患大排查大整治，压紧压实安全生产、消防安全、食品药品安全、环境安全、数据安全等责任，加强建筑工地、出租房等安全管理。持续加大对电信网络诈骗等违法犯罪的打击力度，提升社会面防控能力，确保发案率下降、打处率上升。二要防化重大风险。按照稳定大局、统筹协调、分类施策、精准拆弹的方针，抓好除险保安。牢固树立“化解是最好的稳控”理念，开展“信访积案化解百日攻坚”行动，持续健全领导下访接访、重复访和积案包案化解以及首访负责制等机制，推动信访积案逐一销号、动态清零，积极创建信访工作现代化示范区。三要夯实治理基础。坚持和发展新时代“枫桥经验”，健全党建统领下的自治、法治、德治、智治基层治理体系，深化三级综治中心、基层治理四平台、全科网格建设。巩固政法队伍教育整顿成果，提升司法质量、效率和公信力，努力让人民群众在每一个案件中感受到公平正义。以镇街法治化综合改革为抓手，深化基层治理法治化建设，积极推进“八五”普法，更好地发挥法治规范社会行为、引领社会风尚的作用。

四、在纵深推进全面从严治党、深化“清廉余杭”建设的新征程上，我们更加坚定

坚持党要管党、全面从严治党，推进新时代党的建设新的伟大工程在余杭的生动实践，为各项工作走前列、做表率提供引领保障。

（一）筑牢意识形态防线。严格落实意识形态工作责任制，种好“责任田”、守好“主阵地”。把握正确舆论导向，让党的创新理论飞入寻常百姓家。迭代“清朗网络”平台，深化依法治网，加强网络文明建设，让网络空间天清气朗。建强区级融媒体中心，推动形成新闻宣传矩阵合力，围绕党的二十大、迎亚运、共同富裕等主题，讲好新时代余杭故事，唱响余杭好声音。

（二）落实党管干部原则。突出选贤任能，着眼长远发展和近期需求编制“干部规划”，选优配强各级领导班子。坚持严管与厚爱结合、激励和约束并重，完善“四考合一”综合立体考评体系，建立“政治监督、重点监督、选任监督、专项监督”四位一体干部监督体系，通过正反向激励推动干部争先进位。持续加大干部关心关爱力度，政治上多激励，工作上多支持，生活上多关心，旗帜鲜明为敢于担当的干部撑腰鼓劲。

（三）加强党管人才工作。丰富延展“引才图谱”，制定实施“人才黄金政策20条”，建立健全全区人才项目评审和全生命周期管理机制与信息化系统，持续办好科技人才周、国际人才月以及全球人工智能大会、世界生命科技大会等高端人才活动，提高人才工作国际影响力，营造尊才重才爱才浓厚氛围。

（四）夯实基层党建基础。深入实施“红色根脉强基工程”，建强党建联盟、拓展共建领域，找准结合点、把握着力点，把支部建设在攻坚克难阵地上，让党旗飘扬在民生实事项目上，推动各领域党建全面建强。深入实施“禹雁先锋”行动，重点建好基层党组织书记、基层骨干、基层党员“三支队伍”。积极推广“樟树下议事”等党建引领基层民主协商好做法，打造具有余杭辨识度、省市贡献度和全国影响力的党建工作品牌。

（五）深化“清廉余杭”建设。始终保持“赶考”的清醒，把严的主基调长期牢固坚持下去。强化“四责协同”，切实加强对“一把手”和领导班子的监督。持续抓好中央和省委巡视反馈问题、“七张问题清单”整改，推动巡察工作高质量发展，不松劲、不停步、再出发。始终坚持不敢腐、不能腐、不想腐一体推进，持续整饬“四风”顽瘴痼疾，深入纠治群众身边的微腐败。加强廉政教育，办好清廉微电影微视频大赛，打响“清廉余杭”文化品牌。

（六）广泛凝聚各方力量。充分发挥区委总揽全局、协调各方的领导核心作用，全力支持区人大、区政府、区政协和区监委、区法院、区检察院依法依章程履行职能、发挥作用。坚持大团结大联合，做好新形势下统战工作，建好“同心楼”，画好“同心圆”。发挥工青妇等群团组织桥梁纽带作用，落实党管武装制度，完善国防动员体系，深化军民融合，团结一切可以团结的力量，调动一切可以调动的积极因素，凝聚起推动余杭发展的磅礴力量。

同志们，新征程要有新气象，新使命要有新担当。让我们更加紧密地团结在以习近平同志为核心的党中央周围，坚决贯彻落实中央和省委、市委决策部署，踔厉奋发、笃行不怠，纵深推进“创新余杭、品质之区、文明圣地”建设，奋力争当展示“重要窗口”和共同富裕示范区的排头兵，以优异成绩迎接党的二十大胜利召开！

政府（筹）工作报告

——在杭州市余杭区第十六届人民代表大会第二次会议上

杭州市余杭区人民政府代区长　王　华

2022年2月13日

一、2021年主要工作和成效

2021年是“两个一百年”奋斗目标历史交汇之年，也是余杭发展历史上极不平凡的一年。一年来，我们坚持以习近平新时代中国特色社会主义思想为指导，全面贯彻上级党委、政府和区委的决策部署，在区人大和区政协的监督支持下，全区上下凝心聚力、砥砺前行，紧紧围绕高质量可持续快发展的战略目标，以创建共同富裕示范先行区为总牵引，统筹推进调区划、抓发展、优环境、惠民生、战疫情、保安全等各项工作，实现了“十四五”良好开局，以优异成绩向建党百年献礼。全年实现地区生产总值2502.2亿元、增长7.5%；完成财政总收入745.31亿元、一般公共预算收入375.69亿元，分别增长15.23%、14.01%；城镇和农村居民人均可支配收入分别达到77184元、48705元，增长9.2%、10.4%。主要经济指标继续位居省市前列。获评“国家生态文明建设示范区”、平安中国建设示范县，入选“2021中国县域综合实力百强榜”，位列全国第五、全省第一。

（一）区划调整平稳有序，开启了接续奋斗的新征程

划转拆分规范。在区委统一部署下，统筹有序推进各项调整工作。建立余杭、临平两区联席会议机制，完成财权事权、国有资产划分和债务划转，优化整合3家区直属国有公司，并在最短时间内完成67家行政事业单位整体搬迁和近3000名干部划转到岗。落实区社会治理综合服务中心、公共卫生中心、市民之家等迁建过渡，有序拆分综合办公平台等34个主要信息化系统，建成启用3个社会矛盾纠纷调处化解分中心，完成行政区域界线勘定、档案移交等工作。

衔接过渡平稳。保持政策延续和审批服务衔接，兑付惠企资金43.9亿元，1426个事项实现“两区通办”，加强镇街便民服务中心、平台企业服务中心“一站式”建设，实现政务服务标准不降、质效不减。厘清跨区项目管理体系，有序推进教育、文化、医疗卫生和水电气等公用事业移交衔接。树牢“大安全”理念，持续推进建设施工、道路运输、危化品、消防等九大领域“遏事故”攻坚，确保区划调整期间安全平稳。

运转履职高效。对照省市赋予余杭的新定位，编制发布“十四五”规划和2035年远景目标《纲要》，统筹推进重大项目、数字经济、科技创新等43个专项规划编制，促进行政区与功能区深度融合。制定高质量发展建设共同富裕示范先行区实施方案，召开全区创新发展大会和数字化改革攻坚、靓城行动、教育奋进、西部富美等“五大计划”动员推进会，推动各项工作实起来、跑起来、快起来，经济社会发展保持良好态势。

（二）创新动力更加强劲，塑造了区域竞争的新优势

创新载体提档升级。建成投用之江实验室一期、中国美院良渚校区、浙大校友企业总部经济园一期等产学研平台，加快推进浙大超重力离心模拟与实验室装置、中法航空大学等项目，签约落户浙江脑机交叉研究院。人工智能小镇成功创建省级特色小镇，梦想小镇输出模式入选全省首批长三角一体化“最佳实践”案例。钱江经济开发区被评为省级双创示范基地。杭州师范大学科技园被认定为国家大学科技园，实现我区国家大学科技园“零”的突破。迭代升级大孵化器战略，新增孵化载体32个、物理空间158.83万平方米，新增省级以上孵化器、

众创空间15家。新增省级新型研发机构2家、市级以上企业创新联合体10家。

创新生态日趋成熟。创设招才局，发布“未来之星”百千万人才引培计划，成立国际青年科创联盟，挂牌全省首家数字经济人力资源服务产业园，落户省港澳青年人才服务中心，新引进顶尖人才20名、领军人才310名，入选省“鲲鹏行动”计划5名，海外高层次人才总量达到4955名，人才总量突破31万名，人才总量、增量持续领跑全省。新增省市领军团队4个、省市院士专家工作站5家、省级博士后工作站4家。扩大校地合作“朋友圈”，与清华大学、北京大学、浙江大学等18所重点高校签订合作协议。成功举办全球人工智能技术大会、世界生命科技大会等品牌活动50场。优化知识产权运营服务体系，落户国家级人工智能产业知识产权运营中心，发行全省首单知识产权证券化产品。

创新能力大幅提升。3家企业获国家科技进步奖二等奖，之江、良渚、湖畔实验室等单位获省科学技术奖15项，仿生深海软体机器人登上《自然》杂志封面，神威量子模拟器获“戈登·贝尔奖”，夺得全省首批“科技创新鼎”。深入实施“凤凰行动”，新增上市企业7家，累计22家。启动新一轮科技企业“双倍增”行动，新增国家高新技术企业507家，位列全省第一。新增科技型中小企业1292家。新增专精特新“小巨人”6家、单项冠军产品企业1家。强化品牌建设，新增“浙江制造”品牌企业10家，发布浙江制造标准6项，授权专利15481件，申请PCT国际专利187件。

（三）产业质效持续提升，壮大了经济发展的新动能

产业集群效应凸显。数字经济持续领跑，推进全省首批数字经济创新发展试验区建设，实现数字经济核心产业增加值1605.7亿元。未来科技城创建省首批现代服务业创新发展区，蝉联服务业发展综合评价全省第一。生物医药产业蓬勃发展，生物医药制造业产值增长70.5%，健康制造业增加值增长133.8%。未来产业前瞻布局，启动未来产业先导区（人工智能）建设，“余杭人工智能产业群”入选第一批省级“新星”产业群培育名单。先进制造业加快发展，实现规上工业增加值248.44亿元、增长16.7%，新增省、市级智能工厂（数字化车间）6家。

产业项目加速落地。持续开展季度“双集中”活动，集中签约强新科技、润丰氢能源、美的电商总部等重大项目225个、总投资1090亿元，其中10亿元以上项目34个、50亿元以上项目5个；集中开工字节跳动、钉钉总部等重大项目95个、总投资708亿元，6个“152”工程、38个省市重点项目全部开工。全链条布局集成电路、5G、人工智能、生物医药等领域，加快推进菜鸟网络总部及智慧产业园、vivo全球AI总部、OPPO全球移动终端研发总部等重大项目建设，完成固定资产投资865.63亿元，其中制造业投资46.38亿元、增长56.5%。实际利用外资11.51亿美元，总量位列全市前列。

产业支撑坚实稳固。制定覆盖企业、人才全生命周期的扶持政策，落实减税降费，累计为企业降本减负164.78亿元，惠及企业174.01万家次。鼓励金融机构加大中小企业金融服务力度，新增各类助企贷款207.7亿元、增长30%。利用政策性资金杠杆，累计撬动社会投资390.32亿元。加强空间要素保障，出让工业用地625亩，盘活“三块地”1.5万亩；出台工业用地有机更新“梧桐计划”，启动3个工业园试点，打响“3年有机更新6000亩工业用地”的攻坚仗。加强闭环式、滴灌式精准服务，畅通联企助企服务链条，解决企业各类难题1.92万件。实现货物出口总额325.01亿元、社会消费品零售总额676.3亿元、网络零售额1521.14亿元，分别增长35.6%、22.7%、35.0%，增速均居全市第一。

（四）城市建设拉开框架，迈出了对标一流的新步伐

描绘城市规划蓝图。修编区级国土空间规划，划定生态保护红线和过渡期城镇开发边界，完善“两级三类”国土空间规划体系，构建“一廊一轴、一心三片”空间新格局。高标准开展总体城市设计，编制《未来城市及中心片区空间概念规划》《综合交通规划》，精细谋划未来科技文化中心、钱江经济开发区南部创新创业区、杭徽高速余杭入城口等6个重点片区建设。编制控制性详细规划及村庄规划10个，科学管控区域建筑风貌。完成“四横三纵一湖多支”

的梦溪水乡河网体系水利专项规划编制，改善核心城区生态水环境。

加快城市建设节奏。实施靓城行动计划，建设项目394个、年度投资约290亿元。启动梦溪水乡、南湖、北湖综保工程、国际体育中心招标和五常大道、运河大桥等项目建设，加快良渚中央商务核心区综合提升、文一西路、莫干山路快速路等项目推进，完成未来科技城70万平方米地下空间、运溪高架、220千伏科创变输变电等项目投用，配合区内地铁、杭州西站和湖杭铁路等重大项目实施。城市有机更新加快推进，完成老旧小区改造22.3万平方米，闲林老街精彩开街，8个镇街获评美丽城镇省、市样板，5个社区入选省级未来社区创建试点。公开出让经营性用地1867亩，其中住宅用地1060亩、商办用地807亩，全力保障职住平衡。

提质城市管理内涵。优化城市管理体制，理顺平台、镇街、部门管理权限，提高核心区域管养标准。开展"迎亚运"城市环境专项整治行动50轮次，整治问题点位2.48万余个，提升城市部件3.85万余处。拓展停车资源，新增公共停车场（库）15个、泊位1980个。深化垃圾分类，创建省级示范片区1个、示范小区（村）23个，生活垃圾回收利用率超50%。狠抓渣土治理，新增消纳场地95个，消纳能力达252万立方米。强化违建整治，拆除违建1897宗、96.6万平方米。完善无障碍环境建设，整改点位2446个，建成无障碍环境建设示范样板10个。

（五）生态环境擦亮底色，彰显了美丽余杭的新魅力

污染防治坚决有力。成功承办"浙江生态日"活动，全面完成第二轮中央生态环保督察93件主办信访件整改销号。开展"绿色风暴"行动，整改突出生态环境问题1797个。大气环境质量有效改善，空气质量优良率84.3%，PM2.5平均浓度同比下降20.6%。径山污水处理厂建成投运，新建改造污水管网15.6公里，"污水零直排区"创建实现全覆盖，饮用水水源地水质达标率100%，市控以上断面水质Ⅰ～Ⅲ类比例达100%，成功创建3条省级美丽河湖。完成69个地块土壤污染状况调查评审，全区污染地块安全利用率达100%。

美丽乡村提质扩面。紧扣"四张清单"，推进共同富裕先行先试，成功入选市级第一批共同富裕试点。实施西部富美计划，推进美丽乡村"1510"示范创建项目10个，扩面提升新时代美丽乡村85个，创建市、区级数字乡村样板14个，鸬鸟镇获评全国"一村一品"示范乡镇，入选全国县域农业农村信息化发展先进县。创建省级以上乡村旅游重点村3个、AAA级以上景区镇街5个、A级以上景区村庄8个，入选全省全域旅游示范区。新改造绿道33.03公里，径山（双溪、小古城村）绿道获评"浙江最美绿道"。实施"四好农村路"三年行动，建成"四好农村路"63条、105.55公里，获评"四好农村路"全国示范区。

低碳转型扎实推进。汇集226家企业碳账户数据，完成5家企业节能改造。未来科技城列入全市首批低碳园区试点，钱江经济开发区入选全市绿色低碳工业园区，7家单位获评全省首批低（零）碳乡镇、村社试点和绿色低碳工厂。划定禁止使用高排放非道路移动机械区域，新增新能源公交车60辆、公共充电桩398个，新增分布式光伏发电应用装机容量21兆瓦。推进国土绿化行动，新增绿化2276亩，森林覆盖率达45.73%，成功创建省级森林城镇2个、园林城镇4个。

（六）社会事业全面进步，顺应了共建共享的新期盼

公共服务优化供给。实施教育高质量发展奋进计划，新投用学校项目23个，增加学位2.3万个，引培省市级名优教师186人，新增省现代化学校6所，全市率先完成义务教育阶段学科类培训机构转登办结等"双减"任务。深化健康余杭建设，启动浙一医院总部二期项目，新改扩建社区卫生服务站6家，搭建全国首个医共体无人机物流运行网络，医共体余杭模式入选全国"紧密型县域医疗卫生共同体实践案例"。"一老一小"服务稳步提升，新增示范型居家养老服务（照料）中心25家，入选全省唯一养老助餐试点区；建成示范型儿童之家40家，新增婴幼儿照护服务驿站14家、托位202个。

民生保障牢固有力。深化稳就业举措，完成职业技能培训17992人次，新增城镇就业50787人，登记失业率2.34%，获评省高质量就业村（社）3个。加强住房保障，保障房开工

5.7万平方米、竣工11万平方米；安置房开工88.83万平方米、竣工75.27万平方米，回迁安置2504户。创建国家级“示范型”、省级“枫桥式”退役军人服务站140个，规范提升星级“残疾人之家”7家。完成村级留用地安置245亩，扎实推进与苍溪县、稻城县、柯城区、长春净月高新区等地区的东西部协作、山海协作和对口合作。

文体惠民精彩纷呈。良渚遗址入选全国“百年百大考古发现”，良渚博物院获评全国爱国主义教育示范基地，瑶山遗址公园建成开放。推进大运河国家文化公园建设，启动中央公园和郁宅港景观提升工程。径山镇（茶文化）入选“中国民间文化艺术之乡”，第五届径山禅宗祖庭文化论坛暨径山万寿禅寺重修落成活动成功举办。瓶窑镇、余杭街道分别入选省级、市级千年古城复兴试点。文体活动日益丰富，建成“余阅”空间20个，开展文化惠民活动170余场，新建区级全民健身场所59处，获评全省农村文化礼堂建设示范区，入选全国首批县域足球典型名单。

（七）风险管控落实落细，取得了平安善治的新突破

疫情防控更显精细。及时调整完善疫情防控工作领导小组及指挥部，高效运转指挥，压实“四方责任”。强化精密智控，开展区域协查和自主排查3357批次10.38万人次，完成核酸检测86.57万人次，落实集中隔离1.2万人次。坚持闻疫而动，紧盯重点场所、环节、人员，从严从紧落实社会面防控，督查点位2.73万家次，整改问题1300余个。筑牢群体免疫屏障，完成新冠疫苗接种268.98万剂次，高分交出“12·7”杭州突发疫情大考答卷，全年无新增本土病例。

基层治理更富成效。圆满完成平安护航建党100周年、党的十九届六中全会等维稳安保任务。建成运行全省首个数智治理中心，整合接入多跨场景10个、物联感知设备11.4万余个，实现“一屏观全区、一网治全城、一键管应急”。深化基层民主协商，创新开展城乡社区“微自治”项目14个。推动矛盾纠纷一站受理、源头化解，调解纠纷1.6万余件，国家、省、市三级交办重复信访件综合化解率达99.75%，成功创建无信访积案县。常态化推进扫黑除恶斗争，强化社会治安立体防控，有效警情下降2.55%，网络电信诈骗案件量下降16.62%。

安全底板更加牢固。全面开展安全隐患大排查大整治专项行动，组建安全生产联盟24个，排查整治隐患2.4万余处，安全生产事故数、亡人数分别下降16.7%、11.1%，道路交通事故亡人数下降28%。防灾减灾能力不断提升，推进基层防汛防台“5＋1”体系全覆盖建设，成功应对超强台风“烟花”及梅汛期强降雨等大战大考。提升应急救援能力，挂牌成立基层应急（消防）管理站12个，完成避灾安置场所规范化建设18处，实现100%可视化。建成学校食堂“阳光厨房”248家、农村家宴“放心厨房”7家，创建省级放心农贸市场5家。

（八）政府建设变革重塑，展现了奋进赶考的新气象

政治建设全面加强。坚持用习近平新时代中国特色社会主义思想武装头脑、指导实践，认真学习十九届六中全会等重要精神，落实全面从严治党主体责任和意识形态工作责任，不断提高政治判断力、政治领悟力、政治执行力。以高度的政治自觉，整改上级巡视反馈和“七张问题清单”涉及的别墅违建、

良渚博物院（摄于2021年）　（盛淑彦　摄）

“非农化”“非粮化”等政府类问题35个。严格执行中央八项规定精神及实施细则，坚持政府过紧日子，非重点、非刚性等一般性项目支出压减10%。践行亲清政商关系，营造风清气正的干事创业环境。

数字改革成效迭出。深入实施“创景计划”，以“大场景小切口”为抓手，建成上线一批具有引领性、示范性和典型意义的重大应用，31个场景入选省级以上试点，8个项目入选省揭榜挂帅名录，形成75项理论制度成果。“城市CT”在省数字化改革例会上演示，入选全省最佳应用。一体化智能化公共数据平台归集数据65.2亿条，总调用量超15亿次，考核获全市第一、全省第二。深化“最多跑一次”改革，优化“亲清余杭”，实现“一网通办”事项1000余项，政务服务2.0网办事项比例达85%以上，入选“2021中国数字治理百佳县市”。

法治建设稳步推进。主动接受人大和政协监督，强化监察、司法、审计、舆论和社会监督，办结人大代表建议155件、政协提案280件。推进“县乡一体、条抓块统”改革，开展“大综合一体化”行政执法改革试点3个，入选司法部四级行政执法协调监督工作体系建设试点，余杭经验写入2021年中国《法治蓝皮书》。在全省率先推出行政复议员机制，调解成功率67.03%，创历史新高，获评法治浙江（法治政府）示范区。

与此同时，我们积极支持工青妇、工商联等群团组织履行职能，统计、档案、邮政、气象、外事、老龄、公积金、地方志、国防动员、退役军人、双拥共建、民族宗教、港澳台侨事务等各项事业实现新发展。

各位代表，过去一年我们化挑战为机遇、变压力为动力，取得的成绩来之不易，这是习近平新时代中国特色社会主义思想科学指引的结果，是上级党委、政府和区委正确领导的结果，是区人大、区政协监督支持的结果，是全区人民团结拼搏的结果。在此，我谨代表区人民政府向全区人民，向全体人大代表和政协委员，向民主党派、工商联、无党派人士、人民团体，向解放军、武警驻余杭部队和驻余杭各直属单位，向所有关心支持余杭发展的各界人士，致以崇高的敬意和衷心的感谢！

在肯定成绩的同时，我们也清醒看到，经济社会发展中还存在一些问题和挑战。主要有：面对百舸争流新格局，领先优势不够稳固的问题有待破解；面对重塑升级新趋势，产业结构不够平衡的问题有待破解；面对未来样板新标准，城市功能不够完善的问题有待破解；面对多元需求新期待，公共服务不够优质的问题有待破解；面对除险保安新目标，事故防控不够精准的问题有待破解；面对踔厉奋发新征程，政府变革不够深刻的问题有待破解。

为此，我们必须强化“短板就是优化空间，弱项就是发展潜力”理念，坚持“六破六立”，树牢“六个意识”，对标“六大行动”，用真抓快干破题，用实干实绩作答，答出“非我莫属、舍我其谁”的自信，答出“定了就干、干就干好”的干劲；答出“破旧立新、变革重塑”的思路，答出“行之有效、实之又实”的办法；答出“走在前列、勇立潮头”的方向，答出“对标一流、赶超一流”的未来；答出“能早则早、能快则快”的状态，答出“战必战胜、创必创优”的决心。

二、2022年目标任务和重点工作

2022年是党的二十大召开之年，是北京冬奥会和杭州亚运会举办之年，省第十五次党代会、市第十三次党代会也将召开。做好今年工作，必须高举习近平新时代中国特色社会主义思想伟大旗帜，深入贯彻党的十九届六中全会和中央经济工作会议精神，以及省委、市委、区委全会精神，坚持稳中求进工作总基调，强化党建引领，推进数字化改革，统筹疫情防控和经济社会发展，统筹发展和安全，全力推动“六大行动”落地见效，聚焦打造面向世界、引领未来、服务全国、辐射全省的未来城市样板地、未来科技策源地、未来产业引领地，纵深推进“创新余杭、品质之区、文明圣地”建设，奋力争当展示“重要窗口”和共同富裕示范区排头兵，努力为省市发展大局贡献更大余杭力量。

建议今年全区经济社会发展主要预期目标为：地区生产总值增长7%；财政总收入及地方一般公共预算收入均增长10%；固定资产投资增长7%；R&D经费支出相当于生产总值比例达到4.15%；城乡居民人均可支配收入与经济增

长基本同步；完成上级下达的节能减排任务。

奔跑新余杭，建功新时代。为实现今年目标，我们将坚持“实”字当头、“早”字挺前、“干”字为要，抢开局、抓重点、强攻坚，着力做好以下八方面工作：

（一）放大创新策源核心的能级优势，努力在铸强发展引擎上大抓落实、勇当标杆

厚植创新发展源动力。坚持“四个面向”，培育高质量科技战略力量。举全区之力建设城西科创大走廊核心区，推进浙大超重力离心模拟与实验室装置建设，支持之江、良渚、湖畔三大省实验室融入国家创新体系，推动打造数字反应堆、多维超级感知、智能计算3个重大科技基础设施集群，挂牌落户临港国家实验室浙江基地，争创综合性国家科学中心核心区。深挖浙江大学、北航创新研究院、中电海康等名校名院名企资源，加快构建技术创新中心体系。加强产学研协同，支持企业联合攻关关键核心和基础共性技术，突破一批“卡脖子”技术、“硬核”技术，积极承担国家“科技创新2030—重大项目”、省级“尖峰、尖兵、领雁、领航”攻关计划，入选省级以上研发攻关计划项目15项以上，勇闯科技创新“无人区”。

壮大科技创新主力军。深化科技企业“双倍增”行动，新增国家高新技术企业500家、科技型中小企业700家。实施“雄鹰计划”“双百计划”“凤凰行动”，新增国家级和省级“专精特新”企业35家、制造业单项冠军和隐形冠军3家、上市企业7家以上。落实“翱翔计划”“鲲鹏行动”计划，招引顶尖人才20名、领军人才200名、青年人才2000名、储备人才4万名，人才总量达到35万名以上，争创国家级人力资源服务产业园。推进质量提升行动，鼓励企业参与国内国际标准制定，培育品牌企业12家以上、省级知识产权示范企业5家以上，力争有效发明专利拥有量突破7000件。

营造创新创业好生态。加大中小微企业支持力度，打造覆盖创新创业全生命周期精准服务体系，建好用好“亲清在线”“E企成长”“上市一点通”等多跨场景应用。提质扩面“大孵化器”，新增孵化载体30个、物理空间160万平方米，创建市级以上孵化器、众创空间25个。鼓励国有平台参与产业空间开发建设，推进“供地”转“供楼”，保障科技项目落地和企业创新发展。持续放大全球人工智能大会、科技人才周、国际人才月等重大活动效应，强化人才项目招引集聚，做好全生命周期服务管理，吸引更多创新项目落地生根、开花结果。

（二）放大一流营商环境的综合优势，努力在激发市场活力上大抓落实、勇当标杆

大力度推进惠企助企。全面落实减税降费，精准制定、适时完善、落细落实纾困惠企、扶优扶强和支持市场主体发展等措施，推动各项政策直达快享、应享尽享，力争为市场主体减负150亿元以上。积极引导金融系统向市场主体合理让利，强化小微企业信贷支持、金融服务和政策担保力度，切实缓解企业融资难融资贵等问题，进一步发挥转贷周转资金“四两拨千斤”效用，力争政策性担保规模超6亿元、涉企转贷金额超100亿元，节约融资成本超3000万元。建立规范化机制化政企沟通渠道，构建亲清政商关系，支持和服务民营企业茁壮成长。

全方位创优发展环境。实施“黄金68条”产业扶持政策和“黄金20条”人才扶持政策，安排产业专项资金100亿元以上，以“黄金政策”吸引“黄金资源”。全面优化外商投资服务，扩大高技术领域利用外资规模，实际利用外资10亿美元以上。全面推进极简审批许可、便利开办登记，加快实现商事主体登记“零干预、零材料、零费用、零跑动”，持续优化市场主体培育机制，确保全区新设企业增长15%以上。推进“一址多照”“一照多址”“智慧秒批”改革试点，促进电商便利化登记、园区化管理、秘书化服务。全链条构建知识产权大保护格局，确保平台经济合规有序发展，维护好公平竞争环境。

多举措激活市场消费。完善商贸激励政策，持续激发线上线下消费活力，组织开展区域性促消费活动50场以上，实现社会消费品零售总额、网络零售额分别增长8%、15%以上。培育壮大文化服务、休闲旅游、健康养生等生活性服务业，增加高品质服务供给。加快构建“一主一副综合中心、五大区域中心、N个村社网点”的商业空间布局体系，推进商业设施配套、步行街改造、智慧商圈建设，完善城乡一体化智

慧物流体系，打造放心无忧的消费大环境。聚焦40家新锐品牌榜单企业，加大链式招引力度，培育壮大直播电商等消费新业态新模式。

（三）放大产业要素集聚的高地优势，努力在经济质效齐升上大抓落实、勇当标杆

全力扩大有效投资。坚持大抓项目、抓大项目，强化招商引资“一把手”工程，紧盯北上广深加强驻点招商，创新开展敲门式、小分队等多元化招商。聚焦数字经济、新制造业“双引擎”，对照110家靶向清单，招引产业项目200个以上，其中50亿元以上项目不少于7个，10亿元以上项目50个以上。建立动态跟踪机制，推进46个省、市重点实施项目，实现固定资产投资900亿元以上，力争突破千亿。统筹土地“三个计划”，做地、储备、出让分别达到2000亩、2200亩、2500亩以上，完成土地出让成交额超400亿元。坚持高标准分类推进，有机更新工业园区10个，腾出工业用地3000亩，加快“腾笼换鸟、凤凰涅槃”。加强项目全生命周期管理，用好季度“双集中”，积极盘活“三块地”，常态化实施“拿地即开工”。

加速打造产业集群。坚持产业导向再聚焦，重点打造“四高地一基地”。打造全球数字经济创新高地，深入实施数字经济2.0版，发挥省级数字经济创新发展试验区示范作用，大力发展人工智能、集成电路、区块链、新一代通信和物联网技术等关键产业，实现数字经济核心产业增加值增长7%以上。打造全球生物医药研发高地，突出“数字＋生命健康”创新极，集聚壮大创新药、高端医疗器械、生命健康大数据等生物医药产业，建强数字健康产业园、生命科技小镇等载体，实现生物医药制造业产值增长10%。打造全球未来产业发展高地，聚焦新材料、车（飞）联网、元宇宙等前沿产业，推进量子精密测量与传感大科学装置建设，加快量子通信技术在5G、互联网安全、无人驾驶等领域产业化应用，力争培育一批“新星”产业群，办好全省首届国际未来产业峰会，争创省级未来产业先导区。打造全球智能装备产业高地，聚焦集成电路与智能硬件、大型成套智能装备、节能环保装备等领域，全面推进“新制造业计划”，实现规上工业增加值增长8%以上，新增“未来工厂”、智能工厂（数字化车间）8家以上。打造全球科技企业和顶尖人才创新研发总部基地，鼓励发展天使投资、创业投资、产业基金，新引进合作顶尖投资机构5家以上；发挥海内外重点城市招商中心、引才站作用，引进优质人才项目30个以上，招引科技企业研发总部项目50个以上。

筑牢平台发展阵地。协同城西科创大走廊、云城，统筹三大产业平台错位布局、联动发展。未来科技城聚焦发展新一代信息技术、生物医药、科技服务、总部经济等产业，招引亿元以上重大项目80个，顶尖人才16名，重点推进字节跳动、OPPO、vivo、钉钉等项目，确保创建省级高新区，全力争创国家级高新区。良渚新城聚焦数字文化、生命健康、总部经济“2＋1”产业定位，重点推进通运路以南工业用地有机更新、杭北科技园、中央商务核心区等项目，建强数字文化产业集聚区，数字文化产业增长10%以上，新增创新物理空间60万方，全力打造城北新中心、产业新高地。钱江经济开发区聚焦智能制造，大力发展新材料、新装备、新能源产业，重点推进润丰氢能源、海纳智能等项目，实现产业投资20亿元以上，加快开发区整合提升步伐，向省级经济开发区第一方阵迈进。同时，提质发展梦想、梦栖、人工智能、生命科技等省级特色小镇，梯度培育小镇集群，打造特色小镇2.0版。持续发挥梦想小镇沪杭创新中心“桥头堡”作用，举办合杭梦想小镇开园活动，加速长三角高端资源汇聚余杭。

（四）放大空间格局重构的裂变优势，努力在打造一流城市上大抓落实、勇当标杆

以全域视野抓空间规划。完善国土空间规划体系，科学划定好“三线三区”。调整永久基本农田布局，完成4.3万亩耕地功能恢复，向上争取新增建设用地指标1500亩、异地调剂耕地占补平衡指标1000亩以上，优化未来发展用地空间。完成《未来城市及中心片区空间概念规划》编制，细化未来科技城、良渚新城、瓶窑新城等3个核心片区城市设计。启动城西片、东部片、西部片12个镇街级国土空间规划编制，加快《产创空间布局》《生态空间格局》等6个专项规划编制，实现全区控制性详细规划及村庄规划覆盖率70%以上，努力做到多规融合、“一张蓝图”管全域。编制湿地保护利用规划

和“湿地水城”三年行动计划。

以国际标准抓品质提升。深化靓城行动，实施项目130个、完成年度投资82亿元，加快城市美丽蝶变。提速重大城建项目，启动国际体育中心、杭州中环、余杭塘路、良睦路、西险大塘达标加固工程等项目建设，加快梦溪水乡、南湖科学中心等项目推进，完成地铁3、4、10号线、5号线二期、机场快线、杭州西站、湖杭铁路以及文一西路、留祥路西延、杭徽高速余杭入城口周边整治提升工程、运溪高架文一西路匝道等项目投用，保障西站南北综合体“金手指”“金钥匙”、双铁上盖TOD、三站换乘TOD等地标项目实施。深化城市有机更新，创建美丽城镇省市样板2个以上，建设省级未来社区3个，建成城乡风貌示范区4个。完善新型城市基础设施，新增新能源充电桩300个，建成综合供能服务站2个、5G基站300个。

以绣花功夫抓精细管理。全力做好杭州亚运会服务保障，完成“迎亚运”道路建设12条，实施亚运场馆周边整治改造项目，实现“办好一场会、提升一座城”。调整优化未来科技城、良渚新城城市管理体制，提升约32平方公里城市管理核心区管养标准和环境品质，加强城市环境长效管理，打造标杆示范街区3个、道路6条。推进无障碍环境建设，完成城市无障碍环境设施点位改造2500处以上。争创全国生活垃圾分类示范区，保持生活垃圾进场总量零增长。巩固无违建创建成效，拆除违法建筑50万平方米。持续改善城市运行，新增公共停车泊位600个，治理重点城市内涝点16处。

（五）放大绿色低碳发展的环境优势，努力在创优生态文明上大抓落实、勇当标杆

高标准推进督察整改。以高度的政治责任和政治担当，持续抓好中央和省级生态环保督察反馈问题整改工作，确保全部对账销号清零。深入打好污染防治攻坚战，深化“蓝天”行动，空气优良率稳定在80%以上，PM2.5浓度维持在35微克/立方米以下；深化“碧水”行动，动态清零劣Ⅴ类河道，攻坚提升16条水质不稳定河道，启动良渚自来水厂、仁和净水厂、余杭污水处理厂四期等项目，确保市控以上断面水质Ⅰ~Ⅲ类比例达100%，力争再夺“大禹鼎”；深化“净土”行动，实现污染地块安全利用率和工业固体废物安全处理率达到100%，建设全域“无废城市”。综合整治“散乱污”企业，全面推行企业“环保码”。坚持山水林田湖草系统治理，全面推进林长制工作，加强森林、湿地、野生动植物等自然生态保护。

高质量落实双碳建设。实施碳达峰行动计划，谋划33项任务、九大特色场景，稳步推进六大领域有序达峰。推进企业节能改造和工业园区循环化改造，提升非化石能源占比，单位GDP能耗指标保持省市先进水平。加快低碳示范试点建设，建设低（零）碳镇街、园区、村社3家以上。支持新能源汽车发展，实现城市建成区新能源公交车全覆盖。提高生态系统碳汇能力，完成森林质量精准提升3500亩、国土绿化1000亩。建立完善企业碳账户，加速减污降碳协同指数建设，确保全省减污降碳协同项目试点取得实效。

高水平建设美丽乡村。实施农业“双强”行动，打造径山茶、瓶窑粮蔬、仁和渔业等6条农业全产业链，争创省级农产品标准化生产示范区。深化“千万工程”，制定实施新一轮美丽乡村建设三年行动计划和未来乡村示范带建设行动计划，推进10个市级未来乡村试点村建设，创建省级新时代美丽乡村达标村10个，争创全省新时代美丽乡村标杆区。提质扩面景区镇街、景区村庄建设，实现美丽乡村“颜值”变“产值”。推进新陡门闸站、石门水库、十里渠综合整治等水利项目建设，创建省级美丽河湖2条。

（六）放大中华文明圣地的人文优势，努力在繁荣文化事业上大抓落实、勇当标杆

做强“三大文化”品牌。高标准做好良渚、运河、径山文化的保护传承利用，不断厚植余杭文化底蕴。持续擦亮中华文明圣地“金名片”，完成《良渚遗址保护总体规划》编制，持续办好“杭州良渚日”，开工建设良渚博物院二期、沈括科技园等项目，推动国家版本馆杭州分馆、老虎岭遗址公园建成开放；深化大运河国家文化公园建设，加快良渚生态艺术岛、于谦廉政文化陈列馆、良渚滨河景观带、仁和红色田园等项目建设，推动运河沿线的非遗项目串珠成链，争创省级大运河文化传承生态保护区；打造径山诗路，举办中国茶圣节，启动创建径山

国家级旅游度假区，建成径山主题文旅项目7个。严格落实文物安全责任，推进大排查大整治大提升攻坚，修缮文保单位10处。推动非遗项目“文化基因解码”，申报国家级代表性传承人1人、市级名录项目2个。

推动文化产业发展。加快文化与互联网、旅游、金融等产业的融合，促进产业融合、创新发展。深挖头部企业资源，加强与优质文化基金合作，引培具有较强创新能力和核心竞争力的文化企业10家以上。加大文化产业扶持力度，设立2亿元余杭文化艺术发展基金，鼓励新时代文艺精品创作，支持国家广电总局重点剧《梦想城》等影视作品摄制，力争在省级卫视播出。举办全国民间文艺“山花奖”活动，推动中国美术双年展落户。建设数字文化产业集聚区，加快推进良渚数字文化社区、万励德数字文化创意中心等重点区块打造，争创国家级文化产业基地。加快“1010”重大文旅项目建设，实现旅游总收入124亿元、增长4%以上。

激发精神文明动力。深化文化惠民工程，组织开展“相约”“美丽洲”系列文化活动200场次、“迎亚运、讲文明、树新风”志愿服务活动1000场次以上。实施全民科学文化素质提升行动，争创全国科普示范区。抢抓杭州亚运会重大机遇，持续擦亮余杭“全民健身”赛事品牌，开展体育赛事活动100场次以上，新建、改建各类运动场地70处、绿道20公里以上。加快浙江省公共文化服务现代化先行县建设，培育“浙江文化标识”项目，启用区新时代文明实践中心，实现图书馆、文化馆、剧院等过渡性区级公共文体场所对外开放。推进文明城市创建，大力弘扬时代文明新风尚，实施先进典型群像选树计划，持续开展“美丽余杭人”等“最美”系列活动。

（七）放大平安余杭建设的治理优势，努力在风险闭环管控上大抓落实、勇当标杆

推进数字化改革。聚焦共同富裕、碳达峰碳中和、数字孪生等重点任务，全面推进跨部门、跨层级、跨领域的系统重构、流程优化、制度重塑，创新谋划区级典型场景、重大多跨场景，力争入选省级揭榜挂帅项目数量位居全省前列，形成一批有余杭辨识度的硬核场景应用和成果集成体系。深化“县乡一体、条抓块统”改革，依托城市大脑和基层治理四平台，高效运行数智治理中心，加快推动“152”体系架构向“1512”架构迭代升级。深化政务服务2.0应用，加快建设未来大厅，实现社保、人才、置业等7类服务“一件事”办理，方便群众办事“就近跑一地”。加强数据保护，切实提升信息安全保障能力。

强化公共安全。慎终如始抓好疫情防控，强化“源头查控＋快响激活＋硬核隔离＋精密智控”，全面落实“七大机制”，开展重点场所、重点人群、重点区域“人物同防”与闭环管理，切实提升流调溯源、核酸检测、隔离管控等应急处置能力，全力推进“无疫社区（村）”创建工作。深化安全生产综合治理三年行动，构建“1＋16”安委会＋专委会的组织体系，落实“区级30日＋镇街15日”隐患曝光整改机制，动态开展工矿商贸、道路交通、消防安全、建筑施工等8大领域安全隐患大排查大整治，实现安全生产事故数、亡人数“负增长”。夯实基层应急管理体系，规范化建设应急（消防）管理站12个，提升自然灾害领域“防抗救”一体化能力。

维护社会稳定。以平安护航党的二十大、杭州亚运会为主线，深化三级社会治理中心、迭代基层治理四平台、拓展提升全科网格，全力打好平安领域“五场硬仗”，持续擦亮平安建设全国示范区“金名片”。高质量建成上线“浙里平安风险监测预警防控平台”，新增智能监控、传感设备1.6万个以上，实现“余杭建设、全省复制”。强化社会治安综合治理，深化“雪亮工程”建设，持续增强社会治安掌控力。全力抓好除险保安，管控房产、教育等各领域风险，做好网贷风险出清和资产处置工作，狠抓网络电商、私募基金、预付卡消费等新业态衍生问题整治。开展“信访积案化解百日攻坚”行动，持续健全领导下访接访、重复访和积案包案化解以及首访负责制等机制，推动信访积案逐一销号、动态清零。

（八）放大公共服务补短的后发优势，努力在改善民生福祉上大抓落实、勇当标杆

示范先行共同富裕。制定实施“扩中”“提低”行动，推进“支点计划”，居民人均可支配收入达到7万元，城乡居民收入倍差缩小到1.58以内。推进村级留用地安置清零三年行动收官，

完成村级留用地安置898亩。实施“强村兴业富农三十条”新政，深化“1＋5”山城协作联合体建设，全面消除集体经济营收100万以下相对薄弱村，农村居民人均可支配收入超5万元。稳步提高最低生活保障水平，确保低收入群体收入增长10%以上。

补短提质公共服务。实施《余杭区新建类教育项目三年行动计划》，引培名优教师100名，引进30所以上名校开展合作办学，打造省现代化学校等示范标杆学校10所。优化医疗资源供给，规划建设区公共卫生中心、区中医院、区妇幼保健医院项目，建成投用良渚医院，实施社区卫生服务中心改扩建项目7个，保障浙大一院二期项目建设。加强住房保障，安置房、公租房、人才房开工5500套，竣工8560套。

持续加强社会保障。建设高质量就业城区，完善高校毕业生、退役军人和农民工等重点群体就业支持体系，新增城镇就业3万人以上，确保“零就业”家庭动态清零。落实保障农民工工资支付制度，有效缩减欠薪案件。关爱“一老一小”，实施“养老机构跟着老人走”行动计划，构建“15分钟居家养老服务圈”；营造育儿友好环境，实现镇街未保站、村社未保点和儿童之家全覆盖。加强社会保障，实现基本养老保险参保率95%以上、社会保险全民参保登记率100%。

各位代表，为民办实事是政府的重要职责，也是共同富裕的题中之义。我们将顺应人民群众新期待，用心用情用力解决好群众“急难愁盼”，努力让全区人民有感觉、早受益、能满意。在经过前期广泛征集、仔细遴选、充分论证的基础上，确定了13项民生实事候选项目，现提交大会审议。

1. 教育惠民项目。开工建设良渚新城杜甫二小等学校19所，新增班数420个，提供学位17220个；启用良渚街道金家渡小学等学校项目15个，新增班数278个，新增学位11200个。

2. 养老育幼项目。新增示范型居家养老服务照料中心10家，新增养老机构床位100张，新增认知症照护床位100张，新增持证养老护理员100人，建成智慧养老院1家；新增婴幼儿照护普惠型托位不少于300个，新增儿童书房10个，建成儿童友好社区（村落）3个。

3. 住房保障项目。开工建设安置房20万平方米，单体竣工100万平方米，回迁安置1600套；开工建设公租房6万平方米，竣工2.68万平方米。

4. 居住改善项目。实施老旧小区综合改造提升18.5万平方米，完成改造8.2万平方米；完成既有住宅加装电梯20台。

5. 交通改善项目。开工建设良睦路等重大交通道路工程6个；提升改造“四好农村路”146.5公里；实施联网路工程，开工8条，完工6条；建设“迎亚运”地铁重建道路5条；新增、优化公交线路15条；新增公共停车泊位600个；新增地铁口非机动车停车泊位800个。

6. 食品安全项目。新增食品生产企业“阳光工厂”达标企业50家；创建省级放心农贸市场5家；建设民办学校食堂智能“阳光厨房”30家，实现公办学校食堂智能“阳光厨房”全覆盖。

7. 社保就业项目。启用53个社银合作签约网点，建成“121253”服务网点标准化格局，实现47项高频社保业务网点全覆盖，服务人群不少于60万人；新增职业技能培训1.5万人次，其中高技能人才3000人次以上。

8. 应急救护项目。新增6辆5G智慧救护车，试点开展“上车即入院”项目；在人流密集公共场所新增自动体外除颤器（AED）100台；组织应急救护培训240场，受训人数不少于6万人，其中救护员不少于1万人。

9. 文体科普惠民项目。开工建设“五馆一中心”；新建余阅公共阅读空间10个，完成文体惠民活动100场，完成文化体育公益培训80场次；新建科普阵地29个，完成科普惠民活动100场，完成老年人智能技术应用培训2.2万人次。

10. 水利设施提升项目。完成水库安全鉴定10座、病险山塘除险加固4座、中小河流综合治理4公里；新建雨量站6座、堰坝3座；创建省级美丽河湖2个。

11. 残疾人救助项目。建成残疾儿童康复机构3家；完成残疾人家庭无障碍改造100户；开展职业技能培训，帮助100名残疾人实现高质量就业创业；实现12家“残疾人之家”数字化管理全覆盖。

12. 消防安全项目。推广安装电动自行车入梯控制系统1600余台，开工建设综合消防救援站2个、微型消防站3个，提升区域性火灾救援响应 能力。

13. 健康惠民项目。在4家社区卫生服务中心建立两慢病一体化规范门诊；实现12家社区卫生服务中心慢病路径化决策辅助系统全覆盖，服务对象不少于1万人；建立绩效考核系统，强化两慢病管理绩效考核。

对于表决确定的2022年区政府民生实事项目，我们将细化目标任务、全面抓好落实。对于未通过表决的项目，也将一并纳入政府年度工作并抓好组织实施，确保每一件民生实事保质保量按时完成。

三、切实加强政府自身建设

立足新时代，践行新使命。我们将全面贯彻 习近平新时代中国特色社会主义思想，巩固深化党史学习教育成果，不断推动政府治理体系和治理能力现代化，充分彰显争当展示“重要窗口”和共同富裕示范区排头兵的余杭担当，以更加昂扬的姿态迈向新征程，努力向党和人民交出满意答卷。

打造变革效能型政府。始终把政治建设放在首位，认真落实习近平总书记重要批示指示精神，争做“两个确立”忠诚拥护者、“两个维护”示范引领者。坚决落实上级重大决策部署，持续抓好中央和省委巡视反馈问题和“七张问题清单”整改。优化三大平台运行机制，进一步理顺平台与部门、平台与镇街权责关系。健全政府工作项目化推进机制，强化清单化、闭环化管理，通过“比武赛马”“利剑督查”等活动，推动政府行政机制和效率变革，打造整体智治、唯实惟先的现代政府。

打造团结法治型政府。坚持在区委领导下，不断增强政府系统内部凝聚力和执行力，坚持重大问题集体研究，步调一致干事业、齐心协力创佳绩。认真执行区人大决议，支持区政协履行职能，高质量办好建议提案。主动接受人大法律监督和工作监督、政协民主监督，加强监察、司法、审计、舆论、社会监督。强化“大综合一体化”行政执法改革，构建“一支队伍管执法”的基层治理新格局。深化法治政府建设，认真履行重大行政决策法定程序，探索建立重大项目全生命周期法治化管理体系。持续优化行政复议、行政执法监督工作，争创全国法治政府建设示范区。

打造廉洁服务型政府。扛牢扛实全面从严治党主体责任，严格执行各项纪律规定，加强工程建设、项目招投标、土地出让等重点领域廉政风险防范，不断巩固风清气正的干事创业氛围。坚持政府过紧日子、群众过好日子，确保一般性项目支出只减不增，努力把宝贵的财政资金用在刀刃上。深化“三服务”2.0，落实领导干部“九个一”联系制度，带头进企业、入基层、访群众，开展上门服务活动，持续释放惠企便民红利。

时代的使命神圣而光荣，人民的期盼殷切而厚重，我们将保持奔跑的状态、奋斗的姿态，以“踏实、务实、扎实”的好作风抓落实，以“苦干、快干、大干”的精气神干事业，以“攀高、比强、赛优”的进取心创一流，用实干书写精彩，用奋斗赢得未来。

各位代表，栉风沐雨新征程，砥砺奋进续华章。让我们更加紧密地团结在以习近平同志为核心的党中央周围，在省市党委政府和区委的坚强领导下，紧紧依靠全区人民，永远充满激情，永远不畏艰难，永远保持奋进，锚定奋力争当展示“重要窗口”和共同富裕示范区的排头兵，为高水平建设创新余杭、品质之区、文明圣地不懈奋斗，以优异成绩迎接党的二十大胜利召开！

▶资料

《政府（筹）工作报告》名词解释

1. 浙江脑机交叉研究院：脑科学与生物医药国家实验室在个别优势省份建立的基地之一，主要研究方向为“脑—机—药”联动与融合。

2. “未来之星”百千万人才引培计划：2021—2025年，引进100名顶尖人才、1000名领军人才、10000名青年人才和20万名储备人才。

3. 戈登·贝尔奖：设立于1987年，由国际计算机学会每年评选和颁发，主要颁发给高性能应用领域最杰出成就，被称为“超算领域的诺贝尔奖”。

4. 梧桐计划：力争3年内有机更新工业用地6000亩，新建产业空间500万平方米，省级小微企业园达到50个。

5. 六大行动：全力推进发展大比拼、改革大攻坚、城区大提升、民生大改善、文化大兴盛、社会大平安等六大行动。

6. “科技创新2030—重大项目”：以2030年为时间节点，体现国家战略意图的重大科技项目和重大工程，涉及航空发动机及燃气轮机、国家网络安全空间、深空探测及空间飞行器在轨服务与维护系统、煤炭清洁高效利用、智能电网、天地一体化信息网络、大数据、智能制造和机器人、重点新材料研发及应用，以及新一代人工智能等领域。

7. “尖峰、尖兵、领雁、领航”攻关计划：“尖峰计划”以提升原始创新能力为目标，在量子信息、人工智能、新药创制、前沿新材料等领域，每年组织实施100项左右重大前瞻性基础研究项目，加快取得一批原创性成果。“尖兵计划”以实现产业链、供应链安全为目标，在智能网联汽车、区块链、5G、脑机融合等领域，每年实施100项左右重大关键核心技术攻关项目，加快开发应用一批自主可控、填补空白的重大成果和产品。“领雁计划”在专用芯片、新一代网络通信、先进制造、新材料、精准医疗等领域，每年实施100项左右重大引领性项目，力争取得一批具有重大影响力的标志性成果。“领航计划”以融入国家战略布局为目标，每年争取100项左右国家2030科技创新重大项目、重点研发项目等落地浙江，引领浙江在更高水平上创新发展。

8. 引才图谱：围绕商务、数字经济、生命健康、智能制造、西部富美、民生、党政等重点领域，启动实施的九大人才计划，引进培育一批具有行业影响力的高层次人才。

9. E企成长：全区数字经济系统多跨协同应用场景，以“全量数据+研判工具”为基础，推进政府侧精准服务；以“应用场景+智能算法”为重点，实现企业侧精准赋能；以“特色服务+千企千面”为核心，打造“线上+线下”的全生命周期企业服务体系。

10. 支点计划：围绕经济高质量发展、收入分配制度改革、公共服务优质共享、城乡区域协调发展、先进文化发展、生态文明建设、社会治理等七大领域，以产业创新发展行动、西部富美振兴行动、就业保障提质行动等“10+N”行动为主要抓手，建立典型案例“初级培育、重点培育、试点示范”三张榜单升降级制度，力争推进一批重大改革事项、实施一批重大项目、出台一批政策措施、培育一批典型案例、形成一批理论制度成果。

11. “152”体系、“1512”体系：“152”体系指全省数字化改革的体系架构和重点任务，即“建设1个一体化智能化公共数据平台，运行党政机关整体智治、数字政府、数字经济、数字社会、数字法治5个综合应用，构建理论和制度规范2套体系”。“1512”体系指将全省数字化改革原有的“152”体系架构迭代升级为“1512”，新的“1”即加快构建基层治理这一独立系统。

12. 平安领域“五场硬仗”：包含重大活动维稳硬仗、信访积案化解硬仗、基层基础提升硬仗、体制机制优化硬仗和“党建+信访”组合硬仗。

编辑：范雅君

党史学习教育

自 2021 年 3 月 2 日，余杭区党史学习教育启动以来，余杭区坚持聚焦主题、紧扣主线，全区 1453 个基层党组织、662 名处级以上党员干部、4.9 万名党员积极响应、全程参与，党史学习教育达到了预期目的，取得了成效，余杭区党史学习教育量化考核总分居杭州市第一位。

2021 年，余杭区确定六大专题、28 项重点举措、100 项工作清单，为全区党史学习教育开展提供遵循和行动指南。成立区党史学习教育领导小组，下设 5 个工作组，成立 8 个巡回指导组，各地各单位及时跟进，形成以上率下、上下联动的工作格局。总结工作经验和做法，上报信息被省级简报录用 7 条，被“学习强国”全国平台录用 5 条，相关工作做法在中央广播电视总台播出 50 次，被《人民日报》、新华网、《浙江日报》等中央和省、市主流媒体宣传报道 751 次。

2021 年，区委常委会、区委理论学习中心组围绕《论中国共产党历史》《毛泽东邓小平江泽民胡锦涛关于中国共产党历史论述摘编》《习近平新时代中国特色社会主义思想学习问答》《中国共产党简史》四本必读书目，习近平科学的思维方法在浙江的探索与实践等开展专题学习研讨 12 次。46 个区、镇两级党委（党组）理论学习中心组围绕中共中央总书记习近平“七一”重要讲话精神和党的十九届六中全会精神进行学习宣讲，在思辨中正确认识、深刻把握、自觉坚定用马克思主义唯物史观看待党史。联动区内外红色教育资源，打造“我在中华文明圣地

2021 年 5 月 19 日，杭州钱江经济开发区党工委、团工委联合举办党史知识竞赛
（区委宣传部　供图）

学党史”党员主题教育专线和“良渚—南湖”红色游线。串联大径山旅游集散中心、小古城村、余杭抗日战争纪念馆、新四军被服厂旧址等点位，推出“党建红＋生态绿”学习专线。把开展党史学习教育同突出余杭特色紧密结合起来，打造“新时代创客说”宣讲品牌，被评为浙江省基层理论宣讲成绩突出集体。举办“奋斗百年路 逐梦在余杭”主题展等地方特色党史学习教育。

用“身边人讲身边事”的方式开展党史学习教育；以录制“党史故事我来讲”微视频方式，拍摄“跟着总书记学思维”等党课视频；在余杭新闻网和“看余杭”APP 开设“我在中华文明圣地学党史”专题，阅读量246万人次。用“送教上门”的方式开展党史学习教育，开发“重走长征路”党建沙盘模拟课堂、“红色剧本课堂”、“红色悦读亭”等学习模式，创新学习教育形式，搭建“指尖课堂”。在《余杭晨报》、余杭新闻网、“余杭发布”及各镇（街道）、部门微信公众号定期发布党史知识、百问百答、“民呼我为”等专题内容。

2021 年，通过党史学习教育，余杭区各级干部聚焦特殊困难群体生活所需，“为群众办实事”5.56万件，受益群众75万余人次。结合“民呼我为”主题实践活动，各单位共领办问题 221 个，已办结 176 件，办结率 79.64%。统筹确定养老服务、道路不通、车辆难停等民生小事 110 件。“入学早知道”应用案例入选市“民呼我为”主题活动第一批最佳实践案例，“梦想 E 站”网络普法新模式被省党史学习教育领导小组办公室评为“三为”最佳实践案例。

（区党史学习教育领导小组办公室）

余杭区行政区划优化调整

根据《国务院关于同意浙江省调整杭州市部分行政区划的批复》《浙江省人民政府关于调整杭州市部分行政区划的通知》精神，在杭州市委、市政府统一部署下，余杭区树立创新、协调、绿色、开放、共享的新发展理念，开展行政区划调整工作。

2021 年 4 月 9 日，杭州市部分行政区划优化调整实施动员大会召开，宣布正式启动实施部分行政区划优化调整。撤销余杭区，设立新的余杭区。以原余杭区的余杭街道、仓前街道、闲林街道、五常街道、中泰街道、仁和街道、良渚街道、瓶窑镇、径山镇、黄湖镇、鸬鸟镇、百丈镇的行政区域为新的余杭区的行政区域，人民政府驻仓前街道文一西路1500号。5月4日，中国共产党杭州市余杭区委员会、中国共产党杭州市余杭区纪律检查委员会在文一西路新驻地揭牌。7 月 27 日，杭州市余杭区人民代表大会常务委员会、杭州市余杭区人民政府、中国人民政治协商会议浙江省杭州市余杭区委员会、杭州市余杭区监察委员会挂牌仪式举行。

余杭区成立行政区划筹备工作领导小组，确保行政区划筹备工作平稳有序。建立余杭、临平两区联席会议机制，完成财权事权、国有资产划分和债务划转。优化整合 3 家区直属国有公司，完成 67 家行政事业单位整体搬迁。按照“二上二下”标准和流程，做好全区 60 家区直单位和 3040 名科级及以下人员转隶。加快区外干部融入，分层分批抓好区外交流干部接收工作，组织召开区外交流干部报到大会，营造凝心聚力干事业的良好 氛围。

行政区划变更期间，余杭区未新建政府性楼堂馆所，未增加财政供养人员，未增加“三公”经费。依法依规、平稳有序完成人大选举，共选举产生区第十六届人大代表 296 人。

通过行政区划调整，全区上下紧紧围绕中共中央和省、市、区委决策部署，纵深推进“创新余杭、品质之区、文明圣地”建设，统筹抓好疫情防控和经济社会各项事业发展，经济运行“稳中有进、稳中向好”。2021 年主要经济指标继续位居省、市前列，被评为“国家生态文明建设示范区”、平安中国建设示范县，入选“2021 中国县域综合实力百强榜”，列全国第五位、全省第一位。

杭州市部分行政区划优化调整后，余杭区按照核定法定线、勘定习惯线、解决争议线的原则，组织开展勘界工作，历时 5 个月，所涉及的余杭临安线、余杭富阳线、西湖余杭线、拱墅余杭线和余杭临平线均全面贯通，完成勘界任务。

（区民政局）

年度十件大事

【余杭区开展党史学习教育】 2021年3月2日，余杭区举行全区党史学习教育动员部署会议，贯彻落实中央、省、市会议精神，部署全区党史学习教育工作。全年，余杭区组织开展党史学习教育，挖掘本地红色资源，打造“我在中华文明圣地学党史”等特色载体，线上线下结合开展“走向辉煌”等主题庆祝活动、“领航新征程”“新时代创客说”等宣传宣讲活动，改建重新开放中共西镇区委旧址。“七一”前夕，区委书记张振丰到北京接受全国优秀县委书记表彰，并代表余杭区参加庆祝中国共产党成立100周年大会。

【之江实验室参与研究成果登上《自然》杂志封面】 2021年3月4日，《自然》杂志在封面刊发之江实验室和浙江大学的合作成果——仿生深海软体机器人。该研究成果提出机电系统软—硬共融的压力适应原理，研制了无需耐压外壳的仿生软体智能机器人，首次实现在万米深海自带能源软体人工肌肉驱控和软体机器人深海自主游动。这种环境自适应的仿生软体机器人和智能系统，将为深海探索科考、环境监测与资源勘探提供解决方案，为复杂环境与任务下机器人及智能系统设计提供新思路。

【余杭区完成行政区划优化调整】 2021年4月9日，杭州市部分行政区划优化调整实施动员大会举行。该次行政区划优化调整撤销余杭区，设立新的余杭区和临平区。以原余杭区的余杭街道、仓前街道、闲林街道、五常街道、中泰街道、仁和街道、良渚街道、瓶窑镇、径山镇、黄湖镇、鸬鸟镇、百丈镇的行政区域为新的余杭区的行政区域。

【余杭区举行创新发展大会】 2021年5月6日，余杭区举行创新发展大会。会上，表彰了之江实验室、阿里巴巴达摩院、良渚实验室、中电海康集团有限公司等创新发展科技策源领军单位，华立集团股份有限公司等10家创新发展示范引领企业、杭州恒生科技园等10家创新发展优质服务平台，并启动创新发展“翱翔计划”。此后，启动数字化改革“创景计划”、靓城行动“1466”计划、教育高质量发展奋进计划、西部富美“1355”计划。

之江实验（摄于2021年）　　　　（区科技局　供图）

【余杭区获得省“科技创新鼎”】 2021年6月15日，余杭区在浙江省科学技术奖励大会上获浙江省委、省政府首度颁发的“科技创新鼎”，还获得2020年度市县党政领导科技进步目标责任制考核、人才工作述职、评议考核优秀单位。

【余杭建设共同富裕示范先行区】 2021年7月12日，中共杭州市余杭区委十五届二次全体（扩大）会议举行。会议审议通过《余杭高质量发展建设共同富裕示范先行区实施方案（2021—2025年）》，动员全区上下坚持高质量发展、统筹现代化建设，全力创建共同富裕示范先行区。全区围绕构建推动经济高质量发展、收入分配制度改革、公共服务优质共享、城乡区域协调发展、先进文化发展、生态文明建设、社会治理等“七个争先”，推进数字治理赋能行动、就业保障提质行动、西部富美行动等“10+N”行动，先后实施了一批具有带动意义的重大项目，出台了一批具有创新意义的政策措施，打造了一批具有示范意义的典型案例，形成了一批具有指导意义的理论制度成果。

2021年3月2日，余杭区党史学习教育动员部署会召开
（区党史学习教育领导小组办公室　供图）

【运溪高架路通车】 2021年8月1日，运溪高架路正式通车，通车仪式在高架路跨运河特大桥举行。运溪高架路工程前期被称为崇贤至老余杭连接线（高架）工程，全长34千米，2018年6月开工。项目起于临平区崇贤街道与杭州主城区衔接部，顺接秋石快速路余杭段疏港互通，终于余杭区余杭街道，串起余杭、临平及西湖3个区，沿线经过仁和、良渚、仓前等6个镇（街道）。该工程是2022年杭州亚运会重点配套设施项目，也是浙江省一次性建设里程最长的城市高架桥梁。

【余杭区被评为国家生态文明建设示范区】 2021年10月14日，在《生物多样性公约》缔约方大会第15次会议生态文明论坛开幕式上，余杭区被评为第五批国家生态文明建设示范区。自2016年被评为“国家生态区”后，余杭区启动国家生态文明建设示范区创建，根据生态制度、生态环境、生态空间、生态经济、生态生活、生态文化等六大领域、十大任务等34项具体指标，实施53项重点工程，推动余杭区生态文明建设。

【良渚遗址入选“百年百大考古发现”】 2021年10月18日，在第三届中国考古学大会开幕式上，良渚遗址入选“百年百大考古发现”并入选考古遗址保护展示优秀项目。2007—2015年，良渚古城、外郭城、外围水利系统先后被发现。2016年开始，良渚遗址考古进入“古国考古”阶段。近十年来，良渚遗址考古工作注重开展多学科合作研究，建立覆盖整个古城遗址的田野考古测量系统，获得了矢量地图、无人机航拍图和历史时期的地图资料。

【余杭区被评为平安中国建设示范县】 2021年12月15日，平安中国建设表彰大会在北京召开，中共中央总书记、国家主席、中央军委主席习近平会见平安中国建设表彰大会代表。会上，余杭区被授予“2017—2020年度平安中国建设示范县”称号，区委书记刘颖代表余杭区到北京接受表彰。

（区史志研究室）

编辑：范雅君

大事记

Chronicle of Major Events

1月

4日　余杭区企业杭州本松新材料技术股份有限公司入选省经信厅公布的2020年浙江省“隐形冠军”企业名单。

7日　省医疗器械检验研究院未来科技城院区启用。

8日　余杭区青年商会（新企联）第二届五次全体（扩大）会议暨参与抗击新冠肺炎疫情大会举行，表彰115名在抗疫行动中做出贡献的青年企业家。

11日　余杭区被省城乡环境整治工作领导小组评为“2020年度新时代美丽城镇建设优秀县（市、区）”。

16日　浙江大学先进电气装备创新中心开园。

19日　在省委农村工作会议上，余杭区被评为“2020年度浙江省产粮大县”。

20日　科学技术部火炬高技术产业开发中心公布2020年度国家级科技企业孵化器名单，余杭区浙江省生物医药孵化器、医智汇创新工场和创鑫时代广场孵化器入选。

是日　由余杭区人民政府主办，区农业农村局承办的余杭区首届线上年货节开幕，活动持续至2月10日。

21日　杭州东华链条集团有限公司员工徐长明在北京举行的全国优秀农民工和农民工工作先进集体表彰大会上被授予“全国优秀农民工”称号。

27日　商务部举行新闻发布会，发布2020年国家级经济开发区综合发展水平考核评价结果。余杭经济技术开发区在全国218个国家级经济技术开发区中列第42位，较上年度排名上升20名，跻身全国50强。

是月　瓶窑镇创建为浙江省AAAAA级景区镇。

2月

2日　余杭区举行纪念余杭区关工委成立30周年暨关心下一代工作会议，表彰先进集体和个人，总结余杭区关工委成立30年以来取得的成绩和经验，部署新时代关心下一代工作任务。

3日　余杭区被浙江省生活垃圾分类工作领导小组评为2020年度全省垃圾分类工作优秀县（市、区）。

22日　余杭区、省文化和旅游厅联合中国旅游研究院共同发布“余杭文旅融合指数”。这是以余杭为样本构建的国内首个县（市、区）级文化和旅游融合指数测评指标体系。

24日　《麻省理工科技评论》杂志2021年度的“十大突破性技术”（TR10）发布会在余杭举行。活动现场未来科技城与北京演绎科技有限公司（DeepTech）签订战略合作协议。

26日　余杭区蝉联全市乡村振兴战略考核工作第一名。

是日　东苕溪杭州水源地被省水利厅、省

生态环境厅评为2020年度县级以上集中式饮用水水源地安全保障达标优等。

3月

1日　余杭区人民检察院第一检察部被全国妇联评为“全国巾帼文明岗”。

2日　余杭区举行全区党史学习教育动员部署会议，贯彻落实中央、省、市会议精神，部署全区党史学习教育工作。

4日　之江实验室与浙江大学合作研制的仿生深海软体机器人形象登上《自然》封面。

9日　余杭区在2020年度杭州市耕地保护责任目标考核结果中获优秀等次。

11日　余杭区举行2021年度大党建工作会议暨党的群团工作会议、落实巡视反馈问题整改工作推进会。

12日　余杭区第四届人才奖颁奖典礼暨2020“星光闪耀 未你而来”未来科技城人才年会举行。

17日　省长郑栅洁到之江实验室南湖园区科创企业调研。

是日　之江实验室南湖园区一期交付启用，副省长高兴夫参加启用仪式。

20日　2021年瓶窑桃花节·大观山蜜桃产业发展研讨会在瓶窑镇举行。

21—27日　余杭街道永安稻香小镇开春节举行。

26日　余杭区在全省制造业高质量发展大会上被评为创建制造业高质量发展示范县（市、区）考核优秀单位。

27日　“一带一路”中法艺术名家新作展在区文化艺术交流中心举行，展览持续到4月15日。

30日　余杭区在全省建设平安浙江工作暨扫黑除恶专项斗争总结表彰会议上获得“浙江省2020年度平安县（市、区）”称号，再度被授予“平安牌”。

31日　“梦溪论坛”项目开工奠基。

4月

5日　常务副省长陈金彪、香港中文大学（深圳）全球与当代中国高等研究院院长郑永年一行到中国（杭州）人工智能小镇考察。

9日　杭州市部分行政区划优化调整实施动员大会召开。会上，宣布正式启动实施包括余杭区在内的杭州市部分行政区划优化调整工作。

17日　湖北省党政代表团到杭州未来科技城、梦想小镇考察。

是日　百丈2021杜鹃花节开幕，中华野生杜鹃保护地同步揭牌。杜鹃花节持续至5月5日。

21日　安徽省党政代表团考察梦想小镇。

是日　2020浙江文化和旅游总评榜揭晓，余杭区良渚古城遗址公园入选“2020浙江十大数字景区”，良渚博物院入选“2020浙江十佳影响力博物馆”，杭州良渚文化创意有限公司的良渚玉液入选“2020浙江双十佳爆款文创产品和旅游商品”，良渚君澜度假酒店入选“2020浙江十佳度假型酒店”。

22日　区选举委员会召开第一次会议。

23日　区领导带队到上海招商考察，沟通对接优质企业、科研院所。

25日　省委召开法治浙江建设工作会议。会上，余杭区获得“法治浙江建设示范区”称号。

29日　市委、市政府通报2020年度杭州市综合考评结果，余杭区2020年度综合考评成绩居全市区、县（市）首位，连续四年居全市第一位，获得优秀等次。

是日　由中共杭州市余杭区委员会、中共杭州市临平区委员会共同主办的“同心向党谱华章”余杭区·临平区庆祝中国共产党成立100周年文艺演出在余杭大剧院举行。

是日　“永远跟党走”余杭区、临平区庆祝中国共产党成立100周年青年理论宣讲活动举行，“余杭青年说”“临平青年说”宣讲团成立。

5月

1日　“我在中华文明圣地学党史”主题展览在良渚古城遗址公园开展。

4日　区委、区纪委在文一西路新驻地揭牌。

是日　驻地迁址后余杭区首次区委常委会举行。传达学习中共中央总书记习近平关于“创新”的重要论述，听取2021年一季度经济形势分析，研讨下阶段的对策建议。

6日　余杭区创新发展大会举行。

7日　余杭区入选2020年落实有关重大政策措施真抓实干成效明显的地方名单并获得督查激励，包括：推进“最多跑一次”改革成效突出的市、县（市、区）；积极推进“一带一路”枢纽建设，构建全面开放新格局工作成效明显的县（市、区）；推动工业稳增长、促转型，加快传统制造业改造提升成效明显的县（市、区）；实施消费新政、促消费工作成效明显的县（市、区）；推动建筑业和房地产业平稳健康发展成效较好的县（市、区）；实施“凤凰行动”计划，推动企业上市和并购重组工作力度大、成效明显的县（市、区）。

8日　余杭区被评为2020年全省万里美丽经济交通走廊示范县（市、区）。

10日　省人大常委会副主任姒健敏率检查组到杭州粮油物流中心批发交易市场，开展《浙江省粮食安全保障条例》执行情况检查。

11日　省政协主席葛慧君带队到余杭区专题调研依法治网体系建设情况。

12日　杭州市召开特色小镇高质量发展推进大会，梦想小镇被评为杭州市2020年最强辐射小镇。

17日　2021中国（良渚）绿色设计助力碳中和高峰论坛暨浙江省工业设计十佳颁奖典礼在良渚梦栖小镇举行。

18日　在浙江省建设新时代美丽浙江暨中央生态环境保护督察整改工作推进大会上，余杭区等22个县（市、区）获得2020年度“五水共治”（河长制）工作优秀市县“大禹鼎”。这是余杭区第三次获该荣誉。

是日　首届全国大学生乡村振兴创意大赛暨“裕农通杯”第四届浙江省大学生乡村振兴创意大赛在黄湖镇青山村启动。全国大学生乡村研学实践基地同步落户黄湖镇。

21日　民革杭州市余杭区基层委员会召开换届大会，选举产生新一届领导班子。

是日　省发展改革委印发《浙江省重大建设项目“十四五”规划项目表》，余杭区有10多个项目入选实施类项目。

22日　在2021年第三届茶乡旅游发展大会上，余杭区被评为2021年度全国区域特色美丽茶乡，“以茶养廉 忆苦思甜 不忘初心 党性修养之旅”被列入百条红色茶乡旅游精品路线，牛头山美丽茶园被评为“中国茶产业T20最美生态茶园”。

23日　余杭区—苍溪县东西部协作党政联席会议在余杭区举行。

27日　农工党余杭区基层委员会召开换届大会，选举产生新一届领导班子。

是日　位于未来科技城的杭州师范大学科技园入选科技部、教育部公布的第11批国家大学科技园名单。

28日　民建余杭区基层委员会召开换届大会，选举产生新一届领导班子。

31日　2021年余杭区科技人才周启动仪式暨国际青年科创联盟成立仪式举行。

是日　致公党杭州市余杭区基层委召开党员大会，对第一届班子进行届中调整。

是日　余杭区农业综合行政执法队被农业农村部评为第三批全国农业综合行政执法示范窗口。

6月

1日　余杭区举行全区党史学习教育“办实事、解难题、减负担”暨“民呼我为”专题实践活动部署大会。

2日　省文化和旅游厅公布2021年度浙江省非物质文化遗产保护发展指数评估指标数据，余杭区获全省各县（市、区）第一名。

3日　民进余杭区基层委员会召开换届大会，选举产生新一届领导班子。

是日　九三学社余杭区基层委员会召开社员大会，对基层委班子进行届中调整。

是日　在长沙举行的2021（第四届）中国产业区块链峰会上，余杭区被评为中国产业区块链十强城市核心聚集区。

4日　首届全球人工智能技术创新大赛决赛在未来科技城数字·健康小镇举行。

5日　2021年全球人工智能技术大会开幕式在未来科技城举行。开幕式后举办首届全球人工智能技术创新大赛颁奖仪式、大会主题论坛。

7日　余杭区数字化改革攻坚推进会举行，“创景计划”发布，首批重点培育应用场景牵头区领导和牵头单位签订计划书。

10日　由余杭区政府筹备组、菜鸟网络科技有限公司联合主办的“2021年全球智慧物流峰会”开幕式在未来科技城学术交流中心举行。

11日　民盟余杭区基层委员会召开换届大会，选举产生新一届领导班子。

12日　2021年“文化和自然遗产日”暨余杭区第16个非遗保护月系列活动启动，全区近百个非遗项目齐聚瓶窑老街。

15日　浙江省科学技术奖励大会在省人民大会堂举行，首次颁发“科技创新鼎”，包括余杭区在内的3个优秀市、6个优秀县（市、区）获得该项荣誉。余杭区还被评为2020年度市县党政领导科技进步目标责任制考核、人才工作述职评议考核优秀单位。

16日　“奋斗百年路 逐梦在余杭”余杭区庆祝中国共产党成立100周年主题展在梦想小镇开展。

18—20日　中国共产党杭州市余杭区第十五次代表大会在省委党校仓前校区举行。

29日　第11个“浙江生态日”主题宣传活动在黄湖镇青山村举行，省长郑栅洁、副省长徐文光出席活动。

是日　全国优秀县委书记表彰会议在北京举行，区委书记张振丰到北京参会受奖。

7月

2日　余杭区红色资源地图发布，发布38个红色资源点。发布仪式上，向镇（街道）赠送《余杭红色资源手册》，同步推出“初心之路”“传承之路”“创新之路”“文化之路”“清风之路”5条红色研学线路。

3日　区委常委会召开扩大会议，传达学习中共中央总书记习近平在“七一勋章”颁授仪式和庆祝中国共产党成立100周年大会上的重要讲话精神；传达学习浙江省庆祝中国共产党成立100周年大会以及省委常委会会议、市委常委会会议有关精神，研究余杭区贯彻落实工作。

5日　澳门北区工商联会会长、新富伦集团董事长黄健中率澳门北区工商考察团到余杭区考察。

是日　余杭区靓城行动动员大会举行，发布靓城行动“1466”计划。

是日　归创通桥医疗科技股份有限公司在香港证券交易所主板上市，成为余杭首家在香港上市的人才企业。

6日　杭州良渚遗址管理区管理委员会与延安革命纪念地管理局战略合作签约仪式暨“弘扬延安精神 共筑文化自信”宣讲报告会举行。

9—11日　以“良渚古城 自然之礼”为主题的余杭区第二届大观山蜜桃文化节在瓶窑镇举行。

12日　中共杭州市余杭区委十五届二次全体（扩大）会议召开。

20—22日　中国人民政治协商会议第十二届杭州市余杭区委员会第一次会议召开。

21—23日　杭州市余杭区第十六届人民代表大会第一次会议召开。

27日　区人大、区政府、区政协、区监委挂牌仪式举行。市委常委、区委书记张振丰，区委副书记、区长金承涛，区人大常委会主任阮文静，区政协主席沈昱，良渚遗址管理区党工委书记、管委会主任王姝等区领导参加揭牌仪式，区委副书记朱红丹主持仪式。

28日　省政协副主席周国辉一行到余杭区开展“三服务”活动。

30日　由中央人民政府驻香港特别行政区联络办公室、中央人民政府驻澳门特别行政区联络办公室、省委组织部（人才办）、省委统战部、省港澳办、香港特区政府驻浙江联络处、共青团浙江省委主办的浙江港澳青年人才服务中心成立仪式在中国（杭州）人工智能小镇举行。

是日　2021良渚生命科技小镇创新共建大会暨“良企陪跑计划”发布仪式在良渚生命科技小 镇举行。会上，良渚生命科技小镇发布“良企陪跑计划”。

8月

1日　运溪高架路通车仪式在高架路跨运河特大桥举行，运溪高架路正式通车。

3日　余杭区工会第十三次代表大会举行。

是日　径山镇小古城村入选第三批全国乡村旅游重点村。

9日　余杭区人民政府与中国农业银行浙江

运溪路高速入城口（摄于 2021 年）　　（杭州钱江经济开发区管委会　供图）

省分行签订战略合作协议。

12 日　“余杭一码通”正式上线运行。在交通出行、政务服务、体检健康、文化旅游等多个领域，杭州市民可以使用“余杭一码通”刷码享受服务。

17 日　余杭区人民政府与浦发银行杭州分行签订战略合作协议。

18 日　余杭区人民法院、余杭区人民检察院举行揭牌仪式。市委常委、区委书记张振丰先后同市中级人民法院党组书记、院长斯金锦和市人民检察院党组书记、检察院长陈海鹰一起为区法院、区检察院揭牌。

19 日　余杭区举行实施西部富美行动助推共同富裕示范先行区建设动员大会，部署西部富美“1355”行动。

21 日　全区教育高质量发展奋进大会举行，会上，余杭区发布教育高质量发展“奋进计划”。

24 日　余杭区“西部富美”党建联盟成立暨“一村社一机关一企业”党组织结对共建推进会在径山镇举行。

26 日　淘宝小镇（中国杭州）电子商务线上产业园二期启用。

9月

2 日　余杭区“双减”工作会议举行。

6 日　径山镇被农业农村部认定为第二批“全国乡村治理示范村镇”。

12 日　中国美院良渚校区启用。

14 日　省长郑栅洁到余杭区调研人工智能小镇建设。

19 日　余杭区入选由省农业农村厅、省委网络安全和信息化委员会办公室联合评选的第二批省级数字乡村建设试点县名单。

22 日　杭州市余杭区科学技术协会第九次代表大会举行。

23 日　余杭区第十三次妇女代表大会举行。

25 日　位于余杭区的阿里巴巴（中国）有限公司和华立集团股份有限公司入选全国工商联公布的“2021 中国民营企业 500 强”名单。

是日　以“数字重塑生命健康生态链”为主题的 2021 中国（杭州）数字健康大会在余杭区举行。

29 日　瑶山遗址公园试开园。

30 日　余杭区在仁和街道西南山新四军烈士墓举行烈士公祭活动。

是月　余杭区“数智治理中心”开始实体化运作。

10月

9 日　重修后的中共西镇区委旧址开馆。

12日　余杭区工商业联合会（总商会）第十二次会员代表大会举行。

14日　余杭区被生态环境部评为国家生态文明建设示范区。

18日　良渚遗址在第三届中国考古学大会开幕式上入选“百年百大考古发现”并入选考古遗址保护展示优秀项目。

19日　“创客天下·杭向未来”2021杭州市海外高层次人才创新创业大赛外国人专场决赛在未来科技城举行。

21日　海南省党政代表团考察梦栖小镇。

是日　余杭区—稻城县对口支援和东西部协作党政联席会议在余杭区举行。

22日　余杭区文学艺术界联合会第九次代表大会举行。

23日　宁夏全国政协委员考察团到余杭区调研数字经济发展等情况。

24日　径山乡村共富研究院、径山乡村共富学院揭牌成立，西部富美党建联盟举行第一次联席会议。

是日　余杭区良渚古城遗址公园、良渚文化艺术中心入选杭州“十大文化新地标”。

25日　余杭特大桥边跨合龙，标志着湖杭铁路线下工程全线贯通。

26日　区委举行高质量发展建设共同富裕示范先行区领导小组第一次会议。

28日　世界科技青年论坛在未来科技城举行，论坛上DeepTech中国创新中心揭牌落地未来科技城。

11月

6日　中国（杭州）人工智能小镇被评为第五批省级特色小镇，成为继梦想小镇、梦栖小镇后，余杭区第三个通过命名验收的省级特色小镇。

12日　余杭区恒泽特色渔业现代农业园和良渚麟海蔬果现代农业园入选农业农村部公布的《全国农村创业园区（基地）目录（2021）》。

18日　余杭区被交通运输部评为“四好农村路”全国示范县。

是日　由中央文明办主办的2021年10月“中国好人榜”发布活动在四川省达州市举行，余杭人庞汝勋入选2021年10月“中国好人榜”。

19日　余杭区第七次归侨侨眷代表大会举行。

19—21日　2021世界生命科技大会在杭州良渚梦栖小镇开幕。

24日　余杭召开全区领导干部会议，宣布省委关于余杭区主要领导调整的决定。市委副书记、市长刘忻出席并讲话。市委常委、组织部部长毛溪浩宣读任免文件，张振丰主持会议并做表态发言。会议宣布：省委决定，刘颖任中共杭州市余杭区委委员、常委、书记；提名王华为杭州市余杭区区长候选人；免去张振丰的中共杭州市委常委、委员，中共杭州市余杭区委书记、常委、委员职务；提议金承涛不再担任杭州市余杭区区长职务。

26日　余杭区启动为期一个月的城市环境提升专项整治行动，涉及道路（河道）两侧环境、公路铁路两侧环境、园林绿化环境、建设工地环境、住宅小区环境、道路交通秩序、生态环境等方面。

27日　农业农村部信息中心公布2021全国县域农业农村信息化发展水平评价工作结果，余杭区第三次被评为全国县域农业农村信息化发展先进县。

29日　区第十六届人大常委会举行第三次会议，决定任命王华为杭州市余杭区人民政府副区长，代理区长职务。

12月

1日　余杭区首个“共享法庭”——“大径山共享法庭”在径山镇小古城村民主协商展示馆成立。

2日　区委举行学习贯彻党的十九届六中全会精神专题学习会，深入学习贯彻六中全会和省委十四届十次全会精神，开展学习交流，推动贯彻落实。

4日　余杭区—苍溪县东西部协作党政联席会议在余杭区举行。

5日　余杭·苍溪农特产品展销馆在未来科技城西溪永乐城揭牌开馆。

6日　余杭区举行大调解协会成立大会，会议审议通过区大调解协会章程、第一届理事会理事选举办法等，选举产生第一届理事会。

14日 余杭梦想未来城市新区风貌区、余杭瓶窑老街传统风貌区、余杭云上科创特色产业风貌区、余杭“禅径寻农·径鸬”县域风貌区入选浙江省首批城乡风貌样板区试点建设名单。

15日 平安中国建设表彰大会在北京召开。会上，余杭区被授予“2017—2020年度平安中国建设示范县”称号。区委书记刘颖参会并受到党和国家领导人接见。

2021年12月22日，余杭区“涉网知识产权·共享法庭”在未来科技城揭牌　　（浙江杭州未来科技城管委会　供图）

是日 余杭—柯城山海协作暨联乡结对工作联席视频会议举行。会上，两区签订《余杭区—柯城区山海协作工程框架协议》。

16日 省政协副主席周国辉一行调研余杭数字政协建设工作。

是日 小康杂志社发布“2021中国数字治理百佳县市”榜单，余杭以95.88分列全国第三位。

17日 径山镇、瓶窑镇、百丈镇、鸬鸟镇被评为2021年浙江省园林城镇。

21日 良渚街道、闲林街道被评为2021年度新时代美丽城镇建设省级样板，其中良渚街道被评为“都市节点型”美丽城镇省级样板，闲林街道被评为“县域副中心型”美丽城镇省级样板。

22日 全省首家“涉网知识产权·共享法庭”在未来科技城揭牌启用，涉网知识产权共享法庭平台系统同步上线。

27日 余杭区人民法院未来科技城人民法院揭牌仪式举行。

30日 中共杭州市余杭区代表会议召开，会议审议通过《中国共产党杭州市余杭区代表会议选举办法》，选举出29名代表出席中共杭州市第十三次代表大会。

是日 余杭区人民法院“共享法庭”（高层次人才促进会服务站）在未来科技城（海创园）揭牌。

是日 径山镇被评为省AAAAA级景区镇。

31日 浙江大学发布“2021中国社会治理百强县（市、区）”榜单，余杭区入选“2021年浙江省社会治理十佳县（市、区）”。

是月 余杭区被评为2021年度全省深化“万千工程”建设新时代美丽乡村（农村人居环境提升）工作优胜县（市、区）。

是月 百丈镇被评为2021年度省级森林康养名镇，中泰街道双联村、白云村，百丈镇百丈村，径山镇平山村，良渚街道杜城村、东莲村被评为省级森林人家。

是月 径山镇小古城村被浙江省生态文化协会评选为2021年浙江省生态文化基地。

是月 余杭区未来科技城核心城市片区（何过港、闲林港等）、东苕溪、鸬鸟溪被评为浙江省2021年美丽河湖。

是年 余杭区粮食收购总量为8.1万吨。

（区史志研究室）

编辑：范雅君

余杭概览

General Introduction of Yuhang

自然地理

【地理位置】 2021年杭州部分行政区划优化调整后，余杭在地理上介于北纬30°09′～30°33′、东经119°40′～120°08′，东西长45千米，南北宽44千米，总面积942平方千米。东面仁和与良渚以运河为界，与临平区塘栖、崇贤和拱墅区康桥为邻，良渚东南端与拱墅区祥符交界，良渚、仓前、五常、闲林与西湖区接壤；南面中泰、闲林与富阳区相邻；西面百丈、鸬鸟与安吉县毗连，鸬鸟、径山、余杭、中泰与临安区交界；北面百丈、黄湖、瓶窑、良渚、仁和与德清县相接。

【地形地貌】 余杭区地处杭嘉湖平原和浙西丘陵山地的过渡地带，地势由西向东倾斜，大致以东苕溪为界，西部多山地丘陵河谷，东部为平原。境内西北与西南部属天目山脉东麓和千里岗山脉之余脉，山体顺南、中、北3条苕溪谷地两侧，呈马蹄形展布，在鸬鸟、百丈、黄湖、径山等地。海拔1000米以上山峰有窑头山（1095米）和红桃山（1026米），分别位于鸬鸟西端与临安和安吉交界处。丘陵也分布于西南、西北两翼，包括中泰、闲林、径山、瓶窑、黄湖、鸬鸟、百丈等镇（街道）。境内平原属杭嘉湖平原，其中东部为水网平原，分布在京杭大运河流域；河谷平原分布在南、中、北3条苕溪谷口至东苕溪一带，北接低山丘陵，南连水网平原，三者呈渐变过渡。

【自然资源】 余杭区内自然植被有常绿阔叶林、常绿落叶阔叶混交林、针阔叶混交林、针叶林、竹林和灌草6个类型，森林覆盖率为45.73%。有维管束植物183科、1326种（含亚种、变种、变型），有大型野生真菌95种，隶属3个亚门、36科。境内有野生动物140科、411种，其中有国家一级保护动物黑麂、白鹤、朱鹮、彩鹮等9种，国家二级保护动物小鸦鹃、苍鹰、雀鹰等27种，浙江省级保护动物豪猪、食蟹獴、大杜鹃等12种。

（区统计局）

【气候特征】 余杭区地处北亚热带南缘季风气候区。冬夏长，春秋短，温暖湿润，四季分明，光照充足，雨量充沛。因境内地形不同，小气候差异明显，春、冬、夏季风交替，冷暖空气活动频繁，春雨连绵，风向多变，天气变化较大。多年平均气温15.3℃～16.2℃。1月为全年最冷月，极端最低气温-11.8℃；8月为全年最热月，极端最高气温40.7℃。全年无霜期230天～260天。年平均降水量1150毫米～1550毫米，年降水日130天～145天。5月、6月受梅雨影响，8月、9月受台风暴雨影响，降水强度大，5—9月占全年降水量的2/3以上。受季风气候影响，夏季盛行东南风，冬季盛行西北风。

主要灾害天气有低温、暴雨、台风、冰雹和干旱等。

2021 年，余杭区天气气候特征为气温显著偏高、降水偏多，镇（街道）之间差异明显。全区年平均气温 16.3℃（径山镇）～ 19.0℃（五常街道），其中：余杭城区（仓前街道，以下简称城区）为 18.9℃，较常年（16.9℃）异常偏高；高温（气温≥ 35.0℃）日数 61 天。全区各镇（街道）年降水量 1463.9 毫米（余杭街道）～ 1963.5 毫米（五常街道），其中城区 1678.0 毫米，比常年（1392.0 毫米）增长 20.5%，雨日 164 天。全区各镇（街道）暴雨（日降水量≥ 50.0 毫米）日数 3 天（余杭街道）～ 9 天（中泰街道），城区 6 天，日最大降水量 115.9 毫米（百丈镇），出现在 7 月 26 日。

【主要气候事件】 2021年余杭主要气候事件：冬末春初连续阴雨天气，梅汛期多短时强降水，高温热浪和台风接连影响，“秋老虎”影响气温偏高。

表1　2021年余杭各镇（街道）气象要素实况一览表

镇（街道）		仓前街道	闲林街道	五常街道	余杭街道	中泰街道	良渚街道	仁和街道	黄湖镇	瓶窑镇	径山镇	鸬鸟镇	百丈镇
气象代表站		太炎社区（K1418）	华丰社区（K1202）	荆丰社区（K1211）	上湖村（K1020）	泰峰村（K1201）	荀山村（K1210）	永胜村（K1203）	清波村（K1195）	瓶窑社区（K1037）	潘板桥村（K1196）	雅城村（K1415）	半山村（K1193）
气温	年平均气温（℃）	18.9	18.6	19.0	18.1	17.7	18.4	18.3	17.3	18.4	17.8	16.6	16.3
	极端最高气温（℃）出现日期	40.5 7月15日	39.5 9月1日	39.5 9月1日	38.6 7月14日	38.3 7月15日	38.7 7月15日	39.4 7月15日	38.8 7月14日	39 7月15日	39 7月14日	40.1 7月14日	38.4 7月14日
	极端最低气温（℃）出现日期	−6.6 1月1日	−7.2 1月9日	−5.9 1月8日	−7.9 1月8日	−8.8 1月8日	−7.1 1月8日	−8.1 1月1日	−10.6 1月1日	−7.8 1月1日	−9.3 1月9日	−11.2 1月1日	−11.8 1月1日
	≥ 35.0℃日数（天）	61	51	41	29	20	25	35	28	35	34	32	21
	0.0℃冰冻天数（天）	17	23	14	25	16	20	25	44	24	34	42	41
降水	年降水量（毫米）	1678.0	1763.3	1963.5	1463.9	1878.9	1615.8	1756.2	1577.3	1708.1	1688.3	1405.8	1923.4
	雨日（天）	164	169	161	171	167	165	173	172	164	166	161	170
	雪日（天）	—	—	—	—	—	—	—	—	—	—	—	—
	暴雨日数（天）	6	6	3	5	9	3	6	5	6	6	3	7
	日最大降水量（毫米）出现日期	83.2 7月24日	105.3 7月26日	90.2 8月13日	77.4 7月24日	73.7 8月13日	80.2 7月24日	84 7月26日	71.1 7月2日	92 6月9日	86.2 7月2日	93.6 7月25日	115.9 7月26日
梅雨	入梅	6月10日	6月10日	6月10日	6月10日	6月10日	6月10日	6月10日	6月10日	6月10日	6月10日	6月10日	6月10日
	出梅	7月5日	7月5日	7月5日	7月5日	7月5日	7月5日	7月5日	7月5日	7月5日	7月5日	7月5日	7月5日
	梅雨期（天）	25	25	25	25	25	25	25	25	25	25	25	25
	梅雨量（毫米）	335	311.2	296.4	313.3	322.7	241	261	275.1	298	332.4	233.8	389.4

说明：1. 余杭区各镇（街道）气象代表站均为区域自动气象站

2. 余杭城区以仓前街道太炎社区站为代表站

3. 余杭区各镇（街道）代表站均无天气现象仪，无雪日记录冬末春初连续阴雨天气　2021年，受暖湿气流和冷空气影响，2月下旬至4月上旬，余杭多次出现连续阴雨寡照天气。据气象台统计，2月25日至3月9日城区连续13日出现降水，3月16—21日、3月27日至4月3日又为连续阴雨天气。城区2月下旬至4月上旬降水量241.2毫米，较常年同期偏多11.1%，降水日数达30天（占比60.0%），日照时数偏少。

梅汛期多短时强降水　2021年6月10日，余杭区入梅（常年6月13日），7月5日出梅（常年7月7日），梅雨日数25天（常年26天）。入梅和出梅时间、梅汛期时长以及总雨量接近常年，但多短时强降水。全区面雨量284.0毫米，雨量时空分布不均，呈现南部、西部雨量大，东北部雨量小的特点，其中，最大在百丈镇389.4毫米，城区335.0毫米，较常年同期偏多20.8%。梅汛期的6月12日、13日、14日、17日及7月2日共出现5轮强降水，其中6月12日18时至19时，多个镇（街道）出现短时强降水（小时雨量≥20.0毫米），最大出现在余杭街道仙宅村92.6毫米，城区59.2毫米。

高温热浪和台风接连影响　2021年7月5日出梅后，气温迅速升高，7月5—21日出现14天高温日。入秋（9月17日）前，城区高温日数39天，其中气温≥38.0℃有11天，极端最高气温为40.5℃（7月15日）。台风“烟花”影响时间长、强降水频发，7月21—28日均出现降水，其中，7月24日、25日、26日出现暴雨。日雨量7月24日最大在仓前街道83.2毫米，25日最大在百丈镇97.4毫米，26日最大在百丈镇115.9毫米。

“秋老虎”影响气温偏高　2021年西太平洋副热带高压位置偏北，强度偏强，受其影响，余杭秋季（9月17日至11月30日）平均气温19.0℃，与常年平均17.1℃相比属异常偏高，高温日数14天，城区最高37.7℃（出现在9月23日）。秋季总降水量144.2毫米，与常年平均降水量相比偏少24.3%，西部山区出现不同程度的干旱，区气象台适时开展人工影响天气作业，缓解旱情。

（余杭现无国家气象站，常年同期及常年平均均为杭州国家气象站历史同期数据）

（徐海军）

历史文化

【建置沿革】　余杭之名，春秋时已见诸史籍，属吴、越领地，战国中期属楚；南宋时期，余杭作为京畿之地，成为全国经济文化最发达的地区之一。余杭是文化古邑，是“实证中华五千多年文明史的圣地”——良渚遗址的所在地，拥有五千年“良渚文化”，两千年“运河文化”和一千年“径山禅茶文化”，是北宋大科学家沈括和近代民主革命先驱章太炎的故里，留下了唐代“茶圣”陆羽、北宋文学家苏东坡的踪迹。2007年，在余杭发现“中华第一城”——良渚古城。

秦王政二十五年（前222年），在今境内置钱唐（含现杭州其他城区）、余杭两县，属会稽郡。

西汉时，余杭、钱唐两县仍属会稽郡，钱唐为会稽郡西部都尉治。元始四年（4年），改钱唐县为泉亭县。新莽始建国元年（9年），改余杭县为进睦县。东汉建武元年（25年），复名余杭、钱唐。

三国时，余杭、钱唐均入吴国版图，属吴郡，隶扬州，钱唐县为吴郡都尉治。

隋开皇九年（589年），废钱唐郡，改置杭州，州治初设余杭，次年移钱唐。大业三年（607年），又改杭州为余杭郡，钱唐、余杭仍为所属。唐武德四年（621年），复余杭郡为杭州，改钱唐为钱塘。五代后梁龙德二年（922年），置钱江县，与钱塘县同城设治。

北宋太平兴国四年（979年），改钱江县为仁和县。南宋建炎三年（1129年），升杭州为临安府，属两浙西路。绍兴八年（1138年），正式定都临安，钱塘、仁和升为赤县，余杭升为畿县。

元至元十五年（1278年），改临安府为杭州路，钱塘、仁和、余杭属之。至正二十六年（1366年），朱元璋攻下杭州，改杭州路为杭州府。明清延之。

民国元年（1912年）2月，废杭州府，以原钱塘、仁和县地并置杭县，与余杭县同属钱塘道。

1927 年，废道制，实行省、县两级制，划杭县之城区、西湖、会堡、湖墅、皋塘、江干六个区建立杭州市。

1949 年 5 月，两县解放，余杭、杭县建制未变。1958 年 4 月，杭县撤销，属杭州市郊区，1960 年 1 月，建立钱塘联社（县级）。余杭县亦于 1958 年 10 月撤销，并入临安县。1961 年 3 月，从临安县析出原余杭县境与钱塘联社合并，4 月，钱塘联社撤销，恢复县建制，定名余杭县，县政府驻地临平镇。1994 年 4 月，撤销余杭县，设立余杭市。2001 年 3 月，撤销余杭市，设立杭州市余杭区。2021 年 3 月，杭州市部分行政区划优化调整，撤销原余杭区，设立新的余杭区，区政府驻地仓前街道。

【名胜古迹】 余杭是美丽之洲，山水如画，钟灵毓秀，自然人文景观极为丰富。有国家AAAAA级旅游景区西溪湿地公园以及佛教圣地径山、日本茶道之源径山禅寺、“中国生物圈保护区”山沟沟风景名胜区、双溪竹海漂流、东明山森林公园、全国重点文物保护单位章太炎故居、于谦手植牡丹的普宁寺、良渚博物院、杨乃武与小白菜奇案展示馆等风景名胜和人文景观。

【历代名人】 余杭文化积淀深厚，有“实证中华五千多年文明史的圣地”良渚遗址，是近代民主革命家、思想家、国学大师章太炎的故乡。自古以来，名士辈出。有英勇善战、屡建战功，被孙权封为偏将军的三国名将凌统；有才智出众、笔端超绝、气概非凡、以七言诗见长的唐代文学家罗邺；有在天文、数学、历法、地理、物理、生物、医学乃至文学、音乐、美术等方面有很深造诣，写成科学巨著《梦溪笔谈》的北宋政治家和科学家沈括；有精通数学，与秦九韶、李治、朱世杰同为“宋元四大数学家”的南宋数学家杨辉；有被奉为柔道鼻祖、被日本学术界誉为“介绍中国文化之功劳者”明末清初的陈元赟；有近代民主革命家、思想家和国学大师章太炎；有教育家马叙伦；有数学家孙光远、计算机科学家孙钟秀父子，生物学家蔡堡，社会学家陈达，方志学家魏桥等。余杭还产生了一些著名家族，如洪氏家族，自南宋洪皓由江西鄱阳迁居杭州开始，历经宋、明、清三代，几百年来人才辈出，有“宋朝父子公侯三宰相，明纪祖孙太保五尚书”之说。著名的《长生殿》就是洪氏家族洪昇所著。晚年归隐于西溪湿地（五常街道）的明刑部尚书洪钟，在当地修建洪园，作为休憩吟咏之所，以诗书礼家，传承优秀家族文化，为官清廉而传世。

（区史志研究室）

区划及人口

【行政区划】 余杭区辖余杭街道、仓前街道、闲林街道、五常街道、中泰街道、仁和街道、良渚街道7个街道，以及瓶窑镇、径山镇、黄湖镇、百丈镇、鸬鸟镇5个镇。余杭区人民政府驻仓前街道文一西路1500号。2021年末，全区共有建制村116个，社区97个。

【人口】 截至2021年末，全区户籍人口70.14万人，总户数21.70万户。全区人口出生率

机场快线项目轨道焊接（摄于 2021 年）（区融媒体中心　供图）

9.037‰，人口自然增长率4.466‰。户籍出生婴儿性别比为106.89。

【交通区位】　余杭区作为杭州市北部门户枢纽，位于浙江省域1小时航空交通圈及杭州都市圈1小时公路交通圈内，地理位置优越，交通便利。穿境而过的有2条铁路［杭宁高铁、湖杭铁路（在建）］；地铁2号线、3号线（在建）、4号线（在建）、5号线、10号线（在建）、16号线、机场快线（在建）；5条高速公路（杭宁高速、杭徽高速、绕城高速、杭长高速、二绕西复线）；6条快速路［运溪高架路、上塘高架路、莫干山路高架（在建）、文一西路（在建）、留祥快速路西延（在建）、天目山路（在建）］；4条国道（329、320、235、104）；2条省道（214、305）；2条主要河流（东苕溪、京杭大运河）。此外区内有在建的杭州西站，是杭州铁路枢纽的西翼核心。

（区统计局）

共同富裕示范区建设

【概况】　2021年，余杭区贯彻落实上级关于共同富裕的会议精神及工作部署，基本建立起共同富裕话语体系、工作体系、目标体系、政策体系和评价体系，推动共同富裕示范区建设实现良好开局。径山镇“3×N”共富行动试点和“西部富美”纳入共同富裕市级试点。“余杭区美丽乡村与美丽经济共建共享”列入浙江省农业农村领域高质量发展推进共同富裕第一批实践试点。“余杭区高科技企业助残”列入浙江省首批促进残疾人共同富裕先行先试项目，“余杭区智慧慈善”列入浙江省民政领域推进共同富裕重大改革创新专项试点。

【径山镇“3×N”共富行动试点】　2021年，余杭区径山镇通过党建引领，统筹推进以小古城村、径山村、前溪村为核心的“3×N”（“3”即村村抱团、村企携手、村民协同三大共富机制，“N”即N种致富模式）共同富裕建设行动，构建“决策共商、社会共治、发展共推、文明共护、成果共享”的共同富裕体制机制和制度体系，打造高效能治理、高质量发展、高水平均衡、高品质生活的未来乡村，打造成为全省高质量发展建设共同富裕示范区“生态赋能型”镇域样板。

【“西部富美”行动举措】　2021年，余杭区围绕打造“乡村振兴样板典范、共同富裕示范窗口”的总体目标，重点在未来科技城与西部五镇（径山镇、黄湖镇、鸬鸟镇、百丈镇和瓶窑镇苕溪以北区域）建立“1+5”山城协作发展机制，推进人才进村、农货进城、农民入企、产业落镇等十大举措。2021年起，余杭在原有政策基础上三年内新增投入不少于50亿元，支持西部五镇发展，实施“产业富美”“生活乐美”“生态秀美”“数字智美”“精神和美”五大行动。实施产业富美计划，推进强村富农扶持政策，探索产业带动、景区带动的乡村创富路径，打造出“一村一业、一村一品”的产业格局。实施生活乐美计划，实施医疗卫生、养老教育、公共交通等民生改善项目，推动基础配套、公共服务向西部山区延伸，提高西部农村群众生活的获得感、幸福感，实现乡村生活老有所养、病有所医、学有所教、路有所通。实施生态秀美计划，打造美丽乡村余杭样板，持续深化“千村示范、万村整治”工程，推进美丽乡村“1510”示范创建和全域环境扩面提升行动，营建“五美与共”的美丽乡村大花园。实施数字智美计划，从数字服务、数字产业、数字管理等方面着手打造数字乡村，实现农业综合产能增加、农业数字化水平提升、农村信息化治理升级。实施精神和美计划，推进村（社区）文化阵地和文旅配套建设，构建高水平的乡村公共文化服务体系，提高城乡基本公共文化服务均等化水平。

【美丽乡村与美丽经济共建共享实践试点】2021年，区农业农村局以“一核三线”为重点，推进美丽乡村示范创建行动，深化全域环境整治，做优乡村景观风貌，展现人文内涵，完善农村公共服务，营造文明和谐乡风，营建

"五美与共"的美丽乡村大花园。培育农村职业经理人，出台《余杭区农村职业经理人培育工作实施办法》，推动村集体经济发展。鼓励通过新建改建创新型用地的工业楼宇，购买商业楼宇，购置农民多高层项目商业、配套房产，开发特许经营、综合体类、集体建设用地等途径发展村级集体经济。

【高科技企业助残】 2021年，区残联探索"科技助残"新路径，成立科技助残合作联盟，加强与浙江省中医药大学和浙江康复医疗中心在学术交流、产品研发、辅具推广等方面的合作。制定《余杭区打造高科技企业助残先行区行动计划》，在鼓励企业研发创新、实施惠民助残、加强康养融合等方面出台激励政策，支持高科技助残企业的发展，惠及更多残疾人。建设特色窗口，依托未来科技城资源优势，筹建"高科技企业助残"展示中心1个，程天康复中心、小南听说儿童康复中心等高科技辅具体验点4个。

【"智慧慈善"试点】 2021年，区民政局以慈善事业助推共同富裕建设。从大公益、大救助的角度，打造余杭公益数据仓。余杭区"智慧慈善"试点被省民政厅列入共同富裕专项改革试点，是省内唯一的"智慧公益"试点。探索数字助残项目，区慈善总会联合区残疾人联合会、浙江强脑科技有限公司共同推出"助你一臂之力"慈善项目，出资92.4万元资助14名余杭籍肢残人士开展智能仿生手适配。区慈善总会出资100万元，为湖北恩施州20名聋哑人安装智能人工耳蜗。区慈善总会推进"互联网＋募捐""互联网＋救助"等功能，利用数字技术推进慈善募捐。

（本条目全年数据1—4月部分按原余杭区统计）

【高质量发展建设共同富裕示范先行区实施方案】 2021年9月3日，余杭区委、区政府印发《余杭高质量发展建设共同富裕示范先行区实施方案（2021—2025年）》，争当共同富裕示范区排头兵。锚定"七个示范先行目标"（改革探索、经济高质量发展、优化收入分配、共建共享品质之区、物质精神共富、全域美丽大花园建设、全域治理现代化），推进"七项争先举措"（推动经济高质量发展、收入分配制度改革、公共服务优质共享、城乡区域协调发展、先进文化发展、生态文明建设、社会治理），建立60项指标体系。编制重点任务、突破性抓手、重大改革和典型案例"四张清单"，破除制约高质量发展和共同富裕的体制机制障碍。

【共同富裕领导小组成立】 2021年10月25日，余杭区委、区政府建立余杭区高质量发展建设共同富裕示范先行区领导小组，加强对全区共同富裕工作的组织领导和统筹协调。2021年编制重点任务、突破性抓手、重大改革和典型案例"四张清单"，推动责任落实。制定径山镇"3×N"共富行动试点和"西部富美"试点三年行动计划。设立《余上共富》工作简报，梳理推进共同富裕的工作动态、理论创新、实践创新、制度创新、文化创新等。

【区委社会建设委员会成立】 2021年11月10日，中共杭州市余杭区委社会建设委员会揭牌成立，开展实体化运作。制定《中共杭州市余杭区委社会建设委员会工作规则》，加强对全区社会建设和改革的统筹协调、督促指导。出台共同富裕实施方案，建立健全共同富裕话语体系、目标体系、工作体系、政策体系和评价体系，搭建起余杭高质量发展推动共同富裕示范先行的框架。

（张柔）

经济建设

【经济总量】 2021年，余杭区围绕高质量可持续快发展的战略目标，以创建共同富裕示范先行区为总牵引，统筹推进调区划、抓发展、优环境、惠民生、战疫情、保安全等各项工作，实现"十四五"良好开局。全年实现地区生产总值2502.20亿元，比上年增长7.5%；完成财政总收入745.31亿元，一般公共预算收入375.69亿元，分别增长15.23%、14.01%。地区生产总值居全省县（市、区）首位，财政总收入、一般公共预算收入总量居全市第一位。入选“2021中国县域综合实力百强榜”，列全国第五位、全省第一位。

【创新载体提档升级】 2021年，余杭区建成投用之江实验室一期、中国美院良渚校区、浙江大学校友企业总部经济园一期等产学研平台，加快推进浙大超重力离心模拟与实验室装置、中法航空大学等项目，签约落户浙江脑机交叉研究院。人工智能小镇创建为省级特色小镇，梦想小镇输出模式入选全省首批长三角一体化“最佳实践”案例。钱江经济开发区被评为省级双创示范基地。杭州师范大学科技园被认定为国家大学科技园，实现余杭区国家大学科技园零的突破。新增孵化载体32个、物理空间158.83万平方米，新增省级以上孵化器、众创空间15家。新增省级新型研发机构2家、市级以上企业创新联合体10家。

【产业发展】 2021年，余杭区实现数字经济核心产业增加值1605.67亿元，比上年增长4.1%，总量居全市首位。未来科技城创建为浙江省首批现代服务业创新发展区，蝉联服务业发展综合评价全省第一。生物医药制造业产值增长70.5%，健康制造业增加值增长133.8%。启动未来产业先导区（人工智能）建设，余杭人工智能产业群入选第一批省级“新星”产业群培育名单。新增省、市级智能工厂（数字化车间）6家。全年集中签约重大项目225个、总投资1090亿元，其中，10亿元以上项目34个，50亿元以上项目5个。集中开工重大项目95个，总投资708亿元。全链条布局集成电路、5G、人工智能、生物医药等领域，加快推进菜鸟网络总部及智慧产业园、vivo全球AI总部、OPPO全球移动终端研发总部等重大项目建设，完成固定资产投资865.63亿元，其中制造业投资46.38亿元，增长56.5%。实际利用外资11.51亿美元。

（区史志研究室）

政治建设

【党史学习教育】 2021年3月2日，余杭区举行全区党史学习教育动员部署会议，贯彻落实中央、省、市会议精神，部署全区党史学习教育工作。成立区党史学习教育领导小组，下设5个工作组，成立8个巡回指导组。区委常委会、区委理论学习中心组深入开展专题学习研讨12次。46个区、镇两级党委（党组）理论学习中心组围绕中共中央总书记习近平“七一”重要讲话精神和党的十九届六中全会精神进行学习宣讲。

利用余杭红色资源，打造“我在中华文明圣地学党史”党员主题教育专线和“良渚—南湖”红色游线。推出“党建红＋生态绿”学习专线。打造“新时代创客说”宣讲品牌，获浙江省基层理论宣讲成绩突出集体。举办“奋斗百年路逐梦在余杭”主题展等地方特色党史学习教育主题活动。

在党史学习教育“办实事、解难题、减负担”暨“民呼我为”专题实践活动中，各级干部开展“为群众办实事”5.56万件，受益群众75万余人次。各单位领办问题221个，办结176件，办结率79.64%。

2021年，余杭区党史学习教育量化考核总分居全市第一位，相关工作做法在中央广播电视总台播出50次，其中《新闻联播》报道16次，被《人民日报》、新华网、《浙江日报》等中央和省、市主流媒体宣传报道751次。

【行政区划调整】 2021年3月，浙江省政府发布《浙江省人民政府关于调整杭州市部分行政区划的通知》。4月9日，杭州市部分行政区划优化调整实施动员大会举行，会后，余杭区统筹推进行政区划各项调整工作。建立余杭、临平两区联席会议机制，完成财权事权、国有资产划分和债务划转，优化整合3家区直属国有公司，完成67家行政事业单位整体搬迁和3000多名干部划转到岗。落实区社会治理综合服务中心、公共卫生中心、市民之家等迁建过渡，拆分综合办公平台等34个主要信息化系统，建成启用3个社会矛盾纠纷调处化解分中心，完成行政区域界线勘定、档案移交等工作。保持政策延续和审批服务衔接，兑付惠企资金43.9亿元，1426个事项实现“两区通办”。厘清跨区项目管理体系，推进教育、文化、医疗卫生和水电气等公用事业移交衔接。持续推进建设施工、道路运输、危险化学品、消防等九大领域“遏事故”攻坚，确保区划调整期间安全平稳。

2021 年 5 月 25 日，瓶窑镇南山村党委开展“传承家风红脉共建文旅南山”学党史毅行活动

（区党史学习教育领导小组办公室　供图）

【法治建设】 2021年，余杭区推进“县乡一体、条抓块统”改革，开展“大综合一体化”行政执法改革试点3个，入选司法部四级行政执法协调监督工作体系建设试点，余杭经验写入2021年中国《法治蓝皮书》。在全省率先推出行政复议员机制，调解成功率67.03%。余杭区被评为法治浙江（法治政府）示范区。

（区史志研究室）

文化建设

【主旋律文艺精品】 2021年，余杭区加大文艺人才培育力度和文艺精品创作扶持力度，主旋律文艺精品在国家和省级卫视首播或中央广播电视总台、院线首映的影视作品共6部，获得市级及以上扶持或获奖的作品近百项，在全市文艺精品创作考核中位列第一。电视剧《大浪淘沙：启航》、报告文学《中国式外卖——外卖小哥调查报告》等8个项目获得浙江省文化艺术发展基金资助。电视剧《问天》入选中宣部建党100周年重点献礼剧目，《大浪淘沙》《第十二秒》在省级卫视播出。电影《柳浪闻莺》入选第三十四届中国电影金鸡奖国产新片展，获得浙产电影盛典“最佳贡献奖”。电影《海草》在全国公映，《梦想城》入选国家广电总局第三批2018—2022年百部重点电视剧规划选题。《西泠印社》被国家广电总局评为国产纪录片及创作人才扶持项目优秀撰稿作品。民间文艺《高头竹马》和新故事《岁月留香》获第八届浙江民间文艺“映山红”奖。杭摊《施昕更》获浙江省第十一届曲艺大赛金奖。

【余杭被评为省农村文化礼堂建设示范区】 2021年，余杭区围绕“文化地标、精神家园”的目标，建成农村文化礼堂109家，创建四星级文化礼堂21家、五星级10家，实现文化礼堂建设全覆盖、星级礼堂全覆盖和12个镇（街道）“文化管家”全覆盖，余杭区被评为全省农村文化礼堂建设工作示范区。余杭区打造以“联盟结亲、文化走亲”为核心的“文化礼堂走亲2.0”模式，盘活乡村资源，促进队伍建设，满足基层群众的精神文化需求。在新冠肺炎疫情防控常态化背景下，2021年春节期间举办“联盟走亲·云上村晚”30多场，观看人数超过150万人次，多场活动视频被“学习强国”平台录用，并被中央广播电视总台和浙江卫视报道。“联盟走亲”经验先后在全省、全市文化礼堂推进会上作介绍。市农村文化礼堂办公室专题调研余杭“联盟走亲”经验。

【“扫黄打非”进基层】 2021年，余杭区结合“基层治理四平台”建设，探索“线下跟踪+线上巡查”工作机制，构建“扫黄打非”全场景群防共治体系。余杭街道、五常街道分别被评为全国、全省“扫黄打非”进基层示范点。版权登记作品数量及版本资源呈缴数均居全市第一位。

（赵志博）

社会建设

【平安中国建设】 2021年12月15日，平安中国建设表彰大会在北京举行。会上，余杭区被评为平安中国建设示范县。余杭区聚焦大平安大治理，围绕“全域治理现代化”建设，坚持党建统领，夯实基层社会治理基础。构建党建引领基层民主协商机制，实现“众人的事情由众人商量”，打响“樟树下议事”等基层“党建+治理”品牌。打造区社会矛盾纠纷调处化解中心，并在良渚街道、瓶窑镇、余杭街道设立分中心，建立完善“一窗受理”“精准分流”的运行机制，使大部分矛盾纠纷化解在基层。2021年9月，余杭区设立全省首个县（市、区）级“数智治理中心”，发挥社会治理统筹协调、监测预警、督查考核等功能，为基层治理、城市运行、应急管理提供智能决策、智能调度、智能指挥。推出社会矛盾风险智能预警处置平台，“一本账”量化管理全区矛盾纠纷。

【社会治理】 2021年，余杭区牵头建设全省首个县（市、区）级数智治理中心，中心承担全区“社会治理协调枢纽”“应急处置指挥平台”“数字化改革展示窗口”三大职责定位，整合接入10个多跨场景及物联感知设备。形成“1+（4+2）+1”数智治理系统，开发AI风险智控体系。推进数字法治三大体系建设，13个应用场景入选省、市应用场景清单，“社会矛盾风险智能预警处置平台”入选省“揭榜挂帅”认领项目。

【公共服务优化供给】 2021年，余杭区实施教育高质量发展奋进计划，投用学校项目23个，引进培育省级、市级名优教师186人，新增省现代化学校6所。在全市率先完成义务教育阶段学科类培训机构转登办结等“双减”任务。深化健康余杭建设，启动浙江大学医学院附属第一医院总部二期项目，改建扩建社区卫生服务站，搭建全国首个医共体无人机物流运行网络，医共体余杭模式入选全国“紧密型县域医疗卫生共同体实践案例”。新增示范型居家养老服务（照料）中心25家，被评为全省唯一养老助餐试点区。

（区史志研究室）

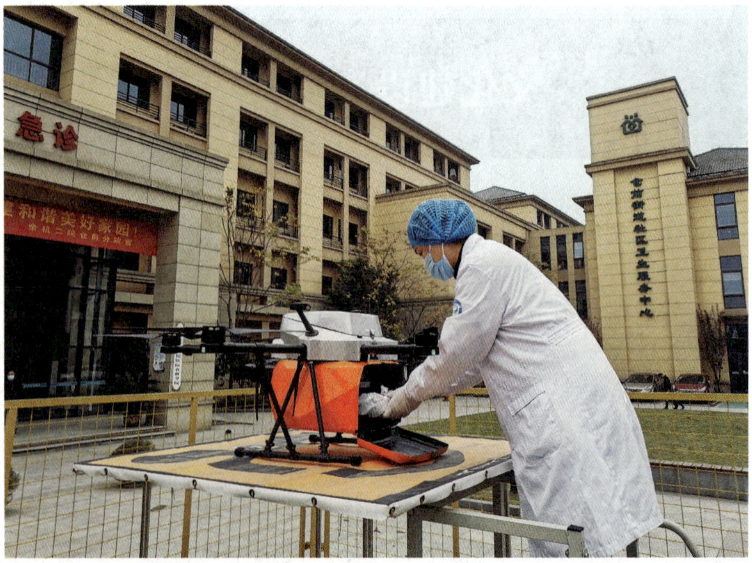

余杭区第二人民医院医共体运送医疗样本的无人机等待起飞（摄于2021年） （区卫生健康局 供图）

生态文明建设

【生态文明建设目标责任制】 2021年，余杭区分解落实《杭州市2021年度区、县（市）生态文明（“美丽杭州”）建设目标责任书》、“美丽浙江”建设年度任务、“美丽杭州”建设年度任务，推进“新时代美丽杭州建设三年行动计划（2020—2022）”。余杭区出台《杭州市余杭区2021年度生态文明（美丽余杭）建设目标责任书及考核评分细则》《杭州市余杭区2021年度生态环境提质专项工作考核办法》《2021年度西部生态保护机制考核办法》，对12个镇（街道）、22个区级部门下达生态环保年度目标任务并进行差异化考核。

【生态文明建设成果】 2021年，余杭区创建东苕溪、鸬鸟溪、未来科技城核心城市片区河道（何过港、闲林港等）省级“美丽河湖”3条，创建生态文明教育基地区级1家、市级2家、省级1家，绿色学校区级18家、市级8家，绿色医院市级1家。在工地、学校、景区等地同时开展“无废城市”创建，建成40个“无废细胞”，2项技术获全省首批“无废城市”建设先进适用技术称号，余杭区快递绿色体系、浙江盛唐环保科技有限公司废旧家电拆解模式、生活垃圾虎哥模式入选全省全域“无废城市”建设巡礼，良渚古城遗址公园成为杭州市“无废景区”典型代表。6月29日，余杭区举办第11个“浙江生态日”主题宣传活动。10月14日，在联合国《生物多样性公约》缔约方大会第15次会议（COP15）生态文明论坛开幕式上，余杭区被授予“国家生态文明建设示范区”奖牌。

【生态文明制度体系建设】 2021年，余杭区整合美丽余杭建设相关议事协调小组职责，设立区美丽余杭建设领导小组，在全市首创设立实体化运作的区治水治气治废工作办公室（下称区三治办）。余杭区编制完成《余杭区“十四五”生态环境保护规划》，出台治水、治气、治土、清废等工作年度实施计划及专项考核办法，在全市率先研究制定生态环境问题发现和整改闭环机制。区政府及所辖12个镇（街道）向同级人大报告辖区生态环境状况和生态环境保护工作。余杭区持续推进生态补偿机制，杭州市部分行政区划优化调整后，余杭区、临平区、德清县三地政府继续签订东苕溪补偿机制协议，补偿额度为每年1500万元，其中，余杭区出资600万元，临平区出资400万元，德清县出资500万元。继续实施闲林水库水源保护生态补偿机制，是年区财政转移支付闲林街道500万元。

【自然生态保护】 2021年，余杭区生态红线面积109.60平方千米，新增国土绿化面积151.73公顷。实施“绿盾2021”专项行动，开展自然保护地遥感监测4次，完成违法图斑整改5处，恢复林业生产条件1.05万平方米，完成生态损害赔偿案件2例。世界濒危野生生物桃花水母、中国极度濒危水生植物中华水韭等多种珍稀物种在区内出现。

【减污降碳工作】 2021年，余杭区入选全省第一批减污降碳协同试点创建名单，是杭州市唯一入选的区、县（市）。百丈镇、径山镇径山村、百丈镇半山村、仓前街道葛巷社区被列为全省第一批低（零）碳乡镇、村（社区）试点。余杭区开发建设减污降碳数字化管理场景应用，初步完成“碳普查”与“碳分析”模块开发建设，建立462家排污许可发证企业及规上企业碳账户，开展企业碳排放分析及减污降碳协同分析。百丈半山村在全国首创村级尺度碳排放测算方案，在村规民约中融入“零碳”理念。

（王小凤）

编辑：范雅君

中共杭州市余杭区委员会

Yuhang District Committee of the Communist Party of China

重要会议

【全区党史学习教育动员部署会】 2021年3月2日召开。会议深入学习贯彻中共中央总书记习近平在党史学习教育动员大会上的重要讲话精神，以及省、市党史学习教育动员部署会精神，全面部署余杭党史学习教育工作，切实增强开展党史学习教育的思想自觉和行动自觉，为高水平建设创新余杭、品质之区、文明圣地，争创社会主义现代化先行示范区凝聚前进力量。

【杭州市余杭区、临平区党员代表会议】 2021年4月14日召开。会议深入学习贯彻中央和省、市委关于行政区划调整的决策部署，以及4月9日全市行政区划调整实施动员大会精神，进一步统一思想、凝聚共识，明确要求、严明纪律，围绕“平稳有序、安全稳定、减少影响”目标，以“大气、和谐、发展”为指导原则，发挥党员代表先锋模范作用，确保行政区划调整各项任务圆满完成。

【中国共产党杭州市余杭区第十五次代表大会】 2021年6月18—20日召开。市委常委、区委书记张振丰代表中共杭州市余杭区第十四届委员会向大会做《迈步从头越 启航新征程 为高水平建设创新余杭品质之区文明圣地努力奋斗》报告。会议高举习近平新时代中国特色社会主义思想伟大旗帜，全面贯彻落实党的十九届五中全会、省委十四届九次全会和全市部分行政区划优化调整实施动员大会精神，回顾总结过去五年工作，研究部署未来五年全区经济社会发展和全面从严治党各项任务。大会提出，未来五年全区工作要立足新发展阶段，贯彻新发展理念，构建新发展格局，忠实践行“八八战略”，以高质量可持续快发展为主题，以数字化、高端化、国际化、一体化、品质化“五化共促”为路径，聚焦打造面向世界、引领未来、服务全国、辐射全省的未来城市样板地、未来科技策源地、未来产业引领地，构建“一廊一轴、一心三片”空间新格局，持续深化“三个全域”建设，全力创建“综合性国家科学中心核心区、共同富裕示范先行区、全面数字化改革引领区”，高水平建设创新余杭、品质之区、文明圣地。大会审议通过中共杭州市余杭区委、区纪委工作报告，选举产生中共杭州市余杭区第十五届委员会和中共杭州市余杭区第十五届纪律检查委员会。

【学习中共中央总书记习近平在庆祝中国共产党成立100周年大会上的重要讲话精神】 2021年7月8日，区委召开学习中共中央总书记习近平在庆祝中国共产党成立100周年大会上的重要讲话精神专题读书班。上午，邀请中央党校教授程连升做“党的百年奋斗历程与重要启示——

学习习近平总书记‘七一’讲话精神”专题辅导。下午，会议围绕深入学习领会中共中央总书记习近平在庆祝中国共产党成立100周年大会上的重要讲话精神，结合余杭经济社会发展实际，交流所思所学所悟，动员全区党员干部将学习热情和学习成果转化为工作实绩和发展实效。

【区委十五届二次全体（扩大）会议】 2021年7月12日召开。会议学习贯彻中共中央总书记习近平在庆祝中国共产党成立100周年大会上的重要讲话和《中共中央、国务院关于支持浙江高质量发展建设共同富裕示范区的意见》精神，全面落实党的十九届五中全会和省委十四届九次全会、市委十二届十二次全会、区第十五次党代会部署要求，总结上半年工作、布置下半年任务，审议通过《关于制定余杭区国民经济和社会发展第十四个五年规划和二〇三五年远景目标的建议》和《余杭高质量发展建设共同富裕示范先行区实施方案（2021—2025年）》，进一步动员全区上下，以永无止境的追求干在实处，以要谋新篇的担当走在前列，坚持高质量发展，统筹现代化建设，全力创建共同富裕示范先行区。

【区委“学习贯彻党的十九届六中全会精神”专题学习会】 2021年12月2日召开。会议深入学习贯彻党的十九届六中全会和省委十四届十次全会精神，围绕“坚定不移做‘两个确立’忠诚拥护者、‘两个维护’示范引领者”这一主题，统一思想、统一意志、统一行动，推动党的十九届六中全会精神和省委全会精神落实落地，做好经济社会发展各项工作，为余杭未来发展打好坚实基础。

（潘坚阳）

重要决策和活动

【余杭区委、区纪委揭牌】 2021年5月4日，中国共产党杭州市余杭区委员会、中国共产党杭州市余杭区纪律检查委员会在新驻地余杭区仓前街道文一西路1500号举行揭牌仪式，余杭历史迎来新的出发、开启新的征程。区委常委、区人大、区政府、区政协筹备组市管领导，区法院、区检察院筹备组主要领导，良渚遗址管委会、未来科技城市管领导，相关委办、各镇（街道）负责人，部分青年代表参加该次活动。

【《关于制定余杭区国民经济和社会发展第十四个五年规划和二〇三五年远景目标的建议》】 2021年，根据行政区划调整后的区情实际，余杭区委深入研究“十四五”时期余杭发展的一系列重大问题，编制完成《关于制定余杭区国民经济和社会发展第十四个五年规划和二〇三五年远景目标的建议》，提出到2025年，实现经济发展硬实力走在前列、创新策源带动力走在前列、文化文明影响力走在前列、美好生活幸福力走在前列、区域治理引领力走在前列、改革开放驱动力走在前列，为基本实现高水平社会主义现代化开好局、起好步；到2035年，基本实现高水平社会主义现代化，成为全省建设新时代全面展示中国特色社会主义制度优越性的重要窗口的排头兵。

【创新发展“翱翔计划”发布】 2021年5月6日，余杭区召开全区创新发展大会，发布由“未来之星”“未来之光”“未来之源”“未来之力”四大模块组成的创新发展“翱翔计划”，涵盖人才引育、金融服务、产业扶持、大孵化器建设等服务创新发展内容，着力营造充满活力的余杭双创环境，助力打造面向世界、引领未来、服务全国、辐射全省的未来城市样板地、未来科技策源地、未来产业引领地，为高水平建设创新余杭、品质之区、文明圣地提供坚实力量。

【数字化改革“创景计划”发布】 2021年6月7日，余杭区召开全区数字化改革攻坚推进会，发布数字化改革“创景计划”，通过建立健全“需求分析、孵化培育、评估激励、持续迭代、揭榜挂帅”的应用场景“全生命周期”管理机制，创造形成一批有余杭辨识度的场景，激发余杭数字化改革强大动力，增强群众获得感和幸福感。

【靓城行动“1466”计划发布】 2021年7月5日，余杭区召开靓城行动动员大会，出台《余杭区关于全面推进靓城行动工作的实施方案》，实施靓城行动“1466”计划。围绕“高水平建设创新余杭、品质之区、文明圣地”总目标，聚焦“八镇街四平台”总面积605平方千米的范围，实施“交通大发展、环境大提升、配套大完善、空间大优化”四大攻坚行动，以“美化、序化、亮化、功能化、显文化、数字化”六化要求为标准，满足人民对美好生活的向往、打造优质营商环境，增强城市能级和综合竞争力，实现城市面貌和人居环境“双提升”。

▶**链接** “1466”计划中的“1”指围绕“创新余杭、品质之区、文明圣地”总目标；“4”是实施“交通大发展、环境大提升、配套大完善、空间大优化”四大攻坚行动；第一个“6”是聚焦余杭区8个镇（街道）以及未来科技城、良渚新城、钱江经济开发区、良渚遗址管理区管委会四大平台在内的总面积605平方千米的范围；第二个“6”是以“全域美丽大花园”建设为统领，按照“美化、序化、亮化、功能化、显文化、数字化”六化要求，将余杭建成“产城融合、职住平衡、生态宜居、交通便利”的城市新中心。

【西部富美“1355”行动发布】 2021年8月19日，余杭区召开“西部富美”动员大会，出台《余杭区推进西部富美实现共同富裕行动方案》，以西部富美“1355”行动为抓手，在西部五镇，兼顾其他农村地区，实施“环境提升、产业发展、民生改善”三大攻坚行动，在原有政策基础上三年新增投入不少于50亿元，为余杭创建共同富裕示范先行区提供支撑，努力打造乡村振兴样板典范、共同富裕示范窗口。

▶**链接** “1355”行动中的“1”即围绕打造“乡村振兴样板典范、共同富裕示范窗口”的总体目标；“3”即聚焦“环境提升、产业发展、民生改善”三个重点领域；第一个“5”即惠及西部径山镇、黄湖镇、鸬鸟镇、百丈镇和瓶窑镇苕溪以北区域并兼顾其他农村地区；第二个“5”即在原有政策基础上三年新增投入不少于50亿元，为余杭创建全国共同富裕示范先行区提供有力支撑。

【教育高质量发展奋进计划发布】 2021年，余杭区制定并出台《余杭区教育高质量发展奋进计划（2021 — 2025年）》，全面贯彻落实国家、省、市“双减”工作部署，围绕区第十五次党代会提出的工作要求，以教育高质量发展“1388”奋进计划为突破口，实现余杭教育“三年大变样、五年攀高峰”，推动余杭区教育事业高质量发展，促进学生全面发展、健康成长，打响余杭优质教育品牌，增强余杭城市发展能级，满足人民群众对美好生活的需要。

▶**链接** “1388”奋进计划，即锚定全面打造全省示范、全国领先的“未来教育”高地这一总目标，统筹3项综合性创建，突出8项重点指标，实施8项具体行动，全面构建一个资源充裕、公平开放、选择多元、质量一流、特色鲜明的现代基础教育体系。

（潘坚阳）

组织工作

【基层党组织】 截至2021年末，全区有基层党组织2757个，其中，党委208个、党总支124个、党支部2425个。在基层党委中，含镇党委5个、村党委98个、社区党委35个、独立核算的企业党委19个、机关党委26个、独立核算的事业单位党委11个。区委派出的党工委10个，分别是7个街道党工委及未来科技城（海创园）党工委、良渚新城党工委和杭州钱江经济开发区党工委。

全区有党员48086人。其中，正式党员47006人、预备党员1080人；女党员16953人，占党员总数的35.26%；少数民族党员302人，占党员总数的0.63%。全年全区发展新党员876人。其中，女党员358人，占新发展党员总数的40.87%；35岁以下536人，占61.19%；高中及以上文化程度的党员826人，占94.29%；工作在一线的664人，占75.80%；企事业、民办非企业单位聘任专业技术人员171人，占19.52%。

表2 余杭区党员年龄、文化结构一览表

年龄	人数（人）	占比（%）	学历	人数（人）	占比（%）
35岁及以下	16307	33.91	研究生	3690	7.67
36岁至45岁	9371	19.49	大学本科	17046	35.45
46岁至55岁	6744	14.03	大学专科	8834	18.37
56岁至60岁	4107	8.54	中专	1411	2.93
61岁及以上	11557	24.03	高中、中技	5220	10.86
—	—	—	初中及以下	11885	24.72

【“百年奋斗路 逐梦在余杭”系列活动】 2021年，区委组织部牵头各部门落实以“百年奋斗路 逐梦在余杭”为主题的“7个100”中国共产党成立100周年系列活动。加强先进典型选树，评选省、市、区三级“两优一先”（优秀党员、党务工作者、先进基层党组织）25人，颁发“光荣在党50年”纪念章2799枚。结合党史学习教育，组织全区党员干部开展“我为群众办实事、我为企业解难题、我为基层减负担”“党员在身边、温暖千万家”等活动60多场。

【重点项目服务保障】 2021年，区委组织部制定“三服务”2.0版实施意见，推行约访工作机制，强化结对帮扶，聚焦破题解难，全年共收集交办问题6.94万件，办结6.93万件，办结率99.89%。推行“揭榜挂帅”，牵头推进破难攻坚，各单位共领办问题209个，相关经验做法作为全省“三服务”活动月度10个好典型。专项抽调116名干部到杭州云城建设管理指挥部、市“五水共治”办等市、区重点项目挂职锻炼，为重点项目建设提供组织保障。

【大党建助推中心大局】 2021年，区委组织部完善党建领导工作机制、大党建考核机制，形成协同合力。加大平时考核力度，成立8个督查组，常态化开展轮值督查，实现3个平台、12个镇（街道）、55个区直部门大党建督查全覆盖。结合干部考察、党史学习教育、村（社区）换届“回头看”等重点工作推动考核融入日常，先后开展专项检查、季度督查等工作11次，下发整改通知书34张、收集相关问题和建议136条。

【区划优化调整干部配备】 2021年，区委组织部根据行政区划优化调整部署，调配干部力量，共划转分流546名原余杭区区管领导干部至新余杭区，做好3040名科级及以下人员转隶，妥善安置区外交流干部。新招录公务员64人、事业人员90人、政府雇员34人，吸收17名政府雇员转为事业人员；区教育局、区卫生健康局自主招录事业人员610人。

【区镇两级换届】 2021年，区委组织部完成区党代表、人大代表换届选举工作，区委委员、候补委员、纪委委员满票当选，全区318名党代表、296名人大代表、279名政协委员当选、履职。统筹推进镇党委、人大、政府换届工作，一次选举成功率及班子得票率均为100%。开展换届风气巡回督查，营造风清气正的良好氛围。

【年轻干部全周期培育】 2021年，区委组织部围绕高素质专业化干部队伍建设目标，创办年轻干部“兴航实训”班，推动年轻干部到镇（街道）、平台和重点项目一线领办项目、破解难题，26名年轻干部被提拔到区管领导岗位。组织开展全区年轻干部跨单位竞岗交流，52名优秀年轻干部提拔交流到全区各单位，其中“90后”年轻干部48人。以镇换届为契机选拔年轻干部，全区5个镇领导班子共配备“85后”年轻干部20人，其中，党政正职3人、“90后”年轻干部3人。

【干部监督管理】 2021年，区委组织部对表中央巡视“七张问题清单”反馈问题和省委巡

2021年12月29日，“西部富美”党建联盟年货节举行
（区委组织部　供图）

视问题，省委巡视反馈的25个问题基本整改到位。启动新一轮选人用人专项检查工作，对瓶窑镇等6个镇（街道）、部门进行专项检查，推动干部日常监督管理常态化。出台《关于进一步规范余杭区国有企业员工管理的实施意见（试行）》《关于进一步规范区国有企业中层管理人员选拔任用工作意见（试行）》《杭州市余杭区挂职干部管理办法（修订）》等系列配套制度，健全完善干部监督管理体系。

【农村基层党建】　2021年，区委组织部推动《新时代规范村级组织运行二十条意见（试行）》落实落地，下发《余杭区村级组织运行汇编》，明确7个大类61项运行制度，为村级组织运行提供制度保障。开展村（社区）组织换届“回头看”，推动对203个村（社区）、1447名村（社区）干部进行全方位政治体检。打造“西部富美”党建联盟，作为全市首个跨镇域党建联盟，吸引40多家高校、企业、社会组织参与共建，推出十大举措保障西部富美“1355”行动落地。

【城市基层党建】　2021年，区委组织部出台《关于实施“235”工程深化党建引领社区治理现代化的意见》，小区党组织覆盖率为100%，实体化运行率达80%。根据全域协商目标，细化“一会双推三延”举措，推行“民生微实事提案日”等项目，全区协商解决围墙革命、环境整治等民生实事2000多件。深化网格党建“联楼联户”经验做法，形成党员联楼联户联企联铺“四联”机制，相关做法被《人民日报》报道。

【“两新”党建】　2021年，区委组织部承办全市“火种计划”展演现场会，推进党建赋能数字经济高质量发展。探索新业态、新就业群体党建工作，出台“红色骑帜”八项行动，启动100个“骑士驿站”，形成“条抓块统、齐抓共管”的服务管理格局。完善“红领职业通”，通过拉长认证等级，优化专属待遇，开展导师帮带，推动“两新”党务人才培养体系迭代升级。

【“禹雁先锋”行动】　2021年，区委组织部开展“禹雁先锋”系列行动，包括培训赋能、擂台比拼、结对帮带系列内容，共开展培训64次、村（社区）书记打擂赛22场。举办全区村（社区）党组织书记培训班，提升新一届村（社区）党组织书记履职能力。全面开展“名师带新徒、强村帮弱村、机关联村社、先进促后进”等结对帮扶行动，浓厚比学赶超氛围。全区3名村（社区）书记被聘为省、市兴村治社名师，3名村（社区）书记被评定为省级担当作为好支书，8名村（社区）书记、7个村（社区）党组织获得省、市“两优一先”称号。

【人才招引】　2021年，余杭区发布“未来之星”百千万人才引培计划，绘制余杭“引才图谱”，从顶尖、领军、青年、储备四个层级，以及数字经济、生物医药等九大类别，招引高层次人才，提高余杭人才总量和质量。与清华大学、北京大学、浙江大学、中国美术学院、杭州师范大学等18所高校签订合作协议，为余杭吸引更多人才提供平台保障。全年引进顶尖人才20人，领军人才310人，青年人才5058人，储备人才5.09万人。组建区招才局、产业平台招才分局，集成区人才办、区招商局、区发改局（金融办）、区经信局、杭州余杭金融控股集团有限公司等涉经职能部门，每月定期交流研判重点人才项目信息，对接院士专家级人才领衔的顶尖人才项目30多个，国家级、省级高层次人才领衔的优秀项目150多个，推动80个高层次人才项目签约落地，协调解决人才项目融资问题近40个。

【人才服务】 2021年，区委组织部开发建设“才金直通车”数字化应用场景，与区内银行、风投、保险等机构合作，为人才提供高总额、低利率、一站式、实时化的金融服务。为重点实验室平台高层次人才的24名子女解决入学问题，为200多名高层次人才提供健康专属服务。打造余杭招才引智活动品牌，举办第四届“人才奖”评选，开展“科技人才周”、“国际人才月”、高层次人才项目评审等赛会，组织人才开展元宵节、中秋节等联谊活动，提升余杭引才工作品牌的美誉度和知名度。

【部机关建设】 2021年，区委组织部开设“余组论坛”，邀请专家学者专题授课。打造“书香组工”“人才会客厅”等文化阵地。实施“数智组工”，运用信息化手段在基层党建、干部、人才等工作领域进行探索。全年被《人民日报》《光明日报》等国家级媒体报道50多次；区本级微信公众号“余杭先锋”“杭启未来”发布信息600多篇。

（范文哲）

宣传思想工作

【党史学习教育】 2021年，余杭区围绕“三个全域”“三区创建”“五大计划”等中心工作，谋划推进全区党史学习教育，开展一系列有余杭标识度的学习活动，下发工作事项100项，为群众解决疑难问题5.6万件。“梦想E站”“入学早知道”等案例先后被评为省、市党史学习教育“三为”专题实践活动最佳实践案例，余杭区在全市党史学习教育领导小组（扩大）会议上做经验交流发言。

【中国共产党成立100周年主题宣传】 2021年，余杭区按照“新闻联播月月见、央视新闻周周有、重大主题报道月月见报”的目标定位，主动对接中央及省、市主流媒体，围绕中国共产党成立100周年主题，宣传新时代余杭故事，共在上级媒体刊发报道1.5万条，全年在中央广播电视总台播出新闻61条，其中《新闻联播》播出13条。在地方卫视播出新闻659条，卫视新闻联播播出279条；《人民日报》刊发12篇，《人民日报》（海外版）3篇，《新华每日电讯》6篇，《浙江日报》头版11篇。电视、广播用稿量均列全省县级媒体第一位，杭州外宣平台“韵味杭州”供稿量、录用量均居全市第一位。

【微融媒矩阵建设】 2021年，余杭区探索建成12个镇（街道）微融媒体中心、3个产业平台微融媒体中心、良渚遗址管理委员会微融媒体中心。通过“一盘棋”的布局，形成“一张网”的操作模式，完成“一道彩”的宣传目标，打通信息沟通“最后一公里”，构建“区域联动紧密、信息沟通顺畅、服务群众有力”的区域融媒传播体系。

【“清朗网络”智治系统建设】 2021年，区委宣传部推进“清朗网络”智治系统建设，在两个半月内完成系统核心模块开发并试运行，4个月完成“治理+服务”六场景建设。在浙江省网信数字化改革座谈会做典型场景汇报，并入选杭州市依法治网创新成果。相关做法获省政协主席批示肯定。

【“新时代创客说”宣讲】 2021年，区委宣传部聚焦在余杭创业的青年创客，推出青年理论宣讲品牌“新时代创客说”，围绕习近平新时代中国特色社会主义思想，讲述发生在余杭的创新、创业、创造、创富、创意、创美故

2021 年，《新闻联播》报道余杭区新时代创客事迹

（团区委　供图）

《余杭辞典》（摄于 2021 年）（区委宣传部　供图）

事。打造“1+5+N”的宣讲模式。开展“学‘七一’重要讲话，说创新创业故事”、“守好红色根脉，传承余杭文化”、“学‘七一’重要讲话，说数字驱动未来”、党的十九届六中全会精神、省委十四届十次全会精神等主题宣讲。线上与线下覆盖受众130万余人次，受到《新华每日电讯》、中央广播电视总台《新闻联播》、新华社、新华网、浙江卫视《新闻联播》、《浙江日报》、“学习强国”学习平台等报道关注，并获省、市领导批示肯定，区委宣传部被评为2021年浙江省基层理论宣讲成绩突出集体。

【城市文明创建】 2021年，区委宣传部结合“迎亚运”活动，推进城市文明创建和环境整治，以“支部建在点位上”为载体，定期开展环境整治“最美”系列评选，营造亚运氛围。成立新时代文明实践“和润”基金，构建“1+12+N”志愿服务体系，推动志愿服务全域联动，推动形成垃圾分类、文明出行、公筷公勺等风尚。良渚博物院、华立集团股份有限公司、“梦想E站”分别被评为全国爱国主义教育示范基地、全国文明单位、全国未成年人思想道德建设工作先进单位。

【“好人群像”】 2021年，庞汝勋被评为“中国好人”，庞汝勋、周海东、夏琴、叶秀芳被评为“浙江好人”，另有6人被评为“杭州好人”。区委宣传部完善“身边好人”“最美人物”推选评选机制，评选“美丽余杭人”120人、最美家庭80户。持续推进迎亚运“八美”系列评选活动，组织优秀共产党员、道德模范、全国劳模等百名“最美”系列先进人物开展寄语中国共产党成立100周年，为文明代言活动，让不同行业、不同群体学有榜样、行有示范。

【《余杭辞典》出版】 2021年末，由杭州城市学研究理事会余杭分会秘书处历时三年半编纂的《余杭辞典》正式出版。《余杭辞典》收集条目贯通古今，包括自然、经济、政治、文化、社会、人物等23类、124项、4300多条，是余杭历史上首部以“辞典”形式编纂的地情资料书，具有存史、资政、释义、育人的现实意义和历史意义。

（赵志博）

统一战线工作

【概况】 2021年，区委统战部围绕主责工作，团结余杭区统一战线参与创建“综合性国家科学中心核心区、全国共同富裕示范先行区、全面数字化转型实践区”等工作。刊发

《同心汇·壹讯》6期，实行重点建言即时转办、相关部门回复、建言人满意度打分的闭环机制，19家职能单位参与转办反馈。全年获区委、区政府主要领导批示转办11条。

截至年末，余杭区有民主党派基层委员会 7 个、支部 31 个、民主党派成员 342 人；全年认定无党派人士 123 人。担任区政府实职的党外干部 2 人，担任区政府部门实职的党外干部 9 人。区内少数民族成份 49 个，共 1.7 万人。

【同心抗疫】 2021年，区委统战部抽调2人入驻余杭区疫情防控指挥中心进行24小时轮班制工作，开展“浙江省入境人员信息预申报平台”的录入、每日入境返浙库和省外口岸库数据核实等工作。协助外籍华人与滞留内地的余杭旅港同乡会会员45人完成新型冠状病毒疫苗接种。

【民主党派换届】 2021年区划优化调整后，区委统战部指导7个民主党派按时完成换届。在新当选的46名基层组织班子成员中，“80后”17人，占比37%；“85后”9人，占比20%。

【“同心筑梦跟党走”主题活动】 2021年，区委统战部举办“同心筑梦跟党走”庆祝中国共产党成立100周年主题读书会、分享会活动16场，开展新阶层人士“同心向党·践行初心使命”、宗教界“学百年党史·走红色之旅”等社会实践活动38场（次），参与1500人次。

【新阶层人士培养】 2021年，区委统战部推荐38人次新的社会阶层代表人士、党外知识分子和无党派人士参加省、市、区主体班、培训班，培养和任用优秀新的社会阶层代表人士22名、新发展60多名无党派人士充实到政协队伍中。

【新英网络年会】 2021年2月5日，余杭区举行新的社会阶层人士线上“新英网络年会”。浙江省委统战部副部长张润生，杭州市委统战部部委成员、二级巡视员胡德斌，余杭区委常委、统战部部长袁水良，浙江省社会主义学院教授、中国统一战线理论研究会理事、复旦大学统战基础理论研究基地研究员黄天柱等线上出席活动。会议设网络主会场1个、线上分会场7个，线上观看直播3200多人次。

【统战工作专题培训】 2021年8月20日，区委统战部召开区划优化调整后首场信息工作培训会，各民主党派、统战团体信息员30多人参加培训。11月17日，各民主党派负责人、党外代表人士“同航计划”读书班开班仪式在省社会主义学院举行，60多人参加。读书班学习党的十九届六中全会精神、《中国共产党统一战线工作条例》等理论知识，以及民主党派工作实务、新阶层人士统战工作及党外知识分子统战工作、新乡贤与基层统战、侨务工作、统战工作信息与宣传、平安场所建设和管理等内容。

【开明·同心服务基地入驻百丈】 2021年9月5日是第六个“中华慈善日”，“助力百丈富美”开明·同心服务基地揭牌仪式在百丈镇溪口村坪里文化礼堂举行，100多名民主党派、

2021 年 11 月 21 日，“九谷同心荟”成立大会在百丈镇举行

（区委统战部　供图）

社会组织等相关负责人参与活动。来自民进邵逸夫医院支部、民进浙江省中医院支部、民进杭州市开明法律专家团和余杭区农技推广中心的会员和专家，为当地群众提供义诊、法律咨询、农技咨询、“开明讲堂”乡村旅游发展专题讲座等服务。

【新联会换届】 2021年9月28日，余杭区新的社会阶层人士联谊会第二届会员代表大会在人工智能小镇召开。会议审议通过《余杭区新的社会阶层人士联谊会章程》及余杭区新联会组织架构调整相关事项，选举产生61名理事。

【新联会交流调研】 2021年11月2日，区委统战部组织余杭区新联会代表一行到上海，与上海市杨浦区委统战部及上海市杨浦区、江苏省常州市、安徽省合肥市新联会开展学习交流，加强长三角双创示范基地新阶层联盟间的交流合作。会上，与会人员就各地新联会工作开展情况进行经验交流与探讨，余杭区新联会介绍新联会人才培养、优秀会员推选挂职锻炼等情况。

【“九谷同心荟”成立】 2021年11月21日，余杭新联会“九谷同心荟”成立大会在百丈镇举行。浙江省委统战部副部长王利月，浙江省社会主义学院副院长沈慧虹等领导出席活动。“九谷同心荟”以“九谷同心，齐力铸金”为宗旨，集聚天下英才，服务余杭发展。活动现场，挂牌4个“新英聚空间”，成立9支由新的社会阶层人士组成的新英服务小分队。

【结对帮扶云签约】 2021年11月30日，区委统战部牵头举行余杭—苍溪东西部协作结对帮扶暨“万企兴万村”结对帮扶云签约活动。活动现场，区工商联等12家执委单位、政协委员单位向苍溪县的12个村级组织定向捐赠共计24万元的钱物。

（孙莎莎）

改革工作

【数字化改革工作机制建立健全】 2021年3月，余杭区在落实全省数字化改革“152”工作体系的基础上，谋划提出数字化改革总体思路，制定形成《余杭区数字化改革总体方案》以及“1+5”领域建设方案，牵头筹备余杭区数字化改革领导小组，设立领导小组办公室（区数字化改革办公室），抽调人员组建“1+5+1”数字化改革工作专班，统筹推进全区改革工作。按照省市要求开展门户建设、任务拆解、制度规范梳理、需求征集等工作。

【数字化改革“创景计划”】 2021年，余杭区根据全省“152”工作体系和既定跑道，结合余杭实际，制定《关于实施“创景计划”推进应用场景攻坚行动工作方案》。建立健全“需求分析、孵化培育、评估激励、持续迭代、揭榜挂帅”的应用场景“全生命周期”管理机制。建立健全“三库管理”制度，按照“创新孵化库、重点培育库、典型示范库”三个层级，开展“路演式”比拼和“联赛制”竞争，对区重点场景进行分级分类全周期管理。发布“数智大市场”等十大重点培育库项目，建立“升降级”制度，动态调整、重点培育十大场景。建立健全“三方联审”制度，以“三张清单”为基础，严把场景建设入口，建立场景开发“1+5+1”联合审查机制，确保场景建设项目符合改革导向。全年压减低水平重复项目57个，核减项目资金58%。建立健全“三级例会”制度，定期组织全区数字化改革双月攻坚推进会、月度专题会和每周专班例会，对重点场景进行“路演”比拼，定期编发《数字化改革（创景计划周报）》。6月7日、9月3日、12月9日，先后举行全区数字化改革双月攻坚推进会，听取数字化改革应用场景汇报12项，研究谋划改革工作发展思路。全年区领导举行各级例会、专题研究会120多次，刊发《“创景计划”周报》21期。

【“县乡一体、条抓块统”改革】 余杭区作为全省“县乡一体、条抓块统”改革试点，2021年3月，制定《余杭区“县乡一体、条抓块统”改革试点实施方案》，围绕厘清县乡权责界面，构建基层治理能力矩阵，强化基层治理“一件事”集成，推进“双轨双侧”靶向考核，打造基层“一网智治”2.0版本五大方面任务，形成一批实践、制度和理论成果。统筹推进全面梳理完善镇（街道）、平台权责清单，健全属地管理责任事项准入和动态调整机制，明确事项调整范围、要求和工作程序。围绕基层治理、公共服务、机关（镇街）内部三大领域，推进基层“一件事”集成改革。推进“大综合一体化”行政执法改革，选取余杭街道、仓前街道作为试点街道，初步构建“许可—监管—处罚—监督评价”全流程执法闭环。迭代升级“基层治理四平台”系统，打造基层“一网智治”2.0版本。建立“量化指标＋主观评价”的“反向评分”机制。

【重点改革任务推进】 2021年，区委改革办统筹谋划区级、镇（街道）、平台重点改革任务，共谋划重点改革任务39项，其中，区级部门承担24项，镇（街道）、平台承担15项。截至年末，39项年度重点改革任务均已完成。深化改革试点管理，鼓励区内单位积极向上争取试点资格，跟踪管理试点推进情况，明确责任、挂账管理、到点验收，全流程落实问责。全年承担省级及以上试点39项。

【数字化改革成果】 2021年，余杭区“法治政府建设看评督”等31个数字化改革应用场景入选省级及以上试点，8个数字化改革项目入选省级数字化改革“1＋5”揭榜挂帅清单，形成理论、制度成果75项。其中，“构建城市安全运行数智治理体系”应用在全省数字化改革工作推进会上演示，得到省委书记袁家军肯定，入选浙江省首批最佳应用，获全省改革突破奖铜奖，做法在省级刊物《数字化改革（领跑者）》刊登；“清朗网络”等13项创新做法获省政协主席葛慧君、常务副省长陈金彪、省人大常委会副主任梁黎明等省级以上领导批示肯定；“一键达海外仓”相关做法介绍被国办信息录用；“合法性审查”“矛盾纠纷‘一件事’集成改革”“红十字会改革”等做法被《竞跑者》《改革实验室》《数字化改革工作动态》等省级改革刊物录用推广，各项关键指标均位居全省前列。在杭州市“改革攻坚行动”专项考核中获得全市第一名。通过“主体部门＋头部企业＋行业智库＋联合实验室”，形成《关于推进“整体智治”工作的建议》《国有资产数字化交易探索与实践》等理论成果。“余杭绿码”“入学早知道”等5项应用取得软件著作权。推出《余杭区一体化智能化公共数据平台运营管理办法》等27项工作指南、21项政策规范和3项地方标准。

（仝凡）

机构编制工作

【概况】 截至2021年末，余杭区设党委机构11个、人大机构1个、政府工作部门26家、政协机构1个、群众团体机关4个、街道办事处7个、镇政府5个、政府派出机构6个。上级下达各类行政编制2288名；事业单位317家，上级核定事业编制1.07万名。

【行政区划优化调整机构设置】 2021年4月，根据《杭州市部分行政区划优化调整实施方案》《杭州市余杭区机构设置方案》，撤销余杭区，设立新的余杭区。新的余杭区级别为副厅级，区直属工作部门为处级，其内设机构为科级，共设置党政机构37个，包括党委机构11个（纪检监察机关1个、工作机关10个）、政府机构26个［办公室和工作部门24个、计入区机构限额的市级部门派出机构2个（市规划和自然资源局余杭分局、市医疗保障局余杭分局）。另有不计入区机构限额的市级部门派出机构1个（市生态环境局余杭分局）。

【事业单位法人登记管理】 2021年5月，根据区划调整后社保、税务划分工作需要，区委编办完成全区400多家单位统一信用代码证换发工作。全年完成事业单位设立登记45家、变更登记380家、证书补领登记46家、章程修订168家；完成2020年度353家事业单位年度报告公示，注销27家；对已设立登记事业单位加强事中事后监管，选取部分单位实地核查登记事项、年度报告等公示信息。

【机构调整及设立】 2021年7月，为巩固拓展脱贫攻坚成果，统筹推进乡村振兴战略，余杭区调整区农业农村局“三定”规定，加挂乡村振兴局牌子；印发《关于调整杭州市余杭区文物管理机构设置的通知》，在区文化和广电旅游体育局（下称区文广旅体局）增挂区文物局牌子，设立杭州良渚遗址保护管理中心、区文物保护管理所，加强基层文物保护机构和队伍建设。11月，按照省委关于扎实推动高质量发展建设共同富裕示范区的部署要求，余杭区设立中共杭州市余杭区委社会建设委员会，为区委派出机关，与区发改局合署办公，同步调整区发改局内设科室职能和设置，核定人员编制，推动全区社会建设重大问题、重大政策、重大改革、重大任务落地见效。

【开发区（平台）运行体制调整】 2021年，区委编办调研全区开发区（平台）运行情况，厘清与属地、国企间关系，修订印发未来科技城管委会、钱江经济开发区“三定”规定。

【机构编制审批保障】 2021年，区委编办围绕经济、建设、教育、卫生等重点领域，及时回应机构编制需求。审批同意卫生系统789名事业人员、280多名编外用工招聘计划，保障疫情防控和疫苗接种工作；审批同意教育系统700名事业编制招聘计划，增设中小学5所，保障教育事业良性发展；组织2次机关编外用工招聘，保障510多个岗位用工需求；完成2021年度公务员、事业人员招聘计划审批工作。

【人才编制保障】 2021年，区委编办继续落实党管人才原则，转变用编用人工作思路，主动对接，靠前服务。全年保障教育系统人才引进49人，卫生健康系统人才引进96人；保障区法院20名高层次司法雇员、区检察院8名高层次司法雇员的用编需求；划出17名事业编制，解决“清北”（清华大学、北京大学）政府雇员入编问题。

【机构编制和人员管理信息平台调整】 2021年，余杭区行政区划调整后，区委编办根据全区党政、群团和各类事业单位的“三定”规定，完成机构编制实名制系统内4万余名干部职工和500多家机构的信息调整，做到余杭区机构编制数据“机构不少，人员不漏”。

（杨琳）

效能监督综合考评工作

【余杭区获杭州市综合考评第一】 在杭州市2021年度县（市、区）综合考评中，余杭区获得94.479分，列全市第一位，为优秀等次。其中，建筑业增加值增速、金融业增加值增速等2项主要经济指标以及居民人均可支配收入等1项高质量发展指标列全市第一位，创新创优、满意度评价、大党建工作等4项工作列全市第一位，改革攻坚、文化兴盛和打造国际一流营商环境等3项工作获重点工作单项奖。《浙江杭州市深入贯彻落实习近平总书记关于良渚遗址重要批示精神 不断擦亮良渚遗址“文化金名片”》信息专件获党和国家领导人批示肯定，余杭区在全省人才工作会议上做典型发言或经验交流等工作获市级综合考评国内影响加分。

【区级综合考评体系完善】 2021年度区级综合考评体系包括区直单位、镇（街道）、平台综合考评，以及“三大比拼”活动、“五大计划”（创新发展“翱翔计划”、数字化改革“创景计划”、靓城行动“1466”计划、西部富美“1355”计划、教育高质量发展奋进计划）、共同富裕（乡村振兴）、新制造业计划（数字经济）及“三化融合”、平安创建、征迁安置、生态环境提质、西部生态保护机制等

12项重点专项工作考核。行政区划调整后，余杭区进一步完善提升综合考评体系。坚持“大稳定、小调整”原则，71家区直单位按窗口单位、非窗口单位和评议单位三类进行考核，较2020年剔除区直考核单位6家，重构8个镇（街道）分类型考核为聚力发展型、生态发展型两类（将原平台保障型及综合发展型归并为聚力发展型）。围绕省、市、区重点工作和基层减负，新增数字化改革、“县乡一体、条抓块统”考核；新增制造业投资增速、建筑业投资增速、有效发明专利拥有量等考核指标；删减归并区直单位日常履职考核项2项、镇（街道）目标考核项2项、反向考核项4项等，严控各类另行制定考核细则数量。坚持拉开差距、考出实绩的考评理念，加大排名赋分运用力度。对镇（街道）考核中涉及排名赋分的指标明确以2%得分率为级差的赋分规则，其中对硬核指标在“总量绝对值+增速”维度按百分制计算得分后进行再次排名赋分，既强化同一指标分值的差异性，又兼顾不同指标间评分的平衡性。

【社会评价工作】 2021年，区效能考评办立足社会评价渠道功能，以群众满意为指引，加大宣传发动力度，拓展评价主体范围，改善整体评价体验。对71个区直单位围绕“服务质量和工作效率、办事公正和廉洁自律、工作实绩和社会影响”等方面，12个镇（街道）党（工）委、政府在“公共文化、创业就业、养老服务、义务教育、医疗服务、平安创建及班子作风”等16个方面开展社会评价。面向“两代表一委员”、基层干部、企业及社会各界代表、群众代表发出网上评价邀约短信1.72万条，向老干部代表、部分群众发放调查表。

【社会评价意见整改】 2021年，区效能考评办对2020年社会评价意见进行整改，公示市级、区级社会评价意见整改完成情况。纳入2021年度意见整改235条，其中，市级181条、区级54条［包括区直单位35条、镇（街道）19条］，分别选取8条、35条［区直单位21条、镇（街道）14条］作为年度重点整改目标，对整改目标和完成情况同步进行满意度调查，两项满意度测评结果均计入综合考评。

【督查工作】 2021年，区大督查考评办围绕区委、区政府中心工作，聚焦市级综合考评和重点工作任务，对省、市、区重大项目，“拥江发展”，“民生福祉”，“数字化改革”，主要经济指标，“五大行动”，“双集中”，征迁清零，安置房建设，“污水零直排”，“迎亚运”城市环境长效管理及工业用地，应开工未开工项目，计划开工教育项目等40多项工作开展督查。将督查与“三大比拼”、破解难点、目标管理、服务反馈相结合，采取通报、专报、“三单”交办、预警等方式，发挥督查作用。全年编发通报50期、专报2期，下发交办单23张。

（潘坚阳）

►附：2021年度余杭区综合考评结果

一、区直单位综合考评结果

（一）优胜单位（满意单位）

1. 窗口单位13个

区卫生健康局（区红十字会）、市公安局余杭分局、区财政局（国资办）、区发改局（金融办、对口支援和区域合作局）、区人力社保局、区数据资源管理局、区农业农村局、区住建局（人防办、民防局）、区信访局、区文化和广电旅游体育局、区交通运输局、区教育局、区林水局。

2. 非窗口单位13个

区委办公室（保密局、机要局、档案局、区委台办、区委改革办）、区政府办公室（外事办、区政府研究室）、区人大常委会办公室及各工委、区政协办公室及各专委会、区纪委（监委）、区法院、区检察院。

区委组织部（直属机关工作委员会、新经济和新社会组织工作委员会、区公务员局）、区委宣传部（区新闻办、区精神文明建设委员会、区新闻出版局）、区委政法委、区委统战部（民族宗教事务局、侨办）、区委编办、区总工会。

3. 评议单位4个

区交通集团、余杭金控集团、区绿产集团、区环境（水务）控股集团。

4. 其他单位1个

区人武部。

（二）先进单位

1. 窗口单位 18 个

区综合行政执法局（城管局）、区市场监管局（知识产权局）、区民政局、区司法局（行政复议局）、区商务局（粮食和物资储备局、招商局）、区应急管理局、区经信局、市规划和自然资源局余杭分局、区融媒体中心（区广播电视台）、区科技局、市生态环境局余杭分局、国家税务总局杭州市余杭区税务局、市消防救援支队余杭区大队、区行政审批服务管理办公室（区公共资源交易管理委员会办公室）、区统计局（国家统计局余杭调查队）、公积金中心余杭分中心、市医疗保障局余杭分局、国家税务总局杭州市税务局第二稽查局。

2. 非窗口单位 8 个

区审计局、区工商联、团区委、区文联、区委党史研究室（区地方志编纂研究室）、区委老干部局、区妇联、区科协。

（三）达标单位

1. 窗口单位 4 个

余杭邮政管理局、区气象局、海关余杭办事处、区退役军人事务局。

2. 非窗口单位 2 个

市委党校余杭区分校、区残联。

3. 评议单位 9 个

国网杭州市余杭区供电公司、人民银行余杭支行、杭州余杭华数科技有限公司、区供销联社、浙江移动通信余杭分公司、浙江电信余杭分公司、中国邮政集团公司余杭区分公司、浙江联通余杭分公司、区烟草局。

二、镇、街道综合考评结果

（一）优胜单位

1. 聚力发展型 3 个

瓶窑镇、仓前街道、余杭街道。

2. 生态发展型 1 个

径山镇。

（二）合格单位

1. 聚力发展型 5 个

五常街道、闲林街道、良渚街道、中泰街道、仁和街道。

2. 生态发展型 3 个

鸬鸟镇、黄湖镇、百丈镇。

三、平台综合考评结果

（一）优胜单位 1 个

浙江杭州未来科技城（海创园）。

（二）合格单位 3 个

杭州良渚遗址管理区、杭州良渚新城、杭州钱江经济开发区。

（区委办）

信访工作

【概况】 2021年，余杭区四级走访登记总量1266人次，较近三年平均值下降51.2%；受理网上信访总量2.7万件，比上年下降14.0%；受理来信583件，下降35.4%。来电46.9万件，下降12.2%。收到信访事项复查复核申请48件。是年余杭区创建为省级“无信访积案县（市、区）”，区信访局被评为全市平安创建先进集体。

【“党建＋信访”工作法】 2021年，区信访局探索党建“五加”工作法，通过“党建＋提

余杭区区长公开电话受理现场（摄于 2021 年）

（区信访局　供图）

升业务”“党建＋优质接访”“党建＋共商共治”“党建＋监督考核”“党建＋广泛宣传”，推动“党建＋信访”工作体系试点建设。坚持问题导向、源头治理，发挥镇（街道）、村（社区）社会治理中心矛盾纠纷化解“终点站”作用，化解信访诉求。

【信访工作责任落实】 2021年，余杭区继续施行领导阅批来信、下访约访、会商研判等工作制度。全年区领导接待群众269批、1044人次，区领导接访量占比80.0%。党政主要领导批阅群众初次来信占比48.2%。组织开展信访工作责任制落实情况专项检查，对信访办理差错件、每月考核扣分等情况实行预通报，重要信访事项实行一事一通报，每月公布各镇（街道）、部门效能指数。围绕群众反映强烈的P2P（互联网金融点对点借贷平台）、房地产、征迁安置、教育、劳资纠纷和网络消费纠纷等热点难点问题，落实责任追究，促进问题及时解决。

【信访代办】 2021年，区信访局推行信访代办工作，依托区、镇（街道）、村（社区）三级信访代办员队伍，推动信访矛盾化解在基层、解决在源头。年内，244名专（兼）职信访代办员代办信访事项2329件，其中，区级代办165件、镇（街道）及村（社区）代办2164件，相关工作得到省、市领导肯定。

【诉求渠道畅通】 2021年，区公开电话受理中心牵头上线“码上办”数智平台，协同对接“基层治理四平台”，汇集各部门、各领域、各层级民意，实现办件流转、数据对接、业务协同、相互赋能、批量处理。区本级“89312345”投入运行。全面推行镇长、主任公开电话制，良渚街道、仓前街道、闲林街道、余杭街道等12个镇（街道）的镇长（主任）公开电话受理群众来电2.0万件（次），大批矛盾纠纷在镇（街道）完成处理。

【信访积案化解】 2021年，区信访局实行分层分级领导包案化解信访积案机制，定期交流信访突出问题化解情况，明确包案化解流程，倒排化解时间表。截至年末，第一批国家级重复信访事项1294件，化解1291件，化解率99.8%；省级重复信访事项251件，化解率100%；市级重复信访事项50件，化解率100%。国家和省级积案化解率列杭州市第一位。

（赵飞飞）

史志编研

【概况】 2021年，区委党史研究室完成区划优化调整单位分设及“三定”编制工作，单位名称由中共杭州市余杭区委党史研究室（杭州市余杭区人民政府地方志办公室）调整为中共杭州市余杭区委党史研究室（杭州市余杭区地方志编纂研究室）（下称区史志研究室）。全年围绕庆祝中国共产党成立100周年、党史学习教育等中心工作，结合主责主业，以“存史、资政、育人”为根本任务，较好地完成红色资源宣传保护、党史宣传教育、史志编研等工作。

2021年6月23日至7月23日，区史志研究室在梦想小镇举办“马克思主义在中国的传播”图片展

（区史志研究室　供图）

【史志庆祝建党100周年活动】 2021年，区史志研究室围绕庆祝中国共产党成立100周年，发挥部门专业优势，参与区委、区政府主办的“余杭区庆祝中国共产党成立100周年主题展”，梳理余杭党史百年大事记，核对把关党史展陈内容；6月23日至7月23日在梦想小镇举办“马克思主义在中国的传播”图片展，全区基层党组织、学校、企业党员干部1万余人前往参观学习。

【党史学习教育助力】 2021年，区史志研究室助力全区党史学习教育深入推进。1—8月，在《余杭晨报》开设“红色印记”专栏，推出红色故事25期，宣传党史知识，营造党史学习教育氛围。聚焦“红色根脉”，重新梳理余杭区红色资源，联合区党史学习教育领导小组办公室整理37处红色资源、重要地标，精选5条红色研学路线，推出《余杭红色资源手册》口袋读本，向全区各党组织发放；指导仁和街道提升改造中共西镇区委旧址，帮助闲林街道审核把关“两面政权”党史资源展陈内容，协办全区党史知识竞赛，帮助余杭街道审核党史学习教育短视频，为良渚遗址管委会梳理审核中国共产党历届全国代表大会专题展有关资料。

【史志正本编研】 2021年，区史志研究室完成《中国共产党余杭历史（1978—2002）》25章60多万字的评审稿审校工作；12月初，完成终审。深化“当代余杭研究丛书”编纂工作，完成“美丽余杭”“文化余杭”主题资料整理。

【《余杭年鉴（2021）》出版】 2021年12月出版，为余杭连续出版的第31本年鉴。全书设类目40个、分目212个，收入条目1300多条，全面记载2020年余杭区经济、政治、文化、社会、生态建设等方面情况，是各级领导决策和区内外人士了解余杭的可靠参考资料。

【《余杭微村（社区）志》（第一辑）编纂完成】 2021年10月，区史志研究室成为余杭区“西部富美”党建联盟成员单位，结合“西部富美”三年行动计划，启动《余杭微村（社）志》（第一辑）编纂工作，历时3个月，12月底完成。该书通过挖掘保存余杭村社独特的历史文化记忆，展现余杭美丽乡村底蕴。为展现余杭共同富裕示范先行区文化底蕴，贡献史志力量。

（刘雪萍）

党校工作

【概况】 2021年，市委党校余杭区分校（区行政学校、区社会主义学校、余杭中华文化学院）（下称区委党校）全面学习党的十九大及历次全会精神，深入贯彻习近平总书记关于党校办学治校系列重要指示精神，加强办学体制机制创新，走访调研12个镇（街道），推进镇（街道）党校高质量发展。开展干部教育培训工作，全年举办主体班32期，培训4200多人次，相关工作被浙江卫视报道2次；开展美丽洲大讲堂4场，听取报告466人次；接待区外培训班7期，培训300多人次；完成宣讲120场，培训7000多人次。推进科研资政工作，报送信息、专报30多篇，其中省、市专报入选3篇；浙江省党校系统课题结题11项、立项3项，杭州市党校系统课题立项10项。

【美丽洲大讲堂】 2021年，区委党校先后邀请中央党校党史教研部教授程连升、中共中央党校科社部主任曹普以及上海东亚研究所所长、上海市台湾研究所副所长章念驰等到余杭做专题报告，区委理论学习中心组成员、区直各部门主要负责人、各镇（街道）和平台主要负责人及区直单位、镇（街道）选学报名人员等466人次听取报告。

表3　2021年主体班一览表

类别	班次名称	培训对象	培训时间	人次
轮训班	★区管领导干部学习贯彻党的十九届五中全会精神轮训班	区管正职领导干部、区管副职领导干部（包括区管职级调研员）	1月3—4日	1100
	★村（社区）书记学习贯彻党的十九届五中全会精神轮训班	村（社区）党组织书记	1月12—14日	380
			10月13—16日	233
	★区管领导干部党史专题培训班	区管正职领导干部、区管副职领导干部（含区管职级调研员）	7月8日	120
先锋链式培养计划	★中青年骨干“兴航计划”培训班	优秀中青年干部	6月9日至8月5日（7月16日、8月5日）	48
	★专业型干部“续航计划”培训班	紧缺专业背景或工作经历，培养潜力大的专业型干部	7月2—7日	32
	★新录用干部“启航计划”培训班	新录用公务员、新聘用事业人员	9月6—23日	100
	★名校毕业生“菁航计划”培训班	C9联盟高校、世界百强名校等招聘的优秀毕业生、政府雇员等	9月15—18日	48
	★年轻科级干部“远航计划”培训班	28周岁以下、综合素质较好的科级以下优秀苗子	9月6—18日	24
			9月5—7日 9月14日、11月12日	49
	★区管副职“护航计划”培训班	区管副职领导干部	10月18—20日	41
	★党建对口帮扶地区干部“协航计划”培训班	对口帮扶（支援、合作）地区	11月27—30日	15
素质能力提升班	党员轮训示范班	部分发展对象、入党积极分子	1月25日	39
			1月25—27日	92
			2月24—26日	184
			6月28—30日	38
	★政法信访系统干部培训班	全区部分政法、信访系统干部	3月26—27日	150
	政法干部政治轮训班	政法系统班子成员、中层干部代表		
	★领头雁系列培训班暨村（社区）书记党史学习教育示范班	优秀村（社区）书记	3月30日—4月1日	72
			6月24日	24
	★数字化改革专题培训班	涉及数字化转型相关部门分管领导或科室负责人	6月10—11日	149
	★组工干部主题学习班	镇（街道）、平台、区直部门分管组织工作的领导及相关科室负责人	7月30日	82
	★人大干部综合能力提升研修班	人大系统干部	10月11—14日	52
	★政协委员履职能力提升班	政协履职骨干	10月18—22日	75
	★宣传系统干部读书会	镇（街道）宣传委员、宣传干事及宣传系统中层及以上干部	10月18—20日	220

续表

类别	班次名称	培训对象	培训时间	人次
素质能力提升班	★纪检监察干部主题学习班	全区专职纪检监察干部	10月25—28日	115
	妇联干部培训班	妇联干部	11月4日	117
	★统战干部培训班	各镇（街道）统战委员、干事	11月17—18日	26
	民主党派负责人、党外代表人士读书班	各民主党派负责人、党外优秀中青年人士	11月17—19日	48
	红领职业通资质认证培训班暨“两新”党组织书记示范培训班	非公企业党务工作者、“两新”党组织书记	11月18—19日	139
	机关党组织书记党史学习教育班	机关党组织书记	11月24—25日	67
	党代表培训班	市、区党代表	6月8日	150
			12月2日	156

说明：带“★”号的为重点班次

表4　美丽洲大讲堂（含机关干部大讲堂）一览表

序号	时间	名称	人次
1	4月19日	区直机关党组织书记党史学习教育集中研学暨2021年第一期“机关干部大讲堂”	153
2	6月29日	区委理论学习中心组（扩大）暨“美丽洲大讲堂”专题学习会	95
3	7月8日	关于举办习近平总书记“七一”重要讲话精神暨2021年第二期“机关干部大讲堂”	123
4	7月8日	区委理论学习中心组（扩大）暨“美丽洲大讲堂”专题学习会	95

【区管干部学习贯彻党的十九届五中全会精神集中轮训】 2021年1月3—4日举行，市委常委、区委书记张振丰做开班动员暨专题党课。张振丰以“深入学习贯彻党的十九届五中全会精神，以全面数字化转型为争创社会主义现代化先行示范区提供战略支撑”主题，授开班第一课；其他区领导分别结合各自分管领域工作解读党的十九届五中全会精神。

【新一届村（社区）党组织书记培训班】 2021年1月12—14日举行，各镇（街道）设分会场，全区村（社区）组织换届工作领导小组全体成员、各镇（街道）领导班子成员和新一届村（社区）班子成员2924人通过视频收看全市村（社区）组织换届工作总结暨新任村（社区）书记培训开班动员会。其间，全区新一届村（社区）班子成员收看杭州市村（社区）书记培训“奋进新征程”主题活动，学习“深入实施乡村振兴战略”“基层社会治理”“基层民主政治建设”“农村产业发展”“村务监督工作实务”“村社法律法规实务”等内容，围绕“当书记的初心”“当好基层铁军”“做好中心工作”等主题分组讨论。

【政法信访系统干部培训班】 2021年3月26—27日举行，区委政法委、区法院、区检察院、市公安局余杭区分局、区司法局全体班子成员、中层干部代表，各镇（街道）分管政法副书记、平安办主任等共150多人参加。政法各单位、镇（街道）设分会场同步进行视频直播。区委书记张振丰做开班动员及专题党课，纪委书记、监委主任邵伟斌做廉政报告。轮训班邀请省委党校教授、原副校长郑仓元等讲授党史学习教育、政治教育课程，组织观看警示教育视频片等。

【领头雁系列培训班暨村（社区）书记党史学习教育示范班】 2021年3月30日至4月1日举行。会议以视频形式举行，区纪委区监委、区委组织部、区委党校、区民政局、区农业农村局相关负责人，各镇（街道）党群分管领导，余杭区第一批“红雁导师”、乡村振兴“名誉村长”、第一期村（社区）书记“禹雁训练营”学员等在主会场参加，各镇（街道）组织、纪检、农业、民政等相关科室负责人，全体村（社区）“两委”班子成员在分会场参加。重点围绕党史学习教育、基层社会治理、乡村振兴、未来社区建设等内容开展学习。

【数字化改革专题培训班】 2021年6月10—11日举行，区委副书记、政法委筹备组组长朱红丹出席开班仪式并做动员讲话。培训聚焦学习全省数字化改革大会、数字化改革工作例会等有关会议精神，课程涵盖数字化改革五大综合应用系统介绍、全省典型多跨场景案例拆解、数字化改革理论成果分享等内容，采用专题讲授、案例展示、分组讨论、交流汇报等形式提升培训效果。

【区管领导干部党史专题培训班】 2021年7月8日在海创园举行，区直机关党组织书记、专职副书记、党员干部代表120多人参加。中共中央党校科社部主任曹普做“习近平‘七一’重要讲话精神解读”专题辅导报告，阐述中共中央总书记习近平“七一”重要讲话的重大意义、主要内容和丰富内涵，深入解读中国共产党百年奋斗的光辉历程、伟大成就、宝贵经验和实践启示，解读伟大建党精神的深刻内涵和时代价值。

【区管副职“护航计划”培训班】 2021年10月18—20日在浙江省委党校举行，41人参加，区委常委、组织部部长邵雪荣出席开班仪式并讲话，省委党校干部教育学院院长周育海做培训介绍。培训内容包括“中国共产党在关键时刻的抉择”“后疫情时代宏观经济趋势分析”“智慧经济与杭州发展新思维”“高质量发展建设共同富裕示范区——贯彻省委十四届九次全会精神”“深化‘法治浙江’实践，建设走中国特色社会主义法治道路的重要窗口”“深化‘放管服’改革，打造省域现代治理先行区”等课程。

【党员轮训示范班】 2021年，区委党校共举办党员轮训示范班三期。培训班邀请省、市、区相关专家学者讲授党史学习教育、党的十九届五中全会精神、党规党纪知识、党员教育管理实务、抗疫故事、社会主义核心价值观解读、习近平新时代中国特色社会主义思想解读等内容。

【社会培训】 2021年，区委党校先后接待嘉兴市习近平新时代中国特色社会主义思想进修班、杭州市党外中青年干部培训班、杭州市区、县（市）管党政正职班、嘉兴党校习近平新时代中国特色进修班、宁波市委党校中青班等区外培训班7期，培训300多人次。

【党校科研工作】 2021年，区委党校继续实施科研课题带动策略，为区委、区政府提供决策参考。完成浙江省党校系统22批课题结题11项，获得浙江省党校系统23批课题立项3项，完成省委党校委托课题“共同富裕”典型案例1项，杭州市党校系统2021年立项课题10项，开展“杭州样本”典型案例研究5项。

【“红色智库”建设】 2021年，区委党校继续探索与浙江省委党校、浙江省社会科学院、杭州市委党校、余杭区社科联等单位的合作路径，促进党校教师在哲学社会科学研究、精品课建设、科研咨询上有新作为。在全省县级党校层面组建智库联盟研究小组，召开研究小组会议，开展智库专才培训，构建基层党校智库体系。发挥好学员经验与教师指导双重优势，搭建主题调研、学员论坛、学员答辩、学员座谈会等学员参与科研和咨政工作的平台，畅通成果转化和报送渠道。全年报送信息、专报30多篇，其中省、市专报入选3篇。

（单凯）

老干部工作

【概况】 截至2021年12月31日，余杭区有离休干部17人，其中，本区级13人、杭州市托管3人、军队离退休干部休养所1人，有退休干部（含行政、事业职工）3998人，离退休人员4015人。在离退休干部中，区（县）级副职领导职务的有5人、本区区委管理的正副局级职务的有241人。

【老干部思想政治工作】 2021年，区委老干部局通过组建“银领护杭”红色讲师团，开展“百年回眸·红色微故事”寻访，举办“共忆党史共话初心”座谈会，推出“听老党员讲党课”等活动，组织全区各层面老干部开展党史学习教育90多次、党史宣讲150多次。组织全区老干部开展庆祝中国共产党成立100周年“银领向党”思政宣讲、作品征集、诉说心声、志愿服务、文化走亲等“九个一”系列活动，引导老同志坚定不移做“两个确立”忠诚拥护者、“两个维护”示范引领者。

2021年5月27日，“共忆党史共话初心”老战士、老干部、老先进、老专家座谈会举行

（区委老干部局　供图）

【老干部服务管理】 2021年，区委老干部局根据行政区划优化调整工作要求，有序完成离退休干部划转归属工作。组织召开区委老干部工作领导小组会议，研究通过居家离休干部适老化改造，调整退休干部职工管理服务工作活动经费标准，区老年大学实行聘任班主任管理制度，金秋驿站配套补助等6项实事工作。全年走访慰问离休干部92人，走访离退休老干部遗属33人，看望困难老干部308人，完成离休干部家庭适老化改造5户。接待省、市级老领导到余杭参观考察任务3批次，完成区党代会、区“两会”老领导服务保障等工作。撰写的《推进新时代老干部服务管理的思考与实践》，被评为全省老干部工作优秀调研报告。

2021年9月27日，杭州市老干部“银龄跨越数字鸿沟”暨“防诈骗宣传”科普专场活动在余杭区举行

（区委老干部局　供图）

【老干部支部规范化建设】 2021年，区委老干部局组织老干部党支部书记培训暨经验交流会1场，指导做好区划调整后老干部党支部调整、优化工作，优化调整后的老干部党支部有30个。推进市级、区级规范化支部申报工作，推荐申报市级规范化支部9个，区级规范化支部创建率达80%，推动《余杭区离退休干部党支部规范化建设实施意见》

落实落地。加强老干部党建阵地建设，建立金秋驿站8个、银领调解工作室6个、党建精品示范带3条，其中径山镇小古城村金秋驿站、仓前街道太炎社区金秋驿站、余杭街道“禹上稻香·夕禾”金秋驿站被评为杭州市级“金秋驿站”。

【“银领护杭”活动】 2021年，区委老干部局聚焦区委中心工作，以“银领护杭”品牌建设为抓手，探索构建“1＋12＋N”的老干部参与矛盾纠纷调解多元机制，推动银领调解工作室入驻区社会矛盾纠纷调处化解中心，该做法被人民网、新华社浙江频道宣传报道。主动融入各级党群服务中心，加强老党员驿站、老党员工作室建设，参与“三个全域、三区创建”、共同富裕示范先行区创建、反诈骗宣传等重点工作，举办杭州市老干部“银龄跨越数字鸿沟”暨“防诈骗宣传”科普专场活动，开展银领志愿活动650多次，参与老干部2200多人次。《搭建“1+7”区域化金秋驿站助力乡村振兴》案例被评为全省老干部工作优秀创新案例。

【文化养老工作】 2021年，区委老干部局举办“庆建党百年、献红色爱心”老干部艺术团专场文艺演出和“感党恩、颂党情”汇报演出4场，举办“庆建党百年 展笔墨情怀”百人百画庆百年书画作品展和庆祝中国共产党成立100周年主题征文活动。开办瓶窑、余杭教学点2个，良渚“家门口老年大学”1个，共开设班级17个、课程8门，招收学员600多人次，组织区老干部艺术团开展文化走亲活动6场。

（盛哲明　冯嘉璐）

保密工作

【概况】 2021年，区委办（区国家保密局）坚持以习近平新时代中国特色社会主义思想为指导，深入贯彻落实中共中央总书记习近平关于保密工作的重要批示指示精神和中央、省委、市委保密委会议精神，克服杭州市部分行政区划优化调整影响，坚持工作不断档、责任不缺位，为高水平建设创新余杭、品质之区、文明圣地，筑牢保密防线。

【保密宣传教育】 2021年，区委办（区国家保密局）结合保密工作新形势、新任务，落实常态化保密教育，组织保密培训3次，其中培训领导干部和涉密人员120人次。在新录用公务员培训班中设置保密课程，提高新进公务员的保密观念和保密意识。通过钉钉、微信发布日常性保密警示提醒，向各单位传达关于做好涉密、内部敏感信息保密管理的通知，打通保密宣传教育“最后一公里”。

【保密制度建设】 2021年，区委办（区国家保密局）在区划调整后，按照省、市保密局要求，推动涉密人员管理、定密人员和定密流程管理、涉密信息管理等制度重塑。厘清全区各单位涉密人员和定密责任人信息，对定密责任人及定密事项进行备案统计，对涉密计算机、保密管理员进行登记备案，建立保密人员库，实行动态管理。明确安全规范标准，落实全区涉密计算机和涉密信息使用管理标准规范化操作。

【保密行政管理】 2021年，区委办（区国家保密局）依法加强对全区保密单位的日常保密管理。开展保密自查自评和保密检查工作，掌握各单位保密管理情况及自查自评过程出现的问题整改情况，确保无失泄密风险。做好高考、中考保密检查，会同区教育局、市公安局余杭区分局等单位，检查高考和中考试卷存放的保密设备、制度、地点等，指导做好应对突发事件的应急预案，协助排查失泄密隐患，确保高考、中考保密工作“条件达标、培训到岗、措施到位、责任到人”。

（胡家洛）

编辑：刘雪萍

杭州市余杭区人民代表大会

People's Congress of Yuhang District

综　述

【概况】 2021年，余杭区54万名选民投票选举产生区十六届人大代表296人，5个镇12万名选民选举产生镇人大代表317人，完成区、镇两级换届大会的任务。开展第二届街道居民议事会成员换届工作，推荐产生成员500人。全年区第十六届人民代表大会常务委员会共举行会议4次，审议议题48项，开展执法检查、专项视察、工作评议等活动13次，提出各类意见建议函15件，依法作出重大事项决议决定27项。全年向区委请求报告代表换届选举、人民代表大会筹备、开发区人大工作等重大事项9次。制定、修订常委会议事规则，任免国家机关工作人员办法等制度11项。

【决议决定】 2021年4月22日，杭州市余杭区第十六届人民代表大会筹备组第三次会议做出《杭州市余杭区第十六届人民代表大会筹备组关于区第十六届人民代表大会代表选举有关事项的决定》。

5月21日，杭州市余杭区第十六届人民代表大会筹备组第七次会议做出《关于接受阮文静等八位同志辞去区选举委员会职务的决定》。

6月17日，杭州市余杭区第十六届人民代表大会筹备组第十一次会议做出《关于召开杭州市余杭区第十六届人民代表大会第一次会议的决定》。

9月27日，杭州市余杭区第十六届人民代表大会常务委员会第二次会议做出《杭州市余杭区第十六届人民代表大会常务委员会关于促进和保障高质量发展建设共同富裕示范先行区的决定》《杭州市余杭区第十六届人民代表大会常务委员会关于推进法治政府建设监督数字化改革工作的决定》《关于调整径山镇、黄湖镇、鸬鸟镇杭州市余杭区第十六届人民代表大会代表名额的决定》《杭州市余杭区第十六届人民代表大会常务委员会关于新一届镇人民代表大会代表名额的决定》《杭州市余杭区第十六届人民代表大会常务委员会关于接受莫欢良辞去杭州市余杭区第十六届人民代表大会代表职务的决定》《杭州市余杭区第十六届人民代表大会常务委员会关于开展第八个五年法治宣传教育的决议》《杭州市余杭区第十六届人民代表大会常务委员会关于批准杭州市余杭区2020年本级财政决算的决议》。

11月29日，杭州市余杭区第十六届人民代表大会常务委员会第三次会议做出《杭州市余杭区人民代表大会常务委员会关于由王华代理杭州市余杭区人民政府区长职务的决定》《杭州市余杭区人民代表大会常务委员会关于接受金承涛辞去杭州市余杭区人民政府区长职务的决定》《杭州市余杭区人民代表大会常务委员会关于由鲍键代理杭州市余杭区人民检察院检察长职务的决定》《杭州市余杭区第十六届人民代表大会常务委员会关于接受倪技锋辞去杭州市余杭区第十六届人民代表大会代表职务的决定》《杭州市余杭区人民代表大会常务委员会关于接受陈娟辞去杭州市余杭区人民检察院检察长职务的决定》《关于杭州市余杭区第十六届人民代表大会代表补选的决定》《杭州市余杭区人民代表大会常务委员会关于部分变更2021年财政收支预算的决定》。

12月23日，杭州市余杭区第十六届人民代表大会常务委员会第四次会议做出《杭州市余杭区人民代表大会常务委员会关于修改〈杭州市余杭区人大常务委员会关于加强与区人民政府、区人民法院、区人民检察院工作联系的制度〉的决定》《杭州市余杭区人民代表大会常务委员会关于修改〈杭州市余杭区人大常委会关于提任国家机关工作人员法律知识考试办法〉的决定》《关于召开杭州市余杭区第十六届人民代表大会第二次会议的决定》《杭州市余杭区人民代表大会常务委员会关于修改〈杭州市余杭区人大常委会关于提任法官、检察官法律职务任职资格审查办法〉的决定》《关于废止〈杭州市余杭区人民代表大会常务委员会任免国家机关工作人员办法〉》《杭州市余杭区人大常委会关于区人大代表罢免、辞职、暂时停止执行代表职务、终止代表资格的暂行办法》《杭州市余杭区人大代表履职登记办法的决定》《杭州市余杭区人民代表大会常务委员会关于由唐小辉代理杭州市余杭区监察委员会主任职务的决定》《关于修改〈杭州市余杭区人民代表大会常务委员会实施《浙江省各级人民代表大会常务委员会规范性文件备案审查规定》办法〉的决定》《杭州市余杭区人民代表大会常务委员会关于接受邵伟斌辞去杭州市余杭区监察委员会主任职务的决定》《杭州市余杭区人民代表大会常务委员会关于修改〈杭州市余杭区人民代表大会常务委员会议事规则〉的决定》《关于杭州市余杭区第十六届人民代表大会代表补选的决定》。

重要会议

【区十六届人大一次会议】 2021年7月21—23日在余杭举行。出席会议应到代表296人，实到代表293人。7月20日举行大会预备会议，选举产生由44人组成的大会主席团，选举金国平兼任大会秘书长。区十六届人大一次会议共举行全体会议4次，主席团会议5次。

会议听取和审查杭州市余杭区人民政府（筹）工作报告，审查批准杭州市余杭区国民经济和社会发展第十四个五年规划和二〇三五年远景目标纲要、杭州市余杭区2020年国民经济和社会发展计划执行情况与2021年国民经济和社会发展计划草案的报告，审查批准杭州市余杭区2020年财政预算执行情况和2021年财政预算草案的报告，听取和审查杭州市余杭区人民代表大会常务委员会（筹）工作报告，听取和审查杭州市余杭区人民法院（筹）工作报告，听取和审查杭州市余杭区人民检察院（筹）

2021年7月21—23日，杭州市余杭区第十六届人民代表大会第一次会议召开 （区融媒体中心 供图）

工作报告。

会议审查和票决出住房保障项目、居住改善项目、教育惠民项目、健康惠民项目、养老服务项目、无障碍环境建设项目、食品安全项目、交通改善项目、文化惠民项目、婴幼儿童照护服务项目等10个项目，列为2021年杭州市余杭区人民政府民生实事项目。

会议依法选举阮文静（女）为杭州市余杭区第十六届人民代表大会常务委员会主任，金国平、曾宏、沈洪相、楼建平、朱红耀、朱幼群（女）等6人为杭州市余杭区第十六届人民代表大会常务委员会副主任，王铮（女）等28人为杭州市余杭区第十六届人民代表大会常务委员会委员；依法选举金承涛为杭州市余杭区人民政府区长，许玲娣（女）、吴伟强、胡彪、姚文华、梅建胜、程晓东等6人为杭州市余杭区人民政府副区长；依法选举邵伟斌为杭州市余杭区监察委员会主任，依法选举王文柱为杭州市余杭区人民法院院长，依法选举陈娟（女）为杭州市余杭区人民检察院检察长，依法表决通过杭州市余杭区第十六届人民代表大会监察和法制司法委员会、财政经济委员会、社会建设委员会的主任委员、副主任委员、委员人选。

会议期间，组织召开财政预算审查委员会会议，专题审议政府部门预算、专项资金，提高大会审议质量。

至大会议案截止时间，代表议案、建议处理协调小组共收到代表建议155件。155件代表建议中，涉及城市建设领域的有64件，占总数的41.3%；涉及民生事业领域的有49件，占总数的31.6%；涉及经济建设领域的有30件，占总数的19.4%；涉及农业农村、生态建设领域的有7件，占总数的4.5%；涉及社会治理领域的有5件，占总数的3.2%。代表建议反映比较集中的主要有5个方面：交通优化方面，主要涉及道路和轨道交通建设、公交线路优化、交通秩序管理等；城乡建设方面，主要涉及靓城行动、乡村振兴等；公共服务方面，主要涉及优化配置教育、医疗、养老等公共服务资源，加快文化体育事业发展等；产业发展方面，主要涉及产业升级转型、加快平台发展、加大企业扶持力度、加强人才引进培育等；基层治理方面，主要涉及数字赋能治理创新、应急管理等。

【区第十六届人大常委会会议】 2021年7月28日，区第十六届人大常委会第一次会议举行。会议主要议程：听取和审议区政府关于2020年政府重大投资项目计划执行情况及2021年政府重大投资项目计划的报告，审议并表决区人大常委会2021年工作要点（草案），审议并表决2021年区人大常委会交办各街道人大工委“工作清单”（草案），审议并表决人事任免事项，其他。

9月27日，区第十六届人大常委会第二次会议举行。会议的主要议程：听取和审议区政府关于2020年区本级决算（草案）和2021年上半年预算执行情况的报告，审查批准2020年区本级决算；听取和审议区政府提出的审计机关关于2020年预算执行和其他财政收支情况的审计工作报告；听取和审议区政府关于2019年预算执行和其他财政收支情况的审计工作报告指出问题的纠正情况和处理结果的报告；听取和审议区政府关于2021年上半年国民经济和社会发展计划执行情况的报告；听取和审议区政府关于2021年1—8月政府重大投资项目计划执行情况的报告；听取和审议区政府关于“七五”法治宣传教育实施情况和“八五”法治宣传教育工作部署情况的报告，做出关于开展“八五”法治宣传教育的决议；听取和审议区政府关于2020年度环境状况和生态环境保护目标完成情况的报告；听取和审议区政府关于“西部富美”行动（农文旅融合发展）工作情况的报告；审议并表决关于促进和保障高质量发展建设共同富裕示范先行区的决定（草案）；审议并表决关于推进法治政府建设监督数字化改革工作的决定（草案）；审议并表决区第十六届人大常委会各工作委员会委员名单（草案）；审议并表决关于调整径山镇、黄湖镇、鸬鸟镇杭州市余杭区第十六届人民代表大会代表名额的决定（草案）；审议并表决关于新一届镇人民代表大会代表名额的决定（草案）；审议并表决镇选举委员会组成人员名单（草案）；审议并表决关于废止《杭州市余杭区人民代表大会常务委员会街道工作委员会工作办法》的决定（草案）；审议并表决《杭州市余杭区人民代表大会常务委员会街道工作委员会工作办法（草案）》；审议并表决区人大代表辞职事项；审议并表决人事任职事项；其他。

11 月 29 日，区第十六届人大常委会第三次会议举行。会议的主要议程：审议并表决人事任免事项，听取和审议区政府关于办理代表建议、批评和意见工作情况的报告，听取和审议区政府关于要求部分变更 2021 年财政收支预算的议案，审议并表决区人大代表辞职事项，审议并表决关于补选区人大代表的决定（草案），区人大常委会代表资格审查委员会提交关于个别代表的代表资格自行终止的报告（书面），其他。

12 月 23 日，区第十六届人大常委会第四次会议举行。会议的主要议程：听取和审议区政府关于教育基础设施建设情况的报告；听取和审议区检察院关于未成年人权益保护工作情况的报告，对部分检察官开展履职监督评议；听取和审议区政府关于国有自然资源资产管理情况的报告；听取和审议区政府关于“靓城行动”建设情况的报告；听取和审议区政府关于社会救助工作情况的报告；听取和审议关于数字化改革“创景计划”实施情况的汇报；听取和审议区政府关于翱翔计划“未来之源”实施情况的报告；审议并表决关于召开杭州市余杭区第十六届人民代表大会第二次会议的决定(草案)；审议并表决关于修改《杭州市余杭区人民代表大会常务委员会议事规则》的决定（草案）；审议并表决杭州市余杭区人大常委会各街道工作委员会委员名单（草案）；审议并表决关于废止《杭州市余杭区人大常委会关于区人大代表罢免、辞职、暂时停止执行代表职务、终止代表资格的暂行办法》《杭州市余杭区人民代表大会常务委员会任免国家机关工作人员办法》及《杭州市余杭区人大代表履职登记办法》的决定（草案）；审议并表决《杭州市余杭区人民代表大会代表辞职暂行办法（草案）》；审议并表决《杭州市余杭区人民代表大会常务委员会任免国家机关工作人员办法（草案）》；审议并表决关于修改《杭州市余杭区人大常委会关于加强与区人民政府、区人民法院、区人民检察院工作联系的制度》的决定（草案）；审议并表决关于修改《杭州市余杭区人大常委会关于提任法官、检察官法律职务任职资格审查办法》的决定（草案）；审议并表决关于修改《杭州市余杭区人大常委会关于提任国家机关工作人员法律知识考试办法》的决定(草案)；审议并表决关于修改《杭州市余杭区人民代表大会常务委员会实施〈浙江省各级人民代表大会常务委员会规范性文件备案审查规定〉办法》的决定（草案）；审议并表决关于补选区人大代表的决定(草案)；审议并表决人事任免事项；区人大常委会代表资格审查委员会提交关于个别代表的代表资格自行终止的报告（书面）；其他。

（何璐瑶）

主要工作

【围绕中心工作监督履职】 2021年，区人大常委会紧扣“十四五”规划实施，制定专项监督方案，组织相关调研视察和专题审议，提出针对性意见建议。开展预算草案“三审”制工作，增强预算监督工作实效。听取和审议创新发展“翱翔计划”实施情况的报告，推动余杭区大孵化器战略深入实施和创新策源能级提升。听取和审议数字化改革“创景计划”实施情况的报告，助力全区数字化改革全面深化和“揭榜挂帅”项目成果落地。听取和审议国有自然资源资产管理情况的报告，重点就提高征而未用土地管理绩效提出意见建议。调研视察未来科技城、良渚新城、钱江经济开发区，就空间规划、产业特色、项目招引等提出具体意见。专题听取国土空间规划和专项规划编制等情况，提出意见建议9条。做出《关于促进和保障高质量发展建设共同富裕示范先行区的决定》，把区委的重大决策部署通过人大法定程序转化为全区人民的自觉行动。

【民生工作监督】 2021年，区人大常委会对票选产生的2021年度政府民生实事项目实行专班跟踪监督，通过线上应用场景共征集代表意见建议396条，督促整改问题50多处，推动10件民生实事项目24个子项按时完成。听取和审议“靓城行动”建设情况的报告，开展交通基础设施建设专项视察，就运溪高架路、文一西路改建等重要交通项目建设和打造“内联外畅”的立体交通网提出意见建议。听取和审议教育高质量发展“奋进计划”实施情况的报告，重点就学校建设开展实地视察，对补齐教育短板提出意见建议。开展农文旅融合发展专项视察，听取和审议“西部富美”计划实施情况的报告，就聚焦项目带动、品牌打造、人才聚合、要素制约破解等提出意见建议。跟踪监督安置房建设，视察多个项目建设现场并提出相关建议。专题调研余杭区农民专业合作社运营情况，促进专业合作社在乡村振兴中发挥示范带动作用。开展“残疾人之家”建设专项视察，听取和审议社会救助、职工权益维护工作情况的报告，提出加强关心关爱和保护保障的意见。视察亚（残）运会场馆及周边无障碍环境建设、赛会志愿者服务组织情况，推动做好赛事筹备工作。专题调研退役军人保障体系建设，重点关注退役军人保障法实施情况。听取和审议环境状况和生态环境保护目标完成情况的报告，开展重要水利工程集中管养专题审议，推动余杭区水利工程安全运行。常委会领导重点督办关于重视林业经济（毛竹林）发展的代表建议，收集意见建议，为制定“一揽子”扶持政策提供参考。

【“法治余杭”建设监督】 2021年，区人大常委会加强对“法治余杭”建设情况的监督，做出决议启动“八五”法治宣传教育工作。听取法治政府建设情况的报告，提出强化法治思维、完善行政执法监管体系等建议，促进提升依法行政水平。听取和审议未成年人权益保护工作情况的报告，对两名检察官履职情况开展评议。启用浙江人大代表履职服务平台备案审查模块，备案审查规范性文件4件。专题调研公安辅警队伍情况，推动“第二警队”法治化、规范化、专业化建设。加强立法联系点工作站建设，配合省、市人大召开立法调研座谈会2场，收集上报关于14部法律法规的立法意见建议71条。与省、市人大联动开展土壤污染防治法、省粮食安全保障条例、文物保护法律法规等执法检查，配合省、市人大开展省人口与计划生育条例、国有土地上房屋征收与补偿条例等立法调研工作。

【代表履职平台拓展】 2021年，区人大常委会开展“代表联络站运行提升年”活动，以“中心站＋特色站”模式设置联络站，整合联络站10家，新建特色站8家，将1119名各级人大代表和街道居民议事会成员全部编组进站。定期开展常委会领导和政府部门负责人进站接待代表活动，24名市、区领导干部进站共收集意见建议116条。完善专题议事机制，打造“樟树下议事”“草垛议事”“半月谈”“未来乡村议事厅”“通径亭”等品牌特色，组织议事活动49场，化解矛盾和问题155个。余杭区“议百家事、连百家心，街道专题议事激活基层治理‘神经末梢’”的做法，被评为杭州人大工作与时俱进案例。

【代表履职能力提升】 2021年，区人大常委会拓展代表知情明政渠道，邀请代表列席常委会会议，增加代表参与常委会组织活动的频率

禹上稻乡人大代表联络站在大草垛边举行专题议事会（摄于2021年）
（区人大办　供图）

和人次，共邀请600多人次代表参加50多次活动。组织500多人次参加新任代表、代表综合能力和财政预算审查监督等学习培训，提高代表的政治站位、履职意识和专业素养。配合市人大开展最美“街道居民议事会成员”评选，余杭区2名议事会成员入选。

闲林街道人大工委举行农民多高层公寓建设项目专题议事活动（摄于2021年） （区人大办 供图）

【代表建议办理】 2021年，区人大常委会完善代表建议分发、交办、承办、督办等机制。组织开展“代表·局长面对面”活动，针对代表反映集中、群众关注度高的建议，安排政府职能部门主要领导现场解答说明。常委会领导带队对20件重点建议开展类项督办，155件代表建议均在规定时间内办复，代表建议办理的面商过程、答复内容、办理态度以及落实结果满意率均超98%。

【人大工作数字化改革】 2021年，区人大常委会坚持数字赋能、整体智治、高效协同，构建“线下＋网上＋掌上”人大履职格局。在全市先行先试余杭人大数智门户，搭建全景视窗系统，打造数字化协同工作平台。使用省选民登记管理系统，提高选举数据精准性。运用自然语言处理技术（NLP），提升代表建议分发效率，调研成果获省人大理论研讨会二等奖。余杭区承接的省、市人大“法治政府建设监督应用场景”试点项目，在全省人大数字化改革推进会上做经验介绍，上线浙政钉1.0版并在全省推广使用。

【基层人大工作】 2021年，区人大常委会坚持常委会领导定点联系镇（街道）人大制度，加强对镇（街道）人大工作的指导，交办“工作清单”，优化绩效评估，推动基层人大工作规范有序。设立未来科技城、钱江经济开发区人大工委，组建议事会，推荐产生议事会成员90人。区人大常委会领导到联系镇（街道）指导督查疫情防控、防台抗洪等工作，到基层开展走访调研活动80多次。

【人大信息工作】 2021年，区人大常委会聚焦“讲好人大故事，宣传人大制度”，挖掘宣传代表事迹，多个代表履职故事、联络站宣传片被省、市人大采用展播。通过“余杭区人大网”、“余杭人大”微信公众号发布信息450多条，被省、市人大简报、公众号录用80多篇，7篇调研文章获省、市人大常委会领导批示肯定，区人大常委会机关被评为2021年全省、市人大信息工作成绩突出单位。

（何璐瑶）

编辑：郭贤松

杭州市余杭区人民政府

The People's Government of Yuhang District

重要会议

【区政府常务会议】 2021年，区政府常务会议召开15次，讨论和决定的事项101件。

1月5日，第六十六次区政府常务会议讨论和决定事项：传达学习浙江省中医药大会精神，余杭区2020年度环境状况和生态环境保护目标完成情况，余杭区2021年财政收支预算安排等。

1月21日，第六十七次区政府常务会议讨论和决定事项：传达学习中央农村工作会议、省委农村工作会议精神及研究余杭区贯彻落实情况，余杭区国民经济和社会发展第十四个五年规划和二〇三五年远景目标纲要、杭州市余杭区2020年国民经济和社会发展计划执行情况与2021年国民经济和社会发展计划（草案）的报告，2021年政府投资项目预安排情况，余杭区农村房屋安全隐患排查整治工作，防范化解全区重大安全稳定风险工作等。

2月6日，第六十八次区政府常务会议讨论和决定事项：传达学习省、市“两会”及《关于严格规范村庄撤并工作的通知》文件精神。

3月5日，第六十九次区政府常务会议讨论和决定事项：余杭区第一阶段禁止使用高排放非道路移动机械区域方案。

7月21—23日，区十六届人大一次会议召开，选举产生新一届区政府领导班子。

7月27日，第一次区政府常务会议讨论和决定事项：杭州市余杭区人民政府工作规则修订，2021年全区上半年经济形势分析与下阶段对策建议，深化工业用地有机更新工作，京东方艺云科创产业生态基地项目合作协议，区政府全体（扩大）会议方案等。

8月16日，第二次区政府常务会议讨论和决定事项：全区新冠肺炎疫情防控工作，余杭区“四好农村路”建设三年行动计划实施方案，余杭区推进西部富美实现共同富裕三年行动方案，余杭教育高质量发展奋进计划，租用房产解决部分办公及业务用房，加快推进区融媒体中心搬迁，余杭区人民政府班子成员分工事宜等。

8月31日，第三次区政府常务会议讨论和决定事项：上半年安全生产工作，省委生态环境保护专项督查迎检工作，余杭区耕地功能恢复实施方案，余杭区人民政府质量奖评审管理办法，实行首席数据官制度推动数字化改革的实施意见，余杭区2021年第一批信息化项目，调整2021年机关事业单位人员住房公积金缴存基数，浙江大学医学院附属第一医院二期供地和注册地变更，杭州市余杭区人民政府2021年度重大行政决策事项目录事宜等。

9月16日，第四次区政府常务会议讨论和决定事项：余杭区全面推行林长制的实施意见，2020年度余杭区本级预算执行和其他财政收支的审计工作报告、2019年度区本级预算执行和其他财政收支审计工作报告指出问题的纠正情况和处理结果的报告，深化工业用地有机更新、加快产业发展能级提升的实施意见，余杭区 2021 年上半年国民经济和社会发展计划执行情况和 2021 年 1—8 月政府重大投资项目计划执行情况，余杭科创中心三期等项目投资调整，划定禁止使用高排放非道路移动机械区域，支持杭州涿溪脑与智能研究所与清华大学共建智能视觉感知与理解联合研究中心，云器总部项目合作协议，余杭区 2020 年财政决算和 2021 年上半年财政管理，世界联合学院（UWC）姊妹学校——杭州世华学校项目合作协议，继续实施杭宁、杭徽、杭长高速公路余杭至杭州路段差异化收费政策事宜等。

9 月 23 日，第五次区政府常务会议讨论和决定事项：余杭区农村公路管理养护实施办法，杭州市余杭区全面推进“大综合一体化”行政执法改革实施方案，加强企业服务综合平台运营管理和健全企业服务闭环工作体系，举办第十四届中国国际网络文化博览会，减轻义务教育阶段学生作业负担和校外培训负担，对杭州港华燃气有限公司给予民用售气补贴资金，余阅公共阅读空间建设运营保障经费，追加杭州师范大学亚运场馆七人制橄榄球测试赛经费事宜等。

10 月 14 日，第六次区政府常务会议讨论和决定事项：全区电动自行车综合治理集成改革试点，余杭四维生态数字农业项目合作协议，浙江脑机药交叉研究院项目（临港国家实验室浙江基地）合作协议，现行镇（街道）财政体制，2021 年全区征迁计划中期调整，余杭区公租房建设任务，湖杭铁路项目前期费用及政策处理，未来科技文化中心体育中心国际招标实施方案，百星高性能模拟芯片项目合作协议，汉天下 6 英寸 MEMS（微机电系统）射频滤波器芯片生产线项目投资内容调整事宜等。

10 月 19 日，第七次区政府常务会议讨论和决定事项：进一步规范余杭区道路交通事故社会救助基金运作，余杭区崇贤至老余杭连接线（高架）PPP（政府和社会资本合作）项目实施方案调整，中电海康集团有限公司补充协议，全息光存储项目合作协议，申威产业化及研发总部项目合作协议，立讯技术通信互联产品扩建项目合作协议，杭州康春农业开发有限公司相关问题处理，进一步完善区教育系统公办学校公用经费保障机制事宜等。

11 月 4 日，第八次区政府常务会议讨论和决定事项：关于加强行政服务中心建设的实施意见，余杭区 2021 年第二批信息化项目，余杭区与杭州师范大学、中国美术学院签订校地合作框架协议，强新科技项目合作协议，深蓝科技项目合作协议，杭州市文物考古研究所余杭工作站建设，科技文化中心地下空间综合开发工程采用 EPC（设计、采购、建造一体化）工程总承包方式事宜等。

11 月 20 日，第九次区政府常务会议讨论和决定事项：加强欠薪隐患治理工作，杭州市强制戒毒所、杭州市公安局安康医院搬迁安置意向协议，区直属国有企业“三定方案”，余杭区 2021 年财政收支预算调整，“两氢一氧”项目合作协议，中国（杭州）人工智能小镇工作等。

12 月 21 日，第十次区政府常务会议讨论和决定事项：余杭区“十四五”时期农业农村发展规划，“十四五”时期文化产业发展规划，“十四五”时期综合交通发展规划，“十四五”时期水安全保障规划，“十四五”时期民政事业发展规划，“十四五”时期卫生健康事业发展规划，“十四五”时期重大建设项目规划，“十四五”时期军民融合发展规划，“十四五”时期市场监管规划等。

12 月 29 日，第十一次区政府常务会议讨论和决定事项：《加快全域创新策源地建设 推动经济高质量可持续快发展的若干政策意见》调整修订，全区政策性关停补偿奖励政策修订，加强耕地保护和改进占补平衡的若干措施，进一步完善耕地保护补偿机制的实施意见，高质量推进农业农村现代化推动西部富美助力共同富裕三年行动实施意见，未来科技城和良渚新城城市管理体制调整的实施意见，杭州市余杭区第三人民医院整体迁建工程等项目投资调整，杭徽高速余杭入城口周边整治提升工程（一期）采用 EPC 工程总承包方式，之江实验室一期人才房使用权移交事宜等。

【区政府筹备组会议】 2021年4—7月，区政府筹备期间，召开筹备组会议7次，讨论和决定的事项33件。

4 月 12 日，第一次区政府筹备组会议讨论和决定事项：区政府筹备组成员工作分工。

4 月 24 日，第二次区政府筹备组会议讨论和决定事项：一季度经济运行分析，“十四五”规划编制方案及经费问题，余杭区 2021 年防汛防台抗旱工作，余杭区数字化改革工作总体推进情况，参与组建区域性国资国企综合改革试验（杭州）基金，区划调整后各部门经费、资产等划分的指导意见，余杭区办公场地相关工作等。

4 月 30 日，第三次区政府筹备组会议讨论和决定事项：余杭区数字化指挥中心建设事宜。

5 月 21 日，第四次区政府筹备组会议讨论和决定事项：2021 年余杭区主要经济指标及工作任务分解，政府投资项目等领域有关问题及建议，要求公开招聘区融媒体中心采编、技术等人员，2020 年度直属国有公司负责人及供销社薪酬考核事宜等。

6 月 10 日，第五次区政府筹备组会议讨论和决定事项：关于征收余杭区排污权指标到期企业新一轮排污权有偿使用费的建议，传达学习全省碳达峰碳中和工作推进会议精神，调整杭州市余杭区安全生产委员会及专业安全生产委员会、余杭区信息化项目管理办法，余杭区第一次全国自然灾害综合风险普查，智能网联汽车数据交互与综合应用公共服务平台项目，新建余杭区“86212345”区长公开电话（统一政务咨询投诉举报）平台，杭州溪水园项目配建幼儿园土地复核问题处理建议事宜等。

7 月 2 日，第六次区政府筹备组会议讨论和决定事项：关于政府（筹）工作报告、区十五届人民代表大会第一次会议以来政府工作总结起草情况和 2021 年民生实事候选项目征集，余杭区国民经济和社会发展第十四个五年规划和二〇三五年远景目标纲要，2020 年国民经济和社会发展计划执行情况与 2021 年国民经济和社会发展计划（草案）、2020 年政府重大投资项目计划执行情况与 2021 年政府重大投资项目计划（草案）的报告，2021 年财政收支预算安排，汉天下射频芯片产业化项目，进一步强化企业服务工作，调整美丽余杭建设组织架构，余杭区“十个字”工作，仓前街道灵源村、高桥村 24 户“两户一联”安置房选址申请，东西向快速路（瓶仓大道—02 省道）“上改下”（含电力隧道）工程合同，“靓城行动”建设工作专项经费事宜等。

7 月 7 日，第七次区政府筹备组会议讨论和决定事项：关于余杭打造全国共同富裕示范先行区实施方案事宜。

【区政府全体（扩大）会议】 2021年8月3日举行，深入学习领会中共中央总书记习近平在庆祝中国共产党成立100周年大会上的重要讲话精神，全面贯彻落实省委十四届九次全会、市委十二届十二次全会、市政府全体（扩大）会议、区十五次党代会、区委十五届二次全会和区“两会”部署要求，站在新起点、奋进新征程，全面研究部署全年各项工作，动员全区各级各部门进一步提振精神，克难攻坚，狠抓落实，实现“全面红”“全年红”。

（许国栋）

主要工作

【高质量发展】 2021年，区政府围绕高质量可持续快发展的战略目标，以创建共同富裕示范先行区为总牵引，统筹推进调区划、抓发展、优环境、惠民生、战疫情、保安全等各项工作，实现“十四五”规划良好开局。全年实现地区生产总值2502.20亿元，比上年增长7.5%；完成财政总收入745.31亿元、一般公共预算收入375.69亿元，分别增长15.23%、14.01%，主要经济指标继续位居省、市前列。入选“2021中国县域综合实力百强榜”，列全国第五位、全省第一位。

【行政区划优化调整】 2021年，余杭区与临平区完成财权、事权、国有资产划分和债务划转。余杭区完成政府机构驻地搬迁，召开全区创新发展大会等“五大计划”动员推进会，编制发布“十四五”规划和二〇三五年远景目标纲要。保持政策延续和审批服务衔接，落实区公共卫生中心、市民之家等迁建过渡，确保群众生活和企业办事不受影响。

【创新动力赋能激发】 2021年，余杭区建成并投入使用之江实验室一期等产学研平台，加快推进浙大超重力离心模拟与实验室装置、中法航空大学等项目，签约落户浙江脑机交叉研究院。创设招才局，实施“未来之星”百千万人才引培计划，人才总量、增量持续全省领先。3家企业获国家科技进步奖二等奖，新增上市企业7家、国家高新技术企业507家，获全省首批“科技创新鼎”。

【产业质效提升】 2021年，余杭区数字经济实现数字经济核心产业增加值1605.7亿元。生物医药、未来产业、先进制造业等加速发展。持续开展季度“双集中”活动，集中签约强新科技等重大项目225个、总投资1090亿元，集中开工字节跳动等重大项目95个、总投资708亿元。落实减税降费，出台工业用地有机更新“梧桐计划”，完善产业政策、空间要素、助企服务等保障举措。

【城市建设】 2021年，余杭区完善“两级三类”国土空间规划体系，推动城市形态向世界一流城区转型，构建“一廊一轴、一心三片”空间新格局。实施“靓城行动”计划，建设项目394个、年度投资约290亿元。8个镇（街道）被评为美丽城镇省市样板，5个社区入选省级未来社区创建试点，优化城市管理体制，提高未来科技城、良渚新城核心区域管养标准。

【生态建设】 2021年，余杭区完成第二轮中央生态环保督察93件主办信访件整改销号，开展“绿色风暴”行动，推进国土绿化行动，加快全域低碳转型，承办“浙江生态日”活动，被评为“国家生态文明建设示范区”。实施西部富美计划，高质量打造美丽乡村，建成“四好农村路”63条，被评为“四好农村路”全国示范区，创建省级以上乡村旅游重点村3个、AAA级以上景区镇（街道）5个，被评为“第二批浙江省全域旅游示范区”。

【社会事业】 2021年，余杭区实施教育高质量发展奋进计划，新投用学校项目23个。深化健康余杭建设，启动浙江大学医学院附属第一医院总部二期项目，新改扩建社区卫生服务站6家。强化“一老一小”服务，新增示范型居家养老服务（照料）中心25家、婴幼儿照护服务驿站14家。

【风险管控】 2021年，余杭区持续抓好常态化新冠肺炎疫情防控，完成新冠疫苗接种268.98万剂次，妥善处理“12·7”疫情。提升防灾减灾能力，成功应对超强台风“烟花”及梅汛期强降雨等。全面提升信访处置、矛盾化解、治安防控、安全隐患排查整治智慧化、精细化水平，调解纠纷1.6万件，有效警情比上年下降2.55%，安全生产事故数、亡人数分别下降16.7%、11.1%，创建为平安中国建设示范县。

【政府改革】 2021年，余杭区持续抓好政府系统作风建设，被评为法治浙江（法治政府）示范区。坚持政府过紧日子，压减一般性项目支出10%。实施“创景计划”，城市安全运行CT智治平台入选全省第一批“最佳应用”，一体化智能化公共数据平台考核获全市第一。深化“最多跑一次”改革，实现“一网通办”事项1000多项，政务服务2.0网办事项比例超85%，入选“2021中国数字治理百佳县市”。

（许国栋）

【建议提案办理】 2021年8月12日，区人大常委会、区政府、区政协联合召开人大代表建议、政协提案交办会议。全年区政府领导领办代表建议17件、政协提案9件。各承办单位共领办代表建议155件、政协提案280件。建议、提案解决率为92.2%。推动出台有关共同富裕、城乡建设、民生保障、经济发展、乡村振兴、公共安全方面的政策举措。

（王小昕）

应急管理

【概况】 2021年，余杭区安全生产形势持续稳定好转，推进防灾减灾救灾工作、应急管理体系建设、应急救援工作。年内，区防汛抗旱指挥中心被省委办公厅、省政府办公厅评为全省防汛防台工作先进集体，区应急管理局被浙江省地震局评为全省县级防震减灾工作先进单位。

【安全生产责任体系建设】 2021年，区应急管理局完善安全生产组织领导体系，构建横向到边、纵向到底的责任体系。行政区划调整后，完成区安委会调整，搭建“安委会+专委会”“1+9”体系，调整区安委会成员单位和专委会设置，新增区城市运行专委会、区危险废物专委会。健全完善全员安全生产责任制，实施重点企业“分批提升”达标计划，完成工矿领域企业安全普查3180家，开展百万员工安全大培训1.5万人次。

【基层应急体制机制】 2021年2月，区委办、区府办联合印发《关于加强基层应急管理体系和能力建设的实施意见》，推动基层应急体制“六有”（有班子、有机制、有预案、有队伍、有物资、有保障）建设，构建“1+2+X”（“1”即一个应急管理领导小组、“2”即安全生产委员会和防灾减灾救灾委员会双线管理、成立“X”个应急管理工作分线落实机构）基层应急管理体系，推动基层应急统筹高效、条块协同。强化基层应急管理站规范化建设，明确镇（街道）应急管理站职责，形成应急处置、信息报送、值班值守等应急管理站制度体系。

【应急救援保障体系建设】 2021年，区应急管理局加强应急预案体系建设，开展全区突发事件应对与预案修编培训。全区55个区级专项预案，其中，区划调整后重新修订16个、合并调整3个。构建以消防救援队伍及森林防灭火队伍为骨干力量，村（社区）应急突击队为突击力量，社会救援队伍为辅助力量的应急救援队伍体系，推动各镇（街道）全面建立应急救援队伍。全区共建立各级救援队伍28支，包括救援人员1476人、社会救援专业人员80人，配备应急指挥车、无人机、冲锋舟、大型泵车等救援装备，实现全区建制村应急广播全覆盖。9月16日，在仓前街道承办杭州市基层应急救援队伍现场会。

【防汛防台整体智治】 2021年，区应急管理局以防汛业务为核心，整合区林业水利局、区数据资源管理局（下称区数管局）防汛数据资源，建立水雨情监测、防汛防台预警预报、形势研判、小流域灾害管理、应急救援、信息报送、联动指挥为一体的防汛抗旱专题系统，提升余杭区防汛防台、减灾救灾指挥决策水平。防御台风“烟花”期间，该系统为东苕溪流域分洪决策提供重要的科学依据。

【城市安全运行CT智治平台上线运行】 2021年，余杭区以数字赋能高质量城市安全运行为主抓手，基于“全域监测、专项体检、分级

2021 年 9 月，杭州市基层应急救援队伍现场会现场
（区应急管理局 供图）

预警、协同响应、精准治理”的建设思路，贯通“数据融合—分析建模—风险辨识—联动处置”全流程闭环管控链条，推进城市安全运行CT智治平台项目建设。形成“1+3+6”的系统架构体系，明确“1+3+6”的顶层架构体系（“1”个驾驶舱实现整体运行，风险一秒预警、信息一屏汇集、事件一键处置；“3”方面功能及道路、管线、桥梁、危房、山体、堤坝；“6”大子场景）。6月，区应急管理局牵头组建城市CT工作专班，上线城市安全运行CT智治平台1.0。8月，平台代表余杭区在全省数字化改革推进会上汇报展示。10月，入选全省数字化改革第一批“最佳应用”。11月，城市安全运行CT智治平台2.0上线运行，事迹被省数字化改革《领跑者》刊登，获常务副省长批示肯定。

【防灾减灾救灾能力建设】 2021年，区应急管理局牵头建立健全“1+4+8”防汛防台工作体系，以防汛防台指挥部为中心，建立健全监测预警、科学调度、救援保障、信息发布四项重点机制，聚焦重点风险管控“八张清单”落实举措，成功应对台风“烟花”、台风“灿都”及梅汛期强降雨。持续优化防汛防台责任制，修订《余杭区防汛防台抗旱抗雪防冻应急预案》，强化预警发布、应急响应、信息报送、抢险救援、物资调拨的“一个口子”统筹协调。开展避灾安置场所规范化建设，规范化点83处，创建国家级和省级综合减灾示范社区16个。组建培育减灾救灾队伍，多层次推进应急救援专业化、社会化力量建设，加大资金投入和政策扶持力度，提升救援队伍实战救援能力。

【余杭区自然灾害综合风险普查】 2021年，余杭区成立以常务副区长为组长的区自然灾害综合风险普查工作领导小组，统筹协调21个部门推进全区自然灾害综合风险普查工作，形成职责分工明确、数据共享共用、任务协同推进的工作机制。区自然灾害综合风险普查工作领导小组办公室发布《杭州市余杭区第一次全国自然灾害综合风险普查落实方案（总体方案）》《杭州市余杭区第一次全国自然灾害综合风险普查落实方案（应急管理、地震专篇）》，落实普查专项资金1046万元，其中应急管理系统普查任务落实专项资金380万元。在清查阶段，形成清查成果938条；在调查阶段，围绕“制定目标、行业分干、加强监督、数据审核”四条主线任务，明确公共服务设施承载体、三类企业、减灾能力、历史灾害四类调查对象实施主体，完成29类调查任务的采集工作，采集数据2504条，全部通过软件质检规则；在质检阶段，使用人工与信息化结合方式，建立阶段性审核机制和技术质检与实地抽样审核机制，对26个小项清查内容共938个调查对象的填报信息进行人工和软件质检，对2504个调查对象进行内外业调查、核查。

【森林防火灭火】 2021年，区应急管理局强化全区13支森林防火灭火半专业扑火队战备能力，常态化开展森林防火灭火实战拉练和演练15次，打造“135快速救援圈”及“15分钟快速响应救援圈”，做到“打早灭小”、救援及时、处置得当。加强区、镇（街道）、村（社区）三级森林扑火队伍联防联动联控机制，全年严格执行24小时值班和领导带班制度，实行有火必报、零报告、重要火情随时报告制度。加强野外火源管控，组织1000多名护林人员开展为期3个月的野外火源专项治理行动，打击野外违法用火行为。森林防火期、重要节假日和庆祝中国共产党成立100周年、夏季高温高火险时期，联合多部门开展野外火源治理和查处违规用火行为专项行动，开展火灾隐患整治。

（马娜）

机关事务管理

【办公场址搬迁】 2021年，按照区委、区政府重大改革工作任务的布置，区机关事务服务中心协同相关部门成立办公用房调配领导小组、租金谈判工作专班、改造实施工作专班等，开展新驻地场地周边房产摸排工作，确定办公场地搬迁调配方案。利用五一假期完成67

家行政事业单位6000多名干部职工的办公场址搬迁工作。建立文一西路1500号、浙财创新园区、五常大道综合楼、电信产业园、瓶窑市民中心、东苕溪防汛指挥中心6个综合园区。深入推进房产“五统一”（统一权属、统一规划建设、统一调配使用、统一装修维修、统一出租），调配办公用房22.8万平方米、办公家具9860件（次）、房产维修28批次，上报费用1334.4万元，核定费用1221.5万元，核减费用93.6万元，核减率7%。同步开放6处机关食堂、81间会议室，调配17家部门值班房、207间值班值守房间、86辆公车、25条通勤路线、1822个停车位，对接部门业务顺利开展。

【智慧后勤】 2021年，区机关事务服务中心深化后勤“一站式”服务平台，推进智慧公物仓、餐卡跨区域互联互通、电子档案一站式管理、公共物资管理电子化归档数据平台建设及数字化通勤、值班值守一键通、扫码付等线上新功能。其中“餐卡互联互通”项目被列为2021年度省级数字化改革试点项目，实现区域内、跨区域82家机关食堂1.3万人次餐卡互联互通，“一人一卡一码”可用于用餐、停车、用车、服务预约、消费等。余杭后勤 平台月均受理一站式服务180件（次）、会场预订120场（次）、报修服务38件（次）、外卖预订337件（次）、餐厅预订37次。截至年末，余杭后勤平台用户1.8万人。

【后勤管理“四减量”】 2021年，区机关事务服务中心围绕综合园区垃圾投放减量控量，能源排放减量控量，办公出行减量控量，大型会议资源减量控量的目标，开展节能减排工作。牵头做好行政事业单位垃圾分类管理，建立余杭区机关事业单位垃圾分类联络通报钉钉群、余杭区垃圾分类物业工作微信群，制定并实施垃圾分类长效管理机制；谋划绿色食堂建设，推广应用高效油烟净化等节能环保设备，推动实施中央空调改造，建设绿色高效制冷系统；开展综合型用能系统和设施设备节能改造，提升能源利用效率；推进机关控烟管理，指导余杭街道、良渚街道完成“污水零直排区”街道创建；倡导无纸化办公，开展节能知识学习、节能奖品兑换、通勤车打卡等“节能宣传周”主题活动。机关车队更新购置5辆新能源汽车。推广数字“二维码”，通过“扫码知议程”实时更新会议资讯，实现“无纸化”会务。

【公车管理】 2021年行政区划调整后，区机关事务服务中心完成余杭、临平两区公务用车平台、后勤用车公司经营性车辆及驾驶人员的拆分和重组。优化升级公务车辆、社会租赁车辆、信息化调度3个平台。开展车辆、人员、体系、经营管理。全年新增车辆指标148个，办理车辆更新48辆，核定车辆报废53辆，招聘工作人员33人，完成出车任务1.0万次。

【公务接待】 2021年，区机关事务服务中心坚持“有利公务、简化礼仪、务实节俭、杜绝浪费”原则，树立规范化、制度化、高标准、严要求的接待理念。截至年末，接待县（市、区）级以上来宾655批次、1.9万人次。其中，接待国家领导人16批次，省、市领导调研103批

综合园区阅览室里摆放的有关余杭元素的文创产品（摄于2021年） （区机关事务服务中心 供图）

次，各级党政考察团121批次，接待客商127批次，保障会议活动152场，区领导外出考察14批次。

【公物仓管理】 2021年，区机关事务服务中心在公物仓省级标准化项目试点过程中，以区划调整为契机，迭代升级原建设在临平的区级公物仓，增加档案管理、房产管理等模块，解决各单位综合业务档案管理难点。以径山镇长乐村蔡家头面积2.2万平方米的实体仓为主体，分别设置公共物资管理、机关档案管理、涉案罚没物资管理、报废等物资管理及公共物资管理培训等5处主题楼，构建辐射全区的“主仓+分仓”“综合仓+专业仓”“统一管理+部门自管”，打造覆盖“区—镇（街道）—村（社区）”三级的公物仓仓储格局以及规范化、可视化、智慧化档案库房，打造一站式管理、一条龙服务、一揽子解决问题的功能集成性公共物资管理专用平台。

【干部关心关爱】 2021年，区机关事务服务中心通过设立24小时服务热线电话、综合园区钉钉联络群，上门征询等方式搜集干部意见和建议，落实区委、区政府“暖心十条”。在食堂设置不同主题餐厅，可同时容纳2000多人用餐，丰富干部职工就餐选择。调配591套余量房用于机关干部个人常住值班用房申请，解决部分机关干部长距离通勤、市场租房费用高等困难。在各综合园区设置美丽茶水间、文件收发室、快递收发室、小型超市、理发室、医务室、洗车场等功能区域，改善办公园区基础设施薄弱、周边配套不足的问题。开展多元化主题社团活动，组织成立“初心”悦跑团，定期举办主题读书会，改造多功能健身房、瑜伽操房和“书香余杭”图书阅览室，丰富干部职工业余生活。

【区级机关疫情防控】 2021年，区机关事务服务中心持续做好区级集中隔离点保障工作，先后启用区级集中隔离点，指导镇（街道）组建集中隔离点。继续推行1名中心管理人员总负责、1支后勤物业队伍驻点的“1+1”模式，“一点一单位”集中管理。创新建立“四心”（入住隔离酒店接待用心、每天一个问候暖心、每日进行消毒放心、随时上门服务贴心）保障机制。做好公共场所防控管理，在所辖园区综合楼大厅电子屏、电梯轿厢显示屏等播放防疫相关视频，引导机关干部养成健康、卫生的习惯。按照疫情防控常态化要求，落实对来访人员测温、查验健康码、佩戴口罩等措施，做好大楼通风换气、消毒消杀工作。

（本分目全年性数据1—4月部分按原余杭区统计）

（姚晓梅）

外事工作

【概况】 2021年，余杭区接待来自加拿大、法国、比利时、日本、葡萄牙、奥地利、哈萨克斯坦、越南、西班牙、波兰、委内瑞拉、斯洛伐克、塞尔维亚、智利、马来西亚等国家和地区的境外来宾8批70多人次，洽谈内容涵盖经贸合作、招才引智、文化交流等。全年受理外国人来华邀请核实单申请136批162人次。参与新冠肺炎疫情防控工作，向境外投资企业、外籍人士宣传防疫政策。

【外事会议及活动】 2021年9月15日，由未来科技城参与承办的2021首届中国（浙江）—比利时生命健康国际科创大会在杭州国际博览中心举行。10月13日，“数智杭州·宜居天堂”2021外媒杭州行邀请15名中外记者到良渚博物院采风。10月19日，“创客天下·杭向未来 2021杭州市海外高层次人才创新创业大赛”外国人创新创业项目专场决赛在未来科技城国际人才园举行。10月28日，世界科技青年论坛暨《麻省理工科技评论》“35岁以下科技创新35人”全球—亚太区榜单线下发布仪式在未来科技城举行。11月8日，2021杭州国际人才交流与项目合作大会余杭分会场暨“国际人才月”启动，比利时驻上海总领馆领事林柏森（Bart Boschmans）应邀参加。11月22日，杭州市、福

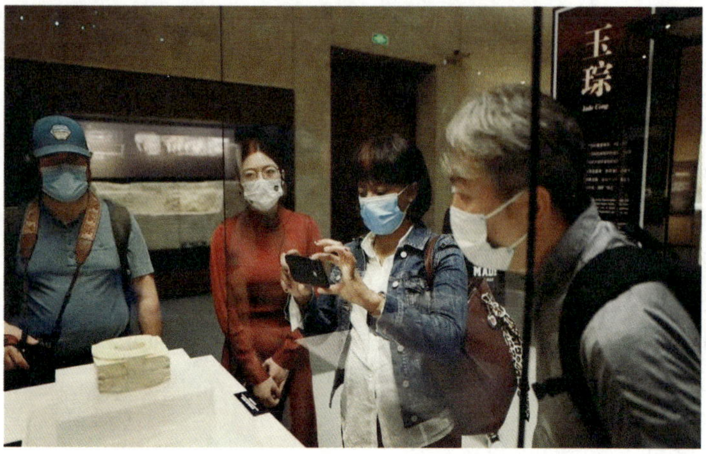

2021年10月13日，2021外媒杭州行采访团到良渚博物院采风　　（杭州良渚遗址管理区管理委员会　供图）

井市两市缔结友城关系30周年庆典学生线上交流活动在余杭文昌高级中学举行。

【余杭区外语外事人才库交流活动】　2021年11月13日，余杭区外语外事人才库系列活动启动，举办“走进跨境电商，感受数字魅力”双语沙龙。12月29日，余杭区举办外语外事人才库“领悟全会精神，永葆赶考初心”双语宣讲活动。

（王蓓绮）

侨务工作

【概况】　2021年，余杭区侨办、区侨联坚持推进侨界骨干力量建设和为侨服务，完成余杭区侨联、留联会换届工作，帮助侨胞侨眷联系解决回国定居、中考加分、疫苗注射、子女上学等问题。派专人入驻余杭区疫情防控指挥中心，24小时轮班，核实每日入境返浙库和省外口岸库数据。年内，良渚博物院入选第九批中国华侨国际文化交流基地。

【区侨联换届】　2021年11月19日，余杭区归国华侨联合会第七届归侨侨眷代表大会在余杭召开。会议听取并审议通过区侨联第六届委员会工作报告，选举产生区侨联新一届委员会成员45名。

【侨联“群团集市”】　2021年，区侨联“群团集市”完成注册人数500多人，注册完成率近200%，发布侨联各类活动7场，参与人数共200多人，“风采展示”浏览400多人次，参与共推其他群团组织各类直播活动4场，观看人数超千人。

（孙莎莎）

港澳台事务

【台湾青年设计团队到余杭区考察交流】　2021年9月3日，由杭州市台办、杭州市台协会、余杭区台办组织的台湾青年设计团队、管理团队到余杭区径山镇径山村和四岭村考察调研和座谈交流，双方就文旅产业结对交流、壮大村集体经济、促进农民增收等进行交流，通过互学互鉴与项目牵线，推动两岸交流合作，引领台湾青年融入杭州经济社会发展，参与乡村振兴建设和文旅产业发展，助力共同富裕示范区建设。

（潘坚阳）

【迎亚运活动】　2021年10月14日，由杭州市委统战部主办的“炫舞杭州·喜迎亚运”活动举行，良渚古城遗址公园作为举办地之一。来自中国香港、中国澳门、中国台湾的青年与杭州的青年在遗址公园“南城门”“陆城门”齐炫舞，喜迎亚运，献礼祖国。

（孙莎莎）

编辑：刘雪萍

政协杭州市余杭区委员会

Yuhang District Committee of the Chinese People's Political Consultative Conference

综　述

【概况】 2021年，政协第十二届杭州市余杭区委员会有委员279人，涉及20个界别。政协第十二届杭州市余杭区委员会常务委员会组成人员51人，其中，主席1人、副主席6人、秘书长1人和常委43人。

【协商平台建设】 2021年，区政协推进以镇（街道）、平台联络工委、“民生议事堂”、委员工作室为主体的“一委一堂一室”平台建设。建成镇（街道）、平台联络工委14个，“民生议事堂”12个，集体、个人委员工作室37个，各类平台共开展活动100多场，推动政协协商民主向基层延伸。开展委员讲堂、委员论坛、委员E站、委员读诗等活动30多场。

重要会议

【区政协十二届一次会议】 2021年7月20—22日举行。会议审议通过沈昱代表政协杭州市余杭区委员会筹备组所做的工作报告。政协委员列席区十六届人大一次会议，听取和讨论政府（筹）工作报告、《杭州市余杭区国民经济和社会发展第十四个五年规划和二〇三五年远景目标纲要（草案）》及其他报告，对上述报告表示赞同并提出意见建议。会议在广泛协商的基础上，选举产生政协第十二届杭州市余杭区委员会主席、副主席、秘书长和常务委员。会议认为，过去五年，区十一届政协始终坚持以习近平总书记关于加强和改进人民政协工作的重要思想为引领，深入贯彻中央和省、市、区委政协工作会议精神，旗帜鲜明讲政治，助推全面发展取得历史性成就；围绕中心强履职，协商建言载体平台建设取得突破性进展；守正创新抓改革，提案项目化管理实现质效双提升；凝聚共识新样子，坚持履职为民取得新实效；汇集力量促和谐，团结民主两大主题更加鲜明；固本强基抓队伍，委员履职能力建设不断加强。全面推动余杭政协工作提质增效，为实现余杭区经济社会高质量可持续发展做出积极贡献。会议强调，区政协要高举习近平新时代中国特色社会主义思想伟大旗帜，全面贯彻党的十九大和十九届二中、三中、四中、五中全会精神以及习近平在庆祝中国共产党成立100周年大会上的重要讲话精神，深入贯彻省委、市委全会和区第十五次党代会精神，按照区委十五届二次全体会议的部署，坚持团结和民主两大主题，建言资政和凝聚共识双向发力，以更加坚定的信念、更加积极的姿态、更加有力的举措，充分发挥专门协商机构作用，奋力干出新时代人民政协的新样子。

【区政协常务委员会会议】 2021年8月5日，区政协举行十二届一次常委会会议。会议学习传达中央、省政协重要文件精神，听取和审议区政协机关人事事项，审议通过有关工作规则，通报区政协领导班子成员分工联系情况以及区政协常务委员会2021年工作要点。

10月22日，区政协举行十二届二次常委（扩大）会议，专题协商余杭数字政协建设。会议听取政协委员对余杭数字政协系统建设的意见建议，围绕系统应用场景、功能模块设置、操作方法、履职评价、运行管理、机制重塑等方面开展协商交流。

（章海锋）

主要工作

【政协筹备工作】 2021年，区政协听取各民主党派、工商联和无党派人士意见，凝聚各方共识，做好统筹协调。严格执行中央、省委、市委文件精神，严把政治关、程序关、素质关，经过摸底推荐、初审提名、综合联审、考察公示、区委审定和区政协筹备组协商等环节，协商产生区十二届政协委员。推进全会各项筹备工作，先后举行10次区政协筹备组（扩大）会议进行专题协商，组织开展新一届政协委员培训，加强与区委和区人大、区政府筹备组及相关部门的沟通配合，做好全会筹备服务保障工作。

2021年5月5日，杭州市余杭区政协十二届一次常委会议举行

（区政协　供图）

【数字政协系统】 2021年，区政协自主开发建设“余杭区数字政协系统”，构建电脑端“余杭数字政协驾驶舱”和手机端“i履职”，实现平台共建、数据共用、履职共推、成果共享，提升政协系统各层级的组织化程度。相关经验做法获得省政协主席批示肯定，被评为杭州市数字化改革最佳门户场景应用，被人民网、“学习强国”等媒体报道。

【视察调研】 2021年，区政协围绕经济高质量发展、产业能级提升、区域新中心建设等区委、区政府重点工作，开展视察调研156次，其中，主席会议视察3次、重点视察调研15次、专委会视察79次。向区委、区政府提交视察意见和调研报告20多篇、意见建议130多条。重点聚焦一流中心城区建设、数字赋能基层治理、数字经济赋能美丽乡村、关心关爱干部等主题开展课题调研，为区委、区政府决策提供参考。开展靓城行动推进情况主席会议视察，围绕交通大发展、环境大提升、配套大完善、空间大优化四大攻坚行动建言。针对教育配套短板问题，专题开展“加快校园建设，打好教育奋进之基”主席会议视察，分析面临形势和存在问题，提出对策建议，获区委主要领导批示肯定。围绕产业发展能级提升，开展“工业用地有机更新”主席会议视察，为提高余杭区土地资源节约集约利用水平，促进工业经济高质量发展贡献政协智慧。聚焦“凤凰行动”、婴幼儿照护服务、高质量养老、矛盾纠纷化解“136”格局等工作，组织开展专委会视察和调研座谈等活动，撰写完成杭州市交办的争创综合性国家科学中心核心区调研报告。

【提案办理】 2021年，区政协常委会将区政协十二届一次会议立案的280件提案分为数字赋能、西部富

2021年11月11日，"西部富美"请你来协商专题活动举行
（区政协　供图）

美、民生服务、社会管理、营商环境等22个专题项目，分别由区政协领导、相关委办牵头督办，形成"一名领导、一个委办、一支队伍、一类提案、一抓到底"的工作机制。提案办理期间，依托"请你来协商"、委员工作室等平台载体，共组织调研88次，集中协商26场，个别面商300多场，联动承办单位70多个，参与提案办理协商400多人次。经过两轮评价，279件提案解决或基本解决，提案办理过程评价满意率100%，结果评价满意率99.64%。加强对提案项目化管理的全过程宣传，在《联谊报》《余杭晨报》等媒体，开展提案宣传。

【协商议政】 2021年，区政协聚焦共同富裕示范先行区创建、文化文明高地建设、全域治理现代化推进等重点工作，开展"请你来协商"活动40次，向区委、区政府提交协商意见。重点围绕"西部富美"行动，走访调研西部五镇，举办"请你来协商"专场活动，邀请区政府主要领导、相关镇（街道）、平台、区级部门主要负责人与政协委员开展互动协商，提出意见建议，得到区政府主要领导批示肯定。立足余杭数字经济强区优势，探索数字经济向美丽乡村延伸的路径和办法，开展"请你来协商"活动，相关建议内容被区委、区政府采纳。聚焦文化文明高地建设，围绕公共文化体育配套短板问题，调研全区12个镇（街道）和相关部门，专题举办体育品牌赛事打造"请你来协商"活动，对接省、市体育局助力体育项目落地余杭。聚焦区域治理体系和治理能力现代化建设，就防范电信网络诈骗，从十二届一次会议的大会发言入手，开展调研，举办专场协商，邀请市公安局余杭区分局主要领导参加，全程图文直播，针对防范电信网络诈骗中宣传的精准性，企业主体责任的落实，社会力量参与的激励机制等形成协商意见，供区委、区政府参考，助推余杭区电信网络诈骗防范工作。联动市政协开展"以筹备亚运会为契机，提升城市文明水平""深化老旧小区综合改造提升"等专题民主监督活动，提升监督实效。

【文化活动】 2021年，区政协以"推动文化兴盛打造新时代文化高地"为主题举办委员论坛，选取30多条委员建言报区委、区政府参考。开展"魅力光影 蝶变余杭——摄影师镜头下的创新发展之城"摄影存史征集活动，展现区划调整后余杭高质量创新发展瞬间。举办"丹青抒怀 礼赞百年——庆祝中国共产党成立100周年"书画艺术展，展现余杭改革发展的历程和变化。编撰《余杭政协》杂志，集中展示政协工作。

【政协统战工作】 2021年，区政协十二届一次会议以来，常委会以政协领导分工联系界别活动组和镇（街道）、平台联络工委为基础，走访委员1521人次。沟通联系各民主党派、工商联、无党派人士，主动参与各党派、团体换届等重点活动，鼓励和支持其通过政协全体会议、常委会会议、主席会议、委员提案、社情民意等平台渠道，发表见解和主张，以组织或界别名义提交大会发言材料20多篇、提案60多件、调研报告10多篇。推进政协之友联谊会、书画院、企业家协会、茶文化研究会等政协外围组织的换届工作，先后接待全国政协、中国侨联、北京市政协等调研考察团队。参加长三角十三县（市、区）政协工作研讨会并做交流发言。

（章海锋　丁立本）

编辑：郭贤松

中共杭州市余杭区纪律检查委员会
杭州市余杭区监察委员会

Yuhang District Commission for Discipline Inspection of the CPC,
the Commission of Supervision of Yuhang District

纪检监察工作

【概况】 2021年，区纪委区监委紧扣共同富裕示范区建设、数字化改革、区划调整、疫情防控等决策部署开展监督检查，督促整改问题734个，处理12人。围绕区党代会、区“两会”以及镇（街道）换届跟进纪律监督，实施全过程监督检查27次。加强对“一把手”和领导班子监督，落实“五张责任清单”。抓深抓实意识形态责任制落实情况监督检查，把牢意识形态底线。协助区委做好政治生态评估，推动政治监督融入日常、抓在经常。

【政治巡察】 2021年，区纪委区监委督促推动中央和省委巡视反馈问题整改落实，监督检查37次，纠正问题17个，完善制度19项。办结中央和省委巡视组移交信访举报件54件，处理79人。完成十四届区委第十四轮巡察，开展十五届区委第一轮巡察和涉粮问题专项巡察；协助市委第一巡察指导督导组做好上下联动指导督导工作，“立巡立改”问题51个。

【一体推进“三不”机制建设】 2021年，区纪委区监委保持惩治腐败高压态势，严肃查处周某某、俞某某、黄某某、赵某某等严重违纪违法案件，完成市监委指定管辖的市地铁集团肖某某、市公安局郭某某等案件查办工作。全年全区立案228件，党纪政务处分219人，其中，县处级5人、乡科级23人。采取留置措施10人，移送司法机关7人，发出“一单两书”10份、纪检监察建议书16份，为国家和集体挽回直接经济损失1031.4万元。综合运用“四种形态”处理741人次，其中第一、二、三、四种形态占比分别为69.0%、20.6%、4.7%、5.7%。

【作风效能建设】 2021年，区纪委区监委落实中央八项规定精神及省、市、区实施细则，紧盯违规吃喝、违规收送礼金礼品、违规发放津补贴等问题，查处享乐主义、奢靡之风问题31起，处理49人。整治形式主义、官僚主义，严肃纠正工程建设、“三资”管理等方面履职不力、把关不严、程序不规范等问题，处理95人。开展酒驾醉驾及其背后“四风”问题、拆迁拆违领域腐败问题、粮食购销领域腐败问题等专项治理，监督检查192次，督促整改问题66个，完善制度35项，处理19人。开展影响亲清政商关系突出问题专项治理。推进失实举报澄清正名工作。

【基层监督检查】 2021年，区纪委区监委开展漠视侵害群众利益问题专项治理，督促整改问题117个。开展基层监督“提质增效年”活动，选优配齐镇（街道）及村（社区）两级监察信息员。探索村（社区）提级监督，线上重塑“121村务监督”场景应用，纠正不合规问题139个，挽回直接经济损失106万元。运用“廉情”图对村干部提醒谈话32人，发出预警通知书23份，农村检举控告量比上年下降42.1%。推进信访举报“规范化建设年”活动，全区检举控告量、初次举报量、重复举报量下降37.0%、34.1%、50.0%。

2021年11月10日，第三届“玉琮杯”清廉微电影微视频大赛颁奖活动举行
（区纪委区监委 供图）

【清廉建设】 2021年，区纪委区监委协助区委出台纵深推进“清廉余杭”建设实施意见，督促各牵头单位制定并落实各清廉单元建设具体方案。推进清廉企业建设，承办全市民营企业清廉建设推进会。培育清廉示范点，创建径山村、良渚文化村等市级清廉示范点2个，杭州申昊科技股份有限公司、良渚第二小学等区级清廉示范点5个。举办第三届“玉琮杯”清廉微电影微视频大赛，收到国内外作品1380部。相关经验做法获第二届全省基层清廉建设十大经验创新奖，余杭区成为唯一连续两届获该荣誉的县（市、区）。

（李冰）

区委巡察

【概况】 2021年，区委巡察机构根据《关于加强巡视巡察上下联动的意见》和《关于市、县（市、区）党委落实巡察工作主体责任的实施意见》等文件精神，贯彻落实上级巡视巡察和区委各项工作任务要求，结合区划调整，推进全区巡察各项工作，为区委加强党的领导、党的建设和全面从严治党发挥积极作用。

【巡察全覆盖】 2021年，区委巡察机构贯彻落实中央和省、市、区委关于深化政治巡察的决策部署，在全市率先完成十四届区委任期内巡察工作任务。区划调整前，完成第十三轮常规巡察以及第一至十三轮反馈问题整改销号；区划调整后，区委3个巡察组完成对12个区级单位党组织和70个城市社区的巡察。十四届区委共对83个区管党组织、331个村（社区）党组织开展14轮巡察，发现问题5926个，通过巡察整改推动全区各层面建立健全制度机制1263项，挽回经济损失2.6亿元。

【全国巡察试点工作】 2021年，根据中央和省、市巡察上下联动部署，余杭区具体承担6项试点任务。区委成立工作专班，建立由区委巡察办牵头，多部门共同协助的工作机制，完成试点工作任务。区委研究巡察工作机制、村（社区）巡察全覆盖机制、巡察干部选调机制、“两书一单”共性问题抄告机制等特色做法，成为全国县（市、区）巡察工作参考素材。

（沈佳娣）

编辑：刘雪萍

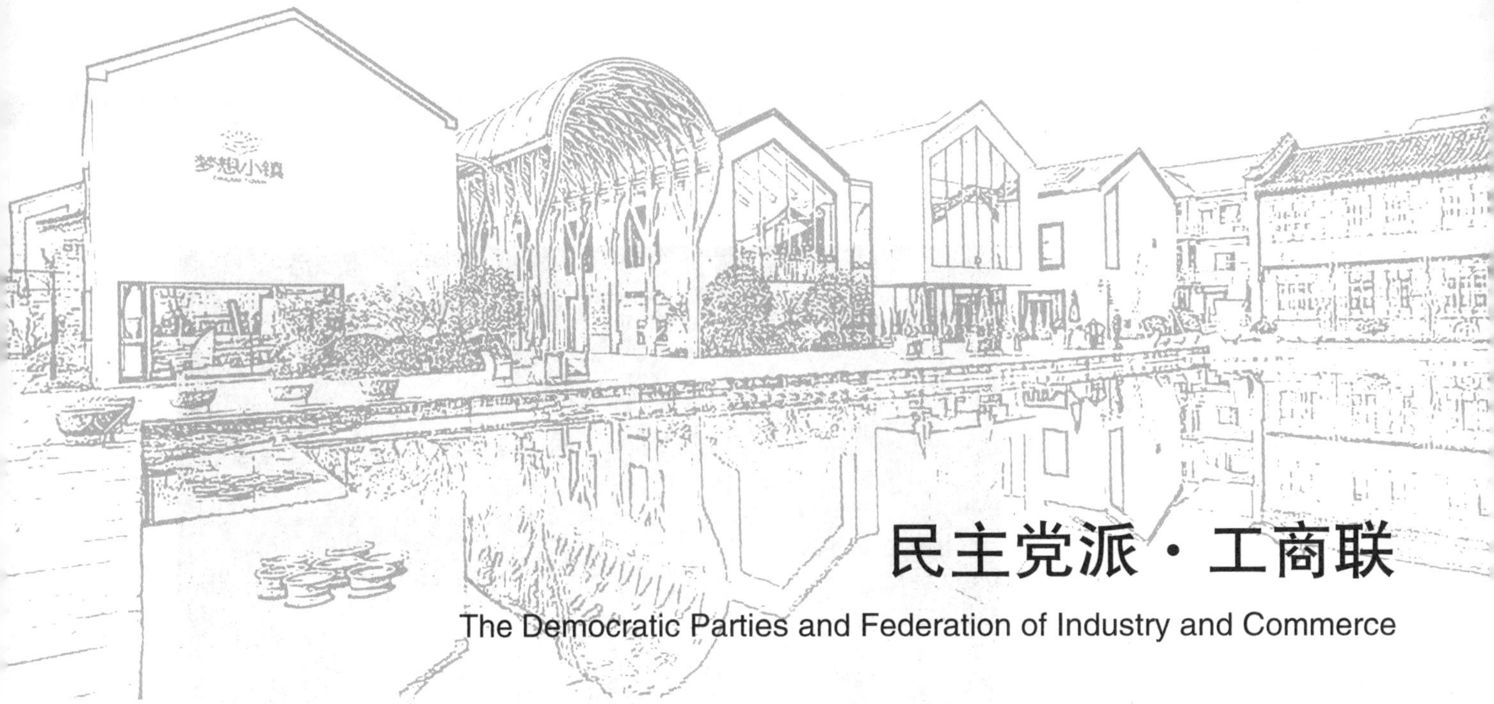

民主党派·工商联

The Democratic Parties and Federation of Industry and Commerce

民主党派

【政治协商】 2021年，区委就全委会工作报告、工作总结，区政府就政府工作报告，以及区人大、区政协人事调整等重大事项，多次组织各民主党派、区工商联、无党派人士举行座谈会。全年各民主党派举行专题议政、征求意见会7次。

【参政议政】 2021年，区委统战部聚焦区委数字化改革、共同富裕示范先行建设等中心工作，组织民主党派人士撰写《同心汇·壹讯》建言，获区委主要领导批示转办4条。实行重点建言即时转办、相关部门回复、建言人满意度打分的闭环机制，全年全区19家职能单位参与转办反馈，推进余杭中等职业教育发展、提升义务教育学校实力、提高防洪堤标准等建言落实。全年有163项参政建言成果被中央、省、市有关部门批示录用。各民主党派开展联合调研和自主调研，形成调研报告18篇。

【中国国民党革命委员会余杭区基层委员会】 2021年，下设3个支部，有党员43人，其中，一支部15人、二支部12人、三支部16人。党员中，市政协委员1人、区人大代表1人、区政协委员9人（常委3人）。全年发展新党员1人，其他地区转入5人。一支部、二支部、三支部完成换届工作，分别由9名成员担任新一届支委班子成员。全年撰写调研报告11篇、社情民意信息58篇、《同心汇·壹讯》建言15篇。开展“同心·博爱”品牌社会义诊活动3次，组织开展电商创业就业工作。代表浙江参加民革中央第28次两岸青年观点论坛，并做发言。出席第13届两湖论坛开幕式，并在分论坛上做题为《关于台湾南投农产品营销的经验分享》的发言，被中央广播电视总台中文国际频道报道。民革余杭区基层委被评为2020年度省宣传思想工作先进集体、2021年度省祖统工作先进集体，获民革市委会2020年度信息工作先进集体特等奖、民革市委会2020—2021年参政议政工作先进集体一等奖；党员之家（和兴阁）被评为浙江省2020年度示范五好民革党员之家、全国优秀民革党员之家；三支部获第二批省级民革示范支部、第二批全国民革示范支部称号。郭青岭被评为民革市委会2020—2021年度参政议政先进个人；邵政镓被评为民革浙江省2020年祖统工作先进个人、民革浙江省2021年祖统工作先进个人、民革市委会2020—2021年度参政议政先进个人；朱静被评为民革浙江省2021年组织工作先进个人；梁俊被评为民革浙江省2021年度宣传思想工作先进个人；朱卫国获民革浙江省2021年度伯乐奖；华遇春、彭朝阳被评为民革市委会2020—2021年度参政议政先进个人。

【中国民主同盟余杭区基层委员会】 2021年，下设3个支部，有盟员31人，其中，教育文化支部10人、综合支部11人、海创园支部10人。盟员中有区人大代表1人（常委1人）、区政协委员6人（常委2人）。全年发展新盟员2人。区人民代表大会和政协会议中，提交提案议案7件，其中，政协提案6件、人大议案1件；提交调研课题2篇、社情民意信息83篇。区政协十二届一次会议期间，李巍的《加快人工智能创新发展 高水平推进全域创新策源地建设》入选大会发言，俞珠花的《关于加快推进余杭区中等职业教育高质量发展的建议》被评为优秀提案。朱斌的《杭州地区接轨大上海融入长三角一体化发展的实践与思考》、方鹏的《以推进社会组织参与城市社区公共服务的视角探索共建共治共享的社会治理机制》调研课题获盟市委课题立项。38篇社情民意被盟省委采用、62篇被盟市委采用，茹莎莎的《建议取消年报制度用大数据实现对市场主体的管理服务》，俞珠花的《关于进一步完善消费券发放模式的建议》《关于及时改进消费券发放使用有关举措的建议》等3篇信息被全国政协《每日社情》采用。俞珠花在民盟浙江省委会参政议政工作会议上做经验交流。民盟余杭区基层委联手杭州市民生公益服务中心，重点打造“黄丝带帮教服务”社会服务品牌，联合杭州市中华职业教育社乡村振兴领航学院在四川省甘孜藏族自治州稻城县桑堆镇共建桑堆分院。盟员方鹏随杭州市统一战线帮扶团到四川省广元市开展东西部协作；海创园支部参加山海协作消费帮扶活动，董强、陶泉玮、方鹏等提供帮扶资金3.5万元。“7·20”河南暴雨期间，董强、邹成蔚等开展救助工作，共捐助救援物资4万余元。方鹏、邹成蔚被民盟省委会授予2020年社会服务先进个人。民盟余杭区基层委被评为盟市委先进基层委员会，海创园支部、综合支部被评为盟市委五星级支部。

【中国民主建国会余杭区基层委员会】 2021年，下设4个支部，有会员74人，其中，一支部16人、二支部19人、三支部19人、四支部20人。会员中有省政协委员1人，区人大代表1人。全年发展新会员5人。撰写提交社情民意106篇，多篇社情民意被民建中央，省委、市委统战部刊物录用。2名会员分别被评为全国民建优秀会员和浙江民建优秀会员，2名会员分别获得省总工会浙江金蓝领和杭州市五一劳动奖章，3名会员被评为省委会、市委会优秀信息员、信息工作积极分子，多名会员分别获得“最美浙江文物守望者”以及“浙江省科学技术进步奖”等奖项。推动《关于深化工业用地有机更新加快产业发展能级提升的实施意见（试行）》《余杭区工业用地有机更新专项贷款贴息管理办法（试行）》等政策文件优化完善。民建余杭区基层委向内蒙古自治区捐赠抗疫物资，会员捐助20多万元转交至“思源·彩虹人生公益基金”，用于购买防疫物资。会员帮助缙云县溶江乡乡村振兴。基层委获民建浙江省社会服务先进集体称号。

【中国民主促进会余杭区基层委员会】 2021年5月，完成会员分流接收、基委会班子调整、支部班子选举、区政协委员推荐和考察等工作。新换届的民进余杭基层委员会班子成员7人，下设3个支部。截至2021年末，有会员46人，其中，博士2人、硕士研究生8人、中高级职称17人、政协委员和人大代表18人（常委4人）。会员平均年龄42岁。全年提交社情民意信息45篇，被市委会录用19篇，提交区《同心汇·壹讯》建言15篇。提交区“两会”发言材料1份，集体提案1件，代表委员会员共提交建议案和提案20件。完善会员履职“3383”（3年为一次考核周期，组建3支专题调研小组，量化考核8个方面内容，明确3类结果运用）工程，完善年轻会员“‘链式’帮带＋‘点式’”培养体系，设置“主委助理”8人，为年轻会员提供学习平台与锻炼机会。组织开展系列“同心筑梦跟党走”活动庆祝中国共产党成立100周年。在市委会“庆祝中国共产党成立100周年——同心筑梦·民进记忆”主题分享作品征集活动中，章雪梅报送的《唱响“同一首歌”礼》获一等奖。组织全体会员考察调研和社会服务活动6次。各支部组织村（社区）结对共建活动20多次。联合省、市、区三级基层组织开展助力百丈富美三年行动，建立“开明同心服务基地”。对接四川省稻城县结对村，助力农民增收致富。金国庆、叶亿龙在“情暖金沙爱心助学”活动中各捐款1万元。赵海燕担任未来科技城高层次人才创新创业促进会常务副会长，为市委组织部人才之家组织50多场1500多人次参与的人才活动，在“7·20”河南暴雨灾害和贵州省台江县，四川省稻城县、苍溪县帮扶中个人捐款20万元，发起捐款捐物折合64万元。民进余杭基层委员会被民进杭州市委会评为先进集体，第二支部被评为先进支部。金海清被评为民进全国社会服务暨脱贫攻坚工作先进个人，叶亿龙、徐孙臻分别被评为民进浙江省优秀基层组织负责人、民进杭州市优秀会员。

【中国农工民主党余杭区基层委员会】 2021年，下设3个支部，有党员58人，其中，一支部22人、二支部18人、三支部18人。党员中市人大代表1人、区人大代表3人、区政协委员13人。全年发展党员10人。区“两会”期间，提交提案18篇，其中，被列为重点提案1篇、口头发言材料1篇。被市委会录用社情民意信息43篇，完成调研报告约稿3篇，其中《关于加快城市大脑赋能食品安全监管，构筑杭州“十四五”现代化食品安全治理体系》在市政协十一届五次会议上作口头发言，作为集体提案被列为市政协十一届五次会议重点提案，并被农工党省委会立项为2021年度参政议政立项课题。组织开展心肺复苏操作、AED（自动体外除颤器）使用等急救培训20多场，培训1400多人，线上培训观看1万余人。科技成果输出覆盖100多户农民。打造“禹你汇”故事讲堂，传播中华优秀传统文化，宣传余杭故事，向群众讲述党派工作。全年故事团队演讲40多场，听众8000多人。打造农工党“禹你帮”社会服务品牌，并在“科技小院”建立“禹你帮”社会服务基地。

【中国致公党余杭区基层委员会】 2021年5月，中国致公党余杭区基层委员会完成届中调整。截至年末，发展党员5人。下辖2个支部，共有党员35人，第一支部18人、第二支部17人。党员中有省政协委员1人、市人大代表1人、市政协委员2人、区人大代表3人（常委2人），区政协委员8人（常委2人）。全年形成调研报告2篇，提交个人建议、提案9件，集体提案1件，报送各类动态信息、社情民意、《同心汇·壹讯》建言等70多篇，分别被致公党中央、省委、市委会录用。郑攀牵头的委员会客厅被省政协评为五星级委员会客厅。为推进“数字政务”改革建言。结对百丈镇“六个一”行动计划，在产业发展、农业科技、公益事业等方面开展合作帮扶，助力西部富美。致公党余杭基层委被省委会评为海外联谊工作先进集体，被市委会授予“综合先进”“宣传思想工作”“组织工作”“社会服务”等4个先进集体称号，朱幼群、阮森钎、高宏亮、王颖等4人被评为省、市先进个人。

【九三学社余杭区基层委员会】 2021年，九三学社余杭区第三届基层委员会及所属支社进行届中调整。2021年，基层委发展社员7人。截至年末，共有正式社员52人，社员平均年龄42.5岁。其中：拥有研究生以上学历人员34人，占会员人数的65.7%；拥有中高级职称人员32人，占会员人数的61.5%。围绕余杭区“数字化改革”“防范电信网络诈骗”“共同富裕”“未来社区”“未来乡村”等主题开展课题调研10多次，形成建议供区委、区政府决策参考。撰写相关社情民意信息8篇，其中李玉美撰写的《关于推广农村轻钢结构装配式建筑的建议》、华先胜撰写的《美国提出〈无尽前沿法案〉，中国宜及早应对》、宋杰撰写的《关于推进安全韧性城市的建议》等信息被社中央、社省委等上级部门录用采纳。共提交人大议案建议、政协提案14件，其中罗伟的课题《疫情背景下生鲜电商与冷链物流发展的若干建议》被作为2021年市政协集体提案。一支社对接网上银行，帮助“7·20”河南暴雨受灾卖家启动低息贷款，为在灾害中出现生产物资受损的生产型卖家找到相应生产线和生产所需物资。李玉美到四川省稻城县开展对接交流。参与乡村振兴工作会、网络数据知识分享、扶贫产品采购、乡村振兴干部技术培训等社会服务活动20多项，参与服务社员100多人次，服务受益近2000人。第一支社被评为市委会四星级支社，第二支社被社省委评为全省社会服务工作先进基层组织、市委会三星级支社，第三支社被评为市委会四星级支社。华先生在国际主流会议期刊发布论文20多篇，罗建强、官蓓蓓被社省委评为优秀社员，张洁被社省委评为2021年全省社会服务工作先进个人。罗伟被浙江省赴四川省甘孜州帮扶工作队评为年度先进专技人才。武凯参与企业数字化转型白皮书编撰。薛晖带领的安全团队被中国网络空间安全协会评为“2021年人工智能安全典型实践案例”。

（孙莎莎）

区工商联（总商会）

【概况】 2021年，区工商联围绕区委、区政府中心工作，践行“两个健康”，助力共同富裕，为政府与民营经济做好沟通，强化对民营经济人士的思想引领和政治引导，创建“领导班子好、会员发展好、商会建设好、作用发挥好、工作保障好”的“五好”工商联。区工商联（总商会）第十二次会员代表大会举行，实现换届。2021年，区工商联先后被评为全国“五好”县级工商联、2020年度上规模民营企业调研先进单位、杭州市工商联服务“两个健康”优秀单位。

【区工商联（总商会）第十二次会员代表大会】 2021年10月，区工商联（总商会）第十二次会员代表大会举行，实现换届，共选举产生执委184人，增选民主党派、无党派工作人士和新生代工商界代表人士，其中，新生代工商界代表67人，占比36.41%，民主党派、无党派工作人士占比15.21%。

【商会建设】 2021年，余杭区继续规范镇（街道）、平台商会换届程序，优选理事会成员，发挥“星级”商会创建的载体作用，促进镇（街道）、平台商会高效规范运行，共创建“五星级”商会11家。打造标杆型商会，助推产业发展，未来科技城商会成为浙江省首批亲清直通车服务站点单位。打造线上赋能服务平台和线下聚贤学习服务两个阵地，共创标杆型商会。

【“亲清”政商关系构建】 2021年，区工商联先后走访调研企业180多家，了解企业发展现状和问题困难。与区法院、区检察院、区司法局建立服务企业合作机制。先后与区科技局、区税务局和区商务局联合举办“亲清直通车·政企恳谈会”，了解和协调企业困难，助力推动惠企政策落实。

【企业理想信念教育】 2021年，区工商联举办余杭区企业家人才理想信念教育暨企业经营管理能力培训班，组织浙江华是科技股份有限公司、利尔达科技集团股份有限公司、浙江八方电信有限公司、浙江埃柯赛环境科技股份有限公司等50多名区工商联（总商会）副主席、副会长、执常委企业以及基层商会会员企业负责人，到中共浙江省委党校四明山分校开展主

2021 年，区工商联在省委党校四明山分校开办余杭区企业家人才理想信念教育培训班　（区工商联　供图）

题教育培训，在余姚市横坎头村新时代文明实践站，学习中共中央总书记习近平重要回信精神。组织区工商联女执委企业家、区政协工商联界别组委员30多人，开展以“跟党创业　百年芳华”为主题的庆祝中国共产党成立100周年暨“三八”国际劳动妇女节活动，引导企业家坚定理想信念，提升责任感和使命感。

2021 年 11 月 30 日，区工商联组织会员参与余杭—苍溪东西部协作结对帮扶　（区工商联　供图）

【企业经营能力提升】　2021年，区工商联主办余杭区企业家经营能力提升班两期，来自制造业、服务业、“互联网＋”等行业80多名会员企业负责人参训。与区科协、区侨联共同推进“智汇科创讲堂”应用场景在杭州市“群团集市”上线。

【工商联宣传】　2021年，区工商联通过微信公众号打造3个宣传品牌——“余商心向党　共谱新华章”，宣传工商联系统党史学习教育事迹；“余商心向党　启航新征程”，宣传30多名企业家创业创新事迹；“余商共富路　同心筑清廉”，宣传工商联清廉民营企业建设，展示民营企业家探索清廉建设与企业发展互促共赢的发展路径。

【工商联防疫抗疫】　2021年，区工商联通过微信公众号，发出《商会携手防疫情——致各基层商会的防疫倡议书》《疫苗接种，共建“免疫屏障”》《致余杭企业和企业家朋友的一封信》等防疫倡议书6篇，宣传疫苗接种政策和防疫抗疫的科普知识，助力民营企业复工、复产、稳产。五常街道、闲林街道出现新冠肺炎病例后，闲林商会、五常商会、未来科技城商会等共捐赠价值120万余元的防疫、慰问物资。

【东西部协作结对帮扶】　2021年，区工商联开展东西部协作结对帮扶活动，组织会员企业杭州恒立制造科技有限公司、杭州利富豪机电设备有限公司、杭州国光旅游用品有限公司等10家企业与稻城县资产投融资集团有限公司（稻城集团）签订采购框架协议书；组织美好控股集团有限公司、浙江八方电信有限公司、杭州顺隆胶辊有限公司、杭州中美埃梯梯有限公司、杭州海拓电子有限公司、杭州鲁尔物联科技有限公司等24家会员企业参与余杭—稻城、余杭—苍溪东西部结对帮扶暨“万企兴万村”结对云签约仪式，向四川省稻城县、苍溪县24个村共捐赠价值48万元的爱心款物，助力乡村振兴，推进共同富裕。

【爱心公益】　2021年，区工商联组织华立集团股份有限公司董事局主席汪力成等20多名企业家与社会各界人士参加义务植树。开展“送清凉”活动，前往区交警组、派出所、城管服务中心、残疾人之家、疫苗接种点等处向高温下工作人员赠送清凉物品。商会及会员企业支持抗击台风“烟花”工作。支援“7·20”河南暴雨灾害救援，深圳余杭商会捐赠雨衣500件，千年舟新材科技集团股份有限公司组织“爱心车队”捐赠并运送物资，杭州魔筷科技有限公司向河南郑州市红十字会定向捐款100万元，杭州字节方舟科技有限公司向河南捐款100万元。

（陈镇刚）

编辑：范雅君

群众团体

Mass Organizations

杭州市余杭区总工会

【概况】 2021年，余杭区有镇（街道）、平台总工会13家，区直机关各部门和有关单位直属工会36家。截至年末，全区有下属基层工会1760家，其中，单建工会1521家，联合工会239家。全区有基层工会的单位8389家，职工30.4万人，工会会员30.4万人。

【职工建功立业工程】 2021年，区总工会制定《2021年度职工创业创新活动实施意见》，启动职工创业创新活动；开展立功竞赛活动，浙江大学超重力离心模拟与实验装置国家重大科技基础设施项目入选2021年度杭州市“三重一新”重点工程立功竞赛示范项目。

【职工素质提升工程】 2021年，区总工会开展多种形式的“新精神进企业宣讲”活动85场、“劳模工匠精神进企业宣讲”活动10场、“党的十九届六中全会精神进企业宣讲”活动56场，参与职工8350人。开展职工歌咏会、故事征文会和书画摄影会等活动，共收作品528件。开展系列体育活动250多场，参加职工4000多人。开展职工“双证制”工程，1600多名职工报名。开展在读职工技能培训4期，参加职工184人。举办公益培训78期，参加职工2000多人。

【职工技能竞赛】 2021年，区总工会继续开展职工技能竞赛活动，承办省级技能大赛1场、市级网络攻防大赛1场，举办区级精英赛8场、群英赛90场，参与职工8860人，1325名职工获职业证书。发挥区级技能带头人“传、帮、带”作用，帮助1000多名职工实现技能晋级；开展“五小”（小发明、小创造、小革新、小设计、小建议）竞赛活动，8项建议被评为杭州市“五小”先进创新成果。

【困难职工帮扶】 截至2021年末，余杭区有建档困难职工家庭13户。2021年，区总工会帮扶困难职工53人次，发放慰问补助款14.9万元。开展“冬送温暖助解困·留余欢乐过大年”活动，设立18万元专项资金，慰问区内部分困难职工、劳模（先进）、工会干部及边缘困难外来创业（务工）人员家庭、重点项目施工人员、特殊岗位一线职工、防疫抗疫作业人员、生产经营困难企业职工、春节期间坚守岗位从业人员以及快递员、外卖配送员、网约车司机、货车司机等新就业形态劳动者。设立9万元专项资金，为留余杭过年的外来创业（务工）人员提供1000份电子快递关爱卡、1000份话费充值券、500份“共同富裕”年货礼包；设立8万元专项资金，为留余杭过年的外来创业（务工）人员提供30张职工（劳模）疗休养基地的免费住宿体验券和1000份春联。开展“春送岗位助就业”活动，搭建网上就业信息服务平台，开展网上招聘活动18期，提供岗位4615

个。开展“夏送清凉助健康”活动，区领导带队，慰问企业和重点工程项目39家，慰问一线职工2000多人。开展“秋送助学帮圆梦”活动，区总工会联合区教育局，为41名优秀外来务工子女和建档困难职工子女发放助学补助款5.9万元。

【职工医疗互助】 2021年，区总工会帮助3784名职工申领医疗互助补助金364.8万元。启动2022年医疗互助保障工作，参保职工22.8万人，筹集资金706.4万元。

【服务职工】 2021年，区总工会共组织1600名职工免费疗休养。申报市级职工（劳模）疗休养基地5家，认定第二批区级疗休养基地5家。关心在区内重点项目、重点工程、重点领域及特殊岗位工作的一线职工，区总工会出资230万元为6300名职工提供体检服务。新建妈咪暖心小屋6家，开办“小候鸟班”40多个，惠及学生1168人。组织各镇（街道）因地制宜为职工开设国学、绘画、舞蹈、跆拳道等特色课程。

【服务企业】 2021年，区总工会与市公安局余杭区分局交警大队、区消防救援大队和区卫生健康局等分别举办道路出行、安全生产、消防安全、心理健康4场云宣讲活动，在线参与职工3万多人次。全区各级工会开展平安巡查活动350多场，巡查企业1200多家，参与工会志愿者4000多人。在全区各镇（街道）、平台企业中开展“平安三率”“六个一”活动，发出平安倡议书10万余份，参与平安有奖竞答活动1000多人，参与平安巡防6000多人，参与消防演练4500多人，提出安全生产合理化建议100多条，参与法治宣讲1800多人。

【劳模工作】 2021年，余杭区新创建市级劳模高技能人才创新工作室2家，区级劳模工匠（示范）创新工作室5家。由区总工会推荐的杭州华光焊接新材料股份有限公司董事长、总经理金李梅被评为全国五一巾帼标兵，余杭区互联网宣传指导中心等3家单位获市五一劳动奖状，鲍伟杰、郑建平等8名职工获市五一劳动奖章，职工翁祝红被评为“杭州工匠”。

【“余杭工匠”认定】 2021年，区总工会开展第五届“余杭工匠”认定工作，认定“余杭工匠”20人。做好劳模（工匠）日常服务工作，在春节、五一、“9·26”工匠日等节日，慰问劳模（工匠）65人次，共送慰问款8.8万元。组织229名劳模（工匠）免费参观杭州市劳模（工匠）文化公园。

【工资集体协商】 2021年，区总工会完成单建工会、区域工会、行业工会100%开展工资集体协商的目标任务。签订单建工会工资集体协商合同977份，区域性、行业性协商合同207份，涉及企业3158家。推进工资集体协商提质增效创建工作，通过质效评估验收，认定A级以上企业161家，其中AA级企业13家。举办全区首届工资集体协商大赛。

【和谐劳动关系建设】 2021年，“余杭工会”微信公众号定期发布政策法规35期，开展线上法律知识有奖问答3场，参与人数1.2万人。各镇（街道）、平台工会对辖区内劳动关系群体性事件、涉及职工人身（财产）安全的重大事件实行2小时快报制，其他欠薪和调解情况每月15日上报。全年共接职工来信、来访、来电145件，其中涉及欠薪来电、来访件36起，均按时按规定处理和反馈。

【职工文化阵地建设】 2021年，区总工会分片开展职工活动阵地网络走访调查工作，发挥“四级”职工文化阵地作用，创建省、市级职工书屋3家。依托区联谊会，举办区域性职工文化和职工文体骨干交流培训座谈活动2场，定期更新汇总职工文体骨干队伍信息。

【网上工会建设】 2021年，区总工会被确定为余杭区“数智群团”建设牵头单位。年内，制定《余杭区“数智群团”建设方案》，建立区、镇两级“五共平台”管理员体系，上线建设“职工竞技场”“青训营”“生命髓缘”“助残助学直通车”“智汇科创讲堂”“余她共创”六大应用场景，为全市场景数量最多的区、县（市）。截至年末，“群团集市”累计注册用户数23.7万人次，活跃量447.0万人次；发布活动1715场，参与7.1万人次；发布风采1537篇，风采浏览54.8万人次，共建组织数4996个。在杭州市数智群团工作评价体系中，11月排名各区、县（市）第三，12月排名第一。“余杭工会”微信公众号。订阅人数11.2万余人。

【基层工会组织】 2021年，全区新建基层工会1214家，新发展会员1.4万人，其中，新业态领域组建工会10家，发展实名会员4472人。区总工会联合区邮政管理局成立余杭区快递物流行业联合工会，联合区交通运输局成立余杭区外卖骑手行业联合工会，并在阿里巴巴西溪园区建立菜鸟集团工会联合会。以党群服务中心、爱心驿家等为载体，在仓前街道、五常街道等地建立新就业形态劳动者联合工会。按照工会“五化”建设要求，创建先进（示范）职工之家，1家单位被授予“杭州市示范职工之家”称号，26家单位被授予“杭州市先进职工之家”称号，3个集体被授予“杭州市先进职工小家”称号，4人被授予“杭州市优秀工会工作者”称号。

【工会志愿者服务】 截至2021年末，全区工会志愿者在册人数1530人。全区各镇（街道）志愿中队全年参与平安余杭、社会治理、“五水共治”、垃圾分类、抗击疫情及技能大赛等志愿服务活动共124场，参与活动4000人次。

【“最美系列”评选】 2021年，区总工会开展“最美系列”评选工作，评选出余杭区“最美党员职工”20人、“最美女职工”20人，在“余杭工会”微信公众号和有关区级媒体上公布和宣传。

【工会改革】 2021年，区总工会继续推进工会改革，调整余杭推进新时代产业工人队伍建设改革工作协调小组，制定《2021年度新时代余杭产业工人队伍建设改革实施方案》和区级部门年度任务清单，明确2021年产业改革工作四大方面90项具体任务。新培育的浙江杭州未来科技城（浙江海外高层次人才创新园）、杭州申昊科技股份有限公司2家单位被列为省级产改试点单位，良渚街道、梦想小镇、浙江森马电子商务有限公司、千年舟新材科技集团股份有限公司4家单位被列为市级产改试点单位。余杭区产业改革工作在《浙江工会》2021年第113期上作专版介绍。

【工会宣传】 2021年，区总工会开展“五一”系列宣传活动，拍摄职工、工会志愿者抗击新冠肺炎疫情，《百行百匠百赛之精英赛》《余杭工匠》等微视频，在微信号和部分企业电子屏等媒体上播放。余杭工会工作在《光明日报》、“新华网”客户端和《浙江工人日报》《杭州工运》等媒体上发布信息114条。

（本分目全年性数据从新的余杭区成立起统计）

（刘秋萍）

共青团杭州市余杭区委员会

【基层团组织建设】 2021年，余杭区有团员2.92万人。团组织1329个。其中，基层团委70个、基层团工委14个；区级直属团组织44个。团总支49个，团支部1058个（其中学校团支部351个，有团员4300人），“两新”组织团支部443个、团员1.0万人，村（社区）团支部223个、团员1.1万人，机关事业单位团支部137个、团员2889人，国有企业团支部40个、团员329人。共青团杭州市余杭区委员会（下称团区委）加强新业态、新就业群体团组织建设，完成重点互联网企业建团组织工作，全年新建非公企业团组织138家，其中互联网领域团组织64家，市级重点互联网企业均建立团组织。成立余杭区快递物流行业团工委，开展“千名团干结对小哥”专项活动，全区重点建设100个骑士驿站，保障快递员、外卖员的工作生活。

【团干部队伍建设】 2021年，团区委落实全省深化团干部作风建设三年行动工作部署，组织团干部开展“我为青年做件事”主题活动，全区各级团干部走访村（社区）、学校、企业233家，收集问题167个，解决问题84个。加强“青蓝学院”建设，联合区委组织部、市委党校余杭区分校建立“青蓝育苗”培养机制。做好团干部培训工作，举办党的十九届六中全会精神学习暨村（社区）团组织示范培训班，培训村（社区）团干部43人。区划调整后，及时开展组织换届，召开团区委二十届三次全会，调整和补齐委员会委员。调整、配齐团干部队伍，共调整（新配）直属团组织书记15人、副书记22人。

2021年5月28日，余杭区少先队庆祝建党100周年“红领巾Talk”暨庆祝六一国际儿童节活动在仓前中心小学举行

（团区委　供图）

【青少年党史学习教育】　2021年，团区委组织团员青年学习团中央“青年大学习”网上主题团课，发动24.3万人参与学习。组建“杭州青年说”余杭宣讲团百人宣讲队伍，承办“创客引领·创新余杭未来”“学‘七一’重要讲话，说数字驱动未来”“守好红色根脉 传承余杭文化”等浙江省“新时代创客说”宣讲会5场，2万余人听讲，相关活动被人民网、《浙江新闻》等媒体报道。组织全区少先队员开展“童心向党敬百年 红色礼赞谱华章”余杭区少先队庆祝中国共产党成立100周年系列主题教育实践、“天堂儿歌”演唱和创作大赛、“一带一路”红色研学暨区红领巾学院培训、“红领巾奖章”争章、红领巾宣讲活动、少先队鼓乐队展示活动、“红领巾Talk”等系列活动。完成《余杭青年运动志》（第二卷）编纂。

2021年7月30日，浙江港澳青年人才服务中心成立仪式举行

（团区委　供图）

【青年就业创业服务】　2021年，团区委与浙江大学共同启动“菁英计划”暑期社会实践活动，组织39名硕士、博士研究生在余杭区党政机关实习。开展中学生“三走进”社会实践活动，组织286名学生到基层开展党史学习教育、志愿教育、医疗服务等活动。发挥高层次青年人才集聚优势，引进浙江港澳青年人才服务中心落户余杭。围绕青年创新创业全周期“一件事”改革，建设“青训营”大学生智慧实习服务平台，该平台上架杭州市“群团集市”的场景应用，被列入共青团系统数字化改革“揭榜挂帅”项目。7月28日，平台上线，暑假期间注册学生700多人，发布岗位1500个，服务企业210家，实现

青年见习实训“一网通办”。举办全省“新年新up，来浙上班啦”网络直播带岗活动，依托“中国蓝新闻”APP在线直播，对接50多家规模以上企业、1860个岗位。

【青年商会工作】 2021年，余杭区青年商会（新企业联合会、新企业协会）完成换届，133名青年企业家加入商会。由团区委推荐的余杭青年商会副会长姚冀众获得第十一届“中国青年创业奖”，杭州径山书院有限公司创始人兼首席执行官陈洁瑾获得“全国乡村振兴青年先锋”“十佳农村青年致富带头人”称号。

【志愿服务】 2021年，团区委启动志愿服务“六个10”先进典型评选活动；“继遗行动”“百丈公益小镇”2个志愿服务项目获浙江省青年志愿服务项目大赛铜奖；团区委选送的黄湖镇青山乡村志愿者服务中心负责人张海江，获得生态环境保护领域“美丽中国 青春行动”第十届“母亲河奖”绿色卫士奖。启动小学生暑期托管试点工作，联合杭州师范大学开展志愿者岗前培训，选拔首批30多名大学生志愿者上岗。

【未成年人保护和预防青少年违法犯罪】 2021年，团区委深化全国青少年维权岗“12355”热线品牌建设，发挥“12355”青少年维权热线作用，做好青少年维权和预防犯罪工作。8月27日，设立区划调整后的余杭区“12355”青少年服务站，每周推出线上普法小知识，全年举办共青团普法维权走基层送课活动45场。五类重点青少年（有不良行为青少年、闲散青少年、流浪乞讨未成年人、服刑人员未成年子女、留守儿童）人数减少至27人。指导镇（街道）做好帮扶帮教工作，人均帮扶4次。

【网上共青团】 2021年，团区委发挥“青春余杭”微信公众号的宣传作用，加强网络意识形态领域的青年思政引领。全年“青春余杭”微信公众号和抖音号更新信息1012条，阅读量43.2万人次。与中央和省、市、区级媒体合作，7月4日，中央广播电视总台《新闻联播》头条新闻播出未来科技城海外人员创业园创客王琳代表余杭青年热议中共中央总书记习近平“七一”重要讲话的视频，余杭“青春社区”建设相关经验做法被《中国共青团》杂志宣传介绍。

【少先队工作】 2021年，团区委履行“全团带队”职责，教育引导少先队员听党话、跟党走。继续推进少先队改革，推进少先队组织创新和工作创新，79个少先队集体（少先队员）获杭州市级及以上先进（优秀）荣誉，其中，7个集体（少先队员）被评为浙江省先进集体（成绩突出先进少先队员、成绩突出少先队辅导员），51个少先队集体（少先队队员、少先队辅导员）被评为杭州市先进集体（成绩突出少先队员、成绩突出少先队辅导员），14名少先队员获杭州市火炬金奖。新四军随军被服厂旧址、余杭抗日战争纪念馆等4家单位被评为杭州市首批红领巾奖章校外争章基地，良渚古城遗址公园、长乐青少年素质教育基地被命名为杭州市“红领巾e站1013”阵地。

【共青团杭州市余杭区委二十届三次全体（扩大）会议】 2021年8月19日，共青团杭州市余杭区委二十届三次全体（扩大）会议举行，有关区领导，团区委第二十届委员会委员、候补委员，各镇（街道）、平台、各局（公司）系统团组织书记，团区委机关全体工作人员和下属事业单位负责人近100人参会。会议全面回顾总结上半年工作并部署下半年目标任务，通过《共青团杭州市余杭区委二十届三次全体（扩大）会议关于团区委委员、候补委员卸职递补的确认案》。

【余杭区少先队工作委员会十届二次全体（扩大）会议】 2021年10月14日，余杭区少先队工作委员会十届二次全体（扩大）会议暨少先队建队72周年主题队日在闲林中心小学举行，35名委员和100多名少先队员参加。会议审议通过《关于余杭区第十届少工委名誉主任聘任，委员、副主任、主任卸职替补（增补）确认案（草案）》，调整、补齐余杭区第十届少先队工作委员会组成人员，聘任区委副书记朱红丹为余杭区第十届少先队工作委员会名誉主任；表彰获得省、市先进集体和先进个人。

（谢媛媛）

杭州市余杭区妇女联合会

【概况】 2021年，余杭区妇女联合会（下称区妇联）做好服务中心、服务妇女群众的各项工作。截至年末，全区共有镇（街道）妇联12个，平台妇联3个、区直单位妇联30个、区直单位妇女工作委员会1个、村（社区）妇联203个。

【基层妇女组织改革】 2021年，区妇联推动“四新”领域（新领域、新业态、新阶层、新群体）妇女组织建设，“四新”领域企业新建妇联492家，阿里巴巴集团、浙江核新同花顺网络信息股份有限公司等互联网领域企业新建妇联55家。全区创建市级示范妇女之家6个、市级示范妇女微家5个、区级示范妇女之家15个。

【美丽家园建设】 2021年，区妇联继续推进美丽乡村建设，开展美丽庭院精品区块、楼道、示范户以及垃圾分类时尚户的创建活动，全年创建区级美丽庭院精品区块43个，美丽楼道44条，美丽庭院示范户200户，垃圾分类时尚户200户。每月的第一个周六开展“家庭焕新日”全民清洁行动，发动家庭代表、妇女姐妹清洁家园、美化环境，为建设美丽余杭贡献巾帼力量。

【女性人才工作】 2021年，区妇联针对区内线下实体户通过网络直播平台宣传推广（销售）企业（产品）的情况，开办乡村振兴巾帼人才抖音与小红书推广知识培训共4期，800多人参加。协调区内银行为2家民宿企业提供贷款资金81万元。开展直播带货培训共10期，服务民宿企业50多家，服务巾帼民宿女主人、女创客600多人次。2021年创建市级巾帼文明岗8个，市级巾帼建功标兵6个。

【女性创业创新工作】 2021年，区妇联举办区第六届女性创业创新大赛。全年开展线上线下就业创业讲座、沙龙、培训70多场，服务4300多人次，培育杭州河狸家信息技术有限公司、浙江博多控股集团有限公司等巾帼创业创新基地2家，帮助1000多名女性实现就业（创业）。

【妇女儿童家庭服务项目】 2021年，区妇联组织实施巾帼“益她行”志愿者素养提升、“多彩生活 靓丽人生”——创客女性居家生活能力提升、西部富美——自媒体助力民宿发展、巾帼电商同行——慧创“她时代”、“她助力”爱心启航送温暖等妇女儿童领域服务项目5个，开展活动150多场，直接受益1.5万余人。区妇女儿童服务中心设置“小余姐”妍学家线上线下课程体系，全年共开设茶艺、烘焙、舞蹈、儿童写作阅读等15类公益课程102课时，受益2.5万余人。

【走亲连心“四必访”活动】 2021年，区妇联按照“五个必到”“五步走访”“五张清单”“五种形式”的“四个五”工作法，组织全区各级妇联开展走亲连心“四必访”（特困群众必访、重症病人必访、孤寡老人必访、留守儿童必访）活动，重点关注贫困妇女、留守妇女儿童、空巢老年妇女、单亲母亲、失独母亲等群体，做好宣传引导、心理疏导、权益维护等工作，全区1847名基层妇联执委共走访家庭9万余户。

【“平安家庭”创建】 2021年，区妇联发动基层妇女组织和“小余姐”巾帼宣讲员队伍，向全区家庭发出《传承弘扬优良家风 共建共创平安家庭——致全区广大家庭的倡议书》。在“余杭妇联”微信公众号等线上实时推送辖区最新电信诈骗案例、预警信息等反诈提醒，建立1200人的“巾帼义警”反诈骗宣防队伍。举行“巾帼反诈余你同行·守护平安杭向同心”——余杭区“平安家庭”创建行动暨“巾帼反诈进万家”宣讲赛。组建由婚姻家庭咨询师、心理咨询师、律师、调解能手等专业人员组成的“禹爱共航”婚姻家庭纠纷调解特聘专家团。

【反家暴工作】 2021年，区妇联开展“远离家暴 与爱共航”反家暴维权服务项目走基层活动，举办反家暴培训讲座，普及法律知识。开展第22个“国际反家庭暴力日”反家暴主题宣传活动，发动巾帼志愿者700多人，发放反家暴宣传资料1.2万份，通过悬挂横幅、现场咨询、开展讲座等形式增强妇女反家暴意识。全年共受理各类信访94件，办结94件，调处率100%。

【妇儿工委工作】 2021年，区妇联开展规划调研座谈3场，交流研讨妇女健康、参政议政、女性教育、社会福利、权益保障等。编制《余杭区妇女发展“十四五”规划》《余杭区儿童发展“十四五”规划》《余杭区家庭教育发展“十四五”规划》，确定“十四五”期间妇女儿童10个重点实事项目。协助做好六一儿童节区四套班子领导慰问活动的有关工作，走访小学4所、幼儿园4所。2021年，创建浙江省示范儿童之家1家、杭州市示范儿童之家2家。

【余杭区第十三次妇女代表大会】 2021年9月23日，余杭区第十三次妇女代表大会召开。来自全区各行各业的妇女代表200多人参加，共谋今后五年余杭妇女事业发展蓝图。市委常委、区委书记张振丰出席并讲话。市妇联党组书记、主席阮英应邀出席。大会审议并通过余杭区妇女联合会第十二届执行委员会工作报告，选举产生余杭区妇女联合会第十三届执行委员会。

（陈晓红）

杭州市余杭区科学技术协会

【概况】 2021年，余杭区科学技术协会（下称区科协）重点实施科学素质提升、科技人才凝聚、数字化改革等5项行动，继续推进14项重点工作。截至年末，全区建有镇（街道）科协12家、特色小镇科协3家、企（事）业科协17家、区级学（协）会12家、院士专家工作站（指导站）28家。

【“全国科普日”科普宣传周活动】 2021年，区科协开展以“西部富美”为主题的2021年全国科普日暨余杭区第35届科普宣传周活动，成立“西部富美”科普志愿服务宣讲团，结合线上线下，共开展科普宣传活动209项，其中区级重点科普活动20项，参与6万余人次。

【科普阵地提升改造】 2021年，区科协划拨经费119.3万元，提升改造12个镇（街道）的213个村（社区）科普e站、科普角、宣传栏等科普宣传阵地。新建传统科普宣传栏34处，新增LED科普宣传屏7块，新建科普e站57处。培育浙江恒泽生态农业科技有限公司等10家区级农村科普示范基地和杭州师范大学物理学院等7家区级青少年科普教育基地。

【院士之家建设】 2021年，区科协全面推进余杭“院士之家”建设，新增省级院士专家工作站1家，市级院士工作站1家、专家工作站4家，区级院士指导站2家、专家指导站3家。2家院士专家工作站被认定为第三批杭州市优秀院士专家工作站。区科协协助良渚街道开展余杭（良渚）院士村、院士指导站筹建和启动工作，邀请中国工程院院士龚晓南、郑健龙、陈湘生作为首批入驻院士，与浙江玖通环境科技有限公司签订合作协议。推进“科创中国”服务科技经济融合省级试点工作，余杭“百名专家进百企”专项行动、杭州余杭海智模式被列为“科创中国”浙江典型案例。

【“院士专家余杭行”活动】 2021年，区科协常态化开展“院士专家余杭行”活动15场次，服务对接院士专家218人次，向部分镇（街道）、平台及企业推荐国内外项目35项。11月，邀请中国工程院副院长、院士何华武，水利与建筑工程学部院士、专家到余杭参观考察、咨政建言。先后邀请英国纽卡斯尔启迪科技园、北京大学（杭州）双创示范基地人员，全国青年科技领军人才，阿卜杜拉国王科技大学校友和海外高层次人才等到余杭考察，对接人才和项目。

【智汇科创讲堂】 2021年，区科协开发的“智汇科创讲堂”应用场景被列为省科协数字化改革“揭榜挂帅”项目。11月，该项目在杭州市“群团集市”上线，为科技工作者提供一个相互启发、相互合作的线上公益类服务平台。12月，通过省科协数字化改革“揭榜挂帅”第一批榜单项目评审验收。

2021年12月10日，德国海德堡环境经济分析研究所余杭服务站在海创园揭牌 （区科协 供图）

【老年人智能手机科普专项行动】 2021年，区科协联合区直有关部门实施老年人智能手机科普专项行动。组建“百人科普讲师团”，发展志愿者498人，到村（社区）开展“送教上门”科技志愿服务。截至年末，全区注册培训教学网点242个，培训2.4万人次。

【“未来科学家”进学校科普活动】 2021年暑假期间，区科协联合区教育局和部分镇（街道），在区内10多所中、小学开展为期一个月“未来科学家”进学校系列科普活动，活动包括科普讲座、AR（增强现实）科技展项体验、机器人展示、“未来科学家”评选等。其间，3000多名科技爱好者关注直播平台。9月，区科协到衢州市柯城区开展“未来科学家”体验项目，300多名学生参与活动。

【科普知识进企业】 2021年，区科协联合部分镇（街道）和企业，开展科普知识“进企业、进工地、进园区”活动，向产业工人宣传安全施工和日常科普知识，通过展板展示、标语宣传、专家讲座等形式，宣讲安全生产政策、法律法规、消防知识、反邪教知识等，增强产业工人安全意识。全年进企业56家，开展宣传38次，受益工人1.5万多人。

【余杭蜜梨科技小院建设】 2021年，浙江余杭蜜梨科技小院被中国农村专业技术协会，授予“十佳科技小院”称号。小院开展鸬鸟镇土壤、有机资源调查，富锌、富硒梨开发等13项研究课题和活动。开展16次青少年科普教育及农户培训活动，传播农业知识，推广农业技术，助力西部富美。

【反邪教宣传】 2021年，区科协组织开展反邪教宣讲、文艺演出等活动400多场，发放反邪教宣传折页、宣传纸巾等5万余份，受益群众10万余人。开辟科普e站，开展线上直播、竞答，将系列反邪教动漫作品融入科普e站，二次加工全国反邪教协会赠送的优秀反邪教视频，投放到全区159台科普e站中，滚动播放172.7万次。

【疫情防控科普宣传】 2021年，“余杭科协”微信公众号发布“科普中国”“科学辟谣”等新冠肺炎疫情防控科普视频、图片、文章50多篇（条/幅），阅读量（转发量）3000人次。镇（街道）科协联动开展新冠肺炎应急科普宣传工作，通过159个科普e站、科普宣传大屏等平台和疫情防控科普挂图等形式开展疫情防控宣传。

【余杭区科学技术协会第九次代表大会】2021年9月22日，杭州市余杭区科学技术协会第九次代表大会举行，来自全区各界科技代表181人参加，市科协及区各群众团体负责人到会祝贺，区主要领导出席。大会审议通过区科协第八届委员会工作报告，选举产生第九届委员会委员72人、常务委员会委员23人及主席、副主席、秘书长（专职、兼职、挂职）共7人。基层各级科协组织同步推进或完成分区划片、届中调整、人员选任等工作。

【第五届世界生命科技大会在余杭举行】2021年11月19—21日，由省科协主办，区科协联合良渚新城、树兰医疗集团等单位共同承办的2021世界生命科技大会在良渚举行。全国人大常委会、省人民政府有关领导，19名中国科学院、中国工程院和来自全球医疗健康和生命科技领域的院士、专家、学者代表200多人参会。大会共举办论坛（峰会）7场，骨科高峰论坛暨骨科机器人培训班1期，国际医学影像高峰论坛暨社会办医放射分会在会上成立。大会前期的创新创业大赛吸引参赛项目470个，其中有10个医疗健康类项目（含2个院士项目）与良渚国际生命科技小镇签约入驻。该次大会入选2021“科创中国”浙江十大亮点名单。

（庞丰）

杭州市余杭区文学艺术界联合会

【获奖和参展（入选）作品】 2021年，余杭区文学艺术界联合会（下称区文联）所属协（学）会及其会员个人及创作的作品获奖或参展（入选）的有：区作家协会会员张海龙的纪录片《西泠印社》获第九届优秀国产纪录片及创作人才推优活动“优秀撰稿”大奖，朱晓军、杨丽萍创作的文学作品《大国粮仓》获浙江省优秀文学作品奖；区美术家协会会员谢水火的中国画《稻香》在中国美术家协会主办的“大美漳州 全国中国画作品展”中获优秀奖（最高奖），中国画《魁香》在中国美术家协会主办的“佰年国艺”全国手卷中国画写意作品展中获优秀奖（最高奖），中国画《皎月》入选中国美术家协会主办的“百花向阳 全国花鸟作品展”；汪文斌的油画《红色的围巾》入选中国美术家协会主办的第五届上海合作组织国际美术双年展；苟中卿的综合绘画《弥合之境》入选中国美协主办的家园·乡情——“古堰画乡”首届全国风景油画双年展；曹震宇的中国画《干塘记》入选中国美术家协会主办的第三届“神圣长白”全国中国画作品展；张靓亮的中国画《春消息》《逆风无畏》入选中国国际文化传播中心“传播优秀传统文化 弘扬伟大建党精神”书画艺术展，中国画《花间集》入选浙江省第七届群星视觉艺术综合大展——优秀美术作品展，中国画《竹林间》入选浙江省花鸟画家协会浙江百幅花鸟画展，中国画《依稀神女钗头见》入选浙江美协主办100周年名家书画作品展；会员韩斌加入中国美术家协会；区书法家协会会员何来胜的书法作品获入选第七届中国书法兰亭；翁燕平、张军的书法作品分别参加“贺知章杯——永恒的乡愁”全国书法篆刻大赛；马登峰、汪银贵、翁燕平、张宁的书法作品参展浙江省书法家协会700家精品展；区戏曲家协会会员魏小燕表演的曲艺《映日骄杨》参加全国“南山杯”曲艺新作展演；沈云东创作和表演的戏剧在第八届顾锡东戏剧艺术长三角越剧票友大赛中获十大票友奖；区舞蹈家协会会员宋晨晖、翁素萍创作的舞蹈《传承》获“戴爱莲杯”浙江省选拔赛“魅力之星”奖，并参加全国展演；区民间艺术家协会会员洪明宝获2021浙江省级乡村文化能人称号；梁易创作的故事《我的是最美的风景》、徐永忠创作的故事《孙猴子和二憨子》入选中国故事节中国好故事；区陶艺家协会会员罗洪文制作的陶艺作品获第二届中国“越窑杯”青瓷创意设计大赛银奖；程迪申制作的风筝在全国传统风筝锦标赛获二金二银；王国平制作的陶艺作品《雷神斩魔》入选中国美术家协会主办的第二届全国工艺美术作品展；仲剑蔚的雕塑《无名山》获浙江省第八届青年美术作品展览赛优秀作品奖；吴建毅制作的陶艺作品《秋晚系列·脊》获第十一届中国陶瓷产品设计大赛金奖；在“民心向党——艺创辉煌”建党百年全国陶瓷艺术品大展上，会员吴建毅获一等奖，吴立君、刘国俊获二等奖。

【文艺题材作品扶持】 2021年，区文联共扶持72项文艺作品和3项主题创作项目。组织2件作品申报省文化艺术基金，16件作品申报杭州市文联精品工程。区作家协会主席张海龙入选2020年度国家广电总局国产纪录片及创作人才扶持项目。

【文艺赛事和文艺展览】 2021年，区文联及所属协（学）会举办（承办）的文艺赛事和文艺展览有：TOP20在中国·2021中国当代摄影新锐展学术研讨会、“春满园”——2021余杭区文联迎春联展、“一带一路”中法艺术名家新作展、池沙鸿“杭州故事”个人艺术展、“天元杯”余杭区第二届陶艺大赛、“艺”起颂党恩艺术作品展、“丹青抒怀 礼赞百年”——庆祝中国共产党成立100周年书画艺术展、“共富路上的余杭先锋”——余杭区庆祝中国共产党成立100周年摄影展、余杭区庆祝中国共产党成立100周年诗词大赛、“天下径山美”——庆祝中国共产党成立100周年油画展暨百名画家画径山活动、“薪火传承——红星党建”窑烧体验活动、“翰墨颂党恩，银龄心向党”——庆祝中国共产党成立100周年书画展、“正当少年时、筑梦未来城”未来科技城10周年摄影展、“咱们工人有力量”主题摄影展、“共同富裕 中泰十景”创建评选、径山禅茶主题楹联创作等展览；采风、创作活动40多次，创作文艺作品1000多件。

【主题文艺创作】 2021年，区文联组织部分艺术家，创作拍摄与良渚文化有关的《越过山顶》《画与远方》《时间的表达》《陶冶情怀》4则故事短片，被“学习强国”学习平台录用。组织相关协（学）会创作以“众人的事情由众人商量”为主要内容的曲艺作品《修墙》，油画作品《大樟树下说家园》。反映余杭经济社会繁荣、江山多娇的中国画《余杭好地方》。歌颂余杭在实践共同富裕示范先行区上成就的报告文学《中国式外卖——外卖小哥调查报告》等。

2021年，区文联联合区美术家协会开展写生等志愿服务活动
（区文联　供图）

【文艺志愿活动】 2021年，区文联组织开展文艺志愿服务活动150多场，组织参与志愿活动者3000人次。开展“画扇子、送清凉”，“远方与诗、手绘定制”浸润式党课等形式的“党建+文化”主题活动。

（本分目全年性数据1—5月部分按原余杭区统计）

（张靓亮）

杭州市余杭区残疾人联合会

【概况】 2021年末，余杭区共有持证残疾人1.96万人，其中，视力残疾1966人，听力残疾3396人，言语残疾230人、肢体残疾9616人、智力残疾1954人、精神残疾1657人、多重残疾790

人；二级以上重度残疾人5376人。2021年新增残疾人1279人，注销562人。

【残疾人按比例就业】 2021年，余杭区残疾人联合会（下称区残联）为920家在2020年度安置残疾人就业单位办理确认登记，核准就业人数2399人，残疾人就业保障金入库1.7亿元。发放用人单位残疾人按比例就业补贴，为582家用人单位发放岗位补贴288万元，为193家用人单位发放超比例安排残疾人就业补贴360万元。

2021年12月，余杭区第三十个“国际残疾人日”活动暨“最美残疾人家庭”表彰仪式举行　（区残联　供图）

【残疾人社会保障】 2021年，余杭区共有1.91万名残疾人享受每人每月50元的残疾人津贴，发放津贴1137万元。全区共有4900名生活困难残疾人享受困难残疾人生活补贴，发放生活补贴1968万元。8124名重度残疾人符合重度残疾人护理补贴，发放补助资金1856万元。415户“一户多残”困难家庭享受生活补助，发放补助金151万元。区残联为368名残疾学生、残疾人困难家庭子女提供教育援助和助学补助，共发放补助资金36万元。为172辆残疾人机动轮椅车提供服务保障，发放燃油补贴14.4万元。

【残疾人保险】 2021年，区残联落实城乡居民养老、医疗保险补助4833人，264万元；发放职工基本养老、医疗保险补助4500人，1457万元；发放职工医疗补助4442人，554万元。全年受理意外伤害保险理赔315人，办结赔付282人，赔付金额219.3万元。

【“残疾人之家”建设】 区残联推进星级“残疾人之家”提升改造，截至2021年末，累计投入资金800万元，全区所有镇（街道）均有三星及以上“残疾人之家”，安置残疾人庇护性就业250人。

【无障碍建设】 2021年，区残联继续开展社区无障碍创建工作，改造社区道路和公共场所坡道、盲道、扶手等无障碍设施，完成1个省级、5个区级无障碍社区创建工作。投入资金41.5万元，完成67户残疾人家庭无障碍改造。

【残疾人康复服务】 2021年，余杭区残疾人精准康复服务率为100%，基本康复服务率为100%，残疾人辅助器具适配率为100%。全年区残联免费配发大额辅具562件，其中，假肢23条，助听器224台，各类轮椅、护理床315台，小额辅具40件。为164名残疾儿童发放基本康复服务补贴264万元。

【残疾人文化建设】 2021年5月12日和12月2日，区残联分别在梦栖小镇和梦想小镇举办第31次全国“全国助残日”活动暨“最美残疾人”表彰、第30个“国际残疾人日”暨“最美残疾人家庭”表彰和残健共融大型文艺演出。组建残疾人自强宣讲团，全年开展宣讲14场655人次。组织有关残疾人参加省、市艺术周等重点节日活动。

【残疾人体育】 2021年10月，区残联选送残疾运动员5人，随浙江省队参加在陕西西安举行的全国第十一届残运会暨第八届特殊奥林匹克运动会，获二金三银三铜。11月，组队参加杭州市残疾人青少年游泳、田径锦标赛，获十金三银二铜，余杭代表团获团体组织奖，选送1名余杭籍运动员参加北京冬残奥会比赛。协助有关单位做好亚残运会宣传等项准备工作。

【残疾人权益维护】 2021年，区残联及时处理残疾人来信来访，做到件件有回音，件件有落实，维护残疾人合法权益，省残疾人信访总量比上年下降19.5%。利用全国助残日、法制宣传日等节日，开展残疾人保障法、省残疾人保障条例等法律法规宣传，全年印发政策法规宣传资料、工作业务手册、扶残助残情景解说、助残政策摘编等资料共3000多册。

（叶梦雨）

杭州市余杭区红十字会

【概况】 2021年，余杭区有镇（街道）、村（社区）、医疗卫生单位、学校、企业等基层红十字会269家、成人会员1.4万人、志愿者2.6万人。成人会员20人以上村（社区）213个，建会率100%。余杭区红十字会被评为杭州市红十字会2021年度优秀单位，区第19例造血干细胞捐献者何云东获中国红十字会“会员之星”称号。

【博爱帮困】 2021年，区红十字会开展“新春博爱送温暖”“红十字送医送药”“中秋博爱行动”及“生育关怀”“牵手星星的孩子”等“情暖余杭”系列博爱救助项目，全年共救助、慰问困难对象1158户，发放救助金、慰问品（折款）104.6万元；捐赠四川省苍溪县89.5万元，用于发展卫生健康事业项目。联合区卫生健康局，开展“情暖余杭 医路有爱”救助项目，慰问卫生系统困难干部职工，发放慰问金23.6万元。2021年，区红十字会接收学校、青年商会、企业、个人等社会各界捐款捐物总价值494万元，其中，捐赠资金424万元，捐赠物资价值70万元。

【杭红公益联盟余杭子联盟成立】 2021年12月23日，“云帆启航 共富未来”2021杭红公益联盟余杭子联盟成立暨“云帆计划”发布仪式在梦想小镇举行。由区红十字会联合部分爱心企业成立的杭红公益联盟余杭子联盟，聚焦生命健康，搭建公益平台，推动博爱救助项目品牌化，实施以救助困境儿童为核心的“云帆计划”公益项目。截至年末，加入企业36家。

【救护培训】 2021年，区红十字会组织开展救护培训“六进”活动，全年举办普及性救护培训582场，培训117.9万人；救护员培训137场，6484人通过考试获红十字救护员证。1月，良渚派出所受过培训的两名民警用心肺复苏技能挽救落水女子性命。12月，五常街道两名受过培训的街道工作人员运用日常急救知识，开展心肺复苏和人工呼吸，成功挽救同事性命。

【AED配置】 2021年，全区安置AED（自动体外除颤器）500台，累计685台。通过普及急救知识、设置AED、招募“急救侠”（在遇有人突发意外急需抢救时，自愿参与就近救人的持证救护员、志愿者），构建“AED—救护员—急救侠—救在身边”数字平台“四位一体”现场急救响应体系网络，为突发应急救援提供保障。

【应急救援】 2021年，区红十字会加强应急队伍建设，完善红十字会应急预案，建立快速响应机制，提升疫情、灾情防控应急响应和救护能力。在河南洪涝灾害期间，区红十字会派海豚应急救援队8名队员驰援河南灾区，志愿服务超1300个小时，协助转运防疫物资5万余件，转移居民355人。4月16日，区红十字海豚救援队获杭州市红十字救援队应急救护大赛一等奖，5月，获第四届浙江省红十字应急救护大赛团体二等奖。

【区红十字会被评为省级“数字红会”试点单位】 2021年，区红十字会被浙江省红十字会评为数字红会应用试点单位。设立全省首个县

2021年余杭区红十字会首期应急救护培训直播课堂现场

（区红十字会　供图）

（市、区）级试点“数字红会”驾驶舱及志愿者服务管理、会员服务管理、杭红捐赠、造血干细胞捐献、遗体器官捐献、救护培训等六大应用场景，构建“互联网＋红十字会＋社会治理”格局，提升红十字工作信息化管理水平。

【造血干细胞捐献】 2021年，余杭区造血干细胞捐献新增入库志愿者203人，累计入库2651人。参与初筛229例，参与高配32例，成功捐献3例（余杭区瓶窑镇瓶窑社区居委会委员张祺鑫、杭州锦石环保科技有限公司生产厂长陈刚、余杭区交通集团员工沈佳）。

【器官遗体捐献】 2021年，余杭区新增遗体器官角膜捐献志愿登记人数8人，累计实现遗体捐献27例、器官捐献38例、角膜捐献56例。

【三级志愿服务阵地成立】 2021年，区红十字会成立民办非企业社会组织——余杭区“博爱之家”志愿服务中心，分别成立何云东志愿服务工作室、陈夏侃志愿服务工作室、盛燕飞名师工作室。组建生命“髓”缘造血干细胞、红十字应急救护师资、“余爱同行”亲子、无偿献血暨造血干细胞宣传、红十字海豚应急救援、“生命之舟”器官（遗体）捐献宣传、造血干细胞捐献志愿者足球队、红十字“急救侠”8支专业化志愿服务队。各志愿服务队不定期组织会员、志愿者开展造血干细胞宣传、救护培训等活动。组建由造血干细胞捐献志愿者、优秀教师等21人组成的宣讲团。全年组织开展志愿服务210场（次），参与2200人次。

【红十字宣传】 2021年2月21日，《人民日报》新媒体平台“人民号”发布《浙江全省区县第一 杭州余杭这项善举领跑全国》，介绍余杭造血干细胞捐献工作。11月2日，新华社客户端发布《杭州余杭仓前街道葛巷社区应急救护实训站上线》，点击量超48.1万次。全年余杭区红十字工作信息被《中国红十字报》等国家有关平台（媒体）录用11篇，被省、市主流媒体、微信公众号等录用65篇，被余杭电视台、“余杭发布”等区级主要媒体录用50多篇。

【“红十字救在身边”基层联系站点示范项目】 2021年9月，杭州市文明委、杭州市红十字会公布2021年度新时代文明实践“红十字救在身边”示范单位名单，余杭区仓前街道、径山村旅游景区、阿里巴巴西溪园区、仁和街道洛阳村入选，其中，仓前街道被评为2021年度新时代文明实践“红十字救在身边”示范街道，径山村旅游景区、阿里巴巴西溪园区、仁和街道洛阳村被列为示范点。

【“生命髓缘”造血干细胞应用场景上线】 2021年9月，区红十字会“生命髓缘”造血干细胞捐献全流程场景应用上线杭州“群团集市”。该应用聚焦数字赋能核心业务，将造血干细胞入库登记从线下变为线上。

（王佳诚）

编辑：李景苏

法 治

Rule of Law

政法委及综治

【概况】 2021年，余杭区委政法委以“全域治理现代化”建设为载体，防范化解社会矛盾风险，加强社会治理创新，推动“平安余杭”创建，为全区政治稳定、社会安定和经济建设创造良好和谐的社会环境。

【社会稳定维护】 2021年，余杭区完成区划优化调整等系列关键节点维稳安保工作。成立“防火墙”安全专项小组，对15家重点企业开展安全防范培训。推进重大不稳定因素三级领导包案，70件区领导包案基本化解22件，60件镇（街道）、村（社区）领导包案基本化解36件，其中8件市级监管项目100%化解。完善社会风险评估机制，余杭区评估风评项目140多个。

【基层治理基础夯实】 2021年，余杭区实施党建引领“四治融合”行动，成立区级领导小组及办公室，出台关于基层治理组织体系建设的实施方案5个，配套成立党建统领、自治、德治、法治、智治5个工作专班，完善项目清单，形成“1+5”的工作体系，全面部署推进“四治融合”建设工作，夯实基层基础。

【三级矛调中心建设】 2021年，余杭区制定出台《关于加强和完善社会治理综合服务中心（社会矛盾纠纷调处化解中心）建设和管理的实施意见》，健全一窗受理、调解对接、建议征集、激励培训等工作机制。推进区社会矛盾纠纷调处化解中心（下称矛调中心）建设，成立余杭、良渚、瓶窑3个矛调分中心。全区12个镇（街道）及209个村（社区）均已建成社会治理综合服务中心。推进浙江解纷码和省矛盾纠纷调处协同系统运行，为各类信访矛盾纠纷提供法律服务102件（次），调处类案件调处成功率83.33%。选取西溪源、小古城、云会、良渚文化村、葛巷5个村（社区）作为“共享法庭”试点，制定相关实施意见，筹建区大调解协会，深入推进矛盾纠纷源头化解。

【社会治理创新】 2021年，余杭区牵头建设全省首个数智治理中心，统筹资源，系统开发，整合接入10个多跨场景、视频监控、烟感设备等物联感知设备。细化梳理全科网格任务清单，明确基本清单任务41项、正面清单任务14项。形成“1+（4+2）+1”数智治理系统，开发AI风险智控体系，迭代升级“基层治理四平台”，建强压实数智治理底座。推进数字法治三大体系建设，13个应用场景入选省、市应用场景清单，“社会矛盾风险智能预警处置平台”入选省揭榜认领项目，制定形成制度文件8个、理论研究成果3篇。

【平安创建】 2021年，余杭区以“保十争五”工作目标为指引，牵头平安建设“一办九组”工作格局，健全风险闭环管控的大平安机制，优化平安考评指标体系，通报考核结果8次。健全立体化平安督查体系，开展检查40多次，检查企业、高层建筑、出租房、小餐饮、学校等点位1296个，发现隐患问题2431个，完成两次省平安暗访的迎检任务。9月起，区委政法委牵头启动平安建设十大领域“百日攻坚”行动，集中攻坚交通安全、消防安全、消费投诉等顽固问题，实现“平安三率”稳中有升，亡人事故下降，收案指标增速放缓，信访投诉下降。开展平安宣传，投放平安宣传户外广告牌、LED大屏295个，张贴海报3万余份，悬挂横幅3600多条，发放传单、折页54.7万份。开展消防演习693次、平安巡防活动1565次，发动22.4万人参与平安创建系列活动，电诈防范知晓率维持在98%左右。

【执法监督】 2021年，余杭区组织开展常态化扫黑除恶斗争工作，建立线索双向移动机制，全面倒查重点案件，全年共核查线索9条，办结8条，完成对427名党代表、464名人大代表、132名政协委员候选人的资格审查工作。推动处理涉法涉诉信访案件2批次56件。初步建立政法一体化办案体系工作，推进综合卷宗源头数字化、大容量音频视频平台协调、单轨制工作机制建设，全面提升“法治余杭”建设水平。

【政法队伍建设】 2021年，区委政法委开展政法队伍教育整顿，查处政法机关违规违纪、案件不明、审判有疑等情况，形成便民举措14项。举办政法干部政治轮训班，为全区政法干警上好警课。10月，按时完成区法学会的群团改革，召开区法学会代表大会，选举产生第六届理事会。

（本分目全年性数据1—4月部分按原余杭区统计）

（马涵静）

法治政府建设

【概况】 2021年，余杭区扎实推进法治政府建设工作，召开年度法治政府建设工作推进会暨府院联席会议，通报上一年法治政府建设工作情况、“两高一低”情况及公益诉讼案件情况，梳理部署重点工作；召开“两高一低”专项整治工作推进会，重点研究破解行政案件发案量高、行政败诉率（纠错率）高等问题，细化工作举措。“AI视频巡逻助力人行道违停十分钟提醒”项目入围第六届“中国法治政府奖”。余杭区创建为法治浙江（法治政府）示范区，相关做法在全市法治政府建设推进会暨府院联席会议作典型交流发言。

【“大综合一体化”行政执法改革】 2021年，余杭区推进“大综合一体化”行政执法改革，统筹配置执法资源，专班运作，拟定《杭州市余杭区关于全面推进“大综合一体化”行政执法改革实施方案》，谋划区级层面总体形成“1＋7”的行政执法队伍格局，构建完善行政执法指挥协调体系和监管执法一体化体系，推动“综合执法引领、专业执法联动”的行政执法“余杭方案”，方案呈送杭州市政府转呈浙江省政府报批。

【镇（街道）合法性审查全覆盖】 2021年，余杭区在行政区划调整后，推动各镇（街道）完善审查机制和落实审查责任，推进合法性审查工作落实。完善合法性审查“红黄蓝”指导手册，优化合法性审查线上办理流程，规范实体程序，提高审查质效，工作经验被《竞跑者》录用刊发。“余杭区乡镇街道合法性审查全覆盖”项目入选浙江省县乡法治政府建设“最佳实践”项目杭州市重点培育对象名单。

【依法行政能力数字赋能】 2021年，余杭区法治政府建设数字化改革，推进“一主轴、两定位、三服务”智慧复议系统树冠体系建设，建成并运行“智慧云复议”系统，优化升级智慧复议系统，基本建成“智慧复议大脑”。探索建立重大项目全生命周期法治化管理“一件事”场景，对重大招商引资项目进行前端、中端、后端的全过程涉法事项风险管控。该场景入选《浙里法治风险闭环管控应用建设总体方案》，被列入全省数字化改革重大应用“一本账S1”目录。探索建设“行政执法监督评议平台”，打造“互联网+行政执法监督”模式，实现在线信息收集、在线评估、线上督办的行政执法智治平台。

【重大行政决策规范化建设】 2021年，余杭区执行《重大行政决策程序暂行条例》《浙江省重大行政决策事项目录编制指引（试行）》要求，落实重大行政决策目录化管理。行政区划调整后，重新开展事项征集、审核报批等工作，经集体审议确定年度重大行政决策事项5项，在区政府门户网站公布目录。组织指导部门、镇（街道）同步编制、公布重大行政决策事项目录。纳入目录的重大行政决策事项，履行公众参与、专家论证、风险评估、合法性审查、集体讨论决定等程序要求，提高依法、科学、民主决策水平。

【行政规范性文件管理】 2021年，余杭区结合行政区划调整实际，理顺行政规范性文件管理机制。区司法局落实合法性审核制度，全面审查实体程序，全年审查区政府规范性文件18份，出具合法性审查意见书16份，提出审查意见80多条，及时对涉及新冠肺炎疫情决策和措施进行合法性审查。落实备案要求，应备尽备，按要求向市政府、区人大常委会进行备案；组织开展妨碍统一市场和公平竞争、涉及“烦企扰民”文件等专项清理，确保法制统一、政令畅通。通过起草单位自行评估、委托律师事务所评估等方式，对28份行政规范性文件开展后评估，出具后评估报告并公布于区政府门户网站。

【行政机关合同管理】 2021年，区司法局审查区政府行政机关合同30份，出具合法性审查意见书28份，提出审查意见建议90多条，未发生合同争议，预防和减少合同纠纷，维护国有资产、财政资金安全。根据行政区划调整实际，及时调整部分合同内容，未因区划调整产生合同争议。开展镇（街道）合同专项检查，检查合同签订程序、实体内容，提出完善建议，提升镇（街道）合同质量。

【行政执法规范】 2021年，余杭区落实行政执法“三项制度”，结合行政区划调整，开展行政执法主体资格确认公告工作，依法审核并向社会公告区划调整后全区第一批行政执法主体名单39个；通过门户网站行政执法专栏及时公布并更新权责清单、行政执法人员、行政执法决定等信息；制作区政府重大行政执法决定法制审核目录清单，明确审核范围，严格审核要求。加强行政执法证件和执法人员管理，开展行政执法证件换证工作，对全区近2000本行政执法证件进行统一换证；推进行政执法证件申领工作，动员、组织开展全区行政执法资格考试，全区执法人员持证率超90%。

【行政执法监督】 2021年，区司法局开展行政执法案卷评查，集中评查全区各行政执法机关的行政许可、行政处罚、行政强制案卷99件，提出意见建议130多条，制发行政执法监督通知书，提出整改要求，明确整改期限，督促执法案卷规范化水平提升。开展水利系统行政执法质效专项评议，组建区水利系统行政执法评议小组，邀请“两代表一委员”、特邀行政执法监督员、执法对象代表等参与座谈会，为区水利执法工作建言献策，梳理台账提交第三方专家团队进行评议，促进执法规范化。通过“浙江省行政执法监督信息系统”开展涉民生执法专项监督，要求限期整改问题并书面反馈，督促依法行政。

【行政复议能力提升】 2021年，余杭区出台《余杭区人民政府行政复议员任命办法》，举办行政复议员任命仪式。区司法局开展“复议为民促和谐”专项行动，梳理出涉及重点行政管理领域及事关群众切身利益、具有较强指导意义的行政争议案件119起，制定专项化解方案，调解成功78起。开展“以案治本”专项行动，确定网络消费、征迁、拆违等3个重点整改领域和2个重点整改地区，提出建立网络交易纠纷案件调解前置机制等工作建议，强化纠错案件的结果运用。开展“繁简分流”专项行动，探索行政复议简案快办工作机制。全区复议纠错率比上年下降，行政复议和行政诉讼收案比近4：1。

【行政应诉】 2021年，余杭区推行重大行政争议案件领导包案化解制度，构建“一案一方案，一事一专班”的矛盾纠纷化解体系，点对点化解重大行政争议。组织开展行政案件庭审观摩，通过参与司法过程，增强并提高“少数关键”运用法治思维和法治方式推动工作的意识和能力。推动行政负责人出庭应诉工作常态化运转，区直部门、镇（街道）主要负责人实现开庭案件“应出尽出”，出庭率实现100%。全区行政败诉率比上年下降。

【行政争议化解】 2021年，余杭区调动行政争议调解中心和行政争议调解委员会作用发挥。发挥行政复议纠错风险预警、行政诉讼败诉风险预警机制作用，开展行政诉讼诉中化解。引入专业力量参与重点领域纠纷化解，发挥专家咨询委员会作用，由法学院教授、律师、行业专家等为网络消费领域纠纷调停献计献策，提供专业保障。全年全区行政复议调撤率、协调撤诉率均比上年增长。

【法治政府建设评议考核】 2021年，余杭区将落实行政执法责任制纳入年度法治余杭（法治政府）建设工作考核评价，继续推行行政败诉案件双重考核机制，督促各行政执法责任制单位严格规范公正文明执法。注重挖掘先进经验，设置考核评价“加分项”，激励创新争优；及时提出意见建议，限期整改落实。

（徐佳璐）

公 安

【概况】 2021年，市公安局余杭区分局共接报警114.28万起，受理刑事案件0.58万起，受理治安案件1.79万起，刑事拘留1990人次，移送检察院起诉1878人次；破获命案3起，强奸、绑架、放火、爆炸、劫持五类严重刑事案件17起。全区公共安全形势稳定，未发生较大及以上安全生产事故和交通、消防安全事故。全年有34个集体、149名民警受到各级各类表彰，包括浙江省实施妇女儿童发展规划成绩突出个人王萍，杭州市五一劳动奖章、杭州市五四青年奖章、杭州十大杰出青年鲍伟杰，杭州市政法系统模范个人洪康等先进典型。市公安局余杭区分局被评为浙江省市场监管执法工作成绩突出集体、浙江省知识产权保护工作成绩突出集体、杭州市文明单位。

【公安系统疫情防控】 2021年，市公安局余杭区分局出动警力6000多人次，核查涉新冠肺炎疫情数据24万余条。溯源确诊、密接病例，核查相关人员。协助全区集中隔离点落实24小时驻守安保工作。检查公共复杂场所4681家（次），分类分级做好公共复杂场所关停和有序开放工作。

【庆祝中国共产党成立100周年安保】 2021年，市公安局余杭区分局围绕中国共产党成立100周年安保，每日投放街面警力，提升“见警率”“管事率”。检查出租房1.7万户，整改消防安全隐患1000多处，查处危险化学品从业单位4家、危险化学品运输车辆违法处罚25起。打处黄赌违法犯罪人员448人。

【扫黑除恶】 2021年，市公安局余杭区分局刑拘涉黑涉恶犯罪嫌疑人24人，查处非法资产300万余元，打处恶势力犯罪集团2个。连续侦破新型裸聊敲诈案件3起9人，铲除黑恶势力网上滋生土壤。

【电信网络诈骗打击】 2021年，市公安局余杭区分局破获电网诈案件340起，抓获犯罪嫌疑人302人，涉案金额5200万余元，摧毁电信网络犯罪团伙3个。成功劝阻诈骗123起，挽回群众损失2159万余元。指导镇（街道）组建专兼职防诈宣讲队197支，宣讲覆盖116.80万人。全年受理新型电信网络诈骗案件3698起，比上年下降24.52%。

【涉毒打击处理】 2021年，市公安局余杭区分局打击不同领域涉毒犯罪，全年刑拘涉毒人员40人，移送起诉31人。治安拘留105人，强制戒毒6人。打击处理绩效列全市各区、县（市）第一位。

【黄赌打击处理】 2021年，市公安局余杭区分局建立“线索排摸、分析研判、异地用警、组团作战”的打击体系，捣毁涉黄场所24家、涉赌互联网公司1家、黄赌网站3个。全年打击处理黄赌违法犯罪人员1173人，比上年增长32.54%。

【经济案件打击处理】 2021年，市公安局余杭区分局开展打击侵害企业利益经济犯罪专项治理行动，办理涉企案件15起，涉及资金9000多万元，移送起诉29人，维护余杭区经济发展秩序。

【“食药环知”领域打击处理】 2021年，市公安局余杭区分局打击处理食品、药品、生态环境、知识产权领域犯罪嫌疑人84人，移诉63人。完成省督案件5起，破获非法经营新型冠状病毒疫苗案件、特大销售假冒注册商标汽配案。

【公安领域基层治理】 2021年，市公安局余杭区分局推动警源治理，全局重复报警警情比上年下降10.7%。推动警务支点建设，建成“一站一品”新型联勤警务站10个。发展壮大“义警”队伍，全区志愿者26万余人，开展义警活动240多次。挖掘见义勇为事迹，确认见义勇为事迹36起，上门表彰89人。

【一窗通办】 2021年，市公安局余杭区分局围绕“规范办、简化办、网上办、就近办”要求，办理通办业务1.4万件。打造“浙里拍”手机智能证件照拍摄系统，由群众自主拍摄上传户籍、出入境证件照片。截至年末，拍摄群众证件照片8.3万张，事迹被省公安厅发文推广。

【交通管理】 2021年，市公安局余杭区分局指导建成12个镇（街道）交通治理中心和799个村（社区）、企业交通治理站，宣教142万余人。持续整治重点车辆，全年发生亡人事故34起36人，分别比上年下降30.6%、28%，降幅居杭州各区、县（市）首位。提升道路安全基础，完成道路改造51条，完善“Z”字形过街斑马线74处，消除农村道路路口安全隐患3200多处。

【警企共建】 2021年，市公安局余杭区分局结合“创满意”大走访、“万警联村社・枝叶总关情”、“千警访万企”等活动，建立重点企业警官联络制，走访企业260家，组织参加警企共建大型活动30多次，帮助企业答疑解惑，增强企业风险防范能力，督导企业合规合法经营。

【“余悦警心”暖警工程】 2021年，市公安局余杭区分局打造“余悦警心”暖警工程，为队伍注入活力、增强动力。全年办理侵害民警执法权威案件46起，打击处置51人。开展各类慰问涉及1900多人次、100万余元。暖警工程建设被推荐为市级公务员关心关爱基层工作联系点，得到省公安厅政治部肯定。

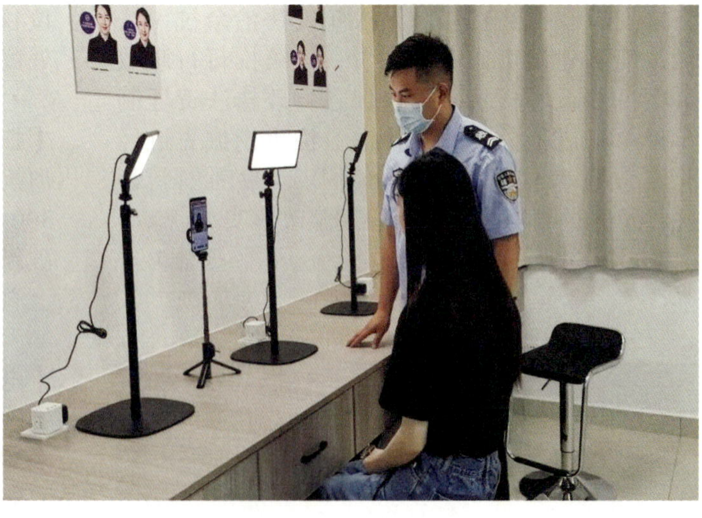

余杭区瓶窑综合服务大厅“浙里拍”自助拍摄区（摄于2021年） （市公安局余杭区分局 供图）

【特大网络组织领导传销案】 2021年3月17日，市公安局余杭区分局出动警力，在浙江义乌、福建三明、陕西西安、广东深圳等四省七地，对某平台涉嫌组织、领导传销专案开展集中收网行动，抓获涉案人员27人，捣毁一特大网络传销犯罪集团，获得省主要领导批示肯定。

【公安部目标制贩毒案】 2021年5月中旬至7月下旬，市公安局余杭区分局先后到湖北武汉、孝感等地，对公安部目标制贩毒案开展4次集中收网。全案共刑拘犯罪嫌疑人31人，行政拘留吸毒人员60人，缴获冰毒、麻古等毒品。

【特大荐股诈骗案】 2021年7月8日，市公安局余杭区分局到广东惠州、江西南昌、江西赣州、滨江区等地进行全面收网，共抓获犯罪嫌疑人48人，打掉一特大荐股诈骗犯罪团伙。经查，该案系从平台至代理的全链条荐股诈骗犯罪案件，涉案金额1000万余元。

【特大销售假冒注册商标汽配案】 2021年7月21日，市公安局余杭区分局对某公司销售假冒注册商标的商品（汽车配件）案开展集中收网行动，抓获犯罪嫌疑人13人，查获假冒注册商标汽车配件4万余个，涉案价值5000万余元。该特大销售假冒注册商标汽配案，被市公安局评选为2021年环食药战线十大经典案例。

（本分目全年性数据 1—4 月部分按原余杭区统计）

（李春远）

检 察

【概况】 2021年，余杭区人民检察院（下称区检察院）共办理提请批准逮捕案件696件、1023人，审查起诉案件1310件、1988人。获得国家级荣誉表彰4项，省、市、区级荣誉表彰50项。6件案件入选最高人民检察院典型案例，占全市入选数量的40%。区检察院连续10年被评为全省先进基层检察院。

【刑事检察工作】 2021年，区检察院严厉打击“黄赌毒”“盗抢骗”“食药环”及涉疫犯罪，批捕321人、起诉674人。从严惩治涉黑涉恶犯罪29人，存量案件全部依法办结。严惩扰乱金融市场秩序的P2P互联网金融犯罪，办理非法吸收公众存款、集资诈骗犯罪21人。加强与监察机关衔接配合，办理监委移送的职务犯罪案件6件6人。依法推进司法工作人员职务犯罪案件侦查，查办滥用职权等犯罪案件2件3人。对情节轻微的犯罪不批捕371人、不起诉585人，诉前羁押率降至32.5%。办理认罪认罚案件1670人，认罪认罚适用率89.7%，量刑建议采纳率达98.1%。强化刑事诉讼监督，提出书面纠正意见15件（次）。提前介入重大复杂案件110件，其中李某某等35人诈骗、敲诈勒索案被评为全省检察机关补充侦查十大典型案例。

【民事检察工作】 2021年，区检察院建立刑民交叉虚假诉讼监督场景，发出再审检察建议42件。开展信用惩戒、网络拍卖、民法典适用等专项行动，运用大数据技术发现民事监督线索。

【行政检察工作】 2021年，区检察院办理行政检察案件29件。督促和协调各方促成某项目用地合法化，实现相关人员落实城镇社保等安置待遇，妥善化解信访风险。开展非诉执行监督专项行动，推动有关镇（街道）拆除违章建筑2万余平方米。

【公益诉讼检察】 2021年，区检察院办理行政、民事公益诉讼案件49件。针对全区10个镇（街道）的29处红色史迹，开展“守护红色军事文化史迹”检察公益诉讼专项行动，与相关行政部门共同守护“红色根脉”。开展安全生产领域公益诉讼专项行动，消除燃气、生物油安全隐患，保障社会公共安全和人民群众生命财产安全。落实耕地保护制度，推动职能部门追缴耕地占用税4840万元，实现国有财产保护和耕地保护两手抓。落实互联网平台企业主体责任，办理全国首例个人信息保护民事公益诉讼案，责令涉案企业删除精准定位等用户信息1100多万条。办理疫情期间销售伪劣口罩案，在全国范围内首次提起民事公益诉讼，索赔公益损害赔偿金。上述两起案件被评为全国检察机关公益诉讼典型案例。

【未成年人检察工作】 2021年，区检察院对29名实施性侵、虐待等侵害未成年人犯罪的被告人提起公诉，对未成年被害人开展司法救助、心理疏导、异地安置等综合救助。建立健全“云上护未”未成年人保护工作体系，完善未成年人保护大格局。依法办理全国首例未成年人网络保护民事公益诉讼案，推进企业围绕儿童个人信息收集、存储、使用、共享等环节出台34项整改举措，该案被写入最高人民检察院《未成年人检察工作白皮书》，被中央广播电视总台报道。办理全省首例“事实孤儿”司法救助案，依法支持起诉变更监护权，维护未成年人合法权益。联合区教育局出台未成年人权益保护社会观察员制度，聘请未成年人权益保护社会观察员16名。

【检察工作服务保障共同富裕】 2021年，区检察院出台《服务保障余杭高质量发展建设共同富裕示范先行区的实施意见》，制定护航经济高质量发展争先、助力城乡区域协调发展争先等六方面17项具体举措。深化“三服务”工作，走访企业47家、村（社区）24个、困难家庭40户，办理各类信访案件17件，推动解决企业和人民群众的急难愁盼问题。推动检察官联系服务镇（街道）全覆盖，建立“一镇（街道）一检察联系点”联络机制，推动检察力量下沉。

【检察工作服务保障营商环境】 2021年，区检察院惩治侵害民营企业合法权益犯罪，办理内部人员职务侵占、挪用资金等影响企业发展、损害企业利益的犯罪案件40件、73人，其中周某某侵犯某国家高新技术企业商业秘密案，被评为全国检察机关保护知识产权典型案例。处置民营企业涉案财物，依法不批捕35人、不起诉53人。推进企业合规建设，督促涉案企业作出合规承诺并落实整改。与区工商联共建“检企联络办公室”，建立联席会议、合规培育等工作机制，防范企业经营中的法律风险。

【检察工作服务保障全域美丽】 2021年，区检察院开展历史文物保护跨区域检察协作，与湖州市德清县检察院联合签署《良渚文化遗址检察保护协作机制》。坚持生态优先，依法惩治破坏环境资源和野生动物资源犯罪36人，开展野生动物资源保护诉前民事赔偿。以“刑事打击＋公益诉讼”助力形成保护蓝天碧水美丽城区的工作合力。发出检察建议，推动职能部门对公益林实行数字化、精准化管理。

【基层社会治理】 2021年，区检察院促成检察环节信访案件化解，其中刘某某信访积案化解案入选全省检察机关控告申诉类精品案例。推动职能部门严把企业“注册入口关”。撰写区法律监督工作年度报告和瓶装燃气经营使用安全等专项调查报告，对履职中发现的社会治理问题提出对策建议，获区委、区政府主要领导批示肯定。

【数字检察建设】 2021年，区检察院加大检察工作数字化改革，自主研发“特定行业准入护城河”数字系统，通过对医疗卫生、食品药品、道路运输、教育培训、养老服务等五大民生公益领域从业人员进行三色赋码管理，保障行业禁入法律规范落地见效，该系统入选全省数字检察创新应用“十佳方案”。推进“四源治理”检察协同监督系统，构建检察机关一站式矛盾化解驾驶舱，处理线索1300多条。联合开发“云上取证”系统并在多地运用，远程询问1038人次。

【网络生态空间治理】 2021年，区检察院办理网络赌博、电信网络诈骗等网络犯罪385人，办理的叶某某等93人特大电信网络诈骗案被评为全省检察机关精品案例。参与“断卡行动”等专项行动，办理涉银行卡、电话卡案件147人，其中周某某、尤某某帮助信息网络犯罪活动案被评为全国检察机关推进网络空间治理典型案例。依法办理“女子取快递被造谣出轨案”，推动案件刑事自诉转公诉，维护网络社会秩序。联合推进“绿网计划”，将自主创作的普法短视频嵌入门户网站搜索结果界面，实现“精准式”普法。

2021 年，女子取快递被造谣出轨案庭审现场

（区检察院　供图）

【女子取快递被造谣出轨案】 2021年2月26日，区检察院依照程序，对“谷某某出轨快递小哥”一案的编造者郎某某、何某某提起公诉。经审理，判处郎某某、何某某有期徒刑一年，缓刑二年。1月，区检察院“女子取快递被造谣出轨案”，被最高人民检察院评为“2020年度十大法律监督案例”；11月，该案被最高人民检察院评为“党的十九大以来网络治理典型案例”；12月，办案团队被评为全国检察机关“2021年度优秀办案团队”。

▶**链接** “女子取快递被造谣出轨案”：2020 年 7 月，郎某某、何某某编造“谷某某出轨快递小哥”的对话内容，并发至微信群，在网上迅速发酵，谷女士向警方报警。公安机关对郎某某、何某某作出行政拘留处罚。因造谣者道歉态度消极，谷女士向法院提起刑事自诉。区检察院依法建议市公安局余杭区分局以郎某某、何某某涉嫌诽谤罪立案侦查。

【“检爱同行，共护未来”主题开放日活动】 2021年6月3日，区检察院举行“检爱同行，共护未来”未成年人检察主题开放日活动，市公安局余杭区分局、区民政局、区教育局等8个部门代表以及区人大代表、区政协委员参加。会上，与会人员围绕未成年人网络保护、强制报告落实、打击性侵犯罪等话题展开探讨，共商未成年人保护举措。

【法治政府建设推进会】 2021年11月10日，余杭区召开2021年度法治政府建设推进会暨府院联席会议。会上，通报近年来区检察院发挥行政检察、公益诉讼检察职能，助推法治政府建设工作情况，从行政检察、公益诉讼检察角度对余杭区法治政府建设提出建议，并阐明下一步工作思路。

【“护航民企发展”检察开放日】 2021年11月16日，区检察院、区工商联在杭州申昊科技股份有限公司联合举办“护航民企发展”检察开放日暨清廉民企现场推进会活动。邀请区人大代表，区政协委员，区纪委、区市场监管局（知识产权局）、市公安局余杭区分局领导以及辖区10家民营企业代表、1家国有银行代表等共20多人参加。活动现场，区检察院发布近年来办理的已判决生效的10件典型涉企案件；与区工商联共同设立“检企联络办公室”。与会企业代表围绕执法司法机关如何服务保障民营经济发展开展交流。

【区委检察工作会议】 2021年12月22日，余杭区召开区委检察工作会议，区委书记刘颖、市检察院副检察长徐剑锋出席会议并讲话。会议落实上级检察工作会议精神，研究部署全区检察工作。

（本分目全年性数据 1—4 月部分按原余杭区统计）

（褚美芳）

法　院

【概况】　2021年，余杭区人民法院（下称区法院）紧盯重点领域、重点案件、重点群体，做好预警预判和提前应对。出台举措服务保障余杭“三个全域、三区创建”，推进“全域数字法院”建设，坚持服务大局、司法为民、公正司法，忠实履行宪法法律赋予的职责。全年受理案件2.1万件，办结案件2.2万件。

【法治营商环境优化】　2021年，区法院对标全国及省、市营商环境考核指标，落实快立快审快执机制，加强买卖合同纠纷案件重点环节流程再造，推进破产案件简化审理，5起案件4个月内审结，“执行合同”“办理破产”指标明显提升。审结与公司有关的纠纷96件，标的额1.1亿元，强化公司主体责任，引导市场主体健康有序发展。化解“晟元公司系列案”，打破公司运行僵局，促成各方主体和解。审结买卖合同纠纷1672件，标的额1.8亿元，助力执行合同减时、降费、提效。审结金控控股公司破产重整案等破产案件45件，引进重整资金18亿元，盘活不良资产8.9亿元，百居易公司、彭公竹制品公司等破产案件取得重大进展。秉承“保护知识产权就是保护创新”理念，打造未来科技城法庭，推进知识产权“三合一”审判，审结“ONLY案”等知识产权案件2112件。加大侵权行为惩治力度，判决民事赔偿金额4907万元，审结涉同花顺炒股软件侵权案，严厉打击非法破解、售卖盗版软件犯罪行为。

【共同富裕司法保障】　2021年，区法院妥善处理涉重大项目、城市基础设施建设等纠纷，成功调处涉杭州亚运会重要交通保障项目纠纷。诉前化解全省首例涉“西湖龙井”地理标志证明商标公益诉讼案，依法维护权利人合法权益和区域公共利益。服务和保障乡村振兴战略实施，对标“三生融合”，妥善审理涉“三农”案件57件，执行终结涉民生案件532件，执行到位1006万元。审结司法救助案件5件，准予救助金额31.1万元。深入推进社会主义核心价值观融入裁判文书释法说理，对胡某等人组织刷单炒信获利6800多万元的行为，以非法经营罪判处最高有期徒刑7年，发挥司法裁判的规则引领和价值导向作用。

【法院数字化改革】　2021年，区法院项目化、清单化建设“全域数字法院”，推进“涉网知识产权纠纷凤凰智审”省级试点项目，整理数据样本，提炼裁判规则，完成智能起诉、答辩、证据核验等底层设计搭建。探索办理破产便利化和信息化，“建立破产信息化平台助力提速增效”入选杭州法院办理破产十大典型做法。

【刑事犯罪惩治】　2021年，区法院新收一审刑事案件424件、615人，审结419件、670人。常态化开展扫黑除恶专项斗争，审结2件、17人，打击黑恶势力犯罪。打击“黄赌毒”“盗抢骗”“食药环”等涉民生领域犯罪，审结176件、330人，其中审结跨境赌博犯罪10件、

2021年12月27日，杭州市余杭区人民法院未来科技城人民法庭揭牌
（区法院　供图）

17人，涉案赌资3.4亿元，促进社会治安持续好转。依法惩处集资诈骗、非法吸收公众存款等犯罪，审结9件、54人，涉案金额936.4亿元。打击电信网络诈骗等涉网犯罪，审结22件、45人。贯彻“两法一条例”，惩治职务犯罪案件5件、5人，组织机关干部旁听庭审，接受警示教育。

【民商事纠纷化解】 2021年，区法院新收一审民商事案件1.2万件，审结1.3万件。防范化解金融风险，审结金融案件295件，标的额9406.2万元。持续推进民间借贷协同治理，全面排查涉嫌虚假诉讼案件，民间借贷案件收案数比上年下降33.7%。审结生命健康、名誉、隐私等人身权益案件124件，保护公民人格尊严。审结涉普吉岛沉船事件侵权责任案件。审结房屋买卖、建筑工程、物业服务等涉房类案件900件，促进房地产市场健康发展。审结首例涉保证人“法定代位权”案件，保护保证人合法权益。审结婚姻家庭、继承等家事案件885件，促成当事人和解459件，用柔性司法助力家庭和谐。审结追索劳动报酬等劳动争议案件286件，标的额635.6万元，保障劳动者合法权益。

【法院行政争议化解】 2021年，区法院新收一审行政案件124件、审结120件。行政争议调解成功51件。审理涉拆迁安置案件51件，助力城市有机更新。兼顾支持合法行政行为和保护行政相对人合法权益，裁定准予执行28件。推进“告官能见官”“出庭又出声”，行政机关负责人出庭应诉率100%。强化府院良性互动，优化行政争议协调机制。首创行政案件败诉风险预警机制，向存在败诉风险的被诉机关发送行政案件败诉风险预警告知书，该项制度被杭州中院采纳并在全市推广。

【执行难题破解】 2021年，区法院健全综合治理从源头解决执行难工作大格局，新收执行案件5292件，执结5341件，执行到位3.4亿元。在区委政法委牵头下推进“执行一件事”综合集成改革，联合全区19家相关单位、镇（街道），形成执行多跨协同联动机制，促进执行事务高效、便捷办理。开展“奋战60天，我为群众办实事”高效为民执行专项行动，执结涉民生案件60件，执行到位169.6万元。推进“执转破”，将33家企业移送破产审查，化解执行案件168件，盘活闲置资源。探索“个人破产”制度，受理余杭首例个人债务集中清理案件，涉执案件10件，标的额257.2万元。加强执前督促，督促到位672万元。完善正向激励机制，对诚信履行的单位或个人予以信用修复。健全区域联动信用惩戒机制，与区发改局等部门实现被执行人信用信息交换共享，通过新媒体曝光严重失信被执行人名单，构建“一处失信、处处受限”信用惩戒大格局。

【法院参与基层社会治理】 2021年，区法院主动融入社会治理大格局，助力全区推进党建统领基层治理“四治融合”，良渚、余杭人民法庭立案及诉前调解团队分别入驻区社会矛盾纠纷调处化解中心良渚、余杭分中心，登记纠纷2891件，新收案件比上年减少803件，成功化解587件。通过购买服务方式引入天平调解组织，自9月入驻至年末，调解成功433件。打造四大团队，推进“共享法庭”建设，在径山镇小古城村、良渚街道良渚文化村等设立村（社区）“共享法庭”，在行业组织设立涉网知识产权等特设“共享法庭”，做法被《法治日报》《杭州新闻联播》报道，良渚街道作为全市唯一镇（街道）在杭州共享法庭推进会上作交流发言。全年设立“共享法庭”86家，培训调解员1186人次，组织法治课堂13次，接受咨询6751人次，化解纠纷1585起。

【民事诉讼程序改革】 2021年，区法院办理司法确认案件2855件，审结小额诉讼程序案件1588件，审结简易程序案件7740件，一审独任制适用率99.4%，适用简式裁判文书7016份，电子送达裁判文书2.3万份。健全电子诉讼规则，加大在线庭审力度。召开专业法官会议，商讨重大、疑难案件，确定裁判思路、统一裁判尺度。探索电子督促程序适用，向区外车贷追偿纠纷债务人发送电子支付令447份，经督促自动履行107.1万元。

【“全域数字法院”建设】 2021年，区法院全面推广移动微法院，网上立案、跨域立案1.8万件，实现当事人足不出户参与诉讼活动。化解劳动者在内蒙古的欠薪纠纷1起，调解成功当日进行司法确认，次日劳动者收到款项。巩固道路交通纠纷“网上数据一体化处理”改革成果，借助保险行业调解组织化解纠纷3135件，标的额1.1亿元。优化“余法破产管理钉平台”，完善债权申报审核、债权人会议、管理人工作室等应用场景，依托“钉平台”召开线上债权人会议22场，涉债权人4738家。加大网络司法拍卖力度，成交217件，总成交额2.4亿元。推进政法一体化协同办案，受理单轨制刑事案件413件，实现全程留痕、规范办案、强化监督。

【法院主动接受监督】 2021年，区法院向区人大常委会报告法院工作，办理人大代表建议、政协委员提案，走访联络省、市、区人大代表、政协委员，邀请人大代表、政协委员视察调研、旁听庭审、见证执行。配合检察机关依法履行法律监督职能，重视检察机关提起的抗诉、检察建议，共同维护司法公正。推进司法公开，直播庭审5257次、举办公众开放日13次，以公开促公信。拍摄“余法小剧场”短视频，微信公众号多次登上“全省法院微信影响力20强”榜单。

（庞楚楚）

司法行政

【概况】 2021年，区司法局实施“民生体验官”机制，开展“法雨春风”法律服务活动月、“让群众打得起‘官司’”爱民实践活动等系列便民惠企活动，全面推动司法行政高质量发展。年内，余杭区在全省率先推出行政复议员机制；区法律援助中心被司法部表彰为“法援惠民生 扶贫奔小康”品牌活动表现突出单位；区社区矫正中心以全省最高分900分的成绩，通过司法部首批“智慧矫正中心”创建验收。

【“法治余杭”建设】 2021年，余杭区组织召开贯彻中共中央总书记习近平重要讲话精神任务交办会，部署落实区级任务清单及六大专项行动实施方案，形成27个方面、74项工作任务、178条具体举措。统筹推进全区法治建设，召开区委依法治区委员会第三次会议，制定“十四五”法治余杭（普法教育）规划，修订法治余杭量化评估体系，召开多场法治建设工作推进会，开展法治建设满意度专项行动，女子取快递被造谣出轨案“自诉转公诉”、探索“梦想E站”网络普法新模式两个项目入选全省2021年度有辨识度有影响力法治建设成果，余杭法治指数入选法治浙江100例实践案例及杭州市首届“十大法治实践”。开展镇（街道）法治化综合改革，以点带面提升基层法治化水平，良渚街道等3个街道纳入首批省、市试点单位。深入推动法治乡村建设，创建全国民主法治示范村（社区）1家、省级民主法治村（社区）6家。

【公共法律服务供给】 2021年，区司法局全面推行法律援助首问代办制，续建“网上公共法律服务中心”，全年办理各类法律服务事项4.3万件，指派法律援助案件1644件，新投放法律服务自助终端32台。发展现代服务业，拟制法律服务行业新一轮扶持政策，提升律师万人比。全区有律师事务所31家，律师289人。构建法律服务共同体，推动“千所联千会”，打响“楼宇法窗”惠企服务平台品牌，实现市场主体法律服务网格化全覆盖。加大各单位公职律师培育力度，助力打造一流法治化营商环境。推进基层法律服务，全区213个村（社区）均配备驻村（社区）法律顾问，实现一村（社区）一法律顾问全覆盖，村（社区）法律顾问经验做法作为法治浙江建设十五周年基层实践，被《浙江日报》专题报道。

【社会普法】 2021年，余杭区全面夯实社会普法大格局，编制启动“八五”普法规划。深化“互联网+普法”，在全区“12·4”国家宪法日活动中创新推出“云游宪法馆”“数字普

2021 年，余杭区开展“梦想 E 站”网络普法活动

（区司法局　供图）

法地图”等特色活动，在线收看15.7万人次，法治惠民服务月“楼宇法窗”线上开放日活动在线观看超50万人次。落实普法责任制，持续开展民法典、防电信诈骗等专题学法，各普法单位联动普法，全年开展各类法治宣传教育活动3525场（次）。区司法局被评为2016—2020年浙江省普法工作成绩突出单位，培育“警花说”工作室入选浙江省第三批社会大普法“六优”培育行动计划优秀普法工作室。

【司法系统平安建设】　2021年，区司法局深化“大安全生产”理念，围绕“五大安全”，推进全业务全领域风险隐患大排查大整治，走访全区全部515名社区矫正对象。加强社区矫正机制建设，以社区矫正数字卷宗试点为抓手，升级社区矫正智慧办公、智慧监管、智慧教育“三智融合”模式，推动科学防疫、修心教育、重点管控，确保社区矫正安置帮教领域绝对安全。加强“四源治理”保障，健全三级“调访”对接机制，探索涉诉纠纷前置人民调解工作机制，在余杭法庭试点，调解成功率47.6%。全年全区各人民调解组织调处各类纠纷1.7万件，调处成功1.7万件，调解成功率98.8%。

【司法行政数字化改革】　2021年，区司法局承接全省数字法治系统“智慧矫正”试点，建设“三张清单S0”中社区矫正数字卷宗项目，实现文书源头数字化网上接入，打通部分证据接入通道，完成简易处罚案件的组卷拆卷功能。升级“调解在线”二期建设，实现矛盾纠纷“一本账”量化管理。推动智慧复议系统第三期迭代，谋划法律援助“一件事”、法治指数数字化应用场景建设。

（韩瑞雪）

编辑：刘雪萍

军 事

Military

区人武部

【概况】 2021年，余杭区人民武装部（下称区人武部）坚持以习近平强军思想为引领，深入贯彻省委、市委议军会和省军区、警备区党委扩大会议精神，围绕“备战、开局、改革、强党”建设重点，完成年度各项工作任务，行政区划调整和人武部重组有序推进，单位建设发展安全稳定，全区武装工作呈现整体推进、稳中向好的态势。

【练兵备战】 2021年，区人武部组织进行辖区战场和重要目标现地勘察，修订完善相关方案。全年完成专武干部、民兵干部暨民兵教练员集训，共同基础训练，应急和专业训练，承担全市特种电力设备维修专业跨区联训，参加警备区岗位练兵比武，取得指挥通信课目第二名的成绩。参加杭州市乡镇（街道）专业部长军事训练考核，取得总评第四名的成绩。

【民兵整组】 2021年，区人武部会同区数据资源管理局和中国移动通信集团浙江有限公司余杭分公司，开展“数字化”平台建设，掌握民兵数量、质量、专业等数据。

【征兵工作】 2021年，区人武部在市征兵办和区委、区政府的指导下，按照“全年准备，突出重点、补上短板”的工作思路，适应“一年两征”形势特点，以“五率考评”为指挥棒，强化组织领导，宣传发动筹划部署，完成新兵征集任务。

【双拥共建】 2021年，区人武部开展拥军优属活动，落实军地“双清单”制度，开展办实事活动。会同区退役军人事务局等单位举行退役士兵返乡欢迎仪式暨就业推介会，接收退役士兵，开设专场招聘会2场。做好退役军人安置工作，维护和保障军人军属合法权益。

【国防教育】 2021年，区人武部推进国防教育“六进”活动（进机关、进学校、进企业、进社区、进村镇和进家庭），指导各镇（街道）设置“军人荣誉墙”“八一光荣榜”，开展国防教育。联合区教育局在全区中小学开展国防教育主题展览。指导区文广旅体局开展爱国主义书籍借阅和国防教育片播放活动。在区管干部集训、新录用公务员岗前培训中融入国防教育元素，增强党政领导干部的国防意识和组织纪律观念。

【防汛防台演练】 2021年6月11日，区防汛防台指挥部举行防汛防台应急综合演练。演练按照余杭区防汛防台应急预案要求，重点突出台风预警响应、受灾人员转移、外坝管涌抢险、民兵水上救援、灾后恢复重建五大场景，区人武部出动民兵参加多科目演练，提升抗洪抢险救援应急能力和实战水平。

【参与地方经济社会建设】 2021年，区人武部发动民兵参与地方经济社会建设，承担抢险救灾、应急救援等任务，担负抗击台风“烟花”等任务，确保辖区安全稳定。

（毛俏燕）

人民防空

【概况】 2021年，区人民防空办公室（下称区人防办）健全区人防指挥部常态化运行机制，参加杭州市人民防空指挥、通信综合演练，按要求组织开展防空警报试鸣和“5·12”防灾减灾日人口疏散演练。是年，区人防办连续9年被评为杭州市人防先进单位。

【人防建设】 2021年，区人防办规范人防项目行政审批服务，加强人防工程维护管理和监督检查，办理民用建筑项目人防报建审批、竣工验收备案，随机抽查人防地下室工程使用和维护管理情况。开展在建人防工程质量监督，开具整改通知单，落实问题整改。推进人防数字化改革任务，人防疏散信息系统项目通过竣工验收。

【“3·1”国际民防日系列宣传活动】 2021年3月1日，在市人防办统一部署下，余杭区人防办在全区范围内开展“3·1”国际民防日宣传活动。活动期间，在人防窗口设立宣传点，向办事群众发放宣传资料。仓前街道在葛巷社区、仓南社区举办以“提高灾害防治能力，共建平安葛巷社区”为主题的国际民防日宣传活动；良渚街道人防办在“良渚新城”微信公众号刊发“3·1”国际民防日知识；仁和街道人防办在居民小区、广场、银行门口、农贸市场等场所设立宣传点，通过展板、橱窗、横幅等方式进行宣传；余杭街道以春节元宵灯会猜灯谜形式宣传人民防空知识。

2021年5月12日，海豚救援队向居民讲解人民防空知识　（区住建局　供图）

【“5·12”防灾减灾日系列活动】 2021年5月12日，区人防办开展“5·12”防灾减灾日警报试鸣及疏散演练活动。相关街道居民利用人防疏散信息系统进行疏散演练。演习现场，海豚救援队向居民讲解人民防空知识，并示范心肺复苏急救。区人防办组织公安、财政、交通等单位相关负责人观看人口疏散演习直播。

（周云）

编辑：周建国

城乡建设与管理

Urban and Rural Construction and Management

城乡规划

【规划编制】 2021年，余杭区过渡期城镇开发边界划定成果获省政府批复，生态保护红线调整评估成果报自然资源部备案。完成“三区三线”（“三区”：城镇空间、农业空间、生态空间三种类型的国土空间；“三线”：与“三区”相对应划定的城镇开发边界、永久基本农田、生态保护红线三条控制线）第二轮试划，构建“一廊一轴、一心三片”空间新格局。落实《未来城市及中心片区空间概念规划》《综合交通规划》等各类专项规划编制，指导做好“多规合一”的实用性村庄规划编制。按照一流新区标准和未来城市的要求，谋划南湖东岸、未来科技城公共文化中心、杭徽高速余杭入城口等重点核心片区城市设计。全年开展各类规划编制和研究30个。

【规划审批】 2021年，余杭区共核发建设项目用地预审和选址意见书252件，用地规划许可证（划拨供地）125件，出让地块及集体土地用地规划许可证45件，建设工程规划许可证135件，市政建设工程规划许可证73件，办理临时用地项目100个。

【规划监督】 2021年，余杭区加强规划和土地批后管理监管，把好建设工程放样验线检查、正负零检验、竣工规划核实、土地复核验收“四个关口”。全区全年共完成竣工规划核实项目171个，总建筑面积950.8万平方米。其中，房产项目39个，建筑面积517.3万平方米；工业项目83个，建筑面积189.1万平方米；公建及其他项目49个，建筑面积234.1万平方米。共完成土地复核验收项目29个，验收土地面积143.6万平方米，总建筑面积214.7万平方米。

（冯柯柯）

城乡建设

【靓城行动项目推进】 2021年，区住房和城乡建设局（下称区住建局）牵头推进靓城行动“1466”建设专项计划，明确2021年续建及新建项目394个，全年完工项目120个。交通方面，实施项目108个，重点通过区域大通道和联网路建设，加速实现城区之间和区域内部的互联互通；环境方面，实施项目134个，通过重点道路整治、公园绿道建设、老旧小区改造等工作，改善城市面貌；城市配套设施方面，实施项目147个，通过高标准推进城市功能配套设施、保障性住房等建设，构建15分钟生活圈；空间优化方面，实施工业园区提升项目5个，八镇（街道）范围内拆除违法建筑72万平方米，科学构建城市层级，划定过渡期城镇开发边界208平方千米，规划城镇集中建设区198平方千米。

余杭区“污水零直排”生活小区建设（摄于2021年）
（区住建局　供图）

【美丽城镇建设】　2021年，区住建局牵头推进“美丽城镇”建设，创建、施行美丽城镇建设首席设计师、驻镇规划师、美丽城镇发展师“三师融合”制度，突出一镇一特色、一镇一规划，抓好“美丽＋功能”“美丽＋产业”“美丽＋文化”等具体实践。2021年，五常、闲林、中泰、黄湖、鸬鸟、百丈六个镇（街道）首次创建“美丽城镇”，全部被评为市级样板，闲林街道被评为省级样板；良渚、径山两个省级样板开展二次创建“美丽城镇”活动。

【“五水共治”专项行动】　2021年，区住建局新建改造污水管网4.4千米。径山污水处理厂建成投入运营，城市污水处理率达到96.7%，再生水利用率达15.5%。创建“污水零直排”生活小区96个，完成已建高层住宅二次供水设施改造10个；完成农村生活污水终端改造27个，落实农村生活污水处理站点标准化运行维护165个，创建省级节水型小区6个，节水标杆小区1个。

【城区绿化建设】　2021年，区住建局统筹推动城区扩绿工作，全年新增（改造）各类绿地185.6万平方米，其中，公园绿地面积53.3万平方米，其他各类绿地面积132.3万平方米。年内建成绿道项目13个，共33.0千米。全年办结新建项目绿化验收101件，确认绿地面积131.5万平方米。

【“三改一拆”（城中村改造）专项行动】　2021年，区住建局牵头做好“三改一拆”各项工作。全区共处置违法建筑1897宗，面积96.6万平方米，旧住宅区改造22.3万平方米，城中村征迁拆除房屋农户199户。

【老旧小区综合改造提升】　2021年，区住建局牵头全区老旧小区综合改造提升工作，全区共完成老旧小区改造17个，改造面积22.3万平方米，受益居民2400多户，完成绿色社区建设54个。五常街道油田小区被评为杭州市老旧小区综合改造提升工作典型案例，入围省建设厅老旧小区改造“推进机制完善”实践典范案例。区老旧小区综合改造提升领导小组办公室拓宽旧改资金融资渠道，累计申请到中央补助，中央预算内投资，省、市专项补助等各类补助资金1900多万元。

【轨道交通建设】　2021年，区住建局协调推进杭州市轨道交通三期及三期调整工程，完成杭州市轨道交通建设涉及余杭区的2021年度全部征迁及其他任务，推进杭州地铁3号线一期及北延、4号线二期、5号线二期、10号线一期、机场快线等线路建设；推进湖杭铁路（含杭州西站）项目建设，完成湖杭铁路（含杭州西站）项目征迁及其他任务，确保项目施工正常推进。配合推进宣杭老线等铁路资产处置相关工作，12月17日，签订宣杭老线（八达物流基地）铁路资产处置协议及星桥物流基地做地协议。

【城市基础设施建设】　2021年，区住建局统筹推进快速路、主次干路等重大基础设施项目建设。其中，崇贤至老余杭连接线（高架）工程建成通车，余杭区东西向快速通道下穿杭徽高速段工程和文一西路（荆长大道—东西大道）项目有序推进，文一西路西延（余杭区界—东西大道）开工建设，莫干山路快速路由市建委统一实施（截至年末，完成总工程量87%）；主次干路方面，白池路开工，良渚申遗长命艺术走廊配套道路（前程路）、紫塍路道路工程、獐湾路、奉运路北段完工。

【地下空间及综合管廊】 2021年，区住建局统筹推进全区地下空间及综合管廊方案研究工作，组织调研督查良睦路和杭行路管廊建设情况。截至年末，良睦路综合管廊工程全部完工，管线已入廊使用；杭行路综合管廊工程完工；余杭区管线综合信息系统录入区内各类管线数据5600千米。

【公共停车场及充电桩】 2021年，区住建局牵头完成闲林埠基础设施配建工程、未来科技城第三初级中学、瓶窑大夫里停车场等5个公共停车场项目，泊位数1839个，续建华润地块公共停车场、良渚新城二小公共停车场等项目2个，累计续建停车泊位数711个。截至年末，累计完成新能源充电设施建设项目备案34个，完成公用充电枪建设398个。

【“海绵城市”建设】 2021年，区住建局牵头余杭区海绵城市建设统筹推进工作，推进建设海绵城市重点工程10个未完工项目。在初步设计审批环节做好海绵城市设计把关。做好对老旧小区改造等非基本程序类项目海绵城市建设技术指导工作。

【燃气行业管理】 2021年，区住建局开展燃气安全隐患排查活动7次，检查各类燃气场站156家（次），发现并整改隐患问题212处；实施燃气场站安全整改2座；督促燃气企业入户开展安全检查20多万户，检查餐饮场所3000多处，发现并整改隐患3万余处，更换橡胶管、减压阀等燃气设施2万余套；开展燃气安全教育活动2次，组织安全管理培训2次，参训从业人员300多人。

【管道燃气改造】 2021年，区住建局根据城镇燃气专项规划，推进天然气利用工程建设，扩大燃气管网覆盖面。开展“最多跑一次”改革，落实“零投资”方案，开发公建、工业用户。推广餐饮单位使用管道燃气，探索农村区域发展天然气，完成新建市政燃气管线39.5千米，完成民用户配套2.4万户、工商用户310户，累计建设燃气管线1807千米。居民用户28万余户，工商用户约1700户，年供气量1.5亿立方米。天然气汽车加气站3座，年供气量2018万立方米。

【住房和城乡建设系统“最多跑一次”改革】 2021年，区住建局深化推进“最多跑一次”改革，118项各类权力事项全部实现跑零次，53项行政许可事项全部实现即办。落实优化营商环境改革举措，重点围绕工程建设项目审批制度改革，投资项目审批率先实现全程网办和电子证照全覆盖。开展政务服务“好差评”追溯整改行动，提高政府服务主动评价率，对差评事项及时落实限期整改，做到“以评促改”，提高政务服务质效。

保障性住房建设——未来科技城公租房（公学华庭）（摄于2021年）
（区住建局　供图）

【征迁清零】 2021年，区住建局完成历史未签约涉及的农居户2户，企业6家征迁；完成2020年结转及2021年征迁任务269.7公顷，农居户712户，企业160家。回迁安置在外过渡户2504户。

径鸬县域风貌样板区（摄于2021年） （区住建局 供图）

【安置房建设】 2021年，余杭区开工安置房项目88.83万平方米，单体竣工75.27万平方米，完成回迁安置2504户；在建公租房集中建设项目6个、房源3398套（其中2020年新开工项目1个、房源850套），在建公租房逐宗配建项目32个、房源2328套（其中2020年新开工项目17个、房源1331套）。

【消防管理】 2021年，区住建局开展建设工程消防审验工作，全年共受理消防审验项目564个，其中，设计审核类项目141个、验收备案类项目334个（抽中85个）、竣工验收类项目89个。完成现场竣工验收类（含抽中）项目163个，总建筑面积845.6万平方米。

【城建档案管理】 2021年，区住建局根据市城建档案“最多跑一次”办事事项的“八统一”及投资在线平台3.0（工程审批系统2.0）等相关要求，采取“提前介入、容缺受理”服务模式。全年，出具预验收意见书22份，面积42万平方米，其中，土建项目15个、市政项目7个。截至年末，接待档案查询利用人员99人次，调档4002卷，复印文字及图纸资料1815页，刻录光盘38份；接待网上档案查询利用人员141人次，调档438卷，复印文字及图纸资料1337页。数字化项目整理完成21个，新增扫描量超12万页，图纸3万张。

【5G基站建设】 2021年，区住建局牵头全区5G基站建设，新建5G基站868个，累计建成5G基站2583个。

【城乡风貌整治提升和未来社区建设】 2021年9月，区住建局编制《余杭区城乡风貌整治提升行动方案》，并被评为省级优秀方案。仓前梦想未来城市新区、五常云上科创特色产业区、瓶窑老街风貌样板区等3个城市风貌样板区以及径鸬（径山、鸬鸟）1个县域风貌样板区被纳入省级风貌样板区创建名单；葛巷社区、良渚文化村社区、翡翠社区、南滕社区、里窑社区、云创社区、太炎社区、杭腾社区、绿汀社区、玉鸟社区等10个未来社区被纳入市级创建名单。葛巷社区、良渚文化村社区、翡翠社区、南滕社区、里窑社区5个社区被纳入省级未来社区创建名单。

【亚运城市建设保障】 2021年，区住建局牵头余杭区亚运城市建设、环境整治与交通运行保障组“一办三专班”，统筹抓好亚运城市建设保障工作。推进29项市级建设任务、26项区级自加压力任务，牵头负责的16项工程建设类任务，包括快速路、地铁重建道路和重点交通道路等，联合杭州市地铁集团有限责任公司和各建设主体，细化每月目标节点，协调解决突出问题，抓好落实，开展每月通报晾晒、比拼排名，营造共建共享迎亚运氛围。

（周云）

城市管理与综合执法

【概况】 2021年，区综合行政执法局紧扣“全域美丽大花园”建设，持续推进城市环境长效管理、大综合一体化改革和数字化改革等任务，助推全区综合行政执法能力和城市现代化治理水平的提高。

【民生实事工程】 2021年，区综合行政执法局持续推进垃圾分类，深化厕所革命以及缓解停车难问题。全年生活垃圾进场量42.4万吨，回收利用生活垃圾36.4万吨，回收利用率51.85%，日均回收利用量1138.60吨。全区累计建设城市公厕199座、农村公厕292座，其中，四星级以上公厕33座、省级示范性农村公厕5座。完成径山双溪漂流、闲林港一号与闲林港二号等3座民生实事公厕的无障碍环境提升工作。全年新增余杭街道山西园社区、瓶窑镇大六里等停车场（库）11个，公共停车泊位1980个。“先离场后付费”开通停车场（库）369个，泊位总数6.4万个。

【城市品质升级】 2021年，区综合行政执法局全面推进无障碍环境建设。完成市残联排查的514个点位、区级自查2234个点位问题，整改提升10处示范场所和13处红色阵地的无障碍设施，建成博园社区、良渚博物院2个示范区块。全年开展各类专项整治50轮（次），覆盖裸土4100平方米。清理楼道堆积物6601处，1124.9吨。整改人行道板“水老鼠”（因人行道板松动，雨天行人踩到水花溅到身上的现象）等问题点位520处。清理道路积泥9175处、城市家具4.4万处、隔离栏53.6万米，清理绿化带垃圾、保洁红线5米外卫生死角7133处。实施市容市貌专项行动，全区排查五大类城市环境部件12.4万处，完成规范整改提升3.9万处，查改各类网约车7751辆。

垃圾分类（摄于2021年）（区综合行政执法局　供图）

【城市安全运行】 2021年，区综合行政执法局完成444.6千米城市道路和209座桥梁的结构性检测工作，城市道路共发现空洞隐患5处，脱空隐患8处，疏松问题56处，均修复整改。桥梁检测暂未发现D级及以下桥梁。完成全区10个泵站、322千米排水管网、18个下穿立交、57个桥涵等易涝点隐患排查。防御台风“烟花”期间，拆除隐患店招店牌223块，加固大型户外广告118块、道树3300多棵、工地围挡348处，修复破损城市部件215处，修复破损路面830平方米。定期牵头住建等职能部门开展燃气安全联合检查，整改11个行业领域安全隐患3153处。惩处第三方施工破坏燃气管道行为，立案查处涉燃案件17起。

【综合执法数字化改革】 2021年，区综合行政执法局全面整合综合执法办案系统，归集全区2518个全量执法事项，纳入综合行政执法法律法规数据库，同步迭代原综合执法系统。建设“综合查一次”系统，梳理高频检查事项384个，打造餐饮店、物业小区、建筑工地等特色场景10个。上线渣土运输车车容车貌抓拍和偷倒自动预警功能，实现对全区20个重点道路点位、4个渣土消纳码头以及5258辆工程渣土运输车辆的“实时监管”，发现并查处车身不洁、覆盖不严等违法行为774辆（次）。推进AI视频巡逻违停查处的非现场执法，在6个镇（街道）试点运行，发现违停9427辆（次），处罚2578辆（次），抓拍成功率95%。

【城市治理痛点难点破解】 2021年，区综合行政执法局拆除省库平台违法建筑1068宗、面积38.4万平方米，区库平台1897宗、面积96.6万平方米。牵头开展工程渣土专项整治行动，开辟矿坑堆填场、项目回填等各类消纳场地55个，总容量200万立方米，新建阿里巴巴码头1个、泊位2个，年外运能力提升至1500万立方米。查处工程渣土类违法案件1594起，罚款1850万元，分别占全市的20.34%和22.20%。试点上线共享自行车定点还车专项技术，改善未来科技城核心区块单车停放秩序。

“综合查一次”系统（摄于2021年）

（区综合行政执法局 供图）

【行政执法体系健全】 2021年，区综合行政执法局牵头推进大综合一体化改革，制定《杭州市余杭区全面推进“大综合一体化”行政执法改革实施方案》，余杭区成立由区委书记和区长任双组长的区“大综合一体化”行政执法改革工作领导小组，整合“1+7”行政执法队伍，在仓前街道、余杭街道及瓶窑镇试点，推进基层“一支队伍管执法”改革。余杭区整合17个部门20个领域，2518项行政处罚及行政强制事项划转；梳理627项基层治理迫切需要且能有效承接的行政处罚事项，形成《余杭区赋权镇街综合执法事项目录》《余杭区部门划转事项职责边界清单》等机制清单。全年办理违法案件（含违章停车）4.5万宗，其中，简易案件4.2万宗、一般程序案件3302宗，罚款2543.7万元。

（陈洁）

编辑：周建国

自然资源管理·环境保护

Natural Resources Management and Environmental Protection

自然资源管理

【概况】 2021年，余杭区树立“山水林田湖草”生命共同体理念。完成余杭区第三次国土调查工作，摸清全区国土资源家底。开展国土变更调查和全民所有自然资源资产清查工作，建立自然资源资产清查价格体系。颁发全省首本三维立体图示不动产权证，事迹被《中国自然资源报》、“浙江新闻”客户端、《杭州日报》报道。自然资源部一行到余杭专题调研征地管理工作，余杭城乡一体化地质灾害防治平台项目建设得到省自然资源厅的肯定并予以推广。

【耕地保护】 2021年，余杭区起草《关于加强耕地保护和改进占补平衡的若干措施（试行）》和《关于进一步完善耕地保护补偿机制的实施意见》，统筹管控性保护、建设性保护和激励约束性保护，强化耕地数量、质量、生态“三位一体”保护。全年完成垦造耕地面积231.6公顷，其中，异地调剂166.7公顷、垦造耕地（含旱田改水田）面积64.9公顷。

【用地保障】 2021年，余杭区新增建设用地指标218公顷，占全市总建设用地指标的15.88%，总量居全市各区、县（市）第一。完成土地农转用上报项目159个，用地指标备案完成率100%。

【节约集约用地】 2021年，面对杭州市部分行政区划调整，建设用地紧缺的现状，余杭区开展存量“三块地”盘活利用工作，全年消化批而未供土地301.5公顷，利用供而未用土地391.1公顷，完成低效用地再开发342公顷。全年发出开工督促通知书10份，闲置土地调查通知书7份，完成闲置土地消化1.2公顷。

【土地市场管理】 2021年，余杭区落实集中发布住宅用地出让公告、集中组织住宅用地出让的“两集中”。编制年度经营性用地做地、储备、出让“三个计划”，统筹做好土地出让工作。全年经营性用地成交23宗、工业用地成交13宗、创新型用地成交2宗、协议出让成交1宗。

【违法用地整治】 2021年，余杭区完成自然资源部土地卫片（利用卫星遥感遥测技术手段制作的叠加遥测信息及有关要素后形成的专题影像图片）执法检查违法图斑整改36宗2.7公顷，完成土地督察整改销号30宗141.2公顷。查处案件31宗，其中，违法用地18宗、矿山盗挖13宗。规划资源部门向区法院申请强制执行案件7宗，移送区林业水利、农业农村等部门14宗，移交财政3宗、公安1宗。

【土地征收】 2021年，余杭区编制《余杭区2021年度土地征收成片开发方案》，明确成片开发区块范围、区块详细规划、年度征收实施计划和拟征收土地范围内建设项目安排等内容。

【测绘管理】 2021年，余杭区完成1：500地形图动态更新面积70多平方千米，完成实景三维底图数据采集与更新151.8平方千米，更新全域范围0.2米高分辨率影像图两期。初审3家新进测绘资质单位，抽检18家企业22个测绘地理信息成果，发布《余杭区基础测绘“十四五”规划》。

【地质灾害防治】 2021年，余杭区制定《余杭区“十四五”地质灾害防治规划》，全年发布预警短信15批，共6000多条；组织地灾巡查80多次，出动1500多人次，完成40宗建设项目的地质灾害危险性评估和成果备案，新增地质灾害隐患普适性检测点3处，完成地质灾害综合治理任务4处。

【矿政管理】 2021年，余杭区研究制定《余杭区“十四五”矿产资源规划》。启动“迎亚运”山体生态修复景观提升专项行动，制定《余杭区“迎亚运”山体生态修复景观提升专项行动方案》和《余杭区“迎亚运”山体生态修复景观提升专项行动工作小组办公室工作规则》。全年完成治理任务165处。

【不动产登记服务】 2021年，余杭区不动产登记服务中心实行个人业务“无差别受理”，实现个人、企业单套类业务交易、税收、登记全流程一窗受理。优化不动产权证书附记及附图，通过附记页中扫描二维码查看相关信息和电子附图，避免证书附记过多产生换证、重复复印图纸不清晰等问题；深化数字化改革，推进“分钟制”“小时制”办理模式，实现8个网上不动产登记事项和商品房买入、抵押注销等线下高频登记事项45分钟办结。全年办理业务9.8万件。

（冯柯柯）

环境保护

【生态环境状况】 2021年，余杭区PM2.5浓度为32.3微克/立方米，PM10浓度为71.1微克/立方米，环境空气质量优良率为84.3%，三个指标同改善降幅度均居全市第一。全区12个镇（街道）PM2.5浓度算术均值为29.1微克/立方米，空气质量优良率算术均值为91.2%。2021年，余杭区市控以上水质断面均达到Ⅲ类及以上水质，其中，苕溪出入境水质均为Ⅱ类，运河出入境水质均为Ⅲ类；余杭区县级以上饮用水水源地、县镇级饮用水水源地和千吨万人饮用水源地水质均达到水功能区要求。

【生态环境保护督察保障及问题整改】 2021年，余杭区93件第二轮中央生态环保督察信访主办件、3件省委专项督察信访主办件、12个市级交办的生态环境曝光问题全部销号清零，办结销号率100%。对所有信访件开展后督察，对发现问题以日报和月度通报形式交办各主办单位整改到位，对出现反弹问题下发督办单要求限期整改，全年下发区级督办单6份。

【环境监管执法】 2021年，余杭区环境综合执法排名全市第一。全年开展环境专项执法行动30多次，出动1万余人次，检查企业5000多家（次），查处行政违法案件215件，下达处罚决定190件，处罚金额2025.6万元，刑事案件2件、刑事拘留10人，行政拘留案件2件、行政拘留4人。余杭区在全域开展生态环境治理“绿色风暴”专项行动，交办问题1798个、完成整改1797个，完成率99.9%，拍摄问题曝光片两期，曝光问题20多个。成立党员先锋攻坚队，摸排查处非法石料加工点34家。

【环境应急管理与信访处置】 2021年，余杭区平安创建生态环境安全风险闭环管控工作排名全市第一。修订《余杭区突发环境事件应急预案》，完成99家重点企业应急预案备案管理，落实环境应急物资储备；修订《余杭区集中式地表水饮用水水源地突发环境事件应急预案》，会同德清县开展饮用水水源地突发事件联合应急演习。印发《关于建立余杭重点区域大气污染防治应急管控机制的通知》《关于进一步加强余杭重点区域道路保洁的通知》，完善各镇（街道）空气自动站异常情况三级预警联动机制，应对污染天气。全年，余杭区收到涉及生态环境的“110”报警应急联动受理电话23个，受理环境信访（包含咨询件）1772件，4件国家级、省级重复信访全部化解。

【水污染防治】 2021年，余杭区实现“污水零直排区”创建全覆盖。截至年末，全区完成12个镇（街道）、272个生活小区、9个工业园区、741家工业企业整改建设任务。完成县级以上饮用水水源保护区闲林水库、东苕溪（仁和段）2个饮用水源地勘界定标矢量数据精准化绘制；完成杭州市饮用水源地卫星遥感图斑35处疑似建筑整改；完成东苕溪饮用水水源环境状况排查分析，编制“一源一策”治理方案和有机污染物全指标分析报告。余杭区全面推进河（湖）长制提档升级工作，全区27条区级以上河（湖）设区级正副河（湖）长37人，258条镇（街道）级河（湖）设镇（街道）级河（湖）长258人、村级河（湖）长591人。开展长江经济带生态环境问题“举一反三”大排查大整改，完成重点流域水生态环境保护“十四五”规划编制，完成国控断面奉口及“一点一策”方案编制。

【大气污染防治】 2021年，余杭区完成大气PM2.5源解析工作。深化锅炉烟气治理，完成10家企业11台工业燃气锅炉、1家单位2台民用燃气锅炉低氮燃烧改造，对前期已完成的生物质锅炉治理进行“回头看”检查。强化“工业废气”治理，组织化工、涂装、包装印刷、化纤、纺织染整、橡胶等重点行业围绕10个重点关键环节开展挥发性有机物（VOCs）专项排查整治，完成省、市下达的24家重点挥发性有机物企业整改，完成9家涉气“散乱污”企业清理整治。攻坚“扬尘灰气”治理，全面梳理扬尘违法违规行为清单，开展以建设工地扬尘、道路扬尘为重点的专项整治，强化扬尘防控巡查和长效管理，落实“控尘十条”，建成运行165套工地扬尘及11套道路扬尘在线监测系统。组织开展“裸土覆绿”专项整治行动，覆盖裸土300多处；加快“车辆尾气”治理，划定禁止使用高排放非道路移动机械区域及国Ⅲ标准柴油车限行区域，完成车辆尾气检测在线审查5.4万辆，抽测非道路移动机械150台。加强油气回收治理，年销售5000吨以上加油站全部安装在线设施。加强“城乡排气”治理，推进餐饮油烟专项整治，整治经营性餐饮企业近2000家（次），推进131家非经营性单位餐饮油烟治理。开展汽修行业挥发性有机物污染专项整治，对237家一、二、三类汽修企业进行治理培训。结合镇（街道）网格化管理，督促落实禁止露天焚烧长效管理。

【土壤环境监管】 2021年8—9月，余杭区人大常委会配合杭州市人大常委会在全区范围内开展《中华人民共和国土壤污染防治法》执法检查，督促土壤防治各项责任落实。调查评审69个用地性质变更地块土壤污染状况，出具报告意见80件，均符合相关标准，全区污染地块安全利用率100%。落实受污染耕地土壤治理技

2021年，市生态环境局余杭分局开展行政执法
（市生态环境局余杭分局　供图）

术措施，全区受污染耕地安全利用率98.66%；推进农业绿色发展和“肥药两制”改革系列工作，培育试点主体189家，创建省级示范农资店6家，推广商品有机肥1.5万吨，开展病虫害统防统治服务1.3万公顷，实现不合理施用化肥减量386吨、农药减量9.0吨，废弃农药包装物回收率超90%、无害化处置率100%；创建省级渔业健康养殖示范场9家，全区规模畜禽粪污综合利用率为96.33%。

【固体废物监管】 2021年，余杭区动态调整危险废物分级管理名单，开展危险废物处置设施提升、管理手段转型等五大专项行动，制定并实施危险废物领域“遏重大”攻坚战整治实施方案和危险废物领域重大事故风险链“鱼骨图”。推动杭州大地海洋环保股份有限公司危险废物小微收集点建设，杭州市危险废物小微收集点建设工作现场会在杭州大地海洋环保股份有限公司举行。全区全年危险废物产生量7.2吨，危险废物规范处置率100%；成立区工程渣土领导小组，开展工程渣土专项整治行动，查处违法案件1499起，罚款1850万余元。新增消纳场地95个，消纳能力252万立方米。5个码头外运设计能力为1499万吨/年。

【污染减排及气候变化应对】 2021年，余杭区化学需氧量、氨氮、挥发性有机物分别削减345吨、29吨、80吨。余杭区对4个新改扩项目实施排污权交易，交易金额39.4万元；对1个项目实施排污权回购，涉及金额159.1万元。对排污权指标到期的85家企业开展新一轮排污权有偿使用续费工作。完成《2020年余杭区温室气体清单报告》编制，完成226家已发放排污许可证企业的碳账户数据收集汇总。

【生态环境行政审批】 2021年，余杭区共办理建设项目环境影响评价许可157项，零地技改备案和“区域环评＋环境标准”改革备案61项，报告表降级为登记表备案37项，登记表项目网上备案523项。核发企业排污许可证114家，完成排污许可质量复核自查和交叉检查审核101家，排污许可证“回头看”限期整改完成率100%，2020年度执行报告提交率100%。

【生态环境宣传教育】 2021年，余杭区“环保青年说”宣讲团进学校、村（社区）和企业等，开展生态环境干部品牌大讨论暨“环保青年说”主题沙龙、“永远跟党走”庆祝中国共产党成立100周年、“十九届六中全会与生态文明建设”青年理论宣讲等线上线下专题宣讲20多次。“余杭生态环境”微信公众号发布文章260多篇，杭州市生态环境局余杭分局被评为“2021年度中国环境报宣传工作先进单位”。

【环境监测】 2021年，余杭区新建1个国控、3个市控断面水质自动站和1个噪声自动站，全区形成17个空气自动站，14个水质自动站和1个噪声自动站的环境监测网。开展201条河长制河道、29个湖（水库）的水质监测及三色预警通报，跟踪监测全区12个重点断面，开展全区41条主要河流67个镇（街道）交接考核断面水质每月监测工作。

【环保服务】 2021年，余杭区完善环评编制、受理、审查全流程代办服务，实现环评代办审批全流程“零次跑”，服务杭州西站枢纽杭藤大道工程等重点项目完成环评审批。梳理正面清单企业17家，落实非现场执法，做到无事不扰。依法依规开展信用修复工作，为符合修复条件的17条不良信息出具信用修复确认书。实施罚款分期缴纳政策，批准16家经济困难企业分期缴纳罚款，涉及金额215.3万元。走访服务企业1500多家（次），解决问题2200多个。

（王小凤）

编辑：周建国

交 通

Traffic

综 述

【概况】 2021年，区交通运输局完成交通投资63.6亿元，推进“靓城行动”交通大发展工程建设，牵头项目108个，年度建设节点228个，完成节点211个，完成率92.54%。重新修编《余杭区综合交通发展“十四五”规划》《余杭区综合立体网规划》；调整《余杭区大运河国家文化公园建设三年行动计划（2021—2023）》，计划实施项目6个，总投资3.9亿元；编制《余杭区“四好农村路”建设三年（2021—2023）行动计划实施方案》。行政区划调整后建成“四好农村路”404条537.2千米，完成投资15.7亿元，余杭区被评为“四好农村路”全国示范县。区交通运输局被评为“十三五”全省干线公路养护突出集体。

运溪高架路全面通车，开展运溪路专项整治。聚焦235国道、02省道等重要道路开展“奋战30天”公路环境专项整治。区交通运输局推进余杭区公共交通便民服务建设，将185座桥梁、4条隧道信息纳入城市安全运行CT桥梁风险监测系统，实现桥梁挠度动态监测预警、闭环管理。将运溪高架路纳入在线监测系统，实现24小时道路安全和路面保洁监测。编写《余杭区“十四五”轨道交通公交线网接驳规划》。建设高速收费站开闭监测系统，启动实时直播。推行“一站式”网上综合服务，截至年末，165项余杭区交通行政审批事项纳入“一网通办”。市民之家交通窗口办理行政许可8400多件，实现服务零投诉。

抗击台风期间成立以党员为主的抗台防汛应急小分队，出动巡查人员2900人次，安全转移在建项目工程人员1132人。开展“平安护航建党百年”工作，整改完成所有隐患。开

余杭区智慧公交站台（摄于2021年）

（区交通运输局 供图）

展在建工程安全专项整治，排查发现隐患1050处，出具隐患整改通知单20份，整改完成率100%。

【农村物流】 2021年，区交通运输局完善农村物流网络节点体系，推进农村物流服务点建设，累计建成村级农村物流服务点107个（精品级28个、标准级79个），实现村级农村物流网络全覆盖。开展“快快合作”“邮快合作”“交邮农旅一体”模式，打造特色物流品牌，设立民营快递联收联投站点300个，缩短重复运输里程约60万千米。西部山区基本实现当日入港当日投递，助力高端民宿、电子商务等新兴产业从城市向农村辐射，带动西部乡村产业发展。“交邮快农商融合发展”模式入选全国第二批农村物流服务品牌，相关工作获得省、市、区领导批示12次。

（本分目全年性数据1—4月部分按原余杭区统计）

（施康姿）

交通运输

【概况】 2021年，余杭区新增公交线路3条，优化调整21条，新增公交场站2个。截至年末，全区有公交线路141条、客运企业2家、车辆30辆。巡游出租车企业1家、巡游出租车312辆。注册网约车企业5家、运营3家。区内普通货运企业445家（含货代103家），其中，冷链运输企业29家、普通运输车辆2640辆（含挂车280辆）；危险货物运输企业7家、车辆126辆。公交场站36个（含停保基地1个、公交中心站2个、公交首末站33个），货运站场（物流中心）1个。

【维修驾培行业】 截至2021年末，余杭区共有机动车维修企业685家，其中，一类企业14家、二类企业130家、三类业户248家、快修175家、摩托车13家，从业人员6210人。全区有机动车驾驶员培训机构9家，其中，二级机构1家、三级机构8家，教练车340辆、教练员407人，全年培训驾驶员1.3万人。

【春运期间道路安全运输】 2021年春运期间，余杭区参加春运保障车辆共1691辆，客位10.6万个（含公交站位），运送旅客653.8万人次，其中，公路客运14.2万人次（含径山景区接送10.0万人次）、城市公交639.6万人次。公路运输日高峰在大年初五（2月16日），客运量为1.1万人次；城市公交运输日高峰在初九（2月20日），客运量为28.1万人次。2021年春运与2020年同期相比，公路客运发送人次增长305.19%，城市公交发送人次增长50.07%；与2019年同期相比，公路客运发送人次增长96.55%；城市公交发送人次下降28.29%。

（本条目数据按原余杭区统计）

【国庆期间公交安全运输】 2021年国庆七天假期期间，余杭区迎来出行高峰。全区公交车出车4872辆（次），日均出车609辆（次），安全运输乘客68.3万人次，日均运输乘客8.5万人次。

（施康姿）

交通建设

【运河大桥改造工程可行性研究报告获批】 2021年1月，东西大道运河大桥改造工程项目可行性研究报告获批。该项目设计起点位于东西大道良塘线交叉口，路线向西上跨京杭大运河，在运河桥北侧新建一座整幅双层桥，终点位于东西大道五福路交叉口。项目路线全长1.0千米，桥梁断面上层为快速通道，采用设计速度为80千米/小时的双向六车道一级公路兼顾城市道路功能标准进行建设；下层为“地面层双向六车道＋非机动车道＋人行道”，采用设计速度为80千米/小时的双向六车道一级公路兼顾城市道路功能标准建设。

【东西向快速通道项目启用扬尘噪声监控系统】 2021年，东西向快速通道下穿杭徽高速段项目启用扬尘噪声监控系统。扬尘噪声监控系统主要由风速风向传感器、噪声探测传感器、PM10和PM2.5扬尘监测传感器、现场视频监控、LED实时数据显示屏、电控箱等组成，实时监控现场天气情况（风速、风向、温度、湿度）、现场噪声值、现场扬尘的PM10和PM2.5数值，并将所有收集到的数据实时滚动播放。扬尘噪声监控系统与工地降尘设备互联，当扬尘达到报警值时，自动控制现场的喷淋系统和雾炮机等设备开启降尘除尘工作。

紫塍路（摄于2021年）（余杭交通集团有限公司　供图）

【上跨宣杭老线工程架梁任务完成】 2021年6月30日，余杭区“崇贤至老余杭连接线（高架）上跨宣杭老线工程架梁”任务完成，标志余杭区东西向快速通道的高架部分（除第一涉铁段外）全线贯通。

【东西向快速路高架主体工程贯通】 2021年7月4日，下穿宁杭高铁桥孔工程跨京杭大运河主跨82米钢箱梁顶推完成，跨京杭运河特大桥正式完全合龙，34千米高架主体贯通。

【运溪高架路通车】 2021年7月29日，历经3年建设的余杭区东西向快速路（高架）项目被正式命名为运溪高架路。运溪高架路起于临平区崇贤街道，终于余杭区余杭街道，全长34千米，8月1日正式通车。8月27日，运溪高架路104国道匝道正式开通，该匝道是运溪高架路主线同期开通的最后一对匝道。开通后，临平区到良渚、瓶窑的车辆不再需要从吴山南下地面绕行，临平区到良渚通勤时间缩短到20分钟。

【紫塍路（前程路—蒿山路）竣工】 2021年8月，瓶窑镇紫塍路道路工程竣工。紫塍路道路工程项目南起蒿山路，北起前程路，全长1180米，总投资2.4亿元。该工程的竣工，为瓶窑镇第二小学、北航中法航空大学提供交通基础设施保障。9月，工程获杭州市建设工程结构优质奖。

【文二西路至凤新路段实现双向通行】 2021年9月12日，运溪路（文二西路至凤新路）段实现双向四车道通行，缓解运溪路文一西路以南交通拥堵问题。

【104国道至涉铁段正式完成交通改道】 2021年11月初，104国道杭州至绍兴公路（余杭良渚至崇贤段）改建工程莫干山路至涉铁段道路正式完成交通改道，车辆换道至左半幅通行。

（施康姿）

公路养护与管理

【智慧养护信息化管理系统】 截至2021年5月底，区交通运输局基本完成智慧养护平台建设工作。平台将GPS定位、物联技术、状态传感等技术手段运用于现有的养护车辆及应急抢险设备，实现设备作业轨迹追踪、作业实况遥感和经济指标分析，规范公司养护及应急机具的管理，提高路面机械化保洁效能、应急设备的完好率和利用率。

【非收费国省道养护工作】 2021年，区交通运输局下属事业单位余杭区公路与运输管理服务中心完成非收费国省道小修保养2.1万平方米，沥青灌缝2.6万米，修复边沟挡墙429平方米；更换边沟盖板147块，修复侧石372米，清理边沟32.3万米，换轮廓标156个，更换警示桩234个，修复更换人行道板162.6平方米，更换井盖100个，修复标志标线140个。

【余杭区被评为“四好农村路”全国示范县】 截至2021年末，余杭区建成“四好农村路”404条，共537.2千米，完成建安费（“四好路”的建设施工费用）投资13.7亿元，超额完成省、市、区三级民生实事任务。形成“一路一方案”“一镇一方案”，在全省率先建立“路长联系人”制度，“村村通公交”率100%。公交车辆全部实现移动支付，城乡一体化发展水平评价达到AAAAA级。11月，余杭区被交通运输部评为“‘四好农村路’全国示范县”。

【汛期道路养护安全巡查】 2021年上半年，余杭区防控指挥部要求启动相应防汛应急响应预案，重点检查高边坡、高挡墙、桥梁、危险路段、事故易发路段以及交通量较大路段，检查道路58条，处理塌方4处，小修5万平方米。

【公路养护智能化管理】 2021年，区交通运输局推进公路绿化养护智能化管理，构建新的公路数字化业务流程体系，通过数字化监管推动清廉交通建设，建立公路日常巡检养护移动化、精细化管理模式，促进公路养护相关数据的搜集和累积，将公路绿地内名贵苗木数据收集入库，避免国有资产流失。

【县道大中修及县道危桥改造工程】 2021年，余杭区县道大中修及县道危桥改造工程涉及长连线、毛潘线、百甘线、彭余线、漕雅线、临余线、长西线等7条县道，共18.2千米，荆余线童家坞桥、良塘线西山路17号桥、东西大道良渚互通二号桥、良塘线红眉山分离式立交桥等4座危桥。主要建设内容包括对县道路面大中修、维修加固危桥。项目于2021年11月1日开工，12月31日前基本完成施工。

（本分目全年性数据1—4月部分按原余杭区统计）

（施康姿）

港航管理

【水上应急搜救中心第一艘搜救艇投入使用】 2021年4月23日，“余杭搜救001”正式接水试航，后交付余杭区水上应急搜救中心，用于水上应急救援。搜救艇总长6米，主机功率84.6千瓦，通过接水试航，各项数据指标均满足设计要求。该搜救艇入列后，用于余杭交通安全监管、应急快速反应、极端恶劣天气下搜寻救援等工作。

【杭嘉湖地区泥浆渣土船舶联动执法行动】 2021年5月24—28日，杭州市港航行政执法队余杭执法大队（下称余杭大队）联合德清县交通运输综合行政执法队开展联动执法行动。联动执法行动以泥浆、渣土运输为重点，检查泥浆渣土装卸作业，规范泥浆船舶装载和航行秩序。联动执法期间共检查船舶135艘，查处违章行为20起；检查码头6家（次），发现码头问题2个，全部整改到位。

【台风期间港航管理】 2021年7月22日开始，余杭大队及所属各中队加强航道巡查，加强对辖区水域的船舶动态监管，指导锚泊区滞留船舶、港口大型设施设备加固防范。7月24日上午10时，余杭辖区所有港口码头全部停止船舶装卸作业，涉水施工全部停止作业。7月25日，余杭大队对京杭运河（含杭申线）沿线锚泊区进行再巡查，对长寿桥、新华、王家庄和新桥等锚地滞留船舶再排摸，要求船上老人、儿童、妇女上岸，前往镇（街道）安置点。

【余杭辖区完成首个渣土码头双挖机备案】 2021年10月，杭州金达洲装卸有限公司两个泊位均完成双挖机备案，成为余杭辖区首个完成备案的渣土码头。

【东塘大桥水域航道治理】 东塘大桥水域位于余杭辖区武獐线东塘村境内，由于武獐线东塘大桥附近航道狭窄、船舶流量增大以及视频监控位置不佳等原因，曾是船舶碰撞护岸事故多、执法人员出警多的水域。2021年，余杭大队针对防撞柱、视频监控、航行规则、安全宣贯等方面制定工作目标，打入10根防撞柱，治理该水域航道安全问题。

【船舶与港口防污染工作】 2021年，余杭大队提升港口污染物接收设施的运行和管理水平，推广“船E行”APP，加大船舶与港口防污染执法检查力度，落实港口防扬尘防控措施，强化燃油检测，依法查处超标船舶，开展联合检查，推进船舶与港口污染治理。

（本分目全年性数据1—4月部分按原余杭区统计）

（施康姿）

交通配套设施建设

【概况】 2021年，杭州余杭交通集团有限公司（下称区交通集团）执行“一主两翼”发展战略，开展“三大比拼”促发展活动，全力攻坚项目建设、新城开发、旅游经营和公共交通发展。集团总资产530亿元、净资产360亿元、经营收入42亿元、利润5亿元。全年完成总投资66.6亿元，实施政府投资项目49个（新建15个、续建34个）、产业项目5个，完成投资61.3亿元；完成征地58.2公顷，做地29宗、124.0公顷，储备地块18宗、74.7公顷，投资2.4亿元。全年出让土地4宗1.9公顷；资金承担项目15个、投资2.9亿元；实施代建项目79个。

【余杭区首批综合供能站竣工】 综合供能（集加油、充电、购物、洗车功能一体）站项目由区交通集团实施，截至2021年末，余杭区首批综合供能站（杜甫加油站、绿景加油站）竣工。杜甫加油站位于良渚街道杜甫村东西大道旁，占地面积2658平方米，绿景加油站位于径山镇绿景村，占地面积3056平方米。

【公交线路新增优化】 2021年，杭州市余杭公共交通有限公司共有运营车辆1548辆，运营线路230条，长度3923.3千米，年客运量1.1亿人次。全年新增线路20条、优化调整17条。开展团体定制业务，开通求知专线27条，服务企业团体定制线17条。推出“公交小灵通”服务机制，拓宽与属地街道、市民乘客的沟通互动渠道。

【智慧停车项目升级改造】 2021年底，杭州余杭交通客运服务有限公司自主运营停车泊位数1.2万个，其中，道路泊位约7600个，停车场40个（泊位约4200个）。智慧停车项目完成2640个道路泊位和20个停车场（1350个泊位）的升级改造。“智慧停车云平台”接入381个停车场与9.1万个道路泊位，停车费收缴率87%。

（诸晓青）

编辑：周建国

邮政·电信

Posts and Telecommunications

邮　政

【概况】 2021年，区邮政管理局牵头建立快递物流行业党委，同步建立行业工会、团委、妇联等群团组织，实施“小蜜蜂”启航计划，联合属地镇（街道）、余杭邮政分公司建立小哥驿站100多个。全年全行业服务电商企业出港业务量2.5亿件，比上年增长30%。服务保障民生进港投递量1.9亿件，增长35%。

【“交邮快农商融合发展”项目】 2021年，区邮政管理局联合区交通运输局申报的“交邮快农商融合发展”项目入选交通运输部“第二批农村物流服务品牌”。寄递服务由传统电商向全领域拓展，为农特产上行、直播带货等提供支撑，快递服务进村覆盖率100%。

【邮政行业转型发展能力提升】 2021年，余杭区3家企业完成自动化分拣设备升级，数字化未来社区寄递末端配套建设示范推进，无人车派送、刷脸寄件、自助取件等智能设备投入使用。

【寄递行业平安建设】 2021年，区邮政管理局建立健全企业安全生产体系和末端网点备案初核查等工作机制，构建“条块联动”一张网立体监管防控体系，实现中国共产党成立100周年庆祝活动等重点时段寄递渠道安全稳定。

【“Yoohoo”绿计划】 2021年，区邮政管理局实施“Yoohoo”绿计划，委托浙江虎哥环境有限公司为全区300多个快递网点提供包装废弃物收集处理服务，打造“虎哥回收+快递包装废弃物”回收利用模式，构建全省首个快递包装废弃物回收体系。全年1.9亿件快递废弃包装通过虎哥回收实现循

2021 年，“Yoohoo”绿计划活动现场　　（区邮政管理局　供图）

环利用和无害化处理。

（以上条目全年性数据 1—5 月部分按原余杭区统计）

（龚芳芳）

【寄递业务巡视整改】 2021年，余杭邮政分公司继续推进巡视整改工作，开展寄递专业发展落实整改情况“回头看”。根据《杭州市分公司寄递业务外包合同执行情况和业务欠费管理工作监督检查方案》，成立两个专项监督检查组，开展日常监督检查，加强企业风险防控。

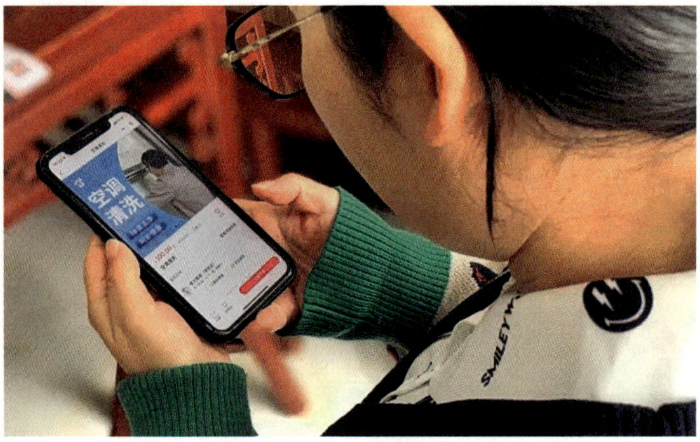

2021 年 11 月 3 日，“家政一键通”上线

（区商务局　供图）

【邮政业务】 截至2021年末，余杭邮政分公司建成16个特快专业揽投部。深化商企项目运营，开拓新零售项目，建成森马小邮局、移动小邮局、巨化小邮局、浙一小邮局。推进政务市场区域车牌项目，提升质量指标。新增组开良渚直达网运趟车，加快勾庄、良渚站点进口网运时限1小时～1.5小时。调整优化区内趟车网运站点及运行线路，确保区内错分、转口邮件快速中转。在黄湖镇开展共配合作，联合韵达、汇通、圆通等快递，探索“邮快合作”快递共配模式。结合“四好农村”物流点政策资源，采取“自提”模式，使用中邮驿站系统进行邮件存取服务。打造集快递代收代投、农村电商批销、邮政金融服务协同等功能为一体的综合服务站点，建设有余杭特色的农村快递物流体系。

（本条目全年数据按原余杭区统计）

（叶瑜婕）

数字电视

【概况】 杭州余杭华数科技有限公司（筹）主要承担余杭区数字电视运营、广播电视网络建设、广播电视节目传输、数据专网运营、雪亮工程建设、智慧社区、社会治理“四个平台”、智慧城市运营、广电物联网、广电5G运营等职能。

【教育网升级】 2021年1月起，杭州余杭华数科技有限公司（下称余杭华数）升级区教育系统整体网络，历时一个半月完成余杭区146所学校的网络设备更换与调试升级工作。

【全民4K普及活动】 2021年，余杭华数开展“我为群众办实事，百场服务进小区”专项活动，宣传推广4K（4K分辨率）超高清电视。通过进村（社区）现场便民服务、上门更换4K超高清机顶盒，制定实施团购村、退伍军人、残疾人优惠办理4K业务政策等，提升余杭区4K超高清机顶盒入户率。截至年末，余杭区4K超高清信号覆盖率为100%，累计4K机顶盒入户率为56%。

【庆祝中国共产党成立100周年安全播出保障】 2021年，余杭华数规范机房管理，确保机房设备运行稳定，巡检余杭区骨干网络，优化环网传输结构，保证全区光纤线路运行稳定畅通。完成庆祝中国共产党成立100周年安全播出保障工作。全年，数字电视播出及传输网络方面整体稳定，无安全播出事故。

【“家政一键通”应用场景】 2021年11月3日，“家政一键通”（华数乐邦邦）平台正式上线运营，作为数字社会应用场景上线“浙里办”平台，“家政一键通”驾驶舱同步上线“浙政钉”。该应用场景入选全省数字化改革“一本账”名录，并被评为省、市数字化改革门户优秀应用，全省商务系统数字化改革优秀案例。

（沈瑜敏）

通　信

【中国电信股份有限公司杭州余杭区分公司】 2021年，中国电信股份有限公司杭州余杭区分公司（下称余杭区分公司）完成新建314个5G基站目标，累计开通1066个，5G基站数量超4G，基本在城区、主要道路形成连续连片5G覆盖，重点完成之江实验室园区、欧美金融城、浙江大学医学院附属第一医院、绕城西复线隧道等项目信号覆盖。完成39个驻地网建设，H纤芯能力达52.7万线，全光覆盖率99.8%。城域网出口带宽扩容至1100G。支持杭州西站建设、区各项重大活动通信保障工作。余杭区分公司助力“最多跑一次”改革，承建“12345”、“96110”、良渚遗址智能安防平台、智慧小区建设等重大项目，参与共建“阳光厨房”“阳光工厂”“城管垃圾分类监控”“美丽乡村”等民生项目；落地智慧医疗、智慧燃气、智能制造、智慧水务等工作。光纤覆盖率99.8%。完成余杭区政府搬迁项目、良渚好运路道路整治线路迁改项目、机场快速线文一西路荆长路地铁站线路迁改项目、浙大校友基地线路保障工程、仓前法国村线路迁改工程等重大市政项目电信配套工程42个。完成亚运场馆杭州师范大学仓前校区体育馆光缆施工。落实“网络诈骗犯罪专项整治”工作，开展“断卡行动”，配合公安等区级部门，防范打击通信诈骗。关停违规“PCDN接入”用户，做好涉诈涉骚扰电话整治工作。公司获浙江省公司十佳单位、浙江公司先进基层党组织等荣誉，通过浙江省文明办复评，继续保留“浙江省文明单位”荣誉称号。

（黄伟中）

2021年5月18日，中国电信余杭分公司揭牌仪式举行
（中国电信股份有限公司杭州余杭区分公司　供图）

【中国移动通信集团浙江有限公司余杭分公司】 2021年，中国移动通信集团浙江有限公司余杭分公司（下称余杭移动）整体收入13.25亿元。推进双5G基建，赋能数字化改革应用。余杭移动被评为全省一类县（市、区）分公司，获杭州移动政企攻坚“5G领军”称号。《基于“1+5+N”的良渚古城遗址文化生态复现》课题获国际质量创新大赛三等奖、亚洲质量创新大赛二等奖及全国质量创新大赛二等奖，《数智鸬鸟——引领5G未来乡村新振兴》获工业和信息化部“绽放杯”5G应用征集大赛一等奖。完成未来科技城、梦想小镇、良渚古城遗址公园等重点区域5G精准覆盖，鸬鸟、黄湖、百丈等镇建制村和密集村庄的广覆盖，在区智慧文旅、城市行政执法、安防、园区、小区、工业互联网等领域开展5G场景应用。实现F5G光网“优”建设。助力区域内T级数据中心互联、高清视频直播等业务的商用。推进云网融合设施布局，助力智慧城市建设，支持数据中心设施资源进行新型算力中心和骨干节

杭州师范大学仓前校区体育馆（摄于 2021 年）
（第 19 届亚运会组委会 供图）

点建设，整合5G产业全供应链技术资源，提供“5G开放实验平台”服务。承建区“数字化指挥中心”，参与区“数字资源超市”建设，实现跨部门的数据资源共享。构建5G党政专网，推广智慧党建，试点升级一揽子核心政务数字化协同工作场景。与区教育局合作建设智慧校园。结合靓城行动，打造“未来社区”“智能楼宇”。以黄湖镇青山村，鸬鸟镇山沟沟村，径山镇径山村、小古城村为试点，探索“未来乡村示范”。联合中国信息通信研究院、浙江省5G产业联盟，构建“需求沟通—应用验证—企业孵化”的业务体系，助力区域龙头企业5G创新升级。重点助力“民用无人驾驶航空试验基地”建设和产业聚集。参与公安“双网双平台”数字化智能指挥系统建设，协同区数据资源管理局探索搭建BSN区块链政务专网。“党建和创”工程搭建企业联盟，与区内10多家单位签订协议。线下联动公安部门开展反诈宣传进驻，线上利用“天盾”系统智慧赋能电信网络犯罪监测。台风“烟花”期间，出动多支抢修队24小时值守加固重点机房基站，保障通信畅通，联动社区开展中小学生、“银龄”科普行动，助力跨越“数字鸿沟”。

（高子雅）

【中国联合网络通信有限公司余杭区分公司】 2021年，中国联合网络通信有限公司余杭区分公司参与政府疫情防控及数字化转型工作，主营收入较上年增长2.3%。全年共新建新国标小区55个，完成41个商务楼宇宽带接入，配合政府完成6个小区综合整治工作，协助政府疫情防控、防灾、防诈工作，共投放85万余条公益短信。与中国电信余杭区公司开展合作，共完成185处基站、803套室分信源竞合工作，拆除站点28个。全年参与重大通信保障活动10起。在智安小区、数字人大、美丽乡村、智慧园区、智慧养老等领域签约项目40多个，金额2908万元。

（李力）

编辑：周建国

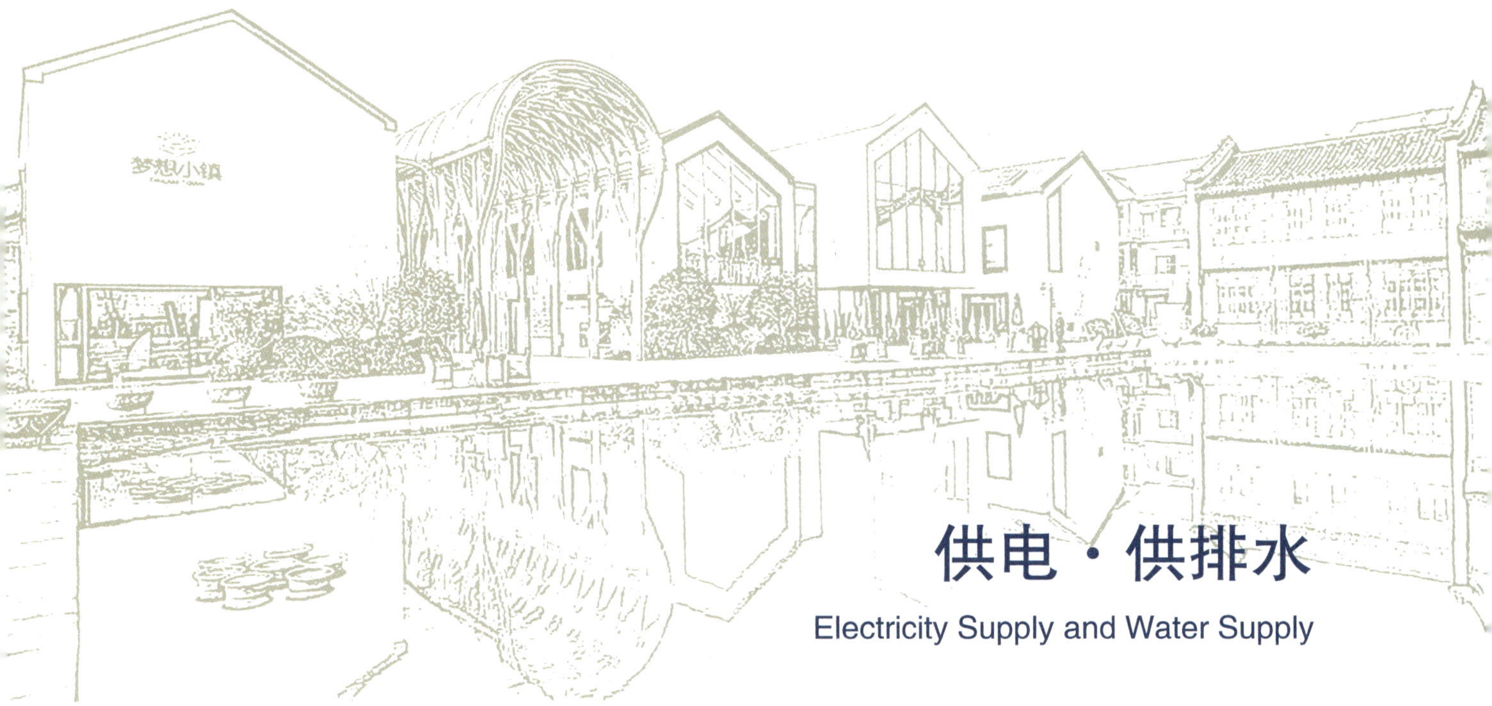

供电·供排水

Electricity Supply and Water Supply

供　电

【概况】　截至2021年末，原余杭区（包括新的余杭区、临平区）境内拥有35千伏及以上变电站65座，其中，500千伏变电站4座（由浙江省电力公司直接管辖），主变压器10台，容量725万千伏安；220千伏变电站8座（其中1座由杭州市电力公司直接管辖），主变压器20台，容量441万千伏安；110千伏变电站45座，主变压器100台，容量491.9万千伏安；35千伏变电站8座（含临时变1座），主变压器15台，容量32.4万千伏安。110千伏输电线路共81条，线路长度680.5千米。35千伏输电线路共20条，线路长度171.1千米。10千伏公用线路共1000条，其中，架空线路总长3969.8千米，电缆线路总长6160.4千米。10千伏公变共1.3万台，容量766.1万千伏安。原余杭区电网最高负荷300.8万千瓦，比上年增长9.58%；全年社会用电量180.7亿千瓦时，增长13.86%。全口径售电量131.0亿千瓦时，增长17.85%。国网浙江省电力有限公司杭州市余杭区供电公司（下称区供电公司）用户数突破90万户。固定资产投资4.0亿元；营业收入60.2亿元，增长4.40%；线损率3.00%，电费回收率100%。城市供电可靠率99.9965%，上升0.0065个百分点；城市电压合格率99.999%，与上年持平。农村供电可靠率99.9897%，上升0.0057个百分点；农村电压合格率99.999%，与上年持平。至年末，区供电公司实现安全生产日5238天。区供电公司被评为全国电力工程新闻宣传先进单位、全国质量信得过班组、国家电网公司2019—2021年省管产业

2021年9月18日，区供电公司员工在杭州西站附近开展铁塔吊装组工作　（徐建峰　摄）

施工企业能力建设标准化单位，获得第22届中国专利奖优秀奖1项。

【电网建设】 2021年，区供电公司编制完成余杭区“十四五”电网规划和电力设施布局规划，被纳入政府规划。推进白鹤滩特高压直流及其配套送出工程建设，政企协同克服“五大难点”。全年取得可研批复10项、核准10项。全年新、改、扩建变电站8座，新增变电容量68.9万千伏安，35千伏～220千伏电网容量突破1000万千伏安。投入运营地铁主电源点项目3个，助力杭州地铁三期建设。完成“三路一环”、运河二通道、文一西路隧道电力迁改工程，投入运营良睦路综合管廊线路8回，推进东西向快速路、304省道电力隧道前期工作。完成54条重载配电线路和17个重载台区治理，电缆线路自动化覆盖率达90.6%，位列杭州区、县（市）公司第一。完成保障性安居工程一户一表配电项目27个，助力3万余户居民乔迁新居。

【电力服务】 2021年，区供电公司便民服务电话话务量比上年增长90%。受理“95598”工单1.5万张，比上年下降24.7%。其中，投诉工单2张，下降94%，占杭州地区总数的4.7%，在杭州公司“庆百年、比赶超、零投诉”活动中排名第一。完成瓶窑供电所、未来科技城供电所数智型“六好”（头雁带动好，基层基础好，融入融合好，党员队伍好，文化引领好，社会评价好）供电所试点建设。推广表后服务共建机制，打造小古城村新时代乡村电气化示范点。落实优惠电力营商环境20项举措，实现低压接入项目“零跑腿、零投资”，高压接入项目“低成本”。开展转供电主体违规电费清退，惠及转供户2万余户，清退电费1200多万元。应用“办电e助手”线上交互功能，向大中型企业免费提供客户工程典型设计142套。完成杭州西站枢纽、钱江经济开发区等8份战略框架协议签订，落地浙江省首个电气、土建投资双延伸项目。为移动电信数据中心、阿里巴巴集团、浙大超重力离心模拟实验室等提供接入和施工保障。

【电力行业绿色转型】 2021年，区供电公司设立业扩报装、综合能源设计、电力工程承建“金三角”服务机制，推动传统设备安装运维向综合能源智慧电务转型。推广“达立电管家”运维业务，签订合同金额2500多万元，比上年增长152%。启动光伏倍增计划，全年实质性推进光伏项目54个，总容量5.2万千瓦。完成充电站建设74座，充电枪886个，累计充电量超3200万千瓦时，占原余杭区全社会充电量的34%。

【电力行业安全管理】 2021年，区供电公司推进安全生产专项整治三年行动，完成省、市公司安全巡查122项问题清单整改销号。开展安全检查“回头看”，消除闭环隐患296项。试点应用网络安全感知平台，提升信息管理大区网络安全防护能力。开展安全项目制。组建杭州首个电力联防队（主要负责未来科技城核心区域），消除外破隐患12起。依托安全管控中心，实现“现场＋远程稽查”覆盖率100%。完成“1＋33”（1个总体应急预案和33个专项应急预案）应急预案体系修订，组建网格化应急队伍，参加抗雪防冻应急演练，完成对口支援温岭抗台实战演练。应对台风“烟花”“灿都”，推动全区小区地下配电房设施专项整治，梳理形成防汛抗台标准化指导手册。持续推进分钟级可中断负荷资源库建设，新增可控负荷接入9.5万千瓦。

（本分目全年数据按原余杭区统计）

（项文阔）

供排水

【概况】 2021年，杭州余杭环境控股集团有限公司、杭州余杭水务控股集团有限公司（下称区环境（水务）控股集团）下属仁和水厂（部分供余杭区20万吨/日）、獐山水厂、径山水厂、石门水厂、馒头山水厂合计制水能力48.9万吨/日，另杭州趸售10万吨/日，临安趸售5万吨/日，合计供水能力43.9万吨/日。日污水处理能力29.9吨，其中，余杭污水厂、良渚污水厂、径山污水厂3座污水厂自有污水处理能力26.4万吨/日，输送至杭州城西污水处理厂3.5万吨/日。全年区环境（水务）控股集团完成销售水量1.1亿吨，比上年增长13.08%，污水处理量6754.9万吨，增长10.26%。供水水费回收率99.92%，污水水费回收率100%，供水出厂水质合格率和污水厂出水水质合格率均为100%，省、市、区各级监管部门水质抽检合格率保持100%。

【供排水专项规划方案】　2021年，区环境（水务）控股集团以建设符合经济社会发展水平的供排水保障体系为目标，逐步开展余杭区供排水专项规划修编工作。全面启动仁和净水厂及配套设施工程、良渚自来水厂、南湖小镇供水加压泵站工程等重大环境基础设施项目的前期工作。按照浙江省“提质增效双达标”要求，委托相关设计研究院编制余杭区农污近期建设规划（2021—2025年）。

【供排水基础设施建设】　2021年，余杭污水处理厂四期工程、径山污水厂工程投产运行。仁和净水厂工程采用“地下污水厂+上盖物业”建设模式，上盖部分创新建设产业孵化器、众创空间，打造生态环保产业综合体。推进良渚新城污水泵站工程、南湖小镇污水提升泵站和供水加压泵站建设等工程。实施科技大道供水、污水管道，东西大道（余杭至良渚）污水管道工程，闲林水厂配套管网等建设，推进全区供排水主干管网建设。瓶仓大道供水管道建成并实现通水。

【高层住宅二次供水改造】　2021年是余杭区高层住宅二次供水改造工作的第三年，区环境（水务）控股集团联合区住建局和各镇（街道）完成7个小区、6300多户高层住宅二次供水改造工作，为高层住宅用户提供“同网、同质、同价”的用水服务，超额完成市级考核任务。

【农村污水改造】　2021年，区环境（水务）控股集团开展集约化、标准化、智能化的农污设施提升改造工作。开展区级项目建设任务9个，完成总工程量的50%；市级“污水零直排村”建设任务4个，完成施工进度的70%，并完成市级27个农村生活污水终端改造建设考核任务、89个终端改造验收考核任务。

【供排水服务】　2021年，区环境（水务）控股集团贯彻落实“最多跑一次”改革要求，继续开展“水务办事零跑跑”服务，在新冠肺炎疫情期间以“零跑跑”“零手续”“零接触”模式服务村（社区）和企业，为应急隔离点建设提供供排水保障。按照企业水电气联合报装“零上门、零审批、零投资、一次办”的要求，优化办理流程。全年受理业务申请5898件，办理满意度99.53%。

【“污水零直排区”创建】　2021年，区环境（水务）控股集团整改重点区域的市政雨污水管网，提升红卫港、永胜港等河道水质，解决部分区块长期内涝问题。配合区三治办制定河道治理三年行动计划。在“三大单元”管网项目委托建设方面，配合镇（街道）、平台做好住宅小区雨污水管网改造项目的委托实施工作，和属地镇（街道）协议明确项目69个。

【水务精细化管理】　2021年，区环境（水务）控股集团成立专项指挥部，在全区范围内实施分级分区计量，组建管网测漏队伍，强化管网运维考核；全面推进供排水用户端的系统排查，落实分级分类管理和“标签式网格化”管理，降低产销差率。强化工程质量安全管理，落实工程质量全面追溯追责机制。加快“智慧水务”建设，提升企业数字化运行水平。开展“一表一码”小区试点，实现表务全生命周期数字化管理。

【供排水体制改革】　2021年12月，余杭区召开水务工作专题会议，明确区划调整后，余杭区涉及水务的体制机制改革方向不变，区环境（水务）控股集团继续保持现有管理模式，不受行政区划优化调整和水务一体化影响。

（陈虎宏）

编辑：姚敏

数字化改革

Digital Reform

综　述

【概况】　2021年，余杭区谋划推进“创景计划”，形成合力攻坚、统筹协调的工作机制。一体化智能化公共数据平台年度考核排名全省第二、全市第一。“一总五分门户”（一个数字化改革总门户，党政机关整体智治、数字政府、数字社会、数字经济、数字法治5个分门户）全部上线，门户上线应用28个，4个被评为省级优秀门户应用。推进“浙里办”余杭城市频道建设，“浙里办”上线应用17个，数量居全市区、县（市）首位。推进“县乡一体、条抓块统”改革试点，设立全省首个县（市、区）级“数智治理中心”。推动“152”（“1”即一体化智能化公共数据平台，“5”即5个综合应用，“2”即数字化改革的理论体系和制度规范体系）与“141”（“1”即县级社会治理中心，“4”即镇、街道基层治理“四个平台”，“1”即村、社区网格）贯通。全区31个场景入选省级及以上试点，8个项目入选省“揭榜挂帅”清单，共形成75项理论制度成果。“城市安全运行CT智治平台”在省数字化改革例会上演示，入选全省最佳应用，并在《领跑者》上刊登；“清朗网络”“法治政府建设监督”“数智政协”等13项做法获省级及以上领导肯定；“一键达海外仓”场景信息被国务院办公厅录用；“合法性审查”“入学早知道”等4项改革内容在《竞跑者》《数字化改革工作动态》等省级刊物上刊登推广。数字化改革联盟单位扩展至180家，涵盖数据开发、网络安全、人工智能等各领域。

【城市数字化建设】　2021年，余杭区“亲清在线”上线政策163条，比上年增长288.1%，兑付资金20.7亿元。“民生直达”上线政策39条，增长875%，惠及31.2万人，兑付资金1.8亿元。“入学早知道”“城市安全运行CT智治平台”“数智大市场”入驻城市大脑运营指挥中心（2050厅）展示。全年参与制定国家标准6个、省级标准4个、市级标准6个。在2021年杭州市城市数字化专项考核中获得9.98分，排名居全市各区、县（市）中第一位。

【数字化改革体系完善】　2021年，余杭区健全一体化智能化公共数据平台的“四横四纵两端”总体框架，党政机关整体智治系统形成“重大任务＋重大应用＋执行链＋主要领域”基本架构；数字政府系统完善建立“1234N”的工作体系；数字经济系统紧跟省级9条跑道顶层设计；数字社会架构图迭代至2.0版；数字法治系统“1338X”体系架构优化。

【“创景计划”】　2021年，余杭区举行数字化改革推进会、专题会和座谈会共120多次。对列入“创景计划”的74个场景实行全周期管理。全年通过领域牵头部门、区数据资源管理局和区委改革办三方联审机制，压减低水平重复项目103个，核减项目预算58%。

【政府门户网站建设】 2021年，余杭区政府门户网站开设“数字化改革”“共同富裕”“余杭两会”等专栏5个，解读相关政策文件25条，回应公众关注热点或重大舆情20次，全年总访问量1198万次，共发布信息1.3万条。在12月24日发布的《2021年中国优秀政务平台推荐及综合影响力评估结果通报》中，被评为2021年度中国领先政务网站，余杭区是全省唯一获得该奖项的县（市、区）。

【政府投资信息化项目管理】 2021年，区数据资源管理局重新修订完善《余杭区信息化项目管理办法》，建立项目绩效评价模型，科学评测信息化项目全生命周期中的各环节。

【余杭数字化改革企业联盟成立】 2021年5月6日，余杭数字化改革企业联盟在余杭区创新发展大会上成立，旨在促进政企交流和深度合作，探索有为政府与有效市场结合的新实践。11月24日，在2021智慧中国年会上，余杭数字化改革企业联盟获2021数字政府特色评选50强创新案例“数据体系创新奖”。截至12月31日，联盟有成员企业218家。

（刘辉）

一体化智能化公共数据平台

【一体化智能化公共数据平台建设】 2021年，区数据资源管理局建立横向覆盖部门、镇（街道）、平台，纵向贯通省、市、区的一体化数字资源系统（IRS）。全年编制公共数据目录1564条，上线云资源实例1658个。向国家、省、市申请“回流”项目1836个、数据1.6亿条。夯实“人、地、事、物、组织”数据底座，建立8个人口，36个地、房，45个事件，203个组织的高频数据仓。完成186个应用系统目录编制。拆解业务事项1826个，实现全区55个部门，12个镇（街道）平台的65.2亿条数据有序共享。2021年，全省一体化智能化公共数据平台综合能力考核评价排名列全省第二位、全市第一位。

【数字孪生底座建设】 2021年，区数据资源管理局以余杭区一体化智能化公共数据平台为底座，贯通5G物联网与雪亮工程两个分平台，接入各类物联感知设备。向上对接省域空间治理平台、市级物联感知平台，共回流230类、7643项城市空间与运行数据指标。

【“余杭一码通”应用建设】 2021年8月12日，“余杭一码通”应用场景上线。“余杭一码通”打通19个部门的二维码壁垒，归集健康码、行程信息、疫苗接种情况在内的53项657万条数据，实现防疫核验、公共出行、办事咨询等24个场景的“一码通行”。截至12月31日，有24万余人领码。该应用申请市级标准3个，入选浙江省发展和改革委员会评选的《数字社会案例集》（第五批）以及杭州市数字社会系统首轮“揭榜挂帅”项目。

【“一网一心一脑”项目】 2021年9月15日，“一网一心一脑，打造余杭智慧城市”项目获工业和信息化部第四届“绽放杯”5G应用征集大赛智慧城市专题赛三等奖，余杭区成为浙江省唯一获奖的县（市、区）。该项目以集约化的建设思路，在云资源使用效率提升、数据网络安全防护、数据协同共享等方面持续迭代优化，支持全区的数字化改革。

【首席数据官制度建立】 2021年10月28日，余杭区印发《关于实行首席数据官制度推动数字化改革的实施意见》，涵盖部门、镇（街道）、平台80个，区管领导、科室负责人、工作人员238人，旨在引导各级干部运用数字化技术、数字化思维、数字化认知，破解区直部门、镇（街道）、平台数字化职能缺位问题。

（刘辉）

党政机关整体智治

【省级应用承接】 2021年，余杭区创建区党政机关整体智治综合应用1.2版架构，实现省、市、区三级贯通，上架特色应用场景5个、驾驶舱5个。围绕“党的建设、政治建设、经济建设、文化建设、社会建设、生态文明建设”6个维度，梳理、更新区级核心指标及完成情况。实现“七张问题清单”“应急处突”“人大代表履职”等10个省级党政机关整体智治重大应用贯通落地。其中，“七张问题清单”开通系统管理员账号166个，录入区级问题24项，形成区级有关部门协同处置机制。开通区级账户200多个，在防范化解重大风险、紧急信息报送处置等方面得到使用。打造余杭党政机关整体智治专题门户，10月11日，正式上线“综合性国家科学中心核心区”“全国共同富裕示范先行区”“全面数字化改革引领区”3个维度七大模块建设专题门户。

【区级应用场景建设协调】 2021年，余杭区“清朗网络智治平台”应用场景围绕网络空间“治理侧”和“服务侧”，打造6个核心模块。“法治政府建设监督”应用场景聚焦解决人大代表掌上知政、人大常委会科学分析评价、全过程监督三大问题，在全省人大数字化改革推进会上余杭区作典型发言。“数字政协”应用场景自上线以来，点击数超5.2万次，被评为杭州市数字化应用优秀案例。“才金直通车”应用场景构建人才足不出户的一站式审批流程。截至年末，上线人才专属金融产品70多款，相关改革成效被《中国组织人事报》报道。

【理论制度成果】 2021年，余杭区围绕“数字化改革”“党建统领、整体智治”等主题，开展理论研究、形成《构建依法治网体系推进网络空间数字智治》《地方人大推进法治政府建设专项监督数字化改革初探》等理论成果。

（刘辉）

数字政府系统

【概况】 2021年，余杭区谋划多跨场景应用37个，其中入选“创景计划”典型示范库1个，入选重点培育库4个，上线运行应用20个。“数智防汛”等17个应用列入省、市重点应用试点，“城市安全运行CT智治平台”应用作为典型在全省推进会上发言。

【数字政府门户建设】 2021年，余杭区在数字政府门户主体界面展示上，按照综合门户“1＋6”的框架结构，统筹联动核心数据源部门，形成“地区生产总值”等展示模块30个，实现数据及时更新、动态呈现。

【“健康真周到”应用建设】 2021年12月10日，“健康真周到”应用场景上线，旨在应对健康证待办人员范围广、数量多、流动性大、信息掌握不及时等痛点难点，重塑健康证办理流程，实现线上预约、线下体检、在线申领，缩短群众办理健康证的流程。

（刘辉）

数字经济系统

【数字经济系统顶层设计】 2021年，余杭区围绕提升经济综合治理和为企服务能力，形成的“E企成长”建设总方案。以“创景计划”为目标，定位“E企成长”为全区统一的经济监测、产业发展和企业服务的多跨协同总平台，复用、整合、适当新建区直部门、平台、镇（街道）的小切口子系统，综合集成产业全景驾驶舱、产业资源地图、产业发展引擎、亲清企业服务四个大场景，形成“两库两网一引擎”的总平台。12月25日，“E企成长”内部试运行。余杭区主建的省级示范试点项目“工业设计引擎”得到省经济和信息化厅和省数字经济专班的肯定。在全区数字经济系统重点培育的子场景应用中，由杭州市、余杭区两级经济和信息、卫生健康部门共同谋划，由余杭区内无人机相关企业杭州迅蚁网络科技有限公司、浙江赛目科技有限公司参与建设的“杭州市疾控领域无人机运输”，入选杭州市数字经济系统的数字化改革成果展名单；“海外物流智慧在线（一键达海外仓）”专报信息被国务院办公厅录用，被评为第一批省数字经济优秀应用；“企业码”五常专区成为全省唯一镇（街道）级企业码创新应用试点。

【重点应用场景打造】 2021年，余杭区谋划打造以“E企成长”为核心的数字经济系统多跨应用场景，支撑赋能区级涉企部门的经济管理、业务运行和企业服务，实现“产业资源一屏展示、经济分析一屏总览、业务运行一体智管”。

（刘辉）

数字社会系统

【概况】 2021年，余杭区围绕“三张清单”（重大需求清单、重大多跨场景清单、重大改革清单），打造数字社会系统应用场景27个，7个应用场景成为省、市数字社会领域“揭榜挂帅”项目。建立“三个库”，其中“入学早知道”入选“创景计划”典型示范库，“舒心育儿”等4个场景入选重点培育库。上线运行应用场景10个，其中，“浙里办”上线5个，“杭州市民卡”APP上线4个，“健康余杭”上线1个。落地未来社区12个；编制“四张表”，摸清底数，细化管理。

【数字社会系统应用成果】 2021年，“入学早知道”累计访问量23.3万人次，获得国家版权局颁发的软件著作权证书，事迹被《人民日报》报道，入选省《数字化改革工作动态》场景应用典型案例。“余杭一码通”实现出行、办事、入园、入馆、就医、就餐、创业等7个领域“一码通行”。葛巷未来社区被确立为全省“智慧医疗”和“社区文化”先行先试多跨应用场景落地试点；“15分钟便民生活圈”被中央广播电视总台央视《新闻联播》报道。良渚文化村未来社区为杭州市唯一被选为全省“智慧旅游”多跨场景落地的首批试点社区，落地智慧医疗、智慧旅游、社区文化、智慧养老等多跨场景4个。

（刘辉）

数字法治系统

【概况】 2021年，余杭区数字法治系统实现14个场景入选省、市目录清单，其中，区检察院3个、区综合行政执法局3个、区委政法委2个、市公安局余杭区分局2个、区法院1个、区司法局1个、区住建局1个、区数据资源管理局1个。市公安局余杭区分局参与省、市共同建设的交通治理“一图一码”场景被评为全省好应用，区委政法委牵头建设的社会矛盾风险智能预警处置、区检察院牵头建设的特定行业准入护城河、市公安局余杭区分局参与共同建设的“浙警易网办”等3个场景被评为全市好应用，法院、司法、综合行政执法等部门共有7个场景在各自业务条线上获表扬或作为省、市试点。12月16日，小康杂志社发布的“2021中国数字治理百佳县市”榜单中，余杭区列全国第三位。

【数智治理系统】 2021年9月，余杭区设立全省首个县（市、区）级数智治理中心，研发余杭区数智治理系统，初步实现基层治理要素“统一汇聚”、闭环处置“流程再造”，基本构建起“一屏观全区、一网治全城、一键管应急”的区域数智治理体系。平台首页增加党建统领、经济生态两个模块，展现余杭区“1+（4+2）+1”的建设概貌。

（刘辉）

编辑：范雅君

农业·水利

Agriculture and Water Conservancy

综　述

【概况】　2021年，余杭区实现农业增加值41.6亿元，比上年增长2.1%，农业总产值64.6亿元，增长3.7%，农林牧渔呈齐头并进态势。其中，种植业产值34.6亿元，增长4.4%；林业产值8.8亿元，下降0.5%；畜牧业产值3.4亿元，下降2.8%；渔业产值12.4亿元，增长4.6%；农林牧渔服务业产值5.5亿元，增长9.5%。全区粮食种植面积1.6万公顷，粮食总产量10.4万吨。

【西部富美“1355”行动项目推进】　2021年8月19日，余杭区举行实施西部富美行动助推共同富裕示范先行区建设动员大会，部署西部富美“1355”行动。西部富美行动被列入市级第一批共同富裕试点。全年，西部富美行动计划实施项目136个，总投资56.6亿元。截至年末，当年度项目完工69个，跨年度项目开工建设44个，总投资56亿元，年度任务基本完成。

【美丽乡村建设】　2021年，余杭区全面推进美丽乡村“1510”示范创建行动，“一核三线”（大径山美丽乡村核心、西部访茶寻幽线、中泰慢谷风光线、良渚文化风情线）一期、二期共12个项目完工，三期3个项目完成进度75%，四期4个项目进场施工；6个示范村项目完成进度80%。出台《余杭区“百路千里美乡村”新时代美丽乡村全域环境扩面提升实施方案》，全域推进美丽乡村扩面提升工程，扩大美丽乡村建设组级覆盖面，全年实施美丽乡村扩面提升工程247个。推进市级美丽乡村精品村、精品示范线、风情小镇建设，中泰街道双联村等8个2020年度市级精品村和仁和街道2020年度“云会呼吸”市级风情小镇全面完工并通过市级考核验收；良渚街道纤石村等2个2021年度市级特色村和余杭街道永安村等4个市级未来乡村试点村开工建设。余杭街道被评为浙江省美丽乡村示范乡镇，余杭街道永安村、闲林街道西溪源村、仓前街道苕溪村被评为浙江省美丽乡村特色精品村。美丽乡村联动美丽经济被列入省农业农村领域高质量发展推进共同富裕第一批实践试点。

【“一证一码”监管模式】　2021年，余杭区在区级农产品质量安全监管系统的基础上，继续完善实名购买、合格证出具和生产电子台账等监管平台功能，共完成生产主体赋码登记2.0万家，实现规模主体赋码和出具合格证全覆盖，完成“浙农码”赋码2.2万个。在农产品生产、检测、农资购买等环节开展试点建设，以鸬鸟蜜梨为重点，探索开展全产业“一码一证”试点建设，全区全年出具承诺达标合格证35万余张。

【两个“三品一标”融合发展】　2021年，余杭区聚焦“一标一品一产业”，推动两个“三品一标”（绿色食品、有机农产品、地理标志农产品，食用农产品达标合格证和品种培优、品质提升、品牌打造和标准化生产）融合发展，实施国家地理标志农产品保护工程等重点项目。截至年末，全区共有绿色食品认定农产品157个，申报面积0.2万公顷，绿色优质农产品比例达61.26%；拥有“径山茶”和“鸬鸟蜜梨”国家地理标志农产品2个。开展农业区级地方标准复审，保留区级标准23个。开展标准化生产绩效评价工作，分级评价规模生产主体标准化水平，共评出A级主体3个、B级主体4个、C级主体22个。

【农产品检测】 2021年9月，区农业农村局组织第十届农产品质量安全快速检测技术培训班，来自全区11个镇（街道）的农产品质量安全监管员和基层农产品检测室检测人员等100多人参加培训。11月，举办第六届余杭区农产品质量安全检测技能大赛，来自9个镇（街道）代表队共24名检测员参赛。全年完成农产品快速检测对公众免费开放服务200个批次，完成区级农产品风险监测146个批次，覆盖10个镇（街道）63家生产主体。区农产品质量安全检验检测站通过全省农产品质量安全检测机构能力考核。

【农业科技项目建设】 2021年，区农业农村局完成对2018—2020年度科技合作项目、现代种业项目与“三新”（新品种、新技术、新模式）推广技术试验示范项目的验收，共拨付资金571.3万元。

【基层农技推广体系改革与建设项目】 2021年，余杭区继续实施全国基层农技推广体系改革与建设项目，全年共示范推广主推品种21个、主推技术24项。以粮油、蔬菜、水果、茶叶和畜牧等五大产业为主线，遴选确定39名农业技术指导员和200名科技示范户。建设省级高品质绿色科技示范基地2个，组织八大农业产业技术创新与推广服务团队开展农业先进适用技术和品种的试验示范及推广应用。

【“三农”人才工作】 2021年，余杭区农村实用人才共2.3万人，新增1711人。新增区级F类以上人才15人，其中，E类8人、D类7人。新增市级E类人以上人才12人，其中，E类11人、D类1人。新评定农民技师10人、农民助理技师15人、农民技术员19人，新认定“土专家”18人。加强与浙江省农业科学院、浙江农林大学等科研机构、院校合作，组织65人次农技人员参加培训。仁和街道普宁村等8个村招录农村职业经理人8人。胡静锜等10名农村实用人才获2020年度“乡村振兴优秀人才”称号，周海东入选浙江乡村振兴共富带头人“金牛奖”候选人名单；何奕霏、徐掌红等8人分获杭州市职业技能选拔赛暨乡村振兴青年实用技能大赛二、三等奖。陈洁瑾被评为“2021年度全国乡村振兴青年先锋”。《遍地“能人”下农村》在中央广播电视总台财经频道《经济半小时》节目播出，《杭州的农村职业经理人近来怎么样？》等在“人民网”客户端刊登，专题报道余杭区农村职业经理人情况。

【农民素质教育培训】 2021年，余杭区培训农民9720人，其中市级“1256”重点项目培训

2021年11月24日，2021年度（第六届）余杭区农产品质量安全检测技能大赛颁奖仪式举行

（区农业农村局 供图）

1330人（包括高素质农民735人、农创客50人、“土专家”50人、其他435人）。农民专项技能与农民素质培训等普及性农民素质培训7326人；开展智能手机应用培训4.3万人；涉及文化大礼堂培训117期、5936人。录取大学本科生28人，招收中专生55人。新评定“土专家”18人。认定实训基地（田间学校）14家，利用田间学校举行各类培训班67期4234人。培育农创客362人。举办农创客创业指导研修班，50名农创客、“农二代”参加。

【农民培训视频】 2021年，区农业农村局发挥“土专家”特长，拍摄毛腌鸡、蛋制品、冷板羊肉、酱鸭、粉皮等制作技术及铁皮石斛林下栽培技术等视频6期，开展视频教学推广。其中陈红炳授课的“径山茶鲜叶标准化采摘技术”被评为全国农业技术推广服务中心优秀短视频，李阿根授课的“小麦赤霉病防治技术”被评为中央农业广播电视学校100例优秀教学视频；刘彩凤“师傅带徒”型技术帮扶，被中央广播电视总台《田间示范秀》报道。

【农文旅融合示范创建行动】 2021年，余杭区以农文旅融合发展为导向，推动美丽乡村由“建设”到“经营”的转型升级，探索“绿水青山就是金山银山”的余杭实践。17个村成立景区村庄运营公司，11个村实施农文旅融合发展示范村创建工作。截至年末，前两批共8个村完成示范村创建，第三批共3个村下达建设计划。

【农村人居环境整治提升行动】 2021年，余杭区出台《余杭区农村人居环境整治提升村庄清洁行动春季战役实施方案》《余杭区农村人居环境整治提升村庄清洁行动夏秋季战役实施方案》《余杭区农村人居环境整治提升村庄清洁行动冬季战役实施方案》，深化村庄基础环境整治工作。建立村庄清洁行动专员专项联络机制，实行每月4个模块14个数据指标统计、通报制度，抓好“三清”（全面清理农村生活垃圾、全面清理河塘沟渠和村庄生活污水、全面清理畜禽养殖粪污等农业生产废弃物），强化“三整”（全面整治残垣断壁、废旧房屋，全面整治乱搭乱建、乱堆乱放，全面整治乱涂乱画、非法广告），落实“三提升”（全面提升村庄环境治理水平、全面提升村容环境档次、全面提升农民群众环境整治意识）。

【农业农村电商建设】 2021年，余杭区开展电商培育，推进“互联网+”农产品出村进城试点县创建。建设运营“网上农博余杭馆”，销售额近700万元。完成19个农村电子商务项目申报、审核等工作，拨付补助资金227.6万元。全年实现农产品网络销售额10.1亿元。

【全国农业综合行政执法示范窗口创建】 2021年3月，根据农业农村部《关于开展全国农业综合行政执法示范创建活动的意见》，区农业行

2021 浙江网上农博会余杭馆封面（区农业农村局 供图）

政执法队成立工作领导小组，组织申报创建工作。6月，在农业农村部公布的《第三批全国农业综合行政执法示范窗口和全国农业综合行政执法示范单位名单》中，区农业综合行政执法队被评为全国农业综合行政执法示范窗口，初步实现执法工作信息化、办公场所标准化、执法监督体系规范化、案审统一化的四化建设，以规范化、标准化建设助推农业综合行政执法改革工作。

【余杭区被评为县域农业农村信息化发展水平先进县】 2021年11月26日，余杭区被评为2021年度“全国县域农业农村信息化发展水平评价工作先进县”，连续三年获该荣誉。2021年，区农业农村局全面实施数字化改革工程，成立局“三农”数字改革专班，“肥药两制”改革数字化应用、数字畜牧、跟着节气游乡村入选第一批“先行先试”省农业农村厅多跨应用场景。“禹上金扁担”被纳入区“创景计划”十大重点培育项目。完成余杭区数字“三农”协同应用平台总体态势、农业产业、乡村建设、农民发展、特色工作、数据资源六大板块栏目重设；完成数据自动填报系统已测试上线和历史数据导入，33个物联网站点、35个气象监测站、5块智慧大屏安装到位。按照农业产业发展、数字乡村建设和提升农民服务三大主题，集成和整理未来数字乡村服务系统。14个村申报成为市、区级数字乡村样板镇村。浙江灯塔数字农业园区申报成为市级数字农业示范园区项目，开展杭州利丰种业科学研究院园区、仁和建光黑鱼养殖场数字园区创建和验收工作。

（戴扬　楼玲　金琎　庞英华　周尔露　高素珍　钟顺顺　金玮　肖依　钟增凯　田雨晨）

种植业

【农田建设任务】 2021年，区农业农村局分解落实省农业农村厅下达的新建高标准农田任务，实施面积1079.2公顷，涉及7个镇（街道）项目，同步实施高效节水灌溉333.3公顷，投入5285.5万元，落实高标准农田提升面积333.7公顷，涉及2个镇（街道）项目，投入3022.5万元。开展并完成1.1万公顷粮食生产功能区“非粮化”等现状调查，待整治优化面积约5600公顷，年度整治完成率35%。

【测土配方施肥】 2021年，区农业农村局采集土样390个，土壤化验分析4382项次，完成计划任务的102.6%。建立主推配方发布制度，完善“大配方小调整”技术措施，发放施肥建议卡1600份，培训290人次，农资店施肥建议卡上墙70份，主推配方村上墙119个。在瓶窑、仁和、余杭等镇（街道）开展化肥利用率试验和肥效试验，完成化肥利用率试验2个，肥效试验3个。

【水肥一体化技术推广】 2021年，余杭区完成2020年度水肥一体化示范建设项目4个，建成水肥一体化示范基地面积25.0公顷。实施省级沃土工程土壤综合培肥示范区建设项目，建立水肥一体化核心示范方2个，带动135.1公顷水肥一体化示范基地应用水溶肥43吨。

【受污染耕地安全利用】 2021年，余杭区巩固提升受污染耕地安全利用工作。受污染耕地主要涉及仓前、中泰、余杭、闲林、黄湖和鸬鸟等6个镇（街道）22个村，总面积508.1公顷。通过土壤调理剂、叶面喷施阻隔剂等综合治理措施，实现受污染耕地安全利用率98.66%。

【垦造耕地后续管护】 2021年，区农业农村局继续开展垦造耕地后续管护工作，对2019—2020年启动管护的46个垦造耕地项目开展后续管护，管护面积（即开发总面积）221.4公顷，其中，新增耕地186.9公顷（包括水田164.0公顷、旱地22.8公顷），“旱改水”7.8公顷，涉及10个镇（街道）及杭州余杭绿色产业发展集团有限公司。

【肥药定额制试点】 2021年，区农业农村局发布《杭州市余杭区粮油作物化肥定额制施用技术指导意见》，在瓶窑、仁和、余杭等镇（街道）建立定额制示范点4个，分别为省级肥药定额示范方1个、省级农药定额制示范方1个、区级化肥定额示范方2个。

【"肥药双控"工程】 2021年，余杭区继续实施"肥药双控"工程，全区实现主要农作物测土配方施肥技术推广面积1.5万公顷，覆盖率93.6%；实施植保社会化服务1.3万公顷、绿色防控示范区示范面积1066.7公顷，推广应用高效双低农药206.7公顷，推广应用商品有机肥1.5万吨、推广配方肥4552吨、按方施肥5024吨。通过实施"肥药双控"工程，全区化肥、农药施用总量分别较上年减少386吨和9.0吨。

【"肥药两制"改革】 2021年，余杭区依托"肥药两制"改革综合试点项目建设，推进基础设施、数字应用等硬件提升，构建农业绿色发展制度机制，促进农业增产保供、绿色生态、提质增效。余杭区被省农业农村省厅认定为全省"肥药两制"改革综合试点创建单位和多跨应用场景第一批"先行先试"单位。

【绿色防控技术示范推广】 2021年，区农业农村局在瓶窑、仁和等地设绿色防控示范区4个、示范面积89.9公顷。在全部1348个区42个畈的田埂上，推广种植百日草等蜜源植物，覆盖面积超1066.7公顷，辐射面积超2666.7公顷；在牛头山等茶园，开展绿色防控与统防统治融合，示范面积150公顷；在中泰街道双联村、泰峰村应用物联网杀虫灯、性诱剂、天敌友好型色板等绿色防控技术，建立茶园绿色防控示范区133.3公顷。

【植保社会化服务】 2021年，6家植保社会化服务组织在11个镇（街道）以及杭州余杭绿色产业发展集团有限公司的259户农户中开展植保社会化服务工作，共产生防控记录近2000条，服务面积1.3万公顷，其中，小麦6006.7公顷、油菜220公顷、水稻6900公顷、病虫害作业面积超3万公顷、全区粮油作物病虫害机防比例超70%。

【农田氮磷生态拦截渠道建设】 2021年，余杭区共确定氮磷生态拦截渠道项目1个。该项目位于黄湖镇杭州嘉源农业生态有限公司内，由黄湖镇组织实施，浙江大学相关部门设计，投入资金40多万元，建成沟渠1010米。

【余杭区单季晚稻亩产打破杭州市纪录】 2021年，余杭区实施省级超级稻百亩攻关方1个、市级高产示范方2个、区级高产示范方6个。本次测产面积1.1亩（733.33平方米），鲜稻谷毛重1324.6千克，水分27.88%，攻关田最高亩产1012.7千克，首次亩产超1000千克，打破杭州市单季晚稻亩产纪录。

【田畈儿牌孝顺米获浙江好稻米优质奖】 2021年，在"2021浙江好稻米"推荐评比活动中，余杭区推荐选送的田畈儿牌孝顺米获优质奖。这是益民农业生产服务专业合作社继2018年获得浙江好稻米金奖后的再次获奖。

【市级"菜篮子"基地（蔬菜类）建设项目】 2021年，余杭区2021年度杭州市"菜篮子"基地（蔬菜类）建设项目共立项4个项目，全部为叶菜生产功能区项目。

【径山茶品牌提升】 2021年，余杭区加大径山茶品牌宣传力度，在杭州电视台、余杭电视台、《余杭晨报》、户外平面等媒体，组织径山茶预售活动。是年，径山茶品牌价值为26.3亿元。径山茶成为第四届中国国际茶业博览会推荐产品，入选亚运特许产品。杭州余杭区中泰乡张家山茶场、杭州径山妙高茶叶有限公司、杭州余杭车坑坞茶厂、杭州余杭区径山名叶茶厂选送的径山茶获得杭州市第三届名优茶金奖。杭州余杭车坑坞茶厂"径心"牌红茶在2021"浙茶杯"优质红茶推选活动获金奖。牛头山美丽茶园被评为中国茶产业T20最美生态茶园。

（方文英　朱徐燕　卢健　方淑丽　戴扬　楼玲）

畜牧业

【概况】 2021年，余杭区生猪存栏3.6万头，其中，能繁母猪存栏0.6万头，生猪出栏6.9万头；家禽存栏91.5万羽、家禽出栏260.8万羽；羊存栏1.7万只、羊出栏1.9万只。新建高标准万头猪场项目2个并完成产能验收、引种投产等工作。创建国家级畜禽养殖标准化示范场1家、完成省级美丽牧场创建2家、认定省级良种繁育基地3家。完成高水平畜禽养殖示范场项目2个、畜禽规模养殖场生态化改造提升项目1个、培育沼液配送服务组织3家，新建田间沼液暂存池约1万立方米。

【种质资源普查和保护】 2021年，余杭区完成210个村（社区）的第三次全国畜禽遗传资源普查工作，完成湖羊遗传资源保护和5200头生猪性能测定工作，国家湖羊种质资源场异地迁建项目整体完成进度达到85%。

【畜禽养殖兽用抗菌药减量化和饲料环保化行动】 2021年，余杭区创建省级兽用抗菌药减量化示范场1家、试点场6家，饲料环保化试点场2家。以“两化”（畜禽养殖兽用抗菌药减量化和饲料环保化）为抓手，组织养殖业主培训，提升全区畜产品质量安全水平。

【重大动物疫病防控】 2021年，区农业农村局强化高致病性禽流感、口蹄疫、非洲猪瘟等重大动物疫病防控，确保不发生区域性重大动物疫情。开展动物疫病风险评估，全年完成血清学和病原学样品检测1万份。强化无害化处理监管，确保死亡动物及病害产品无害化处理率达到100%，保障畜牧业健康发展和公共卫生安全。

【动物卫生监督】 2021年，余杭区共有7家畜禽屠宰场点，全年实施定点屠宰生猪28.4万头、羊1.0万头、家禽116.6万羽。实施产地检疫生猪7.3万头、家禽42.8万羽、羊366头、犬猫195只、马80匹。开展外来动物及产品备案报验工作，全年从区外调入生猪35.4万头、羊2.0万头、家禽418.7万羽，调入畜禽产品74.7万吨。

【畜牧生产数字化】 2021年，区农业农村局上线和优化“畜禽生态管理一件事”应用场景，建成省级数字牧场4家，启动市级数字农业示范园区建设1家，推进浙农码畜牧兽医版扩面应用。

（曾玲　孟祥军　郁建明　张勇敏）

水产业

【概况】 2021年，余杭区水产品总产量4.0万吨，比上年增长11.52%，渔业总产值13.4亿元，增长15.48%。其中：主导品种中华鳖产量1.4万吨，增长7.07%；青虾产量1250吨，减少5.16%；青、草、鲢、鳙等四大家鱼分别增长2.68%、0.73%、13.24%和-3.17%；泥鳅、鳜鱼和加州鲈鱼等名特水产品分别增长102.86%、119.05%和67.22%。涉渔工业等产出4450万元，增长29.55%；涉渔流通和服务业的产出4284万元，增长4.54%。

【水产健康养殖示范场创建】 2021年，余杭区通过改造提升养殖生产、尾水处理等设施，改进养殖管理，实施用药减量，提高养殖主体自律意识等方面的水平。全区9家水产健康养殖示范场全部通过省级验收。

【渔业资源增殖放流】 2021年，余杭区在京杭大运河和苕溪流域增殖放流各类鱼种375.4万尾，其中，夏花鱼种305万尾、放流冬片鱼种70.4万尾（32吨），投入资金33万元。

【渔业生产设施项目建设】 2021年，余杭区验收市级水产“菜篮子”项目4个，新创建市级水产“菜篮子”项目3个。建设渔业全产业链项目4个，投入资金3211.3万元。建成数字渔场3个，良种繁育基地3个。

（姚伟峰）

农业机械

【概况】 2021年，余杭区拥有农机总动力24.9万千瓦。其中，耕作机械2347台（套）、4.4万千瓦；种植机械296台（套）、3574千瓦；收获机械201台（套）、1.1万千瓦；植保机械1720台（套）、3268千瓦；排灌机械7971台（套）、4.1万千瓦，农产品初加工机械759台（套）、9061千瓦。全年完成机耕作业面积1.8万公顷，粮食机械收获面积1.4万公顷，机械秸秆还田面积1.4万公顷，机械化播种水稻4423公顷，机械收获油菜184公顷。

【农机购置补贴】 2021年，余杭区使用各级农机购置补贴资金399.5万元，其中，中央资金363.1万元、省级资金14.3万元、区配套资金21.4万元、中央报废更新补贴0.8万元。补贴机具501台（套），受益农户440户。

【农机作业环节补贴】 2021年，区农业农村局完成2020年订单粮食烘干补贴资料审核。联合区粮食局核实确认烘干量5.7万吨，发放补贴资金683.4万元；审核确认2020年下半年秸秆还田面积6652.9公顷，补贴资金399.2万元。

【新型农机设备引进】 2021年，余杭区麟海蔬果专业合作社在全省范围内率先引进手扶式叶菜收获机、自走式八行移栽机、自走式有机肥撒肥机，全面实现叶菜全程机械化生产。

【项目与服务组织建设】 2021年，余杭区立项杭州市农业“机器换人”促进工程项目3个，投入资金260万元。杭州余杭益民农业生产服务专业合作社、浙江骆驼九宇有机食品有限公司、浙江浙农飞防科技服务有限公司入选浙江农机社会化服务典型。

【智慧农机建设】 2021年，区农业农村局利用北斗农机精细化管理系统开展重点补贴机具核查与作业补助审核，全年安装北斗农机434台。拥有无人驾驶拖拉机、收割机、插秧机各1台，植保无人机110台。举办首届余杭区植保无人机操作技能大赛。

【农机免费实地检验】 2021年，区农业农村局组织开展四大类农业机械免费实地检验工作，共检验农机564台（套）。其中，农田拖拉机179台、联合收割机102台、插秧机98台、烘干机185台，确保农业机械生产作业安全。

【农机监理】 2021年，余杭区开展上道路运输拖拉机清零“回头看”、农机事项办理下沉服务、农机质量调查、农机安全生产专项检查等活动，排查检查监管对象63家，消除隐患点41个，解体报废收割机1台。举办拖拉机驾驶员培训班1次，培训机手19人。办理相关业务87件（次），其中，办理农田拖拉机业务注册21台、联合收割机业务注册16台，办理拖拉机驾驶证申领19本、补换证31本。

【余杭区被评为省农业“机器换人”高质量发展先行县】 2021年，余杭区创建为浙江省第一批综合性农业“机器换人”高质量发展先行县，为全市唯一。2021年，全区围绕水稻、茶叶、生猪三个特色产业，推进主导产业农业机器换人，建成农机综合服务中心5家、全程机械化应用基地9家、农机创新试验基地3家、数字农机应用基地4家，水稻生产全过程、茶叶与生猪的重点生产环节基本实现机械化。

（宋继鸿）

农业产业化经营

【政策性农业保险“扩面提标增品”】 2021年，余杭区开办农业险种28个，其中区级地方特色险种9个，参保农户1.3万户，保费收入6351.6万元，为全区农户提供风险保障60多亿元，保险密度达1752.2元/人，保险深度达

1.56%。各级财政补贴资金5036.6万元，其中，区级财政补贴3121.3万元，市、区两级财政保障水平为62%；赔付金额5716万元，简单赔付率达90%，土地履约保证保险、民宿收入综合险成为全市政策性农业保险首个理赔案例。

【农村金融体制改革】 2021年，余杭区建立“政银保担基”多方联动机制，引导资金回流农村。建立农村金融综合服务平台“禹上金扁担”，代表余杭区参与杭州市数字社会应用场景路演。平台与13家金融机构建立合作关系，入驻农业经营主体和村股份经济合作社293家，全年开展“三农”贷款贴息申报61笔，预约保险业务75笔，贷款业务34笔，涉及贷款余额3900多万元。

【新时代乡村振兴综合集成改革】 2021年，余杭区根据省委、省政府印发的《关于开展新时代乡村集成改革的实施意见》精神，坚持因地制宜、分类施策，以人才要素市场化配置改革为主线，系统化、体系化推进全区一盘棋、“三农”全领域的集成改革。经自主申报、专家评审，12月，余杭区被省政府确定为浙江省新时代乡村集成改革第二批试点单位。

【国家现代农业产业园创建】 2021年，浙江省杭州市余杭区现代农业产业园创建为国家现代农业产业园，成为杭州市第一家国字号农业产业园。余杭区国家现代农业产业园聚焦茶产业，整体布局“一核两心三片四景”（“一核”：以径山镇为依托的产业园核心区；“两心”：瓶窑镇农业公共服务中心和闲林街道江南茶叶交易中心；“三片”：小古城—塘埠、径山镇、中泰—闲林三大茶叶种植区；“四景”：小古城遗址、陆羽泉公园、乡村国家公园和径山寺），通过提升发展生产经营、精深加工、品牌营销、茶旅融合、资源利用等环节，构建“生产、加工、科技、流通、服务、文化、旅游”为一体的茶产业链条。截至年末，产业园投入各级资金7.3亿元，实施重点项目26个。

【百园农业工作】 2021年，余杭区百园农业工作［百家规模化（20公顷）以上的现代农业园，通过设施化、园区化、融合化、绿色化、数字化发展，提升农业现代化水平］被国家、省、市肯定。其中，苕溪现代农业园区入选省级现代农业园区创建名单，绿景堂现代农业园区被列入国家发改委共同富裕典型，恒泽现代农业园区、麟海现代农业园区入选农业农村部全国农村创业园区（基地）目录。

【家庭农场培育】 2021年，余杭区培育家庭农场233家。其中，新培育家庭农场77家，开展家庭农场项目建设22家；培育区级示范性家庭农场11家、市级示范性家庭农场10家、省级示范性家庭农场5家；规范化提升培训55家，开展金融扶持贷款贴息6家、示范性评级资金奖励37家，财政扶持资金1854.7万元。

【村级集体经济发展】 2021年，余杭区村级集体经济总收入12.5亿元，比上年增长14.62%；经营性收入8.58亿元，增长21.9%。村均集体经济总收入超591万元，全面消除经营性收入低于80万元的村（社区）。

【农村宅基地管理】 2021年，区农业农村局根据省、市数字化改革统一部署，完成农民建房“一件事”联办系统建设运行。通过构建涵盖申请、审批、监管、决策四大模块的建房系统，实现农户建房“网上办、掌上办”，提升优化建房服务。

【第二批全国乡村治理示范村镇】 2021年，区农业农村局与区级各部门提升群众自治能力，强化民政法治建设，挖掘乡村道德规范、探索乡村“四治融合”新模式、培育良好文明乡，落实各类民生实事工程，提升乡村治理体系和治理能力。余杭区径山镇入选第二批全国乡村治理示范村镇。

【益民合作社入选全国农业社会化服务创新试点单位】 2021年，余杭区探索创新农业社会化服务“三个一”（打造一批创新基地，培育一批创新组织，形成一批创新模式）方式，树立发展农业社会化服务的行业标杆。引导小农户通过农业生产托管接受农业社会化服务，发展第二、第三产业，增加农民的非农收入。杭州余杭益民农业生产服务专业合作社入选“全国农业社会化服务创新试点单位”。

【农业企业建设】 2021年，杭州宏盛粮油有限公司被认定为国家级农业龙头企业，浙江认养一头牛有限公司等6家企业被认定为市级农业龙头企业，浙江绿而康农副产品有限公司等38家企业被认定为区级农业龙头企业。截至年末，全区共有省、市、区农业龙头企业99家。其中，国家级2家、省级13家、市级51家、区级33家。由省级农业龙头企业杭州茗宝生物科技有限公司、市级农业龙头企业杭州银泉茶业有限公司2家企业牵头，联合杭州方隆茶业有限公司、浙江清心茶业有限公司2家公司及杭州高沿山茶叶专业合作社等5家专业合作社、戴家家庭农场等8家家庭农场成立省级农业产业化联合体——浙江余杭茶叶产业化联合体，并通过第二批省级农业产业化联合体创建认定。

【休闲观光农业（农家乐）】 2021年，余杭区推进2020年度1个省级特色乡村、2个省级农家乐集聚村和6个区级重点培育村、8个市级民宿示范点区级配套项目建设，以及区“小、精、美”特色民宿审计审价；下达2021年度1个省级特色乡村、1个省级农家乐集聚村建设计划；完成鸬鸟镇太平山村、径山镇四岭村省级农家乐集聚村创建和165家区规范等级民宿（农家乐）认定、径山书院等10家区级示范民宿评选。鸬鸟镇被评为全国“一村一品”示范村镇，“鸬鸟蜜梨特色农业强镇”获第四批省级农业特色强镇称号，林雨堂·吉祥苑等3家民宿被评为2020年度省级银宿，乾皇湾等6家民宿被认定为2020年度杭州市特色民宿类示范点，“禅茶一味·品茗问道之旅精品线路”“鸬鸟镇绿色康养之旅精品线路”入选2021年休闲农业和乡村旅游精品线路。

【农业全产业链和孵化创业建设】 2021年，余杭区推进瓶窑种植业、仁和渔业等第一、二、三产业融合全产业链项目建设。创建径山书院、仁和渔业科创小镇等农业孵化器项目。径山书院引进农文旅企业14家，收购农产品促进当地农民增收，被评为2020年区示范民宿。仁和渔业科创小镇建设孵化空间4423平方米，孵化入驻企业5家，计划迁入企业7家、孵化企业2家。恒泽特色渔业农业园、良渚麟海蔬果合作社入选《全国农村创业园区（基地）目录（2021）》。

【“禹上田园”区域公用品牌建设】 2021年，区农业农村局梳理完成第二批168家农业种（养）殖企业、民宿（农家乐）、农业加工企业和农村电商等经营主体子品牌，纳入“禹上田园”三产融合区域公用品牌体系相关工作。委托第三方专业机构，根据“禹上田园”区域公用品牌准入标准等要求，开展企业资质、产品质量、生产安全等各类指标的综合评价工作。

（寿胜红　顾双燕　金玮　钟顺顺）

农村经营管理

【清廉乡村建设】 2021年，余杭区建立清廉乡村建设工作体系和评价指标体系，选定清廉村居建设示范标杆培育点，完成径山村杭州市“清廉村居”创建，启动首批余杭区清廉村居认定工作，实施全区143个村（社区）及下属单位财务审计，防范大额资金存储、村级工程实施、村属企业运营的廉政风险。

【省集体经济数字系统上线】 2021年8月，余杭区实现全区143个村（社区）上线应用财务管理模块，10月完成全区所有村（社区）基础数据归集录入工作。

【农村产权网拍交易】 2021年，余杭区在网拍平台总上拍标的151件，成交标的111件，总成交款5.1亿元，平均溢价率22.13%。

【“三资”专项整治】 2021年，区农业农村局印发《关于加强农村集体“三资”管理领域腐败突出问题治理工作的通知》《余杭区侵占农村集体资产资源问题集中治理方案》，督促所有镇（街道）自查自纠、开展重点整治。组织“飞行检查”10多次，到各街道和村（社区）进行业务指导和工作督促10多次，查出问题93件，全部整改到位，退赔3.5万元，增收34.4万元。各地因地制宜探索长效管理机制，鸬鸟镇开展规范“非生产性开支”行动，中泰街道推出软件化组级记账“神器”，黄湖镇青山村探索闭环服务机制等。

【农村土地制度改革】 2021年，余杭区农村土地承包经营权动态管理系统正式上线，实现权属变更等应用管理数字化。开展农村土地确权“回头看”数据库汇交工作，实施全区农村承包地暂缓确权调查。调整成立新一届余杭区农村土地承包纠纷调解仲裁委员会。组织开展全区第五届土地承包纠纷调解仲裁员的选聘和培训工作。健全“村组调解、镇街调解、区级仲裁”的农村土地承包经营纠纷多元化解决机制，围绕“调解为主、仲裁为辅”原则，坚持重心下移、关口前移，依法依规开展纠纷调解仲裁，依法保障农户合法权益。

（张正良　宗颖俏）

林　业

【概况】 2021年，余杭区森林保有量4.30万公顷，森林蓄积量158万立方米，森林覆盖率45.73%。全年林业总产值105亿元，区林业水利局被评为浙江省生态文化建设突出贡献集体，余杭区创建国家青少年自然教育营地1个、省级森林城镇2个、省级生态文化基地1个，新建省级一村万树示范村3个、森林人家6个、森林氧吧1个、省级林下道地中药材种植基地1个。完成省千万亩森林质量精准提升165.27公顷。

【林业项目建设】 2021年，全区共立项实施区级林业建设项目包括绿化造林、产业发展、林道古道等9类76项，总投资1.2亿元。

（本条目数据按原余杭区口径统计）

【生态廊道建设】 2021年是余杭区开展林道网建设的第四年，结合《余杭区推进西部富美实现共同富裕三年行动方案（2021—2023）》《余杭区靓城行动计划》要求，区林业水利局谋划三年林道古道网建设。全年新开工项目3个，分别为瓶窑镇白鹤山森林古道、平天堂森林古道仙岩村延伸段、鸬鸟镇锡径骨干林道，建设长度30.2千米，总投资0.9亿元；续建项目5个，分别是黄湖镇王位山高标准林道、百丈镇高塘骨干林道、百丈镇郎荞线骨干林道、鸬鸟镇后观线骨干林道、径山南骨干林道，建设长度33.2千米，总投资1.1亿元。

【植树造林】 2021年，余杭区建设健康森林439公顷。通过开展林木云认养、云种树等活动，全年完成义务植树66.7万人次，其中直接参与植树6.7万人次，建立义务植树基地42处14公顷，栽植各类树木20.8万株。

【“百万亩”国土绿化】 2021年，余杭区根据省、市下达的2021年新余杭区百万亩国土绿化年度任务143.3公顷，编制实施方案，会同各部门、平台、镇（街道）完成新增地块的造林任务，新增面积全部在“省林业一张图”上矢量落界，全年超额完成新增行动面积151.7公顷，完成率106%。省、市随机抽检22个新造林地块，均符合行动要求。

【森林资源保护】 2021年，余杭区依法办理林地征占用审核审批145起，林木采伐审批74起，林地征占用面积56.3公顷，采伐蓄积量5242.1立方米。专题开展涉林违法检查，全年查处林业行政案件38起，移送公安机关涉嫌非法占用农用地案件1起，涉嫌非法猎捕、杀害珍贵、濒危野生动物案件各1起。

【公益林管理】 2021年，余杭区加强公益林、天然林管理。组织7个镇（街道）参加区检察院公益林听证会，并对照3条检察建议一一落实整改。按照第三次全国国土调查融合要求优化调整区级保护林。制作公益林公示牌106块、界桩800个。编印《余杭区公益林宣传手册》2.5万册。下达相关补助资金2100多万元。对长乐林场116.5公顷天然林进行矢量落界，下达国有天然林停伐补助资金21万元。

【森林火灾防控】 2021年，区林业水利局制作200条宣传横幅和1000面彩旗，在区级主要新闻媒体投放森林防火公益广告。对全区80台电子森林警察进行维护和提升改造，对30座森林消防水池共1500平方米的外墙进行“森林防火”主题墙绘。专项督查12次，排查隐患30多处，全部落实整改；采用不提前告知的方式开展演练6次，组织长乐林场森林消防队参加全市森林消防扑火技能比武竞赛，获得高压水泵串联灭火第一名，综合第三名的成绩。进入第35个森林防火期以来，全区无森林火情发生。

【林业有害生物防治】 2021年，余杭区松材线虫病除治面积193.3公顷，清理枯死松树6000多吨，打孔注药松树6万余株。区林业水利局开展死松树除治专题培训和全区林技员工作暨公益林护林员专项培训。开展林业检疫执法专项行动，检查苗木企业16家、木材经营加工企业12家、疫木定点加工企业1家，在全市松材线虫病防治现场会暨重大林业有害生物防控培训班上作交流发言。

【古树名木保护】 2021年，新余杭区有古树628株，其中，一级古树资源24株、二级古树资源89株、三级古树资源515株，后备资源1356株。建成古树公园20个。建成仁和、良渚两个高标准古树公园。召开古树保护专题会议，完成全区古树名木和后备资源巡查监测，对328个存在问题实行销号整改。加强径山寺及周边区块古树保护，开展古树救助62株。出台古树及后备资源古树死亡原因论证制度，规范古树注销。

【野生动物保护】 2021年，区林业水利局启动3个省级及以上森林公园生物多样性调查工作。首次记录到国家一级保护动物彩鹮，发现国家一级保护动物黑麂、穿山甲及国家二级保护动物中国瘰螈、豹猫、貉；首次发现国家一级保护植物中华水韭、国家二级保护植物水蕨。编印“北湖鸟类”丛书，收录鸟类263种。开展“清风”行动，出动人员691人次，对70家经营场所和12处长江流域禁捕水域及其周边区域，开展野生动物及其产品集中清查，未发现野生动物非法贸易行为。疫源疫病监测总时间超369个小时，监测总里程超1150千米，监测鸟类总数量超11万只，新增陆生野生动物疫源疫病监测点余杭点。救助野生动物156起，涉及国家一级/CITES附录一保护动物2起、国家二级/CITES附录二保护动物31起，省重点保护动物7起、省一般保护动物113起、外来物种3起。协助区检察院做好野生动物公益损害赔偿4起，赔偿金额3.7万元。发放宣传手提袋、宣传册、倡议书等宣传资料1000份，展板15张，浙江卫视专题报道《寻找北湖水上精灵——水雉》。

（刘龑）

农林资产经营

【概况】 2021年7月，杭州余杭农林资产经营集团有限公司更名为杭州余杭绿色产业发展集团有限公司（下称区绿产集团）。截至年末，集团总资产86亿元，净资产58亿元，资产负债率32.6%。实现收入2.8亿元，其中经营收入2.4亿元，完成全年预算的110.9%。实现净利润4866.4万元，完成预算的393.8%。国有土地总面积4666.7公顷，实际可集约利用的土地约2000公顷。

【乡村振兴助力】 2021年，区绿产集团开展大径山·绿创中心物理空间打造和产业生态建设，推动其成为低密度、生态型、产城人文高度融合的示范地。截至年末，招引杭州百灵绿创科技有限公司、杭州农旅文化创意有限公司、浙江牧创农业科技有限公司等企业20多家。

【农林项目建设】 2021年，区绿产集团实施重点项目10个，其中，续建项目7个、新建项目3个。纳入2021年度区级项目6个、集团重点项目4个，计划总投资1.8亿元。开工9个，开工率为90%，累计完成投资额1.1亿元，完成年度计划的61.7%。

【耕地功能恢复】 2021年，区绿产集团组建成立全资子公司杭州余杭绿产农业发展有限公司，完成全区10个镇（街道）共2866.7公顷土地评估及测绘工作，完成方案设计2901.6公顷。推进瓶窑镇窑北村、径山镇漕桥村两村“千亩方”永久基本农田集中连片整治项目。

【生猪产业】 2021年，区绿产集团下属杭州市种猪试验场生猪生产量为2.9万头，销售猪2.2万头，实现营业收入7439万元，利润2434万元，被评为浙江省首批数字化牧场、余杭区十佳美丽工厂，也是浙江省唯一的国家级生猪核心育种场、杭州市高水平美丽生态牧场。

【种子产业】 2021年，区绿产集团下属杭州科信种业有限公司完成区政府下达的救灾种子储备任务，储备救灾用种18万千克。收购2022年救灾储备种子19万千克，调入早稻1万千克，安全生产用种25万千克。

（俞莉娟）

水　利

【概况】 2021年，余杭区水利建设投入资金5亿元，推进东苕溪防洪后续西险大塘达标加固工程项目前期工作，建设新陡门闸站改建工程、石门水库建设工程、康门水库“幸福河湖”建设工程等重大水利工程，持续推进圩区泵闸站、美丽河湖、山塘水库等面上水利工程建设。深化重要水利工程集中管养工作，全区80千米北塘、25座小型水库、3座中型泵站开展集中管养。“数智防汛”数字化平台被列入省、市水利首批试点，“水库大坝安全在线实时研判场景”被列入省水利数字化改革第一批试点任务。全年水利建设领域未发生重大事故。

【水雨汛情】 2021年汛期，余杭区平均降水量1283.1毫米，较多年均值偏多16.8%。全年出现6轮强降雨过程，各河道水位普遍升高。在7月23日强降雨过程中，苕溪流域瓶窑最高水位6.6米，超警戒水位0.9米（警戒水位5.7米），最大涨率达到0.1米/小时，也是2021年以来最高洪水位；中苕溪长乐最高水位7.2米，超警戒水位0.2米。

【防汛防台工作】 2021年汛期，余杭区共出现6轮强降雨过程，“7·23”梅汛洪水，全区主要河道全部超警戒水位，东苕溪流域瓶窑、长乐站超警戒水位；台风“烟花”期间全区25座小型水库全部溢流，中型水库四岭水库4次错峰泄洪，全年共下发调度令20次。通过与青山水库的联调，避免北湖滞洪区的启用。受下游杭嘉湖平原水位抬升，四岭水库最高水位77.3米（7月28日23时45分）。全年共发布预警信息1.1万条。

【防洪排涝工程建设】 2021年，余杭区实施防洪排涝项目21个，完成闸站、机埠等提升改造工程13个，完成堤防加固工程、山塘水库除险加固工程和护坡提升等工程15个。

【河道综合整治项目】 2021年，余杭区实施河道综合整治项目14个。全区创建省级美丽河湖3条、区级美丽河湖4条。瓶窑镇获得杭州市“水美乡镇”称号。

【水资源保护】 2021年，余杭区完成1家省级示范小区、1家省级节水示范企业、1家节水型水利行业机关和10家节水型机关等节水型社会建设任务。开展东苕溪饮用水源地安全评估、重要饮用水源地安全保障达标建设。全年水土流失治理面积1.6平方千米。开展生产建设项目卫星遥感监管，完成水利部下发疑似图斑315个、省下发疑似图斑24个的现场复核和未批先建项目查处工作。全区生产建设项目水土保持方案报告书审批92个，全部录入全国水土保持信息管理4.0系统。水域占用完成水利部下发疑似图斑10个、省下发疑似图斑297个的现场复核和未批先建项目查处工作。

【水利工程建设管理】 2021年，区质安监站监督新建工程项目28个、续建工程47个，累计受监在建工程75个。开展现场监督检查活动194人次，提出工程质量、安全整改事项342项；发出施工单位记分通知11份、监理单位记分通知3份。对41个工程核定工程质量意见并出具监督报告。

【水利工程运行管理】 2021年，余杭区完成小型水利工程（山塘、泵闸站）标准化创建108个。1月起，对重点水利工程开展区级集中管养，包括全区25座小型水库、3座中型泵站、86.0千米苕溪北塘及穿堤建筑物的日常管理，具体由杭州余杭林业水利投资有限公司统一管理。余杭区被评为2021年小型水库系统治理和水利工程管理“三化”改革成绩突出集体。

【涉水违法建筑巡查】 2021年，区林业水利局出动287人次，完成区级以上河道及镇（街道）级主要河道巡查1132.4千米。结合河湖“四乱”（乱占、乱采、乱堆、乱建）问题督查，现场查处并责令整改完成涉水问题3起。

【水文监测预报预警】 2021年，区林业水利局推进水文防汛“5＋1”工程建设，按计划完成新建改建水文测站任务，包括新建雨量站2个、水位站3个，增配通信双保障北斗通信终端20套，增配水位计9套、视频监测1套。加强省、市各级水文系统联动，与临安、德清通过上下游数据共享，接入水涛庄、青山水库、德清大闸报汛数据及导流港的实时流量数据，完成区气象局52个雨量站点的数据接入共享。

【水利审批】 2021年，区林业水利局水利审批线上办理339项，其中，涉河设堤100项，出具水土保持报告书44份、水土保持报告表35份、水土保持登记表71份、取水许可新办7项。参与审批235国道杭州老余杭至五常段改建工程、320国道杭州至富阳公路（余杭良渚至老余杭段）改建工程、瓶仓大道供水管道工程等民生交通工程。水利审批工作做到全流程网上申请、签章、办结、取件，当日完成办理审核程序，精简非必要材料事项。对接“亲清在线”平台、省权力运行系统林业政务服务2.0的建设工作，完善后台数据信息。

【水利信息化】 2021年，余杭区“数智防汛”平台被评为全省水利数字化改革“优秀应用”，并入选杭州市数字化改革晾晒榜、余杭区数字化改革重点培育库；“康门水库大坝安全实时研判”“幸福河湖”项目被列入省水利厅第一批数字化改革应用试点。全区水利工程智感应用平台投入运行，提升工程运行管理智能管控工作。

【水利宣传和水情教育】 2021年，余杭区水利工作信息在浙江水利网站刊登16篇，被省级及以上媒体报道25篇，其中，中央广播电视总台财经频道1篇、“中国蓝新闻”1篇。接受媒体专访1次。面向社会公众组织开展水情教育3次，在3月中国水周期间组织开展节水宣传和公众参与答题抽奖活动。

（刘龑）

编辑：姚敏

工 业

Industry

综 述

【概况】 2021年，余杭区有规模以上工业企业631家，增加值248.44亿元，比上年增长16.7%；营业收入1049.56亿元，增长18.6%；利润总额85.91亿元，增长26.3%；完成工业投资53.98亿元，增长9.6%，低于全市平均水平5.6个百分点。数字经济核心产业增加值总量1605.67亿元，增长4.1%；总量位居全市各区、县（市）首位，占全区地区生产总值的64.2%。数字经济制造业规模工业增加值34.98亿元，增长23.1%，增速位于全市前列。2021年，余杭区被评为“2020年度浙江省制造业高质量发展示范县（市、区）”“创建财政专项激励政策考核优秀单位”“2020年度全省淘汰落后产能工作先进县（市、区）”“2021年度全省中小微企业公共服务绩效优秀县（市、区）”。

产业发展。全区 30 个行业大类中，23 个行业增加值正增长，增长率超 20% 的行业有 5 个，其中，医药制造业增加值增长率为 223.7%，铁路、船舶、航空航天和其他运输设备制造业增加值增长率为 32.4%，电气机械和器材制造业，计算机、通信和其他电子设备制造业，皮革、毛皮、羽毛及其制品和制鞋业增加值增长率分别为 23.7%、22.1%、21.5%。高新技术制造业规模工业增加值 198.00 亿元，增长 22.2%；装备制造业规模工业增加值 141.83 亿元，增长 20.2%；战略性新兴产业规模工业增加值 126.89 亿元，增长 33.4%；高端装备制造业规模工业增加值 73.31 亿元，增长 14.4%；数字经济制造业规模工业增加值 34.89 亿元，增长 23.1%；健康制造业规模工业增加值 31.16 亿元，增长 133.8%。信息软件、数字内容、云计算与大数据等主导产业引领全区数字经济产业快速增长。其中：信息软件产业主营业务收入 5289.20 亿元，占全市比重 43.47%；数字内容产业主营业务收入 5261.30 亿元，占全市比重 50.89%；电子商务产业主营业务收入 2418.45 亿元，占全市比重 56.48%。

数字经济。2021 年，余杭区数字经济核心产业增加值总量占全区地区生产总值的 64.2%，总量保持全市首位；数字经济制造业规模工业增加值 34.98 亿元，增长 23.1%。推进全省首批数字经济创新发展试验区、国家级民用无人驾驶航空试验区核心区建设；引进仁和里·长三角数智经济产业园、美的电商等数字经济亿元以上重大项目 63 个，总投资额超 410 亿元；新建 5G 基站 868 个（累计 2664 个）；拨付 5G 产业项目市、区两级资金 790 万元；推荐浙江鹏信信息科技股份有限公司等 3 家企业申报市级 5G 产业技术创新项目。

工业投资。2021 年，全区完成工业投资 53.98 亿元，增长 9.6%，制造业投资 46.38 亿元，增长 56.5%，增幅位列全市第三位，增长率高于全市平均 28.1 个百分点。全区 292 个在库项目中，计划总投资5000万元以上重点项目共完成投资44.05亿元，占全区工业投资的比重为81.6%。全区制造业投资总量占工业投资的比重为85.9%，较上年提高25.7个百分点。全面落实“最多跑一次”“最多80天”改革工作，受理、办结技改备案项目278个，涉及投资额共71.03亿元，其中固定资产投资500万元以上项目139个，涉及固定资产投资共56.60亿元。全年实施重点“机器换人”改造项目56个，计划总投资12.30亿元，拉动投资4.90亿元。

制造业数字化改造。2021年，新认定杭州锐思客技术有限公司等省级智能工厂（数字化车间）企业4家（累计10家），培育普昂（杭州）医疗科技股份有限公司等企业8家；杭州炬华科技股份有限公司获市级智能工厂新认定，杭州益利素勒精线有限公司获市级数字化车间新认定，培育杭州五星铝业有限公司等数字化车间21家，杭州盈江机械制造有限公司等智能工厂2家，零零无限科技有限公司等云端工厂4家。引进和培育智能制造系统集成商，实施“未来工厂”诊断服务2.0版，推动企业级、产业链级（双跨）工业互联网平台建设。

工业企业效益评价。2021年，全区647家规模以上企业参加评选。其中，A类企业161家，占比24.9%；B类企业375家，占比58.0%；C类企业85家，占比13.1%；D类企业26家，占比4.0%。65.7%的工业用地得到有效利用，整体工业用地亩均税收为112.50万元/亩（1687.50万元/公顷）。区经济和信息化局梳理区内32个工业园区（集聚区）的工业用地，因地制宜、分类指导，提高工业用地亩均效益。余杭区6家企业被评为2021年度浙江省制造业重点行业亩均效益领跑者。

有机更新。制定《关于深化工业用地有机更新加快产业发展能级提升的实施意见（试行）》，编制工业用地有机更新专项规划，明确31个工业区块有机更新实施范围、建设控制指标、导入产业方向等。推进各平台、镇（街道）开展专项方案编制，年内有10个工业园区启动有机更新专项方案编制。全年出让工业用地13宗，其中，创新型产业用地2宗、面积2.17公顷；工业用地11宗、面积32.83公顷。全区小微企业园被评为省级四星级园区2家、省级数字化示范园区1家、市级优秀（示范）园区7家。

企业培育。全区认定大企业、大集团24家，培育成长型优势企业21家；建立“省级专精特新—省级隐形冠军—工信部专精特新‘小巨人’—工信部制造业单项冠军”的梯队培育体系。截至年末，全区共有制造业单项冠军企业3家（单项冠军示范企业2家、单项冠军产品企业1家）、专精特新“小巨人”企业11家（2021年新增6家）、省级隐形冠军7家（2021年新增2家）和省级专精特新等高成长性企业65家（2021年新增44家），其中专精特新“小巨人”企业数量位列全市第一。构建“1＋N”产业政策体系，“亲清在线”上线政策163条，位列市级综合考评首位。全年兑付惠及企业资金104.21亿元；累计降本减负164.78亿元，惠及企业174.01万家次。全年成交工业用地15宗、43.8公顷；审核市、区两级制造业及数字经济领域高层次人才188人。

自主创新。2021年，全区高新技术产业实现规模工业增加值198.00亿元，增长22.2%，占规模工业比重为79.7%，比上年提高4.9个百分点。战略性新兴产业实现规模工业增加值126.89亿元，增长33.4%；新产品产值率46.7%，下降3.5个百分点。杭州绿洁环境科技股份有限公司成为省级企业技术中心；杭州汇萃智能科技有限公司等10家企业成为市级企业技术中心。余杭区入选省首台（套）产品4项、首台（套）攻关项目5项、首台（套）清单引导标准认定产品2项。

企业服务。强化“企业码＋经济网格员”线上线下联动，“企业码”五常专区成为全省唯一镇（街道）级企业码创新应用试点。2021年全年实时监测注册迁入企业3016家、实际迁入1103家；推送企业风险信息8514条，跟进和服务企业需求128条。推进“E企成长”场景开发，完成企业侧移动端1.0版本上线试运行和PC端产业经济全景驾驶舱，整合八大子系统功能，导入8万余家企业数据、290多条涉企政策数据。

【3家孵化器被评为国家级科技企业孵化器】 2021年1月，科学技术部火炬高技术产业开发中心公布国家级科技企业孵化器2020年度评价结

果，余杭区有3家孵化器被评为2020年度国家级科技企业孵化器，分别是浙江省生物医药孵化器、医智汇创新工场和创鑫时代广场。

【4家企业被评为省节水型企业】 2021年1月，浙江省经济和信息化厅印发《关于公布2020年浙江省节水型企业的通知》，余杭区4家企业入选，分别是杭州钱江制冷压缩机集团有限公司、杭州余杭新奥能源发展有限公司、杭州东华链条集团有限公司、浙江美术地毯制造有限公司。

【17家企业入选杭州“未来工厂”培育名单】 2021年4月，全市制造业高质量发展大会暨“未来工厂”建设推进大会公布“未来工厂”体系首批培育企业名单，余杭区2家企业入选“未来工厂”培育的示范型智能工厂类别，15家企业入选“未来工厂”培育的效率型数字化车间类别。“未来工厂”培育智能工厂类别入选企业：杭州炬华科技股份有限公司、杭州盈江机械制造有限公司；“未来工厂”培育数字化车间类别入选企业：杭州衡美食品科技有限公司、杭州凯贝奈特科技有限公司、杭州益利素勒精线有限公司、杭州普晶电子科技有限公司、杭州顿力电器有限公司、杭州余杭振华日化玻璃有限公司、杭州高品自动化设备有限公司、杭州持正科技股份有限公司、光大环保能源（杭州）有限公司、杭州恒立制造科技有限公司、杭州米格电机有限公司、杭州余宏卫生用品有限公司、浙江鹏远新材料科技集团股份有限公司、杭州新坐标科技股份有限公司、杭州五星铝业有限公司。

【区小微企业园入选省级小微企业园名单】 2021年7月，余杭区4家小微企业园入选第七批浙江省小微企业园认定名单，分别是IT公园、星运医疗健康产业园、赛银科技园和起梦数字科创园，均属生产性服务类园区。其中，IT公园专门为科技型、创新型企业提供办公、研发、管理服务，星运医疗健康产业园是医疗健康领域的孵化基地，赛银科技园专注于高科技企业孵化，起梦数字科创园致力于推动工业服务数字化转型。12月，紫创未来智造谷、千年舟科技文化创意园、杭州钱江经济开发区智能制造创新中心、中国（良渚）交叉创新产业孵化基地、北京大学—杭州双创示范基地5家园区被评为第八批省级小微企业园，园区数量居全市第一位。

【2家企业入选国家级专精特新“小巨人”名单】 2021年7月，余杭两家企业——浙江华是科技股份有限公司和浙江顺豪新材料有限公司入选工业和信息化部公布的“建议支持的国家级专精特新‘小巨人’企业名单（第一批第一年）”。华是科技是国内专业从事智慧城市综合服务的高新技术企业，相关产品和服务市场占有率居全省第一、国内前三。顺豪新材料是国内工业大型成套装备防腐和密封配套系统领域的行业龙头，其自硫化丁基橡胶防腐衬里产品是工业“四基”重点发展的产业关键基础材料。

【5个项目入选省首台（套）产品工程化攻关项目名单】 2021年9月，余杭区有3个项目被列入省经济和信息化厅公布的2021年度浙江省首台（套）产品工程化攻关重点项目名单，分别是杭州思看科技有限公司研发的用于国产大飞机关键部件检测的手持激光三维扫描系统、浙江华正新材料股份有限公司的5G大功率功放用高频电子基材、杭州申昊科技股份有限公司的轨交线路巡检机器人采用轮式自动行走运动平台与高精检测系统结合的组成方式；2个项目被列入一般项目名单，分别是浙江川崎茶业机械有限公司的电动遥控履带式茶园耕作，施肥综合机采用履带驱动；浙江华是科技股份有限公司的磁芯缺陷智能检测机项目。总入选数量居全省各县（市、区）第一位。

【联东U谷产业园获市级认定】 2021年9月，位于杭州钱江经济开发区的杭州联东U谷产业园被评为杭州市三星级小微企业园。杭州联东U谷产业园区面积12.6公顷，已建建筑面积23.4万平方米，入驻企业67家。2021年1月，浙江大学先进电气装备创新中心在园区落户，下设机器人与智能制造伺服系统、先进工业装备动力电机系统和新能源汽车电驱动系统3个研究院。园区为企业提供包括政策咨询、投融资、创业辅导、人才招聘等服务，培育国家高新技术企业15家、省科技型中小企业6家、拥有1家省级研发中心、1家市级研发中心、1家区级研发中心，累计获得知识产权264件。

2021 年 11 月 26 日，余杭区小微企业园联合会成立大会举行
（区经信局　供图）

【2家企业入选中国民营企业500强名单】　2021年9月，2021年中国民营企业500强名单公布，余杭区阿里巴巴（中国）有限公司、华立集团股份有限公司2家民营企业入选。全国工商联同时发布“2021中国民营企业服务业100强”名单和“2021中国民营企业制造业500强”名单，其中，阿里巴巴（中国）有限公司入选2021中国服务业民营企业100强，排名第2位。华立集团股份有限公司入选“2021年中国民营企业制造业500强”名单，排名第219位。

【工业企业项目获国家科学技术进步奖】　2021年11月3日，2020年度国家科学技术奖励大会在北京人民大会堂举行。余杭3家工业企业参与的项目获国家科学技术进步奖二等奖，分别是浙江理工大学联合浙江恒强科技股份有限公司等单位完成的“高性能无缝纬编智能装备创制及产业化”项目，浙江大学教授王文海领衔，联合杭州优稳自动化系统有限公司等单位完成的“广域协同的高端大规模可编程自动化系统及应用”项目，中国计量大学教授张土乔、杭州绿洁环境科技有限公司参与的“城市供水管网水质安全保障关键技术及应用”项目。

【3家园区被评为省四星级园区及数字化示范单位】　2021年11月，余杭区利尔达物联网科技园和创鑫时代广场两家园区被评为省四星级小微企业园区。浙江（杭州）知识产权创新产业园被评为2021年省数字化示范小微企业园。至此，全区有省级小微企业园32家、市级三星及市级示范园区27家（次），省四星、五星级园区3家。

【余杭区小微企业园联合会成立】　2021年11月26日，余杭区小微企业园联合会首届会员大会在梦想小镇互联网村举行，来自全区的49家园区运营管理企业参加。大会通过联合会章程，选举产生第一届理事会理事16人和监事、秘书长各1人。余杭区小微企业园联合会为杭州市首个小微企业园领域的协会组织，联合会主要任务是促进小微企业园规范化、特色化、数字化发展，建设中、小、微企业“双创”微生态体系。会上同时发布“蔷薇行动”计划，该计划包括“微—聚”“微—学”“微—智”“微—星”“微—风”“微—服”6个部分。

【未来科技城企业获认定】　2021年12月，杭州未来科技城有390家企业入选浙江省2021年认定的第一批高新技术企业进行备案公示名单，其中新认定289家，数量居全省第一。2021年未来科技城杭州市“雏鹰计划”新认定企业160家，新申报省级重点企业研究院4家、省级企业研究院9家、省级研发中心30家，新认定市级研发中心33家，13个项目入选省科技厅2022年度“尖兵”“领雁”研发攻关计划，获国家科学技术进步奖二等奖2项，浙江省科学技术奖14项（一等奖6项）。

【新增1家省级孵化器和5家省级众创空间】 2021年12月，余杭区的天时科创园被认定为2021年度省级科技企业孵化器，中禄众创空间、朴器工坊等5家众创空间入选省级众创空间。省级孵化器天时科创园位于未来科技城，主要引进培育“互联网+”、大健康和环保科技类企业。截至年末，园区孵化企业150多家，其中规模以上企业7家、国家高新技术企业13家，培育人工智能项目20多个，先后被认定为市级科技企业孵化器、浙江省小微企业园。新入选的5家省级众创空间中，中禄众创空间和朴器工坊位于未来科技城；至界20空间、梦栖智立方众创空间和汇梦·良渚众创空间位于良渚新城。

（沈修悟　李景苏）

【品字标浙江制造工业产品及其企业】 2021年，余杭区新增“品字标浙江制造”企业11家11个产品，其中浙江德裕科技有限公司为主起草的《纳米改性聚氯乙烯无轮窗帘导轨》和杭州锴越新材料有限公司为主起草的《热熔型鞋用主跟和包头材料》等两款产品获“浙江制造”国际认证证书。

表 5　2021年获“品字标浙江制造”认证工业产品及其企业一览表

序号	认证企业	产品名称	标准
1	杭州墨泰科技股份有限公司	机喷抹灰砂浆	T/ZZB 1602–2020
2	杭州鼎福铝业有限公司	锂离子动力电池用铝及铝合金箔	T/ZZB 1203–2019
3	杭州常合防水材料有限公司	弹性体改性沥青种植屋面用耐根穿刺防水卷材	T/ZZB 1122–2019
4	杭州常合防水材料有限公司	金属屋面用自粘防水卷材	T/ZZB 1187–2019
5	浙江德裕科技有限公司	纳米改性聚氯乙烯无轮窗帘导轨	T/ZZB 1130–2019
6	杭州锴越新材料有限公司	热熔型鞋用主跟和包头材料	T/ZZB 1482–2019
7	杭州得诚电力科技股份有限公司	低压静止无功发生器	T/ZZB 2004–2020
8	埃梯梯智慧水务科技有限公司	罐式无负压叠压供水设备	T/ZZB 0794–2018
9	杭州信宇塑业有限公司	承插口电容焊接用增强复合型聚乙烯缠绕结构壁管材（克拉管）	T/ZZB 0655–2018
10	杭州护童科技有限公司	儿童学习桌	T/ZZB 1196–2019

表6　“浙江制造”标准制（修）订企业一览表

序号	申请单位	标准名称	标准编号
1	杭州锐冠科技有限公司	化纤喷丝板板面清洗机器人	T/ZZB 2099–2021
2	杭州钱江称重技术有限公司	不断轨无基坑大质量轨道衡	T/ZZB 2249–2021
3	杭州程天科技发展有限公司	车式电动移位机	T/ZZB 2329–2021
4	杭州申昊科技股份有限公司	配电房轮式巡检机器人	T/ZZB 2365–2021
5	杭州赛微电机有限公司	电冰箱用内循环轴流风机	T/ZZB 2422–2021
6	浙江川崎茶业机械有限公司	采茶机	T/ZZB 2510–2021

【“浙江制造”标准制（修）订企业】 2021年，区市场监管局继续开展组织“浙江制造”标准制（修）订工作，完成辖区企业主导浙江制造品字标团体标准6项。其中，浙江中标检测服务有限公司主导制订的《饭店低碳评价规范》填补省内行业检测标准的空白，钉钉科技有限公司主导起草并发布国家标准《数字化管理师》。

（朱浙　凌丽）

装备制造业

【概况】 装备制造业为余杭区工业第一大产业。2021年，余杭区装备制造业规模工业增加值141.83亿元，比上年增长20.2%，占全区规模工业增加值的57.09%，其中，高端装备制造业增加值总量73.31亿元，增长14.4%。涉及通用设备、专用设备、交通运输、电气机械及器材、电子及通信设备制造等行业，其中应用于海洋工程、航空航天、轨道交通、军工领域和智能制造的高端装备产业具备产业优势，形成以钱江经济开发区、杭州未来科技城等产业平台为主，瓶窑、仁和、余杭、闲林等镇（街道）工业园区为重点的装备制造业基地。有杭州比亚迪汽车有限公司、南方泵业股份有限公司、杭州钱江压缩机有限公司等优秀企业。2021年，余杭区被评为创建制造业高质量发展示范县（市、区）。

【电磁兼容检测实验室通过评审】 2021年9月，由浙江省智能诊疗设备制造业创新中心筹建的电磁兼容检测实验室，通过浙江省市场监督管理局组织的CMA（中国计量认证）评审，获CMA资质证书。该实验室建有10米法半电波暗室、966、854和543屏蔽室等电磁测量设备。实验室组建了电磁兼容检测、整改和国际认证等专业服务团队，为企业提供检测服务。

【“VEF-1锂电扩管器”获DIA佳作奖】 2021年10月12日，以“设计共生”为主题的第六届（2021）中国设计智造大奖颁奖仪式在绍兴市柯桥区举行。余杭区梦栖小镇企业——杭州源骏创新设计有限公司设计的“VEF-1锂电扩管器”获2021DIA佳作奖。VEF-1是一款全自动锂电扩管器，用于空调安装和维修过程中的铜管扩口作业，拥有专利7件。

【钱江经济开发区与海纳智能装备签订项目】 2021年11月5日，杭州钱江经济开发区与海纳智能装备国际控股有限公司，在第四届中国国际进口博览会·2021中国浙江国际数字经济高峰会上，签订总投资额1亿美元的项目。该项目用于钱江经济开发区建设年产100台（套）海纳智能化成套装备（设备）未来工厂。海纳智能装备国际控股有限公司是专业从事一次性卫生用品智能成套设备生产线的智能化设备制造企业，2021年，全伺服婴儿拉拉裤生产线全国单类产品占有率40%，居全国第一位。

【南方泵业股份有限公司】 2021年7月28日，余杭区企业南方泵业股份有限公司进入“第十七届中国机械工业百强”名单，连续四年入

南方泵业有限公司“冲压焊接多级离心泵”被评为第六批“制造业单项冠军产品”（摄于2021年）（区经信局　供图）

围中国机械工业百强。11月，南方泵业股份有限公司被工业和信息化部评为“第三批工业产品绿色设计示范企业”。该公司生产的“冲压焊接多级离心泵”入选第六批“制造业单项冠军产品”名单。公司拥有泵类专利120多件，是全国泵标技委轻型多效离心泵工作组的承担单位。

杭州申昊科技股份有限公司研发的国内首台极寒地区巡检机器人（摄于2021年）　　　（区经信局　供图）

【杭州五星铝业有限公司】　杭州五星铝业有限公司位于余杭区瓶窑镇，占地面积22万平方米，截至2021年末，有员工800多人，是基于新材料技术成立的铝加工行业生产及销售公司，从事各类铝及铝合金板、带箔材及其深加工制品的研发、生产与销售，有锂离子电池用铝箔生产基地，有超薄双面光锂离子电池用铝箔生产工艺技术，双面光产品最小厚度0.008毫米。拥有储能用超薄双面光电池用铝箔、1100合金高强度电池用铝箔、动力电池用低针孔电池箔等开发和工艺技术优势。锂离子电池用铝箔主要应用于锂离子电池的正极材料，作为锂离子电池集流体，应用于新能源动力电池，是新能源汽车用电池的重要辅助原材料。公司与特斯拉、松下、LG电子、宁德时代、三星、比亚迪等国内外企业有合作关系，先后获全国有色金属行业先进集体、安全生产标准化二级企业，杭州市外贸出口十强、杭州市工业行业龙头骨干企业等称号。

【杭州申昊科技股份有限公司】　2021年8月，杭州申昊科技股份有限公司自主研发的极寒地区巡检机器人，通过极寒地区变电站巡检机器人运行能力提升研究与试点应用项目通过验收。9月1日，公司起草的《配电房轮式巡检机器人》“品字标”团体标准由浙江省品牌建设联合会发布。9月，RIIS1005轨交线路巡检机器人被列为2021年度浙江省首台（套）产品工程化攻关重点项目。轨交线路巡检机器人采用轮式自动行走运动平台与高精检测系统结合的组成方式，运行于铁路线路中，用于辅助人工完成对整条线路在天窗期的巡检任务。机器人巡检采用机器人集中检测、自动巡检手段，检测对象包括钢轨、扣件、道床、限界、隧道等，检测结果符合巡检要求及规范。

【杭州益利素勒精线有限公司】　益利素勒（ELEKTRISOLA）于1948年创立，总部位于德国额肯哈根（科隆附近），是超精细漆包线制造商，在德国、美国、意大利、瑞士、墨西哥和马来西亚设立多家工厂。2003年，益利素勒落户中国，选址余杭区瓶窑镇小岭头，投资设立杭州益利素勒精线有限公司，2005年建成投产，2018年完成厂房4期建设并投入使用。2021年，杭州益利素勒精线有限公司有高技能员工700多人，主要生产0.035毫米～0.5毫米超精细漆包线，年生产能力2.2万吨，产品主要应用于汽车、家用电器、工业电子和消费电子等行业，在国内精细和超精细线市场占有领先份额。2021年，公司投资1亿元扩建厂房和引进设备，新建3000吨EV/数智线未来工厂项目。项目建成后将具有年产3000吨EV/数智线的生产能力。

（沈修悟　李景苏）

数字经济产业

【概况】 2021年，余杭区数字经济核心产业实现增加值1605.67亿元，比上年增长4.1%，总量居全市首位，占全市总量的32.7%；占全区地区生产总值的64.2%。全区共有规模以上数字经济企业262家，营业收入5437.00亿元，增长14.0%。其中：服务业168家，营业收入5275.35亿元，增长13.6%，利润总额773.34亿元，下降27.0%；工业企业94家，营业收入150.76亿元，增长27.5%，利润总额17.87亿元，增长32.0%。

【余杭区被评为中国产业区块链核心聚集区】 2021年6月，2021（第四届）中国产业区块链峰会在湖南长沙举行，会上，余杭区被评为2020中国产业区块链城市10强核心聚集区。是年，余杭区集聚区块链相关企业100多家，4家企业被评为2021年杭州准独角兽企业。

【2家企业入选全球区块链企业创新50强】 2021年7月，由国家发改委、工业和信息化部、科技部、中央网信办、中国科学院、中国工程院、中国科学技术协会与上海市政府共同主办的“2021世界人工智能大会（WAIC2021）”举行，在以“链络全世界 智造新城市”为主题的世界人工智能大会—区块链分论坛上，余杭区企业浙江数秦科技有限公司、杭州云象网络技术有限公司入选“2021全球区块链企业创新50强”名单，数量居全省首位。

【余杭企业3D扫描打印技术还原禄丰恐龙】 2021年10月，中央广播电视总台生物多样性大会COP15特别节目《远古的呼唤——云南禄丰龙化石科考发掘》在世界恐龙谷进行为期7天的直播。余杭区企业杭州思看科技有限公司全程参与云南禄丰恐龙科考数字化采集与修复环节。其间，思看科技获取恐龙化石的纹理肌理特征与三维数据，通过后期软件进行3D模型重建、3D打印，还原出恐龙结构，推演2亿年前禄丰龙的形态演变过程。这是国内首次对恐龙化石进行3D扫描数字化采集和3D打印。

【14件案例入选全省数字经济“五新”优秀案例】 2021年12月，余杭区有14家企业案例入选2021年全省数字经济“五新”（新技术、新制造、新基建、新业态和新治理）优秀案例，其中，杭州云象网络技术有限公司等8家企业的案例入选“新技术”案例，杭州百子尖科技股份有限公司等2家企业的案例入选“新业态”案例，杭州魔点科技有限公司等4家企业的案例入选“新治理”案例。

【4家企业入选省智能工厂名单】 2021年12月，余杭区4家企业入选2021年浙江省智能工厂（数字化车间）名单。截至年末，余杭区有锐思客技术有限公司、厚达智能科技有限公司等浙江省智能工厂（数字化车间）10家。

（沈修悟）

健康制造业

【概况】 2021年，余杭区健康制造业实现增加值31.16亿元，比上年增长133.8%，全区生物医药制造业产值增速70.5%。有未来科技城健康谷、良渚生命科技小镇、健康谷181社区、杭州师范大学科技园、天时科创园、星月生物产业园、贝达梦工场等产业创新空间，累计孵化空间100万平方米。形成以未来科技城（海创园）、良渚新城、钱江经济开发区、瓶窑镇等为主阵地的产业空间格局。

【余杭科技产品参展中国国际福祉博览会】 2021年10月，2021中国国际福祉博览会暨中国国际康复博览会（CR EXPO）在北京国家会议中心举行。余杭区企业浙江强脑科技有限公司（BrainCo）携其具有自主知识产权的BrainRobotics智能仿生手、国内首个脑机接口孤独症康复系统——Starkids开星果社交力与注意力康复系统、FocusZen正念舒压系统参展博览会。杭州程天科技发展有限公司携外骨骼机器人产品参展，该产品可助力提高残疾人生活质量。

【心血管医疗科技创新中心总部基地落地余杭】 2021年11月，杭州钱江经济开发区与北京阜外医院管理有限公司、神州环球人工心脏科技有限公司就杭州·心血管医疗科技全球创新中心总部基地项目签署协议，项目落地杭州钱江经济开发区。项目计划总投资50亿元，计划用地8公顷。

【持续葡萄糖监测系统上市】 2021年11月4日，国家药监局网站发布消息，余杭区企业微泰医疗器械（杭州）股份有限公司自主研发的国内首款“14天、免校准、实时”持续葡萄糖监测系统AiDEX G7获批上市。与静脉血参考值相比，AiDEX动态血糖监测的平均相对误差绝对值（MARD）为9.08%。AiDEX G7可连续使用14天，实时监测患者血糖变化，形成一条能完整反映血糖变化趋势的曲线，为患者血糖控制方案调整提供数据支撑，提高控糖达标率。其免校准的使用方式，可以免去患者扎手指的痛苦，提高使用依从性。

【3家生物医药企业上市】 2021年7月5日，余杭区首家生物医药企业归创通桥医疗科技有限公司在香港证券交易所上市。该公司产品的治疗领域包括急性缺血性脑卒中（AIS）、颅内动脉瘤、颈动脉狭窄、外周动脉和静脉疾病及透析等相关疾病。公司获科技部“火炬杯”创新创业大赛总决赛生物医药组亚军。9月8日，杭州博拓生物科技股份有限公司在上海证券交易所上市。该公司是从事即时监测诊断试剂产品研发、生产、销售的国家高新技术企业，其研发中心是省级高新技术企业研究开发中心。10月19日，微泰医疗器械（杭州）股份有限公司在香港证券交易所主板上市。该公司是从事糖尿病领域的高新技术创新企业，主要从事糖尿病领域医疗器械研发、生产、销售及服务，开发出的贴敷式智能胰岛素泵、免校准无痛实时连续血糖监测系统完成临床试验并通过CE（欧洲共同体）认证。

（沈修悟）

环保制造业

【概况】 2021年，余杭区环保制造业实现规模工业增加值52.44亿元，比上年增长6.8%，增速低于全市制造业规模工业增加值增速6.3个百分点。全年全区完成资源节约、综合利用项目4个。审核验收清洁生产企业22家、水平衡测试企业9家；淘汰落后产能企业15家，淘汰、整治、提升高耗低效企业34家；支持高效节能技术改造，通过省级节水标杆企业认定1家、市级节水型企业认定5家。全区创建国家级工业产品绿色设计示范企业1家，通过省级绿色低碳工厂认定2家，市级绿色低碳园区认定1家、工厂9家。钱江经济开发区被评为全市绿色低碳工业园区。

【中国绿色设计助力碳中和高峰论坛】 2021年5月，2021中国（良渚）绿色设计助力碳中和高峰论坛暨浙江省工业设计十佳颁奖典礼在良渚新城梦栖小镇举行，北京光华设计发展基金会、长三角工业设计产业联盟、浙江省工业设计协会会员单位参加，共同探讨行业理念和技术。论坛现场为2020年浙江省十佳工业设计师、十佳工业设计企业、工业设计推进者颁奖。

【高性能复合材料国际论坛——余杭论坛】 2021年6月8日，由钱江经济开发区、杭州卡涞复合材料科技有限公司、浙江大学功能复合材料与结构研究所联合主办的2021高性能复合材料国际论坛——余杭论坛在良渚街道举行，共进行9场主题报告和1场圆桌论坛。中国和欧洲行业内的院士、专家、学者、企业负责人参加。论坛旨在搭建高性能复合材料的新技术、新应用和新发展在产、学、研、用方面的交流合作平台，推动高性能复合材料行业产业链优化升级，促进中欧智能制造的合作，实现碳达峰、碳中和目标。

2021 年 7 月 20 日，2021“创客中国”双创大赛杭州赛区新能源和新材料专场举行 （区经信局 供图）

【双创大赛杭州赛区新能源和新材料专场在余杭举行】 2021年7月20日，由杭州市经济和信息化局主办，杭州市中小企业服务中心、杭州市中小企业公共服务平台承办，深圳证券信息有限公司、燧石星火V-Next协办，余杭区企业服务综合平台、创鑫时代广场、杭州储能行业协会专场承办的2021“创客中国”暨“浙江好项目”中小微企业创新创业大赛杭州赛区新能源和新材料专场，在创鑫时代广场举行。新能源和新材料专项赛的13强项目主要在医美材料、光伏技术、废水处理系统、膜技术、聚合级石墨烯技术、环保节能和安全型燃料油开发、聚硅氮烷工业化、红外芯片等领域，展示新能源和新材料领域的新技术和新突破。杭州纤纳光电科技有限公司的“钙钛矿光伏材料”获新能源和新材料专场复赛冠军。

【2家环保企业上市】 2021年9月28日，杭州大地海洋环保股份有限公司在深圳证券交易所上市。公司是从事废弃资源综合利用的国家高新技术企业，取得专利20多件，获得安全生产标准化证书、ISO14001环境管理体系认证证书。9月30日，杭州星华反光材料股份有限公司在深圳证券交易所创业板上市。该公司是从事反光材料和反光服生产、研发、销售的企业。

【高烯科技公司石墨烯产品获奖】 2021年11月，2021中国国际石墨烯创新大会（第八届）在上海举行，余杭区企业杭州高烯科技有限公司获2021年度最佳石墨烯产品创新奖、2021年度石墨烯产业杰出贡献奖，成为2021石墨烯“碳达峰、碳中和”技术应用示范企业、2021石墨烯行业专精特新培育企业”和石墨烯联盟理事单位，获“2021年度最佳石墨烯企业奖”提名。

（沈修悟 李景苏）

编辑：李景苏

建筑业·房地产业

Construction Industry and Real Estate Industry

建筑业

【概况】 2021年，余杭区建筑业企业完成产值310亿元，比上年增长32.9%，实现入库税收12.53亿元。全年核发施工许可证195件，其中房屋土建项目164件；新增建筑面积839.8万平方米；市政项目31件，合计造价13.7亿元。办理竣工验收备案173件（房屋土建143项、市政30项），其中房屋土建项目建筑面积803.0万平方米。截至年末，全区有在建工程384个，其中，房屋土建项目350个，建筑面积3112.4万平方米；市政工程34个，总投资72.3亿元。

【建筑企业资质管理】 2021年，区住建局加强建筑业企业资质管理，强调资质标准，督促整改落实。总承包二级企业升为一级企业1家，由区外迁进总承包一级企业2家。截至年末，全区有具备资质的建筑业企业390家，其中，特级企业1家、一级总承包企业20家。有监理企业15家，其中，综合资质企业1家、双甲级资质企业4家。

【建筑市场定期巡查】 2021年，区住建局将余杭区建筑市场信用网升级为余杭区建筑业数字化综合管理平台，实现全区建设工程项目信息、企业（人员）信息、监督管理信息互联互通。全年开展建筑市场定期巡查163次，检查项目425个（次），开展季度综合执法大检查3次，下发限期整改通知单289份，约谈企业40家，给予主体信用扣分52分。

【建筑市场规范管理】 2021年，区住建局通过余杭区建筑业数字化综合管理平台，应用大数据管理等技术，将工程现场管理人员纳入考勤管理，确保人员到岗尽责。梳理新入库区内施工企业582家、区外施工企业1117家，入库区内监理企业36家、区外监理企业314家，其中工程现场管理人员2846人，生成考勤点387个。

【建筑业行政处罚】 2021年，区住建局加大行政处罚执法力度，结合信用扣分，提高建设主体违法成本。全年立案处罚未批先建项目2个，涉及企业4家，处罚金额133.4万元。

【建设工程质量与安全】 2021年，区住建局启用移动执法平台，强化建筑工地安全监管，组织开展“质量月”“安全生产月”和现场观摩会等系列活动，开展“瘦身”钢筋、管桩、钢筋金相组织、城市地下隐患、全装修等专项检查行动，重点加强保障性住房及商品住房的监管。委托第三方检测机构对混凝土强度、钢筋保护层厚度、板厚等进行实体检测，全年检测混凝土强度3080组，钢筋保护层厚度1914组，板厚1914组。全年出具工程质量监督报告198份、工程安全评估报告275份。

【工程质量检测管理】 2021年，区住建局实施检测单位信息入库、实时上传检测数据、检测报告附带二维码制度，提升检测机构工作质量。检测管理桩基，要求摄录桩基检测全过程并实时上传，实现对桩基检测的实时抽查。区内备案的71家检测机构实现全覆盖检查，抽取相关工地实施联动检查，签发责令整改通知单17份，约谈8家检测机构负责人。

余杭区施工围挡（摄于2021年） （区住建局 供图）

【建筑工地标准化建设】 2021年，区住建局结合“最美工地”“标化工地”“无废工地”等创优评优活动，以点带面提升全区建设工程管理水平。全年34个项目被评为余杭区标准化样板工地。

【建筑工地起重机械安全监管】 2021年，区住建局建立余杭区建筑起重机械网上备案平台，落实建筑起重机械特种作业人员刷脸考勤制度，加强建筑起重机械特种作业人员持证上岗管理。全年办理建设工程起重设备产权登记202项（其中，塔式起重机38项、施工升降机44项、物料提升机89项、吊篮31项），办理安装告知955项（其中，塔式起重机284项、施工升降机400项、物料提升机271项）。截至年末，全区在用塔式起重机588台、施工升降机554台、物料提升机326台。

【建设工程招投标管理】 2021年，区住建局落实全市统一招投标管理制度，推行全流程电子招投标、远程异地评标及政府项目投标保证金保函制度。全年办理直接发包项目审查备案187个（合同金额166.2亿元），完成招标项目294个（中标金额167.2亿元），查处招投标违法违规行为6起，给予10家企业信用扣分、1家企业暂停市场行为的处理。

【建筑工业化】 2021年，区住建局完成装配式项目建筑面积162.5万平方米，其中，住宅和公共建筑项目建筑面积153.9万平方米、钢结构住宅5万平方米。新开工装配式建筑项目14个、装配式住宅和公共建筑项目12个。

【工程建设项目审批制度改革】 2021年，区住建局健全工程建设项目审批“一站式”服务机制，通过提前介入、部门协同、集中服务、告知承诺、事后监管等组合措施，提高审批质效。开展施工图审查改革，依托全过程图纸数字化管理系统，实现“审查—变更—竣工—归档”全过程管理。推进工业项目联合竣工验收，动态跟踪“亲清在线”审批工业项目建设进度，实现规划核实、附属绿地面积确认、消防验收（备案）、人防验收备案、竣工备案5个事项并联办理，将办理时限压缩至3个工作日。

（周云）

房地产业

【概况】 2021年，余杭区办理房产交易3.4万件、楼盘表确认82件，确认面积393.5万平方米，购房落户业务396件。完成限购查档2.2万份，开具查档证明约7万份，协助区流动人口服务管理委员会办公室“积分落户”中“住所”

2021 年，仓前街道莲塘上苑小区单元楼加装电梯

（区住建局　供图）

指标核查3475条，配合区民政局、区住房保障办公室协查申请各类补贴人员4366人次，协查区级、市级拟提拔干部住房信息130批，共924人次。推进“互联网+政务服务”，优化房产交易领域营商环境，优化升级房屋网签系统，实现房产交易“全程网办”，房产交易业务实现由“最多跑一次”到零次跑的转变。

【房地产市场监管】　2021年，区住建局落实购房公证摇号新政，整顿房地产市场乱象，重点打击投机炒房、虚假信息、虚假房源发布等行为，治理房地产开发企业、中介企业违法违规问题。检查房产企业91家、中介企业102家，约谈房产企业34家、中介企业17家，下发整改通知27家，行政处罚3家，共处罚金33万元。会同中国人民银行余杭支行开展商品房预售资金监管账户专项检查，核对商品房预售资金监管银行对账单2376份。余杭区二手房交易被纳入杭州市二手房交易监管服务平台。全年审核挂牌5.8万次，挂牌房屋5.0万套，涉及门店1045家。

【既有住宅加装电梯】　2021年，区住建局按符合条件的既有住宅实现“愿装尽装”的工作思路，推动加装电梯工作。全年加装电梯完工24台（超2018—2020年完工之和），历年累计完工39台，惠及全区15个小区的500多户居民。

【物业行业管理】　截至2021年末，余杭区有各类物业小区394个，建筑面积4829.6万平方米，其中，实行物业管理的小区307个、实行准物业管理的小区87个。全区备案物业公司169家，物业领域从业人员2万余人。全年受理物业类信访60件，归集物业专项维修资金2.6亿元，归集物业保修金2.1亿元，使用物业专项维修资金2058.5万元，使用物业保修金119.2万元。

【白蚁防治】　2021年，区住建局签订新建房屋白蚁预防工程合同125份，完成预防施工面积507万平方米，发放预防证明75张；完成预防质量监督施工交底135个、现场检查152个、基础验收98个；完成白蚁治理项目660个，回访复查面积1000万平方米。

【非商品住宅类项目监管】　2021年，区住建局（区非商办）联合公安、规划和自然资源管理、市场监管、综合行政执法等职能部门，以及属地镇（街道）、平台，对区内商业办公类项目开展联合督查。截至年末，开展联合检查20多次，召开现场协调会12次，约谈项目负责人42人次，发放整改通知书13份、交办单3份，对违法行为预立案2件，立案并已办结1件，关停售楼部5处。

（周云）

编辑：姚敏

商贸流通

Commercial Circulation

商贸管理

【概况】 2021年，余杭区实现社会消费品零售总额676.29亿元，比上年增长22.7%。全区限额以上单位零售额529.30亿元，增长30.3%，占社会消费品零售总额的78.3%。全区有43家企业进入亿元以上社会消费品零售骨干企业名录库，全年零售额491.80亿元，占全区社会消费品零售总额的72.7%，增长33.2%。

【消费促进工作】 2021年，余杭区举办未来城市·数智消费IN余杭暨“完美生活节”活动，以数智消费激活城市经济动力。现场发布杭州数智生活发展指数，1000多家企业参与活动，线下消费者参与30万人次，在线观看活动直播700万余人次。举办2021年余杭区“内外贸一体化展”暨“外贸优品”对接活动，区内25家外贸企业的产品在41个展位上展示。

【市场体系建设】 2021年，总投资116亿元、总建筑面积97.9万平方米的云城综合体项目开工，绿汀路万象城、城北万象城、宝龙星创数娱综合体等重点商贸项目建设加快推进，经过改造提升的闲林埠老街开街。以未来科技城为中心、良渚新城为副中心的“一主一副”双中心商业布局初步形成。五常社区农贸市场开工建设。截至年末，全区有持证农贸市场31家、在建农贸市场8家。

【商贸领域数字化改革】 2021年10月，主要解决居民找家政难、安心消费无保障、售后维权无渠道等问题的余杭“家政一键通”应用场景在“浙里办”APP上线。12月，“一键回收”数智低碳应用场景在“浙里办”APP上线，实现

2021年9月10日，未来城市·数智消费IN余杭暨“完美生活节”在余杭西溪印象城启动 （区商务局 供图）

居民端一键下单呼叫回收、企业端一键点击上门回收、政府端一屏显示碳减排量。构建碳排放“一网监管”体系，助力实现“双碳”目标。

（张思奇）

对外经济贸易

【概况】 2021年，余杭区实际利用外资11.51亿美元。货物贸易进出口总额348.58亿元，比上年增长34.3%，其中，进口23.57亿元，增长18.0%；出口325.01亿元，增长35.6%，高于杭州市8.4个分点，高于浙江省15.9个百分点，高于全国14.4个百分点。出口占全国、省、市份额保持稳定。服务贸易出口总额6.43亿美元，增长48.0%。

【利用外资】 2021年，余杭区实际利用外资11.51亿美元，其中高技术产业实际利用外资9.23亿美元。重点引进信息传输、软件和信息技术服务业、科学研究和技术服务业等产业项目。新设外商投资企业151家，比上年增长30.17%，其中，投资总额3000万美元以上企业7家，投资总额12.53亿美元，占总数的70.47%。开展外商投资企业年度报告工作，参检企业838家，合格率100%。

【外贸出口】 2021年，余杭区外资企业出口25.02亿元，比上年增长5.34%；自营生产型企业出口220.95亿元，增长43.78%；外贸流通企业出口79.52亿元，增长23.49%；全年高新产品出口34.13亿元，增长33.89%。机电产品出口142.01亿元，增长25.49%；纺织品出口40.32亿元，增长12.02%；化工医药出口87.41亿元，增长134.24%，带动全区出口增长12.80个百分点；家具休闲用品出口43.06亿元，增长46.52%。全区对美国、欧盟等传统市场分别出口58.67亿元和132.20亿元，分别增长25.83%、85.08%；对金砖国家出口21.42亿元，增长23.31%；对“一带一路”沿线国家出口90.97亿元，增长31.13%。

【外贸公共服务】 2021年，区商务局组织企业申报国家进口贴息项目87个；组织13家企业参与省、市两级出口名牌认定，其中，4家企业获省级出口名牌认定、1家企业获市级出口名牌认定，其余通过复核。组织企业参与中国进出口商品交易会70多家（次），参与2021浙江出口网上交易会100多家（次）。7月，“一键达海外仓”数字化改革应用场景在“浙里办”APP上线，“一站式”解决企业海外仓业务问题。

【境外投资与服务外包】 2021年，余杭区办理境外投资项目备案39个，新增境外投资额1.19亿美元。完成“一带一路”投资项目20个，涉及境外投资额3920.10万美元；完成并购项目5个，涉及境外投资额2877.56万美元。完成服务外包离岸执行额4.41亿美元，比上年增长49.10%。新认定服务外包企业13家。

【余杭区贸促会工作】 2021年，中国贸易促进委员会杭州市余杭区支会为区内出口企业签发一般原产地证5372份，比上年增长5.83%；优惠区域类型原产地证2796份，增长22.20%。

（张思奇）

国内经济合作

【国内招商主要活动】 2021年，余杭区常态化开展4次季度“双集中”签约活动，共签约项目225个，总投资超1090亿元。年内，区主要领导带队到北京、上海、成都等地招商30多次。区商务局组织各平台、部门招商人员参加生物医药、信息通信技术、航空航天专班等招商培训活动，全年举办多场产融云洽会招商活动，宣传推介余杭营商环境，举办项目路演6场、项目融资集市活动2场，近千家企业参与。3月，在2021年全省外资工作会议暨“招大引强、招高引优”现场会上，余杭区被评为2020年全省实际利用外资前十强县（市、区）；6月，在第23届中国浙江投资贸易洽谈会之江论坛主会场，阿诺医药项目签约；9月，区商务局组织各平台招商人员，参加第21届中国国际投资贸易洽谈会，推介余杭营商环境。

（张思奇）

【山海协作】 2021年，余杭区落实660万元援建资金，用于衢州市柯城区的余东村、新姜村、前昏村3个乡村振兴示范点建设；援建6个项目（山海协作数智援建项目、近山村物业经济楼项目、花谷源蜂场基地项目、白云村山海协作小微创业园项目、山海协作培训项目、衢化街道普珠园村小微创业园配套设施建设项目），促进乡村特色产业发展。推进“消薄飞地”建设，发放收益分红860万元，86个薄弱村每村获利10万元。建立消费帮扶“消薄卡”项目模式，孵化8家村集体企业。全年带动柯城区农产品销售2888万元。

【对口帮扶】 2021年5月起，余杭区的结对帮扶对象为四川省广元市苍溪县、甘孜州稻城县（下称两县）。年内，两地党政领导交流互访6次，召开党政联席会议6次；签订余杭区—苍溪县东西部协作框架协议和余杭区—稻城县东西部协作框架协议；落实东西部协作帮扶资金1.6亿元，帮助两县推进东西部协作项目13个。余杭区选派党政干部4人、专业技术人才26人到两县挂职、支医、支教、支农；接收8名结对地干部到余杭区挂职锻炼。余杭区在两县协助举办乡村振兴干部培训班9期，技术人才培训班28期，培训1619人次；劳务培训班73期，培训2609人次。协调余杭区的7所学校、5家医院、1个镇和3个社会组织与两县的相关单位结对，27家企业与两县的有关村（社区）结对。帮助两县建设乡村振兴示范村3个。帮助两县销售价值1.7亿元的农畜牧产品、特色手工艺品等。动员余杭区的党员干部、社会组织、群众参与帮扶，为两县捐赠价值1232万元的钱物。

（朱志发）

电子商务

【概况】 2021年，余杭区网络零售额1521.1亿元，比上年增长35.0%，分别高出全省（11.6%）、全市（10.7%）23.4个和24.3个百分点，增量位列全省第一位，规模列全省第二位。跨境电商交易额10.4亿美元，其中跨境出口5.7亿美元，增长21.5%。引进跨境电商、直播电商产业链企业各40多家。

2021年，余杭援派工作组举办电商直播，帮助苍溪销售农产品

（区发改局 供图）

【跨境电商产业集群】 2021年，余杭区推进中国（杭州）跨境电子商务综合试验区余杭园区建设，至年末，园区有开展跨境电商业务的企业1000多家。其中，纺织服装产业集群应用企业100多家，培育自主品牌30多个；休闲产品产业集群应用企业150多家，培育自主品牌50多个。引进杭州中艺实业股份有限公司等标杆型卖家企业和杭州集酷信息技术有限公司等平台企业。杭州中艺实业股份有限公司、杭州瀚亨实业有限公司入选“2021年度浙江跨境电商出口知名品牌名单”。

【直播电商产业发展】 2021年，余杭区依托未来科技城数字经济产业基础，建设中国（杭州）直播电商基地。截至年末，入驻杭州维妥科技有限公司、杭州面朝信息科技有限公司等企业10多家。引进杭州淘宝直播综合体项目入驻中国（良渚）数字文化社区。杭州十二仓供应链管理有限公司、“中凰数科”等供应链、数据服务和MCN（多频道网络）机构落地未来科技城，全国首个“中国青年电商网红村”在未来科技城成立。截至年末，上述三大园区内集聚直播电商产业链相关企业600家。

中国（杭州）直播电商产业基地（摄于2021年）

（区商务局 供图）

【电子商务领域营商环境优化】 2021年，区商务局组织直播电商、跨境电商等电商企业开展政策申报，支持电商企业高质量发展，200多家企业受到各类政策扶持超2000万元。常态化开展跨境电商“线上＋线下”培训，全年举办活动40多场，步及企业300家、2.7万人次。深化政府、学校、企业合作，实施“全球速卖通7＋30千里马”项目，为高等学校培养跨境电商实战人才300多人，为区内跨境电商企业推荐高素质人才160人。截至年末，余杭区认定各类电商人才55人。

（张思奇）

粮食流通

【粮食订单与收购】 2021年，余杭区对小麦和稻谷的收购继续实行全省最低收购价格政策，实行订单粮食价外补贴和奖励政策。小麦每50千克收购价格113元，对种粮大户，每交售50千克订单小麦，奖励30元；早稻每50千克收购价格为125元，对种粮大户，每交售50千克早稻谷，奖励30元；中晚籼稻每50千克收购价格131元，粳稻每50千克收购价格133元，对晚稻订单合同内的粮食，每交售50千克稻谷奖励25元。全年收购订单粮食6.5万吨、订单外粮食0.6万吨，落实各类粮食收购和补贴奖励共2.2亿元。向64户种粮大户发放政府贴息粮食预购订金310万元。全年为粮农烘干粮食0.9万吨。

【储备粮油管理】 2021年，余杭区区级储备粮3.8万吨。加强储备粮监管工作，落实储备粮管理各项工作制度。按照“一符”（账实相符）、“三专”（专仓储存、专账记载、专人管理）、“四落实”（落实数量、质量、品种、地点）的工作要求，储备轮换做到公正、公平、公开。参加杭州市粮油仓储规范化管理评价，良渚中心粮库、瓶窑中心粮库获“优秀”等级。

【粮食流通监管】 2021年，区粮食和物资储备局先后在仓前街道太炎社区、灵源村，仁和街道花园村等地，举办放心粮油进社区活动。发放粮食法规宣传册1400多份，发放粮食安全主题环保袋2600多只。开展粮食流通监督检查。在粮食收购季，开展全区粮食收购秩序检查、收购备案行政检查，规范粮食收购秩序。

【粮食企业安全生产管理】 2021年，区粮食和物资储备局制订安全生产工作计划，完善安全员管理网络，落实安全生产责任制。开展“安全生产月”活动，定期开展安全生产大检查，全年检查粮食仓库安全设施、配电设备、管道线路、机械设备等重点部位和药剂库、出租用房等重点场所13次，排查隐患33条，督促并落实整改。组织安全生产培训308人次，开展安全演练12次。全年无事故发生。

【“四无”粮仓陈列馆】 2021年，余杭“四无”粮仓陈列馆开展第41个世界粮食日、第31个全国爱粮节粮宣传周、社会科学普及宣传周等系列活动，发放粮食安全宣传资料3000多份。全年接待团队和观众3.4万人次。开展粮食安全宣教进社区、学校6次，参与活动3000多人次。

（张思奇）

盐业销售

【概况】 2021年，杭州市盐业有限公司余杭分公司（下称分公司）主要承担杭州市盐业有限公司分配的杭州市部分主城区大型商场超市、流通渠道及余杭全区的配送任务。主要产品有亚运系列中高端精品盐，G20系列精品海盐、矿盐等。全年，分公司各类盐产品销售1.3万吨（包括销售到杭州其他城区部分）。

【小包装盐及高端精品盐销售】 2021年，分公司利用“5·15”碘缺乏病宣传日等时机，开展健康用盐宣传和活动促销，设立专柜4个，开展活动11场，宣传推广亚运系列新品和“浙食链”产品。全年销售小包装食用盐3742.3吨（包括销售到杭州其他城区部分），其中销售高端精品海盐1430吨，保证小包装和高端新品盐的正常供应。

【食盐网络配送】 2021年，分公司共配送客户656家。全年农村食盐配送925吨，城区食盐配送2817.3吨（包括销售到杭州其他城区部分）。

【疫情期间食盐供应】 2021年11月，余杭区域内市场食盐需求量激增。1—3日，三天销量达常年2个月的数量，导致盐品紧缺。分公司向省内外生产企业紧急调运各类小包装食盐500多吨，及时补足当地食盐库存，满足消费者需求，稳定食盐价格，保证食盐市场正常供应。

（赵根娣）

烟草专卖

【概况】 2021年，余杭区烟草专卖局（分公司）销售卷烟8.2万箱，比上年增长4.76%；销售额43.3亿元，增长7.77%；单箱销售额5.3万元，增长2.87%；毛利润12.4亿元，增长8.25%；税利13.3亿元，增长7.32%；销售重点品牌7.8万箱，增长5.39%，占总销量的95.38%。

【卷烟打假】 2021年，区烟草专卖局查获案件832起，比上年增长26%，其中查获私假烟案件507起，增长40%。查获各类违法卷烟7.5条，增长7.6%；查获私假烟1.9条，增长52.6%。区烟草专卖局会同公安机关破获“6·1”重大销售涉毒电子烟网络案，刑事拘留17人，逮捕其中6人。

【烟草专卖终端建设】 2021年，区烟草专卖局（分公司）加强数字化门店建设，构建营销生态，推广运用“香溢购”“香溢通”“香溢家”“香溢坊”四大智慧管理系统。全年建成现代终端示范街5条，累计建成现代终端客户1840户，占比22.4%，其中，加盟终端109户、三星现代终端205户，通过零售终端发展，活跃消费者会员27.8万个。

【烟草行政许可】 2021年，余杭区烟草专卖局（分公司）继续施行“网上办、掌上办、移动办”服务，增加施行“多点办、上门办、预约办”服务。全年办理行政许可4810件，网上申请率100%，移动端申请率79.6%。

（本分目全年数据按原余杭区统计）

（肖霏霏）

供销合作商业

【概况】 2021年，余杭区供销系统实现总经营收入97.8亿元，总销售额81.7亿元，利润1674万元，所有者权益4.0亿元，社会贡献总额4815万元。

【农业生产服务】 2021年，余杭区继续推进生产、供销、信用“三位一体”农民合作经济组织联合会改革，新建成“惠农服务点”5家，全区总数27家。仁和街道农民合作经济组织联合会被评为全省示范性乡镇农民合作经济组织联合会，为杭州市唯一。

【农产品销售】 2021年，“禹上田园”新增准入企业24家，共有企业46家，开设实体门店9家。2021年销售当地农产品1.5亿元，整体品牌产品营销实现5.2亿元。区供销系统举办余杭区桃王赛、稻作文化节以及国庆、中秋等系列推广活动。在区内外举办展销活动10次。

【农资供应】 2021年，区供销联社储备化肥1.0万吨，农药208吨；回收废弃农药包装物210.3万只，兑付回收资金62万元；年度储备应急保障物资草包3.5万只、麻袋2万只、铁锹200把、木桩50立方米。

【村社共建】 2021年，区供销联社通过下属仁和基层社与云会村“村社共建”模式，整合双方资源，云会村实现经营收入650万元，比上年增长177%；村民人均可支配收入5万元，增长14%。环境治理面积53.3公顷，达AA级景区标准。6月，杭州市供销社“党建带社建 村社共建”工作现场会在余杭区举行；10月，浙江经贸职业技术学院认定云会村为学院实践基地。

【供销农信融资担保公司余杭分公司成立】 2021年11月4日，区供销联社（区农合联）和杭州市供销社共同发起，成立杭州供销农信融资担保有限公司余杭分公司，为区内涉农单位的生产资金需求提供保障。

【区供销联社第七次代表大会】 2021年12月1日，余杭区供销合作社联合社第七次代表大会在良渚街道举行，区供销系统52名代表参加。大会审议通过《余杭区供销合作社联合社章程（草案）》和《余杭区供销合作社联合社第七次代表大会关于第六届理事会工作报告的决议（草案）》，选举产生余杭区供销合作社联合社第七届理事会、监事会组成人员。

（周莹）

编辑：李景苏

旅游业

Tourism

综 述

【概况】 2021年，余杭区接待游客731.5万人次，实现旅游收入122.4亿元。截至年末，全区有A级旅游景区10家，其中AAAA级以上旅游景区5家；星级旅游饭店2家，其中四星级以上旅游饭店1家；白金宿民宿1家、金宿民宿1家、银宿民宿5家；星级旅行社2家；省级旅游风情小镇2个；省A级景区村庄84个，其中省AAA级景区村庄32个；市社会资源国际旅游访问点3家；纳入市旅游咨询体系的咨询中心5家。全年未发生旅游安全责任事故。余杭区被浙江省政府命名为“第二批浙江省全域旅游示范县（市、区）”。

【“杭州亚运人文体验点”创建】 2021年10月26日，经杭州市文化广电旅游局相关工作程序，良渚文化体验（良渚古城遗址公园、良渚博物院）、瓶窑老街非遗文化体验被认定为“杭州亚运人文体验点”。

【区文广旅体局被评为全国先进集体】 2021年11月18日，人力资源和社会保障部、文化和旅游部发布《关于表彰全国文化和旅游系统先进集体、先进工作者和劳动模范的决定》，授予231个单位“全国文化和旅游系统先进集体”称号，区文广旅体局获该项荣誉。

【省、市文化和旅游IP创建】 2021年11月25日，杭州市文化广电旅游局公布杭州市文化和旅游IP第一批培育名单，良渚文化、梦想小镇、大径山“陆羽与茶小僧”入选。12月30日，浙江省文化和旅游厅公布第二批浙江省创建级文化和旅游IP名单，余杭区梦想小镇入选。

瓶窑老街非遗文化体验基地之余杭纸伞馆（摄于2021年）

（区文广旅体局 供图）

【“百县千碗·余杭至味”美食征集】 2021年，余杭区开展美食征集活动，挖掘并评选出“百县千碗·余杭至味”十大代表性菜肴、十大名点心、十大名冷菜和15道特色菜肴。其中，仓前掏羊锅、百丈特色竹筒饭、稻草扎肉、东苕溪逆鱼、饭焐茭白、径山茶香虾6道菜肴被评定为“百县千碗·杭州味道”金牌美食。12月17日，经省文化和旅游厅、省商务厅复核，余杭区良玉邻家大酒店、美与院彩虹农家饭店、窑山大院、茧驿站酒店、杭州柏庄酒店、杭州君禧花园酒店被评为“诗画浙江·百县千碗”省级美食体验（示范）店。

（本分目全年性数据1—4月部分按原余杭区统计）

（沈怡静）

旅游规划

【省A级以上景区村庄创建】 2021年1月3日，经杭州市文化广电旅游局和市农业农村局初评和推荐，溪塔村、漕桥村等8个村庄被命名为2020年度浙江省AAA级景区村庄。12月10日，区文广旅体局邀请第三方专家，会同余杭区美丽乡村建设办公室，开展现场评定验收，东风村被认定为2021年度省AA级景区村庄。

【省A级景区镇创建】 2021年1月7日，经专家现场检查评定和省文化和旅游厅核定，鸬鸟镇、百丈镇被认定为2020年度浙江省AAAA级景区镇（乡、街道）。12月30日，经区文广旅体局推荐，省文化和旅游厅验收和公示，径山镇被认定为2021年度浙江省AAAAA级景区镇（乡、街道）。

【区旅游专班成立】 2021年1月27日，余杭区旅游专班成立。专班下设1个办公室和消费促进、投资推进、宣传营销、政策支持、交通保障、统计评价等6个专题小组。

【红色旅游精品线路创建】 2021年5月14日，文化和旅游部、中共中央宣传部、中央党史和文献研究院、国家发展和改革委员会发布《关于发布“建党百年 红色旅游百条精品线路”的公告》，余杭区梦想小镇和未来科技城被纳入“数字科技·云上逐梦”精品线路。文明圣地革命足迹之旅入选杭州10条红色旅游精品线路。

【旅游业“微改造、精提升”行动】 2021年，余杭区开展旅游业“微改造、精提升”工作，制定《余杭区旅游业“微改造、精提升”五年行动计划（2021—2025年）》，确定区级试点项目29个。5月25日，省旅游专班发布《关于公布旅游业“微改造、精提升”行动试点市、县（市、区）和单项试点单位名单的通知》，良渚古城遗址公园入选旅游业“微改造、精提升”行动单项试点单位名单。

【全国乡村旅游重点村创建】 2021年8月25日，文化和旅游部、国家发展改革委发布《关于公布第三批全国乡村旅游重点村和第一批全国乡村旅游重点镇（乡）名单的通知》，径山镇小古城村被评为全国乡村旅游重点村。

【“浙江省四星级旅游购物场所”评定】 2021年9月30日，经省旅游协会、省文化和旅游标准化技术委员会联合专家组材料审验、现场指导，综合申报单位对标提升和整改情况，瓶窑老街等11家单位被命名为2020年度“浙江省四星级旅游购物场所”。

【省工业旅游示范基地创建】 2021年12月20日，经省文化和旅游厅、省经济和信息化厅组织专家组现场实地验收，认定包括余杭区浙江骆驼九宇有机食品有限公司在内的26家企业为2021年浙江省工业旅游示范基地。

（沈怡静）

旅游宣传推广

【外来务工人员首道门票免费】 2021年2月1—28日，余杭区针对在杭外来务工人员实施余杭主要收费旅游景区（点）首道门票免费和优惠政策。其中，良渚古城遗址公园、山沟沟（彩虹谷）、径山花海、东明山森林公园、小白菜文化园实行首道门票免费。

【“浙里好玩·尽享余杭48小时”专题活动】 2021年3月9—10日，由区文广旅体局主办，浙江旅游信息中心有限公司承办的“浙里好玩·尽享余杭48小时”——全国旅游达人采风余杭活动举行，活动招募、邀请旅游达人、传统媒体记者、网红主播及FM90.7杭州新锐潮流音乐电台主播10人，通过发布游记攻略，举办电台专题节目和咨询平台活动宣传等方式，宣传余杭旅游。

【鸬鸟山花节暨鸬鸟户外季】 2021年3月26日至5月5日，2021杭州鸬鸟山花节暨鸬鸟户外季在鸬鸟镇举行。其间，先后开展嗨“Fun”梨园、蜜梨认养、采茶体验、童心趣绘鳖梨给、古道红心寻宝、户外运动嘉年华、特色竹编体验等系列 活动。

【第20届中国茶圣节】 2021年3月27日至5月5日，“天下径山·千年禅茶”第20届中国茶圣节在径山镇举行。开幕式上，陆羽IP发布全新文创产品“浙抹牛”，启动第一届“茶圣杯”抹茶新式茶饮大赛，推出20万元优惠券及系列补贴政策，与杭州余杭旅游集团有限公司以及数百家旅行社分别签订全域旅游项目及旅行社战略合作协议，开通“陆羽带你游大径山”直通车。当天还举办以“径山禅茶品牌的打造”为主题的第一届“陆羽说”论坛。茶圣节期间，推出“中华茶文化月”活动，包括“盛世唐风”“兴宋雅致”“近代茶韵”“茶创立新”等四个主题篇章，活动覆盖茶美食、茶文创、茶住宿、茶体验、茶风景、茶专线六大板块。

【杭州百丈杜鹃花节】 2021年4月17日，中华野生杜鹃保护地·杭州百丈2021杜鹃花节活动启动仪式在百丈镇举行。活动由余杭区文广旅体局、百丈镇人民政府、阿里巴巴公益基金会主办，浙江电视台教育科技频道、杭州余杭旅游集团有限公司、浙江省绿色科教文化促进会、浙江大学彩虹人生思政育人中心、浙江红旅文化发展有限公司承办。活动现场，中国生物多样性保护与绿色发展基金会和浙江省植物学会向百丈镇授予“中华野生杜鹃保护地”牌。百丈镇成为全国第174号中华保护地，浙江第一个野生杜鹃保护地。活动期间开展“花前月下 露营百丈”“花团锦簇 流光百丈”“诗情花意 打卡百丈”“繁花似锦 乐游百丈”“鸟语花香 青山百丈”等系列子活动。活动持续至5月5日。

2021 年 4 月 17 日，杭州百丈 2021 杜鹃花节开幕

（百丈镇　供图）

【浙江文化和旅游总评榜荣誉】 2021年4月21日，余杭区在“2020浙江文化和旅游总评榜”中获四项荣誉。其中，良渚古城遗址公园获“2020浙江十大数智景区”称号，良渚君澜度假酒店获“2020浙江十佳度假型酒店”称

号，良渚玉液（杭州良渚文化创意有限公司）获“2020浙江双十佳爆款文创产品和旅游商品”称号，良渚博物院获“2020浙江十佳影响力博物馆”称号。

【省文化和旅游系统宣传员培训班在余杭举行】 2021年5月26—28日，由省文化和旅游厅主办、区文广旅体局承办的浙江省文化和旅游系统宣传员培训班在余杭区径山镇举行。其间，学员到径山镇径山村、陆羽公园、梦幻双溪和大径山旅游集散中心实地考察学习，区文广旅体局就文旅宣传推广工作进行代表发言，余杭经验在全省推广。

【《振兴路上》播出余杭两镇事迹】 2021年，中央广播电视总台农业农村节目中心《振兴路上》摄影项目组走访余杭区鸬鸟镇和径山镇，通过专访，呈现余杭区在打造农文旅融合，开启乡村振兴共同富裕事业上的事迹。节目于10月10日在中央广播电视总台农业农村频道播出。

【伴手礼创意设计大赛获奖】 2021年10月26日，由市文化广电旅游局主办，市旅游商品行业协会承办的“韵味杭州·游礼相伴”2021杭州市伴手礼创意设计大赛举行。区文广旅体局申报的径山“浙抹牛”抹茶牛乳摇摇杯DIY组合获银奖，瓶窑镇“风筝材料包”与鸬鸟镇“鳌梨给盲盒”获铜奖。

【《我们圆桌会》在青山村拍摄】 2021年11月3日，杭州电视台《我们圆桌会》节目在黄湖镇青山村融设计图书馆拍摄。市文化广电和旅游局有关领导，区文广旅体局领导，各区文化和旅游局相关领导及“文旅赋能 乡村共富”典型案例代表人物，余杭区青山村当地村民、企业等相关人员围绕“文旅赋能，共建共富”主题，就如何以乡村运营撬动乡村文旅发展，助推乡村振兴展开讨论。节目于11月6—7日在杭州电视台综合频道播出。

（沈怡静）

旅游数字化

【首批文旅应用场景试点单位创建】 2021年8月5日，浙江省文化和旅游厅发布《关于公布首批“旅游大脑＋智慧旅游”应用场景落地未来社区试点名单的通知》，余杭区良渚文化村社区入选首批试点单位名单。

【30秒入住、20秒入园场景应用】 2021年，区文广旅体局推广30秒入住酒店、20秒扫码入园等场景应用。截至年末，自助入住场景覆盖酒店54家，使用率85.41%；20秒入园场景覆盖景区（点）及文博单位15家，使用率100%。

（沈怡静）

旅游开发建设

【“动漫IP＋乡村旅游”模式】 2021年，大径山旅游板块继续开展径山景区、鸬鸟及百丈旅游板块的运维经营工作，发掘“体验经

鳌梨给盲盒（摄于2021年）

（区文广旅体局　供图）

2021 年，“乡村振兴·共同富裕”第二届慢生活节笛箫专场音乐会现场　　（余杭区交通集团有限公司　供图）

济”，运营径山花海第三届“拾花节”等大型商业化活动及特色节庆活动；推出特色全域旅游线路产品，推广旅游线路品牌；打造“陆羽与茶小僧”“花径灵”等文旅IP集群，塑造文创品牌。《人民日报》等媒体报道大径山乡村旅游，全网年度阅读量超5000万人次。配合做好径山景区省级旅游度假区创建，建设宋韵杭式生活基地，打造民间艺术之乡。

【国企加村集体经济模式】　2021年，区交通集团采用“1+6”模式与鸬鸟镇6个景区村庄合作成立杭州鸬鸟乡村产业运营有限公司，实现“资源变资本、产权变股权、农民变股东”的转化。2021年，公司实现营收501万元、净利润145万元、净资产400万元。

【精品民宿项目完工】　2021年，余杭区天井湾山居民宿和溪上曼谷民宿项目完工。天井湾山居民宿项目有建筑28幢，总建筑面积5557平方米，规划设计客房57间（套），设置文创中心、书局、艺术剧场、中医养生馆、共享厨房等配套设施。溪上曼谷民宿项目有建筑3幢，总建筑面积1650平方米，房间21间，配有会议室、餐厅以及休闲娱乐设施。

【闲林埠老街开街】　2021年10月1日，闲林埠老街正式开街。老街开街仪式现场分别举行闲林埠老街“同心发展联盟”成立仪式，闲林街道人大代表中心联络站、陈元赟纪念馆、丁丙纪念馆、杭州市慈善文化实践基地授牌仪式。闲林埠集美食、主题民宿、青少年活动中心、文创零售、文化民俗等为一体，打造杭州微度假新名片。

【第二届慢生活节】　2021年11月19—23日，“乡村振兴·共同富裕”第二届慢生活节在江南慢村景区举行。活动采取线上线下结合的方式，展示江南慢村的文化精神内涵，其中“情满杭州”杭州市级老领导书画巡展、“诵·乐”朗诵会、笛箫专场音乐会、“为你歌唱·走进江南慢村”专场音乐会、书画名家作品拍卖会、美食童玩游园会等活动，约400名专家、学者、书画家和企业家参与。活动接待游客5万人次，被20多家媒体报道，“为你歌唱·走进江南慢村”现场直播观看量60万人次。

（诸晓青）

编辑：陈林

金 融

Finance

中国人民银行余杭支行

【概况】 2021年，中国人民银行余杭支行坚持稳字当头，重视服务实体经济，强化数字赋能金融支持，加大货币政策工具运用，持续提升普惠金融服务质效，为余杭经济高质量发展提供金融支持。

【民营企业和小微企业金融服务】 2021年，中国人民银行余杭支行持续做好“六稳”“六保”工作，实施民营企业贷款“两个一致”，引导更多信贷资源向民营、小微企业等实体领域聚集。全年全区民营企业贷款余额568.1亿元，比上年增长26%；小微企业贷款余额727.7亿元，增长31.2%，高出全区总贷款增速5个百分点。2021年，全区地方法人金融机构运用央行支小再贷款向2717户小微企业发放低息贷款31.8亿元。

【信贷投放】 2021年，余杭区金融机构加大对实体经济的信贷总量投放，实施融资畅通工程升级版。12月末，全区银行机构本外币贷款余额1518.7亿元。全年全区企业通过短期融资券、中期票据、定向工具等方式进行债务融资，其中民营企业华立集团股份有限公司发行全国首单通过超额预配售方式创设信用风险缓释凭证支持的民营企业债务融资工具，创该企业同类型、同期限债券最低发行利率。

【金融数字赋能】 2021年，中国人民银行余杭支行推广“贷款码”应用，为市场主体提供融资需求发布、对接、受理、审核、反馈等线上服务；结合余杭区“数智大市场”改革，推动“无抵押小微金融”金融服务场景应用，指导银行机构在全省首创“数智信用贷”产品，打造“一码对接、一步授权、一秒授信、一键获贷”的线上融资服务路径。全年全区6295户企业通过扫码线上申请贷款，发放贷款金额78.2亿元。

【科创金融发展】 2021年，中国人民银行余杭支行联合区科技局、区财政局研究制定科技金融融合发展服务方案，通过“搭建两个体系、深化三项机制”，出台并落实金融服务科技创新企业措施16项；举办“百地千名行长进民企送服务”科创企业专场活动，联合区委组织部推出集人才融资、人才政策、人才活动等为一体的“余您携手 杭向未来”线上融资平台，助力人才及人才企业融资。截至年末，全区科技企业贷款余额124.8亿元，增长29.4%，高于总贷款增速3.2个百分点。

【金融生态维护】 2021年，中国人民银行余杭支行做好重点领域风险防控。全区不良贷款率保持低位，12月末，全区不良贷款余额6.20亿元，不良贷款率0.41%，较年初下降0.05个百分点，不良贷款率低于全省、全市平均水平。打击电信网络诈骗，实施“开户码”，落地“红黄牌”机制，实施潜在受害人银行账户保护性止付机制，从严开展倒查问责，治理涉诈资金链。全年全区金融机构完成柜面劝阻26起，涉及资金138.3万元，移送跨境赌博线索5条，保护性止付账户54个。

【金融消费权益保护】 2021年，中国人民银行余杭支行推动金融纠纷多元快速化解，引导辖内金融纠纷特邀调解员参与调解。以“普及金融知识，提升金融素养”为主题，组织开展金融知识线上竞赛。依法依规做好新设银行机构开业管理。全年，完成6家银行机构开业相关事项办理，其中，升格4家、新设1家、从区外迁入1家。

【外汇管理服务】 2021年，中国人民银行余杭支行立足余杭招商引资特点，推动资本项目收入支付便利化，指导归创通桥医疗科技股份有限公司、微泰医疗器械（杭州）股份有限公司等港股上市企业做好外汇登记管理，帮助企业利用境外资本市场助推企业发展。实施“外汇联络员暖心助企”专项行动，建立108人的外汇联络员队伍，现场服务涉外企业100多次。

【货币管理】 2021年，中国人民银行余杭支行开展整治拒收人民币、假币违法犯罪等专项行动，推动全区现金使用更为规范。设立“老年人服务绿色通道”，督导银行机构，帮助老年人消除数字金融鸿沟。开展大额现金管理试点，出台辖区硬币自循环基础建设规划方案。开展“大篷车”流动服务，以“大篷车”+网络化形式定期开展硬币兑换、人民币知识和反假币宣传进农村、进社区、进市场、进集市活动。

（朱楚禹）

银行和保险业监管

【概况】 2021年，中国银保监会浙江监管局余杭监管组（下称浙江银保监局余杭监管组）强化监管引领，引导辖内银行保险机构重构服务路径，推进“融资畅通工程”、金融助力余杭双创引领专项行动、科技金融“余杭”模式等工作。探索完善“人才贷+人才险”金融服务特色模式，推动银行业、保险业协同服务科创领域，打造“人才金融+”特色品牌，配合区财政局和未来科技城试点商业可持续的投贷联动服务。联合区规划与自然资源管理局，开展不动产抵押登记总对总线上办理全覆盖工作。推进“组团式宣讲+服务专员”常态化金融对接机制，开展探索企业园区“伙伴银行”“伙伴保险”数智金融模式，推动科技金融“余杭先行区”建设。截至年末，余杭区各项存款2262.8亿元；各项贷款1548.7亿元。保费收入39.1亿元；保费赔付支出11.7亿元。

（本条目保险全年数据按原余杭区统计）

【知识产权质押登记线上办理】 2021年，未来科技城和区市场监管局在全省率先试点知识产权质押登记线上办理。3月，浙江省金融综合服务平台“银行线上办理知识产权质押登记专区”正式上线运行，全省39家银行机构获得首批试点资格，其中余杭辖区内2家。根据前期的银企融资供需对接，位于未来科技城的江苏银行海创园支行与杭州辰汉智能科技有限公司签订300万元专利权质押合同。上线运行当天，以在线递交质押申请方式，国家知识产权局专利事务服务系统受理该笔质押登记业务，现场出具质押登记证书。该笔业务是全国首笔完成的知识产权质押登记线上办理业务。

（蔡旖佳）

政策性银行和国有商业银行

【中国农业发展银行杭州市余杭支行】 2021年，服务脱贫攻坚、粮食安全和乡村振兴，全年审批项目贷款57.8亿元。截至年末，发放项目贷款22.5亿元，其中，城乡一体化贷款7.7亿元，农地贷款5亿元，水利建设贷款1.8亿元，改善农村人居环境贷款8亿元。

（本条目全年性数据 1—4 月部分按原余杭区统计）

（邵嵩）

【中国工商银行股份有限公司杭州余杭支行】 2021年，实现拨备前利润4亿元；实现中间业务收入1.2亿元。截至年末，各项存款时点余额129.5亿元，比年初增长31.9亿元；各项存款日均余额125.9亿元，比上年增长40.7亿元。各项贷款时点余额146.1亿元，比年初增长48.8亿元。支行各项资产质量保持平稳，法人信贷业务持续保持零不良，不良贷款余额821万元。

是年，支行为助力乡村振兴，跟进区耕地功能恢复项目，发放贷款 3 亿元；加大“兴农贷”推广，投放 360 万元。

（梅琳）

【中国农业银行股份有限公司杭州余杭支行】 2021年8月，中国农业银行股份有限公司杭州西溪支行改名为中国农业银行股份有限公司杭州余杭支行。截至年末，各项存款128.8亿元，比年初增长19.1亿元；各项贷款124.9亿元，比年初增长16.1亿元，增长14.76%；实现营业收入3.8亿元，比上年增加0.9亿元，增长32.61%；净利润2.2亿元，比上年增加0.6亿元。支持未来科技城基础建设、区域内街道旧城改造、保障房建设及重大科研实验室等重点项目。为头部科技企业提供供应链融资以及投贷联动产品，为科创园区业主推出特色园区经营贷、园区建设贷，为小微科创企业提供科技e贷、纳税e贷、抵押e贷等线上产品。全年新发放科技企业贷款12.7亿元，增长59%，高于全行贷款增速44个百分点；新增普惠小微企业法人贷款2.4亿元，增长77.42%，高于全部贷款增速62个百分点。

（沈秋芬）

【中国银行股份有限公司杭州余杭支行】 2021年，本外币时点存款余额272.8亿元，新增49.7亿元，比上年增长22.30%；日均存款余额264.0亿元，新增65.3亿元，增长32.84%。本外币贷款时点余额226.3亿元，新增48.7亿元，增长27.39%；贷款日均余额207.4亿元，新增51.0亿元，增长32.57%。实现营业收入6.6亿元；拨备前利润5.5亿元；净利润3.9亿元，增加1.2亿元，增长41.60%。在杭州市分行年度关键绩效指标（KPI）考核中排名第一，机构考核等级为A＋；在中国银行股份有限公司浙江省分行“季季拼”劳动竞赛中获年度总冠军；得分列余杭区外管局外汇业务合规与审慎经营评估第一位。截至年末，实现三位一体客户投放41户，金额47.3亿元，其中，杭州市西站枢纽开发有限公司3.7亿元，杭州市开发投资有限公司3.5亿元，杭州良渚新城城建投资有限公司3.0亿元。服务民营企业、小微企业等实体经济。截至年末，对公普惠金融余额19.3亿元，较年初新增10.6亿元，绝对额排名杭州地区第二。

（本条目全年性数据按原余杭区统计）

（王丽红）

【中国建设银行股份有限公司杭州余杭支行】 截至2021年末，口径本外币一般性存款时点余额260.4亿元，较年初新增19.9亿元；本外币各项贷款余额276.4亿元，较年初新增59.6亿元。与区综合行政执法局合作，开放支行劳动者港湾，共建“红色城管驿站”；与区退役军人事务局合作，为退役军人群体打造专属“红”卡；与五常街道合作，共建产业社区和产权交易平台。推出“双创云贷”产品，准入杭州师范大学科技园、梦栖小镇、钱江经济开发区、华立181创客社区等6个合作园区。设立科创菁英贷，助力区“国际化人才特区”建设工作。设立“共同富裕贷款”，助力西部富美“1355”计划，投放贷款4.9亿元。与黄湖镇合作，为整镇授信1亿元共同富裕贷款。落实消保政策，保障群众资金安全。开展“共筑防诈骗安全网，为乡村振兴保驾护航”系列活动。通过进社区、进乡村、进企业、进学校、进医院和进老年大学“六进”宣讲活动，开展防诈骗宣传活动100多场，全年堵截各类诈骗11起，为客户挽回损失30多万元。

（宋碧佳）

股份制银行

【交通银行股份有限公司杭州余杭支行】 截至2021年末，人民币各项存款时点余额70.6亿元，比年初下降1亿元。其中，对公存款时点余额50.7亿元，比年初增加1.5亿元；对私存款时点余额19.9亿元，比年初减少2.5亿元。日均存款余额69.4亿元，比年初减少1.8亿元，对公存款日均余额49.5亿元，比年初增加0.4亿元；对私存款日均余额19.9亿元，比年初减少2.1亿元。截至年末，贷款余额70.5亿元，比年初增加10.2亿元。其中：对公贷款余额42.3亿元，较年初增加5.1亿元；个人贷款余额28.2亿元，比年初增加5.0亿元。贷款日均余额65.6亿元，比年初增加5.2亿元。其中：对公日均贷款余额40.9亿元，比年初增加3.6亿元；个人日均贷款余额24.7亿元，比年初增加1.6亿元。全年实现跨境人民币业务8126万元。全年完成经营利润1.8亿元，比上年增长20.63%；经济利润1.0亿元。净经营收入完成2.4亿元，增长20.18%。主动对接余杭区重点优质项目，实现杭州良渚新城城建投资有限公司南庄兜安置房等项目落地，累计投放贷款5.0亿元。

（本条目全年性数据按照原余杭区统计）

（包敏燕）

【中信银行股份有限公司杭州余杭支行】 截至2021年末，各项存款余额159.0亿元，比年初减少24.9亿元。其中：对公一般性存款余额130.0亿元，比年初减少21.4亿元，市场占有率4.35%；个人存款余额28.2亿元，比年初减少1.5亿元。截至年末，支行各项贷款余额181.4亿元，比年初新增20.1亿元，增长12.46%。其中，一般性贷款余额176.2亿元，新增22.5亿元，增长14.61%；对公一般性贷款余额118.4亿元，新增16.4亿元，增长16.03%。零售贷款余额57.8亿元，新增6.1亿元，增长11.82%。票据融资5.2亿元，比年初减少2.4亿元。年末对公表外、表表外资产余额178.0亿元（含发债140.8亿元）。年末贷款不良率0.05%，比年初下降0.02个百分点，为近7年来新低。2021年，支行为企业节省融资成本870万元，涉及客户103户，贷款余额16.9亿元。

（本条目全年性数据按照原余杭区统计）

（金云霄）

【浙江杭州余杭农村商业银行股份有限公司】 截至2021年末，各项存款余额1395.0亿元，比年初增加220.8亿元，增长18.81%；各项贷款余额922.1亿元，比年初增加159.3亿元，增长20.88%。实现各项收入66.7亿元，实现税前利

2021年10月18日，余杭农村商业银行“和润”志愿服务队到鸬鸟镇宣传金融知识

（浙江杭州余杭农村商业银行股份有限公司　供图）

润14.8亿元。2019—2021年，向余杭区新增投放乡村振兴贷款105亿元，余额180亿元。发挥余杭区"西部富美"党建联盟成员单位作用，开展"党建＋金融"服务模式，截至年末，西部五镇贷款余额近85亿元。推广落户人才贷、乡村振兴人才贷、高端人才信用贷等产品，落实"农村青年创业伙伴计划"，加大对投身乡村振兴的人才、企业信贷支持力度，助力"人才兴、产业兴"。2019—2021年，面向余杭区新增投放实体经济贷款150亿元，余额360亿元，支持余杭辖内民营企业贷款余额250亿元，户数6800户。

（本条目全年性数据按原余杭区统计）

（胡斐）

2021年5月14日，中国太平洋财产保险股份有限公司杭州市余杭支公司为径山茶农送上全区首张政策性农业保险理赔支票

（中国太平洋财产保险股份有限公司杭州市余杭支公司　供图）

保险公司

【中国人民财产保险股份有限公司杭州市余杭支公司】　2021年7月，中国人民财产保险股份有限公司杭州市余杭支公司挂牌，成为新余杭区首家挂牌的财产保险公司。全年承保全区1500多家企业、4.1万余辆机动车辆，全年保费收入2.4亿元，保费规模、机构规模、网点覆盖率皆列全区第一。实施首台套责任保险、人才创业险、专利保险，开展安全生产责任险、电动车保险，推动老年人意外险、学生平安险，推进西湖益联保、新型地方特色农业主体保险。全年公司赔付2.2亿元。与区法院、区司法局、浙江银保监局余杭监管组等部门对接，先后成立人民调解委员会第七调解点、余杭区人民法院"共享法庭"（余杭人保服务站），成为全区首家设有共享法庭的财产保险机构。

（姚寅祥）

【中国太平洋财产保险股份有限公司杭州市余杭支公司】　2021年，保费规模3.4亿元，其中，车险保费收入2.4亿元、非车险保费收入1.0亿元。独家承保2021年余杭区低收入农户医疗政策保险、不动产登记责任险等地方标志性保险业务。2021年，新农综合险"余杭模式"被杭州市全域推广。

（甘芬芳）

编辑：郭贤松

财政·税务

Finance and Taxation

财 政

【概况】 2021年，余杭区财政总收入745.31亿元，比上年增长15.2%。一般公共预算收入375.69亿元，增长14.0%。一般公共预算支出334.11亿元，区本级一般公共预算支出324.83亿元。全年预算执行情况良好，财政收支平衡。

【组织财政收入】 2021年，余杭区一般公共预算收入占地区生产总值的15.0%；一般公共预算收入占财政总收入的50.4%；税收收入362.80亿元，占一般公共预算收入的96.6%。全年完成非税收入242.21亿元，其中纳入一般公共预算收入管理的非税收入12.89亿元。

【民生保障支出水平提升】 2021年，余杭区民生支出242.48亿元，占一般公共预算支出的72.6%。安排教育资金41.92亿元，推动中小学教育信息化，保障中国美术学院良渚分院、中法航空大学筹建工作，支持余杭第一中学、瓶窑中学等改扩建项目。安排文化旅游体育与传媒支出资金5.19亿元，推动非物质文化遗产各级名录项目的保护传承，支持农家书屋、社区图书室建设，保障余杭区庆祝中国共产党成立100周年文艺演出等专项文化活动。安排卫生健康资金13.48亿元，用于新冠肺炎疫情防控保障、医疗设备采购、新建医院人才储备补助等，保障城乡基本公共卫生服务和社区卫生服务中心基本医疗服务，支持老年人体检、疫苗接种等项目。安排社会保障和就业资金28.52亿元，保障城居基本养老保险补助、老年人生活补助、农村居民最低生活保障金等支出，补充社保风险准备金，落实高校毕业生补贴、海创园项目人才政策和重大服务业项目政策。安排城乡社区资金92.01亿元，用于地铁资本金、之江实验室等重点项目建设，保障垃圾分类、交通治理、污水零直排区、老旧小区改造等工作。

【财政服务经济发展】 2021年，余杭区落实“全域创新66条”产业扶持政策，助推数字经济、生物医药、智能制造、科技金融四大主导产业发展，全年拨付各类政策兑现资金104.12亿元。重点支持TMT（数字新媒体）、智能制造、生物医药、新零售、大消费等领域项目，与社会资本合作设立“子基金”49支，规模450.48亿元，其中政府产业基金出资额59.41亿元，撬动社会资本391.07亿元。发挥政策性转贷资金应急、保障和普惠功能，为324家中小企业办理转贷业务2680笔，转贷金额114.98亿元，节约融资成本0.32亿元。

【财政数字化改革】 2021年，余杭区以杭州城市大脑·余杭平台为依托，整合多部门涉企数据，开发资金申报兑现、政策咨询问答、企业金融服务、“政策计算器”等服务功能，全年“亲清余杭”企业服务平台上线惠企政策452条，服务企业6085家（次）、群众4005人次，兑现资金11.15亿元。以“10+5”模式构建国企端十大系统、国资端五大系统，谋划“三重一大”“财务一盘棋”“资产一盘棋”“监管一盘棋”等多项子应用场景，为清廉国企建设、低效无效资产处置等工作提供数据和技术支撑。在信息系统中明确预算管理的全流程，构建现代信息技术条件下的“制度+技术”管理机制，提高各级预算规范化、标准化和自动化水平。

【财政管理与监督】 2021年，区财政局承担省财政厅“完善重大政府投资项目事前绩效评估机制”试点，形成“投资规模控制闭环”“绩效指标管理制度”等4个方面可推广经验做法，节约建设资金15.00亿元，节约土地超12万平方米。搭建余杭区“资产云”2.0系统，将66个部门、12个镇（街道）资产信息全部导入，强化资产的信息化管理。打造区级公共物资智慧管理中心“公物仓”，盘活闲置资产，动态管理可调剂资产。开展结算项目“积案清理”专项行动，历史遗留积案数从78个下降到2个，全年完成财政评审项目378个，涉及资金211.88亿元。

（章立洲）

税　务

【概况】 2021年，余杭区税务局征收各项税费收入886.62亿元，比上年增长25.97%。其中，税收收入727.79亿元，增长18.23%；非税收入25.20亿元，增长159.57%；社会保险费收入131.47亿元，增长71.44%；其他收入2.16亿元，增长16.78%。共办理出口退税29.63亿元，增长36.73%。

【减税降费】 2021年，区税务局落实各项减负降本政策，减免税费147.90亿元。其中，小微企业普惠性税收优惠政策减免税费10.06亿元，增值税增量留抵退税23.79亿元，研发费用加计扣除政策66.58亿元，软件和集成电路企业所得税优惠政策2.30亿元，重点扶持的高新技术企业减按15%的税率征收企业所得税42.62亿元，新冠肺炎疫情防控延续政策2.31亿元。

【税务领域营商环境优化】 2021年，区税务局推进二级集中“云处理”中心建设，将近百项“非接触式”办税缴费业务、全区对外公开咨询电话纳入全域集中处理、接听。受理“12366”工单和各类咨询电话3.6万笔，纳入集中处理业务5.2万笔，网办率98.2%。建立重大项目服务专员制度，覆盖数字经济、先进制造业等领域，走访服务企业132次，解决问题114个。办理出口退（免）税申报核准业务6995户（次），平均办理退税时间1.3天，比2020年缩短3.2天。

【税收征管改革】 2021年，区税务局建立招商引资项目税务专项服务机制，通过“税务服务码”建立招商项目库，“税务服务码”应用得到国家税务总局的批示肯定。以防范虚开发票为切入口，打造风险管理部门外防违法行为，法制部门内防执法风险，纪检部门严防违纪违规的风险防控链条。建立税企战略合作关系，为“走出去”企业提供“事前、事中、事后”全流程服务，相关经验得到全国工商联和中央统战部的肯定性批示。以行政执法公示、执法全过程记录和重大执法决定法制审核三项制度为抓手，编写执法记录仪操作指南，规范和完善税收执法行为。

（邱世峰）

编辑：姚敏

经济管理与监督

Economic Management and Supervision

经济体制改革

【概况】 2021年，余杭区全面对标营商环境评价指标，清单化推进64项重点工作任务，推动简政放权，提升服务效能，规范市场秩序，深化营商环境各领域改革。在电商登记企业开办环节推进商事登记全流程智能化办理审批系统，被省市场监督管理局列入市场主体全生命周期管理服务集成改革试点。研发“浙里拍”手机智能证件照拍摄系统，被省公安厅列为全省试点推广项目。打造“税小余云服务”，推行“非接触式”办税。落户国家级人工智能产业知识产权运营中心，发行全省首单知识产权证券化产品。

【“浙里拍”手机智能证件照拍摄系统】 2021年，“浙里拍”智能证件照拍摄系统完成公安“三大证件”（身份证、出入境证件、驾驶证）的照片接入和制证应用，群众自主操作，系统自动检测拍摄上传，提供照片下载功能，实现“照片质量更佳、拍摄速度更快、应用场景更多、使用成本更低”的目标。全年全区利用“浙里拍”拍摄各类证件照片12万余张。

【商事登记全流程智能化办理审批系统】 2021年8月27日，商事登记全流程智能化办理审批系统运行，通过指定经营范围及审批区域，降低审批风险。具体由余杭区各平台、镇（街道）划定智能审批区域，由专门机构和人员负责区域管理，智能审批系统与市规划与自然资源管理局余杭分局系统打通，实现数据共享。每家主体申报地址信息会自动推送给房东，房东确认后再审批，

2021年7月12日，全省首单知识产权证券化项目正式启动仪式举行 （浙江杭州未来科技城管委会 供图）

避免住所申报材料造假，智能审批端无需人工审核。智能审批环节共享开户银行、税务登记、住所信息、社保、公积金与市场监管系统的数据，并将智能审批的数据与企业影像、准入、档案等平台打通，对接刻章、开户、领税盘等业务。截至年末，通过系统核发企业执照916家。

【税小余云服务】 2021年9月，“税小余云处理”中心成立，推出“非接触式”办税，让纳税人足不出户，解决办税问题。集成整合对外公开咨询电话、“12366”热线服务资源，拓展线上“税小蜜”智能机器人咨询服务和掌上驻企交流群税务管家服务，让纳税人有问题云上问，税务团队线上答。建立云办税渠道，通过数据分析，研判纳税人办税习惯，分解重组高频核心业务流程，集成后台快速响应团队，利用“屏对屏交流”、远程约谈等线上技术，实现可网办业务线上办、不可网办业务“码上办”。截至年末，全区纳税人、缴费人网办率98.26%。

【人工智能产业知识产权运营中心成立】 2021年9月16日，国家知识产权局批复成立中国（浙江）人工智能产业知识产权运营中心。该中心由未来科技城（海创园）管理委员会、联想集团有限公司、北京航空航天大学杭州创新研究院及专业知识产权运营机构联合建设，立足未来科技城的产业优势和重点发展领域，针对人工智能新技术新业态新模式，提升知识产权专业服务能力，加速人工智能产业高价值专利项目的创造产出和产业化应用。

【浙江省首单知识产权证券化产品】 2021年12月31日，由区市场监管局指导，未来科技城（海创园）牵头实施的知识产权证券化产品在深圳证券交易所完成首期发行，这是浙江省首单知识产权证券化项目。该项目储架发行额度10亿元，首期发行金额1.1亿元，发行票面利率3.9%，期限为1年。项目于7月12日正式启动，首期入池的基础资产基于未来科技城区域内12家高新技术企业195件授权专利，涵盖人工智能、高端装备制造、生物医药等多个产业领域，评估价值共1.45亿元。该次发行的知识产权证券化产品，是对企业持有的知识产权进行价值评估后再质押，以构建底层资产，通过风险隔离、信用增进、信用评级等方式对债券产品进行设计并发行，再由证券机构在资本市场上出售以实现融资。

（徐特）

计划管理

【区级政府投资项目】 2021年，余杭区安排区级政府投资项目303个，总投资1294.32亿元，计划投资234.09亿元。新建项目111个，总投资353.54亿元，计划投资44.02亿元。新建项目中属于重大投资项目共26个，总投资298.26亿元，计划投资25.69亿元。其中3亿元以上项目（不含安置房）18个，总投资234.11亿元，计划投资19.21亿元。续建项目192个，总投资940.77亿元，计划投资190.07亿元。

【镇（街道）投资项目】 2021年，余杭区安排镇（街道）投资项目287个，总投资311.56亿元，计划投资92.87亿元。其中，新建项目134个，总投资77.28亿元，计划投资32.23亿元；续建项目153个，总投资234.28亿元，计划投资60.63亿元。

（高越）

价格管理

【价费改革】 2021年，余杭区开展政府定调价工作，按照定调价程序，制定东澜外国语学校，天元公学·杭州蕙兰未来科技城学校音乐班、美术班、外文班学费；调整文澜未来科技城学校、维翰学校小学、绿城育华亲亲学校学

2021 年，区发改局开展商品价格监测工作

（区发改局　供图）

费。制定浙江康复医院康复养护中心基本养老服务价格，相关价费调整后，社会反映平稳。清理和规范供水供电供气行业收费项目，建立协商领导小组，取消余杭区供水管道建设收费，降低企业用水负担。

【价格服务】　2021年，区发改局开展价格监测和成本调查工作，确定价格监测点和成本调查点，开展“米袋子”“菜篮子”商品价格监测工作及水稻、茶叶、生猪等农本调查工作。针对价格矛盾多发，咨询问题点多面广等问题，完成价费类投诉咨询件500多件。

（沈寅峰）

企业上市

【概况】　2021年，余杭区有上市企业22家（其中境外上市8家），新增上市7家，通过发审会审核企业2家、在会排队审核企业5家、在省证监局辅导的企业17家、动态培育后备企业300家，资本市场“余杭板块”初具规模。

【企业上市工作机制】　2021年，余杭区设立由区委书记、区长任双组长的推进企业上市工作领导小组，建立区领导“点对点”服务制度，覆盖全部上市后备企业。区发改局（金融办）发挥牵头作用，加强调研走访企业力度，完善上市协调服务机制，全年走访上市培育（后备）企业90多家，协调解决重点难点问题40多个。

【创新发展“翱翔计划”】　2021年5月7日，在余杭行政区划优化调整后，余杭区举行创新发展大会，发布“翱翔计划”。该计划由“未来之星”“未来之光”“未来之源”“未来之力”模块共同组成，涵盖人才引智、金融服务、产业扶持、大孵化器建设等服务创新发展。在“未来之光”的开篇中，余杭将落实“凤凰行动”计划，推动上市公司高质量发展，打造资本市场“余杭板块”放在首位，力争在五年内上市企业数量超60家，动态梯度培育300家拟上市企业。

【企业上市氛围营造】　2021年8月，区主要领导带队到重点拟上市企业开展“走进上交所”活动，开展现场观摩、座谈交流。举办北京证券交易所上市政策专题培训会议，80多家企业参会。

（张文杰）

2021 年 8 月，双枪科技股份有限公司在深圳证券交易所主板上市。图为公司外景

（区发改局　供图）

行政服务

【概况】 2021年，杭州市余杭区行政审批服务管理办公室（杭州市余杭区公共资源交易管理委员会办公室）（下称区审管办）负责统筹推进全区行政审批服务和公共资源交易管理工作，下设区行政服务中心和公共资源交易中心余杭分中心。区行政服务中心设“一主两副”三个区级办事大厅，分别为区中心、未来科技城分中心、良渚分中心。区级办事大厅共进驻审批服务部门27个，工作人员400多人，集中办理审批和服务类事项1700多个。全年区级办事大厅线下窗口受理业务112.1万件，自助办件23.4万件，线上办理151.3万件。公共资源交易中心余杭分中心完成进场交易项目864个、交易金额517.1亿元。全区进行小额公共资源交易项目2803个，交易金额14.3亿元。

【“三级联动”服务体系建设】 2021年，区审管办出台《余杭区关于加强行政服务中心建设的实施意见》（试行），明确强化“一站式”服务体系，提升审批服务流程再造能力和优化智慧政务服务能力等12项具体改革内容。通过软件系统、硬件设备、审批标准、服务规范一体化，深化区中心—镇（街道）—村（社区）三级联动政务服务体系建设。统一镇（街道）、村（社区）、平台政务服务场所名称，区级统称为行政服务中心，镇（街道）统称为便民服务中心，村（社区）统称为便民服务站，功能区（开发区）统称为企业服务中心，开展专项督查，落实名称统一工作。依托浙江省一体化在线政务服务平台，全面推广政务服务2.0事项应用。截至年末，余杭区认领政务服务2.0事项1987个，涉及35个部门，开通受理人员权限账号1466个，基本实现政务2.0达标率85%的目标。

【基层政务资源配置体系优化】 2021年，区审管办共梳理人力资源和社会保障77项、医保26项、商事登记18项、市民卡13项等134项新增高频便民服务事项，以仁和街道为试点，完成事项下延。明确114项进驻中心例外事项（涉密、安全和对场地有特殊要求等事项）。以五常街道为试点，整合便民服务中心和公安派出所办事大厅。组织镇（街道）、部门召开余杭区加强行政服务中心建设暨政务服务“三级联动”体系建设现场推进会，明确事权下放、体系建设等重点工作，优化全区政务资源布局。

【公共资源交易监管】 2021年，区审管办定期召开余杭区公共资源交易管理联席会议5次，明确村级集体投资项目招投标监管问题、远程异地评标问题、小额工程下浮指数问题、联合督查方案、小额工匠政策优化条款等内容。2020年12月至2021年5月，实施余杭区工程建设招投标领域专项整治行动，对58家投标单位给予信用扣分，对27家投标单位暂停招投标市场活动资格，取消1名评标专家评审资格，行政处罚投标单位3家，金额96.1万元。2021年9—10月，抽取6家单位90多个项目进行重点检查，其中，现场检查在建项目17个，发现问题项目38个，印发督查通报6期，督促行业主管部门跟进整改，及时反馈。

杭州钱江经济开发区企业服务中心（摄于2021年）

（区审管办　供图）

【小额公共资源交易智慧监管体系】 2021年，区审管办分类配置系统功能，部署样化功能板块，实现“文件无纸化、标书在线传、开标不见面、系统辅助评、过程全留痕”。建设资料归档、数据分析、违法打击等应用场景。搭建“余杭小额交易网”，实现“一站统揽”。将企业备案入库、诚信加分申请、建造师解锁等企业办理高频事项整合进“小额工程全流程电子监管系统”，实现所有审批事项“一网通办”。制定出台余杭区小额建设工程施工企业、监理企业诚信评价管理办法等制度，部署“诚信子系统”，从项目班子考勤、项目延期、工程业绩、服务保障等方面，对施工、监理企业开展信用评价与核查，形成诚信分，对触及底线的企业采取多部门联合失信惩戒。

【投资项目服务】 2021年，区审管办依托投资项目一站式审批服务中心，发挥部门协同作用，集中为项目单位一次性解决所有问题。每周向镇（街道）、平台代办员通报新备案项目信息，指导和督促代办员做好属地项目服务，以“三大比拼”、年度综合考评等考核办法为导向，强化过程监督，做好项目回访，提升服务质效。截至年末，上门服务投资项目25个，协调问题30多个。

【政务服务“一码通办”】 2021年，区审管办搭建政务服务“一码通办”数字化应用场景，打造线下办事从进门到取号、办事到评价的全流程服务闭环。对接浙江省政务服务2.0，重构系统用户认证体系，实现政务服务2.0系统精准收件。截至年末，使用“一码通办”可实现“一网通办”事项300多个。

【“未来大厅”建设】 2021年，区审管办成立“未来大厅”建设专项工作领导小组，建立工作例会制，定期召开领导小组会议，专题商议推进情况，研究解决难点问题，督促后续落实。成立“未来大厅”数字化工作专班，分软件、硬件两组梳理“三张清单”。截至年末，

政务服务“一码通办”，图为“一码通”扫码取号环节（摄于2021年）（区审管办 供图）

“未来大厅”布局方案已确定，信息化项目完成系统申报。

【重点企业走访】 2021年，区审管办建立覆盖全区12家涉企服务单位（平台）的企业服务网络和由审管办各支部书记领衔、47名党员干部组成的“D小二”服务队伍，梳理形成包含全区规上企业580家、众创空间（孵化器）35家的第一批重点走访清单和1453项审批服务清单，走访服务重点企业18家，协调解决企业诉求80多项。工作获得区领导批示肯定，经验做法在8月6日《杭州日报》头版刊登。

（本分目全年性数据1—4月部分按原余杭区统计）

（袁莹妍）

审　计

【概况】　2021年，区审计局完成审计项目22个，查出主要问题金额28.3亿元，其中，违规金额8674万元，管理不规范金额27.5亿元。移送司法机关、纪检监察机关和有关部门处理事项2件，审计后挽回（避免）损失8674万元。出具审计报告和专项审计调查报告43篇，被批示、采用6篇；审计提出建议371条，被采纳371条；推动被审计单位制定整改措施371项；促进被审计单位制定、完善规章制度17项；提交审计信息113篇，被批示、采用70篇。向社会公告审计结果4篇。1个审计项目被评为浙江省优秀审计项目，2个审计项目被评为杭州市优秀审计项目，2个案例入选2021年度杭州市优秀大数据审计案例。区审计局获得“浙江省优秀县级审计机关”称号。

【政策跟踪审计】　2021年，区审计局通过开展重大公共投资项目预算执行情况专项审计，规范投资管理，提高公共项目投资效益。开展对老旧小区改造、生活垃圾治理等领域的专项审计调查，围绕老旧小区改造项目施工管理，质量监督，生活垃圾治理收、运、处等环节和资金使用管理方面，核查民生资金投入及社会效益，促进民生政策落地见效。

【经济责任审计】　2021年，区审计局以领导干部权力运行和责任落实情况为主线，以公共资金、国有资产、国有资源的管理和使用情况为基础，重点监督检查被审计领导干部贯彻区委、区政府决策部署，“三重一大”决策制度执行等关键环节、关键领域。全年出具经济责任审计报告12篇（含部分上年度实施项目），发现建设项目、公共资产资源、民生事业、环境整治、财政资金管理等方面问题374个，提出审计意见、建议327条。

【经济责任审计规范创新】　2021年，区审计局印发《余杭区经济责任审计2021—2025年工作规划》，通过“ABC+S”模式细分全区70个审计对象，实现经济责任审计动态化全覆盖；编制《余杭区领导干部经济责任履职风险清单》，汇总问题21类，风险问题表现形式扩充至61条，促进审计内容差异化全覆盖。

【财政资金审计】　2021年，区审计局完成区本级预算及2020年度税收和非税收入征管及部门预算执行情况审计。聚焦“住有所居”，对公租房和人才房管理使用情况开展专题审计，针对审计发现的管理机制、出租管理、租金补贴发放等问题，撰写的《审计建议进一步强化公租房和人才房管理》获区主要领导批示，撰写的《大数据碰撞“亲清在线”，审计助力租房补贴金准发放》入选杭州优秀大数据分析审计案例，《公租房补贴领取人员区内购房、社保缴费、安置拆迁身份分析》的大数据审计方法入围省审计厅大数据审计方法。

【固定资产投资审计】　2021年，区审计局重点围绕政府投资项目安全生产管理、材料设备、项目预算、合同条款等方面，对中法航空大学、文一西路西延工程等40个项目开展跟踪审计，对镇（街道）自行委托的40个工程项目开展结算审计项目质量抽审。全年完成审计服务2800多次。

【民生审计】　2021年，区审计局加大对乡村振兴、可持续发展、区域协调发展等领域的审计监督，跟踪审计市政公共设施、教育设施配套、安置房、环境综合整治等政府投资项目，加大对服务保障民生、推动共同富裕示范先行区创建的审计保障。

【审计整改成果转化运用】　2021年，区审计局执行“问题清单”和“整改清单”对账销号，推动审计问题即审即改，即整即改。健全审计整改定期专报制、审计报告和审计整改报告“双公开”制，倒逼被审计单位加快整改进度。全年整改完成审计发现的问题316个，整改完成率98.44%，推动9个被审计单位的审计整改结果向社会公告，制定、完善制度17项。

【内部审计全覆盖路径探索】 2021年，区审计局以五年轮审为原则，印发《关于加强余杭区内部管理干部经济责任审计的指导意见》。该意见从项目安排、业务提升、结果运用三方面明确“十四五”期间内审经济责任工作，推进内管干部经济责任审计全覆盖。

【“数字审计”模式应用】 2021年，区审计局加强大数据审计应用，化审计人员“路上跑”为审计数据“线上跑”。在审计“亲清在线”平台发放公租房租金补贴情况时，重点运用大数据审计手段筛查疑点问题，核验系统运行的有效性和准确性，通过落实整改，助力线上补贴精准发放。

【“审计红盟”品牌】 2021年，区审计局依托“审计红盟”，开展“党建引领 余审护航”活动1次，举办审计系统2021年度职业化集训2次，签订部门、平台、镇（街道）内审代表结对联建协议3家，组织项目工作走访调研服务20多次。以审计发现的问题为切入点，编制解忧办实事任务清单，警示公共投资项目隐患风险点44个，解决交通工程、垃圾分类、教育资源配置等问题10多个。

（本分目全年性数据1—4月部分按原余杭区统计）

（陈晓烨）

统计管理

【概况】 2021年，余杭区统计系统防范和惩治统计造假，提供精准有效统计服务，推进统计现代化改革，强化统计基层基础，抓好干部队伍建设，为全区“十四五”时期经济社会发展开好局、起好步提供统计保障。区统计局被评为杭州市第七次全国人口普查成绩突出集体。

【统计监督】 2021年，区统计局开展统计信用建设、中期督查、信用评价工作以及专业执法检查和数据核查。全年完成数据审核查询1.5万条。落实掌上执法和“双随机”执法检查，执法检查72家，发送统计数据核查通知书191份，实现专业全覆盖。办结统计违法案件6起，处罚金9.1万元。

【统计分析】 2021年，在杭州市部分行政区划优化调整期间，区统计局完成新余杭区、临平区历年主要经济指标测算分解，撰写区划调整相关分析报告13篇。根据高质量发展、共同富裕等指标体系，围绕“四上单位”迁入迁出、区域竞争优势、短板指标剖析等主题，梳理全区经济运行和社会发展中出现的新情况、新问题、新变化，全年撰写统计调研分析57篇，其中区领导批示27篇（次），区委办、区府办全文转发9篇（次）。聚焦社会热点问题，开展幼托服务、居家养老、春节期间用工情况、人口发展情况等专项调查并撰写调查报告7篇（次）。完成第七次全国人口普查公报编制与发布，深化校地合作，与浙江工商大学联合完成《余杭区人口发展报告》《余杭区人口发展与转变经济发展方式研究》。

【统计服务】 2021年，区统计局更新升级《余杭概览》《统计月报》《统计快报》《余杭统计年鉴》等产品，优化版面设计、调整指标设置、增设企业专栏。在“余杭统计”微信公众号中发布统计数据、统计改革、经济发展成果、人口普查结果等内容，利用统计直通车、咨询投诉等功能与读者互动，做到群众咨询有问必答。开展“统计联心、数为民用”主题服务行动，为各镇（街道）、平台提供经济运行分析材料，并延伸至部分重点企业。开展“走亲连心三服务”活动，全年走访指导企业583家，解决问题33个。

【统计法治】 2021年，区统计局召开全区防范和惩治统计造假、弄虚作假工作部署会议，明确部门主体责任。印发《余杭区2021年统计法治建设（依法行政）实施计划》，明确24项法治内容。印发《2021年余杭区统计法治宣传教育工作计划》，开展普法培训12场，参与2762人次，实现镇（街道）、平台全覆盖。成立“余统普法”志愿服务队，编印《统计信用建设读本》2500本，普法三折页1万份，向镇（街道）、平台、村（社区）和“四上”企业发放，到结对村、企业开展普法宣讲。

【统计信用建设】 2021年，区统计局开展统计信用承诺活动，1743家单位签订承诺书。年中对12个镇（街道）和钱江经济开发区开展信用建设中期督查；年底全面检查评价统计信用建设单位，营造依法统计、诚信统计氛围。38个建制村（社区）和102家企业被评为“2021年度余杭区统计诚信单位”，11家企业被评为“2020年度杭州市统计诚信单位”。

【统计数字员工】 2021年，区统计局在全国统计系统首创的统计数字员工“余统小智”正式投入使用，全面覆盖农业、工业、服务业、投资、劳动工资等领域，实现自动化催报、智能化审核、自动化测算、智能化分析、精细化服务。《中国信息报》，“学习强国”，国家、省、市统计微信公众号，省、市、区电视台等媒体刊登统计“数字员工”项目情况。该项目被列入全市统计系统改革试点和全区数字政府系统应用场景建设清单。

【统计“最多报一次”试点改革】 2021年，余杭区入选全省“最多报一次”改革试点县（市、区），区统计局“最多报一次”改革项目被列入全市统计系统改革试点。按照“模式创新、制度创新、流程创新”要求，在加强部门间横向沟通，纵向多层级磋商与实地走访调研基础上，完成“最多报一次”系统开发建设和测试，实现数据传输、数据抓取和同步共享等功能。

【统计基层网格化建设】 2021年，区统计局印发《余杭区企业统计网格化管理工作实施意见》，以镇（街道）、平台为单位，根据统计调查对象数量、行业分布、区域分布、业务关联性等因素，将全区划分为86个网格，建立活动驿站25个。全年利用网格化管理平台开展调查、培训、宣传、指导等活动90次。

（区统计局）

2021年，区统计局统计志愿服务活动宣传材料

（区统计局　供图）

安全生产监督管理

【概况】 2021年，余杭区发生三类生产安全事故12起，死亡13人（其中，工矿商贸类1起，死亡1人；经营性交通亡人事故11起，死亡12人），比上年同期平均数分别下降33.3%。成功防御“烟花”“灿都”双台风并将损失降到最低，城市安全运行CT智治平台项目被评为全省数字化改革“最佳应用”并得到省领导肯定批示。

【“同心守安”红色联盟】 2021年6月25日，余杭区举行“同心守安”红色联盟启动仪式，聚焦重点行业领域安全风险防控，推进“同心守安”红色安全生产联盟建设，以“五员共治”聚合力，以“六大举措”稳运行，营造“互帮互带、互查互督、共同提升”的企业安全氛围，区级成立高温熔融企业联盟、涉氨制冷企业联盟、工业气体联盟和涉粉尘喷涂企业联盟等4个行业安全生产联盟。各镇

2021年6月25日，余杭区“同心守安”红色联盟授旗仪式举行　　（区应急管理局　供图）

（街道）协同成立区域安全生产联盟24个，覆盖重点企业717家，构建全域安全共同体。

【安全生产综合治理三年行动】　2021年，区应急管理局加强事故防范机制建设，建立事故领导到场制度，将“遏事故”工作纳入安全生产和消防安全目标责任制考核，建立事故防范“四张清单”工作机制，形成隐患清单312条、责任清单312条、销号清单307条、处罚清单223条。强化“区级30日＋镇（街道）15日”隐患曝光工作机制，聚焦消防、交通、建筑、危险化学品等重点领域，常态化开展排查整治，交办督办单87份，电视栏目“30日隐患曝光”在余杭电视台《共同关注》播放29期，曝光企业（点位）97个、隐患664处。

【安全生产领域“大综合一体化”改革】　2021年，余杭区在杭州市范围内率先出台安全生产行政执法与刑事司法衔接工作机制，明确案件类型、案件移送、证据收集、法律监督、各方协作等行刑衔接流程，完成移送行刑衔接案件3起。推进危险化学品、涉爆粉尘、高温熔炉、金属冶炼等重点领域企业专项执法，办理非事故类一般行政处罚案件350件，罚款金额超700万元。全区负有安全生产监管职责的部门共立案处罚4997起，责令停产单位206家，约谈警示企业5家。

【安全生产标准化】　2021年，余杭区持续强化安全生产标准化体系建设，全区有二级达标企业14家、三级达标企业567家、四级达标企业486家。推进安全生产责任保险规范扩面，实现高危行业生产经营单位安全生产责任保险参保率100%。

【危险化学品专项整治】　2021年，区应急管理局管控源头风险，严把危险化学品审批、许可关口，完成危险化学品建设项目安全条件审查10家，安全设施设计审查10家，完成危险化学品生产、经营发证审查102家。继续开展全区涉硝酸铵企业、涉有机硅企业及“小化工”等专项整治行动，打击危险化学品安全生产非法违法行为。结合危险化学品专项整治三年行动，开展危险化学品企业“低小散”专项整治，落实“一企一策”整

开展危险化学品企业“低小散”专项治理（摄于2021年）
（区应急管理局　供图）

治提升，关停危险化学品生产企业1家。聘请第三方机构开展社会化服务，服务全区危险化学品生产、带储存经营、医药化工、涉氨制冷、点供燃气等重点危险化学品企业，提升企业安全生产水平，督促企业整改隐患531处。完成全区危险化学品生产企业、带储存经营企业和使用危险化学品构成重大危险源企业、医药化工企业和矿山企业的安全生产风险普查和现场核验，督促重点危险化学品企业落实每日风险研判。

【小微企业安全生产综合整治】　2021年，区应急管理局统筹落实小微企业入库监管、风险管控日承诺、分级分类监管、精准执法等举措，提升小微企业安全监管治理效能。落实重大事故隐患挂牌督办制度，完成1家市级挂牌单位跟踪督办，对24家重点隐患挂牌企业进行区级挂牌督办，全区范围内全部完成整改销号。推动社会化服务扩面提质，服务企业3230家，覆盖率100%。按照重点先行、梯级推进的原则，以高危行业、“三场所三企业”（有限空间作业场所、可燃爆粉尘作业场所、喷涂作业场所，金属冶炼企业、涉氨制冷企业、船舶修造企业）、工贸行业危险化学品使用企业和加工制造类小微企业为重点范围，开展企业安全风险管控体系建设。

（马娜）

市场监督管理

【质量提升行动】　2021年，区市场监管局继续落实质量强区战略，推进区域整体质量提升行动。由区市场监管局牵头开展的质量考核工作，以101.35的总分连续7年获杭州市质量工作考核A级。区质量工作项目入围“省政府督查激励成效明显市、县（市、区）”6个项目之一。3月，开展政府质量奖获奖企业绩效跟踪评价工作；5月，开展“质量月”系列活动；8月，推动实施节能环保水处理相关产业质量提升行动，该项目入选省级产业质量提升重点扶持项目；9月，组织品牌企业参加在杭州召开的中国质量（杭州）大会，构建政府推动、部门联动、企业主动、社会参与质量共治机制；11月，组织美丽洲质量大讲堂活动，开展卓越绩效管理和企业首席质量官培训，新增获证质量管理员71人。

【政府质量奖】　2021年，区市场监管局围绕提升区域整体质量工作，继续开展政府质量奖评审工作。9月，修订余杭区人民政府质量奖评审管理办法；10月，完成区政府质量奖申报26家；12月，区政府授予杭州申昊科技股份有限公司、杭州五星铝业有限公司、杭州杭锅工业锅炉有限公司、杭州博拓生物科技股份有限公司、浙江东欣建设集团有限公司5家企业“2021年余杭区人民政府质量奖”，授予浙江虎哥环境有限公司、杭州一楠五金工具有限公司、杭州得诚电力科技股份有限公司、杭州鸿星电子有限公司、浙江日风电气股份有限公司5家企业“2021年余杭区人民政府质量管理创新奖”，授予杭州顿力电器有限公司、杭州盈江机械制造有限公司、浙江鹏远新材料科技集团股份有限公司、杭州利富豪机电设备有限公司、杭州护童科技有限公司5家企业“2021年余杭区人民政府质量管理鼓励奖”。推荐杭州华光焊接新材料股份有限公司、南方泵业股份有限公司、双枪科技股份有限公司3家企业申报杭州市人民政府质量奖，其中杭州华光焊接新材料股份有限公司获“2021年杭州市人民政府质量管理鼓励奖”。

【网络市场监管】　2021年，区市场监管局网监分局以数字化改革为契机，开展数字化网络监管创新工作，推进“浙江公平在线”在余杭落地。通过“浙江公平在线”，全年接收处置违法线索1592条，立案查处998条。在全省“三比一讲”竞赛期间，研判分析违法线索924条，按时处置率100%，查处案件796件，“在线固证”存证固证数1092件，网监条线所有指标均列全省第一位。5月17日，《人民日报》、新华社等40多家中央和长三角地区主要媒体集中采访余杭区运用“浙江公平在线”搭建长三角一体化监管桥梁的创新实践，活动获得省市场监管局（省知识产权局）批示肯定。“‘以网管网’实现网络监管数字化协作模式”入选杭州市级“2021年度有辨识度有影响力法治建设项目”。启动平台企业自查整改评估督导，对区36家平台企业开展自查整改和督导工作，发现问题企业19家，整改问题166项。区市场监管局获得省市场监管局平台经济监管集体二等功。

（王振宇）

【电动自行车综合治理】 2021年10月开始，区市场监管局推进省电动自行车综合治理集成改革在余杭区试点，通过制定方案、车池赋码、合体登记、电动自行车专项执法行动和区级技术规范制定等工作，实现新增车辆“码牌合一”，发放数字化车牌8961块，电动自行车车架生产赋码5817个、销售赋码9175个；电池生产赋码6862个、销售赋码1.7万个。11月，启动电动自行车专项执法行动，区市场监管局检查生产单位6家、销售点位379家，立案6起。“共享充电”区级技术规范《电动自行车充换电站建设及运营管理规范》初步确定报批稿。试点工作先后得到省市场监管局和杭州市领导批示。《中国质量报》、浙江卫视、杭州电视台等新闻媒体报道区电动自行车综合治理改革工作进展情况。

（徐庭巧）

2021年，区市场监管局指导电动自行车商户开展数字化车牌赋码、入库和标配销售工作

（区市场监管局　供图）

【“浙江外卖在线”推广】 2021年，区市场监管局围绕“浙江外卖在线”应用项目，建成网络餐饮“阳光厨房”2724家，完成率212.81%，排名全省前十位，商家激活“浙江外卖在线”2100多家。7月16日，《余杭全力攻坚网络餐饮“阳光厨房”建设》信息获省市场监管局领导批示，并发各地方局供借鉴学习。对网络餐饮安装“阳光厨房”，确保“阳光厨房”上线等工作被《市场导报》和网络电视等新闻媒体报道。9月10日开始，每日使用“浙江外卖在线”商家超1300家，连续7周总量和完成率在全市排名前三位，阳光厨房“在线率”连续5周保持超85%。9月22日，《余杭“浙江外卖在线”商家使用数每日超过1300家》获省市场监管局领导批示。10月起，“阳光厨房”周在线率超90%。

（茹莎莎）

【消费举报投诉“一件事”改革】 2021年，区市场监督管理局开展消费投诉举报“一件事”业务平台建设。建立项目筹备组，分析消费举报投诉“一件事”流程，提出平台建设需求；完成消费举报投诉“一件事”数据库、驾驶舱和预警模组开发任务；截至年末，归集各类消费投诉举报信息数据48.6万条。相关改革经验获省领导肯定。

（陈娅菁）

【特种设备安全监管】 2021年，区市场监管局开展全区特种设备安全监察。全年检查特种设备使用单位969家，发现整改隐患389条、立案35起，处理特种设备类举报投诉1013件。全区注册登记特种设备3.4万台（套），其中，锅炉155台、压力容器2498台、电梯2.3万台、起重机械5560台、场（厂）内专用机动车辆2492台、大型游乐设施1台、气瓶39.8万个、压力管道582.7千米。提前完成使用年限达20年以上液化石油气储罐及管道全面更新工作；完成全区特种设备使用单位激活上线，确保“次次告知”“户户规范”“件件赋码”

业务事项上线应用率100%；完成建设特种设备制造赋码企业21家，建设阳光工厂制造企业13家；12月底，指导浙江新再灵科技股份有限公司完成安装并接入杭州市特种设备应急处置中心（“96333”）智慧电梯1809台。

（柯春晖）

【公共检测服务】 2021年1月，区食品药品监测中心申报2021年度省市场监管局科研项目《蔬果中基于酶抑制法的高通量农残快速检测方法研究与应用》成功。通过浙江省实验室资质认定扩项及场所变更现场审核，取得省级资质认定13个大类646项，其中新增检测能力102项。通过国家实验室认可（CNAS）复评审/地址变更二合一评审，取得国家实验室认可（CNAS）检测能力11个大类341项。通过杭州市检验检测机构能力比对、省有机食品质量检验中心核查和市食品安全承检机构两次考核检查。完成省食品药品监督管理局《畜禽肉类多药物残留快速筛查技术的研究和应用》科研项目结题验收。

（李岗）

【外卖业党建】 2021年10月20日，中共杭州市余杭区外卖骑手行业综合委员会成立，发布余杭区外卖骑手配送站点标准和实施方案。11月25日，区市场监管局指导杭州拉扎斯信息科技有限公司（“饿了么”）在正北物流产业园打造浙江省首个标准化外卖骑手配送站，举办杭州市余杭区外卖骑手行业综合党委揭牌暨“饿了么”标准化外卖骑手配送站落成活动。12月28日，区市场监管局协助承办全省外卖骑手群体党建工作电视电话会议。

（章倩汝）

【计量合格评定】 2021年，区市场监管局依托杭州市民生计量公共服务平台，完成强制检定备案计量器具6.5万台（件），推动计量器具生产使用单位“浙品码”赋码475家，赋码计量器具3.0万台（件）。杭州半冷农业科技有限公司获得“丽水山耕”认证。浙江德裕科技有限公司为主起草的《纳米改性聚氯乙烯无轮窗帘导轨》和杭州锴越新材料有限公司为主起草的《热熔型鞋用主跟和包头材料》获得“浙江制造”国际认证证书，证书数量占全省新增量的三分之一。12月，千年舟新材料科技集团股份有限公司获得绿色产品认证证书8张。全年完成“同线同标同质”企业注册7家。

（沈国金）

【商品市场规范化建设】 2021年2月，区市场监管局举行放心农贸市场和星级文明规范市场创建动员培训会议，确定10家放心农贸市场和18家星级文明规范市场创建名单。9月，省、市市场监管局对放心农贸市场和星级文明规范市场进行现场验收。12月，全区10家放心农贸市场和18家星级文明规范市场均通过省级验收。

（余洋）

【知识产权保护】 2021年，余杭区新增国内专利授权1.55万件，其中发明专利2177件，比上年增长97.91%，PCT国际专利申请187件，转型升级攻坚指标有效发明专利拥有量6331件，综合排名全市第二。新增市级专利试点示范企业42家，专利质押融资超13亿元。落地国家级人工智能产业知识产权运营中心。成立知识产权试点工作专班，探索数据知识产权等改革试点。启动科创板企业知识产权加速器建设。“径山茶”地理标志溯源项目被评为省级“揭榜挂帅”项目。探索省级“电子商务领域知识产权信用监管”项目。发布全省首单知识产权证券化产品。专报《创新知识产权金融 赋能科创企业发展 余杭区落地全省首单知识产权证券化项目》获市、区领导批示肯定。

（巩欣）

【生物医药产业发展】 2021年，余杭区新办三类医疗器械注册11件、二类医疗器械注册证19件。其中，微泰医疗器械（杭州）股份有限公司的持续葡萄糖监测系统通过国家第三类医疗器械创新审批，杭州迪安生物技术有限公司获新冠病毒检测试剂的国内医疗器械产品注册证。杭州键嘉机器人有限公司的髋关节置换手术导航系统进入国家第三类医疗器械创新审批通道，杭州莱恩瑟特医疗技术有限公司的一次性使用ERCP（经内镜逆行性胰胆管造影）电子内窥镜进入省第二类医疗器械创新审批通道。归创通桥医疗科技股份有限公司、杭州博拓生物科技股份有限公司、微泰医疗器械（杭州）股份有限公司等3家医疗器械生产企业上市。杭州奥默医药股份有限公司的注射用奥美克松钠，杭州阿诺生物医药科技有限公司的AN2025胶囊进入临床Ⅲ期。杭州隆基生物技术有限公司生产的新冠病毒检测试剂全年出口产值近30亿元。

（马浩）

国庆假期期间，区市场监管局开展食品安全监督活动（摄于2021年）　（区市场监管局　供图）

【数智大市场】 2021年，区市场监管局聚焦杭州农副产品物流中心，打造“数智大市场”“三链、两端、一云”（监管链、治理链、交易链“三链”，浙政钉、浙里办“两端”，云上市场），落地从业人员健康动态监管、食用农产品全程追溯、综合治理、疫情防控、票证无纸化、无抵押小微金融、新业态等七大场景，解决农产品批发市场治理难、疫情防控难、转型升级难等普遍性问题。“数智大市场”项目入选杭州城市大脑运营指挥中心2050厅，被评为省数字化改革门户优秀应用，并向省委主要领导作专题汇报。

（孟瑶）

【食品安全监管】 2021年，区市场监管局以“浙食链”为引领，推进食品生产领域“阳光工厂”“样样赋码”工作。全区食品生产企业浙食链达标167家，建成阳光工厂120家，上链产品品种数1188个。消费者可凭上链产品标签二维码扫码查看该产品出厂检验、监督抽检情况以及企业阳光工厂情况。成立区食品药品安全委员会，制定工作规则、厘清部门职责、强化食品药品安全综合协调。推进“双安双创”，强化督查暗访，完成省级食品安全区跟踪评价工作。实施星级镇（街道）食品安全委员会办公室创建工作，新建浙江省四星级镇（街道）食安办4个、三星级镇（街道）食安办3个，实现星级镇（街道）食安办全覆盖。全区801名基层食品安全协管人员参与培训考核，参与率100%、合格率100%、优秀率97.38%。开展“双随机”抽样试点，全年开展食品安全监督抽检2244批次，合格2207批次，合格率98.35%。完成国家食品安全抽样检验信息系统不合格产品核查处置工作，全年领办490件（其中网抽436件），完成处置533件（其中网抽455件）、超期件0件，按时办结率100%。

（杨涛　吴晶晶）

【市场监管数字化改革】 2021年，区市场监管局围绕信息数字化、业务数字化和协同数字化等目标，迭代升级市场监管业务系统。中榜省局“浙江公平在线”——全链条快速响应机制、“浙江企业在线”——商事登记智能办、“浙江知识产权在线”——地理标志溯源、“浙江公平在线”——测线索闭环处置等省级数字化改革应用场景建设和试点任务4个；承接市局在线“一键办理”智能审批及“浙江公平在线”“杭州数智网监”运用试点任务2个；立项余杭区电动自行车协同智治平台、食品安全监管云平台积分制信用监管、视联网项目、数智大市场等区级数字化改革项目4个。

（吕玉钢）

【市场主体发展】 2021年，区市场监管局以省局市场主体全生命周期管理服务集成改革的试点为契机，升级改革电商登记企业开办环节用智能办系统，搭建智慧审批系统，压缩企业开办时间。全区新增市场主体3.8万户，比上年增长30.09%。其中：企业1.7万户，增长23.36%；个体2.1万户，增长36.25%。全区迁入企业5701家，迁出企业2851家，注销企业6270家，企业净增1.3万家。整治“低散乱”企业（作坊）505家，腾出可用空间22.7万平方米。实施第三轮小微企业三年成长计划，开展小微企业“贷款码”推广工作，发放贷款44亿元。

（何赛飞　邓帅）

【综合执法】 2021年，区市场监管局以市场监管综合执法体制改革为契机，完善市场监管违法信息收集系统和大数据市场监管风险预警机制，构建跨部门和跨层级执法协同体系。开展“两高一低”专项整治，落实行政处罚案件动态评价制度，提高执法监管工作质量。开展治理重复信访、化解信访积案专项工作，250件信访积案实现清零。开展平台企业自查整改和评估督导工作，逐条对照14个大类116条问题，全面检验平台企业36家，发现问题166项，完成整改145项。组织开展“亮剑2021消费维权”、“防疫物资出口企业不正当竞争”、“天价茶”、预付式消费乱象及美容美发行业、保健食品乱象等专项整治工作。区市场监管局被浙江省人民政府授予“反走私综合治理工作先进集体”称号。

（钱俊）

【冷链物防监管】 2021年，余杭区进口冷链食品经营户在“浙冷链”系统共激活1698户，累计赋码456.6万个、入库574.3万笔、出库385.7万笔。在全省范围内率先建成公共集中监管仓和专业核酸检测站。检测车辆226台、货物3216吨，出具核酸检测报告3358份、出仓报告313份。核酸检测站共检测车辆2171台、货物4.0万吨，出具核酸检测报告4808份。开展部门、镇（街道）联动联查，建立7日内复查整改反馈机制，检查冷链食品生产、经营、仓储单位151家，发现“三证一码”、“三专”物防问题256个，发放督查整改反馈单42份，全部完成闭环处置。坚持“人防为主”监测工作导向，排摸从业人员3.5万人，其中，应接种3.4万人，已接种3.2万人，接种率92.47%，推动杭州农副产品物流中心批发市场进口冷链食品从业人员疫苗接种，接种率100%。开展全区重点场所新冠肺炎病毒应急监测，均为阴性。

（傅凯伦）

【企业联动服务】 2021年，区市场监管局牵头企业大排查，打造企业数据库。对全域近8万家企业生存状况进行精细化普查，筛选出重点企业、成长型企业，加大培育力度。以杭州作为首批营商环境创新试点城市为契机，试点集群注册，出台《余杭区集群注册园区服务与管理办法》，强化事中事后监管，形成管理闭环。落地试点园区40家，划归集群注册园区管理企业6417家，个体工商户5733家。推出“智能秒批”系统，实现企业落地“全线上、全智能、高时效”模式，将营业执照办理审核时间从原来的30分钟缩减至1分钟以内。构筑企业外迁联动服务工程，有效稳商重点企业23家，稳企业率53.49%。

【事中事后监管】 2021年，区市场监管局继续完善“智联查”部门联合监管机制，制定《余杭区推进市场监管领域“智联查”新型监管机制建设的试点工作方案》，明确各部门工作要求。以9个部门先行先试为基础，在全区27个部门全面施行智联查监管机制。建立全省首个区级部门联合“双随机、一公开”工作标准《部门联合“双随机、一公开”监管工作规范》（DB 330110/T 0101–2020），实现部门联合“双随机、一公开”监管全链条标准化管理。开展“综合查一次”任务71个，涉及联合检查内容144项，任务精简率69.44%。

（陈霖）

海　关

【概况】 2021年，钱江海关驻余杭办事处做好稳外贸促增长工作，全年审核进出口报关单6927份，比上年增长8.54%；税收入库1.2亿

2021 年，钱江海关驻余杭办事处工作人员查验出境食用农产品和饲料　　（钱江海关驻余杭办事处　供图）

元，增长19.02%；监管进出口货物总值4.1亿美元，增长48.26%；加工贸易合同备案2.3亿美元，比上年下降24.91%。受理法检进出口报检2.5万票，增长120%；出具检验检疫证书5361份，增长139%；签发原产地证书1.2万份，减少25.15%。

【海关服务企业】 2021年，钱江海关驻余杭办事处开展产业调研，开展跨境电商发展、保税仓库设立等专题研究，做好指导工作。向区政府报送《新冠疫情下余杭区体外诊断行业出口发展的机遇与挑战分析》等专报7篇，为地方政府决策提供数据支持。宣传海关政策，举办AEO（经认证经营者）高级认证、原产地证书、RCEP（区域全面经济伙伴关系协定）等专题宣传会7次，涉及企业70多家。指导企业迎接巴西官方视频检查，助力辖区新冠病毒试剂盒出口抢占国际市场，全年核放新冠病毒检测试剂报检8780票。压缩货物进出口整体通关时间，提高两步申报比例，扩大汇总征税适用范围，减轻企业经营负担。全年两步申报和汇总征税比例分别为46.38%和47%。

【进出口货物查验】 2021年，钱江海关驻余杭办事处现场查验进口货物528批，抽采样送检99批，分别比上年增长1.5倍和18.8倍。进口查验异常转综合处置32批；现场查验出口货物598批次，出口抽采样送检504批次，分别增长54.1%和22.0%，出口检出不合格1批次。首次在来自境外的集装箱内截获昆虫13头，查获入境无IPPC（国际木质包装检疫措施标准）标识天然木托16只。完成全年定期监管类核查工作任务68家，查发率85%。开展打击跨境电商进口走私“断链刨根”专项整治行动，核验185家跨境电商企业资质。利用系统分析筛选业务关键节点和监管风险点，发现和纠正业务差错，提高业务质量。全年发起并办理处置单52份，补征税款147万余元。

（本分目全年数据按原余杭区统计）

（庄泽南）

编辑：姚敏

科学技术

Science and Technology

综　述

【概况】　2021年，余杭区新增国家重点支持领域高新技术企业507家，居全省第一位。新增浙江省科技型中小企业768家、“雏鹰计划”企业198家。全区拥有国家重点支持领域高新技术企业1678家、浙江省科技型中小企业2350家、杭州市“雏鹰计划”企业980家。浙大超重力离心模拟与实验室装置项目主基坑开挖全部完工。之江实验室纳入国家实验室体系，发布天枢平台2.0版本，启动建设智能计算数字反应堆。7个项目入选《浙江省重大建设项目“十四五”规划》科技创新重大建设项目清单；14个项目入选浙江省“尖兵”“领雁”研发攻关计划，立项数量比上年增长133%。鼓励科技企业实行“揭榜挂帅”制度，通过国际人才交流大会、杭州“揭榜挂帅·全球引才”科洽会、浙江省人才服务平台等渠道，发布“卡脖子”技术需求68项，张榜金额4.3亿元。仿生深海软体机器人登上《自然》杂志封面，神威量子模拟器获“戈登·贝尔奖”，存算一体人工智能芯片成为全球首款使用“混合3D键合堆叠技术”实现存算一体的芯片。3项成果获国家科学技术进步奖二等奖，获奖数量创余杭历年新高。15项成果获浙江省科学技术奖，其中一等奖6项，实现自然科学奖、技术发明奖、科学技术进步奖三大奖项“大满贯”。新增省级新型研发机构2家，省重点实验室1家，重点企业研究院、企业研究院、研发中心等省级企业研发机构49家，市级研发中心58家、区级研发中心197家。累计拥有省级重点企业研究院16家、省级企业研究院72家、省级研发中心267家，市级研发中心350家。全区新增孵化载体32个，新增物理空间158.8万平方米；新增市级以上孵化器、众创空间25家，其中国家级9家；杭州师范大学科技园入选国家大学科技园。拥有各类孵化载体127个，累计面积640.5万平方米，其中，市级以上孵化器24家、市级以上众创空间35家，累计引进培育科技型中小微企业6500多家。新认定校企联合研究院5家，支持智云健康与北京邮电大学人工智能学院达成战略合作，共建校企联合实验室。新增市级以上企业创新联合体10家。

【科技创新项目】　2021年，余杭区申报实施市级以上科技计划项目3095项，其中，国家级1342项、省级1320项、市级433项。获得市级以上立项2397项。其中，国家级1245项，包括国家重点支持领域高新技术企业715家、国家级科技型中小企业515家、国家级科技企业孵化器3家、国家级众创空间6家、科技部外国专家项目4项、国家“火炬计划”计划1项；省级850项，包括省“扩大海外工程师”引进计划5项、省海外引才计划14项、省级领军型创新创业团队1家、省“尖兵”“领雁”项目14项，省领军型创新创业团队1家、省级研发中心2家、省级企业研究院10家、省级研发中心37家、省级科技企业孵化器1家、省级众创空间5家、省级科技型中小企业764家。

（董震海）

科技管理

【“你创@我投”医疗健康创新创业大赛】 2021年5月8日，余杭区科技局筹备组、杭州师范大学科技园、杭州米贝投资管理有限公司共同举办第三届“你创@我投”医疗健康创新创业大赛决赛，参赛的行业专家、企业家超150人。

【科技成果竞价会中电海康余杭区专场活动】 2021年6月1日，由余杭区科技局筹备组、中电海康集团主办，浙江科技大市场（浙江伍一技术股份有限公司）、中电海康集团科技与产业部、中电海康乌镇街公司承办的2021浙江科技成果竞价（拍卖）会中电海康集团余杭区专场活动在中电海康集团西溪园区举行，15项科技成果项目完成交易，交易额超2100万元。这是行政区划调整后，余杭区首次科技成果联合竞价（拍卖）活动。

2021年，杭州师范大学科技园入选国家大学科技园。图为杭州师范大学科技园外景　（区科技局　供图）

【调研阿里巴巴】 2021年6月3日，杭州市外国专家局、余杭区委组织部（人才办）到阿里巴巴集团开展人才调研工作，开展“三服务”活动，旨在发掘培育更多阿里巴巴集团的科技创新人才。阿里巴巴集团控股有限公司、菜鸟网络科技有限公司、阿里巴巴达摩院人员参加。

【“百地千名行长进民企送服务”专项行动】 2021年6月22日，余杭区科技局筹备组联合中国人民银行余杭支行（国家外汇管理局余杭支局）、余杭区工商联筹备组开展“百地千名行长进民企送服务”专项行动（科创企业专场），旨在提升对余杭区民营企业金融服务水平，服务辖区经济高质量发展，畅通政策传导机制促进民营企业融资，提升金融服务的精准性和便利度。80多家科技企业代表、30家银行机构代表参加。

【人工智能与慢病管理发展高峰论坛】 2021年6月22日，“智驱医健 笃行创新——人工智能与慢病管理发展高峰论坛”在杭州余杭·中国人工智能小镇举行。智云健康与北京邮电大学人工智能学院达成战略合作，签署合作协议，启动揭牌仪式。

【未来科技城孵化载体行业交流会】 2021年7月22日，区科技局联合未来科技城管委会共同举办“禹见未来——杭州未来科技城孵化载体行业交流会”。交流会旨在加强各孵化载体间联系，增强合作，实现共赢。

【生命科技小镇创新攻坚大会】 2021年7月30日，区科技局联合良渚新城管理委员会共同举办良渚生命科技小镇创新共建大会暨“良企陪跑计划”发布仪式，行业专家，科研高校、赛道企业、政府机关代表参会，目标从“学—研—产—政—服”全链条搭建资源平台，“陪跑”产业升级加速。

【科技特派员与入驻镇（街道）对接会】 2021年8月19日，区科技局召开杭州市第九批科技特派员与入驻镇（街道）对接会，帮助科技特派员与镇（街道）对接，确定镇（街道）联系人。杭州市第九批科技特派员派驻余杭共有5名个人科技特派员和1个团队科技特派员，分别派驻余杭街道、仁和街道、中泰街道、径山镇、黄湖镇、瓶窑镇。

【人工智能产业产学研直播培训会】 2021年9月3日，区科技局联合杭州电子科技大学开展人工智能产业产学研活动，通过钉钉直播开展主题宣讲。杭州电子科技大学自动化（人工智能）学院副教授陈丰农以“人工智能基础及其在产业上的应用”为题，从中国工业化之路、相关知识背景、技术发展规律、人工智能理论基础、应用场景等5个方面讲解人工智能基础及其在产业上的应用，全区近百家企业相关负责人参加。

【领军型创新创业团队服务】 2021年10月13日，区科技局邀请省、市科技主管部门负责人及相关领域专家走访阿里巴巴达摩院、浙江大学医学中心、杭州纤纳光电科技有限公司等地，考察各单位建设及科技创新情况，听取情况介绍，与企业负责人交流座谈，了解各团队项目推进情况，倾听企业及团队意见和建议，现场解答及指导科技创新中遇到的具体困难。

（董震海）

科技成果

【余杭区获“科技创新鼎”】 2021年6月15日，浙江省科学技术奖励大会在省人民大会堂举行。余杭区获“科技创新鼎”，被评为2020年度党政领导科技进步目标责任制考核、人才工作述职评议考核优秀单位。之江实验室、良渚实验室、湖畔实验室等11家单位的15项成果获省科学技术奖，其中一等奖6项。

【新增6家市级孵化器】 2021年9月23日，2021年杭州市级科技企业孵化器认定名单公布，余杭区有6家孵化器入选。其中，星运医疗健康产业园被认定为专业化科技企业孵化器，贝达梦工场海创园区、甲楠智创中心、赛银国际、杭州已宸创新谷孵化器、起梦数字科创园被认定为标准化科技企业孵化器，认定总量居全市第二位。

【余杭区2020年度创新指数位列全省第四】 2021年10月29日，省统计局、省科技厅联合发布《2020年度浙江省县（市、区）科技进步统计监测报告》，公布全省90个县（市、区）2020年度创新指数，从科技投入、技术创新、科技产出、转型升级、创新环境等5个方面，综合反映各地科技进步水平、科技创新能力以及创新创业生态的总体情况。余杭区2020年度创新指数为205.9，位列全省第四，比2019年度进步17.0。

【之江实验室研究成果获“戈登·贝尔奖”】 2021年11月19日，2021年度ACM“戈登·贝尔奖”结果揭晓，之江实验室联合清华大学、国家超级计算无锡中心、上海量子科学研究中心等单位研发的神威量子模拟器获奖。

【外国专家】 截至2021年末，余杭区有杭州市“钱江友谊使者”4人、浙江省“西湖友谊奖”得主3人、中国“政府友谊奖”得主1人。

（董震海）

编辑：陈林

教 育

Education

综 述

【概况】 2021年，余杭区教育局实施教育高质量发展奋进计划，推进教育高位优质均衡发展，建设“读好书来余杭”品牌。制定实施教育“奋进计划”。发布《余杭区教育高质量发展奋进计划（2021—2025年）》，召开教育高质量发展奋进大会。统筹全国学前教育普及普惠区、全国义务教育优质均衡区、浙江省教育现代化区等创建项目，实施高效率提升五育并举、高起点塑造特色品牌、高品质建设未来学校等八项行动。

召开全区“双减”工作会议，成立区“双减”工作领导小组和工作专班，制定《余杭区进一步减轻义务教育阶段学生作业负担和校外培训负担实施方案》。召开全区学校作业管理推进会，出台《关于余杭区义务教育阶段作业改革的指导意见》。完善放学后托管“1＋X＋T”服务模式，托管参与率95.82%。建立培训机构“联系督导”机制，在全市主要区、县（市）中率先实现义务教育阶段营利性培训机构压减率100%，在全市“双减”工作会议上作经验交流。

统筹优化教育资源配置。编制布局规划，出台《余杭区教育项目布点规划（2021—2035）》，配套拟定《余杭区“十四五”教育项目布点计划》《学校项目建设三年行动计划》《余杭区中小学、幼儿园设计导则》等规划文件。余杭第一中学、中泰中学迁建、禹航实验学校、五常街道第二幼儿园西坝路园区等23个项目投入使用，新增学位数2.4万个。16所小区配套民办幼儿园转为普惠性幼儿园，委派管理人员提升办园质量。

完成省级民生实事项目，新建学校食堂智能阳光厨房185家，数量居全市第一位，实现公办中小学幼儿园全覆盖。打造“入学早知道”应用。推进学校代办制，实现区级教育民生事项就近办、及时办。开通网上申请、双向快递等办理渠道，实现“零次跑”权力事项54个。全年区教育局办结政务服务事项4.0万件，网办率、办结率、及时率等各项指标均为100%。

实施“润玉”德育工程，开展“五四志愿者活动”“建党百年、走进百校”“红领巾Talk”等德育活动。实施“阳光”体育工程，举办首届科创体艺节暨“奋进”杯校园足球联赛，被评为杭州市2021年校园足球工作先进区。实施“点亮”美育工程，落实全区“大美育”项目，艺术类获得省级奖项13个。实施“新劳动”教育工程，新认定百丈镇中心小学等11所学校为余杭区中小学劳动实践教育项目试点学校。

推进249所“智安校园”建设，提升学校“三防”水平。建立平安校园“三色预警”工作机制，实现精密型、动态化、直观性校园安全综合治理模式。实施《余杭区校园安全隐患排查治理活动方案》和《余杭区校园安全专项整顿工作实施方案》，治理校园及周边隐患2247处。

全年，全区国家财政性教育经费42.2亿元，其中，教育事业费36.3亿元、教育费附加5.6亿元。教育经费总支出55.3亿元。安排学校项目建设80个，其中，新建项目31个、续建项目49个、投用项目23个、新建项目新增建设用地27.8公顷，投用项目新增班级数572个。

【省现代化学校创建】 2021年，余杭中学、瓶窑镇第一中学、南湖幼儿园南湖园区、勾庄幼儿园肇和园区、良渚街道教育指导和社区教育中心学校、闲林街道教育指导和社区教育中心学校等6所学校创建为浙江省首批现代化学校。

【省义务教育标准化学校创建】 2021年，海辰小学、瓶窑镇第二小学、仓前云溪小学、海辰中学和禹航实验学校等5所学校通过标准化学校认定，余杭区义务教育标准化学校实现全覆盖。

【教育系统庆祝建党100周年系列活动】 2021年3月17日，余杭区庆祝中国共产党成立100周年系列活动启动仪式举行，全区70多所中小学组织数万名学生参与“爱党心 爱国情”主题读书和演讲比赛活动。围绕爱党爱国爱社会主义主题，引导广大师生听党话、跟党走，传承红色基因，厚植爱国主义情怀。

【“入学早知道”应用场景】 2021年4月，余杭区“入学早知道”应用场景入选教育领域数字社会第二批揭榜挂帅项目。10月，该项目被评为数字化改革省级优秀应用。11月，项目入选杭州市“三为”第一批最佳实践案例，同月被评为浙江省教育领域数字化改革实践案例。

【教育高质量发展奋进大会】 2021年8月21日，余杭区教育高质量发展奋进大会召开，深入学习中共中央总书记习近平关于教育工作的重要论述，贯彻落实中央“双减”政策和省委、市委对教育事业发展有关决策部署，正式发布《余杭区教育高质量发展“1388”奋进计划（2021—2025年）》。区委书记、区教育高质量发展奋进工作领导小组组长张振丰出席会议并讲话。区四套班子领导及全体市管领导干部在主会场参加会议，镇（街道）、平台、部分企业代表和区内各学校（幼儿园）全体教师等2万余人通过视频平台参会。

【市级绿色学校评定】 2021年12月，余杭区闲林职业高级中学、瓶窑镇第一中学、杭州英特外国语学校（小学部）、良渚古墩路小学、径山镇长乐中心小学、杭运幼儿园（北辰园区），仁和第三幼儿园（云会园区），闲林中心幼儿园（钱家岭园区）8所学校经评定入选杭州市市级绿色学校。

（刘纯）

学前教育

【概况】 2021年，全区幼儿园108所，比上年新增6所。招生1.30万人，在园幼儿4.11万人，增加1909人。3周岁～5周岁幼儿入园率99.80%。幼儿园专任教师3527人，增加248人。幼儿园占地面积90.7万平方米，增加8.6万平方米，生均占地面积22.1平方米；校舍建筑面积72.4万平方米，增加10.5万平方米，生均校舍建筑面积17.6平方米。

2021年，全区新增省一级幼儿园3所、省二级幼儿园14所。全区幼儿园省一级数21所、省二级数135所，3周岁～5周岁幼儿入园率99.8%，等级幼儿园在园幼儿覆盖率超99.8%，公办幼儿园在园幼儿数占比73%，优质学前教育覆盖率96.79%。分层次推进前三届特色品牌项目持续发展，评选出第四届“汇玩悦动”“璞育”“阳光种子”等5个特色品牌项目。全区镇（街道）均为市学前教育先进镇（街道）。

【学前教育宣传月活动】 2021年5月20日至6月20日，根据教育部、省教育厅和市教育局统一部署，余杭区开展“砥砺十年 奠基未来”主题学前教育宣传月活动。

【12个新园（区）秋季投入使用】 2021年9

月，余杭区12个新园（区）建成投入使用，分别是苕溪幼儿园上和园区、南湖幼儿园尚美园区、凤欣幼儿园永建园区、闲林东路幼儿园、仓前云溪幼儿园永乐园区、仓前中心幼儿园景苑园区、中泰中心幼儿园岑岭园区、五常第一幼儿园溪水园园区、五常第二幼儿园西坝路园区、勾庄幼儿园古墩路园区、向阳幼儿园颐和园区、海辰幼儿园。

（刘纯）

义务教育

【概况】 2021年，余杭区小学36所，比上年新增3所。招生1.30万人，新增697人；在校学生6.60万人，新增6243人；小学适龄儿童入学率100%，女童入学率100%，小学巩固率100%。小学专任教师3839人，新增379人；专任教师学历高标率99.90%。

全区初中（含九年一贯制学校）23所，比上年新增1所。招生7632人，新增390人；在校学生2.18万人，新增1303人；初中阶段入学率100%，初中巩固率100%，初中毕业生升学率99.97%。初中专任教师1943人，新增79人；专任教师学历高标率99.38%。

全区小学学校占地面积125.3万平方米，比上年增加21.5万平方米，生均占地面积27.0平方米；校舍建筑面积94.2万平方米，新增24.8万平方米，生均校舍建筑面积20.6平方米。全区初中学校占地面积119.9万平方米，新增12.1万平方米，生均占地面积45.5平方米；校舍建筑面积91.5万平方米，新增18.2万平方米，生均校舍建筑面积33.3平方米。小学数字终端拥有量1.9万台，初中6478台。

新组建共建型教共体14家，西部五镇中小学、幼儿园与区内优质学校（幼儿园）组建西部富美教共体34家，推进区内优质教学资源共建共享。推进与中国美术学院、杭州师范大学、浙江外国语学校等高校开展校地合作，推进与杭州其他城区、上海徐汇区等优质中小学开展交流合作，扩大优质教育资源覆盖面。实施义务教育“公民同招”政策，规范招生报名工作，完善报名系统和管理系统，提高招生政策的知晓度和透明度。推进特殊教育提升，瓶窑镇第二小学、东风小学、径山镇中学等8个学校被认定为余杭区随班就读试点单位，杭运幼儿园完成创建并通过杭州市合格资源教室验收。推进青少年近视攻坚行动，全区儿童近视率下降至65.65%，比上年下降1.05个百分点。

【余杭区学子获中小学生艺术节比赛一等奖】 2021年，杭州市中小学生艺术节戏剧、舞蹈比赛举行。余杭区送评的杭州师范大学附属仓前实验小学《禾下乘凉梦》、闲林和睦小学男子群舞《龙的传人》获舞蹈一等奖，良渚古墩路小学《战斗吧细胞》获戏剧类一等奖。在2021年浙江省中小学生艺术节上，余杭区送评的杭州师范大学附属仓前实验小学合唱《大鱼》《我有一个装满星星的口袋》获声乐一等奖，径山中学《运河文化》、古墩路小学《渔歌唱晚·印象良渚》、良渚第二小学《一家人的周末休闲时光》、绿城育华亲亲学校《古城良渚》获美术类一等奖。

《战斗吧细胞》剧照（摄于2021年）（区教育局　供图）

【2021年余杭区中小学生乒乓球比赛】 2021年5月14—16日，余杭区中小学生乒乓球比赛在闲林职业高级中学举行。本届乒乓球比赛有54支队伍参赛，比赛100多场。

【2021年余杭区小学生“三棋”比赛】 2021年5月22—23日，余杭区小学生“三棋”（围棋、国际象棋、中国象棋）比赛在海创小学举行。参赛小学49所，报名选手600多人，比赛采用积分编排制。

【余杭区第51届中小学生田径运动会】 2021年10月22—24日，余杭区第51届中小学生田径运动会在瓶窑中学举行。运动会设高中组、初中甲组、初中乙组、小学甲组和小学乙组5个组别，设100米、400米、跳高、跳远、铅球、标枪等项目13个，来自全区78支中小学代表队约900名运动员参加。

【2021年余杭区中学生篮球比赛】 2021年11月12—15日，余杭区中学生篮球比赛在海辰中学举行，参赛队伍28支。仁和中学男队、余杭中学男队获得中学组冠军；太炎中学女队、瓶窑中学女队获得中学组冠军。

【青少年校园足球特色学校评定】 2021年12月，经单位自主申报，区教育局审核推荐，市专家组评定，余杭区太炎中学被评为国家级校园足球特色学校；仓前中心小学、杭运幼儿园、蕙兰未来科技城学校幼儿园被评为省级校园足球特色学校；仁和中学、海曙小学被评为市级校园足球特色学校。

（刘纯）

2021年余杭区中学生篮球赛现场 （区教育局 供图）

高中教育

【概况】 2021年，全区普通高中（含十二年一贯制学校）12所，比上年新增1所。招生3191人，新增653人；在校学生8055人，新增1204人，毕业生2021人。普通高中专任教师827人，新增130人。普通高中占地面积78.5万平方米，新增13.6万平方米，生均占地面积53.9平方米；校舍建筑面积63.3万平方米，新增20.1万平方米，生均建筑面积49.7平方米。数字终端拥有量2377台。

全区职业高中共2所，招生1137人，在校学生3335人，比上年增加65人，毕业生1045人。职业高中专任教师219人、新增28人。全区职业高中占地面积7.2万平方米，生均占地面积30.0平方米；校舍建筑面积7.4万平方米，生均建筑面积24.1平方米。数字终端拥有量1274台。

普通高中推进三年“琢玉计划”。2021年全区一段上线率达70.04%，超省平均上线率10.04个百分点，100多名学生被“双一流”及以上高校录取，1名学生被清华大学录取。职业教育探索“职高+高校+名企”一体化人才培养模式，深化产教融合。与杭州科技职业技术学院、浙江农业商贸职业学院等优质高职院校开展合作，新签订五年制班级合作协议3个。是年，全区中职毕业生升入高校721人，其中本科人数46人，升学率69.06%。

【市中职师生职业能力大赛获奖】 2021年，良渚职业高级中学与闲林职业高级中学代表余杭区参加2021年杭州市中等职业学校师生职业能力大赛，获得10枚金牌、24枚银牌、30枚铜牌。

【教育部重点推荐项目评定】 2021年11月24日，省教育厅公布“一校一案”落实《中小学德育工作指南》典型案例名单，杭州市余杭中学“禹志青年：‘勤奋、求是、文明’的新时代余杭学子”案例入围，并被教育部评为重点推荐项目，做经验分享。

2021 年 11 月 23 日，余杭区全民终身学习活动周启动仪式现场良渚玉雕制作互动体验活动 （区教育局 供图）

【全国中小学中华优秀传统文化传承学校评定】 2021年11月，教育部发布“第三批全国中小学中华优秀传统文化传承学校”名单，五常中心小学“民间民族体育”传统特色文化“五常十八般武艺”项目入选。

【杭州市中小学生研学旅行市级优秀学校评定】 2021年12月，经学校自主申报，市教育局、市文旅局、区教育局、区文广旅体局审核，金成外国语小学被认定为杭州市中小学生研学旅行市级优秀学校。

（刘纯）

成人教育

【概况】 2021年，余杭区12所教育指导和社区教育中心学校培训人员41.5万人次，其中，培训企业职工2.2万人次、培训职业农民4862人次，培训农村转移就业劳动者2596人次，培训青少年、老年人等其他人群38.5万人次。有社区教育服务文化礼堂（家园）147个，开展新型职业农民培训、青少年校外教育进文化礼堂、老年教育进文化礼堂、家庭教育进文化礼堂等活动2023次，参与人员12.0万人次。成人高中“双证制”毕业52人。余杭街道老年学堂创建为浙江省优质（示范）老年学堂；余杭区被评为“2021年杭州市社区学习共同体建设先进区”；瓶窑镇摄影学习共同体被评为“2021年杭州市最佳社区学习共同体”；五常街道西溪风情旗袍时装队、余杭街道余杭老年书画社、良渚街道良渚文化村文艺队、径山镇五峰山房茶社被评为“2021年杭州市示范社区学习共同体”；仓前街道“弘扬太极国粹，引领健康生活”太极拳推广和普及培训被评为“2021年杭州市社区教育特色品牌项目”，瓶窑镇刘伟学被评为“2021年杭州市百姓学习之星”。

【52名“双证制”教育学员毕业】 2021年，余杭区开展“双证制”教育，设良渚街道社区教育中心学校一个教学点，实际毕业52人。

【2021年浙江省现代化成校评定】 2022年2月，省教育厅、省人民政府教育督导委员会办公室发文公布2021年浙江省现代化学校名单，良渚街道教育指导和社区教育中心学校、闲林街道教育指导和社区教育中心学校被评为2021年浙江省现代化成学校（社区学校）。

【全民终身学习活动周】 2021年11月23日，余杭区全民终身学习活动周启动仪式在梦栖小镇举行，活动周以“庆建党百年华诞，谱终身学习新篇”为主题，以“共学余杭 畅享未来”

2021 年，余杭中学援疆教师开展师徒结对上示范课活动 （区教育局 供图）

为特色，总结余杭区“十三五”时期社区教育成果，展望“十四五”时期社区教育，表彰社区教育工作优秀个人、单位。

（刘纯）

教师队伍建设

【概况】 2021年，余杭区教育系统在职教职工1.47万人，其中，普通高中1131人，职业高中226人，初中2361人，小学3940人，幼儿园6842人，其他学校225人。全区普通高中专任教师827人、职业高中专任教师219人、初中专任教师1943人、小学专任教师3839人、幼儿园专任教师3527人。

组织 162 个基层党支部开展“重温习近平同志在浙江”专题学习 2 次，开展党史主题宣讲 180 次，受众 2.5 万人。文昌高级中学、南湖幼儿园、勾庄中心幼儿园、闲林和睦小学 4 所学校被评为杭州市党史学习教育优秀案例；和睦小学的“四领六和模式学党史”受到省党史学习教育巡回指导组肯定。

通过“党员带普通教师”方式开展家访活动，围绕百年党史、家庭教育、心理健康教育、中高考志愿填报等内容进行上门送课宣讲。

全年招聘新教师 553 人，其中，全国重点建设高校或“双一流”高校毕业生 98 人、硕士研究生以上学历 181 人。引进省、市级名教师、名校长 46 人。培养省、市名优教师 57 人，市教坛新秀 78 人，正高级教师 5 人，提拔中层干部 49 人，交流校级干部 25 人。举办教育系统中青年后备干部培训班 2 期，组织 100 名后备干部参加理论、实践等课程。做好教育对口帮扶，新选派到新疆、青海、四川等地支教教师 15 人。

【教育对口帮扶】 2021年，余杭区参加教育对口帮扶老师5人。3月，瓶窑镇第一中学教师闻忠良到青海省德令哈市支教。7月，五常中心小学教师陈永远到四川省苍溪县支教，良渚第三小学教师徐国飞到四川省九龙县支教。9月，余杭中学教师宣杭章、仓前中心幼儿园教师姚琴到新疆阿克苏市支教。

【浙江省教坛新秀评定】 2021年8月，省人民教育基金会、省特级教师协会公布2021年浙江省中小学教坛新秀名单，余杭中学教师孙吉凤被评为省教坛新秀。

（刘纯）

▶附 2021年余杭区优秀教师表彰名单

一、浙江省教坛新秀（共 1 名）

孙吉凤 余杭中学

二、杭州市杰出教育工作者（共 15 名）

楼 红 余杭区教育发展研究学院
王书力 余杭中学
沈满仙 仁和中学
于慧强 云会中心小学
周黎静 南湖幼儿园
庞仿英 仓前中学
孙春勇 仓前中学
沈水珠 仓前云溪小学
樊 平 中泰中学

陈丽娟　闲林东路幼儿园
谭文炎　良渚第一中学
吕金亲　瓶窑镇第一小学
何卫锋　径山镇中学
谢琴琴　径山镇潘板中心小学
李明珠　百丈镇中心小学

三、杭州市优秀校长（共3名）

苏守康　余杭第一中学
贺建谊　良渚职业高中
徐卫平　良渚第一中学

四、杭州市优秀教育工作者（共10名）

许永明　余杭区教育发展研究学院
韩　瑜　瓶窑镇教育指导和社区教育中心学校
徐百存　瓶窑中学
孟忠花　良渚职业高级中学
许宇伟　杭州师范大学附属未来科技城学校
胡旅航　海辰中学
沈卫花　安溪幼儿园
潘海强　良渚第一小学
金美娟　良渚云华幼儿园
倪建强　瓶窑镇第一中学

五、杭州市优秀教师（共26名）

陈晓佳　余杭中学
董知顺　文昌高级中学
孙英俊　闲林职业高级中学
陈红琴　蔚澜学校
孙燕飞　未来科技城海曙幼儿园
朱兰英　太炎中学
薛小龙　禹航实验学校
周　俊　大禹小学
王仁华　太炎小学
汪　莺　仓前中心小学
陈超萍　仓前中心幼儿园
何燕飞　中泰中学
应　浩　中泰中心小学
陈建鸿　闲林中学
金忠明　闲林和睦小学
郑凌佳　五常中学
夏文洪　良渚第二中学
张红英　良渚古墩路小学
李　燕　勾庄中心幼儿园
张晓春　杭运幼儿园
吕银芳　瓶窑镇南山幼儿园
吴　敏　径山镇中学
胡一萍　径山镇潘板中心小学
杨　丽　径山镇中心幼儿园
俞升生　百丈镇中心小学
潘姝琴　绿城育华亲亲学校

六、杭州市农村教师突出贡献者（共2名）

沈国梁　瓶窑镇第二小学
俞月华　黄湖镇中学

（刘纯）

编辑：陈林

文化·传媒

Culture and Mass Media

综　述

【概况】 2021年，余杭区入选首批浙江省公共文化服务现代化先行区培育名单，在2021年度全省基层公共文化服务评估中列全省第二位，《文旅融 合背景下公共文化服务精准扶持的“余杭样本”》被评为浙江省公共文化服务体系示范项目，余杭区图书馆被评为“满意图书馆”。余杭区被杭州市历史文化保护名城委员会评为“全市文物工作优胜单位”，余杭区文博事业发展水平综合排名全省第二。开展“文化基因”解码工程，“良渚文化”入选首批100项“浙江文化标识”培育项目。举办“走向辉煌”余杭区庆祝中国共产党成立100周年系列活动、“独特余韵·梦想之城”余杭区国庆系列文化惠民活动，举办新春系列、“美丽洲”系列、“相约”系列等品牌文化惠民活动。

【余杭区入选省公共文化服务现代化先行区培育名单】 2021年，余杭区入选首批浙江省公共文化服务现代化先行县创建培育对象名单。区文广旅体局实施余杭区公共文化服务高质量发展“1510”计划，开展为期两年的创建工作，通过“5个率先”（率先实现公共文化服务设施均衡化布局、率先实现公共文化服务产品精准化匹配、率先实现公共文化服务平台数智化发展、率先实现公共文化服务运行现代化治理），实现“全面打造以人为核心的全省新时代文化强区”的总目标。

【第七次乡镇（街道）综合文化站评估定级】 2021年，根据浙江省第七次乡镇（街道）综合文化站评估定级结果，全区12个镇（街道）文化站中，9个达到省特级站标准、3个达到省一级站标准。径山镇综合文化站、中泰街道枫岭村文化礼堂等9个单位被评为2021年杭州市公共文化场馆服务功能拓展先行先试单位。

【省级文化强镇、文化示范村创建和复评】 2021年，瓶窑镇被评为浙江省文化强镇、浙江省戏曲之乡，闲林街道、余杭街道、仁和街道、径山镇4个省级文化强镇（街道）通过复核；余杭街道仙宅村入选新一批浙江省文化示范村，径山镇小古城村等9个省级文化示范村（社区）通过复核。径山镇被评为中国民间文化艺术之乡。

【“文化基因”解码工程】 2021年，区文广旅体局完成径山禅茶文化、中泰竹笛等9项重点文化元素基因的深度解码，开展文化元素普查333项，完成重点文化基因转化利用4项。余杭区“径山禅茶”“良渚玉雕”“章太炎故居”被评为省级“优秀解码项目”。“良渚文化”入选首批100项“浙江文化标识”培育项目。

【社会化运营管理项目】 2021年，余杭区引入社会力量参与公共文化服务，委托第三方机构，建立文化管家、图书管家专业化队伍，深化文化馆、图书馆总分馆制建设，实现“文化管家”“图书管家”镇（街道）全覆盖。全年，文化管家组织、协助开展文化活动及培训120多场，参与8200多人次；图书管家开展活动111场（次），参与1.1万人次。

（本分目全年性数据1—4月部分按原余杭区统计）

（沈怡静）

群众文化

【新春系列文化活动】 2021年元旦、春节期间，区文广旅体局举办“余杭之夜”2021新年音乐会、“‘余’你携手 喜迎新春”——余杭区优秀歌手演唱会、“亲·大运之河 享·非遗之乐”非遗陪你过大年、“福到万家”送福送春联等新春惠民文化活动。

【“相约”“美丽洲”系列文化活动】 2021年，区文广旅体局开展“相约”“美丽洲”系列文化活动，包括区文化馆、区小百花越剧艺术中心等团队开展“相约你我他·送文化进万家”文化进基层活动，区图书馆向农村文化礼堂、农家书屋、社区图书室赠送图书。

【“走向辉煌”庆祝建党100周年系列活动】 2021年4—9月，区委宣传部、区文广旅体局共同举办“走向辉煌”余杭区庆祝中国共产党成立100周年系列活动。其间，举办“同心向党谱华章”庆祝中国共产党成立100周年文艺演出、“我把初心献给党”百幅红色主题书画作品征集、“永远的丰碑光辉的历程”百篇优秀作品征集、“江山如画”余杭区庆祝中华人民共和国成立72周年书画摄影作品展等系列活动。

【余杭区国庆系列文化惠民活动】 2021年9—10月，区文广旅体局举办“独特余韵 梦想之城”2021年余杭区国庆系列文化惠民活动，包括“江山如画”余杭区庆祝中华人民共和国成立72周年书画摄影作品展、“梦想擂台”、文创市集、“新中国的诞生——1949年那些值得铭记的故事”微信展等线上线下23项子活动。

（沈怡静）

文艺创作

【概况】 2021年，区文化馆业务干部创作、辅导的作品在市级以上获奖、发表93件（次），其中，国家级及以上11件（次）、省级42件（次）、市级40件（次）。

【理论调研写作】 2021年1月，区文化馆周春美论文《新时代文化馆数字文化服务方式的创新探究》获浙江省新时代公共文化服务主题征文活动二等奖，余杭区文化馆辅导选送论文

2021年，余杭街道“相约周末”活动现场

（区文广旅体局　供图）

《文化馆分馆做好服务工作若干思考》《文化馆（站）数字服务平台与线上线下空间建设的实践与思考》获三等奖。5月，辅导选送论文《“文旅融合”背景下深化公共文化服务融合分析》获浙江省新时代公共文化服务主题征文活动三等奖。8月，周春美论文《从全民艺术普及谈群文创作实践与思考》获浙江省第23届公共文化论坛征文二等奖。10月，周春美论文《文化馆的特殊群体服务方式探索》获中国文化馆年会征文三等奖，辅导选送两名余杭作者的论文获三等奖。12月，余杭区在第28届杭州市群文论文比赛中获一等奖2篇、二等奖2篇、三等奖6篇，区文化馆获优秀组织奖。

【戏剧曲艺创作】 2021年7月，曲艺杭摊《施昕更》获浙江省第11届曲艺大赛金奖；8月，曲艺杭摊《淑英救弟》获浙江文化艺术发展基金扶持，曲艺杭摊《施昕更》入选杭州市文艺精品工程扶持项目，由区文化馆辅导的音乐快板《颂清廉》获2021年杭州市青年理论宣讲大赛暨微型党课大赛一等奖。9月，小品《外卖小哥》获杭州市“杭州有戏”戏剧小品大赛创作、表演双银奖。10月，越剧小戏《一张化验单》获华东六省一市现代地方小戏大赛银奖，区文化馆业务干部参加长三角地区新人新作云端展演。12月，小品《幸福密码》获浙江省首届喜剧小品竞演活动银奖。

【文学创作】 2021年7月，区文化馆辅导选送徐永忠故事《孙猴子和二憨子》在“中国故事节”中获“年度最受读者喜爱的‘中国好故事’奖”，辅导选送徐永革创作的故事《菩萨墓之谜》获2021中国故事节第二批“中国好故事”奖，辅导选送诗歌《遥摇红船梦》获第12届“中国梦·故乡情”乡村诗歌大赛三等奖，周春美故事《村长请让贤》获浙江省第15届新故事征文一等奖，辅导选送的徐永革创作的故事《神枪二嫂》获三等奖。8月，辅导选送徐永革创作的故事《狼王》获《山海经》红色故事征文第二批“中国好故事”。9月，辅导选送散文《穿过老街的小港》获“美丽浙江”网络文学大赛征文三等奖。12月，在杭州市第12届网络故事大赛中，余杭故事获得一等奖1项、二等奖2项、三等奖5项。

【视觉艺术创作】 2021年5月，马登峰、郑升、翁燕平书法作品入选“浙江革命历史文化书法大展”。7月，马登峰、翁燕平、张达飞书法作品入选“浙江省第三届群星书法小品展”，马登峰书法作品受邀参加“同心向党”——省政协庆祝建党100周年书画展，马登峰、金志华、徐建敏、陈桂松、陈梅乾、莫文潮作品入选“百年风华 千秋伟业——杭州市庆祝中国共产党成立100周年诗书画印联展”。8月，马登峰隶书作品受邀参加“艺心向党”浙江书法篆刻刻字700家主题创作大展，辅导选送俞良《南山烟雨》、曹震宇《万年欢》、张靓亮《花间集》书法作品入展“婺上清源——2021浙江省群文书法二十家作品展”。9月，马登峰书法作品《隶书对联》获“迎建党百年 享美好生活”浙江省第七届群星视觉艺术综合大展金奖。

【舞蹈创作】 2021年7月，区文化馆辅导选送民间舞蹈《余杭滚灯》参加“百年红船 扬帆远航——浙江省庆祝中国共产党成立100周年大型交响诗画文艺演出”并获表彰。8月，辅导选送民间舞蹈《余杭滚灯》获浙江省民间音舞大型广场展演展示活动民间舞蹈精品奖。10月，辅导选送舞蹈《传承》入围第三届“戴爱莲杯”人人跳全国群众舞蹈展演，辅导选送舞蹈《芦花飞雪》获首届浙江省乡村文化艺术节暨乡村舞蹈大赛“金穗奖”三等奖，辅导选送排舞《石濑花灯》获浙江省广场舞排舞锦标赛中老年组广场舞一等奖，《走进新时代》获二等奖。12月，选送民间舞蹈《盛世花鼓》参加2021浙江省“三团三社”区域联动示范交流系列活动，选送民间舞蹈《高头竹马》获第八届浙江民间文艺映山红奖（民间文艺表演），选送民间舞蹈《狮舞少年》入选第八届浙江民间文艺映山红奖·优秀民间文艺表演作品名单，辅导选送健身舞《最初的梦想》获2021杭州市大众艺术健身大赛银奖。

【声乐创作】 2021年9月，在杭州市三江歌手比赛中余杭歌手获得金奖1项、银奖3项、铜奖5

项。11月，歌曲《你从这里走过》获浙江省群众音乐大赛入围奖。12月，歌曲《你从这里走过》入选全国总工会“劳动颂歌献给党”歌曲征集，被评为“声暖人心歌曲”。

（沈怡静）

非物质文化遗产保护

【“服务传承人月”活动】 2021年1—2月，区文广旅体局组织举办2021年“服务传承人月”活动，包括走访慰问非遗传承人、鼓励传承人带徒传艺等内容。

【非遗保护发展指数名列全省第一】 2021年5月，浙江省文化和旅游厅发布2020年度浙江省非物质文化遗产保护发展指数排名，余杭区第五次列全省县（市、区）第一位。该指数包括名录体系、保存保护、传承传播、事业保障、队伍建设、工作创新等6个方面，是一种用以衡量某地区非物质文化遗产保护情况的综合性指标。

【余杭区第16个“非遗保护月”活动】 2021年6月，余杭区第16个“非遗保护月”系列活动举行，包括征集并表彰余杭区“最美非遗年度人物”、优秀非遗志愿者，颁发“非遗进校园”优秀传承奖，发布非遗保护创新实践案例、余杭非遗精品旅游线路，举办余杭区创建省级文化传承生态保护区暨“传文脉 迎亚运”非遗节目展演、“百件作品庆贺百年——余杭区庆祝中国共产党成立100周年优秀非遗作品展示”、余杭区“文旅·非遗购物节”、传统曲艺专场演出、非遗项目互动体验等系列活动。

【区级传统工艺工作站设立】 2021年9月22日，杭州市余杭区传统工艺（中泰竹笛）工作站揭牌仪式暨“非遗创新联盟”筹备论坛在中泰街道举行。中泰竹笛工作站是余杭区首个传统工艺工作站，作为本地匠人的传承实践所，将在研究中泰竹笛工艺原理、开展科研和技术攻关、解决中泰竹笛发展振兴中的问题等方面发挥作用。

【径山镇入选中国民间文化艺术（茶文化）之乡】 2021年11月3日，文化和旅游部发文公布2021—2023年度“中国民间文化艺术之乡”名单，径山镇成为杭州地区唯一新入选单位。

【“余韵非遗·梦想live季”系列活动】 2021年中秋和国庆假期期间，“余韵非遗·梦想live季”系列活动举行，包括“宋韵余杭故事会”“国潮体验小课堂”“非遗民俗游园会”“非遗美食打卡集”等四大板块，各项活动12场。

【中国传统工艺展】 2021年11月26日至12月10日，余杭区文广旅体局、拱墅区文广旅体局、临平区文广旅体局在闲林埠老街联合举办“迎亚运盛会 融多彩非遗”大运河文化传承生态保护区创建区传统工艺大赛。活动评出特别奖8名、金奖9名、银奖21名、铜奖24名。开幕式活动视频直播在线观看36万人次。

（沈怡静）

文化市场管理

【概况】 2021年，余杭区文化市场行政执法队全年出动执法人员6554人次，检查各类经营单位5835家次，查获并纠正违规经营行为55起，立案处罚30件，累计警告1家（次），罚款28.7万元，停业整顿1家（次），没收违法物品105个。

【文旅市场防疫和安全专项检查】 2021年，区文化市场行政执法队做好网吧、娱乐场所等文化经营场所和景区等旅游场所的通知传达工作，检查防控责任意识、防控措施落实等方面工作。对网吧、歌舞娱乐、电影院等人员密集型场所和景区等旅游场所开展安全生产和新冠肺炎疫情防控常态化检查。在端午、中秋、国庆等重点节假日前，加强由局领导带队联合属地镇（街道）及相关职能部门开展文化娱乐场所及景区、星级宾馆节前安全检查。

余阅书吧·良渚文化艺术中心村民书房（摄于2021年）
（区文广旅体局 供图）

【文化市场“护校安园”专项行动】 2021年，在寒暑假和开学季等重点时段，区文化市场行政执法队检查校园周边文化经营场所和出版物经营场所。立案查处网吧接纳未成年人1起，歌舞娱乐场所案件2起；巡察淘宝店铺238家，下架违规商品898件。暑期检查游泳场所118家（次），立案查处相关案件13起。全年参加40多所小学护校安园会议，就进一步做好文化市场护校安园工作提出相关意见建议；参加8所学校护校安园专项检查工作，联合属地镇（街道）组织校园周边文化市场专项检查9次，定期参与区教育局组织的区级专项督查。

（本分目全年性数据1—4月部分按原余杭区统计）

（沈怡静）

图书馆

【概况】 2021年，余杭区图书馆新购图书10万余册，新增电子图书130万册（次）。全年接待读者超115万人次，图书借阅超91万册次，开展读者活动485次，参与读者39.4万人次，开通村（社区）图书室“一证通”点位213个。持续开展服务大提升活动。仓前街道乾仓图书馆、径山镇径山书房通过2021年杭州书房实地验收。建设24小时自助图书馆6个，仓前葛巷社区等未来社区智慧文旅场景等公共文化服务阵地3个；出台《余杭区“余阅”公共阅读空间实施方案》，推出余阅公共阅读空间11个。

【“一键借阅”平台】 2021年，区图书馆加入杭州图书馆的“一键借阅”平台。读者可通过平台借阅杭州图书馆及13家区、县（市）图书馆超50万册的图书资源。

【汽车图书馆流动服务】 2021年，区图书馆开展“一路书香·阅行有你”汽车图书馆流动服务，为村（社区）、企业、学校提供免费上门图书流通服务。全年出车300多次，接待读者2.1万人次，借还图书3.6万册。

【24小时自助图书馆】 2021年，区图书馆建成开放24小时自助图书馆6个分别是径山镇24小时自助图书馆、仁和街道24小时自助图书馆、闲湖社区24小时自助图书馆、葛巷未来社区24小时图书馆、太炎邻里堂24小时图书馆、青鸬书房24小时自助图书馆。

【区图书馆被评为省“满意图书馆”】 2021年，区图书馆被省文化和旅游厅评为全省首批“满意图书馆”。浙江省朗诵协会余杭分会获首批浙江省“最美阅读团队”称号。全年，全区图书馆及镇（街道）分馆共举办阅读活动480多场。

【“永远的丰碑·光辉的历程”作品征集】 2021年6月，为庆祝中国共产党成立100周年，区图书馆承办“永远的丰碑·光辉的历程”百

2021年11月11日，“相约你我他·文化进万家”万册图书下基层活动举行　　（区文广旅体局　供图）

篇优秀作品征集活动。区直部门与镇（街道）共推荐284篇征文作品参加评选。经专家评审，评选出一等奖2篇、二等奖5篇、三等奖8篇、优秀奖20篇。

【余阅公共阅读空间建设】　2021年9—11月，余杭区出台《余杭区“余阅”公共阅读空间实施方案（2021—2023）》。至年末，区图书馆建成并开放11个余阅书吧：余阅书吧·秉秉有理书坊、余阅书吧·鑫藏修书屋、余阅书吧·良渚虫洞创意空间、余阅书吧·钱江经济开发区、余阅书吧·良渚文化艺术中心村民书房、余阅书吧·径山小古城山外茶舍书吧、余阅书吧·大径山旅游集散中心书吧、余阅书吧·隽永书院、余阅书吧·无倦书屋、余阅书吧·翡翠社区图书馆和余阅书吧·中国电信创新园，实现公共阅读服务覆盖基层。

【镇（街道）分馆专职图书管理员派驻】　2021年10月，余杭区12个派驻镇（街道）分馆的专职图书管理员全部到岗，开启余杭区图书馆总分馆派驻工作。除负责分馆相关工作外，专职图书管理员还下沉至辖区内各村（社区）的基层服务点，整合公共图书馆服务资源，提升基层服务点服务效能。

【“梦想书会”系列读书会】　2021年10月，区图书馆“梦想书会”系列读书活动在乾仓书房和径山书房两个杭州书房举行，读书主题包括“良渚这个‘国家’与我的缘分”和“宋朝果然活色生香——从径山茶道谈起”等。活动回顾五千年前良渚文明，引导读者体验径山千年禅茶文化。

【“你点书·我买单”惠民活动】　2021年10—11月，区图书馆与余杭新华书店余杭门店、余杭新华书店瓶窑门店、余杭新华书店虫洞创意空间、梦想芸台4家书店共同推出“阅读悦享·你点书·我买单”活动。活动历时两个月，参与读者超3000人，借阅新书1万余册。

【万册图书下基层活动】　2021年11月11日，“相约你我他·文化进万家”万册图书下基层活动举行。区图书馆为全区12个镇（街道）农村文化礼堂（社区文化家园）及118个农家书屋送书超1.9万册。

【阅读讲座进校园】　2021年11月25日，区图书馆邀请《作文新天地》杂志执行主编金旸到闲林和睦小学开展题为“打开写作中的想象之门”的讲座，200多名师生参加。

【“书香校园·伴我成长”主题展览进校园】　2021年12月，区图书馆开展系列主题展览进校园活动。本次展览在余杭区良渚第二中学、余杭区太炎小学、闲林和睦小学等三所学校进行，展览主题有“来自星空的问候——宇宙演化初窥”“美丽的太空家园——中国航天成就展”“好读书·读好书——名家荐书”等。

（本分目全年性数据1—4月部分按原余杭区统计）

（沈怡静）

电视广播

【概况】 2021年，余杭区广播电视节目制作经营单位新增26家，共计161家。开展“广电低保”惠民及农村应急广播体系运维工作，新建地质灾害风险重点防范区和辖区内多灾易灾等重要区域应急广播终端17个、区级平台1个。全年广播电视安全播出正常。在杭州市2021年度广播电视安全播出工作考核中，区文广旅体局以总分第一的成绩被评为“2021年度广播电视安全播出考核优秀单位”。

【广播电视安全播出保障机制建立】 2021年，区文广旅体局及运维单位对3个区级平台、11个镇（街道）平台、127个村（社区）平台，358个应急广播终端，开展巡查巡检2292次，出动5036人次，在中国共产党成立100周年安播重要保障期增派巡查力量。新建区级平台1个，更新改造镇（街道）平台11个、村（社区）平台127个，应急广播终端升级改造为IP终端358个。完成沿线弱电线路迁改或“上改下”315千米，其中应急广播网络线路17千米，迁改终端音柱80个，实现应急广播网络传输安全，确保设备终端不丢失。每日定时开播新闻广播。深化卫星电视传播秩序管理机制，常态化治理非法卫星电视地面接收设施。全年发出整改通知书1.4万份（含网格巡查告知书、责令改正告知书）；联合相关部门执法901次，立案3起；用户自行拆除非法卫星电视接收设施323座、强制拆除212座。区安播领导协调小组会同相关成员单位组织开展安播保障实地检查、督查。全年无安全播出事故发生。

【广播电视节目制作经营机构业绩审核】 2021年，全区161家广播电视节目制作经营单位通过国家广播电视总局“政务服务平台”年度业绩审核，其中，国有独资1家、民营160家。杭州部分行政区划优化调整后，余杭区新增26家。

（本分目全年性数据1—4月部分按原余杭区统计）

（沈怡静）

文物保护

【文物保护和民生实事项目】 2021年，余杭区完成列入杭州市民生福祉行动的文物保护修缮项目6处，分别为余杭街道安乐塔养护、杨乃武墓园整治提升，仁和街道倪家台门、永福长桥修缮，仓前街道邵家塘吴宅修缮，鸬鸟镇余杭县公署布告第九七号碑保护亭建设项目。全年实施完成南宋孝宗御碑保护亭建设工程、仁和街道中共西镇区委旧址养护及展陈提升等项目。

【地下文物考古及科技保护】 2021年，余杭区落实“先考古、后出让”制度，开展土地出让前考古工作。全年全区各镇（街道）、平台等做地主体报送地块159宗。由区文物局初核并上报市园林文物局出具考古前置意见。服务保障全国重点文物保护单位小古城遗址、中泰街道阿里达摩院一期地块等重点考古发掘项目。全年完成考古勘探、发掘面积近100万平方米，清理战国至明清古墓葬130多座，出土石器、陶器等器物1200多件（组）。12月，余杭区瓶窑北村遗址、径山小古城遗址、中泰跳头遗址3个项目入选2021年度浙江考古十大重要发现名单。

【乡村博物馆建设】 2021年，余杭区挖掘乡村（社区）文物资源，探索开展乡村博物馆建设，依托文物保护单位建设陈列馆、展示馆，建成并开放小古城遗址展示馆、中共西镇区委旧址、新四军随军被服厂旧址和于谦纪念馆等场馆。

【革命文物保护利用】 2021年1月，余杭区仁和街道中共西镇区委旧址等7处不可移动革命文物入选浙江省第一批革命文物名录。3月，杭州市文物工作例会暨“红色印记”首站宣讲活动和“重温革命故事 传承红色基因——余杭区革

中共西镇区委旧址（摄于2021年）（区文广旅体局　供图）

命文物巡礼展”举办。4月，区文广旅体局雷晓伟获杭州市“杭州最美文物守望者”暨“红色基因传承者”称号。6月，西镇红村（中共西镇区委旧址—西镇农民暴动纪念碑）等3条线路被评定为杭州市红色精品研学线路。区文物部门联合区检察院、区退役军人事务局商讨全区革命文物保护工作并开展专项督查，督促并指导有关镇（街道）开展革命文物日常管理养护、展示利用、周边环境治理。8月，余杭抗日战争纪念馆入选第二批浙江省青少年红色基因传承基地名单。

【章太炎故居纪念馆入选十佳文物保护利用案例】　2020年4—10月，杭州市“十佳文物保护利用案例”征集评选活动举行，活动旨在展示杭州文物保护利用工作成果，总结杭州市文化遗产“活”化工作的新思路、新方法、新手段。经专家评比、网络投票，2021年1月21日，章太炎故居纪念馆入选“十佳文物保护利用案例”。

【文物保护政策机制建设】　2021年6月，余杭区出台《关于进一步加强余杭区文物保护利用的实施意见》，建立区长担任组长，良渚遗址管理区管理委员会主要领导、分管副区长担任副组长的余杭区文物保护利用工作领导小组，明确各有关部门及平台、镇（街道）的职责分工。11月，制定《杭州市余杭区文物安全大排查大整治大提升攻坚行动方案》，明确总体要求、重点任务、实施步骤和工作要求。

【文博单位安全管理】　2021年6月，区文广旅体局召开全区文物安全专题工作会议，部署全区文物安全大排查大整治大提升工作；落实文物安全直接责任人公告公示制度，设置公告公示牌，接受社会监督。公告公示内容包括：文物名称、保护级别、安全管理责任单位、直接责任人、安全管理人、文物行政主管部门、紧急处置电话等。11月，启动文物安全大排查大整治提升专项行动，逐级签订文保责任书，排查文物安全隐患。区文物、公安、消防、住建等部门联合开展检查，督促有关镇（街道）、单位及时整改安全隐患。截至年末，43处市级及以上文物保护单位安装监控系统或安防设施设备；存在火灾风险的12处文物保护单位安装智慧用电系统。

【余杭区文物局成立】　2021年，经中共杭州市委机构编制委员会批复同意，杭州市余杭区

2021年3月，“重温革命故事传承红色基因——余杭区革命文物巡礼展”举行　　（区文广旅体局　供图）

文化和广电旅游体育局加挂余杭区文物局牌子。8月25日，区文物局举行揭牌仪式。9月28日，区文物保护管理所设立。

【章太炎先生生平展】 2021年11月5日，章太炎故居原创展览“先哲——章太炎先生生平展”在杭州市桐庐县博物馆展出，展览由桐庐博物馆和章太炎故居纪念馆主办，展出文物48件，包括章太炎所著手稿、书信以及书法作品等。

【章太炎嫡孙章念驰文物捐赠仪式】 2021年11月23日，章太炎嫡孙章念驰文物捐赠仪式在章太炎故居研究中心举行。捐赠文物包括书法、印章、文房用具、扇面、瓷器、章太炎批注《古文尚书》、太炎有关碑帖等十大类。

（沈怡静）

档案工作

【概况】 2021年，利用档案2000件，区档案馆举行档案管理岗位培训班培训100多人，专题培训村（社区）档案业务人员137人，1人取得档案专业研究馆员资格。依法对50多家一级立档单位开展年度检查。

【档案基层治理国家级试点】 2021年7月，区档案馆作为全市唯一申报档案工作服务农村基层社会治理国家级试点的单位，村级档案工作实现有组织领导、有管理人员、有管理制度、有独立库房、有档案设备、有档案实体、有电子检索的“七有”标准；建立“四张清单”和六项管理制度，形成完整的基层档案管理体系。7月，试点工作通过评审专家验收。实施“村档镇管”管理模式，以闲林街道为试点，开展“五位一体”镇级档案馆建设，建立“巡档协同”工作机制，结合巡察监督职能与档案资政职能，发挥巡察和档案的作用，形成监督合力。

【档案征集编研】 2021年，余杭区征集到《记事苕溪边》《家事手记》《余杭农业农村志》《余杭文化志》《余杭交通史话》《茶事九十九》等地方文献8种20多册。征集到原余杭县委书记孙叙春老照片10多张，征集到2021年度10月“中国好人”庞汝勋老人荣誉档案17件。开展中国共产党成立100周年档案史料收集整理工作，梳理关于党史学习教育的档案资料316件。挖掘旧档旧志，撰写《西险大塘的修筑与加固》《他，从田间走来》等档案故事，在《杭州档案》《余杭史志》等刊物上发表，汇编档案散文集《把时光留住》，收录散文90篇。在2019—2020年度全省优秀档案编研成果暨档案学优秀成果评选活动中，《余杭美丽乡村纪事》一书获得三等奖，论文《档案文化建设的浙江实践与若干启示》获得二等奖。

【档案宣传】 2021年，区档案馆在“余杭档案”微信公众号上开设“听我讲故事”栏目，以档案馆馆藏史料为基础，介绍余杭区红色人物故事，发布6篇。与浙江省档案馆及浙江电视台合作推出《跟着档案去旅行》1期，在浙江电视台和“学习强国”播出。结合“6·9”国际档案日，开展线上档案党史知识竞猜，1000多人参加。整理《跨越——余杭档案馆创新发展60年》等两篇文章参加国际档案日征文。参与“红色文物故事”征集，向区党史学习教育领导小组办公室报送材料6篇。参与“学习强国”学习平台“我心目中的英雄”和“我的学习故事”征文活动，被录用稿件2篇，其中《牡丹亦是英雄花》被推送至全国平台并获中宣部三等奖。

举办“建党百年 喜迎国庆”余杭区档案史料展。收集档案史料200多件，分别在梦想小镇、五常综合办公楼、仁和街道中共西镇区委旧址巡回展出，参观超2000人次。协助区委、区政府办好“奋斗百年路 逐梦在余杭”余杭区庆祝中国共产党成立100周年主题展。

（高建华）

融媒体

【概况】 2021年3月起，区融媒体中心推进党史学习教育，在上级《党史学习教育简报》发表专报信息23篇，电视主播、记者编辑开设党的十九届六中全会精神“记者宣讲”7场。全年推出“全面推进数字化改革”“建设全国共同富裕示范先行区”“梦想的力量”“奋力实施1466计划”等主题报道40多组。11月，中心以全媒体形式推出“学习宣传贯彻党的十九届六中全会精神”“六中全会精神在基层”等专题报道150多篇。余杭电视台《共同关注》全年共播出74期，问题整改率90%，得到区委主要领导批示4次。电视问政《面对面》，聚焦靓城行动、文明城市、环境整治等方面，制成短片6个。11月8日，“看余杭”3.0版上线运行，从新闻客户端升级为集资讯发布、应用综合、数据归集、场景应用的融合平台。核心应用“余杭一码通”集成健康码、行程码等。打造“报＋台＋网＋微＋端”全媒体发布平台20多个。短视频《这里是余杭》阅读量超10万次，系列短视频“在余杭 见未来”转发量超10万次，视频新闻《小小“神器”保障城市排涝安全》在视频号“美丽浙江”的点击量超1亿次，点赞量超142万次，评论数超5万条。配合区委宣传部推进微融媒体中心建设，建成各镇（街道）和平台微融媒体中心16个。全年在中央广播电视总台播出新闻64条，浙江卫视播出691条；在中央广播电视总台中国之声播出新闻46条，在浙江之声播出新闻530条。电视广播用稿均列全省县级媒体第一位。余杭“蓝媒号”被选用283条，其中蓝媒头条225条、蓝媒产品17个、蓝媒直播35场，数量排名全省前三。为杭州外宣平台“韵味杭州”供稿3721篇，录用768篇，数量均排名全市第一。1件作品获2021年全国县级融媒体中心优秀作品双月赛一等奖，2件作品获2021年省广播电视新媒体奖一等奖，1件作品获2021年省广播电视公益广告扶持项目一类扶持，1件作品获2021年中国梦（浙江）网络视频大赛微纪录片一等奖，13件作品获2020年度省新闻奖，39件作品获2020年度市新闻奖。全年共开展活动200多场（次），制作电视节目200多期。完成创收专题130多条，拍摄“学习强国”短视频480多条。

【“学习强国”优秀作品月赛两次获奖】 自2021年1月起，“学习强国”全国平台开展县级融媒体中心优秀作品月奖赛。区融媒体中心成为浙江省唯一两次获奖的县级融媒体中心。一等奖作品《红阳寨》获首期“学习强国”全国县级融媒体中心优秀作品双月赛一等奖，解读余杭结对帮扶县贵州台江红阳寨苗族同胞生活的改变。三等奖作品短视频《我不是牛肉西施》，记录“90后”姑娘张婷为帮自己父亲的牛肉批发档口扩大生意，主动请缨开通网络直播的故事。

【区融媒体中心获全省新闻协作特等奖】 2021年2月9日，2021浙江省广播电视新闻融合传播协作会举行。区融媒体中心电视、广播、新媒体均获得2020年度全省新闻协作特等奖，广播新闻获中国之声发稿前十强等多个奖项。其中，电视取得“四连冠”，广播与新媒体首次居全省首位，三大平台均位列全省县级融媒体第一，为区融媒体中心历史最好成绩。区融媒体中心获浙报集团“2020年度影响力奖”。

【短视频作品获省广播电视新闻奖新媒体奖】 2021年4月，由区融媒体中心创作报送的作品《欢迎回家“最美战队”》《你要跳舞吗》分别获得2020年度浙江省广播电视新闻奖新媒体奖新闻性和非新闻性系列短视（音）频一等奖。《欢迎回家“最美战队”》从群体、个体的角度展现疫情期间余杭医疗队驰援武汉的事迹，该系列作品同时获得浙江省新闻奖二等奖。《你要跳舞吗》介绍青山村“自然教育＋社区营造＋生态扶贫”的乡村运营模式，通过舞蹈的形式，展现青山村未来乡村形象。

【余杭区创新发展大会宣传报道】 2021年5月6日，余杭区创新发展大会在未来科技城学术交流中心举行，会上发布余杭区创新发展“翱翔计划”，成立余杭数字化改革企业联盟。区融媒体中心整合主持人、记者、摄影摄像、技术等力量，打通各类媒体端口，对接区数据资源管理局，搭建钉钉直播群，通过“看余杭”APP，“天天看余杭”微信公众号、视频号，“余杭之声”微信公众号进行网络直播，数万人收看。

【余杭区第十五次党代会宣传报道】 2021年6月19日，中国共产党杭州市余杭区第十五次代表大会在省委党校仓前校区开幕。区融媒体中心完成会议各项议程性报道20多条，推出特别制作。报纸刊发专版20个、“聚焦党代会·记者观察”栏目4篇、“聚焦党代会·关键词”栏目4篇、系列社论3篇。电视播发评论2条、党代会热议3条、花絮2条。新媒体制作H5作品5个、视频化报纸5期、短视频7期、海报9张。

【区“两会”宣传报道】 2021年7月19—23日，中国人民政治协商会议第十二届杭州市余杭区委员会第一次会议、杭州市余杭区第十六届人民代表大会第一次会议在省委党校召开。区融媒体中心完成会议各项议程性报道40多条，推出特别制作。电视、广播、报纸刊播“特别报道”36版、社论2条、“两会特写”栏目6期、“两会新声”栏目4期、“两会新景”图片专题5期。新媒体制作“委员看两会”视频博客（Vlog）3个、视频化报纸5期、短视频7期、海报9张，对人大和政协开幕分别进行直播。

2021年7月23日，浙江省县（市、区）传媒2020年度融媒中心20强发布现场 （区融媒体中心 供图）

【区融媒体中心进入全省县（市、区）融媒排行榜】 2021年7月23日，浙江省县（市、区）传媒2020年度融媒中心20强（第一批）名单发布，区融媒体中心排名第一，余杭电视台新闻频道获“十佳电视频道”称号。行政区划优化调整后，区融媒体中心制作展现新余杭区特色的“在余杭 /见未来”系列短视频7个，转发量超10万次。全年，获省新闻奖作品13件、获市新闻奖作品38件、获省广播电视新媒体奖一等奖作品2件。

【黄湖镇微融媒体中心启用】 2021年8月30日，黄湖镇微融媒体中心启用仪式暨区融媒体中心与黄湖镇签订战略合作框架协议仪式举行。黄湖镇微融媒体中心是全区第一个建成投入使用的镇（街道）微融媒体中心，通过提供本地新闻资讯做好基层服务和舆论引导。截至年末，余杭区镇（街道）、平台微融媒体中心全部挂牌。

【余杭位列省融合传播新闻协作两榜第一】 2021年9月15日，2021年1—7月全省融合传播新闻协作榜单发布，区融媒体中心位列全省电视新闻协作排行榜（县级台）、“蓝媒联盟”融合传播新闻协作（县级台）两张榜单榜首。

（本分目全年性数据1—4月部分按原余杭区统计）

（房超）

编辑：陈林

良渚遗址

Liangzhu Site

综 述

【概况】 2021年，良渚遗址入选全国“百年百大考古发现”和考古遗址保护展示优秀项目，良渚遗址保护利用经验做法获国家领导人批示肯定。良渚博物院被评为全国爱国主义教育示范基地、第九批中国华侨国际文化交流基地，良渚古城遗址公园入选全省首批大花园耀眼明珠名单，良渚古城遗址分别四次登上中央广播电视总台《新闻联播》、“央视新闻”客户端。良渚古城遗址公园、良渚博物院入选“杭州亚运人文体验点”，良渚古城遗址公园入选杭州“十大文化新地标”，良渚文化IP入选全省首批示范级文化和旅游IP名单。重温中共中央总书记习近平关于良渚遗址重要批示精神理论研讨会，相关成果在《浙江日报》理论周刊单版刊登。“良良的世界”儿童科普系列绘本入选全球世界遗产教育创新优秀推荐案例。全年推出文创产品110多款，良渚文创入驻天猫旗舰店，推进文化产业多样矩阵逐步成形。全年接待访客近250万人次。良渚文化北村遗址取得阶段性发掘成果。良渚遗址管理区成立20周年干部大会举行。

2021年，全国人大常委会副委员长张春贤，全国政协副主席、民盟中央常务副主席陈晓光，全国政协副主席、国家发改委主任何立峰，十二届全国政协副主席王家瑞等领导考察良渚古城遗址。

【良渚文化志愿者总队获市级“最美”称号】 2021年12月3日，在“12·5”国际志愿者日暨杭州市“迎亚运 讲文明 树新风”志愿服务雷锋广场主题日活动上，良渚文化志愿者总队获得杭州市“最美志愿服务组织”称号。良渚文化志愿者总队由良渚博物院志愿服务分队、良渚古城遗址公园志愿服务分队、良渚文化宣讲分队、良渚文化小志愿者分队和良渚遗址巡查分队五支队伍组成，截至年末，在册志愿者近600人，主要为公众提供免费中英文讲解、导览、日常参观咨询、公共租借、新媒体运营等常态化服务，并在良渚遗址区周边村（社区）、学校、企事业单位开展良渚文化社教宣讲。12月28日，良渚文化志愿服务项目获得第二届浙江省志愿服务项目大赛银奖。

（黄银炜）

良渚遗址保护与研究

【《良渚》项目入选省社科普及创新项目】 2021年4月23日，浙江省社会科学界联合会发布2020年度浙江省社科普及创新项目名单，良渚博物院实施的“融媒体专著《良渚》”项目入选。《良渚》一书收录良渚文物数字化保护研究成果，通过文字、图片及33个扫码视频，呈现良渚古国的面貌，是良渚古城遗址及良渚文明研究的普及读本。

【良渚古城南城墙遗址剖面首次系统性修复】 2021年5月8日起，良渚古城南城墙遗址剖面进行首次系统性修复。修复工作主要为裂缝修补，用塑胶注浆管将泥浆注射进深处的裂缝进行填实，运用修复刀和泥浆修复城墙表面的裂缝，修补之后的南城墙遗址剖面与原貌高度近似。

【“良良的世界”入选世界遗产教育创新案例】 2021年7月6日，联合国教科文组织亚太地区世界遗产培训与研究中心（WHITRAP）发布《全球世界遗产教育创新案例》国际征集活动评选结果，“《良良的世界》——良渚古城遗址的‘绘本＋’全域遗产教育理念”项目入选全球世界遗产教育创新优秀推荐案例。“良良的世界”是良渚博物院于2018年起创作的儿童科普系列绘本，截至年末，已出版发行《良良的陶器世界》《良良的古城世界》《良良的玉器世界》三册。

【重温习近平总书记关于良渚遗址重要批示精神理论研讨会】 2021年7月6日，“重温习近平总书记关于良渚遗址重要批示精神理论研讨会暨‘杭州良渚日’活动”在良渚古城遗址公园举行，省委常委、宣传部部长朱国贤出席并讲话。中国文物学会会长、故宫博物院原院长单霁翔，中国文化遗产研究院院长柴晓明，浙江省社科院副院长陈野等专家学者，围绕遗产的保护传承、展示利用、宣传推广和学术研究开展专题研讨会，为余杭区做好文化遗址保护研究传承利用，探索文化遗产保护的有效路径建言献策。

【良渚遗址保护总体规划修编】 2021年3月5日，杭州良渚遗址管委会协同浙江省文物局专题研究《良渚遗址和鲤鱼山、老虎岭水坝遗址保护总体规划》（以下简称《总规》）修编工作，讨论交流保护范围内部分遗存保护区划划定、建设控制地带及环境控制区内高度管控等重要存疑问题。4月30日，《总规》被列入杭州市人民政府2021年度重大行政决策事项并公布。10月28日，省文物局对《总规》进行评审。会议认为，本次修编工作结合考古最新成果和文物保护最新相关规定，针对良渚遗址和鲤鱼山、老虎岭水坝遗址进行全面、系统、细致地保护规划，严格遵守国际承诺和上位要求，结合遗址特点科学制定近期和中远期工作方向，正确处理遗址区保护与发展关系。11月15日，杭州市人民政府召开会议专题研究《总规》修编工作。12月24日，《总规》送审稿完成浙江省文物局审查，按照规定上报国家文物局。

【良渚遗址文物安全巡查网格智治模块】 2021年12月24日，“良渚遗址文物安全巡查网格智治”应用场景入选省文物局公示的第一批“文物安全”应用场景建设试点“揭榜挂帅”项目名单。该应用场景立足良渚遗址文物安全实际，以“遗址本体”“环境风貌”为切口，以与属地镇

2021年7月6日，“良良的世界”系列绘本入选全球世界遗产教育创新优秀推荐案例　（朱成琪　摄）

（街道）、公安、林业水利、气象等单位的多跨协同线上全流程管控，与基层治理网格化联动闭环管理，多学科的大遗址保护技术开发与运用，多跨系统的创新集成与融合为创新亮点，旨在解决工作中存在的安全隐患与堵点、难点问题，实现文物安全巡检、管理、预警、处置、监管的网格化全流程闭环管控。

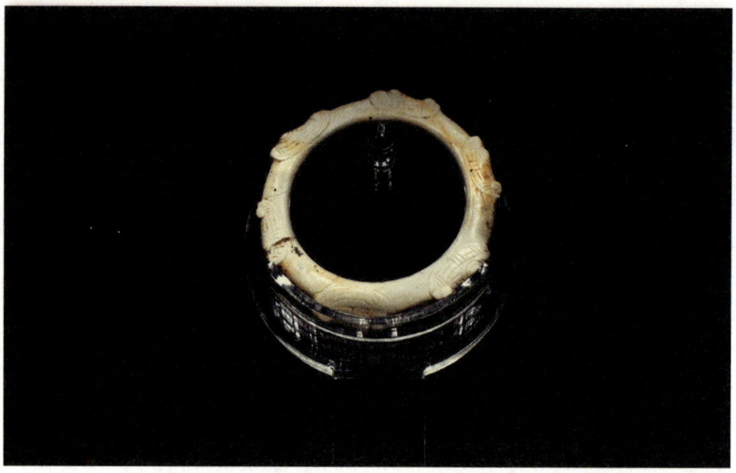

北村遗址 M106 号墓葬出土的玉龙首镯（摄于 2021 年）

（盛淑彦　摄）

【北村遗址被评为浙江考古重要发现】　2021年12月26日，瓶窑北村遗址入选2021年度浙江考古重要发现名单。北村遗址位于杭州市余杭区瓶窑镇，北距良渚古城约2千米，是一处良渚早期的聚落遗址。6月，考古人员在挖掘北村南地点时，发现一批高等级墓葬，其中M106号墓葬出土了龙首镯、镂孔兽面纹冠状器、璜串、玉蝉等重要玉器。北村遗址是继官井头之后，良渚古城外围的又一重要发现，揭示良渚古城建成之前贵族阶层的发展状况，为研究良渚早期社会发展、阶级分化，探索良渚古城的崛起背景提供了新的资料。

（黄银炜）

遗址公园建设与运营

【智慧景区二期建设】　2021年，良渚古城遗址公园实施智慧景区二期建设，整合城址区、瑶山遗址数据，升级数据门户、综合管控、可视化大屏等，建设统一登录入口的指挥中心。提升“良渚古城”小程序，提供预约购票、公园介绍、智慧导览、周边推荐、文创购物等服务，打造以良渚古城遗址公园为中心的“OTA”（Online Travel Agency，在线旅游），实现一机游良渚。加强园区内的安全管理，划定虚拟电子围栏，根据视频分析算法对越界的情况自动报警，分析园区内各个点位人数，形成热力图，实现拥挤监测。在南城墙、钟家港等4个景点新设置6个搭载5G技术的摄像头，游客可参与视频博客（Vlog）打卡，体验“神王之城”“匠作生辉”等主题的场景；投入使用良渚“AR眼镜2.0”，提升参访体验。

【小微水体治理】　2021年，良渚古城遗址公园开展小微水体治理，采用水生态立体修复集成技术，构建“食藻虫—水下草坪—水生动物—微生物”共生体系统，恢复“草型清水态”自净系统，提高水域生态系统对污染物质的自净能力，良渚古城遗址公园29个景观池塘全部达到Ⅱ类及以上水质标准，其中雉山港被评为2021年杭州市小微水体样板。

【良渚古城风筝文化节】　2021年4月10日至5月5日，“良渚之上 文明翱翔”2021良渚古城风筝文化节在良渚古城遗址公园举行。活动通过线上线下形式，开展良渚古城风筝文化艺术展、良渚古城艺术风筝创作、舞态良渚沉浸式舞蹈、良渚古城图腾文化课堂等活动，展现良渚古城春季魅力与特色。

【良渚古城遗址公园西门正式开放】　2021年5月1日，良渚古城遗址公园西门正式开放，西访客中心正式启用。良渚古城遗址公园西门位于瓶窑镇祥彭线与华兴路交叉口附近。项目于2020年8月正式启动建设，主要建设内容为兼顾购票、检票、咨询等功能的公园访客服务中心以及配套用房，增设艺术雕塑、园林绿化、景观小品等。西门的开放，实现游客分流，减轻南入口和凤山宕口的游客入园压力，也便于瓶窑镇及其他本地游客参观。

良渚古城遗址公园西门广场（摄于 2021 年）
（朱成琪　摄）

【宫殿巨型木构展示点正式开放】 2021年7月8日，良渚古城遗址公园“宫殿巨型木构”复原展示点正式对外开放。2015年冬天，浙江省文物考古研究所开始在钟家港河道南段进行考古挖掘。2017年春天，河道中陆续发掘出多个长短不一的巨型木构件，其中3根体量较大的被称为“大木作”，最长的高17.2米。该次展示点内的巨型木构三维数据采集自2017年考古发掘的原件，通过三维（3D）技术扫描，1∶1复原而成。

【瑶山遗址公园试开园】 2021年9月29日，良渚古城瑶山遗址公园试开园。瑶山遗址公园位于良渚街道安溪村，由瑶山、凤凰山、馒头山三座山峰组成，占地面积0.7平方千米，核心遗址点为瑶山祭坛和高等级墓地。瑶山祭坛和墓地呈叠加状态，复原后是一座方形红土台，访客可以拾级而上，通过透明玻璃地面，近距离观察“坛墓一体”的结构特征。瑶山遗址公园开园后串联起安溪古镇、良渚古城遗址公园、瓶窑老街。良渚古城遗址公园东门于同日投入使用。

（黄银炜）

良渚文化宣传与推广

【良渚文明线上主题展】 2021年1月1日，由浙江省文化和旅游厅主推，良渚博物院参与的“云上泽国——良渚文明线上主题展”在全球中国文化中心和旅游办事处官网及社交媒体发布，文化和旅游部海外中国文化中心平台同步上线，标志本次展览的国际宣传推介启动。主题展采用交互技术，以沉浸式沙盘动画及嵌入式视频还原良渚古城风貌，制造出让人身临其境的观展体验，其间穿插知识问答、VR（虚拟现实）互动、小游戏、影音艺术等交互形式。截至年末，展览在全球63个国家宣传推广。

【《遗产里的中国》第一集《良渚》开播】 2021年1月31日，纪录片《万里走单骑——遗产里的中国》第一集《良渚》在浙江卫视首播。该片以“宣传中国世界遗产、探寻文化之根”为核心，探访中国世界遗产地，展示遗产价值和自然之美，传播中华优秀传统文化，讲好中国故事。《良渚》时长60分钟，从专业的角度宣传推介良渚遗址保护研究传承利用工作的历程和成果，带领观众了解中华五千年文明圣地的文化魅力。

【“点亮圣地，点亮文明”主题元宵灯会】 2021年2月26—28日，“点亮圣地，点亮文明”主题元宵灯会在良渚古城遗址公园举行，2021只灯笼组成200米红色长廊和玉琮、玉璧、玉鸟等良渚文化特色造型。灯会上，举行良渚文化知识竞猜、传统书法、手工非遗灯笼扎制等活动。活动被中央广播电视总台《新闻联播》、中央人民广播电台中国之声《全国新闻联播》报道。

【2021年联合国中文日介绍良渚文化】 2021年4月20日（纽约时间4月19日晚），在联合国中文日“聚焦象形文字”系列活动中介绍良渚文化，从稻作文明、玉器文明、刻画符号三个方面展示良渚文化的价值与内涵。良渚博物院工作人员通过远程网络直播的方式，分别用中文、英文向联合国官员、外交官以及海外华侨介绍良渚文化。

【良渚文化走进全国高校巡展】 2021年5月12日，“良渚文化走进全国高校巡展”首站展览在浙江大学紫金港校区月牙楼开展。10月26日，良渚文化全国高校巡展第二站在浙江工业大学屏峰图书馆开展。展览主题为“良渚是实证中华五千多年文明史的圣地”，分为良渚古城遗址摄影展、良渚文化出土器物（仿制品）展区，融入良渚文创衍生产品展区及以良渚文化为主题的学生创意设计作品展示，通过高校巡展带动青少年了解良渚文化、读懂良渚文化、认识良渚文明。

【“我在中华文明圣地学党史”主题展】 2021年5月1日，“我在中华文明圣地学党史”主题展在良渚古城遗址公园开展，展览分别由“开天辟地——中国共产党创建史图片展”“中国共产党历届全国代表大会专题展”“见证——良渚古城遗址申遗之路展”三大展览构成。

【韩国国际旅游展体现良渚元素】 2021年6月24—27日，第36届韩国国际旅游展在韩国首尔贸易中心举行，良渚古城遗址公园出现在“诗画浙江”专题展台，良渚古城遗址公园照片在韩国《中央日报》的头版刊登。

【良渚遗址与延安革命纪念地开展战略合作】 2021年7月6日，杭州良渚遗址管理区管理委员会与延安革命纪念地管理局战略合作签约仪式暨“弘扬延安精神 共筑文化自信”宣讲报告会举行。根据战略合作协议，双方将通过开展研学、互访、互讲、互助、互展等一系列交流活动，围绕良渚文化、红色革命文化的保护、研究、传承、利用开展合作，共同讲好良渚故事、延安故事、革命故事和中国故事，推动传播良渚文化、延安精神的价值内涵和时代精神。

【良渚文化主题展在国际服务贸易交易会举行】 2021年9月2日，2021年中国国际服务贸易交易会在北京开幕，由杭州良渚遗址管理区管理委员会策划的良渚文化主题展同步在浙江综合展区举行。良渚文化主题展位于浙江展区的中心区域，由玉琮、玉璧、玉钺实物仿制品，视频，良渚古城介绍文字和遗址风貌图片组成，展示良渚的价值内涵和文化成就。

【外媒采访团走进良渚博物院】 2021年10月13日，“2021境外主流媒体杭州行”媒体采访团到良渚博物院。来自法新社、古巴拉美通讯社、葡萄牙卢萨社、哈萨克斯坦通讯社、越南之声、日本每日新闻社、东京新闻、北海道新闻社、西日本新闻社等10多家境外媒体的记者参加本次活动。通过笔和镜头讲述良渚故事，向全世界介绍良渚古城遗址的魅力和历史。

【良渚主题系列文化交流活动在雅典举行】 2021年11月4日，“曙光之约·东方泽国”中国良渚文明主题展及“文明的回望”良渚文明与希腊文明对话交流活动在希腊雅典文化中心举行。“曙光之约·东方泽国”主题展以良渚文明的发展时间轴为叙事顺序，由“稻与王国”“城与创造”“神与信仰”三个板块构成，通过文物复制品、三维实景复原视频、图文资料以及光影艺术装置等形式，展示良渚文明。

【良渚作为《中国考古大会》首篇开播】 2021年11月19日，考古空间探秘类文化节目《中国考古大会》之“五千年前的神秘古城——良渚”在中央广播电视总台央视综合频道首播。节目首播电视端触达观众5900万人次，融媒体端触达9亿人次，相关话题阅读量超3亿次。

（黄银炜）

良渚文化文创产业

【“金钰良源”被评为全国百佳文创产品】 2021年5月8日，首届全国文化创意产品推介活动终评会在北京举行，经过专家现场观摩文创产品、综合评议等环节，遴选出100件（套）全国百佳文化创意产品，良渚博物院选送的“金钰良源”入选。“金钰良源”外形为黄金镶嵌的和田玉玉璧，融合“良渚五千年文明起源”“中华民族团结互助精神”“人民对美好生活的愿景”三大主题，体现了良渚文化的标志“神人兽面纹”和良渚最具代表性的玉琮、玉钺、玉璧等玉器元素。

【良渚文创箱包成为奥运会中国体育代表团装备】 2021年7月4日，2020东京奥运会中国体育代表团装备在北京发放，由杭州良渚遗址管理区管理委员会授权杭州臻元休闲用品有限公司开发的良渚元素文创行李箱成为中国代表团专用行李箱。箱体四个长边参考玉琮外四棱形制，箱体上方有良渚神徽像图案，良渚玉器上的微刻纹路作为暗纹装饰箱体，表达低调、优雅的君子气质。

【良渚文创入驻天猫】 2021年7月10日，“今·致良物”——良渚文创入驻天猫活动在良渚古城遗址公园举行，良渚文创正式入驻天猫。良渚文化天猫旗舰店以“江南，有良渚！”为主题。当天，良渚文创还联动西湖、大运河以及数家文创品牌和文创企业，开展以“今·致良物”为主题的文创集市，现场展示包括日常用品、餐饮用具、挂件配饰、蓝染、手艺、竹编等在内的文创产品。

《良渚日历 2022》（摄于 2021 年）

（朱成琪　摄）

【金融业“良渚文化传承示范基地”挂牌】 2021年7月12日，“良渚文化传承示范基地”授牌仪式在工商银行杭州良渚文化支行举行。支行外观采用良渚玉琮、玉璧、玉钺的造型，内部设计和金融产品也体现良渚文化元素，是金融业唯一整体传播良渚文化的营业点。自2019年杭州良渚遗址管理区管理委员会与中国工商银行杭州分行签署战略合作协议以来，双方探索“文化+金融”模式，推动文化遗存保护和城市文脉延续。

【首部良渚主题日历发行】 2021年11月10日，首部良渚主题日历——《良渚日历2022》发行，在天猫良渚文化旗舰店和良渚博物院旗舰店上线售卖。《良渚日历2022》由杭州良渚遗址管理区管理委员会编写，浙江人民出版社出版。日历收录365幅良渚古城遗址的风景照、文物照和典型刻画符号，集艺术、科普、人文为一体，结合考古、自然、建筑、美学知识，将良渚文化知识以轻松、实用的形式传递给读者。

（黄银炜）

编辑：范雅君

体 育

Sports

综 述

【概况】 2021年，余杭区完成省、市级足球场、多功能运动场、百姓健身房等基层体育设施建设70处，健身步道13条、总长33.0千米，全区村（社区）体育健身点覆盖率100%。截至年末，全区体育场地总面积292.7万平方米，人均体育场地面积2.4平方米。全年培训、认定三级社会体育指导员889人。开展杭州市国民体质监测工作，完成监测样本3800例，合格率超95%。开展体育领域数字化改革，泳池安全监管平台项目被评为浙江省体育数字化改革“揭榜挂帅”项目。余杭区获得首批“全国县域足球典型”称号，区文广旅体局获得2021年度浙江省竞技体育突出贡献奖。

【体育活动】 2021年，区文广旅体局开展“全民健身、共享亚运”主题活动，举办冬季越野接力赛、舞龙展演、浙江省“40+”足球赛、“企业精英”足球赛、三人制篮球赛、全区“迎亚运盛会 庆建党百年”排舞大赛、2021年余杭区全民健身日系列活动、2021年杭州市毅行大会（余杭站）等群众体育活动，各镇（街道）举办体育赛事活动100多场。全区参加体育锻炼的人数（不含学生）比例为41%。

（沈怡静）

群众体育

【基层体育设施建设】 2021年，余杭区体育设施建设以“构建10分钟健身圈”为目标，推进百姓健身房、社区多功能运动场等新型体育场地建设。开展省级民生实事项目7个，其中，新建体育公园1处、社区多功能运动场3个、足球场1个、百姓健身房1个、村级全民健身广场1处。全年建设市级提升工程4处，其中，体育健身公园1处、全民健身广场1处、体育小康村提升工程2个。全年新建区级全民健身工程59处（含区级惠民工程12处），其中，健身路径（含一代/二代智能）32处、篮球场（含标准/半场）23个、足球场1个、网球场2个、门球场1个。

【“活力机关·共迎亚运”机关文体活动】 2021年，余杭区“活力机关·共迎亚运”机关文体活动包含足球、排球、篮球、乒乓球、羽毛球、登山、毅行等8个比赛项目，2000多名机关干部参加。区教育局和区直机关联队获得足球比赛第一名，余杭区农村商业银行获得气排球比赛第一名，区教育局获得登山比赛第一名。

【杭州市毅行大会（余杭站）】　2021年9月18日，“全民健身·共享亚运”杭州毅行大会暨绿道毅行系列活动（余杭站）在辖区内33条绿道举行，全区参加共走“浙江省最美绿道”的毅行者超1500人，获得全市参与人数和总分双第一。11月底线下比赛结束。

（沈怡静）

竞技体育

【杭州市第20届运动会（青少年部）比赛参赛】　2021年4—12月，余杭区组建637人次代表团参加杭州市第20届运动会（青少年部）比赛。截至年末，区代表队参加23个大项的比赛，获得金牌82枚、银牌61枚、铜牌76枚，总分2157.5分，列金牌榜和总分第三名。

【陈莎莎获东京奥运会参赛资格】　2021年4月，余杭籍运动员陈莎莎获得亚洲帆船锦标赛穆萨纳公开赛暨奥运会入场券资格赛女子49erFX级冠军，并获得东京奥运会参赛资格，代表中国参加东京奥运会帆船比赛。

【余杭籍运动员获第14届全运会金牌】　2021年7月15日，在陕西奥体中心举行的第14届全运会上，余杭籍运动员金孝轩获得体操青年女子U14组冠军，这是浙江代表团在第14届运动会上获得的首枚金牌。9月，陈莎莎获得第14届全运会女子帆船（潍坊赛区）49erFX级金牌。

（沈怡静）

体育产业

【“泳池‘一件事’”入选“揭榜挂帅”项目】　2021年，区文广旅体局提出泳池“一件事”创景方案，采用AI人工智能算法技术，结合高清监控设备，形成防溺水识别系统，实时监测泳池泳客安全及异常情况，并实时报警，辅助安全员现场管理。通过人工智能、物联网、大数据等技术同步回传泳客安全情况、安全员在岗情况、水质情况、馆内人员分析等实时数据至省、市、区的泳池安全监管平台，统一管理。6月29日，该项目入选省体育局发布的体育数字化改革“揭榜挂帅”项目。

【巨岩欣成入选“国家智能社会治理实验基地”】　2021年，根据《关于组织申报国家智能社会治理实验基地的通知》，经中央网信办、国家发展和改革委员会、教育部、民政部、生态环境部、国家卫生健康委、国家市场监管总局、国家体育总局8个部门评审，杭州巨岩欣成科技有限公司入选第31届成都世界大学生运动会智慧场馆运行管理平台项目，成为八部委“国家智能社会治理实验基地”。

【谢欣被评为省体育产业领军人物】　2021年11月25日，中国体育彩票第四届浙江省体育产业领军人物评选结果揭晓，余杭区的杭州巨岩欣成科技有限公司首席执行官谢欣获得“2021年浙江省体育产业领军人物（个人）”称号。

【陈文忠被评为中国体育产业领军人物】　2021年12月28日，在省体育局指导下，省体育产业联合会启动“中国体育彩票第四届浙江省体育产业领军人物评选”活动，陈文忠获得“2021年中国体育彩票第四届体育产业领军人物（个人）”称号。

（沈怡静）

编辑：陈林

卫生健康

Health and Wellness

综　述

【概况】　2021年，余杭区有各类医疗卫生机构447家，比上年增长15.8%。其中：区属医院3家、卫生单位5家，社区卫生服务中心12家；社区卫生服务站79家，民营医院7家（包括护理院3家，互联网医院2家）、门诊部45家、检验所实验室8家、诊所121家、厂矿学校医务室6家。全区医疗机构拥有床位5412张，卫生技术人员9091人，其中执业（助理）医师3719人。区卫生健康系统所属医疗卫生单位拥有床位580张，工作人员3845人，其中卫生技术人员3410人，占工作人员总数的88.69%。全年辖区内孕产妇死亡率为零，5岁以下儿童死亡率1.59‰，人均期望寿命83.67岁。年末全区人口出生率9.037‰，死亡率4.571‰，人口自然增长率4.466‰。

【中医药事业发展】　2021年，余杭区充分发挥中医药在新冠肺炎疫情防控中的作用，为集中隔离点、一线医务人员及市民发放中成药及中药汤剂茶饮5万余份。组织开展“十四五”时期中医药事业发展规划编制。推选杭州市名中医、青年名中医及基层名中医，余杭区第二人民医院仓前分院陆洪品被推选为基层名中医。推选4名中医师参加杭州市青年中医骨干跟师培训项目，推选4名护理人员参加杭州市中医护理优秀人才培养项目。余杭区获得杭州市中医药适宜技术推广应用竞赛团体二等奖，余杭区第三人民医院中医科金晶获得杭州市中医药适宜技术推广应用竞赛个人三等奖。余杭区获得杭州市中医住院医师中医药技能竞赛团体三等奖。余杭区第三人民医院药剂科姚竹君获得杭州市首届中药养生膏方制作竞赛个人一等奖。

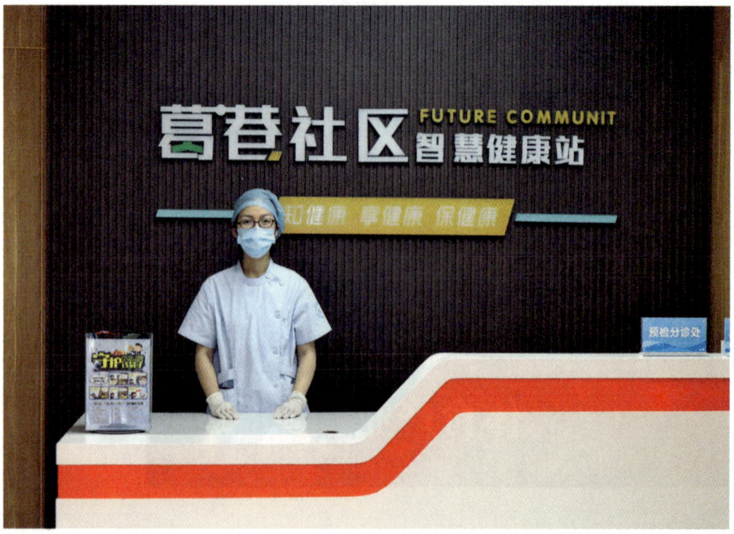

仓前街道葛巷社区智慧健康站（摄于2021年）

（区卫生健康局　供图）

【智慧健康应用】 2021年11月5日，余杭区卫生健康局被评为2020年度国家医疗健康信息互联互通标准化成熟度四级甲等单位。“智慧健康站”入选杭州市数字社会“最佳应用”。“舒心育儿”应用被评为杭州市数字化改革门户优秀应用。上线浙里办“健康余杭”微应用，日活跃2万人次。家庭医生为居民提供线上转诊8017次。余杭区第二人民医院申报的“5G＋医共体医疗标本运送”项目被评为工业和信息化部和国家卫健委“5G＋医疗健康应用”试点项目。2021年，余杭区第二人民医院医共体开通的7条航线平均单次飞行时间9.5分钟，共飞行4308架（次），配送标本3.2万份。

（李东颖）

健康余杭

【概况】 2021年，余杭区发布《健康余杭建设进展状况报告（2020年）》（《健康余杭白皮书》）。推进健康余杭三年（2020—2022年）行动，余杭区心理健康促进行动被列为健康浙江三年行动省级试点项目。2018—2020年，余杭区连续三年获得健康浙江、健康杭州考核优秀等次，并被评为“健康浙江建设首轮三年（2018—2020年）先进县（市、区）”。

【公共政策健康影响评价】 2021年，余杭区被列为浙江省公共政策健康影响评价试点地区。建立公共政策健康影响评价联席会议制度，出台《余杭区公共政策健康影响评价试点实施方案（试行）》《余杭区公共政策健康影响评价专家库暂行管理办法》。完成《杭州市余杭区“十四五”生态环境保护规划（征求意见稿）》《余杭区“余阅”公共阅读空间实施方案（2021—2023年）（征求意见稿）》健康影响评价，提出专家意见14条，部门采纳11条。

【健康细胞工程】 2021年，余杭区以“一镇一品2.0”升级版培育镇（街道）属地健康创建特色，申报浙江省健康镇7个，健康村49个，国家卫生乡镇全部创建为健康乡镇。创建浙江省健康促进学校（银牌）4家，市级健康单位（场所）29家，闲林街道翡翠社区被评为“2021年度杭州市健康示范单位（场所）”。创建浙江省健康促进学校（铜牌）7家，区级健康单位34家，区级无烟单位74家，区级健康家庭2000户。

▶链接 “健康细胞工程”：各级健康乡镇、健康家庭、健康社区（村）、健康景点、健康宾馆、健康餐馆、健康市场、健康商场、健康促进机关、健康促进企业、健康促进医院、健康促进学校创建。

【大健康发展理念宣传】 2021年，余杭电视台播出“健康余杭”电视栏目22期，《余杭晨报》刊出健康资讯95次。各镇（街道）、村（社区）、健康单位健康教育宣传栏更新宣传画报6期。112名健康余杭讲师团成员开展健康讲座77场。109家农村文化礼堂开展健康素养进农村文化礼堂等活动1243场，受益9.6万人次。组织开展全国第六届“万步有约”健走激励大赛活动，37支队伍374名参赛队员参加“万步有约”精英赛，余杭区被评为全国优秀健走示范区。2021年，余杭区居民健康素养水平39.19%，较上年提高1.24个百分点。

（李东颖）

新冠疫情防控

【新冠疫苗接种】 2021年，余杭区在12家预防接种门诊基础上，增设21个镇（街道）临时接种点，同步开展入校入企集中接种。有计划分阶段对目标人群实施新冠疫苗接种，全年供应新冠疫苗273万剂（次），接种270.2万剂（次），其中，常住人口（18岁以上人群）首针接种117.6万剂（次）（接种率112.94%），全程接种117.0万剂（次）（接种率112.30%），加强针接种16.3万剂（次）。3岁～11岁人群首针接种10.3万剂（次）（完成率106.75%），第二针接种8.3万剂（次）（完成率90.40%）；12岁～17岁人群首针接种5.3万剂（次）（完成率139.421%），第二针接种4.9万剂（次）（完成率135.38%）。

【人物同防】 2021年，余杭区接收入境航班74批4996人，管理密切接触者、次密接。开展进口冷链食品、外包装、环境和工作人员新冠核酸检测，共检测核酸样本23.8万份，检测出食品外包装样本阳性1份、冷库环境样本阳性1份。

▶**链接** “人物同防”：强化重点人群、重点地区、进口冷链食品和物品疫情防控，防范境内疫情反弹。

【核酸检测】 2021年，余杭区第二人民医院、余杭区第三人民医院完成院内PCR实验室（基因扩增实验室）改造，获得省临床检验中心初审批复或复检通过，全部具备核酸样本采集和检测能力。全区公立医院、社区卫生服务中心及民营医疗机构具备核酸检测能力的人员2000人，完成全员培训。全年共检测90万余人次。

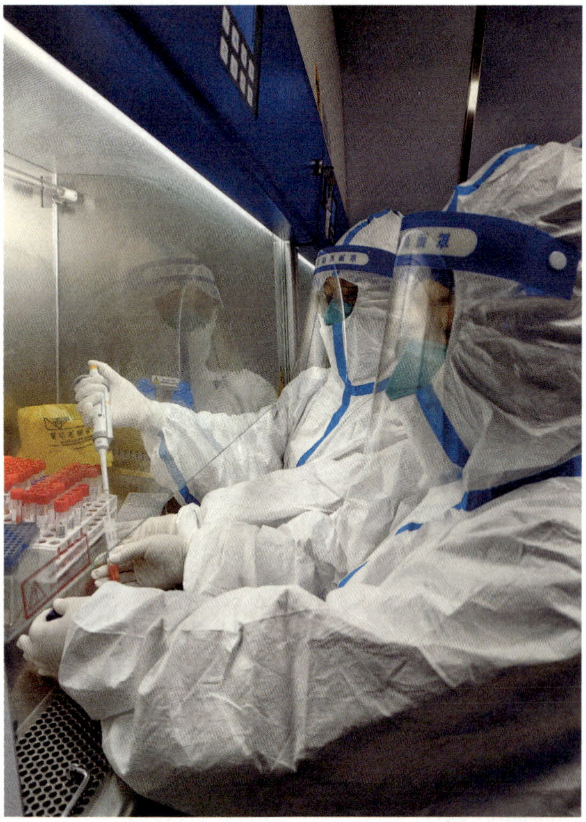

2021 年，余杭区疾病预防控制中心检验人员在实验室检测核酸样本

（区卫生健康局　供图）

【发热门诊】 2021年，余杭区有发热门诊3家，分别为浙江大学医学院附属第一医院总部、余杭区第二人民医院、余杭区第三人民医院，按要求规范设置留观室。发热诊室13家，包括良渚医院、12家社区卫生服务中心，可独立接诊发热人员并进行核酸检测采样送检。

【院感防控】 2021年，余杭区制定下发《余杭区新冠疫情院感防控十大关键举措》。区卫生健康局成立疫情防治院感督导组，全年开展检查34轮（次），出动检查人员1582人次，发现问题600个，监督警告52家（次）。

【防疫科普】 2021年，余杭区设计制作、发放健康教育资料5.25万份；设计“防疫三字经”“科学防疫，抵御新冠”“公民防疫基本行为准则”“新冠疫苗接种”等宣传海报折页10款；电子屏循环播放180条。向各医疗单位提供新冠防控健康教育资料库。

（李东颖）

卫生健康监督执法

【概况】 2021年，余杭区受理卫生健康投诉举报案件154起、立案处罚337起，罚没款234.4万元，移送公安追究刑事责任1起。

【“双随机、一公开”监管】 2021年，余杭区接收国家双随机任务589家，执行率100%，掌上录入率100%。建立省级双随机任务236家，其中跨部门任务52家，掌上录入率100%，信用规则应用100%。做好浙江省行政执法平台、浙江省卫生监督综合管理系统动态更新维护工作。

▶链接　“双随机、一公开”即在监管过程中随机抽取检查对象，随机选派执法检查人员，抽查情况及查处结果及时向社会公开。

【医疗服务监督】　2021年，余杭区强化公立医疗机构监管，继续开展与医保、市场监管、公安等部门的协同监管。全年监督检查各类医疗机构1658家次，对157家（名）单位（个人）实施行政处罚，罚没款140.2万元。

【无证行医打击】　2021年，余杭区继续依托大联动和网格治理模式，强化多部门联动和联合监督执法机制，完善联席会议制度，落实行政执法与刑事司法的衔接机制以及与相关部门之间的移送机制，多举措遏制无证行医、非法医疗美容和“两非”（非法胎儿性别鉴定、非法终止妊娠）违法行为。全年受理非法行医相关投诉举报45起，移送公安追究刑事责任1起，查处非法行医（含非法医疗美容）17起，罚没款60.7万元。

【环境卫生监督】　2021年，余杭区开展集中空调通风系统专项监督检查和检测。开展节假日民宿卫生保障，游泳场所夏季保健康专项行动。联合农业农村、公安、市场监管等部门开展民宿联合检查。加强疫情期间学校传染病执法力度，对2所严重违反传染病防治法的民办学校作出罚款的行政处罚。开展托幼机构卫生专项监督检查。开展0岁～3岁托育服务机构卫生监督检查。按季度对水厂、二次供水单位等进行监督检查和采样。

【消毒产品与餐饮具集中消毒企业监管】2021年，余杭区监督检查消毒产品生产企业和经营单位45家（次），立案查处2家，罚没款0.2万元。监督抽检和现场指导餐饮具消毒单位，开展食品安全承诺工作，全年采样16个批次160件，合格152件，合格率95.0%，立案查处餐饮具集中消毒单位5家，罚款0.5万元。

【职业卫生监管】　2021年，余杭区对职业健康检查报告书进行书面质量监测，审核职业健康检查报告958份，重点对合法性、规范性进行监督检查。区卫生健康行政执法队成立3个执法组，对全区24家建筑相关行业企业开展职业卫生专项检查，立案处罚20家、警告14家，罚款37.5万元。监督检查放射诊疗单位160家、立案处罚8家，罚款2.8万元。

【卫生健康领域行政审批】　2021年，余杭区卫生健康领域办理行政审批事项6683件，其中，公共场所卫生许可证1414件、放射诊疗许可证63件、医疗机构执业许可767件、医疗机构校验298件、医师注册2235件、护士注册2094件、精麻药品相关许可9件、母婴保健技术人员服务许可82件、美容主诊医生备案24件、医疗广告审批58件、病媒生物备案7件。

（李东颖）

疾病预防控制

【概况】　2021年，余杭区报告传染病17种1.0万例，发病率为818.14/10万，较上年下降28.31%。无甲类传染病报告；乙类传染病11种1689例，占总病例数16.83%，发病率为137.69/10万，较上年增长15.13%；丙类传染病6种8347例，占总病例数的83.17%，发病率为680.45/10万，较上年下降33.40%。报告法定传染病死亡1例，死亡率为0.08/10万，较上年下降50.00%。乙类传染病发病数居前十位的病种为梅毒497例、肺结核409例、淋病373例、痢疾252例、肝炎86例、新型冠状病毒肺炎23例、猩红热19例、艾滋病16例、百日咳7例、疟疾5例。丙类传染病居前三位的病种为流行性感冒3661例、手足口病2467例、其他感染性腹泻病2178例。全年报告突发公共卫生事件30起，均为未分型，其中，诺如病毒感染胃肠炎疫情2起、新型冠状病毒肺炎23起、水痘疫情5起。

【重点传染病管理】　2021年，余杭区继续落实艾滋病“铁三角”（疾控、非政府组织、医院）、结核病“三位一体”（疾控中心负责规划协调，定点医院负责病人诊治，社区卫生服务中心负责病人管理）和血吸虫病联防联控工作机制。新发现报告艾滋病85例，接受免费抗病毒治疗病人272人。新登记结核病人511例，其中，肺结核416例、单纯性结核性胸膜炎35例、肺外结核60例。筛查密切接触者1426人。对33所高中及寄宿制初中新生开展结核菌素试验筛查，共筛查1.20万人，筛查发现结核病患者1人。

【免疫规划管理和预防接种服务】 2021年，余杭区继续组织实施70周岁以上老年人流感疫苗免费接种民生项目，全年接种8619剂（次）。8月，委托浙江英特物流有限公司代为存储、配送疫苗。冷链监测报警系统实现与省疾控中心和省市场监管局（药品监督管理局）数据端口对接。接种应急水痘疫苗1586剂（次），接种九价人乳头瘤病毒（HPV）疫苗1.1万剂（次），完成免疫规划疫苗接种30.58万人次，“9苗”单苗接种率超99%，接种非免规疫苗27.71万人次。杭州余杭毓舫花城成人接种门诊投入使用。

▶链接 “9苗”指乙肝疫苗、卡介苗、脊灰疫苗、百白破疫苗（含白破疫苗）、麻风疫苗、麻腮风疫苗、乙脑疫苗、流脑疫苗（含A群和A＋C群）、甲肝疫苗。

【艾滋病防治】 2021年，余杭区本地报告艾滋病病例85例，其中，男性83例、女性2例。截至年末，除港澳台和外籍，按病例类型为确诊病例，余杭区累计管理病人255例、死亡26例、现存活220例。开展HIV抗体检测，全年检测9.0万人次。

【青春健康教育】 2021年，区卫生健康局、区教育局、区计划生育协会、区疾病预防控制中心继续联合开展余杭区“万名初中生青春期健康教育工程”，全年开展青春健康培训423场，覆盖14所初中，包括12所公办初中、2所民办（蒲公英学校、东方未来学校）初中的141个班级，6027名初二学生。授课后，学生的总青春期健康知识知晓率为67.00%，较授课前提高29.25个百分点；总青春期健康态度持有率为67.21%，较授课前提高10.01个百分点；健康行为规范率为64.95%，较授课前提高5.78个百分点。性相关行为规范率为66.54%，较授课前提高6.32个百分点。学生的艾滋病知识知晓率为70.66%，较授课前提高40.54个百分点。学生对授课内容的满意度为97.91%。2016—2021年，受益学生5.9万人。辖区2所高校开展健康讲座35场覆盖7126人次。针对青少年监护人举办以“护爱小禾苗、健康助成长”为主题的公益讲座13场，受益500多人次。

【健康教育及控烟】 2021年，余杭区围绕结核病防治日、世界无烟日、全民健康生活方式日、高血压日、糖尿病日、世界艾滋病日等卫生日开展宣传义诊活动159场次，受益人数6.0万人，全区健康素养进农村文化礼堂、学校、社区、机关、企业等地开展慢性病、健康生活方式、急救、传染病、中医养生、新冠接种及防控、青春期健康教育等健康讲座873场，受益人数3.9万人。开展第34个世界无烟日宣传活动，发放控烟资料5700多份，举办控烟讲座32场，受益人数4104人。2021年，余杭区15岁及以上人群吸烟率为17.9%，其中，男性吸烟率为38.4%，女性吸烟率为0.5%。15岁～24岁人群吸烟率为12.5%。

【居民健康素养监测】 2021年，余杭区居民健康素养的总体水平为39.2%。其中，男性健康素养水平为33.8%、女性健康素养为33.3%。居民基本知识和理念为52.3%，健康生活方式与行为42.0%，基本技能健康素养水平为29.1%。六类健康问题健康素养水平：安全与急救素养为68.4%、科学健康观素养为62.8%、传染病防治素养为39.2%、健康信息素养47.1%、基本医疗素养为29.7%、慢性非传染性疾病防治素养44.3%。从年龄、文化、职业等方面分析发现，25岁～34岁年龄组健康素养水平最高，为56.7%，55岁～64岁人群的素养水平最低，为12.3%；在不同文化程度人群中，除不识字/少识字、小学人群健康素养水平略低外，其余人群受教育程度越高者，健康素养水平越高；机关事业单位人员（40.4%）、其他企业人员

（53.5%）、学生（55.6%）为最高的三类人群，农民健康素养水平最低（13.5%）。

【疟疾防治】 2021年，余杭区受新冠肺炎疫情影响，非洲等疟疾流行区入境人口减少，疟疾感染情况相对减少。全年新发病例4例，均为境外务工或出差感染后回国确诊，其中，恶性疟3例、三日疟1例，重症1例、死亡病例0例。

【布鲁氏菌病防治】 2021年，余杭区共发生布鲁氏菌病例6例，散发在仓前、良渚等街道，病例按规范进行个案调查和现场处置，随访表明经规范治疗，所有病例已基本恢复健康。11月5日，区疾病预防控制中心专业人员会同市疾控专家组在仓前羊锅村对屠宰厂、饭店相关职业人员进行“羊锅节”节前宣传及防护指导。

【省网慢性病监测】 2021年，余杭区组织各级医疗单位开展重点慢性病监测，收到各级医疗单位恶性肿瘤报告卡4380张、糖尿病报告卡3654张、心脑血管病报卡2883张均及时整理汇总。区疾病预防控制中心按要求定期对网络上报的病人及时进行审核、监测和重卡剔除，督促各社区卫生服务中心及时将病例下发到辖区卫生服务站进行分级随访 管理。

【社区高血压、糖尿病随访管理】 2021年，针对上级审计部门发现的一季度社区高血压、糖尿病随访中的问题，区疾病预防控制中心组织全区12家社区卫生服务中心进行质量复核，逐项答复，最终通过审计核查。发布《余杭区社区高血压、糖尿病随访管理质控方案》。5月、6月及12月，开展社区慢性病综合工作半年度质量复核，共抽查高血压、糖尿病人480多例。举办社区高血压、糖尿病随访管理质量评估专题培训两期，医共体牵头单位及各分院专业人员200多人参加培训。

【职业卫生】 2021年，区疾病预防控制中心培训或指导辖区内职业健康检查机构19次。完成尘肺病患者随访调查351人，其中43人已死亡。8月，余杭区仁和街道尘肺病康复站（点）揭牌启用。全年审核用人单位信息卡145张、职业健康档案卡3.44万张、疑似职业病报告卡17张、职业病病例报告卡20张，其中，尘肺病8例、急性职业中毒（烷基苯合成热传导液）1例，职业性有害因素监测管理卡1003张、农药中毒报告卡63张。全年完成工作场所职业病危害因素现场监测32家（次），完成重点行业职业病危害因素监测和调查6家，开展职业危害风险评估3家、撰写风险评估报告1份。对5家医疗机构和4家非医用放射工作机构开展从业人员健康监测、机器监测和放射机房的调查。

【学校卫生监测】 2021年，区疾病预防控制中心监测2020—2021学年学生饮用水26份，监测指标为菌落总数、总大肠菌群、耐热大肠菌群、游离余氯、浑浊度、色度、pH值、肉眼可见物、嗅和味、氨氮、耗氧量、铁、锰、锌等。自来水6份，合格率100%；直饮水20份，合格率为100%。在6所学校开展学校餐饮具消毒质量监测，监测样品120件，合格率100%。完成3所市级综合监测点学校因病缺课监测，因病缺课总人数1921人，缺课天数4956人/天，高中缺课总人数421人，天数252人/天；初中缺课总人数925人，天数3688人/天；小学缺课总人数575人，天数1007人/天。根据病因追查记录，病因为感冒、其他传染病、肠道传染病、耳鼻喉疾病等。全区157所学校18.18万名学生参与健康检查，其中，男生9.64万人，女生8.54万人。中小学生营养不良率6.1%、肥胖率31.4%、身高上等率22.3%、身高下等率10.6%、体重上等率63.7%、体重下等率1.7%、视力不良率63.4%、沙眼率0%、恒牙龋齿率34.9%。对7所中小学校、2所幼儿园的2701名学生开展学生近视筛查，检出近视1583人，近视率为58.61%。幼儿园5.5岁～6.5岁儿童近视率17.28%，小学生近视率37.01%，初中生近视率79.54%，高中生近视率87.07%。对7所中小学校的2.54万名学生开展脊柱弯曲异常筛查，检出脊柱弯曲异常0人。监测学校教学生活环境卫生：教室人均面积合格率95.24%、黑板尺寸合格率85.71%、黑板反射比合格率26.19%、课桌面平均照度合格率97.62%、课桌面照度均匀度合格率83.33%、黑板面平均照度合格率78.57%、黑板面照度均匀度合格率95.24%、课桌分配符合率30.69%、课椅分配符合率26.19%、课桌椅分配符合率23.81%。

【地方病工作】 2021年，余杭区5个监测点的210份学生家庭盐样中，碘盐食用率86.7%，碘盐合格率87.4%，碘盐中位数23.6毫克/千克。105份孕妇家庭盐样中，碘盐食用率93.3%，碘盐合格率98.0%，碘盐中位数26.4毫克/千克。80所中小学校食堂碘盐中位数26.2毫克/千克。径山镇四岭村馒头山、径山镇四岭村千岱坑2个病区村饮水型地方性氟中毒监测，均未检出水氟，现患病人数分别为2人和1人，当地出生并居住的8周岁～12周岁儿童氟斑牙患病情况分别为1人和6人。

【水质卫生监测】 2021年，余杭区自来水覆盖率100%。区疾病预防控制中心在12个镇（街道）丰水期和枯水期各采集水样38份，总水样合格率94.64%。枯水期水样合格率100%，丰水期水样合格率89.29%。总项次合格率为99.78%，检测不合格的指标主要有菌落总数、总大肠菌群、肉眼可见物。

【院感消毒监测】 2021年，区疾病预防控制中心每月对3家区级医疗机构、12家社区卫生服务中心、96家社区卫生服务站进行水污染物消毒监测，结果符合《医疗机构水污染排放标准》排放要求。抽取10家幼儿园进行消毒质量监测，合格率86.87%。其中，空气微生物合格率96.77%、物体表面合格率94.00%、教职工手卫生合格率37.14%、使用中消毒液合格率100%、饮用水合格率100%、餐具合格率100%。区级医院消毒质量监测总合格率79.37%，其中，空气微生物合格率66.37%、手卫生合格率63.33%、物体表面合格率100%、反渗水合格率100%、漱口水合格率83.33%、使用中消毒液合格率100%、无菌包合格率100%、医院污水合格率100%。社区卫生服务中心消毒质量监测总合格率81.82%，其中，空气微生物合格率100%、手卫生合格率61.90%、物体表面合格率100%、漱口水合格率100%、无菌包合格率100%、医院污水合格率100%。抽取1家养老院、1家足浴店进行消毒质量监测，合格率为95.24%。

【食品安全风险监测】 2021年，区卫生健康局监测食品样本1464批次，检出食源性微生物或超标食品22批次，合格率98.50%。全年监测食源性腹泻病例1425例，其中，男性785例、女性640例。全年调查食源性疾病13起。

【疾控检验检测】 2021年，区疾病预防控制中心检测样品4717件，检测项目数1.7万项，其中，计量认证检测样品2698件、检测项目1.2万项，出具报告1638份。全年PCR（聚合酶链式反应）应急检测呼吸道疫情426份（1704项）、胃肠道疫情492份（984项）。

【精神卫生】 2021年，余杭区在册六大类精神障碍患者4340人，检出率4.39‰、规范管理率99.98%、规范服药率99.98%、面访率99.79%。为3000多名重性精神障碍患者提供免费药品44万元，为困难重性患者住院减免费用14.60万元。面向公职人员、老年人、儿童青少年、特殊人群等群体提供心理健康教育、团体心理辅导、个体心理评估和一对一心理咨询等服务，全年服务620人次。

（李东颖）

妇幼保健

【概况】 2021年，余杭区户籍产妇5564人，活产数5644人，系统管理率97.57%、住院分娩率99.98%。孕产妇死亡率为零。各监测医院出生5200人。全区3岁以下户籍儿童2.52万人，系统管理2.48万人，系统管理率98.54%。7岁以下儿童5.92万人，其中接受保健儿童5.88万人，保健覆盖率99.37%。

【3岁以下婴幼照护】 2021年，余杭区成立余杭区0岁～3岁婴幼儿照护服务指导中心，区卫生健康局出台《关于做好2021年婴幼儿照护服

务项目的实施方案》。8月27日，上线“舒心育儿”数字化管理服务平台。截至年末，全区备案托育机构16家，可提供备案托位603个，婴幼儿照护服务社区成长驿站14家，其中，示范型7家、基础型7家。组织开展婴幼儿家长养育技能提升专业课堂70场。

【母婴安全保障】 2021年，余杭区落实母婴安全“五大行动”（妊娠风险防范行动、危急重症救治行动、质量安全提升行动、专科能力建设行动、便民惠民服务行动）重点工作任务，高危孕产妇实行首诊负责制，妊娠风险评估为“橙色”“红色”和“紫色”的孕产妇作为重点人群纳入高危孕产妇专案管理，保证专人专案、全程管理、动态监管，规范危急重症转诊救治流程。全区管理高危孕产妇2175例，其中，重度高危孕产妇303例、危重孕产妇56例、无孕产妇死亡发生。

【消除艾滋、梅毒、乙肝母婴传播试点项目】 2021年，余杭区参加国家、省、市级业务培训4次，组织区内培训4次。2021年全区艾滋病母婴传播率、先天梅毒发病率均为零，乙肝母婴传播率0.93%；艾滋病感染孕产妇所生儿童早期诊断检测率100%；梅毒感染孕产妇所生儿童出生采血率及预防性治疗率均为100%；乙肝感染孕产妇所生儿童区内分娩检测率87.80%。

【优生检查】 2021年，余杭区免费孕前优生健康检查目标人数1.1万人，全年完成检查人数1.2万人。查出巨细胞IgG阴性110例、巨细胞IgM阳性10例、风疹IgG阴性833例、弓形虫IgG阳性132例、弓形虫IgM阳性3例。发现传染病29人，严重遗传病7人、生殖道疾病人数79人、内科疾病171人、影响婚育疾病人数17人。

【产前查和无创DNA】 2021年，余杭区产前筛查8474例（包括早筛、中筛和早中孕联合筛查）、筛出高风险1080例（其中年龄高风险716例）。参加产前诊断205例。确诊21-三体综合征7例、18-三体综合征3例、其他染色体异常13人。确诊中治疗性引产13例，2例为双胎中其中一胎死胎。9367名孕妇享受免费产前筛查。

【新生儿疾病筛查】 2021年，余杭区助产医院分娩活产5192人，新生儿疾病筛查5169例，筛查率99.56%，筛查出可疑儿童163例，确诊新筛异常儿童17例，其中，红细胞葡萄糖六磷酸脱氢酶缺乏症（G6PD）10例、先天性甲状腺功能减退症（CH）患儿7例。全年听力筛查儿童5190例，筛查率99.96%，免费新生儿听力筛查服务4717人次，筛查出可疑儿童307例，其中确诊听力异常儿童14例。5186名新生儿免费接受新生儿先天性心脏病筛查，筛查率99.88%，筛查阳性52人，阳性新生儿开展心脏彩超诊断52人，诊断率100%。

【儿童发育监测筛查】 2021年，余杭区0岁～3岁儿童发育监测2.48万人，发育筛查2.24万人，筛查率88.86%。筛查出可疑、异常302例，转诊上级医院做进一步评估82例、确诊28例。

【托幼机构保健管理】 2021年，余杭区卫生保健合格证持证单位162家，其中，托幼机构卫生保健工作达到省一级标准的19家、达到省二级标准的115家、达到省三级标准的6家、达到基本合格标准的22家。卫生保健验收合格率100%。在园儿童贫血患病率、营养不良患病率、视力不良率均控制在较低水平。

（李东颖）

基层卫生

【概况】 2021年，余杭区签约家庭医生服务29.51万人。建成中泰街道中桥社区卫生服务站、仁和街道云会社区卫生服务站、瓶窑镇张堰社区卫生服务站、良渚街道崇福社区卫生服务站、良渚街道棕榈湾社区卫生服务站、五常街道云创社区卫生服务站6家服务站。试点打造仓前街道葛巷社区智慧健康站和良渚街道七贤桥村智慧健康站。推进“优质服务基层行”创建，仁和街道社区卫生服务中心、良渚街道社区卫生服务中心、仓前街道社区卫生服务中心通过市级验收、省级复核。

2021年5月18日，永福社区“5·19”世界家庭医生日义诊活动现场　（区卫生健康局　供图）

【家庭医生签约服务】　2021年，余杭区印发《关于做好家庭医生签约服务工作的通知》。全区签约家庭医生29.51万人，十类重点人群签约覆盖率83.46%。开具慢性病长处方18.60万份，建立家庭病床809张。

▶链接　十类重点人群指老年人、孕产妇、儿童、残疾人、贫困人口、计划生育特殊家庭成员 以及高血压、糖尿病、结核病和严重精神障碍患者等。

【老年人健康体检】　2021年，余杭区建立体检管理系统，将财政补助的各类体检统一纳入一体化信息平台，自动分配老年人能享受到的体检套餐，避免重复体检。5月起，各体检承检机构开展体检工作，全年完成60周岁老年人免费健康体检9.37万人，体检率73.16%。

（李东颖）

医疗服务

【概况】　2021年，余杭区第二人民医院、余杭区第三人民医院、余杭区良渚医院与浙江大学医学院附属第一医院、浙江大学医学院附属第二医院、杭州市第一人民医院建立合作关系。5月，余杭区第二人民医院与浙江大学医学院附属第二医院骨科签订合作协议，浙江大学医学院附属第二医院骨科团队定期在余杭区第二人民医院坐诊。全区完成手术1.1万例。余杭区县域就诊率、基层就诊率分别为95.19%、76.95%。

【院前急救】　2021年，余杭区配备各类救护车28辆，其中负压监护型救护车14辆。建有“1个分中心—3个急救站—7个急救点”三级急救网络，平均出车时间为1分32秒，平均急救反应时间11分31秒。

【AED网络布点】　2021年11月22日，余杭区完成500台AED（自动体外除颤器）设备布点，累计布点700台。移动式布点AED设备9台，分别安装在交警铁骑和警察机动部队（PTU）巡逻车上。新布点的500台AED信息嵌入“120”急救调度系统，联动院前急救和社会急救。全年2.4万人次参加急救培训。

（李东颖）

人才队伍与医学科研

【概况】　2021年，余杭区卫生健康系统完成人才招引303人，其中，引进中、高级职称及硕士研究生以上学历人才59人、择优签约46人、公开招聘非卫技岗位人员27人、聘用定向培养农村社区医生16人、招聘编外人员155人。截至年底，卫生健康系统有高级职称384人，其中，卫技专业正高职称76人、副高职称296人。分类人才85人，其中，D类人才13人、E类72人。分类认定13人。选派10名专业技术人才到四川参与扶贫协作医疗援助。2021年，余杭区共有区域诊疗中心7个，其中，一级区域诊疗中心1个、二级区域诊疗中心6个。

【医疗人才培养】 2021年，余杭区名医名护培育库入库人员77人。其中，区属医院西医46人、中医6人、护理10人；医共体分院医生11人、护理4人。累计选派24名（2020年13名、2021年11名）培养对象，签订个性化责任书，分期分批选派到省内外知名三甲医院进行为期4个～6个月的带项目、带任务进修学习。区卫生健康局与区财政局联合出台《余杭区名医名护培养专项资金使用管理办法》，为余杭医疗卫生人才培养提供经费保障。区卫生健康局举办基层医疗业务骨干培养第三期研修班，全区12个社区卫生服务中心的16名医疗业务骨干培养对象，经过1个多月的理论培训和6个月带项目、带任务进修学习后结业。全年邀请上海、浙江等省、市专家40多人开展学术活动20多场，共培训1800多人次。接收浙江大学医学院21名博士研究生到余杭开展为期1个月的暑期实践。选送180多名业务骨干到三甲医院进修学习。完成定向培养农村社区医生招生9人。全区住院医师规范化培训38人，其中，西医27人、中医11人。举办年轻干部读书会，组织医疗卫生单位37名优秀年轻干部进行专题学习。

【卫生健康系统科研立项】 2021年，区卫生健康系统入选省、市级科研项目立项31项，其中，省医药卫生科研项目2项、省中医药科研项目1项、省医学会临床科研基金项目4项、市科技局引导项目9项、市卫健委科研项目15项。获国家实用新型专利19件，其中，区第二人民医院获实用新型专利14件、区第三人民医院2件、区良渚医院3件。全年发表二级以上论文49篇，其中，收录在美国科学信息研究所出版的引文数据库（SCI）6篇、Ⅰ级杂志论文5篇。

（李东颖）

爱国卫生运动

【卫生镇（街道）创建复审】 2021年，闲林街道启动新一轮（2020—2022年）国家卫生乡镇申报创建，区爱国卫生运动委员会办公室对闲林街道开展调研指导，协助做好现场达标自评、指标审核和申报资料上报等工作。瓶窑镇国家卫生镇（街道）复审通过省级评审；全区国家卫生镇占比83%，46个省级卫生村通过区级复审。

【病媒生物防制】 2021年，区爱国卫生运动委员会动员社会力量开展病媒生物防制行动，降低四害密度。径山镇小古城村、径山村通过市级除四害示范村验收。区爱国卫生运动委员办公室开展爱国卫生督查30多次，发出抄告单12张、发现问题198个。全年将鼠、蚊、蝇、蟑螂等病媒生物密度控制在国家C级及以上标准。

【清露拆棚行动】 2021年，区爱国卫生运动委员会继续推进“清露拆棚”工作，消除部分镇（街道）出现的露天粪缸和棚厕、旱厕“回潮”现象。9—10月，拆除露天粪缸和棚厕旱厕236处，完成率100%。

（李东颖）

编辑：范雅君

社会生活

Social Life

人口监测与家庭发展

【概况】 2021年，全区上报户籍出生人口6190人，其中，一孩3513人，二（多）孩2677人，二孩及以上占43.25%。全区人口出生率9.037‰，比上年下降0.808个千分点；人口自然增长率4.466‰，比上年下降0.464个千分点。全区总出生人口9504人（含流动人口），其中，男孩4969人，女孩4535人，总出生人口性别比109.57。余杭区开展人口统计与监测，全员人口数据库户籍人口覆盖率、主要信息字段完整率与准确率超95%。

【三孩政策落实】 2021年，余杭区完成7047例生育补助对象的审核，发放补助845.6万元。全年审核生育登记7220例，其中，一孩4239例、二孩2877例、三孩104例。至5月31日取消再生育审批前，年内完成再生育审批86例。完成社会抚养费历史积案清零工作。

【计划生育利益导向】 2021年，余杭区落实计划生育家庭扶助政策，完成5900名奖励扶助对象的审核，发放奖扶金566.4万元；完成860名特别扶助对象的审核，发放特别扶助金764.8万元；完成2.7万名农村独生子女家庭成员参加城乡居民医保奖励对象的审核，发放奖励440.9万元；完成1.4万名独生子女父母奖励对象的审核，发放奖励21.4万元；完成2265名退休农村独生子女父母参加农村居民养老保险补贴对象的审核，发放补贴226.5万元；完成27户47名市级公益金对象的审核并发放公益金12.3万元；完成9户14名区级公益金对象的审核并发放公益金7.5万元；完成52名计划生育手术并发症对象的每月审核，发放补助金68.8万元，对计划生育手术并发症对象（含疑似对象）发放春节慰问金6.5万元。落实计划生育特殊家庭双岗联系人、家庭医生签约服务和失独家庭就医绿色通道工作，三项制度落实率为100%。

【公共场所母婴设施建设】 2021年，余杭区开展公共场所母婴室规范化建设。45个母婴室通过验收，其中，三星级母婴室24个、四星级母婴室15个、五星级母婴室6个，发放专项补助资金30万元。

【计划生育协会基层组织建设】 2021年10月20日，余杭区计划生育协会召开第七次会员代表大会，选举产生余杭区计划生育协会第七届理事会班子成员。全区12个镇（街道）完成基层计划生育协会改革。

【生育关怀行动】 2021年，余杭区为4.2万名独生子女及其父母购买平安保险，总保费41.9万元；为全区872名计划生育特殊家庭成员购买意外医疗保险，保费22.7万元。全年理赔59人次，金额99.3万元。开展“生育关怀——圆梦微心愿”活动，征集兑现42个价值1.3万元的微心愿。春节和“5·29”期间慰问困难计划生育特殊家庭21户，慰问金额2.3万元。全年救助出生缺陷儿童救助9例，救助金额5.1万元。

【计划生育特殊家庭“暖心行动”】 截至2021年末，余杭区共有在册49周岁以上计划生育特殊家庭管理对象296户466人。按照2000元/人·年标准，下拨暖心慰问资金93.2万元。2021年，各镇（街道）开展集中暖心慰问48次，慰问1876人次。区计划生育协会与区心理卫生协会合作开展心理健康关爱和团体心理辅导活动，完成50名心理关爱个案心理团体辅导10场。对15名失独家庭成员开展面对面调查并进行心理帮扶。

（李东颖）

民政事务

【概况】 2021年，区民政局树立“民政为民、民政爱民”理念，以改革创新为驱动力，以改善民生为着力点，立足余杭实际，发挥特色优势，谋划推进民政事业现代化新征程，为持续增进民生福祉，全力创建“全国共同富裕示范先行区”的余杭篇章贡献民政力量。

【养老服务设施】 2021年，养老服务设施建设连续6年被列入余杭区民生实事项目。截至年末，全区有居家养老服务（照料）中心125家，其中，镇（街道）级居家养老服务中心12家、村（社区）级居家养老服务照料中心113家。老年人助餐点位150家，其中，配送餐中心12家、老年食堂46家、助餐服务点92家。日均就餐1.3万余人，其中入户配送1500多人。全区养老服务机构7家，其中，民营1家、公建民营1家、公办5家，全部实现医养结合。良渚文化村社区被列为省级“未来社区＋智慧养老”多跨场景试点。

【家庭适老化改造】 2021年，余杭区家庭适老化改造367户。出台《2021年生活困难老年人家庭适老化改造实施方案》，改造对象为在册低保、低保边缘老年人家庭，其中优先实现享受定期抚恤补助优抚对象和失能老年人家庭全覆盖。改造内容主要针对厨房、卫生间、日常起居等场所，改造标准为每户1.2万元。

【居家养老服务】 2021年，余杭区享受政府购买居家养老服务时间标准为每人每月4小时～56小时，全区享受政府购买居家养老服务补贴老年人1.42人，占全区老年人的10.13%。购买资金3600万元，其中，区级1920万元，镇（街道）1680万元。

【助餐服务】 2021年，余杭区继续开展以“配（送）餐中心集中配送、老年食堂合理布局、助餐服务点就近用餐”为主，“失能老年人送餐入户”为辅的助餐模式。在该基础上，上线“舒心养老”智慧助餐系统，通过将老年人身份证、市民卡、长者卡、人脸等信息“一码集成”，实现“一人一卡一码”以及人脸信息绑定，按照“户籍地提供政策，就餐地提供

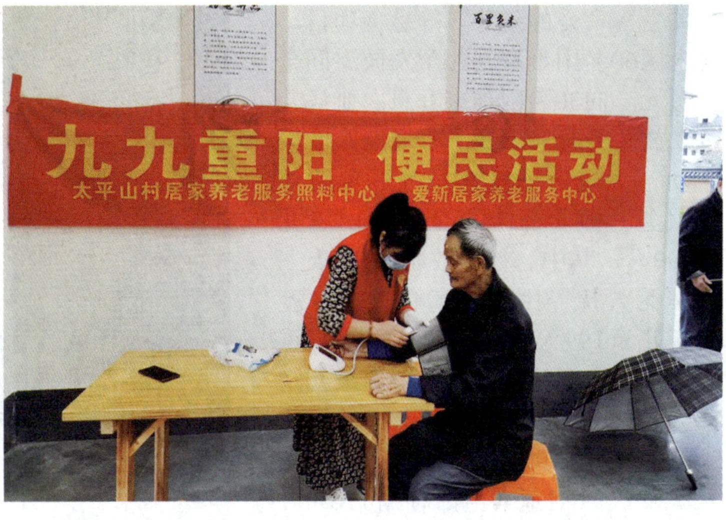

2021年，鸬鸟镇太平山村居家养老服务照料中心开展重阳节便民服务活动 （区民政局 供图）

服务”的原则，将助餐结算体系与市民卡打通，老年人可在全区150个助餐点，通过刷脸、刷卡等方式结算，解决跨区域、跨系统结算问题，实现就近就便优惠就餐。作为全省老年助餐唯一试点区，助餐工作相关做法得到省领导肯定批示，并在全省推广。以余杭区老年人助餐工作为蓝本起草制定的《居家老年人送餐服务规范》省级地方标准发布，成为全省唯一养老助餐省级规范。

【养老队伍建设】 2021年，余杭区共开展7批养老护理员培训，参训人员500人。全区共有23家养老服务社会组织从事一线养老服务工作。

【养老资金】 2021年，余杭区共投入养老资金1.6亿元，其中，基础设施建设补助630万元、运营补助1140万元、医养结合补助415万元、养老助餐建设运营补助803万元、电子津贴（政府购买居家养老服务）支出3600万元（包括区级财政1920万元）、老年人节日慰问费9020万元、其他（如机构责任险补助等）投入42万元。

【困境儿童扶助】 2021年，余杭区开展新春“送温暖”活动，向全区在册97名事实无人抚养和散居孤儿发放慰问金39.8万元。开展开学季“爱心书包”活动，为西部五镇的困境儿童赠送爱心礼包。开展“情系六一”“童病关爱”“爱的陪伴”等慈善项目。向全区60名困难家庭儿童发放慰问金12万元。向30名困难家庭患白血病儿童发放关爱金30万元。开展助医助康活动，为全区困境儿童开展免费体检服务。截至年末，全区有困境儿童690人，其中，社会散居孤儿6人，事实无人抚养困境儿童46人，重度残疾儿童199人，贫困家庭重病、重残、罕见病及精神智力三、四级儿童18人，低保家庭儿童262人，低保边缘家庭儿童159人。农村留守儿童13人。发放当年基本生活补贴418.9万元。实施余杭区“助翼计划”，12名困难家庭儿童受益。

【困境儿童关爱队伍建设】 截至2021年末，余杭区有儿童督导员12人、儿童主任208人。健全区、镇（街道）、村（社区）三级关爱队伍，建立儿童主任每月100%主动探访机制，优先安排村（社区）妇联主席或女性委员任儿童主任，提高女性比例，女性比例为83.25%，按每月100元/人标准落实儿童主任服务补贴。开展全区儿童督导员（儿童主任）培训，通过线上线下的方式开展政策解读、工作履职、走访技巧等方面培训3次，实现人员培训全覆盖。通过招募社工、高校老师、律师等专业人士，成立镇（街道）关爱儿童志愿者团队。

【儿童之家建设】 2021年，按照有活动场地、有设施设备、有工作队伍、有基础服务、有常态管理的“五有”建设标准，以“1+N”（1个示范型儿童之家联结N个基础性儿童之家）的方式，实现全区儿童之家服务全覆盖。截至年末，余杭区建成示范型儿童之家42家（其中，省级示范型儿童之家2家、市级示范型儿童之家2家），基础型儿童之家154家。

【帮扶救助】 2021年，余杭区审批通过低保494户777人，低保边缘户75户275人，特困5户5人。截至年末，全区有低保对象4984户、6490人，低保边缘家庭340户、1149人，特困供养对象101户、101人，发放各类救助金1.2亿元。线

余杭区智慧公益慈善综合体（摄于2021年）

（区民政局　供图）

下建立困难群众探访制度，运用数字化手段每月探访关爱困难家庭，共探访6万余户（次），救助500户（次）。注册成立余杭街道救助服务联合体服务站和鸬鸟镇救助服务联合体服务站，成员24家，统一发布“童梦”小屋改造、“梦想之旅”夏令营、“树洞微心愿”、“暑期成长小课堂”等项目。开展救助政策培训和知识竞赛活动。开展“一证通办”专项检查、社会救助镇（街道）交叉检查和巩固拓展脱贫攻坚兜底保障成果检查，查找不足，改进工作方式方法。

【慈善救助】 2021年，余杭区慈善总会开展“大爱余杭”“送温暖·献爱心”“三个不让”“理想小屋”“靓厨行动”“传承关爱，慰问百名困难党员”等39个暖心关爱项目。截至年末，总会共募集善款7629.6万元，使用善款6256.1万元，救助困难群众3.3万人次（1—10月数据为原余杭区）。其中，为抗击新冠肺炎疫情，响应政府号召，总会通过向社会众筹的方式，在春节期间向留余杭过年的外来务工人员赠送爱心礼包。该项目共募集资金212.4万元，收到各类物资折价99.75万元，发放“暖心年货包”和“爱心防疫包”共2.2万份（含临平区）。打造余杭区“智慧慈善”试点，推进建设余杭区智慧公益慈善综合体，该试点被省民政厅列入共同富裕专项改革试点，余杭区成为省内唯一“智慧慈善”试点地区。仁和街道慈善分会、五常街道慈善分会被评为“第二批省级示范慈善分会”；仁和街道新桥村、五常街道顾家桥社区、五常街道荆丰社区被评为“第二批省级示范慈善工作站”。

【城乡社区建设】 截至2021年末，余杭区有城市社区97个、农村社区116个。完成7家社区民生服务综合体建设。推进农村社区建设，完成7家省级引领型农村社区建设，并通过省、市专家验收。推进12个镇（街道）社会工作站（室）建设，实现全区覆盖，仓前街道社会工作站被列入省级民生实事事项。仓前街道葛巷社区“探索云端议事，社区智治模式”被列入杭州市第一批社区智治示范点。围绕杭州市“三型社区”品牌建设，创建市级撤村建居社区1个和田园社区2个。

【基层治理】 2021年，余杭区加强基层自治体系建设。围绕践行“两约”（村规民约、居民公约）、楼道自治、邻里互助、议事协商等主题开展城乡社区“微自治”项目，共确定实施项目14个，区级财政补助42万元。推进“两约”修订工作，发挥“草根宪法”作用。全区12个镇（街道）除新建社区在筹备中，213个村（社区）基本完成村规民约（居民公约）修订，“两约”修订完成率100%，推进各镇（街道）建立健全“宣约、执约、评约”闭环机制。围绕建立基层自治网络体系的主要目标，形成基层自治体系建设的实施方案，《“两众”理论与“1+3”协商治理机制建设》在浙江省民政厅《面向未来》浙江社区治理的创新案例题上推广；《构建“1+3”基层协商治理模式》在民政部《乡镇论坛》上发表。

【社会工作人才队伍建设】 截至2021年末，全区各领域社会工作从业人员3000多人，其中城市社区专职社区工作者1075人。全区社会工作专业人才（即持有全国社会工作者职业水平证书人员）共2463人，其中，初级1867人、中级656人。制定2021年社会工作人才指标，该指标被纳入全区人才工作要点。发动全区专职社区工作者、相关企事业单位、社会组织、社会工作机构等人员参加考试，全年发动2546人。区、镇（街道）两级组织开展社工证考前培训班，培训800多人次，城市社区专职社区工作者持证率超60%。面向社会公开招聘专职社区工作者82人，“两新”专职党务工作者30人，完成行政区划调整后首次招聘工作。落实专职社区工作者“三岗十八级”动态薪酬体系，出台社会工作专业人才相关制度。组织开展余杭区禹贤启航培训班，重点培育一批优秀的村（社区）书记。良渚文化村社区徐一峰获得余杭区第四届人才奖。组织开展区级城乡社区工作领军人才评选活动，评选区级领军人才12人。年末，全区有社会工作领军人才省级1人、市级4人、区级45人；杭州市督导助理2人。

【社会组织培育发展】 2021年，余杭区登记社会组织768家，其中，社会团体103家、民办非企业646家、基金会19家。备案社区社会组织3063家。新登记社会组织132家、变更163家、注销14家（1—4月按原余杭区口径统计），年检455家。推进镇（街道）社会组织服务中心规范化建设，12家镇（街道）社会组织服务中心均获得AAA以上等级。余杭区注册登记社区公益发展基金会8家（累计注册登记13家），成为全省首个实现社区公益发展基金会镇（街道）全覆盖的县（市、区），实现城市社区平均拥有不少于19个社区社会组织，农村社区平均拥有不少于8个社区社会组织。区民政局编制社会组织承接政府转移职能和购买服务推荐性目录，开展余杭区社会组织公益创投活动。

【殡葬管理服务】 2021年，余杭区推动节地生态安葬，完成余杭街道、闲林街道2座镇（街道）级骨灰存放室建设，新增格位8万个，仓前街道骨灰存放室被认定为省级节地生态安葬示范点。编制《杭州市余杭区殡葬设施布局专项规划（2021—2035）》。全年享受殡葬惠民新政的居民2828户。完成惠民殡葬专项治理、殡葬业价格秩序、公益性安葬设施建设经营专项整治工作。做好集中祭扫期间新冠肺炎防疫保障和服务工作，清明、冬至期间，共接待祭扫群众77万余人。

【移民安置】 2021年，余杭区核定大中型水库移民4424人，发放直接补助资金264.9万元。补助水库移民后期扶持项目11个，共拨付资金959.8万元。

【地名管理】 2021年，区民政局依法命名道路、居民点（建筑物）等各类地名64处、办理门牌证7560本。推进不规范地名清理整治工作，共验收10个居民点的地名标志，发放整改函10份。推进地名文化建设，开展红色地名摄影活动，共收到摄影作品10件。编写《杭州市余杭区地名录》，拍摄沙画短视频《余杭·记忆》，被“学习强国”平台采用。数字赋能地名管理工作，门牌办证系统向镇（街道）延伸，《加强信息化建设，推进地名工作创新发展》发表在《中国社会报》上。完成行政区划调整后行政区域界线勘定工作，勘界涉及勘定县级行政区域界线5条，涉及界线166.4千米，实地埋设界桩13个，其中勘定县级行政区域界线三交点4个、实地埋设界桩6个。

【婚姻和收养登记】 2021年，因杭州市部分行政区划优化调整，区民政局婚姻登记处迁址至仓前街道龙园路88号，按国家AAAAA等级标准打造，8月14日正式启用。全面开展集中补领（办）婚姻登记证试点工作，到5个镇（街道）、50个村（社区）开展巡回服务。深化婚俗新风改革，构建健康文明和谐的婚姻家庭关系，新婚辅导、离婚劝导实现全区全覆盖，共辅导2841件。全年办理结婚登记5320对、离婚申请2802对、离婚登记1622对、补领结婚登记证1.23万件，补领离婚登记证222件，出具（无）婚姻登记记录证明5人次、收养登记5人次、查询档案1.3万人次，浙江省结婚生育户口“一件事”联办2122件，做到应办尽办。

（本条目全年数据8月13日之前部分按原余杭区统计）

区民政局婚姻登记处（摄于2021年）

（区民政局　供图）

【流浪乞讨人员救助】 2021年，区民政局开展主动引导、劝导和流动救助流浪乞讨人员，特殊灾害性天气期间开展街面巡查工作。2021年，区救助站救助各类困难人员372人次。

（本条目全年数据按原余杭区统计）

（杨金）

退役军人事务

【概况】 2021年，区退役军人事务局结合行政区划调整，坚持退役军人工作以高质量发展为主题，全面推进退役军人全生命周期服务管理为主线，推进全区退役军人事务工作。全区21家基层服务站被评为浙江省“新时代枫桥式退役军人服务站”，3家被评为省级红色退役军人服务站、119家被评为国家级“示范型”服务站。退役军人宣传工作受到退役军人事务部表彰，仁和街道退役军人服务站代表余杭区在全省退役军人服务站建设交流会上发言，区退役军人事务局被市委、市政府评选为全国双拥模范城创建集体嘉奖单位。

【退役军人服务】 2021年，区退役军人事务局走访全区基层服务站、退役军人、驻地部队和军创企业，帮助解决实际问题困难。组织退役军人开展以“12347”为主要内容的学习教育活动。采集60多名抗美援朝出国作战老英雄故事，编印《留住英雄故事（二）》下发至全区退役军人基层服务站。拍摄、梳理军休人员口述历史视频和故事；开展百名老兵故事线上巡展、“民呼我为”实事行动。组织退役军人和学校师生开展“党徽、军旗、向阳花”系列活动，开展“礼敬百年、续写荣光”庆“八一”双拥活动暨“最美退役军人”表彰大会。选树宣传市、区两级“最美退役军人”，开展“禹航先锋”退役军人志愿服务队正能量典型宣传。

【退役军人工作体系建设】 2021年，区退役军人事务局发动优秀退役军人担任基层服务站“轮值站长”，推荐优秀退役军人进村（社区）“两委”班子。全年继续以政府购买服务的方式推进社会化优抚工作，由镇（街道）组织开展服务项目；推进退役军人工作体系、数字化改革，退役军人全息画像全生命周期就业创业平台、“智慧老兵”多场景应用系统两个项目分别被列入省、市两级改革试点。“老兵码”和“军休码”在全区推广使用。

【退役军人权益保障】 2021年，区退役军人事务局完成符合条件退役军人的社保接续工作，推进关爱退役军人协会和基金筹建。为退役军人办理伤残等级评定及调整，办理带病回乡退伍军人认定。推进崇军商家入驻“智慧老兵”平台。

【拥军优抚】 2021年，区退役军人事务局开展春节、“八一”期间拥军优属慰问活动，发放慰问金及物品；落实军地“双清单”制度，为驻地部队开展办实事活动。上门慰问九类重点优抚对象家庭，对全区退役军人和其他优抚对象以电话、短信、送年画等形式进行普惠性慰问。区人武部和区退役军人事务局开展立功受奖人员喜报送达及奖励金发放工作。加强困

2021年6月1日，区退役军人“党徽、党旗、向阳花”系列活动现场 （区退役军人事务局 供图）

难现（退）役军人家庭帮扶和临时救助，发放慰问金、救助金。组织重点优抚对象、军休干部开展疗休养和健康体检，对现役义务兵父母开展免费健康体检。

【烈士褒扬】 2021年，区退役军人事务局组织清明节、“9·30”烈士纪念日向烈士纪念场所敬献花篮仪式，社会各界和退役军人参加纪念活动；联合区检察院等单位对区内22处烈士纪念设施开展联合检查，重点踏勘余杭街道塔山公园、凤凰山公园，按照上级“六个一”要求推进区级烈士纪念设施筹建。

【退役军人移交安置】 2021年，退役军人事务局“一站式”做好年度军转干部、转业士官、退役士兵的报到接收，加强转业士官待安置期间服务管理；做好自主择业军转干部年度审核和符合政府安排工作退役士兵档案审核工作。探索“直通车”式安置。开展“护航续航”活动，护送全体转业安置退役军人到岗报到。

【退役军人就业创业】 2021年，区退役军人事务局组织退役士兵报名参加学历教育和职业技能培训；线上线下开设专场招聘会2场，组织110多家企业为退役军人提供就业岗位。定向招录退役军人社工。开展国有企业安置岗位事前审核落实跟踪机制、退役军人安置系统开发应用、退役军人就业创业存在问题困难等工作调研。发动军创企业参加市级创业创新大赛，2家企业获三等奖。推进退役军人创业园建设。

【军休服务】 2021年，区退役军人事务局“一站式”接收安置军休干部，实现“即交即接即保障”要求。落实军休干部“两个待遇”，全年组织政治理论学习9次、外出活动5次，上门走访慰问百余人次。组织军休干部开展疗休养活动，做好“两报一刊”订阅工作。做好无军籍职工工资调标和符合享受军休干部遗属待遇补差工作。

【退役军人志愿服务】 2021年，退役军人事务局组建1支区级、1支高校、12支镇（街道）品牌退役军人志愿服务队，打响“禹航先锋”

余杭街道退役军人服务站开展儿童军体拳公益课程（摄于2021年）（区退役军人事务局 供图）

志愿服务品牌。组织和动员全区退役军人志愿者参加新冠肺炎疫情防控、抢险救灾和社会治理等工作。

（周昭）

人才人事

【概况】 2021年，余杭区发布“未来之星”计划，打造“人才蓄水池”。全年引进高校毕业生5.45万人，承办第七届中国杭州大学生创业大赛决赛、2021杭州国际人才交流与项目合作大会（余杭分会场）暨“国际人才月”活动等国级人才赛事，建设“热带雨林式”人才生态最优区。

2021年11月8日，2021杭州国际人才交流与项目合作大会余杭分会场暨“国际人才月”启动仪式举行

（区人力社保局　供图）

【高层次人才培养服务】　2021年，余杭区推荐杭州市高层次人才特殊支持计划培养类人才申报60人；新建省级博士后工作站4家，发放博士后生活补贴1188万元、博士后出站留杭补贴740万元。做好海内外高层次人才分类认定，新认定市、区两级高层次人才5597人，向337名高层次人才提供健康体检服务。

【数字经济人力资源服务产业园成立】　2021年11月8日，余杭区成立全省首家数字经济人力资源服务产业园，探索人力资源服务与互联网产业协同融合发展模式，引进服务数字经济产业的专业性人力资源服务机构24家，服务企业超2300家，为余杭数字经济相关企业输送各类人才近4万人次，包括引进年薪50万元以上高层次人才200多人次。

【大学生创新创业】　2021年，余杭区人力资源和社会保障局（下称区人力社保局）承办第七届中国杭州大学生创业大赛余杭赛区决赛，“你创我投”全国大学生创新创业项目路演决赛，从创业导师讲座、参观上市企业模式等方面开展“导师带徒”课程8期，惠及270多人次。打造引才资金链，发放应届高校毕业生生活补贴3.9亿元。推进大学生人才培育计划，经杭州市集中评审，认定杭州市余杭区杰出创业人才5人，全年发放杰出创业人才培育扶持资金250.6万元。

【技能人才培养】　2021年，余杭区培养技能人才1.8万人次，其中高级工以上4768人，新评区级技能大师工作室8家，复评区级技能大师工作室3家，累计39家。完善技能人才保障体系，兑现技能大师工作室建室奖励100万元，高技能人才奖励1097万元，技能提升补贴5554.6万元，新增职业技能等级认定企业备案21家。发挥职业技能竞赛在培养和选拔高技能人才中的引领示范作用，开展各类竞赛活动81场，向3250人发放技能等级证书。

【机关单位招聘】　2021年，余杭区根据杭州市部分行政区划调整要求，落实人员划转、岗位设置工作，完成区外划转调入公务员500多人、事业人员区外调入80多人、跨单位中层竞岗交流41人。组织公务员、事业人员招聘考试，共招聘事业单位工作人员884人，编外人员103人。推进机关内部“最多跑一次”改革，实现全区各单位事业人事工资业务全部网上办理。

（汪运达）

2021年，创业导师讲座现场　（区人力社保局　供图）

劳动保障

【概况】 2021年，余杭区坚持就业优先导向，稳定扩大就业。城镇登记失业率为2.34%，城镇新增就业5.1万人，引导和帮助6281名失业人员再就业。

【重点群体帮扶】 2021年，余杭区做好失业人员、离校未就业高校毕业生、就业困难人员等重点群体的就业帮扶工作，全区开发公益性岗位安置就业困难人员460人，基本实现困难家庭有一人就业和零就业家庭基数归零、动态归零。发放大学生创业项目无偿资助扶持资金260万元，经营场所房租补贴146.7万元。创业担保贷款8400万元、贴息112.1万元；组织SYB（创办你的企业）创业培训378人。推荐的杭州优全电子商务有限公司入选杭州市创业之星企业。开展“万朵浪花”大学生实习计划助力大学生就业工作，新认定大学生实训（社会实践）基地98家，共吸纳见习学员332人。

【线上线下招聘平台搭建】 2021年，余杭区开展“春风行动”线下招聘会16场，为1256家企业推出2.3万个用工岗位，促成就业意向3945人次。开展“直播带岗”系列活动，举办云聘会6场，为507家企业推出1.9万个岗位，网收求职简历1.2万份。举办2021年余杭区人才交流大会暨高校毕业生专场招聘，吸引166家企业进场招聘，提供岗位2000多个，进场求职1300多人，470人达成初步意向。

2021 年，余杭区“春风行动”云聘月活动现场

（区人力社保局　供图）

【劳务扶贫】 2021年，区人力社保局组织对接专员携20家企业的1000多个岗位，到四川省稻城县、苍溪县参与东西部劳务协作招聘活动，接受求职咨询800多人次，脱贫人口实现转移就业230人。开展“东西部劳务协作云招聘周”活动，在“东西部扶贫线上直播招聘会”设余杭主会场和三地分会场，为6家企业推介岗位395个，吸引1万多人次观看，收到求职简历150多份。主动对接安徽、贵州等省，成立劳务输出点100多个，签订劳务对接合作协议19份，帮助对口帮扶地区脱贫劳动力1366人转移就业。

【就业村（社区）建设】 2021年，余杭街道凤凰山社区被评为国家级充分就业社区，五常街道荆山社区、余杭街道通济社区、瓶窑镇南山村被评为第二批省级高质量就业社区（村）。

【就业数字化改革】 2021年，区人力社保局揭榜挂帅省“灵活就业服务”应用场景和市“大创生态筑基强链”应用场景试点项目，以灵活就业人员、创业大学生两个重点就业群体为切入点，通过数据归集与分析研判，把握新业态行业发展规律和大创服务模式变革方向。

【劳动争议调处】 2021年，余杭区实施“和谐同行”三年行动计划，开展全区劳动关系协调从业人员培训工作。受理欠薪类投诉、举报5339件，涉及人数8181人、金额1.5亿元，完成处置约5200件。劳动人事争议案件仲裁结案率94.3%、调解率84.1%、仲裁终结率94.2%，欠薪案件发生数量连续三年下降。

（汪运达）

社会保障

【概况】 2021年，余杭区养老保险参保人数66.7万人，城乡居民基本养老保险参保人数约7万人，工伤保险参保人数69.5万人，养老保险参保率为99.35%，实现本地户籍贫困人员养老保险参保率100%。

【社保提质增效】 2021年，余杭区调整退休人员基本养老金，机关、企（事）业单位退休人员基本养老金，调整后企业职工人均养老保险金达到2835.9元/月，比上年增长4.50%，惠及12.1万人。从2021年1月1日起，城乡基础养老金标准由每人每月260元调整到310元，惠及4.2万人，涉及补发放金额0.3亿元。

【社保业务“全口径”下延】 2021年，余杭区提出“政府主动预约服务”理念，以仁和街道为试点，推进社保业务全线下延至镇（街道）。依托余杭农村商业银行，实现五大类47项业务在53个网点办理，推出“社银合作电子地图”，落实就近办理，巩固二次分配成果。

（汪运达）

医疗保障

【概况】 截至2021年末，余杭区基本医疗保险参保人数93.0万人，其中，职工基本医疗保险参保人数65.9万人、城乡居民基本医疗保险参保人数27.1万人。户籍人口基本医疗保险参保人数70.1万人，参保率99.79%。2022年度“西湖益联保”参保、续保人数45.7万人，参保率46.74%。医疗保障经办业务的23项行政权力事项共收件67.6万件，其中，政务服务网收件55.2万件，APP、政务2.0等其他渠道收件12.4万件。办理住院费用报销、门诊费用报销和生育津贴支付行政给付事项共3.4万次，给付资金3.1亿元。办理基本医疗保险参保人员享受门诊慢特病病种认定、历年账户家庭共济备案、出国（境）带药备案和异地就医管理备案等行政确认事项共6.8万次。市医疗保障局余杭分局被评为2021年度浙江省医疗保障局系统县级局先进单位、杭州市医疗保障局系统2021年度工作市级先进单位。

【因病致贫返贫专项治理】 2021年，余杭区开展困难群众因病致贫返贫问题专项治理工作，共排查出新增困难群众未参保726人，符合条件人员实现基本医疗保险、大病保险、医疗救助“三重保障”全覆盖，参保率100%。落实财政全额补助7844名持证人员购买2022年度“西湖益联保”。以开展漠视侵害群众利益问题专项治理工作为契机，聚焦困难群众高额医疗费用化解过程中补助资金来源问题，防止困难群众因病致贫返贫，同区红十字会、区慈善总会联合发文，初步建立余杭区防范困难群众因病致贫返贫专项帮扶长效机制，明确具体资金由区慈善总会解决。市医疗保障局余杭分局、区民政局、区扶贫办、区红十字会等多部门共同参与，化解符合条件的11名困难群众的2020年52.6万元医药费。

【医保“两定”机构】 2021年，余杭区新增定点医药机构52家，其中，医疗机构29家、零售药店23家。截至12月31日，已签约开通协议定点医药机构531家，其中，医疗机构225家、零售药店306家。

【医保基金监管】 2021年，余杭区线上启动“智能化”监管。在全市试点开展实名制监管工作，查处存在违规的定点医疗机构118家（次），追回医保基金10.9万元。线下先后开展挂证医师药师、理疗虚假收费、无人交易、虚假代配等专项整治行动，设立每周“固定稽查日”行动，与区卫生健康局、区市场监管局等部门开展打击欺诈骗保部门联合监管，分类专项打击违规行为。截至年末，共检查定点医药机构455家（次），处理定点机构68家，其中，解除医保服务协议5家、暂停8家、责令整改53

2021年，市医疗保障局余杭分局工作人员检查“两定”机构　（市医疗保障局余杭分局　供图）

家、行政处罚2家。追回违规基金96.4万元，违约金17.5万元，行政罚款0.8万元。检查区内12家定点医疗机构，336份病案；推行日常DRGs［（疾病）诊断相关分类］审核工作，2021年5—12月，审核数据3.6万条，审核疑异数据1018条，审退违规资金1151.1万元。

【医保系统疫情防控】 2021年，市医疗保障局余杭分局组织开展定点零售药店的不间断巡查检查，常态化、日常化开展线上疫情防控检查。全年出动巡查人员500多人次，实地检查356家（次），线上检查医药机构2350家（次）。

【医疗服务价格改革】 2021年，市医疗保障局余杭分局推进医疗服务价格改革工作，按照“同城同价”原则，与省、市医保部门同步将患者所需的医疗服务项目纳入医保支付范围，执行统一收费标准。发挥基层医疗机构参与医保目录动态调整的作用，对区内三家公立医院进行“控总量腾空间”考核指标专项审计，共追回医保基金84.2万元。全覆盖检查区内公立医院耗材采购销售完成情况，追回违规医保基金45.5万元。

【医保药品、耗材带量采购】 2021年，市医疗保障局余杭分局对定点医疗机构、参保人员开展政策解读宣传、采购量核定及落地指导等工作，动态关注全区医疗机构药品、耗材约定采购量、药款结算执行情况。督促辖区内医疗机构配备国家谈判药品，满足群众购药需求。集中带量采购药品中，余杭区共涉及89个品种，均按计划完成约定采购量。

【医保信息业务编码维护】 2021年，市医疗保障局余杭分局加强医保基础信息数据的维护管理，指导辖区内定点医药机构对药品、耗材做全库梳理，完成阶段性贯标工作。完成医保医师、药师护士共6468人次的编码信息维护工作和536家定点医药机构的药品、耗材全库梳理工作。推进全区医疗保障标准化建设。

（张慧敏）

老龄工作

【为老服务】 2021年，余杭区出资409.8万元，为13.7万名余杭户籍的60周岁及以上老年人购买2021年度老年人意外伤害统筹保险（保险起讫时间为2021年7月1日0时至2022年6月30日24时）。慰问百岁老人47人，各镇（街道）走访慰问包括百岁老人在内的千余名老年人，发放慰问金200多万元。

【文化养老】 2021年，余杭区举办首届老年艺术节活动，活动项目包括书法、绘画、摄影、征文、曲艺、时尚秀、舞蹈、歌唱等8个大类296个项目。举办2021年余杭区“百年华诞颂党恩，韵动余杭咏健康”老年艺术节老年风采展演活动，余杭区老龄委各成员单位、各镇（街道）及全区老人大代表200多人参加活动。

【老龄品牌创评】 2021年，余杭区11家医疗机构完成“老年友善医疗机构”建设，5个社区完成市级老年友好型社区创建。启动第四届

“敬老文明号”评选工作，40家单位申报敬老文明号。7名（户）个人（家庭）获得市级“最美”荣誉、36家（名、户）单位（个人、家庭）获得区级“最美”荣誉。

【老年健康服务体系建设】 2021年7月12—18日“老年健康宣传周”期间，区老龄委开展老年健康专题讲座及义诊136场，服务1.5万人，张贴海报2000张，发放折页1万余份。筹备建立余杭区老年健康指导中心（挂靠余杭区第二人民医院），指导全区老年健康教育、健康管理、科学研究、预防保健、临床医疗、康复护理、安宁疗护及人才培养培训等工作。

（李东颖）

2021年10月27日，“和美惠万家 贷动好生活”——余杭公积金“和和美美”卡通形象推广暨政策宣传活动在梦想小镇举行（陈婷 摄）

公积金管理

【概况】 2021年，余杭区新开户单位2712家，新增建缴职工9.0万人，年缴存额36.7亿元，提取公积金24.5亿元，为1284户家庭发放贷款8.18亿元，实现缴存余额65.7亿元，贷款余额40亿元。2021年，余杭区将住房公积金缴存内容列入全区集体合同示范文本；取消省内购房提取公积金限制。2021年，杭州住房公积金管理中心余杭分中心（下称公积金余杭分中心）明确“数智公积金，服务美好家”发展定位，开展“建制规范、信贷扩充、信息运用、稽查监管、机能治理、品牌创建”及“头雁服务”“6+1”专项行动。2021年，公积金余杭分中心实现年末公积金贷款零逾期。公积金余杭分中心被评为市公积金管理工作目标责任制考核优秀单位。

【按月转账合作银行】 2021年，余杭区公积金还贷提取按月转账业务合作银行新增广东发展银行、江苏银行，全区公积金还贷提取按月转账业务合作银行由原先的19家扩大至21家。

【跨省通办专窗设立】 2021年5月，余杭区公积金窗口设立公积金跨省通办专窗，采取“收受分离”模式，打破事项办理的属地化管理限制，单位登记开户、单位及个人缴存信息变更、退休提取、购房提取、缴存使用证明打印等8个事项实现跨省通办。

【公积金卡通形象】 2021年8月，公积金余杭分中心推出全新卡通形象“和和美美”。10月，在梦想小镇举办余杭公积金“和和美美”卡通形象推广暨政策宣传活动，通过情景剧、

印有余杭公积金卡通形象“和和美美”的公交车（摄于2021年）（公积金余杭分中心 供图）

趣味互动等形式，向职工科普公积金使用的相关政策，活动开设微信直播，3.35万人在线观看。

【公积金服务网点增设】 2021年11月，公积金余杭分中心在余杭区行政服务中心良渚分中心设立公积金服务窗口，方便周边缴存单位及职工在该服务窗口直接办理公积金缴存登记、变更、转移，享受公积金提取受理、对账查询和业务咨询等服务。

（施慧萍）

民族与宗教事务

【概况】 2021年，余杭区有宗教团体3个、宗教教职人员81人、登记宗教场所62处、编号民间信仰场所98处。

【宗教场所平安创建】 2021年，余杭区压实宗教工作三级网络、两级责任制，完成全区57家场所的安全风险评估及整改，继续实行“每月19日固定消防日”活动，聘请第三方专业机构对基督教两会常委场所和部分重点场所组织开展财务审计。径山寺、余杭长命基督教堂被省民宗委评定为省级平安宗教场所。

【民间信仰场所“控量提质”工作】 2021年，余杭区以五常街道、仓前街道为试点，合并整治民间信仰场所19处，初步实现“场所布局进一步合理，体制进一步完善，管理进一步提升”的工作任务。

【径山寺复建工程完成】 2021年10月15日，径山寺举办全面落成庆典暨佛教中国化发展与径山祖庭文化建设成果展、第五届径山禅宗祖庭文化论坛系列活动。至此，历时14年，总建筑面积2.5万平方米的寺院核心区全部建成并投入使用，标志着2008年提出的“寺庙兴、景区美”的目标取得阶段性成果。

（孙莎莎）

关心下一代工作

【概况】 2021年，区关心下一代基金会发放助学金18万元，资助贫困学生100多人。迷你匠客劳动实践教育基地成为杭州市第二批关心下一代教育基地，全年接待学生2万余人次。余杭街道“五老”宣讲员褚玉刚被评为浙江省“红船精神优秀五老宣讲员”。良渚实验中学周子睿被评为“浙江省青少年英才·红船好少年”。《创新暑期青少年教育，全面助力优化营商环境》专报，得到省、市关工委领导批示肯定。

【“传承红色基因，争做时代新人”主题教育】 2021年，区关工委、区文明办、区教育局联合开展“传承红色基因，争做时代新人”主题教育活动，帮助青少年厚植爱国主义情怀。各级关工委开展宣讲200多场，受教育青少年10万余人次。

【关爱帮教未成年人】 2021年，余杭区25名“五老”志愿者对20名未成年人进行关爱。法治宣讲团开展法治教育课30多次，受教育1万人次。

【“零犯罪学校”创建】 2021年，区关工委、区教育局、区司法局在全区开展第三轮“零犯罪学校”创建。区教育局将“零犯罪学校”创建纳入学校年度发展性目标考核体系，实施目标化管理。普法教育纳入学校课程实施计划，明确课时安排，落实中小学普法教育计划、教材、课时、师资、经费。

【快乐假日学校】 2021年，余杭区各级关工委开展“快乐假日学校”，组织青少年参与主题教育、法治讲课、科普宣传急救培训、参观爱国主义基地等活动。全区镇（街道）共开设各类“快乐假日学校”140多所，参与“五老”2300多人次，受教育青少年3.2万人次。区关工委下拨15万元补助镇（街道）关工委“快乐假日学校”工作。

【特殊儿童就学情况调研】 2021年，区关工委、区教育局、区老科协等组织开展“余杭区义务教育段特殊儿童就学情况”调研。调研全区18所初中、小学，通过抽样调查5000多名学生，统计分析、发现问题、提出建议、撰写调研报告，为全区义务教育段特殊儿童就学情况提供参考意见。

（石一刚）

居民生活

【概况】 据国家统计局余杭调查队住户抽样调查，2021年，余杭区全体居民人均可支配收入67760元，比上年增长9.9%，2020年、2021年两年平均增长7.5%。其中，城镇居民人均可支配收入77184元，比上年增长9.2%，两年平均增长6.4%；农村居民人均可支配收入48705元，比上年增长10.4%，两年平均增长8.5%。全区城镇居民人均可支配收入绝对值首次居全市四区三县（市）（含萧山区、原余杭区、富阳区、临安区、建德市、桐庐县和淳安县，下同）第一位，农村居民人均可支配收入绝对值连续三年位居全省第一。城乡居民收入之比为1.58：1。全区全体居民人均生活消费支出45555元，比上年增长17.8%，两年平均增长5.9%，增速较上年同期回升22.7个百分点。其中，城镇常住居民人均生活消费支出49426元，比上年增长17.1%，两年平均增长4.8%，增速较上年同期回升23.3个百分点；农村常住居民人均生活消费支出37727元，比上年增长18.8%，两年平均增长7.4%，增速较上年同期回升21.7个百分点。城乡居民生活消费支出比为1.31：1，差距进一步缩小。

【城乡居民收入保持稳步增长态势】 2021年第一至第四季度，余杭区全体居民人均可支配收入分别比上年增长16.5%、13.7%、10.6%和9.9%。其中，城镇居民人均可支配收入分别增长15.4%、12.6%、10.3%和9.2%；农村居民人均可支配收入分别增长17.5%、15.2%、11.0%和10.4%。全区城镇居民人均可支配收入为77184元，增长9.2%，绝对值首次居全市四区三县（市）第一位。全区农村居民人均可支配收入为48705元，增长10.4%，增速快于城镇居民1.2个百分点，绝对值位连续3年居全省第一位。据调查资料显示，2021年全区农村居民人均可支配收入增速快于城镇居民1.2个百分点，城乡居民收入差距进一步收窄。全区全体居民人均可支配收入增长9.9%，分别高于浙江省、杭州市0.1和0.5个百分点，居全市第五位（不含淳安，下同），位次较上年同期持平；城乡居民收入比为1.58，居全市第一位，分别低于浙江省、杭州市0.36和0.17，收入比降幅居全市第二位，位次较上年同期提升2个位次。

2021年，良渚街道新港村“快乐假日学校”之足球比赛举行

（区关工委　供图）

【工资性收入】 2021年，余杭区全体居民在各类经济单位劳动得到的人均工资性收入44699元，比上年增长8.6%，两年平均

增长7.0%，对收入增长的贡献率为58.4%。其中，城镇居民人均工资性收入51174元，增长8.0%，两年平均增长5.9%，对收入增长的贡献率为58.3%；农村居民人均工资性收入31607元，增长9.0%，两年平均增长8.0%，对收入增长的贡献率为57.1%。受上年同期基数影响，全年城乡居民工资性收入增速呈现逐季放缓态势，但仍是居民收入的第一来源。

【经营净收入】 2021年，余杭区全体居民人均经营净收入9351元，比上年增长10.3%，两年平均增长6.4%。其中：城镇居民人均家庭经营净收入9724元，增长9.7%，两年平均增长5.4%；农村居民人均家庭经营净收入8596元，增长11.4%，两年平均增长8.1%。2021年以来，全区居民经营净收入的恢复性增长巩固了收入增速回升态势，但下半年尤其是第四季度以来，省内部分地区新冠肺炎疫情防控形势比较严峻，城乡居民从事的住宿餐饮、

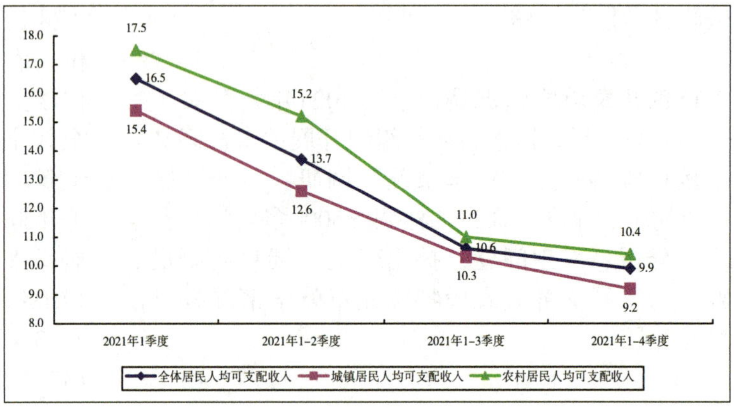

图 1　2021 年 1—4 季度城乡居民收入增速变化趋势图

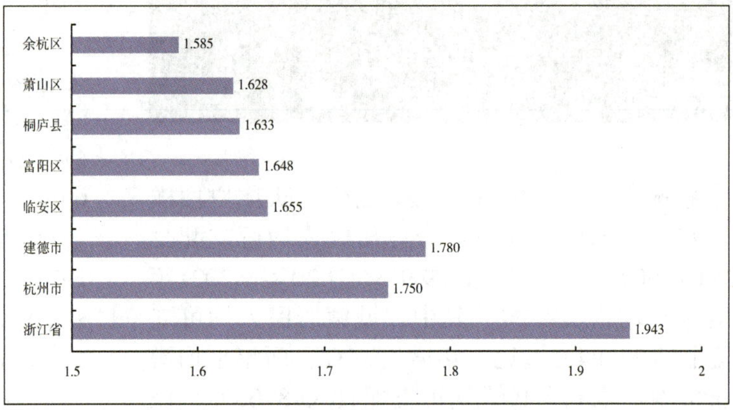

图 2　2021 年省、市及周边区、县（市）城乡居民收入比图

表7　2021年余杭区城乡居民收入与省、市及周边四区三县（市）横向比较一览表

地区	2021年城镇居民人均可支配收入（排名）		2021年农村居民人均可支配收入（排名）		城乡居民收入比（排名）	
	绝对值（元）	增速（%）	绝对值（元）	增速（%）	绝对值（元）	增速（%）
浙江省	68487	9.2	35247	10.4	1.943	0.021
杭州市	74700	8.8	42692	10.3	1.750	0.025
余杭区	77184（1）	9.2（5）	48705（1）	10.4（2）	1.585（1）	0.017（2）
萧山区	75935（2）	8.5（6）	46657（2）	9.5（6）	1.628（2）	0.015（3）
富阳区	69316（3）	9.5（2）	42051（3）	10.4（2）	1.648（4）	0.014（5）
临安区	65377（4）	9.4（4）	39506（4）	10.3（4）	1.655（5）	0.014（4）
桐庐县	61982（5）	9.8（1）	37951（5）	11.0（1）	1.633（3）	0.019（1）
建德市	60183（6）	9.5（2）	33807（6）	9.9（5）	1.780（6）	0.006（6）

批发零售、交通运输、休闲娱乐等经营活动受到一定影响，居民经营性收入增长势头有所减弱。

【财产净收入】 2021年，余杭区全体居民人均财产净收入6599元，比上年增长18.5%，占可支配收入的比重为16.9%，拉动可支配收入增长1.7个百分点。其中，城镇居民人均财产净收入7886元，增长17.3%，占可支配收入的17.9%，拉动其增长1.6个百分点；农村居民人均财产净收入3006元，增长20.2%，占可支配收入的14.7%，拉动其增长1.5个百分点。房屋出租收益、个人储蓄利息收入和居民红利收入等，拓宽了城乡居民财产性收入的增收渠道。

【转移净收入】 2021年，余杭区全体居民人均转移净收入7111元，比上年增长9.7%，两年平均增长8.3%，较2019年上升2.7个百分点。其中：城镇居民人均转移净收入8400元，增长8.9%，两年平均增长7.3%，较2019年上升2.9个百分点；农村居民人均转移净收入4505元，增长10.2%，两年平均增长9.1%，较2019年上升3.5个百分点。2021年，区委、区政府提高基础养老金标准等，为转移净收入的刚性增长提供了政策支持。

【居住支出】 2021年，余杭区全体居民人均居住类支出12322元，比上年增长29.5%，两年平均增长17.3%，成为占比最大的消费类别。其中，城镇常住居民人均居住类支出12882元，增长34.7%，两年平均增长20.2%；农村常住居民人均居住类支出11190元，增长18.8%，两年平均增长11.5%。随着生活水平的提高，居民对居住条件、居住环境更加关注，高品质、舒适型家居环境要求不断升级，加上房屋租赁价格、原材料、人工成本上涨等因素影响，推动余杭区居民居住类消费支出的增长。

【食品烟酒支出】 2021年，余杭区全体居民人均食品烟酒支出11229元，增长7.7%，两年平均增长3.3%。其中：城镇常住居民人均食品烟酒支出12352元，增长6.2%，两年平均增长1.6%；农村常住居民人均食品烟酒支出8975元，增长10.8%，两年平均增长6.7%。居民恩格尔系数为24.6%，比上年同期下降2.4个百分点。食品烟酒支出占总消费支出的比重逐年下降，发展享受型消费支出占比提升，表明余杭区居民消费结构正在逐步优化升级。

【其他用品和服务支出】 2021年，余杭区全体居民人均其他用品及服务支出1919元，比上年增长160.7%，两年平均增长20.6%。其中：城镇常住居民人均其他用品及服务支出2577元，增长224.4%，两年平均增长27.5%；农村常住居民人均其他用品及服务支出589元，下降5.4%，两年平均下降16.3%。

表8　2021年余杭区城乡居民四大类收入及增长情况表

收入结构	全体居民人均可支配收入		城镇居民人均可支配收入		农村居民人均可支配收入	
	绝对值（元）	增速（%）	绝对值（元）	增速（%）	绝对值（元）	增速（%）
可支配收入	67760	9.9	77184	9.2	48705	10.4
1. 工资性收入	44699	8.6	51174	8.0	31607	9.0
2. 经营净收入	9351	10.3	9724	9.7	8596	11.4
3. 财产净收入	6599	18.5	7886	17.3	3997	20.2
4. 转移净收入	7111	9.7	8400	8.9	4505	10.2

表9 2021年余杭居民消费支出增长情况表

指标	全体居民		城镇居民		农村居民	
	绝对值（元）	增幅（%）	绝对值（元）	增幅（%）	绝对值（元）	增幅（%）
人均消费支出	45555	17.8	49426	17.1	37727	18.8
1. 食品烟酒	11229	7.7	12352	6.2	8958	10.8
2. 衣着	2319	5.5	2483	4.2	1986	8.1
3. 居住	12322	29.5	12882	34.7	11190	18.8
4. 生活用品及服务	3197	46.0	3705	61.0	2168	10.0
5. 交通通信	7873	–0.4	8725	0.0	6151	–2.3
6. 教育文化娱乐	3786	3.9	4192	–5.1	2965	38.8
7. 医疗保健	2910	41.2	2510	4.2	3720	168.7
8. 其他用品和服务	1919	160.7	2577	224.4	589	–5.4

【生活用品及服务支出】 2021年，余杭区居民人均生活用品及服务支出3197元，增长46.0%，两年平均增长16.5%。其中，城镇常住居民人均生活用品及服务支出3705元，增长61.0%，两年平均增长22.3%；农村常住居民人均生活用品及服务支出2168元，增长10.0%，两年平均增长0.7%。

【衣着、医疗保健支出】 2021年，余杭区全体居民人均衣着支出2319元，比上年增长5.5%，两年平均下降2.2%。其中，城镇常住居民人均衣着支出2483元，增长4.2%，两年平均下降3.2%；农村常住居民人均衣着支出1986元，增长8.1%，两年平均下降0.8%。全体居民人均医疗保健支出2910元，增长41.2%，两年平均增长8.1%。其中：城镇常住居民人均医疗保健支出2510元，增长4.2%，两年平均下降3.4%；农村常住居民人均医疗保健支出3720元，增长168.7%，两年平均增长32.5%。

【交通通信、教育文化娱乐支出】 2021年，余杭区全体居民人均交通通信支出7873元，比上年下降0.4%，两年平均下降2.7%。其中，城镇常住居民人均交通通信支出8725元，较上年持平，两年平均下降5.2%；农村常住居民人均交通通信支出6151元，下降2.3%，两年平均增长3.1%。全体居民人均教育文化娱乐支出3786元，增长3.9%；两年平均下降5.8%。其中：城镇常住居民人均教育文化娱乐支出4192元，下降5.1%，两年平均下降8.6%；农村常住居民人均教育文化娱乐支出2965元，增长38.8%，两年平均增长1.1%。“双减”政策实施后对居民教育支出影响更为明显，全年居民教育文化娱乐消费类支出增速较上半年下滑32.7个百分点；受国内新冠肺炎疫情多点散发影响，电影、景点门票等线下消费支出恢复较慢。

（蒋聚青　蒋涛）

编辑：范雅君

镇·街道

Towns and Streets

余杭街道

【概况】 2021年，余杭街道下辖11个建制村、16个社区。年末总户数3.41万户，年末总人口9.72万人。区域总面积93.00平方千米。

2021年，余杭街道实现经常性财政收入8.99亿元，比上年增长57.0%；农业增加值5.39亿元，增长2.2%；规模工业增加值43.55亿元，增长46.0%；固定资产投资增长1.4%；社会消费品零售总额57.78亿元，增长8.5%；自营出口56.02亿元，增长140.2%。

“禹上稻乡”品牌被中央广播电视总台《新闻直播间》等新闻节目报道。与中国水稻研究所、浙江大学农学院建立战略合作关系，设立“稻田认养”农业模式，提升稻米食味值到80分。成立之江实验室数字乡村实验基地、浙江省未来乡村实践基地和“禹上稻乡”稻香联合体，推动“稻梦空间”数字化场景立项应用，推出“稻香聚才十条”及“新村民计划”。与浙江清华大学长三角研究院、浙江旅游职业学院签署合作协议，推动乡村产业与生态旅游融合。推动“8＋1”九村联合开发村级留用地项目落地。

实施数字经济“一号工程”，实现79家规上制造业企业数字化改造全覆盖。实施43个校地合作项目。推动杭州纤纳光电科技有限公司、杭州申昊科技股份有限公司等项目落地建设；菜鸟网络智慧产业园一期主体结构和年产3500万台制冷压缩机建设项目主体完工；钱江科创园申报为区级重点楼宇，新增总部企业1家。归创通桥医疗科技股份有限公司在香港交易所上市。

实施“大孵化器”战略，启动凤凰产业园区有机更新方案编制，排摸存量空间（厂房）14处，拓展招商空间9.90万平方米。未来科技城产业化示范园区一期招引企业149家，入驻率100%；二期招引企业33家，入驻率70%。以路网提升、配套完善等方式保障南湖科学中心建设。

完成华坞新苑149户农户拆迁签约任务。投入9.5亿元，围绕交通、环境、配套、空间四大攻坚行动11个实施项目，推进“靓城行动”。城南路、蒋家潭河桥梁及道路等竣工贯通；协同保障湖杭铁路、地铁5号线西延、235国道、运溪高架路工程施工。投资9600万元完成美丽乡村提升“1510”示范创建项目点位近200个，完成首批8个村30个组的新时代美丽乡村全域环境扩面提升工程。开展“‘迎亚运’城市环境大整治、城市面貌大提升”专项行动，提升城市管理水平。全年拆除违法建筑172宗、建筑面积12.3万平方米。指导22个小区业委会开展组建和换届工作，小区物业矛盾化解率超98.0%。创建绿色社区7个。垃圾分类实现全域覆盖，资源化利用率超51.0%。余杭街道创建为年度浙江省美丽乡村示范乡镇、省级AAA级景区街道，入选第一批杭州市级千年古城复兴试点名单。

余杭区社会矛盾纠纷调处化解中心余杭分中心成立。推进“一支队伍管执法”改革试点。制定25件综合执法“一件事”清单及流程图，规范事项处置时效。余杭街道被评为全市唯一的第五批全国“扫黄打非”进基层示范点。溪塔村搭建“AI溪”乡村微脑助力防台防汛的事迹被《人民日报》报道；中南村创建为浙江省文明村；义桥村、洪桐村被评为浙江省善治示范村；仙宅村“儿童之家”被评为省级示范型单位。

2021年6月，余杭街道在塔山公园和党群服务中心举行“艺·起颂党恩”庆祝中国共产党成立100周年百幅文艺作品展览

（王景冠　摄）

中南棚户区改造安置房和原南湖酒厂区块棚户区改造安置房项目争取2021年度政府专项债3.2亿元。推进5个高层安置房和6个农居点项目建设，完成梦栖金星雅苑1512套安置房分房交房工作。智慧安防小区建设3年计划，共建设小区109个。完成新南安老旧小区改造工程。建成并启用西溪九年一贯制学校及配套幼儿园、大禹小学（永建校区）二期、苕溪幼儿园江南分园提升改造等项目。建成夕阳红托养中心及街道级五星级居家养老服务中心1个，村（社区）级居家养老照料中心17个。推行“老年食堂＋中央厨房＋助餐点”的“互联网＋助餐服务”，日均就餐1280人次。推进新冠肺炎疫苗接种工作，累计接种34万针剂，其中全程接种16万人。联合良渚实验室建立“数智健康驿站”，新建81个5G服务基站。提升改造街道综合文化站（图书馆），建成街道微融媒体中心；围绕中国共产党成立100周年主题与党史学习教育，开展系列宣传活动。余杭街道被评为首批浙江省数字生活新服务特色镇。街道退役军人服务站建成并创建为“全国示范退役军人服务站”。

【新建社区揭牌】 2021年2月，余杭街道凤阳、锦银、毓溪、云轩四个新建社区揭牌。凤阳社区东至城东路，南至02省道，西至凤凰山，北至城南路，包含方汇花苑、假日之约、恒合金座、景瑞御蓝湾、山语凤鸣府等小区。锦银社区东至锦银巷，南至中泰街道新明半岛，西至桃花源小区西区，北至02省道，包含桃花源、英特学府两个小区。毓溪社区东至沈家店集体土地，西至沈家店集体土地（山）南至闲林街道北至闲沈路，包含东方苑、芳华苑、品霞苑、观翠苑、麓云苑、泊恩郡、兰颂苑等小区。云轩社区东至江南府，南至沈家店社区，西至中泰街道桃源社区，北至荆余路，包含庭院深深、云学君里等小区。

【菜鸟智谷选址余杭街道】 2021年3月，菜鸟智谷产业园选址余杭街道金星村，位于东西大道以西，凤新路以北区块，面积46万平方米，可容纳超300家科创企业、3万名科技人才入驻，形成数字化产业集群。

【浙江港澳青年人才服务中心落户余杭街道】 2021年7月30日，由浙江省青年联合会、浙江海外联谊会主办、余杭区委统战部承办的浙江港澳青年人才服务中心成立仪式在中国（杭州）人工智能小镇举行。活动上，成立凤凰计划—香港上市服务联盟，发布Double-S计划、浙港澳青年交流经典项目“港澳创业咖 寻根古文明”。

【人工智能小镇创建为省特色小镇】 2021年11月，位于余杭街道的中国（杭州）人工智能小镇被命名为第五批省级特色小镇，成为杭州部分行政区划优化调整后，余杭区第一个通过命名验收的省级特色小镇。小镇以省级人工智能主题体验型特色小镇示范区、科普研学旅游目的地、智能应用类旅游体验首选地、全方位体感式智能休闲生活体验地为定位。

（章宏昱）

闲林街道

【概况】 2021年，闲林街道下辖8个建制村、13个社区。年末户籍总户数2.60万户，年末总人口7.20万人。总面积53.61平方千米。

2021年，闲林街道实现经常性财政收入4.43亿元；农业增加值2.49亿元，增长2.1%；规模工业增加值18.00亿元，增长16.7%；固定资产投资下降2.5%；社会消费品零售总额11.84亿元，增长11.7%；自营出口20.64亿元，增长21.1%。

申报国家高新技术企业19家，省科技型中小企业21家，获得发明专利213件，浙江恒强科技股份有限公司被列为上市培育对象。申报“小而美”企业22家。新注册企业719家，新迁入企业678家，完成总投资175亿元的绿汀路三站地铁换乘TOD项目招引。整治关停“低散乱”企业27家，排摸出存量空间12万平方米。完成红丰产业园、纳美科创园提升改造，新增空间4.6万平方米，纳美科创园投入使用。

国家卫生城镇创建完成省级验收。实施新建类、续建类政府投资项目35个，全年完成投资14.30亿元。完成17个生活小区的“污水零直排”工程，改造污水管网103.60千米，推进城乡森林化、村庄园林化、廊道风景化、水岸绿荫化、森林网格化五项建设，被评为2021年度“浙江省森林城镇”、浙江省AAAA级景区镇（街道）。完成未来科技城第八小学、未来科技城第六幼儿园涉及万景村地块，民丰09地块等16.35公顷土地征收。完成和睦老街、良睦路环境整治、泰闲路二期3个项目涉及的拆迁签约工作。

构建“数智闲林”数字驾驶舱，重点打造数智治理、数智城管、物业管理、应急指挥四大场景。翡翠未来社区入选浙江省2021年未来社区创建名单。制定“社会治理二十条”，成立北、中、南3个网格中队，形成警务工作站、源解工作站、微型消防站、志愿服务站“四站”融合运作的“乡村微脑”体系，推动实现警源、诉源、访源、安源“四源治理”。启用10个村（社区）级社会治安综合治理中心。编制《闲林街道物业管理标准化建设“四定制”工作手册》。

闲林东路幼儿园、里项小学扩建项目投入使用，辖区普惠性民办幼儿园共9家。上和路、绿汀路竣工通车，良睦路年底实现部分通车并规划南延路段。建成居家养老服务照料中心示范型2家、标准型1家，儿童之家建设示范型5个、标准型10个。文化礼堂实现街道全覆盖，闲林街道被评为浙江省农村文化礼堂建设示范街道，通过浙江省文化强镇复评。

【闲林街道首个数字化垃圾收集点启用】 2021年8月20日，闲林街道首个数字化垃圾收集点在方家山社区盛雅公寓小区启用。依托大数据建模溯源等五大体系及“掌尚垃分”小程序等五大模块的智能化管理，实现生活垃圾实时监控、称量计重、积分兑换、数据分析一网通。

【闲林街道被评为美丽城镇省级样板】 2021年12月21日，闲林街道被浙江省城乡环境整治工作领导小组评为2021年浙江省美丽城镇建设省级样板。全年，闲林街道改善100公顷梦溪水乡生态环境，建设洞山、长岭美丽乡村，打造闲林埠老街，形成街道“全域美丽”格局。

（李玲）

仓前街道

【概况】 2021年，仓前街道下辖6个建制村、7个社区。年末总户数1.69万户，年末总人口

6.13万人。区域面积46.29平方千米。

2021年，仓前街道实现经常性财政收入23.30亿元，比上年增长85.6%；规模工业增加值35.48亿元，增长32.6%；固定资产投资增长42.4%；社会消费品零售总额104.62亿元，增长13.0%；自营出口43.46亿元，增长63.5%。

杭州微泰科技有限公司在香港交易所主板上市，街道上市企业达到7家。培育市级智能工厂1家，市级数字化车间4家，机器换人项目6个，工业机器人应用推广30台，数字化改造攻关项目6个。新增国家高新技术企业141家、上市企业培育库118家，“小升规”企业培育库17家、总部企业培育库36家。新增省级研究院2家、省级研发中心11家、市级专家工作站1家。新增E类以上人才45人、F类人才304人。

保障杭州西站枢纽、湖杭高铁及动车所、地铁3号线、机场快线及机场快线仓前车辆基地、235国道、浙大超重力离心模拟与实验室装置项目、浙大校友企业总部经济园二期、vivo全球AI研发中心、OPPO全球移动终端研发总部等重大项目建设。完成政府类投资项目6.97亿元，完成率104%。落实改河改路、铁塔管线迁杆、临时便道等借地64公顷，落地5G铁塔基站70多个。开展历史遗留征迁清零集中攻坚行动，保障浙江大学医学院附属第一医院二期项目启动。

完成美丽城镇省级样板复评，划定135公顷城市新区风貌区。开展“迎亚运”城市环境专项整治行动366次，整改问题1.50万个，整改率100%。西溪永乐城、昌源清苑被评为垃圾分类省级示范小区。拆除违法建筑206宗，12.10万平方米。仓前街道被评为杭州市首批“乐水小镇”，灵源村、朱庙社区等被评为杭州市“水美乡村”。葛巷社区被列入全省首批低（零）碳村（社区）试点。

在全区率先完成“一支队伍管执法”下沉入驻工作。建立健全“1＋2＋X”应急管理责任体系，在全市率先建立镇（街道）级“一专多能、一队多用”应急救援队伍、综合性应急救援物资储备库。

仓前云溪小学、仓前云溪幼儿园等4所学校（园区）投入使用，瑞城花园小区配套温莎郡幼儿园、青枫墅园小区马荣幼儿园普惠性服务完成。仓前街道创建为国家卫生乡镇，社区卫生服务中心通过国家卫健委“优质服务基层行”省级评估。完成“红十字救在身边”救护培训实训站建设。建成向往社区居家养老服务照料中心，提升改造葛巷、朱庙老年食堂，试点推进智慧就餐、“一卡通用”、智慧化家庭护理型床位等工作，“百岁幸福家”实现全域覆盖。建成村（社区）儿童之家13个，村（社区）便民服务站13个。创建示范型婴幼儿成长驿站2家。王建强、徐燕敏等4人入选“余杭好人”，夏琴被评为“浙江好人”。完成高桥村市级全民健身广场、仓南社区省级多功能运动场建设。乾仓图书馆创建为区首批“杭州书房”。

【葛巷社区入选省级未来社区创建名单】 2021年5月，葛巷社区入选浙江省2021年未来社区创建名单。社区围绕“一统三化九场景”，提升改造综合性邻里中心、24小时云诊室、24小时图书馆、“百岁幸福家”、社区治理中心等，建设全区首个普惠型托育中心项目，形成社区“5分钟～15分钟便民生活圈”。该社区的经验做法被中央广播电视总台《新闻联播》报道。

【“经济体”建设】 2021年7月，仓前街道在“一站式楼宇服务”的基础上，探索“经

2021年秋，余杭区仓前云溪小学正式启用

（仓前街道　供图）

济体”建设，将商务楼宇、工业厂区集中的区域划分为朱庙、向往两个经济体，以社区化模式服务企业。配齐党群建设、经济发展、综合治理、公共事务管理四大专员，为企业提供服务。是年，仓前街道被评为第二批省现代商贸特色镇，仓前街道的“整治低效用地培育优质企业提升小微企业园整体水平”入选2021年全省小微企业园建设与管理最佳实践案例。

【住宅小区“小区长”制】 2021年7月，仓前街道举行物业联席会议，建立“小区长”制，分批次、分阶段由组团联村（社区）团长任“小区长”，以党建统领为核心，信访治理为重点，推动问题集中化解。全年街道物业类信访咨询比上年下降14.1%，仓溢东苑小区物业项目获省级“红色物业”项目称号。

【党员“四联”工作】 2021年7月，仓前街道探索建立“1+X”党员“四联”（联楼、联企、联铺、联户）工作机制，发挥党员服务基层、助力发展、参与治理的先锋模范作用。全年参与党员、群众2848人，走访6.00万次，解决问题2700多个。聚焦新业态新就业群体，打造18家“红色骑士驿站”，推出“暖蜂十条”政策和“小哥找茬”平台，壮大党员“四联”队伍力量。

【机场快线（地铁）安置房项目开工】 2021年10月，机场快线（地铁）安置房项目开工。项目总建筑面积13.30万平方米，总建设702套，主要安置因杭州机场快线建设、235国道建设而征迁的农户，可回迁安置约200户，计划2024年末竣工。

（张懿）

中泰街道

【概况】 2021年，中泰街道下辖10个建制村、5个社区。年末总户数1.27万户，年末总人口3.74万人。区域面积71.05平方千米。辖区森林覆盖率为66.3%，有苦竹林2000公顷，有“中国竹笛之乡”之称。

2021年，中泰街道实现经常性财政收入3.07亿元，比上年增长34.3%；农业增加值2.07亿元，增长2.0%；规模工业增加值24.36亿元，增长39.7%；固定资产投资增长105.5%；社会消费品零售总额5.69亿元，增长5.4%；自营出口22.26亿元，增长80.1%。

成立余杭中泰茶叶研究所和杭州大涤山茶叶专业合作社，注册“大涤洞天”“大涤山”区域茶叶公用品牌，打造“枫岭茶谷”村庄品牌，推出“茶家乐”。打造“中泰竹笛”地理标志品牌，完成国家林业和草原局《联合国森林文书》履约示范项目建设，建立万亩苦竹园示范基地，开展竹林碳汇研究。中泰竹笛随航天员登上神舟十三号飞船，紫荆村入选《全国乡村特色产业十亿元镇亿元村典型案例汇编》。改造天井湾、西坞里古村落，打造特色民宿群落，成立中泰农文旅发展联盟。整合37家民宿，推出“慢谷生活”联合品牌。

杭州博拓生物科技股份有限公司在科创板上市，5家企业被列入上市企业培育库。实施“机器换人”项目2个、工业机器人推广应用5项，新增数字化改造攻关项目1个、数字化车间项目3个，规上制造业企业数字化覆盖率100%。新认定国家高新技术企业10家、省科技型中小企业10家、省级研究院2家。小微园区引进企业515家，全年园区企业纳税5000多万元。

完成集镇征迁任务。完成幸福河以北区块99户农户签约，签约率为100%。出让商业办公用地2.30公顷，完成批而未供土地清理7.30公顷、供而未用土地整治19.40公顷。实施常态化全域环境整治行动及城镇靓化工程。开展“迎亚运”城市环境专项整治行动6轮（次）。生活垃圾进场量下降5.3%，回收利用率超52%。全年拆除违法建筑157宗、4.20万平方米。清水湾山水苑被评为垃圾分类省级示范小区，中桥村被评为省级示范村，6月、10月、11月被评为迎亚运长效管理优胜街道。提升改造公共机构无障碍设施5处。运粮河创建为区级“美丽河湖”。推进“迎亚运”山体生态修复景观提升专项行动，核查整治卫星遥感图斑42处。

实施美丽乡村“1510”示范创建项目3个，扩面提升新时代美丽乡村8个，建成精品村1个、精品区块4个。中泰街道创建为浙江省AAAA级景区镇，枫岭村开展农文旅融合发展示范村创建，启动建设“四好农村路”1条533米。建成农村生活污水终端21个，启动新泰村“污水零直排村”创建。

修订完善防汛防台抗旱、森林防火等应急预案，组建“1＋4＋15”综合应急救援队。成立“泰和”调解工作室，组建调解专家队伍，开设村（社区）子阵地8个。实施信访积案攻坚专项行动，涉及国家、省、市三级交办重复信访件综合化解率为99.6%，中泰街道禁毒办被评为浙江省一级乡镇（街道）禁毒办。全年治安警情下降14.2%，电信网络诈骗案件量下降5.9%。

基本完成枫岭农居点农民自建房建设，新南湖绿苑三期单体竣工。中泰中学、中泰中心幼儿园岑岭分园投入使用，与名优学校建立教育互助共同体，开展特色教学。中泰中学中考成绩全区前700名人数较上年提升2.6%，提升率居全区第一。中泰中心小学被评为杭州市体育特色学校。落实“双减”政策，实现放学后托管覆盖率100%。加强社区卫生服务中心医疗服务能力，开展家庭医生签约服务，城乡居民电子健康档案建档4.40万人。创建市级健康单位3个、区级博爱家园1个。完成镇（街道）级示范型儿童之家1家、村（社区）基础型儿童之家12家，白云村成长驿站通过市卫健委验收。中泰街道通过“浙江省民间文化艺术之乡”复评，街道文化站被评为“浙江省特级综合文化站”。在全区率先推出“我们的村晚”云上直播，直播线上观众超10万人。全年利用“文化管家”，送活动623场，惠及群众6.50万人。中泰竹笛参加2021国乐盛典颁奖晚会、浙江省非遗主题展览，选送节目《余杭滚灯》参加浙江省庆祝中国共产党成立100周年文艺演出。全区首个传统工艺工作站在中泰街道挂牌。

【工业园区有机更新】 2021年，中泰街道实施中泰工业园区有机更新一期项目，征迁企业14家，征收用地16.53公顷，涉及建筑面积18.90万平方米。通过“腾笼换鸟”、增存并举，淘汰“低散乱”企业，腾出发展空间3万平方米，拆除违法建筑1830平方米。

【紫荆村创建“中国竹笛第一村”项目启动】 2021年，中泰街道为推进紫荆竹笛“品牌保护＋文化 产业园大平台＋苦竹现代示范园区”模式，打造竹笛产业集群区，打造“中泰竹笛”地理标准品牌，启动紫荆村创建“中国竹笛第一村”项目。“中国竹笛第一村”主要有苦竹栽培、竹笛加工、民乐文化展示、竹乡生态休闲度假旅游等业态。全年完成竹笛展示馆、游客接待中心、石横线拓宽整治等工程。

【“文化赋能”大会】 2021年10月30日，中泰街道举行“文化赋能”大会，发布“文化赋能六大行动”。区委宣传部、区民政局、区文广旅体局、区委党史研究室、区总工会、团区委、区妇联相关领导以及街道相关代表参加活动。“文化赋能六大行动”指文化领航行动、文化铸魂行动、文化强基行动、文化聚力行动、文化提升行动、文化惠民行动，包含《中泰街道志》编纂、公益表彰、扶危助困、基层理论宣讲、文化队伍建设、文化产业扶持、文体基础设施、惠民活动等方面。

中泰街道“平安BOX”（摄于2021年）

（中泰街道 供图）

【“平安BOX”启用】 2021年12月4日，中泰街道“平安BOX”启用。“平安BOX”是集综治、服务、党建于一体的共建共享治理综合体，通过打造“红色党建联盟、蓝色平安综治、橙色企业服务”的三色BOX服务空间，集合警情受理、党建、活动举办、企业服务等功能，提供服务，保障之江实验室和阿里巴巴达摩院平稳运行。试运行以来，举办党建联盟活动20多场，包括举办杭州南湖·党员论坛、党的十九届六中全会精神宣讲等。举办法治教育、安全生产、反邪教、禁毒等宣教活动50多场，就地解决矛盾纠纷40多件。解决之江实验室、阿里巴巴达摩院等需求15件（次）。

（王孙龙）

五常街道

【概况】 2021年，五常街道下辖18个社区。年末总户数1.60万户，年末总人口5.71万人。区域面积24.88平方千米。

2021年，五常街道实现经常性财政收入15.44亿元，比上年增长71.7%；农业增加值0.04亿元，增长1.3%；规模工业增加值6.31亿元，增长1.1%；固定资产投资下降12.5%；社会消费品零售总额329.59亿元，增长38.3%；自营出口50.37亿元，增长30.5%。

2021年，提升改造老旧工业园区4个。友谊电表厂改造为文化创意园，实现年集体经济租金400万元、园区税收3000多万元。

推进荆山区块城市化建设，2019—2021年开发土地44.07公顷，推进包含安置住房、道路交通、中小学校等在内的10多个项目建设。完成25个生活小区、37个企业园区“污水零直排”改造。推进交通建设，优化道路断面。启动高教南路改造项目，完成常睦路中段、五常港路等设计规划。完成12个社区用房的提升改造和街道市民客厅、街道党群服务中心建设，新增创客会客厅、城管驿站等开放空间3万余平方米。五常街道油田小区被评为2020年度杭州市老旧小区综合改造提升工作最佳案例及经典案例，入围省建设厅老旧小区改造“推进机制完善”典型案例。打造“三生融合”、产城人文景“五位一体”的现代化美丽城镇，五常街道被评为2021年度市级美丽城镇样板街道。

优化街道、社区两级综治中心，健全信访代办服务，建立社会力量共治平台，孵化老兵调解工作室、“洪嫂”调解队等调解类社会团体。开展信访积案“阳光化解”专项行动。持续开展“抓党风、促政风、淳民风”行动。开展“五九”主题月活动，开展“薪火传承育家风”表彰活动。

完成五常街道第一幼儿园溪水园园区、永福养老中心、云创卫生服务站等民生项目6个，在养老场所开展医生定期驻诊活动。打造“无废城市”，推行商住园区一站式垃圾分类模式，辖区日回收利用可回收物25吨、易腐垃圾110多吨。打造“韧性城市”，布点15个安置避灾点。围绕“WU微不至、请您常来”服务理念，建设社区级党群服务中心。与杭州师范大学开展校地合作，邀请杭州师范大学专业团队到社区开展“点单式”服务，活动惠及67支队伍近1300人。全年新冠肺炎疫苗共接种30多万针（次）。

五常街道洪园社区台风“烟花”避灾点里的爱心书摊（摄于2021年）

（五常街道　供图）

【五常街道数字治理】 2021年，五常街道打通数据资源壁垒，实时接入各类事件数据，实现“一屏观五常”；推进平安、经济、民生等多领域数据分析和事件预警，实现“一屏知五常”；为巡防队员、网格员配备可视联勤设备，实现力量线上调度指挥，实现“一屏治五常”。线上再造社区场景，建立“居委会、业委会、物业、业主、租客”构成的线上小区组织架构，布局有事一键找、通知一键达、服务一键通等模块，打造文明积分、邻里群聊、邻里公约等线上生活圈。

【产业社区党建试点】 2021年，五常街道建设全市首个产业社区党建试点，通过成立产业社区党委，组建产业社区邻里中心，加强群团组织力量等方式，开展北航研究院党建轮值、贝达梦工厂“造梦计划”等系列活动50多场，服务企业70多次。聚焦辖区数字经济、楼宇园区等新兴领域，联合辖区43家“两新”企业和5家党建共建单位，开展“铭记初心 创智五常”党建共建活动。依托阿里巴巴集团、中电海康集团有限公司等互联网公司的虹吸效应，吸收人才400人，其中全省领军人才44人。建立常态化跟踪联系机制及时掌握人才需求，利用微信、钉钉等互联网交流平台，实现人才一对一服务，解决人才问题300多个。

【省企业码应用镇（街道）级试点】 2021年，五常街道打造数字经济服务平台，归集辖区内1.7万家企业公共数据信息，覆盖街道辖区内所有64座园区、219幢楼宇，实现楼宇招商、经济监测、政策兑现等精准化服务。12月15日，五常街道成为省企业码应用唯一镇（街道）级创新应用试点单位。

【五常街道未来社区建设】 2021年，五常街道有2个社区入选市级未来社区创建名单，3个社区创建城西科创大走廊全域类未来社区。南滕（规划）社区天空之城TOD车辆段上盖综合体项目，面积51.60公顷，结合地铁站点的开发建设，融合多种城市功能，配套住宅建设小学1所，幼儿园3所，体育中心、文化艺术中心和晴雨公园等公共空间和小滕街特色商业街区，打造地上地下复合型社区，探索“地铁＋社区”未来社区模式。云创社区、海创社区围绕阿里巴巴集团等企业高层次人才需求，通过打造24小时创客空间，构建云集银行积分体系，搭建云上通讯录和“社区微脑”系统等，探索智慧邻里社区模式。

（温婷婷）

良渚街道

【概况】 2021年，良渚街道下辖20个建制村、23个社区。年末总户数4.76万户，总人口16.05万人。区域面积101.69平方千米。

2021年，良渚街道实现经常性财政收入15.37亿元，比上年增长66.2%；农业增加值3.25亿元，增长2.0%；规模工业增加值27.85亿元，增长12.0%；固定资产投资增长12.2%；社会消费品零售总额99.10亿元，增速9.1%；自营出口27.00亿元，增长23.1%。

杭州良加米业有限公司的优质稻产加销一体化稻米加工中心、杭州御龙农机服务专业合作社的肥药双减示范基地入选2021年部级粮食绿色高质高效行动示范县创建项目，杭州麟海蔬果专业合作社入选全国农村创业园区（基地）目录，杭州玉渚农业科技有限公司郑洪广被评为全国共享乡村振兴指导师。落实3133.30公顷永久基本农田保护任务，开展耕地“非粮化”“非农化”摸底调查，完成346.70公顷“非粮化”耕地的评估和整治方案设计。实施良渚村等7个村全域土地综合整治与生态修复工程，新增水田3.53公顷。

开发街道产业管理服务平台，覆盖所有实体化企业，打造企业社区和楼宇工作站，成立街道亲企办，建立街道领导联系企业制度，帮助企业解决问题。打造东莲村“良渚云村、科创湿地”项目。德信盛全物业服务有限公司在香港交易所上市，杭州鸿星电子有限公司入选2021年浙江省电子信息成长性特色企业50强，杭州杭锅工业锅炉有限公司被评为省“隐形冠军”企业，千年舟新材科技集团股份有限公司等5家企业被评为省“专精特新”中小企业，天尚设计集团有限公司、杭州锐冠科技有限公司等企业在技术创新类、数字经济领域获多项省级荣誉。截至年末，辖区内有规模以上企业363家，其中，工业94家、批发零售134家、住宿餐饮6家、服务业76家、房地产25家、建筑业28家。产值超亿元的32家，其中，工业23家、建筑业9家。贸易营收超亿元的48家、服务业营收超亿元的11家。

推进靓城行动“1466”项目33个，建设完成“四好农村路”14条。“污水零直排”街道创建进入收官之年，实施区立项项目24个，街道立项项目3个。实施生活类小区涉及项目61个、工业企业整改128家、其他类整改84家、“六小”（小餐馆、小美容美发店、小澡堂、小旅馆、小歌厅、小网吧）行业整改373家，3年累计投入资金2.2亿元。新时代美丽乡村扩面工程涉及10个村24个村民小组，投入资金3550万元，受益群众1165户，余杭区良渚田园牧歌风景线被评为2021年度浙江省美丽乡村风景线，纤石村入选2021年度市级特色村项目。实施城市道路有机更新3条，新建、提升公厕6座，新建无障碍设施231处。完成花苑新村北区、地税宿舍、良渚职高宿舍等5个老旧小区改造决算工作，推进花苑新村南区、安溪教工宿舍等老旧小区改造提升项目，总面积2.80万平方米。加强垃圾分类前端分类和中端清运监管，截至年末，生活垃圾回收利用率提升至50.7%。创建生活垃圾分类回收省级示范小区4个、市级示范小区14个。启动良渚老集镇更新改造工作。沈括科技文化园项目、良渚遗址未来乡村公园项目启动。良渚街道创建为2021年度新时代美丽城镇建设省级样板。

在全区率先成立物业管理委员会。配合“无疫社区”创建和信访化解，在全区首创楼层长机制。良渚文化村社区创建为“全国民主法治示范社区”，大陆村、新港村、港南村创建为“浙江省民主法治村”。2021年10月，良渚文化村社区党委书记徐一峰被评为全国普法工作先进个人、浙江省担当作为好支书。

2021年，良渚街道制定“回迁提速”安置方案，解决40平方米配套用房历史遗留问题，完成运河锦庭二、三期525户2340套，杜甫三期1025户1777套，小洋坝一期592户2435套安置房分房工作。新建学校项目13个，续建项目13个，启用新校园2个。良渚中学更名为“余杭第一中学”。秋季招生8930人。引进名校全面托管项目2个，与杭州师范大学等院校合作打造特级教师工作室等项目18个，创建浙江省现代化学校1所。有区级以上名优教师725人、名师名校长10人。落实“双减”政策，3所学校全面托管办学，义务教育阶段所有中小学实现“五育并举”，实现2.40万名学生课后服务全覆盖。玉鸟社区“儿童之家”被评为2021年杭州市基础型示范儿童之家。全年接种新冠肺炎疫苗69万针（次），接种数量全区第一。良渚社区卫生服务中心被国家卫健委、国家中医药管理局办公室评为2021年“优质服务基层行”活动中表现突出、服务优质机构。良渚街道、纤石村、杜甫村、荀山村退役军人服务站通过验收，街道退役军人服务站获得2021年浙江省“新时代枫桥式退役军人服务站”称号。良渚人力资源服务中心启用。

运河锦庭二期（摄于2021年）　（良渚街道　供图）

【良渚街道区域规划】 2021年，良渚街道提出“聚全域集约发展，分组团精细治理”的发展战略，构筑“北富美、南创新、中提升”的三片区空间发展格局。完成多规合一的实用性村庄规划——《良渚北片八村乡村规划（良渚遗址东片特定功能单元详细规划）》，贯彻落实良渚遗址保护管理规定，推动遗产地未来乡村创建。对接杭州云城，完成《良渚街道大陆片发展战略研究》。加快村级留用地开发，其中谢村村级留用地合作开发地块面积2.5公顷；3个自主开发的村级留用地地块共8.4公顷，完成规划选址论证报告和可行性研究报告。

良渚文化村社区（摄于2021年）　　（良渚街道　供图）

【良渚老集镇更新改造】　2021年，良渚街道启动良渚老集镇更新改造工作，改造范围东侧及南侧至良渚港、西至莫干山路、北至良博路，涉及施家湾社区居民228户。秉持“一次规划、分步实施”原则，主要解危提升良港路沿街及南侧建筑。

【党建品牌矩阵构建】　2021年，良渚街道建立全省首家新就业群体党群服务综合体——正北党群服务综合体。千年舟集团党委与中国林业科学研究院木材工业研究所开展党建共建，浙江城建建设集团有限公司党总支“集装箱”党建阵地案例被评为“工程建设企业党建工作优秀案例”。打造“一村一社一品牌”，形成43个村（社区）党建品牌。实施党建引领干部队伍能力提升工程，分层分类开展干部“链式培养”六项行动，组织开展“大美良渚·奋斗有我”红雁领航书记擂台赛及“红雁领航”“骨干续航”主题培训班。

【良渚街道“最多跑一次”改革】　2021年，良渚街道根据“三区一中心”建设要求，良渚街道便民服务中心入驻10个工位，业务内容涵盖民生服务、企业服务、公共服务3个大类256项事务，实现咨询、受理、办理、评价服务闭环，实现24小时综合自助办事服务机43个村（社区）全覆盖。

【良渚市民客厅启用】　2021年1月，良渚市民客厅投入使用，建筑面积5000平方米，是集社区食堂、文化展厅、社区卫生服务站、居家养老服务中心、邻里文化中心、退役军人服务中心、社会组织孵化平台为一体的综合性服务中心。

【良渚文化村通过省级未来社区创建验收】2021年，良渚街道以良渚文化村社区为未来社区创建试点，助推“未来治理”“未来邻里”“未来健康”和“未来教育”四大场景建设，通过“补短板”和“强特色”式微更新和微治理，补齐公共配套短板，营造社区文化，探索建立多方协同运营机制，以数字化手段赋能社区智治，打造“城市更新”与“数字治理”融合的国际化未来社区示范样板。2月17日，通过省级未来社区创建现场验收。

【良渚同心荟启用】　2021年8月6日，良渚同心荟揭牌。良渚同心荟是良渚街道为团结凝聚良渚社会各界人士，打造的一个集展览展陈、教育培训、议商议事、聚才引才、创业服务、社会服务、联谊交友等多功能于一体的统战阵地空间，集中展示良渚乡贤、良渚知联、良渚侨联、良渚商会等组织的工作情况和代表人物风采。

【区矛调中心良渚分中心成立】　2021年9月1日，余杭首个区级社会矛盾纠纷调处化解分中心——余杭区社会矛盾纠纷调处化解中心良渚分中心成立。中心建筑面积800平方米，设置一体化12人的开放式办公场所。良渚法庭诉讼服务窗口及诉前调解团队整体入驻，设置调解室7个、独立办公室3个、接待室1个，配备1个标准审判庭和“共享法庭”工作站。截至年末，中心分流交办事件2500多件，接待来访群众370多批次、1130多人次，化解矛盾纠纷382件，占同期良渚法庭收件量的28.9%。

【良渚司法所创建为省“枫桥式”司法所】2021年，良渚司法所打造兼具“党建引领、文化内涵、美丽花园、智慧服务”的“枫桥式”司法所，指导辖区多个村（社区）创建民主法治示范村（社区）。加快公共法律服务供给侧结构性改革，配备无人24小时公共法律服务自助亭和法律服务自助机24处，建立法律服务数据驾驶舱；设立“三轮解纷”模式，完善纠纷化解体系，实现矛盾纠纷就地化解，全年化解纠纷3000多件。12月27日，被评为浙江省“枫桥式”司法所。

（孔中华）

仁和街道

【概况】 2021年，仁和街道下辖18个建制村、2个社区。年末总户数1.86万户，年末总人口7.76万人。区域面积75.00平方千米。

2021年，仁和街道完成经常性财政收入6.48亿元，比上年增长47.1%；规模工业增加值6.73亿元，增长2.3%；固定资产投资增长16.1%；社会消费品零售总额13.25亿元，增长17.2%；自营出口38.77亿元，下降6.7%。

全年新增上市企业1家（杭州大地海洋环保股份有限公司），新开工工业项目11个。引育“小而美”项目47个，新引进高校毕业生1314人，新增高技能人才510人，新认定区级人才40人。利用浙江恒泽生态农业科技有限公司存量空间打造全区首个农业孵化器，全年招引涉农科技型企业13家。全年申报高新技术企业50家、省科技型中小企业72家。新增市级以上研发机构15家，其中省级7家。有效发明专利拥有量243件，新增规上企业20家。

完成涉及钱江经济开发区征迁项目11个，征地97.60公顷，签约农户248户。配合做好獐山老集镇后续改造提升，协调推进獐山安置房、奉欣桥、粮站路桥等项目；启动总投资6515万元的美丽城镇项目。开展出租房、室外场地乱象集中专项整治，全年拆除违法建筑245宗，面积10.50万平方米，完成年度任务的117.0%。实现生活垃圾进场总量、人均进场量同比“零增长”，生活垃圾回收利用率稳定达到50%。完成1个生活小区、1个学校、18家“六小”行业、14家工业企业和1个工业园区的“污水零直排”改造，完成花园村农村生活污水治理项目。编制并实施16条重点河道的水质提升工程，全街道整体水质呈逐渐好转趋势。仁和街道被评为2021年度“浙江省森林城镇”。

受理并成功调解矛盾纠纷1771起；涉电信诈骗案件下降33.14%。发现并整改企业安全隐患，开展道路隐患排查整治。打造“和合”调解品牌工作室；建成云会村、花园村等4个村，獐山社区、和庭社区的“共享法庭”。完成仁和印象、仁和银庭等5个智慧安防小区建设，

2021年，仁和街道被评为第14批“浙江省森林城镇”

（仁和街道　供图）

实现辖内17个小区智慧安防的全覆盖。优化“仁和e家人”管理平台，打造核心应用。

浙江外国语学院附属云会小学双陈校区投入使用，东塘小学三白潭校区开工建设。出台余杭区第一个小额工匠星级评定办法，并在全区推广。成立全区第一个镇（街道）、平台的人力资源中心，设置服务专窗。与浙江外国语学院签订为期5年战略性合作协议。全年募集慈善物款915.6万元。街道慈善分会被评为省级示范慈善分会。先后完成3个省级新时代枫桥式退役军人服务站、1个省级红色精品退役军人服务站、18个全国示范型退役军人服务站的创建。仁和街道被评为省退役军人服务保障体系建设先进单位。举行“光荣在党50年”纪念章颁发仪式。

【退休业务“家门口办理”试点】 2021年，仁和街道公共服务中心筛选出需要办理退休业务人员名单，窗口工作人员电话联系确定办理业务时间段和业务所需材料。退休人员只需调取本人档案至街道便民服务中心，即可由工作人员办理从工龄审批到退休办理的业务。对于不方便出门办理退休业务的特殊群体，公共服务中心开辟“绿色通道”，安排工作人员上门办理服务。

【仁和街道“同心守安”红色联盟成立】 2021年8月4日，仁和街道组建“同心守安”红色安全联盟，建立横向联动、纵向延伸的“1+6”联盟体系（“1”即以“同心守安”红色联盟为核心，“6”即以行业为依托，成立涉氨企业安全联盟、涉粉尘喷涂企业安全联盟、家纺服装企业安全联盟、小五金企业安全联盟、小微企业园区安全联盟、高温熔融企业安全联盟）。通过构建党建引领安全生产“四员共治”体系，推动街道监管员、企业安全管理员、专技服务员、网格巡安员共同参与安全管理，搭建街道党员、技术服务机构党员、企业党员参与安全治理平台，以安全资源共建共享为核心内容，推动形成“同心守安”品牌。

【中共西镇区委旧址】 2021年10月9日，提升改造后的中共西镇区委旧址开馆，区四套班子成员到场为旧址揭牌。中共西镇区委成立于1921年10月，是余杭最早建立的党的基层委员会。为庆祝中国共产党成立100周年，仁和街道对中共西镇区委旧址进行第三次提升改造，并在旧址周边新建仁和红色印记微缩馆、仁和街道共同富裕馆。

【仁和慈善分会获省级示范慈善分会称号】 2021年10月，仁和街道慈善分会被评为第二批省级示范慈善分会。街道慈善分会成立于2006年1月。2021年9月4日，举办“仁人向善 和你同行”慈善之夜活动，针对不同群体需求，推出“启梦计划”“安心计划”等特色慈善公益项目10个，通过企业认领、公众参与为辖区内困难群体提供多元化救助。全年街道慈善分会募集慈善资金905.6万元，救助困难人群197户，救助金额40.4万元。

【益民合作社单季晚稻创杭州纪录】 2021年11月9日，区农业农村局组织相关专家在仁和街道东风村对杭州益民农业生产服务专业合作社的超级稻百亩攻关田进行实割测产。结果显

2021年11月9日，杭州益民农业生产服务专业合作社的超级稻百亩攻关田实割测产　　（仁和街道　供图）

示，该攻关田亩产达到1012.7千克，创造杭州市单季晚稻亩产新纪录。

（孟宪菊）

瓶窑镇

【概况】 2021年，瓶窑镇下辖13个建制村、8个社区。年末总户数1.92万户，年末总人口6.34万人。区域面积129.00平方千米。全镇山林面积6118.13公顷，耕地面积2785.27公顷，其中水田1666.93公顷。

全年，瓶窑镇实现经常性财政收入4.83亿元，比上年增长24.3%；农业增加值5.48亿元，增长2.4%；规模工业增加值29.37亿元，增长12.6%；固定资产投资增长70.9%；社会消费品零售总额37.27亿元，增长12.6%；自营出口46.50亿元，增长51.4%。

全年，全镇高新技术产业增加值11.84亿元，可比价增幅10.1%；新产品产值67.77亿元，增长29.8%；规模工业万元增加值能耗下降率4.3%，超额完成4%的目标。

全年全镇粮食作物播种面积1184.53公顷，增长0.04%，全年每公顷产粮10.05千克，总产1.7吨，增长0.09%。蔬菜复种面积1431.87公顷，增长3%；油菜全年产量150吨，增长0.08%；水果全年产量6440吨，增长1.00%；茶叶全年产量1060吨，增长7.00%；中草药材全年产量576.2吨，下降33.00%。全镇生猪出栏量2.84万头，增长46.33%；羊全年出栏量3652头，减少42.19%；家禽全年出栏36.41万只，增长26.68%；兔全年出栏6.69万只，增长52.22%。

新增“小升规”企业13家，国家高新技术企业44家、省科技型中小企业35家。规上工业企业纳税5.10亿元，增长74.08%。招引项目7个，总投资5.00亿元。建立工业企业分级服务管理制度，镇主要领导全覆盖走访辖区内规上工业企业。全镇规上三产单位48家，其中，规上服务业企业8家、限额以上批发零售23家、限额以上住宿餐饮6家、规上房地产企业5家、限额以上个体户6家。

瓶窑镇编制《瓶窑镇文旅融合发展总体策划方案》《瓶窑老街全域旅游落地执行方案》。制定特色旅游线路3条，打造美丽街巷7条，创建浙江省AAA级景区村庄2个，培育发展小茅堰等民宿（农家乐）8家，创建区级示范民宿1家，开业运营开元曼居臻选酒店、菩提谷（良渚遗址店）民宿、辛巴达海洋乐园、雷迪森窑山精品酒店等。推出“在瓶窑”旅游小程序。推出瓶窑镇一桌地方特色菜——“窑山宴”。“风筝材料包”获“韵味杭州·游礼相伴”2021杭州市伴手礼创意设计大赛综合类铜奖，“韩瓶酒器”获“宋韵文化伴手礼”称号。浙江骆驼九宇有机食品有限公司创建为浙江省工业旅游示范基地，瓶窑老街创建为2020年度浙江省四星级旅游购物场所，瓶窑老街非遗文化体验被评为杭州亚运人文体验点，瓶窑老街入选2021年度杭州餐饮业“六名”工程评定名录——名美食街，瓶窑老街余杭纸伞馆入选首批杭州市非物质文化遗产体验点。举办“人民江山百年影像，百场电影庆贺百年”大型系列活动、2021瓶窑小镇纪念日暨第四届浙艺金鹄电影节等活动，策划举办瓶窑老

2021年4月24日，瓶窑镇地方菜发布活动现场

（瓶窑镇　供图）

街花伞市集、稻草文化节等大型系列主题活动10多场，被新华社、中央广播电视总台、浙江日报等50多家中央及省、市、区主流媒体报道800多次，接待游客超200万人次，实现营业收入2亿元。

完成征地20.41公顷，其中良渚遗址公园核心区块3.45公顷，拆迁农户22户。组织参与“低散乱”“三合一场所”“石料加工点”等联合执法整治行动67起，整治沿街店铺“三合一场所”32家；关停非法渣土中转站6处。开展大棚安全隐患整治行动，劝离大棚住人点20处。完成中央环保督察迎检工作。创建智慧安防小区36个，全覆盖推进“乡村钉钉”应用，统筹推进镇数字驾驶舱建设。组建“瓶安”调解铁三角——四源治理中心、和事佬工作室和及时雨工作站。

【地方特色菜“窑山宴”】 2021年4月24日，瓶窑镇发布一桌地方特色菜——“窑山宴”。结合本地特色食材，推出“窑王膳”和“窑后膳”共38道菜品。同步开展“窑山宴”宣传推广培训工作，完成专业培训3期，40多名来自民宿（农家乐）、餐饮店的大厨完成课程培训，部分菜肴在餐饮单位试点推广。全年申报“诗画浙江·百县千碗”旗舰店1家、特色店2家。

【余杭区第16个非遗保护月启动仪式在瓶窑举行】 2021年6月12日，2021年“文化和自然遗产日”暨余杭区第16个非遗保护月系列活动在瓶窑老街启动。活动包括余杭区非物质文化遗产“创新空间站”签约仪式，非遗传承人作品捐赠，余杭区非遗进校园活动“最佳传承奖”颁奖仪式，余杭区“优秀非遗志愿者”颁奖仪式等。活动期间，还举行余杭区创建省级文化传承生态区暨“传文脉 迎亚运”非遗节目展演、非遗集市，“百件作品庆贺百年——余杭区庆祝中国共产党成立100周年优秀非遗作品展”等活动。全年瓶窑镇举办非遗进村（社区）（第二课堂）活动30多场（次），联合开展“馆长和你说历史”“讲述瓶窑陶文化”等公益活动。

【苕溪话共富主题行动】 2021年11月20日，瓶窑镇举行苕溪话共富主题行动暨第四届浙艺金鹄电影节启动仪式活动，其间还举行“电影博物馆”、电影免费展映、民间文艺展演等活动。本次电影节在主竞赛单元基础上设置“瓶窑专题”展示单元，围绕“游在瓶窑、吃在瓶窑、住在瓶窑”主题，瓶窑镇摄影协会的会员、浙江艺术职业学院的影视专业学生历时7个月创作主题摄影、短视频作品、灯光秀和声音设计作品131件，用作品记录瓶窑镇乡村振兴、人民幸福生活的景象。

（阎沁）

径山镇

【概况】 2021年，径山镇下辖13个建制村、2个社区。年末总户数1.31万户，年末总人口3.90万人。区域总面积157.08平方千米。

2021年，径山镇实现经常性财政收入1.30亿元，比上年增长22.4%；农业增加值9.16亿元，增长2.2%；规模工业增加值7.84亿元，下降1.2%；固定资产投资下降6.5%；社会消费品零售总额8.20亿元，增长8.9%；自营出口6.73亿元，下降5.0%。

依托大径山乡村国家公园品牌，推进农文旅融合发展，发展“茶”“稻”等特色产业，扩大“沐禾·前溪”“禅村”等农业特色品牌知名度，径山茶获“中国气候生态优品”称号，品牌价值为26.30亿元，径山镇“茶文化”入围“中国民间文化艺术之乡”，禅茶第一村5家茶企基本完成建设。举办2021杭州全民饮茶日启动仪式、径山花海动漫嘉年华、前溪村第四届“丰收节”等活动。径山青年创客社区成立，陆羽文创街区同步开街，引进宋韵茶事文化馆、区民宿农家乐行业协会等文旅休闲、乡创产业单位7家。培育径山村、小古城村农文旅融合示范村，前溪村入选省级数字农业工厂创建名单。

整治“低散乱”企业，实施杭州三星工艺玻璃有限公司、杭州博达塑业有限公司等11个技改项目，杭州星华反光材料有限公司在创业

镜潭湖公园夜景（摄于2021年）（刘焕根 摄）

防治，巡查发现并整改问题，全域水质基本稳定在Ⅲ类及以上。加强在建工地和重要路段洒水降尘保障，管控秸秆露天焚烧。开展生态治理“雷霆行动”，查处打击乱砍滥伐、挖沙填湖、盗挖矿产等严重破坏生态行为，整治“迎亚运”山体生态修复景观提升点位23个，开展“迎亚运”生态环境整治，排查整改问题2700多个。固体废物处置中心、垃圾分类宣教中心完成改造，垃圾清运量下降8%，资源化处置率54.0%，垃圾分类正确率超95.0%，径山镇创建为省高标准生活垃圾分类示范片区，麻车头村创建为省高标准生活垃圾分类示范村，径乐家园创建为省高标准生活垃圾分类示范小区。

板上市，杭州三晶工艺塑料有限公司创建为省级研发中心。

径山镇创建为省AAAAA级景区镇、省园林城镇，举行长三角百家旅行社进径山活动，发布特色旅游线路和相关特色产品，径山被评为首批杭州市“宋韵杭式生活体验基地”。漕桥村、前溪村被评为AAA级景区村庄，全镇共有AAA级景区村8个，小古城村被评为全国乡村旅游重点村。径山村“径灵子乐园”开园，小古城村游客接待中心建成，径山（双溪、小古城村）绿道被评为“浙江最美绿道”，启动实施大径山绿道项目，环浙步道“零号桩”落户径山。以小古城、径山、前溪为核心的3个乡村新社区，实施规划、平台、品牌、营销“四统一”，国庆假期期间旅游总收入2564万元，日均游客5万余人次。全镇全年接待游客人数超407万人次，旅游收入超2.60亿元，分别增长118.8%、119.2%。“陆羽和茶小僧”入选首批浙江省文化和旅游IP培训名单。保障径山寺复建、径山禅修酒店等项目建设，完成长乐创龄小镇土地出让，推进西山村坡地村镇项目。

推进美丽城镇建设，镜潭路、彩虹桥、吴山公园三期等项目建成，镜潭湖湿地公园开园。实施农村宜居环境整治工程，推进美丽乡村“1510”示范村提升、新时代美丽乡村全域环境扩面提升项目。开展水环境和大气环境污染

建成并启用镇级“云上径山”和径山村村级“数字乡村”数字驾驶舱。建立“1＋3＋15”（1个镇级社会矛盾纠纷调处化解中心，1个镇调解品牌工作室，3个片区，15个村级调解品牌）矛盾纠纷全覆盖化解体系，成立全区首个“共享法庭”——大径山共享法庭。开展信访积案化解和访源治理双百日攻坚行动、防电信网络诈骗专项行动，径山镇被评为“全国乡村治理示范乡镇”。推进“‘数字乡村’建设”“深化基层治理‘一件事’”重点改革任务，农民建房一件事改革入选区级试点。径山镇退役军人服务站被评为2021年浙江省“新时代枫桥式退役军人服务站”。

径山成人文化技术学校交付。推进九龙瀑安置区块、潘板桥村、麻车头村、长乐村等农居点建设。推进成人文化技术学校建设。打造中医药特色品牌科室。全面开展疫苗接种工作。完成4699人次结直肠癌筛查、1.1万人次60岁以上老年人、企业退休人员健康体检工作，创建5家市级、3家区级健康单位。建成多功能邻里中心，构建“1＋14”（1个居家养老服务中心、14个居家养老服务照料中心）养老服务体系，实现老年助餐点全覆盖。完成13户困难残

疾人家庭无障碍设施改造、16户困境儿童家庭“理想小屋”建设、14户家庭农村危旧房屋治理和47户家庭适老化改造，发放临时救助、慈善救助等政策性救助230多万元。举办径山镇第三届武术比赛、迎亚运大型户外赛事、全民健身日等活动。完成漕桥村文化礼堂分堂建设。新建村级全民健身广场1处、健身苑（点）1处、标准化篮球场2处、篮球半场1处。完成径山中学、潘板中心小学等6所学校暑期环境综合整治，镇中心幼儿园创建为浙江省一级幼儿园。径山镇综合文化站被评为“特级综合文化站”。完成四岭双碑园修缮工程。制定“追寻习总书记到小古城村考察的足迹”红色文化路线，通过小古城民主协商馆，弘扬径山红色文化。协助办好第五届径山禅宗祖庭文化论坛。举办第四届群众文化艺术节、第二十届中国茶圣节等文化活动，建成并启用综合性文体活动中心大楼，建成杭州书房、百姓健身房、径山画院、径山非遗馆等文体场馆。径山镇被评为2021年度“浙江省民间文化艺术之乡”。

【共同富裕探索】 2021年，径山镇建立以小古城、径山、前溪为核心的3个乡村新社区，统筹推进“3×N”共富行动，召开“乡村新社区”助推共同富裕建设大会，举办“共同富裕——乡村旅游助力乡村振兴”论坛，成立共富发展基金会、村企共富联盟，共同富裕乡村新社区建设入选杭州市共同富裕首批试点。建立专家智库，成立径山乡村共富学院和径山乡村共富研究院，与华立集团股份有限公司、杭州园林设计院股份有限公司、杭州瑞溪生态园林有限公司（竹茶园）等企业签订战略合作协议，发布生态赋能型乡镇“共同富裕”指数体系。

【“最美径山人”颁奖典礼】 2021年5月23日，以“唱响百年梦 奋‘径’新时代”为主题的“最美径山人”颁奖典礼暨径山镇第四届群众文化艺术节，在径山镇综合性文体活动中心开幕。大会对最美创业人、最美防疫人、最美防疫人团体代表、最美家庭、最美身边好人等5个“最美”系列的50多名“最美径山人”进行颁奖。

【第五届径山禅宗祖庭文化论坛】 2021年10月15日，第五届径山禅宗祖庭文化论坛暨径山万寿禅寺重修圆满落成庆典在径山禅寺举行，论坛以“佛教中国化视域下的径山研究”为主题，征集有关论文30多篇，来自中国人民大学、南京大学、浙江大学等院校的20多名专家学者就径山禅宗祖庭文化历史资源挖掘、“春茶、夏禅、秋学、冬参”四大理念深化等问题开展交流研讨。开幕式上，径山禅宗祖庭文化研究中心揭牌成立。

（孙超）

黄湖镇

【概况】 2021年，黄湖镇下辖5个建制村、1个社区。年末总户数5000户，年末总人口1.35人。区域面积58.55平方千米。

2021年，黄湖镇实现经常性财政收入0.48亿元，比上年增长15.5%；农业增加值2.61亿元，增长2.3%；规模工业增加值7.83亿元，增长20.5%；固定资产投资增长65.8%；社会消费品零售总额4.08亿元，增长9.4%；自营出口10.43亿元，增长16.0%。

制定《黄湖镇村级集体经济发展补助实施细则（试行）》，设立镇级发展基金，每年安排500万元用于支持村级经营性项目建设。投入4000万元完成27.13公顷粮食生产功能区提标改造、现代农业园区提升、农文旅产业融合发展示范创建园、水肥一体化示范等建设项目。

全年实施互联网、物联网、数字化项目8个。全年新增高新技术企业7家、省科技型中小企业3家、各级研发中心12家。杭州斯诺康技术有限公司与浙江工业大学信息工程学院成立全镇首家研究生联合培养基地。把握“网络通信设备＋智能制造”的发展定位，持续开展“低散乱”整治工作，清退淘汰落后产能。

全年新增文旅融合业态28家，发布农文旅融合“一镇一品”精品线路2条，全年吸引国内外访客4万余人次，文旅融合“一镇一品”

工作入选省文旅融合优秀案例选编。

创建黄湖“五美”农业特色样板镇。推进4.50公顷商住地块出让建设，策划清波村1.8公顷村级留用地开发，探索开展黄湖老街小镇形象窗口建设，打造西部商业中心圈和“15分钟便民服务生活圈”。开展“五气共治”，空气质量优良率位列全区前列。拆除违法建筑面积2.50万平方米。开展“迎亚运”城市环境大整治行动。全面实行入户收集、定点集置、分类清运的垃圾收运模式。开展“无废村庄”创建，实施绿色风暴行动，加强秸秆焚烧、工地扬尘及裸土整治，确保空气优良率超75.7%。开展“五水共治”工作，全面消灭劣Ⅴ类水质河道。推进全镇各村美丽乡村扩面，开展“围墙革命”“庭院革命”，提升农村人居环境和基础设施配套。

镇第十八届人民代表大会第一次会议举行。党建引领民主协商机制，开展“未来乡村议事会”“村民义务日”“青山祠评”，民主协商落实闭环管理，“未来乡村议事厅”建成投入使用。成立“溪嶺溪事”专职调解队和全区首支村级青年调解队伍“青山调小青”，工作经验被国家及省、市媒体报道。推进出租房“旅馆式+星级化”服务管理模式，开展雷霆行动、扫黑除恶、防电信诈骗等专项行动，维护社会面平安稳定。

2021年3月22日，中国乡村小水源保护受益者付费模式青山村示范点启动　（黄湖镇　供图）

黄湖镇微融媒体中心揭牌。创建“阿里湖畔魔豆”0岁～3岁婴幼儿照护服务项目。改扩建黄湖中心小学和黄湖中学科技文体楼。按照示范型标准建成清波村村级居家养老服务照料中心，健全村级养老服务体系，服务老人400多人次。推进邻里中心、人才社区、智慧停车场、生态公厕等设施建设。

【未来乡村建设】　2021年，黄湖镇开展“未来乡村实验区”省级标杆建设，启动全国首个乡村小水源保护受益者付费模式示范点建设，“龙坞模式”管理面积扩展至66.70公顷，模式在淳安县安阳乡流域推广。第11个“浙江生态日”主题宣传活动在青山村举行，生态环境多元共治机制获得省长郑栅洁肯定。未来乡村“善美青山”场景入选全区“创景计划”，“善美青山”小程序试运行。搭建“产业融合 可持续发展”的“双创”平台。立足青山村生态保护基础，发挥“善水基金”合作方资源优势，招引培育以自然教育、美学设计、农耕农事、公益实践等为内容的生态研学类项目，打造未来乡村教育研学目的地，推动生态农业与教育研学、文化创意、休闲康养、现代民宿等农村现代服务业共同发展发展。规范化运营“自然好邻居”平台，扩大“黄湖山居”“黄湖山供”“黄湖山肴”等区域特色品牌影响力，打造未来乡村产业地理标志。修订完善《黄湖镇“未来乡村”人才服务保障实施意见》。牵头举办首届全国大学生乡村振兴创意大赛，178所高校、477支团队参赛。成立研究生联合培养基地，与浙江财经大学签订校地合作协议，推动全国大学生乡村研学实践基地、乡村振兴领航学院落户青山村。加快建设全区首个村级“青年公寓”项目，帮助解决住宿、用餐、就学等问题32个。以“资源共建红利共享”的共富理念，鼓励引导各村盘活闲置资产，发展特色产业，探索村集体经济增收路径，促进共同富裕。提供文明授信、贷款贴息、创业保险等金融服务，帮助困难农户参与“自然好邻居”计划。2021年，新增参与农户56家，年户均增收超3万元。

【龙坞水源保护项目受益者付费模式启动】 2021年3月22日，龙坞水源保护项目受益者付费启动仪式在杭州西溪国家湿地公园举行。中国首个乡村小水源保护受益者付费模式青山村示范点启动。该机制由善水基金、区环境（水务）控股集团和黄湖镇人民政府共同发起。仪式现场，区环境（水务）控股集团与善水基金签订合作协议，共同出资保护水资源。黄湖镇人民政府与善水基金签订合作协议，出资帮助龙坞模式“提质扩面”，形成水源保护共治和多元化的资金模式，为附近其他面临类似问题的乡村水源地提供治理和可持续资金管理经验。

【全国大学生乡村振兴创意大赛在黄湖举行】 2021年5月18日，首届全国大学生乡村振兴创意大赛暨“裕农通杯”第四届浙江省大学生乡村振兴创意大赛在杭州市余杭区黄湖镇青山村启动。活动由中国旅游协会旅游教育分会指导，中国城市科学研究会、省教育厅、省农业农村厅、省文化和旅游厅、中国建设银行浙江省分行、浙江省大学生科技竞赛委员会主办，杭州市余杭区黄湖镇人民政府、浙江旅游职业学院和浙江财经大学共同承办。启动仪式上，黄湖镇分别与有材花园青少年研学基地项目、金顶滑翔伞飞行体验营地项目、衡康古法酱园坊项目、独山美术馆项目、扶摇悦动传媒项目等五大项目正式签约。全国大学生乡村研学实践基地落户黄湖。

【第11个“浙江生态日”主题宣传活动在黄湖举行】 2021年6月29日，第11个“浙江生态日”主题宣传活动在黄湖镇青山村举行。活动向全社会发出绿色环保倡议：人人参与，从我做起坚定践行“绿水青山就是金山银山”理念，高标准打好生态环境巩固提升持久战，共建共治共享天蓝、地绿、水清的美丽浙江。省长郑栅洁出席活动，为2020年浙江省在全国环境执法大练兵活动中获奖代表和2021年浙江省“最美环保人”获奖代表颁奖。

【未来乡村2.0“民生议事堂”活动】 2021年12月30日，政协黄湖镇联络工委组织开展黄湖镇未来乡村2.0“请你来协商 民生议事堂”活动。在青山村，政协委员听取黄湖镇在农村生态环境补偿机制、党建引领共心共建机制、农村宅基地制度改革、传统文化保护机制、人才服务保障机制等改革工作汇报，围绕未来村居、未来村治、未来村业、未来村文、未来村民等五大愿景开展未来乡村2.0研讨协商会议。

（杜世航）

鸬鸟镇

【概况】 2021年，鸬鸟镇下辖6个建制村、1个社区。年末总户数4424户，年末总人口1.19万人。区域面积72.00平方千米，其中，森林总面积5975.67公顷、耕地面积800公顷，森林覆盖率84.42%。

2021年，鸬鸟镇实现经常性财政收入0.19亿元，比上年增长102.9%；农业增加值2.91亿元，增长1.3%；规模工业增加值0.37亿元，增长22.6%；固定资产投资增长252.7%；社会消费品零售总额1.33亿元，增长9.9%；自营出口0.10亿元，增长53.3%。

蜜梨种植面积达600多公顷，产量1.50万吨，产值近2亿元。“鸬鸟蜜梨”被评为农产品国家地理标志，蜜梨科技小院入选2021年十佳中国农技协科技小院。鸬鸟镇创建成为省级农业特色强镇。

全年，招引企业181家，老政府双创园、太平双创园两大园区项目落地，浙江吾乡文化旅游发展有限公司、杭州虫趣汇农业科技有限公司、杭州麦河文化传媒有限公司等“小而美”项目落户。

全年，新增民宿、农家乐15家，创建区级示范民宿4家。全镇民宿、农家乐共283家。

2021年8月，“鸬鸟六礼”文化礼堂品牌活动举行
（鸬鸟镇 供图）

举办“留余过年·山沟沟里过大年”、山花节、蜜梨节等活动，通过“鳌梨给”文创、直播带货、消费券发放、文旅推介会等形式提升旅游品牌，全年接待游客130多万人次，直接带动旅游消费2.80亿元。完善“数智旅游”和“遇见鸬鸟”小程序功能。6个村与国有企业合资成立杭州鸬鸟乡村产业运营有限公司，全年实现销售额超500万元。鸬鸟新四军被服厂纪念馆、余杭抗日战争纪念馆、杭州余杭共青团历史纪念馆等四大红色教育场馆全年接待9.60万人次。举办“新文创 新乡村 新活力”2021年余杭区文创发展研讨会暨2021杭州市文创新势力评选活动总决赛。

鸬鸟镇实施重点项目、民生实事项目、村级项目、产业项目28个，完成投资1.19亿元。开展全域范围内“迎亚运”城市环境大整治、城市面貌大提升工作，开发“美丽乡村长效管理”云平台。常态化开展全镇12条主要河道长效保洁，全域水质保持在Ⅱ类以上。实施太平溪、下余溪河道综合整治工程。创建省级“美丽河道”1条、省级“美丽山塘”1个。完成全国“一村一品”示范村镇、省级园林城镇、市级“美丽城镇”创建。完成老虎山骨干林道建设、大径山鸬鸟段森林古道修复及鸬鸟山森林古道提升工程。实施3.70千米“四好农村路”综合提升项目，建成36.70千米。

鸬鸟镇被评为2021年度杭州市文旅特色型美丽城镇市级样板。投资1.30亿元实施推进美丽城镇建设项目16个；全镇AAA级景区村庄3个、AA级3个，实现景区村庄全覆盖。创建省级星级和示范型农村公厕5个，打造4条30分钟乡村游线。提升全域80多千米乡村道路，实现全域景区游线贯通。开展山体、水体专项整治，完成生态复绿12处。鸬鸟镇创建为“污水零直排”镇。全镇2座水库、6座山塘完成标准化创建。全域接通自来水市政管网，水质达标率100%。创建1个省级、2个市级垃圾分类示范村。全镇易腐垃圾就地无害化处置率100%。城镇房屋白蚁防治工作覆盖率100%。

“数智鸬鸟·全域治理”平台1.0项目获得工业和信息化部主办的第四届“绽放杯”5G应用征集大赛智慧文旅专题一等奖、智慧城市专题优胜奖。发挥社会纠纷矛盾调处化解中心、“山理调解室”、“警调对接”、微法庭联合化访等矛盾纠纷调处化解机制，调解成功矛盾纠纷150多起。实施“和美家”家庭行动，为全镇近3700户家庭建立文明档案，镇、村两级道德评判团参与先进典型评选、矛盾纠纷调解、文明行为监督等。

建成鸬鸟镇中心小学，深化镇中心小学与杭二中树兰实验学校教学合作，完成“慢城耕读”办学体系。鸬鸟镇中心幼儿园园品提升项目完成，幼儿园被评为浙江省一级幼儿园，“我爱木工”课程入选全国幼儿园优秀游戏活动案例。建成山沟沟村卫生服务站。建成区级“120”急救服务点。设立余杭区第三人民医院专家固定时间“下沉”坐诊机制。新建邻里中心，涵盖文体活动中心、图书馆、志愿服务站等功能空间。搭建“一鸬守护”数智养老云平台，为全镇3000多名老人提供健康筛查、居家监护等康养服务。养老订餐服务小程序实现网络订餐，结合线下配送餐服务，日均用餐400人次。完成62户困难家庭居家环境改造，对20户困难老年人家庭进行“家庭床位”试点。鸬鸟镇居家养老服务中心创建为杭州市五星级养老机构，友好社区创建为杭州市级老年友好型社区。建成示范型婴幼儿成长驿站1个、示范型儿童之家1个、基础型儿童之家5个。创建国家级示范型退役军人服务站。窗口代办事项增至64项，村（社区）可代办16项，“一窗受理”、代办事项共1661件。深化“最美鸬鸟人”人物评选、“最美好家风”家庭评选系列活动，打造“鸬鸟六礼”文化礼堂品牌活动。组织开展“我们的村晚”、镇第四届人民运动会、“鳌鱼祈福迎新礼”、“启智立德开蒙礼”、“黄金蜜梨丰收礼”、“缅怀先烈敬贤礼”、“新兵入伍壮行礼”、“我为爸妈办婚礼”等特色文明礼仪民俗活动。

鸬鸟蜜梨乐园（摄于2021年）　　（鸬鸟镇　供图）

【第18届余杭区蜜梨生活节】　2021年7月9日，“百年奋斗‘梨享’生活”第18届余杭区蜜梨生活节开幕。现场，鸬鸟蜜梨被授予国家农产品地理标志登记证书。浙江省农业科学院发布关于余杭鸬鸟蜜梨标准化的研究成果，发布《梨绿色生产技术规范》团体标准，启动《梨标准综合体》标准制定工作。余杭蜜梨科技小院分享浙大科技小院成果，杭州大数据运营有限公司展示“数智鸬鸟”数智农业场景。浙江省农业科学院农产品质量安全与营养研究所、杭州市农业农村局、余杭区人民政府筹备组领导，鸬鸟镇镇村工作人员、农业主体及民宿农家乐业主等100多名代表参加开幕式。8月22日，蜜梨生活节闭幕。

【鸬鸟被评为全国“一村一品”示范村镇】　2021年11月3日，农业农村部公布第11批全国“一村一品”示范村镇名单，鸬鸟镇（蜜梨）获得第11批全国“一村一品”示范村镇称号。鸬鸟蜜梨实行统一生产标准、统一机器分级、统一装箱包装、统一商标销售的“四统一”的强制保质举措。建有以鸬鸟蜜梨为主题的“浙江省旅游风情小镇”，围绕“万亩梨园”打造蜜梨乐园，每年举办梨花节、蜜梨节，促进乡村旅游发展。鸬鸟蜜梨连续12年获浙江省早熟梨金奖和省农业博览会等农产品展销会金奖。

【市文创新势力评选活动决赛在鸬鸟举行】　2021年10月23日，“新文创 新乡村 新活力”2021年余杭区文创发展研讨会暨2021杭州市文创新势力评选活动总决赛在鸬鸟镇举行。学术界专家、乡村文创前沿领域从业者、投资人探讨乡村振兴与文旅深度融合等话题。研讨会由杭州市文化创意产业发展中心指导，余杭区委宣传部、杭州市文化创意协会、杭州文化投资发展有限公司主办，杭州市余杭区文化创意产业发展中心、鸬鸟镇人民政府承办。活动期间，“杭州市文创新势力总决赛入围企业鸬鸟考察行”“鸬鸟特色文创展”等活动举行。

（黄丽丽）

百丈镇

【概况】　2021年，百丈镇下辖6个建制村、1个社区。年末总户数3401户，总人口1.06万人。区域面积60.40平方千米。山林面积5243.47公顷，耕地面积297.27公顷，森林覆盖率86.75%。

2021年，百丈镇实现经常性财政收入0.45亿元，比上年增长25.6%；农业增加值1.33亿元，增长2.2%；规模工业增加值2.38亿元，下降22.0%；固定资产投资增长10.9%；社会消费品零售总额3.54亿元，增长8.9%；自营出口2.72亿元，下降13.9%。

完成竹意百丈景区主品牌“竹意百丈”及相关子品牌“百丈百味”“当关夫”“小笋宝”商标注册。举办第三届杜鹃花节活动，推出“繁花似锦 乐游百丈”杜鹃花节定制旅游路线，吸引游客5万人次，旅游收入500多万元。“百丈百味”品牌完成规范生产主体、统一形象包装、铺设线下门店、入驻“网上农博”APP等工作。

开展招商引资，签约浙江浙大教育科技有限公司等产业项目26个。启动建设百丈山居凯瑞华晟度假别墅酒店。全年新审批民宿、农家乐20家，异想四季民宿被评为浙江省银宿，沐竹民宿被评为余杭区示范民宿。

全年实施政府投资项目13个，其中，续建项目10个，新建项目3个，总投资3.60亿元，年度投资0.70亿元。新建项目金竹坞山塘除险加固工程，续建项目何家边溪整治、鱼石岭水库美丽湖泊整治、百丈溪整治等工程完工。

开展“美丽杭州”创建暨“迎亚运”城市环境整治、城市面貌大提升长效管理工作。推进耕地非粮化、非农化整治。巩固市“无违建乡镇”创建成果，制定农村建房规划师制度，做好农民建房服务保障工作。美丽城镇建设被评为市级样板，百丈镇创建为省级园林城镇、省级森林康养名镇。以半山村为试点，推进村级尺度碳汇测算工作，百丈镇入选省、市级低碳试点镇。抓好半山村农文旅融合发展示范村及美丽乡村“1510”行动示范村创建工作。启动“百路千里美乡村”新时代美丽乡村全域环境扩面提升工程，涉及6个村23个组，完成第一期建设。摸排古树名木160棵，建立专人认领、专业养护、专项数据库等制度。出台《百丈镇农村历史建筑保护办法》。农村生活垃圾资源化利用率50%。

结合杭州城市大脑·余杭平台建设，指导危险化学品企业应用好浙江省危险化学品单位“一图一表”系统，录入率为100%。联合上级职能部门开展工业园区“治违除患”专项行动。建立治安巡逻志愿者、安全生产兼职网格员队伍。推广反诈骗码及“国家反诈中心”APP的申领和注册，推广率57.1%，排名余杭区第一位。

开展稳岗拓岗扩就业工作，城乡居民养老保险和医保参保率分别超99.2%和99.9%。全年慰问困难群众、特殊群体1772人次，发放慰问金229万元。百丈镇残疾人之家被评为杭州市四星级残疾人之家。为全镇1429名60岁以上老人购买意外保险。居家养老服务全年上门服务4400人次，3.6万小时，实现养老送餐服务全覆盖，以百丈镇为蓝本的《浙江省养老送餐服务规范》发布。全年为全镇260多名老年人送餐3.6万份。百丈镇中心小学与杭州市学军小学开展合作共建，百丈镇中心幼儿园被评为省一级幼儿园。镇社区卫生服务中心与杭州未来科技城医院共建“五官医学诊疗中心”。完成浙江省基层发热诊室建设。组织开展庆祝中华人民共和国成立100周年系列活动，全年组织综合性文体活动28场，各村（社区）开展乡风文明和文体活动320场。举办首届“人人3小时”公益文化节、共青团浙江省委“美丽浙江 青春植绿”暨百万亩国土绿化·青春三小时公益总动员、公益百丈·乡伴童行——浙江省“人人3小时”亲子公益周等活动。公羊会百丈救援实训基地投入使用，吸引外来志愿者参与公益活动3000多人次。

【百丈镇公益文化活动】 2021年3月3—10日，百丈镇举行首届“人人3小时”公益文化节，包括科技志愿者“博物课堂”公益讲座、“公益集市”、“最美身边人”主题演讲、公益免费电影、省青联公益交流会和青春3小时公益总动员等8场活动。活动邀请省科协、省生态环境厅、共青团浙江省委、省林业局等上级部门参加。5月30日，浙江省“人人3小时”亲子公益周启动，活动由共青团浙江省委和省妇联共同指导，余杭区政府和阿里巴巴公益基金会主办，活动现场发布百丈镇“西部富美”大学生暑期挂职计划，开展老爸评测公益实验室、百丈夏令营等活动。

【百丈镇校地党建共同体成立】 2021年4月20日，百丈镇人民政府与浙江理工大学生命科学与医药学院校地党建共同体签约仪式在镇党群服务中心举行。通过校地合作共同体模式，探索党史学习教育新模式。仪式上，百丈镇党委与浙江理工大学生命科学与医药学院党委签署校地党建共同体合作协议，学院向百丈镇授予校地党建共同体、党史学习教育实践基地称号，并向镇党群服务中心赠送党史书籍。

2021 年 5 月 30 日，“同心童梦，致敬百年”主题活动现场
（百丈镇　供图）

【“同心童梦，致敬百年”主题活动】　2021年5月30日，由民革省直三支部主办的“同心童梦，致敬百年”主题活动在百丈镇溪口村鑫藏修公益书屋举行，省政协副主席吴晶、作家黄亚洲等参加活动。书屋将不定期举行“大咖面对面”活动，邀请作家、艺术家开讲座、办沙龙。

【学军小学与百丈镇中心小学开展共建】　2021年7月16日，杭州市学军小学与百丈镇中心小学共建仪式举行。百丈镇将为学军小学搭建公益文化交流平台，提供公益环境，设计公益线路。学军小学将为百丈镇办好山区美丽教育，在学校管理、师资建设、教育教学、教科研等方面进行指导。

【双枪科技股份有限公司上市】　2021年8月5日，双枪科技股份有限公司在百丈镇双枪公司总部举办上市仪式，庆祝成为全国首家竹制品上市企业、余杭区首家深圳证券交易所主板上市企业。双枪科技股份有限公司在深圳证券交易所首次公开发行A股1800万股，发行价格26.40元/股，募集资金总额4.80亿元。

【三叶青农业科技有限公司院士指导站揭牌】　2021年10月12日，杭州三叶青农业科技有限公司院士指导站揭牌仪式在百丈镇举行，中国科学院院士洪德元为指导站揭牌。参加仪式的人员查看三叶青基地，交流三叶青种质资源研究工作。杭州三叶青农业科技有限公司将与浙江大学生命科学学院、浙江理工大学生命科学与医药学院、浙江胡庆余堂本草药物有限公司合作，参与由洪德元领衔项目“新‘浙八味’三叶青种质资源收集、评价及创新利用研究”。

【市国际盲人节主题活动在百丈举行】　2021年10月12日，由区残联、区科协、百丈镇镇政府主办，阿里巴巴公益基金会、区文广旅体局、区民政局协办，区盲人协会、浙江省绿色科技文化促进会、百丈镇社会组织服务中心共同承办的“百路千里 丈量世界”2021年杭州市国际盲人节主题活动暨余杭区百丈心路之旅推介会在百丈镇举行。来自嘉兴、上海等长三角地区的70多名视障人士首次游览百丈。活动现场，重点推介针对视障人群的百丈“心路之旅”游线。

（洪兰）

编辑：范雅君

产业平台

Industrial Platform

浙江杭州未来科技城（海创园）

【概况】 2021年，浙江杭州未来科技城坚持稳中求进总基调，统筹新冠肺炎疫情防控和经济社会发展，扎实做好“六稳”“六保”，深入实施“三个全域”战略，攻坚“新五场硬仗”，全力开展“三大比拼”，围绕“城西腾飞”总目标，全面推进“一城三地三中心”建设。全年实现企业营收8378.60亿元，完成税收546.10亿元，比上年增长17.9%和13.2%；完成产业项目投资103.33亿元，完成政府项目投资49.42亿元。全年认定杭州市D类及以上人才72人、E类人才3138人。全年引进股权投资机构1511家，资产管理规模3404亿元。推荐83个重大产业项目参加区集中签约活动，比上年增长54.0%。项目总投资额超230亿元，增长60.0%。未来科技城3家企业上市，上市企业总数15家。中国移动杭州研发中心二期工程开工。索信达控股总部落户未来科技城。归创通桥医疗科技股份有限公司成为余杭区首家在香港交易所上市的人才企业。杭州博拓生物科技股份有限公司与微泰医疗器械（杭州）股份有限公司分别在上海证券交易所、香港交易所上市。

【梦想小镇建设】 2021年5月12日，杭州市召开特色小镇高质量发展推进大会，梦想小镇被授予“最强辐射小镇”称号。11月下旬，梦想小镇被评为浙江省命名特色小镇优秀等级。12月初，梦想小镇入选首批浙江省长三角15个“最佳实践”名单。截至年末，梦想小镇沪杭创新中心引进落地未来科技城成熟项目13个、合杭梦想小镇落户项目14个，两大创新平台入驻率均超80%。

【未来科技城省级研发中心新增29家】 2021年1月下旬，浙江省科技厅公布2020年度新建省级高新技术企业研究开发中心名单，未来科技城企业研究开发中心入选省级研发中心29家，占全区的47.5%，新增数位列全区第一，连续两年获全区第一。

【之江实验室先进计算机研究中心成立】 2021年4月下旬，由之江实验室与中国科学院计算技术研究所共建的先进计算机研究中心揭牌成立。该中心旨在整合国内优势科研力量，在智能计算机领域产出一批原创性成果，打造具有国际影响力的智能计算机研究基地。

【全球人工智能技术大会在未来科技城举行】 2021年6月5—6日，2021全球人工智能技术大会系列活动在未来科技城举行。会议期间举行首届全球人工智能技术创新大赛及全球人工智能技术博览会两大活动，还举行CAAI（中国人工智能学会）国际人工智能会议、全国高校人工智能学院院长/系主任论坛和CAAI学术发展与学术期刊建设研讨会。现场参与800多人，线下及线上吸引超1300万人次关注参与，对接100多名院士嘉宾、30多家参会企业。

【省智慧医疗创新中心入驻未来科技城】 2021年8月13日，浙江省智慧医疗创新中心在数字·健康小镇举行新办公场地入驻剪彩仪式，正式入驻未来科技城数字·健康小镇。创新中心由省经济和信息化厅、财政厅于2020年11月正式批复创建，致力于突破制约智慧医疗产业发展的关键共性技术瓶颈，围绕智慧医疗共性关键技术开展联合攻关，构建智慧医疗新型基础设施。

【淘宝小镇电子商务线上产业园开园】 2021年8月26日，淘宝小镇（中国杭州）电子商务线上产业园开园。淘宝小镇（中国杭州）电子商务产业园（下称电商园）是未来科技城为贯彻落实浙江省“最多跑一次”改革和余杭区“打造国际一流营商环境、建设全国数字经济先行区”的指导精神而打造的线上产业园区，致力于为全国电子商务经营者提供线上园区服务，为电商办理市场主体登记提供便利。自2018年12月15日上线以来，电商园推出一系列优化电子商务营商环境的政策，开通全国首个完全自助的全程电子化登记平台。

2021年10月19日，杭州市海外高层次人才创新创业大赛外国人专场决赛举行　　（浙江杭州未来科技城管委会　供图）

【中国数字健康大会在未来科技城举行】 2021年9月25日，2021中国（杭州）数字健康大会在未来科技城学术交流中心举行，以“数字重塑生命健康生态链”为主题，邀请院士专家、行业人士等交流数字健康发展现状，分享发展成果，洽谈合作机遇。会上，《浙江省数字健康产业报告》启动仪式举行。

【市海外高层次人才创新创业大赛外国人专场决赛】 2021年10月19日，“创客天下·杭向未来”2021杭州市海外高层次人才创新创业大赛外国人创新创业项目专场决赛在未来科技城国际人才园举行。来自全球20多个国家和地区的1341个项目进入大赛海选，其中，留学人员项目931个、外国人项目410个。12个项目晋级外国人专场决赛，竞争3个总决赛名额，参赛项目涵盖电子硬件、芯片设计及制造、虚拟现实、医疗器械等领域。

【第18届中国ECR大会】 2021年10月20日，2021年第18届中国ECR（高效消费者响应）大会在未来科技城学术交流中心举行。会上，华润万家有限公司等60多家零售商、品牌商、服务商联合发起“提高零供效率 绿色协同发展”倡议活动，推动行业全面绿色转型。大会期间，还揭晓中国ECR委员会2020—2021年度案例，从供应链优化、消费者需求与创新、全渠道零售和信息化三个方面开设分论坛，分享成功经验。

【DeepTech中国创新中心落地未来科技城】 2021年10月28日，世界科技青年论坛暨《麻省理工科技评论》“35岁以下科技创新35人”全球—亚太区榜单线下发布仪式在未来科技城举行，DeepTech中国创新中心揭牌。新一届“35岁以下科技创新35人”全球名单、亚太区入选者同时揭晓，来自未来科技城的杭州曦智科技有限公司创始人兼首席执行官沈亦晨、杭州图灵视频科技有限公司创始人蓝振忠分别上榜。

【全省首家全流程在线共享法庭落户未来科技城】 2021年12月22日，余杭区“涉网知识产权·共享法庭”揭牌仪式在浙江（杭州）知识产权创新产业园举行，“共享法庭”揭牌，涉网知识产权共享法庭平台系统同步上线启用，这是浙江省首家全流程在线共享法庭，致力于实现涉网知识产权纠纷全流程在线诉源治理。截至年末，3家特邀调解组织入驻，专业调解员近30人，专职调解涉网知识产权纠纷。

（方婷）

杭州良渚新城

【概况】 2021年，良渚新城实现财政总收入46.71亿元，比上年增长7.6%；全年实现财政总收入46.71亿元，增长7.6%；经常性财政收入15.36亿元，增长66.1%。良渚新城梦栖小镇连续3年被评为浙江省特色小镇“亩均效益”领跑者。千年舟科技文化创意园、中国（良渚）交叉创新产业孵化基地和北京大学—杭州双创示范基地入选第八批省级小微企业园名单。

新接洽优质项目600多个，重点签约包括石药控股集团华东总部项目、东方基因全球总部项目、思享无限总部项目、齐圣科技总部项目等74个项目，总投资245.30亿元。新增上市企业1家（德信服务集团有限公司）。新引入国家非物质文化遗产传承人1人，新增工业设计人才55人。举办2021年世界生命科技大会、2021中国AI＋创新创业大赛—智慧医疗创新大赛、SATOL（中国）生命科技创新创业大赛等大型活动近20场。

在中央商务区核心区内划定56.67公顷“双湾总部基地”，聚焦长三角和粤港澳大湾区企业总部或创新总部项目。新增创新物理空间68.80万平方米，新引进创新孵化载体12个，新增市级及以上研发机构12家，新增国高新企业48家，推荐省科技型中小企业103家，新增省级小微企业园5个、重点楼宇10幢、星级楼宇2幢。编制《良渚新城工业用地有机更新三年行动方案》，将通运路以南10家企业15.87公顷工业用地作为试点先行。

良渚新城共有项目90个，总投资651.70亿元。良渚中央商务核心区提升工程（中央公园）和郁宅港提升工程正式开工。中国美术学院良渚校区投入使用。运河二期、三期，杜甫三期，小洋坝一期项目共103万平方米安置房交付，2000多户居民分配新居。小洋坝家园安置房被评为2021年度“杭州市最美安置房”。颐和江南幼儿园、古墩路幼儿园竣工投入使用。

【良企俱乐部成立】 2021年1月29日，良企俱乐部成立仪式在生命科技小镇先导区举行。“良企俱乐部”是由良渚新城管委会发起，绿城科技产业服务集团有限公司协同，良渚生命科技小镇优秀企业代表参与建设的产业生态组织，意在实现政府与企业，企业与企业间的信息互通、诉求反馈与资源共享。通过“良企汇”“良享会”“良行会”等学习交流活动，促进

2021年5月20日，第六届浙江大学校友创业大赛浙江赛区总决赛暨全球浙江大学兄弟校友会高峰论坛闭幕

（杭州良渚新城管委会　供图）

企业发展，加快产业聚能。

【浙大校友创业大赛浙江赛区在良渚新城举行】 2021年5月20日，第六届浙江大学校友创业大赛浙江赛区总决赛暨全球浙江大学兄弟校友会高峰论坛在良渚新城梦栖小镇举行。本届大赛以“科技·创新”为主题，构建校友创新创业生态体系。赛后，以“融入国家战略，助推地方经济”为主题的全球浙江大学兄弟校友会高峰论坛举行。

【万劢德数字产业园项目开工】 2021年7月19日，良渚新城万劢德数字产业园项目开工。该项目计划总投资20.30亿元，位于良渚新城古墩路，总占地面积6.90公顷，总建筑面积25.70万平方米，其中，地上建筑面积16.50万平方米、地下建筑面积9.20万平方米。该项目定位为企业总部经济与数字文化（小微）产业园，规划产业业态有数字经济产业、文化产业、大型企业总部办公，网红直播基地及配套服务功能等。

【中国美术学院良渚校区启用】 2021年9月2日，中国美术学院良渚校区正式启用。良渚校区是中国美术学院第四大校区。良渚校区占地32.20公顷，总建筑面积18.00万平方米。整个校园以“生活即教育、学院即社区”的理念进行设计建造，通过坊、市、馆、舍、所、院、园、道的营造，实现“绵延多义的工坊空间、居学一体的学院生活”。

【世界生命科技大会在梦栖小镇举行】 2021年11月19—21日，2021世界生命科技大会在杭州良渚梦栖小镇举行。全国人大常委会副委员长陈竺，副省长卢山，市委常委、副市长胥伟华，中国工程院三局副局长高战军，中国医师协会副会长杨民及中国工程院院士、“人民英雄”国家荣誉称号获得者张伯礼等19名“两院”院士及来自全球医疗健康和生命科技领域的专家学者、政府人员、业界代表共同研讨生命健康科技创新。开幕式上，树兰医学奖颁奖仪式举行，3名院士获奖，12名青年医学科学家获得树兰青年医学奖。SATOL医学创新创业营开营，2021·SATOL（中国）生命科技创新创业大赛举行颁奖仪式。大会还举办多场平行峰会及分论坛，来自全球的医疗健康界专家通过线上线下方式，围绕感染病学、数字医疗、影像诊断、健康服务等领域的前沿问题展开研讨。

【良渚中央商务核心区提升工程启动】 2021年11月，良渚中央商务核心区提升工程开工。

2021年9月2日，中国美术学院良渚校区启用

（杭州良渚新城管委会　供图）

2021年11月，2021世界生命科技大会现场

（杭州良渚新城管委会　供图）

该项目位于良渚新城核心区域，东至杭行路及商业商务用地，南至勾运路、西至规划支路和西塘路、北至郁宅路。项目总投资19亿元，总用地37.40公顷，建筑面积3.30万平方米。

（董琦）

杭州钱江经济开发区

【概况】 2021年，杭州钱江经济开发区实现规模工业增加值38.36亿元，增长8.6%。有效投资26.31亿元，增长29.3%，其中，高新技术产业投资11.5亿元，民间投资8.83亿元。

招引50个重点产业项目，总投资514.23亿元，占全区重大项目签约总投资额的近一半，其中，50亿元以上项目4个，20亿元以上项目6个，涵盖新能源、新材料、集成电路、人工智能、生物医药等行业领域。杭州大地海洋环保股份有限公司在深圳证券交易所创业板上市。

构建新智造企业梯度培育体系，推动产业转型升级。实施杭州市数字化改造攻关项目企业15家，12家企业入选杭州市数字化改造攻关项目库，南方泵业股份有限公司、杭州普晶电子科技有限公司、杭州顿力电器有限公司、杭州米格电机有限公司四家企业入选2021年杭州市数字化车间培育，杭州大地海洋环保股份有限公司入选2021年省级智能工厂（数字化车间）项目，南方泵业股份有限公司被评为工业和信息化部制造业单项冠军。建立“小升规”培育库，全年“小升规”企业14家。

实施“高新企业倍增”和“大孵化器”战略，加快拓展创新空间。全年新增智能制造创新中心、美鸿智造产业园、紫之众创空间等6个孵化载体，新增创新空间18.60万平方米，引进科技型企业120家。智能制造创新创业产业园被评为省级优秀科技企业孵化器和余杭创新发展优质服务平台，紫创未来智造谷和智能制造创新中心被认定为浙江省小微企业园，联东U谷产业园被认定为杭州市三星级小微企业园。浙江大学先进电气装备创新中心开园。钱江经济开发区被认定为省级双创示范基地。新增市、区级高层次人才63人、领军人才47人、全球名校毕业生97人、高技能人才500人。举办高性能复合材料国际论坛等人才创新创业服务活动35场。全年新增国家高新技术企业50家，累计178家，全年新授权专利1808件。

【光影博物馆余杭仁和广场站】 2021年7月16日，由钱江经济开发区党工委、仁和街道党工委共同举办的光影博物馆余杭站在仁和广场开幕，展览为期7天。“光影博物馆”内陈列各种老物件，通过“图像+音像+影像”的光影形式，展示浙江红色发展历程。

【钱江经济开发区被认定为省双创示范基地】 2021年10月，钱江经济开发区被浙江省发展和改革委员会认定为省级双创示范基地。钱江经济开发区以围绕“大众创业、万众创新”的核心理念，建立双创发展政策和服务体系。实施大孵化器战略，建设以“产业孵化（双创中心）+加速（智能制造加速器）+落地（土地空间）”为载体的生态型产业链，截至年末，建成孵化载体7家，包括8.60万平方米的智能制

2021年1月16日，浙江大学先进电气装备创新中心开园

（杭州钱江经济开发区管委会　供图）

造创新中心、1.90万平方米的智能智造创新创业产业园、5.60万平方米的紫创未来智造谷，引进一批科创企业及科创人才。

【钱江经济开发区智能制造创新中心启用】 2021年8月13日，钱江经济开发区智能制造创新中心正式启用，标志钱江经济开发区三大孵化器全部正式运营。杭州钱江经济开发区智能制造创新中心位于余杭区仁和街道临港路10号，总建筑面积1.20万平方米，公共服务面积1669.20平方米。建成企业一站式服务中心、党群服务中心、钱阅书屋、喜马拉雅朗读亭等公共设施，并设有公共接待大厅、商务接待中心、多功能会议室、商业休闲配套等创业公共配套空间，满足入孵企业办公、研发、商务接待等需求。

钱江经济开发区智能制造创新中心（摄于2021年）
（杭州钱江经济开发区管委会　供图）

【钱江经济开发区人才公寓主体结顶】 2021年10月21日，杭州钱江经济开发区616套人才公寓主体结顶，该批公寓是钱江经济开发区开展靓城行动配套大完善行动和实施"未来之星"计划以来为市（区）、省、国家级人才兴建的首批配套住房。人才房位于临港路延伸段，东临獐山港，总用地面积2.00万平方米，总建筑面积7.00万平方米。

【第19届中国焊接之桥行业发展论坛】 2021年10月23日，由杭州钱江经济开发区企业杭州华光焊接新材料股份有限公司承办的第19届中国焊接之桥（杭州华光）行业发展论坛暨2021年中国（杭州）绿色连接与制造高峰论坛、首届"华光新材杯"焊接行业先进技术及应用工艺优秀成果论文推介活动在未来科技城学术交流中心举行。论坛以"减碳、高端、合作、共赢"为主题，邀请有关专家学者，分享行业最新发展方向和研究成果，讨论焊接行业发展热点和会员单位关注点。

【优稳自动化公司获国家科学技术进步奖】 2021年11月3日，2020年度国家科学技术奖励大会在北京人民大会堂举行。杭州钱江经济开发区企业杭州优稳自动化系统有限公司参与的"广域协同的高端大规模可编程自动化系统及应用"项目获得国家科学技术进步奖二等奖。杭州优稳自动化系统有限公司是一家集控制装备与控制系统产品的研发、制造、销售、集成为一体，控制系统产品制造企业，该次获奖是杭州优稳自动化继"高端控制装备及系统的设计开发平台研究与应用"项目获得2013年度国家科技进步奖一等奖，"高安全成套专用控制装置及系统"项目获2016年度国家科技进步奖二等奖以来，第三次获得的重大荣誉。

【钱江经济开发区公园入选市海绵城市建设示范区域】 2021年11月，杭州钱江经济开发区獐山港绿道及智荟动力公园被杭州市城乡建设委员会评为2021年度杭州市海绵城市建设重点示范区域。示范区东至獐山港东岸、南至獐山港、西至东苕溪、北至骆驼桥港，面积约1.00平方千米，其中智荟动力公园总面积0.70平方千米，包含獐山港、奉口港、东苕溪东岸水源保护区等滨水空间。

【钱江经济开发区入选市融合发展试点名单】 2021年11月，杭州钱江经济开发区入选2021年杭州市先进制造业和现代服务业融合发展试点名单，被杭州市发展和改革委员会认定为市级两业融合试点区域。钱江经济开发区以数字化“未来工厂”建设作为推动先进制造业和现代服务业融合发展的重要抓手，推进智能装备、新材料、新能源等先进制造业服务化转型，依托浙江大学先进电气装备创新中心、中金环境泵业技术研发院、华光新材金属新材料及加工焊接技术研发中心等创新平台，为企业提供技术解决方案，引导研发设计企业与制造企业开展合作，提供需求分析、创新试验、原型开发等服务。

2021年11月，杭州恒丰家具有限公司成为杭州亚运会首批家具供应商。图为该公司产品

（杭州钱江经济开发区管委会　供图）

【恒丰家具有限公司成为亚运会供应商】 2021年11月，杭州钱江经济开发区企业杭州恒丰家具有限公司入选2022年杭州亚运会首批家具供应商名单。恒丰家具是一家集研发、设计、生产、销售于一体的钢木家具公司，是获得世界三大设计大奖的家具企业。该公司与意大利克劳迪奥·贝里尼（CLAUDIO BELLINI）设计工作室共同研发设计的FLY系列座椅获2015年德国红点奖，被2016年G20杭州峰会采用，FLOW、FLX、FATA系列产品获2019美国芝加哥优良设计奖，FATA系列获2020年德国红点奖。

【钱江经济开发区被评为市绿色低碳工业园】 2021年12月，钱江经济开发区被市经济和信息化局评为杭州市2021年绿色低碳工业园区。钱江经济开发区打造东苕溪生态景观带和獐山港滨水景观带，实施资源综合利用，形成从源头控制到末端利用的逆向物流体系，推进园区循环发展，提高清洁能源使用率，降低碳排放。开发区内企业杭州华光焊接新材料股份有限公司、杭州余杭獐山钢瓶有限公司和南方泵业股份有限公司被评为杭州市2021年绿色低碳工厂。

【智荟动力公园被评为省优质综合公园】 2021年12月，杭州钱江经济开发区智荟动力公园被省住房和城乡建设厅评定为2021年“浙江省优质综合公园”。自2019年开始，钱江经济开发区以“五水共治”为切入点，破解矿山废地遗留下的水生态困局，依托周边水网密集、湿地资源丰富的特点，通过文脉挖掘、生态梳理、景观规划等措施，在土地整治提升、水塘治理环节中融入海绵元素，打造出具备规划馆、文体中心、植物迷宫等设施的智荟动力公园。

（俞建玉）

编辑：范雅君

全区组织机构及负责人名录

Directories of Organizations and Principals in Yuhang

中国共产党余杭区第十四届委员会（3—7月为筹备组）

书　　记　张振丰（至11月）
　　　　　刘　颖（11月始）
副 书 记　陈如根（至3月）
　　　　　朱红丹（女，1月始）
　　　　　金承涛（3-11月）
　　　　　王　垈（11月始）
常　　委　祝振伟（至3月）
　　　　　王　姝（女，至3月）
　　　　　朱红丹（女，至1月）
　　　　　邵伟斌（至11月）
　　　　　王建平　袁水良
　　　　　皇甫伟华　陈夏林（至3月）
　　　　　顾国煜
　　　　　董富全　唐小辉（11月始）
　　　　　邵雪荣（4月始）
　　　　　倪伟俊（3月始）

区纪律检查委员会

书　　记　邵伟斌（至11月）
副 书 记　范国权　胡乃女（女，至4月）
　　　　　丁银华（4月始）
常　　委　丁银华（至4月）
　　　　　张晓军（至4月）
　　　　　樊志彪　潘　颖（女，至4月）
　　　　　黄美芳（女，4月始）

区委巡察工作领导小组（办公室、巡察组）（4—7月为筹备组）

办公室
　主　任　丁银华（至4月）
　　　　　樊志彪（4月始）
　副主任　何建福　钱　俊（至4月）
第一巡察组
　组　长　蔡国洪（至4月）
　　　　　沈伟功（4月始）
　副组长　雷堂化（至4月）
　　　　　康再永（5月始）
第二巡察组
　组　长　章伟胜（至4月）
　　　　　朱法水（4月始）
　副组长　莫伟忠（至4月）
　　　　　姬毓华（5月始）
第三巡察组
　组　长　沈伟功（至4月）
　　　　　韩伟华（5月始）
　副组长　祝泽忠（至4月）
　　　　　莫伟忠（4月始）
第四巡察组
　组　长　朱法水（至4月）
　副组长　韩学标

区委办公室

　主　任　杨文闯（至4月）
　　　　　费跃建（4月始）
　副主任　孙　路（至4月）　王晓平　徐　春
　　　　　汪燕萍（女，4月始）　吴振国（4

月始） 毛坚勇（兼）

政策研究室

主　任　朱丁伟（至4月）

孙　路（12月始）

保密局

局　长　杨文闯（至4月）

费跃建（4月始）

台湾工作办公室

主　任　卢松岳（至4月）

王晓平（4月始）

副主任　胡建斌（至4月）

李有森（4月始）

全面深化改革委员会办公室（4—7月为筹备组）

主　任　朱丁伟（至4月）

孙　路（12月始）

副主任　马　驰　孙　路（4—12月）

姚　垚（4月始）　盛　洁（女，7月始）

组织部（4—7月为筹备组）

部　　长　朱红丹（女，至3月）

邵雪荣（4月始）

常务副部长　计子法（至4月）

洪建良（4月始）

副　部　长　叶　敏（女，至4月）

何　彦（至4月）

李万民（兼）

陈　勇（兼）

徐来莹（女，4月始）

闫伟光（兼）　吴文星（兼）

直属机关工作委员会

书　　记　朱红丹（女，至3月）

邵雪荣（4月始）

常务副书记　叶　敏（女，至4月）

专职副书记　卢勤荣

宣传部（4—7月为筹备组）

部　　长　王　姝（女，至3月）

倪伟俊（4月始）

常务副部长　厉息安（至4月）

陈　宏（4月始）

副　部　长　姜　伟（至4月）

陈　坚（至4月）

邵文鸿（女，5月始）

罗伟娟（女，4月始）

区文化创意产业发展中心（文化创意产业办公室5月更名）

主　任　陈　坚（至4月）

王乐芬（女，5月始）

副主任　吴云峰（至12月）

新闻办公室

主　任　厉息安（至4月）

罗伟娟（女，4月始）

副主任　唐文薇（女）

精神文明建设委员会办公室

主　任　姜　伟（至4月）

邵文鸿（女，5月始）

统战部（4—7月为筹备组）

部　　长　袁水良

常务副部长　劳晓萍（女，至4月）

沈华强（4—6月）

副　部　长　朱学猛（至4月）

常秀兰（女，兼）

沈华强（至4月）

郑妙元（4月始）

赵　楠（女，5月始）

吕火良（5月始）

姚克萍（兼）

侨务办公室

主　任　沈华强（至5月）

赵　楠（女，5月始）

归国华侨联合会

主　　席　沈华强（至5月）

赵　楠（女，5月始）

专职副主席　戴燕萍（女，9月始）

政法委员会（4—7月为筹备组）

书　记　朱红丹（女，1月始）

副书记　王建平　杨士宏（至4月）

高宜生（4月始）　陈富强

周汝琴（女，4月始）

吴伯进（至4月）

区社会治理综合服务中心（5月始）

主　任　周汝琴（女，4月始）

副主任　俞旭霞（女，至4月）

陈明辉（4月始）

机构编制委员会办公室（4—7月为筹备组）

主　任　徐礼强（至4月）

副主任　林中鹂（女）

吴　俊　余江海（5月始）

信访局（4—7月为筹备组）

党组书记、局长　徐义峰（至4月）
毛坚勇（4月始）
副书记、副局长　方春明（至4月）
副 局 长　姚志华　陈　霞（女，至4月）
高雪峰（5月始）
郑云锋（4月始）

老干部局（4—7月为筹备组）

局　长　李万民（至4月）
闫伟光（9月始）
副局长　唐鹏飞（至4月）
闫伟光（4—9月）
姚冬琴（女）

党史研究室、地方志编纂研究室（党史研究室、地方志编委办公室5月更名）（4—7月为筹备组）

党组书记、主任　张剑峰（至4月）
徐娟妹（女，5月始）
副主任　张　嫣（女，至4月）　蒋旭东

市委党校余杭区分校（4—7月为筹备组）

校　　长　朱红丹（女，至3月）
邵雪荣（4月始）
常务副校长　占张明（至4月）
俞建新（4月始）
副　校　长　姚克萍（女，至4月）　石翼飞
王　峰　章秀华（至4月）
毛展宏（5月始）

行政学校

校　　长　陈夏林（至3月）
梅建胜（3月始）
常务副校长　占张明（至4月）
俞建新（4月始）
副　校　长　毛展宏（5月始）　石翼飞
王　峰

社会主义学院

校　　长　袁水良（兼）
常务副校长　占张明（至4月）
俞建新（4月始）
副　校　长　劳晓萍（女，兼）
吴敏华（女，兼）
沈华强（4—6月）

中华文化学院（7月始）

院　　长　袁水良
常务副院长　占张明（至4月）
俞建新（4月始）

余杭区第十五届人民代表大会常务委员会（3—7月为筹备组）

党组书记　阮文静（女）
党组副书记　李敏华（至3月）
金国平（3月始）
主　　任　阮文静（女）
副 主 任　李敏华（至3月）
杜坚强（至7月）
白美玉（女，至3月）
施建华（至3月）
曾　宏（3月始）
沈洪相（3月始）
楼建平（3月始）
朱红耀（3月始）
朱幼群（3月始）

人大常委会办公室（4—7月为余杭区人民代表大会机关筹备组）

主　任　林加忠（至4月）
王　铮（4月始）
副主任　任文远　沈明羿（至4月）
朱晨希（4月始）

监察和法制司法工作委员会（4—7月为余杭区人民代表大会机关筹备组）

主　任　王利群（至4月）
章雪梅（4月始）
副主任　陈建勇（至4月）
王　先（5月始）

财政经济工作委员会（4—7月为余杭区人民代表大会机关筹备组）

主　任　沈有松（至4月）
范海坚（4月始）
副主任　龚玉根（至4月）
汤惠英（女，12月始）

教育科技文化卫生（民族宗教侨务）工作委员会（4—7月为余杭区人民代表大会机关筹备组）

主　任　沈文洪（至4月）
　　　　卢松岳（4月始）
副主任　徐　兵（女，至4月）
　　　　罗立中（5月始）

代表工作委员会（4—7月为余杭区人民代表大会机关筹备组）

主　任　倪满芬（女）
副主任　王序华（女，至4月）
　　　　李新玲（女，4月始）

城建环保工作委员会（4—7月为余杭区人民代表大会机关筹备组）

主　任　郑建芬（女，至4月）
　　　　张长永（4月始）
副主任　马依群（女，至4月）
　　　　俞朝军（5月始）

农业和农村工作委员会（4—7月为余杭区人民代表大会机关筹备组）

主　任　葛云莲（女，至4月）
　　　　王利群（女，4月始）
副主任　俞来宝（至4月）
　　　　刘　英（女，4月始）

余杭区人民政府（3—7月为筹备组）

党组书记、区长　陈如根（至3月）
　　　　金承涛（3—11月）
　　　　王　垟（11月始）
党组副书记、副区长　陈夏林（至3月）
　　　　梅建胜（3月始）
副 区 长　顾国煜　许玲娣（女）
　　　　楼秀华（至3月）
　　　　王艳勤（女，至3月）
　　　　葛建伟（至3月）
　　　　杨金水（至3月）
　　　　胡　彪（3月始）
　　　　姚文华（3月始）
　　　　吴伟强（3月始）
　　　　吴远东（11月始）
　　　　顾　斌（7月始）

区政府办公室（4—7月为筹备组）

党组书记、主任　沈国峰（至4月）
　　　　李　华（4月始）
副 主 任　庞蔚燕（女）
　　　　董　静（女，至4月）
　　　　叶　诚（至4月）
　　　　胡卫建（至4月）
　　　　许正良（至4月）
　　　　周敏娟（女，至4月）
　　　　王　超（至4月）
　　　　赵杏文（女，兼）
　　　　钱　俊（4月始）
　　　　莫虓威（4月始）
　　　　张志伟（4月始）
　　　　宓鹏远（4月始）
　　　　胡灵锋（4月始）
　　　　叶庆平（9月始）
　　　　汪仁娣（女，兼）
　　　　盛　洁（女，兼）

外事办公室

主　任　沈国峰（至4月）
　　　　李　华（4月始）
副主任　庞蔚燕（女）

发展和改革局（4—7月为筹备组）

党委书记、局长　朱红耀（至4月）
　　　　郭云伟（4月始）
党委副书记、副局长　鲍永华（至4月）
副 局 长　田梅咏　黄　欣（至4月）
　　　　王永刚（至4月）　杨春龙
　　　　高　扬（5月始）

对口支援和区域合作局

局　　长　朱红耀（至3月）
　　　　郭云伟（4月始）

区政府金融工作办公室

主　　任　朱红耀（至3月）
　　　　郭云伟（4月始）
专职副主任　陈旭平（至12月）
　　　　张文杰（12月始）

专职副主任　陈旭平

经济和信息化局（4—7月为筹备组）

党委书记、局长　郭云伟（至4月）
党委书记　朱旭成（5月始）
局　　长　罗建强（4月始）
副 局 长　杨建芳（女，至4月）
邬晓鸣（至4月）　陈　康
李　威（4月始）
汤江波（4月始）
总经济师　吴熠东（至4月）

教育局（4—7月为筹备组）

党委书记、局长　徐伟龙
党委副书记、副局长　邵素萍（女，至4月）
张同华（10月始）
副 局 长　鲍志法　周建忠（至4月）
周宝阳（至4月）　罗永明
王方鸣（4月始）

科技局（4—7月为筹备组）

党组书记、局长　周　坚
副 局 长　莫媇威（至4月）
高志永（至4月）
李　威（至4月）
雷　刚（至4月）
李　巍（女，5月始）
楼杭杰（5月始）
章志宏（9月始）

民族宗教事务局

局　长　朱学猛（至4月）
郑妙元（4月始）
副局长　吴敏华（女，至4月）

公安分局（5—7月为筹备组）

党委书记、局长　王建平
党委副书记、政治委员　赖炳权（至5月）
叶利杰（5月始）
党委副书记、常务副局长　叶利杰（至5月）
沈仕飞（5月始）
副 局 长　高建宏（至4月）　赵林康
刘立翔（至4月）
郎国锋（至4月）
童志淳（5月始）
余忠明（5月始）
许华良（5月始）
蔡海洲（9月始）

民政局（4—7月为筹备组）

党委书记、局长　尤金福（至4月）
廖洪星（4月始）
党委副书记、副局长　朱　礼（女，至4月）
副 局 长　钱慈祥　费文桥（至4月）
马晓萍（女，至4月）
章一川（5月始）
沈夏萍（女，5月始）

司法局（4—7月为筹备组）

党委书记、局长　俞丽月（女）
党委副书记、副局长　贾国平（至4月）
副 局 长　陈国良（至4月）
程江峰（至4月）
章　玮（5—9月）
葛连军（5月始）
陈佳颖（女，4月始）

财政局（4—7月为筹备组）

党委书记、局长　沈世杰（至4月）
姜根军（4月始）
党委副书记、副局长　施成华（至4月）
副 局 长　姜根军（至4月）
楼志燕（女，至4月）　朱　方
于　俊　周云虎（4月始）
支小红（女，9月始）
总会计师　朱海波（至4月）

余杭区税务局（4—6月为筹备组）

党委书记、局长　童旭明（6月始）
党委委员、副局长　杨水江（11月始）
王少华（6月始）
林　健（11月始）
赵利民（11月始）
党委委员、纪检组组长　郭呈福（6月始）
党委委员、总经济师　兰永红（6月始）
党委委员、总会计师　梁　新（11月始）
党委委员、副局长（挂职）
胡敏芳（女，挂职，10月始）
史新国（6月始）
宋晓冬（6—11月）

人力社保局（4—7月为筹备组）

党委书记、局长　陈　勇（至4月）
吴文星（4月始）
党组副书记、副局长　梁松英（女，至4月）

副 局 长　刘卫芳（女，至4月）　励　波
陈　斌（5月始）
市规划和自然资源局余杭分局（4—7月为筹备组）
党委书记、局长　宋建勇（至4月）
陈　勇（4月始）
党委副书记、副局长　陈　勇（至4月）
副 局 长　张长永（至4月）
郑春良（至4月）
段　丽（女，5月始）
冯天松（5月始）
王君耀（4月始）
孙　垚（4—12月）
总规划师　朱　彩（女，至4月）
住房和城乡建设局（4—7月为筹备组）
党委书记、局长　冯德伟（至4月）
华建林（4月始）
党委副书记、副局长　赵　兵（至4月）
何建刚（4—9月）
副 局 长　陈晓强　郑　云　杨跃蒸
何建刚（至4月）
邵建国（4月始）
林继钢（5月始）
总工程师　汪　洋（至4月）
交通运输局（4—7月为筹备组）
党委书记、局长　叶维军（至4月）
朱曙峰（4—5月）
姚国华（5月始）
党委副书记、副局长　叶　茂（至4月）
副 局 长　朱松根（至4月）
俞根田（至4月）
沈　川（至4月）
谢巨波（4月始）
徐　科（4月始）
孙志良（4月始）
农业农村局（4—7月为筹备组）
党委书记、局长　吴建中
党委副书记、副局长　孙立英（女，至4月）
副 局 长　章雪梅（女，至4月）
孙金星（至4月）　郑　浩
寿志军（至4月）
何　峰（女，5月始）
陆　霞（女，4月始）
总农艺师　郑　浩（至4月）

林业水利局（4—7月为筹备组）
党委书记、局长　蒋伟琦（至4月）
王　辉（4月始）
副 局 长　沈勤忠　舒贤龙（至4月）
戴岳军　张云超（至4月）
周伟元（5月始）
总工程师　张云超（至4月）
商务局（4—7月为筹备组）
党委书记、局长　赵杏文（女，至4月）
汪仁娣（女，4月始）
党委副书记、副局长　毛坚勇（至4月）
副 局 长　周林伟（至9月）
沈芳明（9月始）
沈秋霞（女，至4月）
包晓云（女，5月始）
潘峰锋（4月始）
总经济师　潘峰锋（至4月）
招商局/投资促进局（4—7月为筹备组）
局　长　赵杏文（女，至4月）
汪仁娣（女，4月始）
文化和广电旅游体育局（4—7月为筹备组）
党委书记、局长　何军芳（女，至4月）
邵素萍（女，4月始）
党委副书记、副局长　张立广（至4月）
陶　晨（12月始）
副 局 长　钟　山（至4月）
戴园丽（女，至4月）
李育刚（至4月）
方羽公（至4月）
张建华（5月始）
唐立春（4月始）
朱　芸（女，4月始）
卫生健康局（4—7月为筹备组）
党委书记、局长　陆永林
党委副书记、副局长　杭建飞（至4月）
柴仕增（5月始）
副 局 长　沈勇敏　范力强（4月始）
张　蓓（女，至4月）
黄韶毅（至4月）
章路平（至4月）
谭　轲（12月始）
审计局（4—7月为筹备组）
党组书记、局长　陈建荣（至4月）

吴月华（5月始）
副 局 长　范海坚（至4月）　何洪明
朱建华（4月至9月）
金伟东（挂职，9月始）
总审计师　朱建华（至4月）

统计局（4—7月为筹备组）
党组书记　蔡志祥
局　　长　张　瑾（女，至4月）
胡水元（12月始）
副 局 长　张余成（至4月）
沈　炜（至4月）
余幼平（5月始）　吴忠良
林丹琴（女，4月始）
陈　超（4月始）
总统计师　陈　超（至4月）

国家统计局余杭调查队（4—7月为筹备组）
党组书记、队长　池　波（2月始）
党组成员、副队长　赵萧清
党组成员、纪检组组长　刘利华

市生态环境局余杭分局（4—7月为筹备组）
党委书记、局长　钱　军（至4月）
沈汉平（4月始）
副 局 长　张丽莉（女）　徐东升（至4月）
徐永伟（至4月）
阮建军（5月始）
陈佩月（女，5月始）
总工程师　阮建军（至5月）

市场监督管理局（4—7月为筹备组）
党委书记、局长　胡　昕（至4月）
谢德庆（4月始）
党委副书记、副局长　陈亦良（至4月）
副 局 长　徐全伟　冯啸涛（至4月）
钟祖良（至4月）
蒋月华（4月始）
李杭川　汤惠英（女，4月始）
周贤华（4月始）
总工程师　汤惠英（女，至4月）

城管局/综合行政执法局（4—7月为筹备组）
党委书记、局长　高宜生（至4月）
刘立翔（4月始）
副 局 长　李广华　吕云丽（女，至4月）
盛忠明　王洪强（至4月）
周伟建（5月始）

应急管理局（4—7月为筹备组）
党委书记、局长　谢德庆（至4月）
裘　望（4月始）
党委副书记、副局长　裘　望（至4月）
副 局 长　杨海云（至4月）
王群珍（女，至4月）
徐　琳（5月始）
叶庆平（4月至9月）
倪其勇（9月始）
余文权（12月始）
总工程师　叶庆平（至4月）

退役军人事务局（4—7月为筹备组）
党组书记、局长　朱宏强（至4月）
留　正（5月始）
副 局 长　金云平（至4月）
戴群超（女，至4月）
应新林（5月始）
程江峰（4月始）

市医疗保障局余杭分局（4—7月为筹备组）
党组书记、副局长　俞建新（至4月）
党组书记、局长　杭建飞（4月始）
局　　长　江　筠（女，至4月）
副 局 长　陆娜萍（女，至4月）
周海军（5月始）
曹盛艳（女，5月始）

数据资源管理局（4—7月为筹备组）
党组书记、局长　陶　奇
副 局 长　蔡军兵　姜凤华（至4月）
俞志川（5月始）
陈　雄（5月始）

中国人民政治协商会议第十一届杭州市余杭区委员会（3—7月为筹备组）

党组书记　沈　昱
党组副书记　袁水良（3月始）　黄德伟
主　　席　沈　昱
副 主 席　吴立炜（至3月）

陈云水（女，至3月）
黄德伟　沈洪相（至3月）
李玉美（3月始）
傅丽华（3月始）
周忠诚（3月始）
斯建刚（3月始）
张　瑾（3月始）
秘书长　吴忠云

区政协办公室（4—7月为筹备组）
主　任　吴忠云
副主任　葛连福（至12月）
罗伟强（至4月）
王　琦（女，12月始）

区政协文史和教文卫体委员会（4—7月为筹备组）
主　任　王伟明（至4月）
郭青岭（女，4月始）
副主任　曹炳和（至4月）
王巧前（女，5月始）

区政协提案委员会（4—7月为筹备组）
主　任　丁迎九
副主任　朱延风（至4月）
章海峰（4月始）

区政协社会法制和港澳台侨委员会（4—7月为筹备组）
主　任　朱根祥（至4月）
陈宏萍（女，5月始）
副主任　卢培良（至4月）
邱永年（4月始）

区政协经济科技委员会（4—7月为筹备组）
主　任　夏雪芬（女，至4月）
范文涛（5月始）
副主任　郑　红（女，至4月）
汪业成（4月始）

区政协城建和人口资源环境委员会（4—7月为筹备组）
主　任　金国强（至4月）
倪大炜（5月始）
副主任　俞红杰（至4月）
葛连福（12月始）

区政协委员工作委员会（4—7月为筹备组）
主　任　胡晓秋（女，至4月）
李　宾（女，4月始）

杭州市余杭区监察委员会（3—7月为筹备组）

主　任　邵伟斌
副主任　范国权　胡乃女（女，至4月）
丁银华（4月始）
委　员　张晓军（至4月）
张　雷（至4月）
傅丹妮（女，至4月）
黄美芳（女，5月始）
李晓鹏（5月始）
丁渭江（5月始）
马世亮（5月始）

杭州良渚遗址管理区

党工委书记　张俊杰（至3月）
王　姝（3月始）
党工委副书记　陈寿田（至3月）
党工委委员　金国平（至3月）　蒋卫东
叶维军（3月始）
杨晓萍（3月始）
李　华（至4月）
陈小平（至4月）
费跃建（兼）
周黎明（4月始）
斯建刚（兼）
汤丽玉（女，兼）
管委会主任　张俊杰（至4月）
王　姝（4月始）
管委会副主任　陈寿田（至4月）
金国平（至4月）　蒋卫东
叶维军（4月始）
杨晓萍（4月始）

办公室
主　任　陈小平（至4月）
周黎明（4月始）

副主任　谢国旗（至12月）
郭　麒（12月始）
富程鹏（至4月）
陈道亮（4月始）

国土与规划建设局
局　长　王　辉（至4月）
朱曙峰（5月始）
副局长　陈　强（至12月）
陈旭强（12月始）
于　蕾（女，至9月）

文化产业局
局　长　马东峰
副局长　楼凯华

遗产管理局
局　长　陶　豫
副局长　沈红华　孙海波（至12月）

财政局
局　长　姜根军（至4月）
朱　方（4月始）

杭州良渚遗址遗产监测管理中心
主　任　郭青岭（女，至4月）
孙海波（12月始）
副主任　王智刚　黄　莉（女）
孙海波（兼，至12月）

浙江省杭州良渚遗址管理局
局　长　张俊杰（至4月）
王　姝（4月始）
副局长　陈寿田（至4月）
金国平（至4月）
蒋卫东　叶维军（4月始）
杨晓萍（4月始）

良渚博物院
院　长　周黎明（至4月）
副院长　梁慧娟（女）

余杭经济技术开发区（2021年4月行政区划调整至临平）

党工委书记　祝振伟
党工委委员　陈叶根（至3月）
姚文华（至3月）
蒋叶华（女）
施科琦　卞吉坤
管委会主任　祝振伟
管委会副主任　陈叶根（至3月）
姚文华（至3月）
蒋叶华（女）
吴来恩　施科琦　卞吉坤

杭州钱江经济开发区

党工委书记　姚文华
党工委副书记　孟志刚　钟秀龙（兼）
李晓琦（兼）
管委会主任　孟志刚
管委会副主任　徐建林（至4月）　肖　军
杨　峰　沈志军（4月始）
金　果（女，兼）

浙江杭州未来科技城（海创园）

党工委书记　梅建胜（至3月）
李　洁（3月始）
党工委副书记　沈友忠
党工委委员　李文泉（至4月）
朱曙峰（至4月）
李树平（女）

徐　进（至4月）
徐　钦　陆建友
赵晓军（4月始）
李冰石　傅　蓉（女，4月始）
管委会主任　梅建胜（至3月）
李　洁（3月始）
管委会常务副主任　徐　钦（4月始）
管委会副主任　沈友忠　李文泉（至4月）
朱曙峰（至4月）
徐　钦（至4月）
徐　进（至4月）
陆建友（4月始）
赵晓军（4月始）

办公室
主　任　汪仁娣（女，至4月）
副主任　宓鹏远（至4月）
唐　桥（女，10月始）

财政局
局　长　李冰石
副局长　支小红（女，至9月）

招商局
局　长　傅　蓉（女）
副局长　屈永辉　唐　桥（女，兼）

创新经济促进局
局　长　陆建友
副局长　冯敏敏（女，至4月）　沈顺豪

规划建设局
局　长　徐　钦（至4月）
段　丽（女，5月始）
副局长　王利挺　胡灵锋（至4月）

城市发展局
局　长　李文泉（至4月）
副局长　王晓晟

人才和金融服务中心
主　任　徐来莹（女，至4月）
冯敏敏（女，4月始）
副主任　唐　桥（女，至10月）
沈　慧（女）

创新发展服务中心
主　任　沈芳明（至9月）　王峥嵘（兼）

法院、检察院

区人民法院（3—7月为筹备组）
党组书记、院长　罗　鑫（至6月）
王文柱（6月始）
党组副书记、常务副院长　孔　政
副 院 长　庄根财（至4月）
肖　清（至4月）
李如兴　陈清亮（5月始）
夏敏诙（女，5月始）

区人民检察院（3—7月为筹备组）
党组书记、检察长　陈　娟（女，至11月）
鲍　键（11月始）
党组副书记、常务副检察长
王　东（至5月）
葛淑芳（女，5月始）
副检察长　王学东（至5月）
胡　军　陈利明

临平地区检察院（2021年4月行政区划调整至临平）
检 察 长　陈　娟（女）
副检察长　陈玉莲（女）　郁　勇

群众团体

总工会（4—7月为筹备组）
主　　席　杜坚强（至3月）
沈洪相（3月始）
党组书记、常务副主席
李　瑛（女，至4月）
余海根（4月始）
党组副书记、副主席（党组成员、副主席）
王　翔（至4月）
陈　丽（女，4月始）
副 主 席　戴银春（女，至4月）
朱国良（挂职）

张金宝（兼） 宋锡强（兼）
毕海明（兼） 余 亮（兼）

共青团余杭区委（4—7月为筹备组）

书 记 张哲明
副书记 谢 楠（女，12月始） 朱佳凌
杨 晨（至4月）
董佳莉（女，挂职，至12月）
邹 华（兼） 苗晓明（兼）

妇女联合会（4—7月为筹备组）

党组书记、主席 仲 昕（女，至4月）
曹海英（女，4月始）
副主席 方 琼（女）
朱晨希（女，至4月）
喻 婷（女，挂职，至9月）
吴菊萍（女，兼）
沈慧霞（女，兼）

科学技术协会（4—7月为筹备组）

党组书记、主席 王 铮（女，至5月）
黄庆芳（5月始）
副主席 沈生泉（至5月）
黎德峰（5月始）
杨 帆（女） 李旭东（至5月）
高祥荣（挂职，至9月）

工商业联合会（总商会）（4—7月为筹备组）

党组书记 常秀兰（女，至4月）
姚克萍（女，9月始）
主席（会长） 常秀兰（女，至4月）
常务副主席 姚克萍（女，9月始）
副主席（副会长） 徐林娟（女，至4月）
丁庆伟（至4月）
姚克萍（4—9月）
郎情樱（4月始）

文学艺术界联合会（4—7月为筹备组）

党组书记、主席 陈文琴（女）
副主席 陈 弋（至4月）
梁红俊（至4月）
朱卫民（5月始） 徐 青（女，5月始）

残疾人联合会（4—7月为筹备组）

党组书记、理事长 余海根（至4月）
梁松英（女，4月始）
副理事长 韩世忠 唐 琳（女，至4月）
沈 策（挂职，至12月）
罗素云（女，挂职）
陈国兴（兼）

红十字会（4—7月为筹备组）

会 长 许玲娣（女）
党组书记、常务副会长 张 瑗（女）
副会长 林少芳（女，挂职，至12月）
陆永林（兼） 周建忠（兼）
邵素萍（女，兼）
陆永林（兼）
庞蔚燕（女，兼）
于 俊（兼）

其他区直属单位

区融媒体中心（余杭广电台）（4—7月为筹备组）

党委书记、主任（台长） 戚金海（至4月）
冯旭东（4月始）
党委副书记、副主任、总编辑
冯旭东（至4月）
方宇明（5月始）
党委副书记、副主任 朱海东（至4月）
副主任 周金火 吴巍峰（至4月）
钱 宇（女，至4月） 贾国勇
郑淑萍（女）

机关事务服务中心（4—7月为筹备组）

主 任 徐 静（女，至12月）
副主任 符 欢（女，至4月）
庞蔚燕（女，12月始）
朱 军（5月始）
吕建斌（5月始）

杭州临平新城开发建设管委会（2021年4月行政区划调整至临平）

党工委副书记 王耀平
党工委委员 马劲询（女）
沈旭东 汪全平
张志伟 钟 奇
杨如芬（女）
管委会主任 王耀平
管委会副主任 沈旭东 汪全平 张志伟
钟 奇 杨如芬（女）

乔司国际商贸城建设指挥部（2021年4月行政区划调整至临平）

总指挥　王耀平

良渚新城（4—7月为筹备组）

党工委书记　曾　宏

党工委副书记　费跃建（至4月）
吴宏伟（至9月）
盛　洁（女，至4月）
何建刚（9月始）

管委会主任　吴宏伟（至9月）
何建刚（9月始）

管委会副主任　邱惠良（兼）
俞天寅（兼）
杨国平（4月始）　叶　欣
王贤铭　王　哲（至9月）
沈何刚（4月始）

杭州西溪湿地公园（余杭）管理委员会办公室（2021年4月行政区划调整后不归属余杭区）

党组书记、主任　郭迎辉（女，至4月）

超山风景名胜区管委会（2021年4月行政区划调整至临平）

党工委副书记　杭建卫　李　宾（女，至4月）

管委会主任　杭建卫

管委会副主任　金本申

行政审批管理办公室（4—7月为筹备组）

党组书记　陈夏林（至3月）

党组副书记、主任　钱祖华（至4月）
盛　洁（女，4月始）

副主任　叶李华（至4月）
陶　晨（至12月）
姚荣亮（5月始）
夏群升（12月始）
张姚斌（4月始）

供销合作社联合社（4—7月为筹备组）

党委书记、主任　高卫中（至4月）
吴建中（7—9月）
俞天寅（9月始）

党委副书记、副主任　楼建琴（女，至4月）
于孟良（5月始）

副主任　蒋瑞雪（至4月）
蒋小为（至4月）
黄毕雄（5月始）

余杭供销控股集团有限公司（2021年4月行政区划调整至临平）

党委书记、董事长　高卫中

董事、总经理　楼建琴（女）

董事、副总经理　蒋瑞雪

档案局（2021年4月行政区划调整后区委办公室挂档案局牌子）

局　长　吴文星（至4月）

档案馆（4—7月为筹备组）

党组书记、馆长　吴文星（至4月）

副局长　詹应顺（至4月）　李益强

住房公积金管理分中心（4—7月为筹备组）

主　任　张红雨（女，至4月）
刘　康（4月始）

农林集团（7月更名绿色产业发展集团）

党委书记、董事长　曹如法（至4月）
陈炳鑫（4月始）

党委副书记、副董事长、总经理
谈震鸿（至4月）
施　展（5月始）

董事、副总经理　陈　国（4月始）
张理华
杨嘉宾

监事会主席　叶晓福

交通集团

党委书记、董事长　黄洪奎（至4月）
谈震鸿（12月始）

董事长　胡水元（4—12月）

副董事长、总经理　胡水元（至4月）

党委书记、副董事长、总经理
谈震鸿（4—12月）

党委副书记、副董事长、总经理
李飞翔（12月始）

董事、副总经理　徐文国　韩建荣
李飞翔（至12月）
徐明华

监事会主席　冯鸿法

金控集团

书记、董事长　陈炳鑫（至4月）

董事长　陈国建（4月始）

副董事长、总经理　陈国建（至4月）

副书记、副董事长、总经理

高　磊（9月始）
董事、副总经理　高　磊（至9月）
王　艳（女，至4月）
监事会主席　陈建忠

旅游集团（2021年4月行政区划调整至临平）
书记、董事长　蒋　敏
党委副书记、副董事长、总经理　陈伟锋
董事、副总经理　陈　潜　庞卫华
监事会主席　许小明

环境集团（水务集团）（2021年4月行政区划调整后未明确归属）
党委书记、董事长　高伟兴
党委副书记、副董事长、总经理　江伟峰
董事、副总经理　陈　国（至4月）　胡华龙
楼继锋
监事会主席　沈国春

运河综保公司（2021年4月行政区划调整至临平）
副董事长、总经理　甘敏彪

镇·街道

运河街道（2021年4月行政区划调整至临平）
党工委书记　柴燕萍（女）
党工委副书记　陈　杭　王康权
办事处主任　陈　杭
办事处副主任　杨加栋　董大兴　谢　炜
王哲鸣
人大工委主任　戚明强
人大工委副主任　沈国兴

乔司街道（2021年4月行政区划调整至临平）
党工委书记　吕复春（至4月）
党工委副书记　曹永佳　郎　毅
办事处主任　曹永佳
办事处副主任　李　旺　谢巨波（至4月）
俞建伟　孙　璐（女）
人大工委主任　梅云水

塘栖镇（2021年4月行政区划调整至临平）
党委书记　郎一舟
党委副书记　郭欣玮　周汝琴（女，至4月）
张建东
人大主席　黄国连
人大副主席　周黎翔　郭铁芳
镇　长　郭欣玮
副镇长　莫小英（女）　陈黎强
徐建明

崇贤街道（2021年4月行政区划调整至临平）
党工委副书记　宋　刚　王海琛
办事处主任　宋　刚
办事处副主任　冯月娟（女）　王晓良
陆文亚（女）
人大工委主任　方忠伟
人大工委副主任　王洪顺　戴金芳

临平街道（2021年4月行政区划调整至临平）
党工委副书记　郑志锋　金晓勇
办事处主任　郑志锋
办事处副主任　张红江（女）　董　峰
王林峰
人大工委主任　金根火
人大工委副主任　包尚利

东湖街道（2021年4月行政区划调整至临平）
党工委书记　华　东
党工委副书记　姚建华　高国华
办事处主任　姚建华
办事处副主任　陈治平　毕惠忠　陈　鹏
人大工委主任　毛新利
人大工委副主任　王金莲（女）
喻爱彬（女）

南苑街道（2021年4月行政区划调整至临平）
党工委书记　应世明
党工委副书记　张　静（女）　杨文杰
办事处主任　张　静（女）
办事处副主任　沈丽月（女）　张晓文
於　娜（女）　张利春
人大工委主任　姚云良
人大工委副主任　张　伟　姚九鹏

星桥街道（2021年4月行政区划调整至临平）
党工委书记　王　栋
党工委副书记　胡一来　韩云燕（女）
办事处主任　胡一来
办事处副主任　盛富根　余成通
沈露霞（女）
林丹琴（女）　张振东

人大工委主任　冯玉宝
人大工委副主任　田　峰

余杭街道（4—7月街道办事处、人大工委为筹备组）
党工委书记　洪建良（至4月）
　　　　　　吕复春（4月始）
党工委副书记　李晓琦（至4月）
　　　　　　　何　彦（4月始）
　　　　　　　冯鹏飞（至4月）
　　　　　　　黄佩佩（女，5月始）
　　　　　　　周林伟（9月始）
办事处主任　李晓琦（至4月）
　　　　　　何　彦（4月始）
办事处副主任　严建武（至9月）
　　　　　　　陈　杰（至12月）
　　　　　　　吴君俊（女，2—12月）
　　　　　　　姜祖锋
　　　　　　　孙国平（9月始）
　　　　　　　胡海涛（12月始）
　　　　　　　姚永安（12月始）
人大工委主任　段南京（至4月）
　　　　　　　吴明强（4月始）
人大工委副主任　裘凤英（女，至4月）
　　　　　　　　魏元法（至4月）
　　　　　　　　吴文虎（9月始）

闲林街道（4—7月街道办事处、人大工委为筹备组）
党工委书记　於　忠（至4月）
　　　　　　王洪银（4月始）
党工委副书记　姚国华（至5月）　姜万博
　　　　　　　孙　垚（12月始）
办事处主任　姚国华（至5月）
　　　　　　姜万博（12月始）
办事处副主任　董国琴（女，至9月）
　　　　　　　戴飞飞（至9月）
　　　　　　　沈胜华（至12月）
　　　　　　　夏群升（至12月）
　　　　　　　陆　霞（女，至4月）
　　　　　　　留天洋（4—12月）
　　　　　　　蔡建芳（女，12月始）
　　　　　　　徐　浩（12月始）
　　　　　　　林少芳（女，12月始）
人大工委主任　陈锦秋（女）
人大工委副主任　黄福顺（至5月）　张晓东

仓前街道（4—7月街道办事处、人大工委为筹备组）
党工委书记　李　洁（女，至4月）
　　　　　　宋　亮（4月始）
党工委副书记　王洪银（至4月）　徐　锋
　　　　　　　张宇晓（5月始）
　　　　　　　沈　慧（女，9月始）
办事处主任　王洪银（至4月）
　　　　　　徐　峰（4月始）
办事处副主任　董淑娟（女）　孙　卫
　　　　　　　张宇晓（至5月）
　　　　　　　周贤华（至4月）
　　　　　　　张俊俏（5月始）
人大工委主任　鲍顺国（至4月）
　　　　　　　冯鹏飞（4月始）
人大工委副主任　方溢科（至5月）
　　　　　　　　吴春仙（女）

中泰街道（4—7月街道办事处、人大工委为筹备组）
党工委书记　华建林（至4月）
　　　　　　陈小平（4月始）
党工委副书记　赵晓军（至4月）
　　　　　　　陈　波（4月始）
　　　　　　　胡　边（5月始）
办事处主任　赵晓军（至4月）
　　　　　　陈　波（4月始）
办事处副主任　马峻峰　胡　边（至5月）
　　　　　　　钟　燕（女）
　　　　　　　丁泽佳（12月始）
　　　　　　　徐攀峰（12月始）
人大工委主任　刘玉明（至4月）
　　　　　　　宋国平（女，4月始）
人大工委副主任　陈建农　穆建忠

良渚街道（4—7月街道办事处、人大工委为筹备组）
党工委书记　费跃建（至4月）
　　　　　　斯建刚（4月始）
党工委副书记　邱惠良（至9月）
　　　　　　　吴宏伟（9月始）
　　　　　　　俞天寅（至9月）
　　　　　　　盛　洁（女，至4月）
　　　　　　　陶文龙（5月始）

应如萍（女，9月始）
办事处主任　邱惠良（至9月）
吴宏伟（9月始）
办事处副主任　汪晓慧（至12月）
褚国敏（女）
楼　寅　郑　悦
沈一斌（12月始）
戚超群（12月始）
人大工委主任　马伟忠（至5月）
郭迎辉（女，4月始）
人大工委副主任　邵建富　张　玮（至12月）

五常街道（4—7月街道办事处、人大工委为筹备组）

党工委书记　斯建刚（至4月）
沈　清（4月始）
党工委副书记　沈　清（至4月）
周旻翔（至1月）
许正良（4月始）
冯　刚（5月始）
办事处主任　沈　清（至4月）
许正良（4月始）
办事处副主任　郎情樱（女，至4月）
周　骐
邢　斌（至4月）
徐连华（至12月）
陆佳婧（女）　石　磊（12月始）
人大工委主任　马　峰（至4月）
张建东（4月始）
人大工委副主任　殷国忠

仁和街道（4—7月街道办事处、人大工委为筹备组）

党工委书记　钟秀龙（至4月）
李晓琦（4月始）
党工委副书记　褚　潇（至9月）
宋国平（女，至4月）
邢　斌（4月始）
陈旭平（12月始）
办事处主任　褚　潇（至9月）
邢　斌（12月始）
办事处副主任　石笑峰
张　娟（女，至12月）
金　果（9月始）
王再良（9月始）
张晶灿（12月始）
人大工委主任　张正明（至4月）
段南京（4月始）
人大工委副主任　钟水泉（至4月）
赵云江（至4月）
张　玮（12月始）

瓶窑镇

党委书记　李　华（至4月）
汤丽玉（女，4月始）
党委副书记　江新渊　沈汉平（至4月）
沈海涌（至9月）
严建武（9月始）
于　蕾（女，9月始）
人大主席　沈标华
人大副主席　马旭亮（至4月）　顾剑方
镇　长　江新渊
副镇长　洪雪峰　章吕君（女，至9月）
徐　盛（至5月）
徐洪芳（9月始）
吴袁庆（9月始）
费洁羚（女，9月始）
陈祥斌（10月始）

径山镇

党委书记　沈　萍（女）
党委副书记　刘俊峰（至6月）
李国强（至4月）
石　磊（至4月）
徐　盛（5月始）
邱惠良（9月始）
朱建华（9月始）
人大主席　何建民
人大副主席　徐　凯（至4月）　吴建永
镇　长　刘俊峰（至6月）
邱惠良（9月始）
副镇长　吴文虎（至9月）　徐建华
陈晓芳（女，至9月）
章志宏（至9月）
郑江松（9月始）
章晓明（9月始）
钟　俊（9月始）

赵冰川（10月始）

黄湖镇

党委书记　陈国强

党委副书记　陈时忠（至4月）

李　琴（女）

王　琪（9月始）

人大主席　范海荣（至4月）

李国强（4月始）

人大副主席　吴焕君（至4月）

镇　长　陈时忠（至4月）

李　琴（女，9月始）

副镇长　俞婷婷（女，至9月）　白洪森

郑晨义（至9月）

余国华（9月始）

俞洲洋（9月始）

张静宜（女，10月始）

鸬鸟镇

党委书记　廖洪星（至4月）

郭　健（9月始）

党委副书记　郭　健（至9月）

曹海英（女，至4月）

沈海涌（9月始）

戴飞飞（9月始）

人大主席　张中文

人大副主席　毛传坤（至4月）

镇　长　郭　健（至9月）

沈海涌（9月始）

副镇长　姚渊淇（至9月）　董学海

喻　婷（女，9月始）

全玎丽（女，9月始）

倪技锋（10月始）

百丈镇

党委书记　陈时忠（4月始）

党委副书记　宋　亮（至4月）

陈源杰（至4月）

王　哲（9月始）

章　玮（9月始）

人大主席　姜有松（至4月）

陈源杰（4月始）

镇　长　宋　亮（至4月）

王　哲（9月始）

副镇长　金　弋　王再良（至9月）

金　杰（至9月）

胡春丽（女，9月始）

褚　超（9月始）

钱哈诺（女，9月始）

（行政区划调整至临平区的组织机构，负责人情况记录至2021年4月）

（区委组织部）

编辑：范雅君

先进人物·先进集体

Advanced Figures and Advanced Units

先进人物

【金李梅】 女，杭州华光焊接新材料股份有限公司董事长、总经理、焊接工程师，中国焊接学会钎焊及特种连接专业委员会常委。先后获得第四届“优秀杭商”、第十三届杭州市优秀企业家、浙江十大创业女杰、杭州市先进科技工作者、市“五一”劳动奖章等荣誉。2021年4月19日，获得全国五一巾帼标兵称号。20多年来，带领团队研发新品、开拓市场。2020年8月，公司在上海证券交易所科创板上市，成为钎焊行业首家上市企业。

（刘秋萍）

【庞汝勋】 男，1924年8月出生，余杭区云会小学退休教师。2001年7月，创办当时余杭区唯一完全免费的少儿图书室，累计投入资金20万余元，订购报刊书籍1.3万余册，供1.7万人次借阅。退休后，义务担任区爱国主义教育基地——云会西南山新四军烈士墓管理员、讲解员，坚持收集整理新四军烈士的英勇事迹，编成乡土教材，培训当地学生讲解新四军在西南山战斗中的英勇故事。2021年11月24日，庞汝勋入选中央文明办发布的10月“中国好人”榜。

（孟宪菊）

【2021年“余杭工匠”】

丁国良	杭州天创环境科技股份有限公司
马庆华	杭州得诚电力科技股份有限公司
王晓明	中移（杭州）信息技术有限公司
王超凡	浙江百能科技有限公司
朱　勇	阿里巴巴（中国）网络技术有限公司
刘　军	杭州杭丝时装集团有限公司
李　武	杭州信凯实业有限公司
杨鑫灿	浙江佳合文化科技股份有限公司

新的庞爷爷图书室（摄于2021年）（余杭发布　供图）

张赛云　双枪科技股份有限公司
陈汉文　杭州长命印刷有限公司
陈红炳　杭州余杭区黄湖镇云顶农庄
陈继亨　杭州伊莎贝尔蛋糕食品有限公司
周水根　杭州绿鼎笋业专业合作社
俞志刚　杭州炬华科技股份有限公司
洪青海　杭州布朗低温设备有限公司
徐周萍　杭州厚土文化艺术有限公司
蒋家洪　杭州余杭区瓶窑镇玉石雕刻厂
程卫东　华立科技股份有限公司
曾梦凤　浙江星月生物科技股份有限公司
谭加华　杭州凯贝奈特科技有限公司

（区总工会）

先进集体

【余杭区获得的国家级荣誉】

第三批全国农村创业创新典型县

首批全国县域足球典型

国家生态文明建设示范区

“四好农村路”全国示范县

2021 年全国县域农业农村信息化发展先进县

2017—2020 年度“平安中国示范县”

【余杭区获得的省级荣誉】

2020 年度“五水共治”（河长制）工作优秀县“大禹鼎”

科技创新鼎

市县党政领导科技进步目标责任制考核优秀单位

2020 年度市县党政领导人才工作述职评议考核优秀单位

2019—2020 年省科技特派员工作成绩突出单位

2020 年度森林浙江建设目标责任制考核优秀单位

2020 年度全省水利工作综合绩效考评优秀单位

2020 年全省农业水价综合改革工作绩效评价优秀县

2020 年度法治浙江（法治政府）建设先进单位

2020 年度法治浙江（法治政府）建设示范单位

“2020 年度浙江省非遗发展指数”评估全省县（市、区）第一

2020 年全省万里美丽经济交通走廊示范县

2020年度新时代美丽城镇建设优秀县(市、区）

2020 年度全省淘汰落后产能工作先进县（市、区）

第二批浙江省全域旅游示范县（市、区）

全省农村饮用水达标提标行动成绩突出集体

推进“最多跑一次”改革成效突出的县（市、区）

推动工业稳增长、促转型，加快传统制造业改造提升成效明显的县（市、区）

积极推进“一带一路”枢纽建设，构建全面开放新格局工作成效明显的县（市、区）

实施“凤凰行动”计划，推动企业上市和并购重组工作力度大、成效明显的县（市、区）

实施消费新政、促消费工作成效明显的县（市、区）

2021 年 5 月 18 日，余杭区获得 2020 年度“五水共治”（河长制）工作优秀市县“大禹鼎”。这是余杭区第三次获该荣誉

（余杭发布　供图）

余杭“四好农村路”之彭余线（摄于2021年）
（区交通运输局　供图）

推动建筑业和房地产业平稳健康发展成效较好的县（市、区）

浙江省“四好农村路”省级示范县

消费领域“最佳实践”案例

第二批浙江省“放心粮油示范县”

第一批累计三年获健康浙江建设考核优秀单位

浙江省农村文化礼堂建设示范区

全省服务业发展综合评价同类地区第一

2021年度全省农村生活垃圾分类处理工作优胜县（市、区）

2021年度省城乡风貌整治提升和未来社区建设优秀县（市、区）

【区直单位获省委、省政府及国家级表彰】

区人力社保局（2020年节约型机关）

区住建局（2020年节约型机关）

区农业农村局（全省集体经济薄弱村工作成绩突出集体、生猪增产保供成绩突出集体、浙江省农产品质量安全卫士集体）

区文广旅体局（全国文化和旅游系统先进集体）

区市场监管局（2020年度市场监管执法工作成绩突出集体、浙江省反走私综合治理工作先进集体）

区法院（2020年度市场监管执法工作成绩突出集体）

区检察院（第十届全国检察机关文明接待室）

区工商联（2020—2021年度全国“五好”县级工商联）

【镇（街道）、平台受省委、省政府及国家级表彰】

余杭街道（第五批全国“扫黄打非”进基层示范点）

瓶窑镇（2020年度浙江省文明镇）

径山镇（全国乡村治理示范村镇、中国民间文化艺术之乡）

鸬鸟镇（全国“一村一品”示范村镇）

浙江杭州未来科技城（海创园）中国（杭州）人工智能小镇（第五批省级特色小镇）

（区委办）

编辑：范雅君

附 录

Appendix

文件辑录

杭州市余杭区人民政府
关于印发《杭州市余杭区国民经济和社会发展第十四个五年规划和二〇三五年远景目标纲要》的通知

各镇人民政府、街道办事处，区直各单位：

《杭州市余杭区国民经济和社会发展第十四个五年规划和二〇三五年远景目标纲要》已经区第十六届人民代表大会第一次会议审议批准，现印发给你们，请认真贯彻执行。

杭州市余杭区人民政府

2021 年 8 月 23 日

杭州市余杭区国民经济和社会发展
第十四个五年规划和二〇三五年远景目标纲要

余杭区国民经济和社会发展第十四个五年规划和二〇三五年远景目标纲要，根据《中共余杭区委关于制定余杭区国民经济和社会发展第十四个五年规划和二〇三五年远景目标的建议》制定，主要阐明全区经济社会发展战略，明确政府工作重点，引导规范市场主体行为，是开启高水平全面建设社会主义现代化新征程的宏伟蓝图，是全区人民的共同愿景。

一、高水平打造“创新余杭、品质之区、文明圣地”，加快建设社会主义现代化先行示范区

（一）高水平全面建成小康社会取得决定性成就

“十三五”时期，是我区发展极不平凡和取得巨大成就的五年。面对错综复杂的国际国内形势，全区高举习近平新时代中国特色社会主义思想伟大旗帜，认真贯彻落实中央和省市决策部署，忠实践行“八八战略”，持续推进“干好一三五、争当排头兵”，打响了“中华文明圣地、创新活力之区”城市品牌，高水平全面小康社会建设走在前列，成为浙江经济第一区。

综合实力迈上新台阶。2020年全区生产总值达3051.61亿元，年均增长10.4%，按常住人口计算，人均GDP达到1.89万美元，财政总收入和地方财政收入分别达到825.9亿元和441.1亿元；“新制造业计划”全面实施，规模以上工业增加值年均增长6.6%；数字经济“一号工程”成绩显著，数字经济核心产业实现增加值1708.0亿元，年均增长20.4%，主要经济指标居省内同类区（县、市）前列。

创新能级实现新跨越。成功保障全国“双创”活动周主会场活动；全面推进“人才特区”建设，人才资源总量突破45万人；深入实施大孵化器战略，孵化载体数量达到167个，孵化面积突破800万平方米；高新技术企业达到1773家；深入实施凤凰行动，新增上市企业23家，累计达到32家。之江实验室、阿里达摩院、超重力大科学装置等科研重器建设加速推进，良渚实验室、湖畔实验室、中法航空大学等高校院所和创新平台相继落户。

城乡融合展现新面貌。着力打造“内联外通”的综合交通体系，成为全市重要的交通枢纽。重点平台辐射带动增强，重大基础设施建设成效明显，杭州西站落地余杭，城市组团环线联通都市圈湖、嘉、绍三市。美丽城镇建设有序推进，获评浙江省新时代美丽城镇优秀县（市、区），仓前、瓶窑获评美丽城镇省级样板。美丽乡村建设扎实推进，成功创建国家现代农业产业园1家，获评省新时代美丽乡村示范区。

生态文明开启新局面。森林覆盖率高，生态基底好，成为杭州“湿地水城”典范。环境质量明显改善，水安全保障能力得到进一步提升；全力打好污染防治攻坚战，获评省级“生态文明建设示范区”“全省小城镇环境综合整治工作优秀区”。

文化强区取得新突破。5000多年良渚文化、2000多年运河文化孕育的两大世界文化遗产和1000多年径山文化，沉淀锻造了“开拓创新、大气包容、精致和谐”的余杭人文精神。良渚古城遗址申遗成功、遗址公园精彩亮相，大径山被授予“中日韩禅茶文化中心”和“中华抹茶之源”称号，“中华文明圣地”品牌价值不断彰显。

区域治理实现新提升。连续四年获评“平安区”称号，夺得“平安金鼎”，率先建成三级社会治理综合服务中心，源于小古城村的“众人的事情由众人商量”做法写入党的十九大报告；先行先 试“余杭绿码”，为研发升级“健康码”提供有效实践。

民生保障得到新加强。坚持新增财力三分之二以上用于民生事业，就业和社会保障体系不断健全，城乡居民收入持续较快增长，教育服务扩面提质，健康余杭加快建设，公共服务资源布局和配套设施不断完善。农民安置房等各类保障房建设加快推进。

重点改革取得新成效。以“最多跑一次”改革为牵引，着力打造一流营商环境；“法治余杭”建设持续推进，首设杭州知识产权法庭（未来科技城）巡回审判庭；入选全省全面创新改革试验区，打造“余杭首创、全省一流”的改革品牌。

表1　余杭区“十三五”规划主要指标完成情况表

类别	序号	指标名称	原余杭区			现余杭区	指标属性
			2015 年基数	2020 年目标	2020 年完成	2020 年基数	
经济发展	1	全区生产总值（亿元）	1278.61	1800	3051.61	2282.56	预期性
	2	第三产业增加值占生产总值比重（%）	58.9	62	76.1	86.8	预期性
	3	规模工业增加值（亿元）	323	力争 420	506.76	190.27	预期性
	4	农业增加值（亿元）	48.3	52	55.0	40.26	预期性
	5	财政总收入（亿元）	305.3	448	825.9	646.80	预期性
	6	地方财政收入（亿元）	187.6	275	441.1	—	预期性
	7	户籍人口城市化率（%）	56.9	61	—	—	约束性
创新驱动	8	研究与试验发展经费支出占生产总值比重（%）	1.89	3.3	—	—	预期性
	9	数字经济核心产业增加值（亿元）	619.2	1000	1708.0	1659.6	预期性
	10	发明专利授权量（件）	499	800	1380	1100	预期性
	11	高新技术产业产值占规模工业产值比重（%）	45.5	53	—	—	预期性
	12	新产品产值率（%）	38.8	46.8	50.2	—	预期性
	13	全社会劳动生产率（万元 / 人）	16.9	23	28	—	预期性
	14	人才资源总量（万人）	22.3	32	45	26.8	预期性
民生福祉	15	城镇居民人均可支配收入（元）	49273	72300	70681	—	预期性
	16	农村居民人均可支配收入（元）	29159	43800	44117	—	预期性
	17	五年新增城镇就业人数（万人）	—	[5]	[19.13]	3.9	预期性
	18	城镇调查失业率（%）	—	＜5	—	4.3	预期性
	19	人均期望寿命（年）	82	83	84.5	84.95	预期性
	20	新增劳动力平均受教育年限（年）	14	14.5	14.5	14.5	约束性
	21	每千人口执业（助理）医师数（人）	2.2	3	3.0	2.86	预期性
	22	每百名老人拥有社会养老床位数（张）	4	5	5	5	预期性
	23	亿元生产总值安全生产事故死亡率(%)	0.089	0.066	0.010	0.01	约束性
生态文明	24	单位生产总值能耗降低（%）	—	[18]	[15.2]*	—	约束性
	25	单位生产总值用水量降低（%）	—	[27]	[62]	—	约束性
	26	万元生产总值耗地量（平方米）	24.8	—	12.17*	—	约束性
	27	耕地保有量（万亩）	56.44	52.6	54.75*	—	约束性
	28	单位生产总值二氧化碳降低（%）	—	[21]	[45.3]*	—	约束性
	29	活立木蓄积量（万立方米）	137.62	160	170.70*	151.97	约束性
	30	全区主要河流Ⅰ～Ⅲ类水质断面比例(%)	42.9	≥60	100	100	约束性

续表

类别	序号	指标名称		原余杭区			现余杭区	指标属性
				2015 年基数	2020 年目标	2020 年完成	2020 年基数	
生态文明	31	全区细颗粒物（PM2.5）浓度下降（%）		—	[27]	[54]	29.3	约束性
	32	主要污染物排放总量减少（%）	化学需氧量	—	[23.5]	[52.1]*	—	约束性
			二氧化硫	—	[30]	[53.8]*	—	约束性
			氨氮	—	[17.1]	[43.1]*	—	约束性
			氮氧化物	—	[20]	[51.2]*	—	约束性

说明：1.全区生产总值、规模工业增加值、农业增加值、数字经济核心产业增加值增幅按可比价计算，其中2015年全区生产总值基数根据经济普查调整为1480.15亿元

2.[ ]内数据为五年累计数；带*号为2019年数据

3.户籍人口城市化率由于浙江作为公安部确定的全国户籍改革试点，全面取消农业户口与非农业户口性质区分，统一登记为“浙江居民”，统计口径由农业、非农业转变为城乡代码归属划分，历史数据不可比较

4. 每百名老人拥有机构养老床位数，根据杭州市统计口径，现调整为每百名老人拥有社会养老床位数

（二）新发展阶段面临的新机遇与新挑战

今年3月，国务院批准杭州市行政区划调整，成立新的余杭区，开启了深层次的空间大重构、资源大调整、发展大提速，现在的余杭区是一个裂变而来的高能新区、一块机遇叠加的战略高地、一片充满希望的发展热土。进入新发展阶段，我区面临诸多新机遇。从承接国家战略的维度上来看：当前，“两个大局”相互交织，“东升西降”成为大趋势，要把握长三角一体化加速发展以及G60科创大走廊、合杭创新带、宁杭生态经济带等战略交汇机遇，积极开展跨区域合作，打造省市融入长三角创新一体化发展的前哨站；把握大运河文化带、良渚国家文化公园建设机遇，擦亮中华文明圣地“金名片”。从服务省级战略的维度上来看：要把握浙江奋力建设“重要窗口”，高质量建设共同富裕示范区等战略机遇，发挥城西科创大走廊建设综合性国家科学中心和全球领先的数字科创中心优势，积极打造未来城市样板地、未来科技策源地、未来产业引领地。从落实市级战略的维度上来看：杭州按照习近平总书记“四个杭州”“四个世界一流”要求，加快构建“一核九星、双网融合、三江绿楔”市域发展新格局，高水平打造“数智杭州·宜居天堂”，全力实施“亚运城市行动”，余杭要把握承办亚运会、亚残运会契机，积极打造杭州重要增长极，建设科技高峰、数字高地和商务高原叠加的中心城区。

但也要清醒地认识到，今后一段时期我区需要应对的风险挑战仍然不少，补齐短板的任务依旧紧迫：一是综合能级不够强，城市产业竞争力、创新要素集聚力、对外影响辐射力与先进地区相比还有较大差距；二是民生供给有弱项，群众改善教育配套、交通出行、养老服务、住房保障等诉求强烈；三是产业结构不平衡，数字经济产业总体偏“软”，制造业投入和贡献有待提升，高质量发展“双引擎”仍需持续建强；四是资源要素紧约束，经济快速增长、人口持续流入，与土地资源、水资源、碳排放指标管控趋紧的矛盾日益突出；五是治理创新需深化，随着城市国际化、人口多元化、社会现代化，精神文明建设、平安建设、法治建设的实效性还要进一步加强。

综合判断，“十四五”及以后一个时期，余杭将处于综合发展优势的重塑期、新旧动能转换的加速期、迈入共同富裕的跨越期，必须深刻认识错综复杂的国际环境带来的新矛盾新挑战，增强机遇意识、忧患意识和创新意识，紧抓机遇开创新局、克服挑战化危为机，展示

新气象、实现新成就、完善新机制，高水平开启全面建设社会主义现代化新征程。

（三）二〇三五年远景目标

到二〇三五年，基本实现高水平社会主义现代化，成为全省建设新时代全面展示中国特色社会主义制度优越性重要窗口的排头兵。

——经济社会发展全面领先。经济高质量发展迈上新的大台阶，人均生产总值达到发达经济体水平，基本实现新型工业化、信息化、城镇化、农业农村现代化，形成余杭特色现代化经济体系。

——创新驱动力全面提升。高水平建成人才特区、创新强区，掌握更多关键核心技术，部分达到世界领先水平，全球一流人才创新创业生态基本建成，世界级创新型产业集群初具规模。

——新型智慧城市全面建设。全面构建整体智治体系，科创型未来城市格局初步形成，城乡格局进一步优化，城市综合能级大幅提升。

——文化软实力全面增强。社会主义精神和物质文明全面协调发展，居民素质和社会文明水平达到新高度。

——高品质生活全面创造。共同富裕率先取得实质性进展，城乡区域发展差距和居民生活水平差距明显缩小，现代化公共服务体系全面建成。

——环境质量全面改善。公众环境满意度不断提高，环境安全得到基本保障，生态文明建设取得新进展，建成全域美丽大花园。

（四）“十四五”时期经济社会发展总体要求

1. 指导思想

高举习近平新时代中国特色社会主义思想伟大旗帜，深入贯彻党的十九大和十九届二中、三中、四中、五中全会精神以及习近平总书记庆祝中国共产党成立100周年大会和考察浙江、杭州时的重要讲话精神，立足新发展阶段，贯彻新发展理念，构建新发展格局，忠实践行“八八战略”，以高质量可持续快发展为主题，以数字化、高端化、国际化、一体化、品质化“五化共促”为路径，聚焦打造面向世界、引领未来、服务全国、辐射全省的未来城市样板地、未来科技策源地、未来产业引领地，构建“一廊一轴、一心三片”空间新格局，持续深化“三个全域”建设，全力创建“综合性国家科学中心核心区、全国共同富裕示范先行区、全面数字化改革引领区”，高水平建设创新余杭、品质之区、文明圣地，奋力展现建设“重要窗口”和“数智杭州·宜居天堂”的排头兵、领头雁风采。

贯彻上述指导思想，我区“十四五”时期经济社会发展需要坚持以下基本原则：

——坚持党的全面领导。坚持和完善党领导经济社会发展的体制机制，更好发挥党总揽全局、协调各方作用，坚持和完善中国特色社会主义制度，不断提高贯彻新发展理念、构建新发展格局的能力和水平，为余杭实现高质量发展提供根本保证。

——坚持以人民为中心。坚持人民主体地位，坚持共同富裕方向，始终做到发展为了人民、发展依靠人民、发展成果由人民共享，维护人民根本利益，激发全体人民积极性、主动性、创造性，促进社会公平，增进民生福祉，不断实现余杭人民对美好生活的向往。

——坚持新发展理念。把新发展理念贯穿发展全过程和各领域，构建新发展格局，坚持实施创新驱动战略，深化供给侧结构性改革，切实转变发展方式，推动质量变革、效率变革、动力变革，实现余杭更高质量、更有效率、更加公平、更可持续、更为安全的发展。

——坚持深化改革开放。坚定不移推进改革，坚定不移扩大开放，加强社会治理体系和治理能力现代化建设，破除制约高质量发展、高品质生活的体制机制障碍，强化有利于提高资源配置效率、有利于调动全社会积极性的重大改革开放举措，持续增强余杭发展动力和活力。

——坚持系统观念。加强前瞻性思考、全局性谋划、战略性布局、整体性推进，统筹国内国际两个大局，办好发展安全两件大事，着力固根基、扬优势、补短板、强弱项，注重防范化解重大风险挑战，实现余杭发展质量、结构、规模、速度、效益、安全相统一。

2. 战略定位

余杭是“三个地”和“重要窗口”省会城市杭州的重要城区、是实证中华5000多年文明史的圣地、是杭州城西科创大走廊的核心区，被赋予了建设成为杭州“一核九星”市域发展新格局中“最闪亮、最耀眼之星”的光荣使命。我们要坚持高标定位，努力在省市发展大局中领跑领先。

——锚定打造“全域创新策源地”首位战略，全力创建“综合性国家科学中心核心区”。坚定不移走人才引领、创新驱动发展之路，坚持“四个面向”，服务“三大科创高地”建设，抢抓杭州城西科创大走廊、城东智造大走廊、G60科创大走廊建设等机遇，全域打造国际化高端“人才特区”，完善高能级产业平台体系，迭代升级大孵化器战略，推动重要科研机构、重点高等院校、重大科技平台和科研基础设施集群发展，优化创新创业创造生态系统，强化企业创新主体地位，支持龙头企业牵头组建创新联合体和公共技术平台，全力攻坚前沿科技和“卡脖子”技术，努力向科技创新“无人区”进军，在创建综合性国家科学中心过程中发挥好核心引领、示范带动作用。

——丰富建设“全域美丽大花园”内涵实质，全力创建“全国共同富裕示范先行区”。坚决贯彻省委十四届九次全会决策部署，全面落实《浙江高质量发展建设共同富裕示范区实施方案（2021—2025年）》，自觉践行以人民为中心的发展思想，着眼人的全面发展和社会全面进步，不断丰富“自然生态与人文环境、现代都市与田园乡村、历史文化与现代文明相生相融发展模式”的内涵，统筹乡村振兴和城乡融合发展，积极拓宽“绿水青山就是金山银山”转化通道，加快推进未来社区、乡村新社区等共同富裕现代化基本单元建设，着力补齐公共服务短板，持续改善群众生活品质，鼓励城乡居民通过创新创业实现创收创富，进一步缩小城乡和收入差距，不断实现人民对美好生活的向往，努力在高质量发展建设共同富裕示范区进程中走在前列。

——围绕实现“全域治理现代化”再上台阶，全力创建“全面数字化改革引领区”。顺应数字时代发展潮流，抢抓数字技术产业变革机遇，坚持以数字化引领、撬动、赋能现代化建设，落实全省数字化改革“152”工作体系，以多跨场景应用为抓手，整体驱动治理理念、治理机制、治理工具、治理手段、治理方法等全方位、系统性、重塑性变革，推动区域治理适应生产力变革、社会关系调整，率先形成与数字变革时代相适应的生产方式、生活方式、治理方式，努力通过数字化改革扩大区域竞争先发优势。

（五）“十四五”时期经济社会发展主要目标

到2025年，高水平建设创新余杭、品质之区、文明圣地，争创社会主义现代化先行示范区，勇当建设“重要窗口”和“数智杭州·宜居天堂”排头兵，为基本实现高水平社会主义现代化开好局、起好步。

——经济发展硬实力走在前列。创新驱动经济高质量发展成效显著，形成世界级数字经济产业集群，全区生产总值年均增长6.5%以上，力争突破3100亿元，财政总收入达900亿元。数字经济核心产业增加值年均增长8%，服务业增加值年均增长7.5%，规上工业增加值年均增长6%以上，高新技术产业增加值占规模工业增加值比重不断提升。

——创新策源带动力走在前列。科技创新策源能力达到世界先进水平，全区研究与试验发展经费占生产总值比重达到4.5%，基础研究占研发支出比重稳步提升，国家高新技术企业达到2500家，科技型中小企业达到5000家，上市企业达到60家以上，省级以上孵化器达到20个，每万人发明专利拥有量达到45件，人才总量达到50万人。

——文化文明影响力走在前列。实证中华5000多年文明史的良渚遗址得到精心守护，大运河文化得到更好保护传承利用，两大世界遗产综合带动效应不断放大，打响径山文化品牌，市民道德文化素质和社会文明程度全面提升，新增劳动力平均受教育年限达14.75年。文化事业更加繁荣，文体设施更加完备，文化产业更加发达，文化形象更加鲜明，文化生活更加丰富。

——美好生活幸福力走在前列。人民群众的高品质生活需要和全生命周期需求得到充分满足，生产生活方式全面绿色转型，围绕“幼有善育、学有优教、劳有厚得、病有良医、老有颐养、住有安居、弱有众扶”，提升公共服务供给水平，每千人拥有3岁以下婴幼儿托位数达5.1个以上，每千人口拥有执业（助理）医师数（常住人口）达4.82人，确保居民人均可支配收入增长与经济增长基本同步，城乡居民人均可支配收入比达 1.58。中等收入群体为主的橄榄型社会结构基本形成，共同富裕率先取得实质性重大进展。

——区域治理引领力走在前列。共建共治共享的社会治理体系更加完善，民主法治更加健全，数字治理不断创新，“整体智治、唯实惟先”的现代政府基本形成。重大风险防范，防灾减灾救灾能力显著增强，现代应急体系基本建成，发展安全保障更加有力。国土空间开发保护格局得到优化，生态环境质量不断改善，主要河流Ⅲ类以上水质断面比例达 100%，森林覆盖率达 45.7%。

——改革开放驱动力走在前列。以数字化改革牵引全面深化改革，努力营造一流营商环境，基本建成高标准市场体系，市场活力、社会活力充分激发，全力建设全国改革创新先行区。国际化开放水平全国领先，集聚配置全球资源要素能力大幅提升，举办更多国际活动、国际赛事和国际科技文化交流活动。实际利用外资达 15 亿美元，货物贸易进出口总额达 310 亿元。

表2 余杭区“十四五”时期经济社会发展主要指标一览表

类别	序号	指标名称	2020 年基数	2025 年目标	年均增长［累计］	指标属性
经济发展	1	全区生产总值（亿元）	2282.56	3100 以上	6.5 以上	预期性
	2	财政总收入（亿元）	646.80	900	7	预期性
	3	规模以上工业增加值（亿元）	190.27	255	6 以上	预期性
	4	高新技术产业增加值占规模以上工业增加值比重（%）	64.2	70	［5.8］	预期性
	5	服务业增加值（亿元）	1981.67	2800 以上	7.5	预期性
	6	社会消费品零售总额（亿元）	542.81	800	8	预期性
	7	网络零售额（亿元）	890	1433	10	预期性
	8	货物贸易进出口总额（亿元）	265	310	3	预期性
	9	上市企业数量（家）	15	60 以上	［45］	预期性
	10	实际利用外资（亿美元）	13.93	15	［1.07］	预期性
	11	全员劳动生产率（万元 / 人）	34	36.5	1.4	预期性
	12	常住人口城镇化率（%）	72.6	80	［7.4］	预期性
创新驱动	13	R&D 经费支出占 GDP 比重（%）	—	4.5	—	预期性
	14	数字经济核心产业增加值（亿元）	1659.6	2430	8	预期性
	15	高新技术企业数量（家）	1192	2500	翻一番	预期性
	16	科技型中小企业数量（家）	2365	5000	翻一番	预期性
	17	省级以上孵化器数量（个）	10	20	［10］	预期性
	18	人才资源总量（万人）	26.8	50	［23.2］	预期性
	19	每万人发明专利拥有量（件）	—	45	—	预期性

续表

类别	序号	指标名称		2020 年基数	2025 年目标	年均增长［累计］	指标属性
社会民生	20	居民收入	居民人均可支配收入增长（%）	—*	—	与经济增长基本同步	预期性
			城乡居民人均可支配收入比	1.60*	1.58	—	
	21	五年新增城镇就业人数（万人）		3.9	4	［15］	预期性
	22	每千人拥有 3 岁以下婴幼儿托位数（个）		1.8	5.1	［3.3］	预期性
	23	城镇调查失业率（%）		4.3	按上级要求	—	预期性
	24	新增劳动力平均受教育年限（年）		14.5	14.75	［0.25］	约束性
	25	每千人口拥有执业（助理）医师数（常住人口）（人）		2.86	4.82	［1.96］	预期性
	26	人均预期寿命（年）		84.95	85	［0.05］	预期性
	27	亿元 GDP 生产安全事故死亡率（人/亿元）		0.01	0.01 以下	—	约束性
生态环境	28	单位 GDP 综合能耗降低（%）		—	按上级要求	—	约束性
	29	单位 GDP 二氧化碳排放降低（%）		—	按上级要求	—	约束性
	30	单位 GDP 用水量降低（%）		—	16% 以上	—	约束性
	31	主要河流Ⅲ类以上水质断面比例（%）		100	100	—	约束性
	32	空气质量优良天数比率（%）		78.7	按上级要求	—	约束性
	33	细颗粒物（PM2.5）平均浓度（微克/立方米）		41	按上级要求	—	约束性
	34	主要污染物总量下降（%）		—	按上级要求	—	约束性
	35	森林覆盖率（%）		45.59	45.7	—	约束性
	36	生活垃圾日均回收利用量（吨/日）		818	1000	4.6	约束性

说明：1.［ ］内为五年累计增加或提高的数值
2.地区生产总值相关指标增长速度按可比价格计算
3.带*指标为原余杭区数据

二、强化科创引领，建设国际化人才特区和创新驱动策源地

坚持创新在现代化建设全局中的核心地位，深入实施人才引领、创新驱动战略，全面启动创新发展“翱翔计划”，发力攻坚基础研究，强化企业创新主体地位，优化创新生态，全力打造具有核心竞争力的全域创新策源地。创新驱动高质量发展模式基本确立，努力在经济高质量发展中示范先行。

（一）打造国际化高端人才特区

完善人才引进、培养、评价、激励、服务机制，推动人才工作国际化、人才项目产业化、人才引育市场化、人才服务精准化、人才生活环境优美化，构建全球人才蓄水池。

做好全球人才蓄水池建设。大力招引顶尖人才、重点人才项目，高水平构筑全球人才蓄水池。落实“鲲鹏行动”计划，制定中长期人才发展规划和紧缺人才引培清单，实施“未来之星”百千万计划，引进顶尖人才和海内外高

层次人才、领军型团队，到2025年，累计引进100名诺贝尔奖、国家最高科技奖获得者，海内外院士，MIT TR35榜单入选者等顶尖人才，1000名以全球名校优秀博士、博士后为代表的领军人才，1万名以全球名校毕业生为代表的青年人才，20万名以各类高校毕业生为代表的储备人才，加大名师名医名家引育并举工作力度，形成一支结构优化、创新活力强大的人才队伍，力争人才发展总体水平和人才竞争力位于全国前列，着力打造全球人才汇聚的新高地。

打造热带雨林式人才发展生态。加强与海内外高层次人才的交流与合作，打响“余您携手 杭向未来”等特色人才活动品牌。全面深化人才发展体制机制改革，优化政府、人才、市场资源配置，引导银行资本、创投资本等各类资本向人才集聚，强化人才创新创业金融支持。深化人才资源服务产业园建设，积极引进和发展人才中介服务机构，提供多元化人才服务体系。全域布局人才创新创业服务综合体，推动人才全生命周期“一件事”改革纵深发展。依托现有产业平台打造一批人才、技术工人产教融合实训基地。建立和完善住房、医疗、家属安置、子女入学等方面的政策体系，以“人才码”为抓手，推动国际医院、国际学校、国际化人才公寓、人才社区建设，打造全链条、全周期的创新创业支持体系。

加快人才工作数字化赋能。打造更精准、更详尽、更智能的人才数据信息库，强化人才数字化应用场景建设，做实做细政策精准推送、人才智慧社区、人才资源地图等应用场景开发建设。扩大人才数字赋能覆盖面，推动产业链、资金链、人才链、技术链上网上云，实现招才引智全流程服务、资源要素全流程供给、成长轨迹全流程监管，构建人才引育留用全域服务智慧圈。

（二）打造全球创新策源地

以自主创新和开放创新相融为导向，推进重大战略科技力量和高水平新型实验室体系建设，成为杭州创建综合性国家科学中心和产业创新中心的主体。

增强重大战略科技力量支撑。加快浙大超重力离心模拟与实验装置建设，推动智能计算研究设施和平台、类脑计算机、量子精密测量与传感装置、新一代人工智能开源开放装置、新一代工业控制系统装置、新一代工业互联网系统信息安全大型试验装置等重大科学装置建设，创建国家先进系统芯片产业创新中心。推进与国际国内尖端实验室科研交流活动，探索组建联合实验室和实验室联盟。到2025年，建成1个国家级重大科技基础设施。

构建高水平新型实验室体系。服务保障之江实验室、良渚实验室、湖畔实验室建设，将之江实验室打造成世界一流的智能计算国家实验室。在“互联网+”、生命健康、新材料等领域创建一批国家重点实验室，积极布局建设省实验室，加快建设智能科学与技术、系统医学与精确诊治、数据科学与应用等省实验室。到2025年，建成1个国家实验室、1个国家重点实验室和3个省实验室。

加强重点领域基础研究力量。围绕量子信息、人工智能、新一代通信与智能网络、精准医疗、新药创制、航空研发制造、前沿新材料、高端制造等重点基础领域，对接国家自然科学基金项目、国家科技重大专项和省“尖峰计划”，支持实验室、重大科研平台和企业联合承担重大项目。到2025年，支持实施重大前沿基础研究项目20项以上，对接国家科技创新2030重大项目、重点研发计划和省“尖兵”“领雁”“领航”等计划，制订重大项目攻关计划，到2025年，支持实施50项国家重点研发项目。

构建政产学研企合力攻关体制。联动云城、梦想小镇、人工智能小镇等科创平台，浙江大学、中法航空大学、杭州师范大学等高校院所，之江实验室、良渚实验室、湖畔实验室、超重力大科学装置等科研机构，阿里巴巴、中电海康等企业，建立地区科创发展共同体，健全合力攻关体制机制，支持各主体在技术需求对接、院所成果转化与产业化、知识产权服务等方面开展协同创新，围绕专用芯片、区块链、石墨烯等“卡脖子”重点领域，协同实施重大科技攻关专项，提升科创能级水平。

积极推进高层次科研创新联盟。吸引国际组织、科研机构、高等院校、企业及社会团体等参与建设、运营和管理，汇聚全球优质创新资源，引领基础前沿科研发展。支持符合条件单位参与他国发起或多国共同发起的大科学计划和大科学工程，增强凝聚国际共识和合作创新能力，参与大科学计划和大科学工程项目规划、建设和运营，到2025年，参与大科学计划和大科学工程2个以上。参与创新“一带一路”计划，吸引国际组织、科研机构落户，争取承办一批顶尖学术会议。到2025年，组建1个以上国家级产业技术创新战略联盟。

专栏1　新型实验室和大科学装置建设重点载体

依托机构	名称	研究方向	类型
之江实验室	智能计算国家实验室	面向自然语言、视觉和跨媒体建立数据智能引擎，实现感知智能、认知智能和创意智能，搭建人工智能算法支撑平台	国家实验室（创建）
之江实验室	智能科学与技术浙江省实验室	开展智能科学与技术应用前沿的智能感知、智能网络、智能计算、大数据与区块链、智能系统研究	省实验室
良渚实验室	系统医学与精准诊治浙江省实验室	集聚科技创新和临床优势资源，融合生物技术和信息技术，建成以系统与多组学等前沿技术为支撑的国内领先、国际一流的生命健康创新平台	省实验室
湖畔实验室	数据科学与应用浙江实验室	面向世界数据科学与应用前沿的机器智能方向，打造解决制约数字经济发展问题的核心力量	省实验室
浙江大学	超重力离心模拟与实验装置	研究超重力环境下岩土体、地球深度物质、合金熔体等多项介质的物质运动规律	国家重大科技基础设施

（三）赋能企业主体创新升级

发挥企业在科技创新中的主体作用，培育多元创新主体，推进科研力量优化配置和资源共享，注重协同攻关，着力推动企业自主创新升级。

增强企业创新主体功能。落实科技型企业“倍增提质”计划，大力培育高新技术企业和科技型中小企业，加快培育一批“专精特新”企业和细分领域创新型领军企业。支持领军企业组建创新联合体，发挥大企业引领支撑作用，带动中小微企业创新活动，推动大中小微企业协同创新。加强产学研协作，建立健全R&D经费支出、高新技术产业有效投资持续增长机制，提升企业自主创新能力。到2025年，国家重点支持领域高新技术企业达到2500家，科技型中小企业达到5000家。

引培高水平院校和新型研发机构。深入实施“名校名院名所”工程，支持国内外一流高校、科研机构、企业或高层次人才团队设立或共建新型研发机构。推进中法航空大学、中国美院良渚校区建设，支持杭州师范大学创建全国一流大学，吸引更多国际一流、国内“双一流”高校落户。加强院士专家工作站、“院士之家”建设，支持各类企事业单位申请设立院士（专家）、博士后工作站等科研创新载体。充分发挥梦溪论坛平台作用，着力推进张伯礼智慧健康创新实验室等创新载体建设。到2025年，建成新型研发机构5家，高端研发机构500家以上。

（四）构建世界一流创新生态

围绕创建全域创新之城、人才之城、科技之城，实施大孵化器战略，强化知识产权保护，大幅提高科技成果转移转化成效，健全创新创业服务机制，构建世界一流创新生态。

迭代升级大孵化器战略。梯次布局“重大平台＋特色小镇＋孵化器＋众创空间”金字塔创新矩阵。深入推进“未来之源”计划，加快国家、省双创示范基地建设，引导高校、科研院所、新型研发机构、头部企业、大学科技园、产业园区开展科技企业孵化器建设。优化“实验室—孵化器—加速器—产业园区”孵化链条。发展“孵化器—天使投资—创业企业”持股孵化模式，提高在孵企业成活率。到2025年，全区孵化器载体（含众创空间）数量达到200个以上，物理空间达到1000万平方米以上。

构建高效转移转化机制。加强创新链、产业链双链协同，优化成果转换路径，构建成果转换标杆地。推进公共技术服务平台建设，打造专业化科技服务机构，发展成果转化、技术转移、创业孵化、知识产权等第三方专业科技服务。强化知识产权保护与运用，构建知识产权综合平台，完善知识产权授权、认证、交易体系。发挥杭州知识产权法庭（未来科技城）巡回审判庭作用，提升浙江（杭州）知识产权创新产业园服务，协同发挥高校技术转移办公室职能，畅通技术成果供需服务。建立知识产权"快保护"机制，完善知识产权黑名单和联合惩戒制度。

加大科技创新支持力度。加快形成覆盖创新全链条的科创服务体系，探索建立以企业、市场需求为导向的科研项目组织和立项机制，推动项目、基地、人才、资金一体化高效配置。开启"未来之光"模块，创新"人才贷＋人才担＋人才险"金融服务，做大做强余杭产业发展引导基金和创业投资引导基金，健全政府投入为主、社会多渠道投入机制，加强基础前沿研究资金支持，到2025年，政府产业基金规模达100亿元，撬动社会资本400亿元以上。完善金融支持创新体系，规范发展风险投资市场，鼓励银行为科创型企业提供股东担保贷、股权质押贷等多种信贷产品，协助科创企业完成融资。加快构建政府性融资担保体系，完善财政补偿政策，积极引导政策性担保机构深化银担合作，降低企业融资成本。

完善＋联动创新生态。实施"未来之力"计划，动态调整优化产业政策，不断完善科技创新服务举措，着力构建"产学研用金、才政介美云"十联动创新创业生态系统。围绕产业链构筑打通技术创新、成果转化、创业创新全流程的创新链。加快创新服务资源集聚，积极引进数据交易、技术经纪、知识产权、检验检测、临床试验代理等第三方专业化服务机构。打造一站式数据交易平台，激活数据交易市场。营造公平竞争环境，培育全社会鼓励创新、宽容失败的创新和竞争文化。

三、加速高端产业集聚，构筑高能级现代化产业体系

聚焦产业基础高级化、产业链现代化要求，加快构建以数字经济为核心、新经济为引领、制造业为基石的现代产业体系，打造"三高地一基地"。

（一）打造"三高地一基地"引领的产业体系

聚焦重点产业领域，打造全球数字经济创新高地、全球生物医药研发高地、全球未来产业发展高地、全球创新研发总部基地。

打造全球数字经济创新高地。围绕数字产业基础高级化，重点发展五大关键产业，包括新一代人工智能产业、集成电路产业、新一代通信技术及智能终端产业、关键基础软件产业以及网络安全产业。深入实施数字经济"一号工程"2.0版，促进数字产业化和产业数字化融合发展，全力支持阿里、中电海康等数字头部企业优化产业生态，推动企业"上市、上云、上规"，打造国家新一代人工智能创新发展试验区核心区。

专栏2　五大重点数字经济产业发展方向

1. 新一代人工智能产业。依托人工智能小镇等平台，围绕人工智能的基础关键技术和算法、软件平台、硬件系统等，开展技术攻关和产业化，重点突破机器视觉、生物识别、语音识别、图形图像处理、智能人机交互、类脑信息处理、自主无人控制、神经网络芯片等技术和产品，打造国家新一代人工智能创新发展试验区核心区。

2. 集成电路产业。依托之江实验室、湖畔实验室等平台，开展自主知识产权芯片的研发设计，加快发展类脑计算芯片、高性能计算芯片、人工智能芯片等。大力发展基于RISC-V开源指令集架构的芯片，积极争取高端芯片制造项目，全力打造国家先进系统芯片产业创新中心。

3. 新一代通信技术及智能终端产业。重点发展射频器件、光通信模块、新一代通信小微型基站设备等关键技术和产品。积极引培发展NB-IoT、LTE-M、新一代通信技术等蜂窝物联网通信模块，集成发展工业数采设备、车联网和飞联网通信设备等智能终端。

4. 关键基础软件产业。探索突破物联网实时操作系统、云计算操作系统、工业操作系统、大型数据库等基础软件，开拓发展车联网、智能硬件、工业软件等关键应用软件。

5. 网络安全产业。引培密码安全、数据安全、安全芯片等领域的网络安全龙头企业，突破高速密码算法、密钥管理、量子密钥分发等核心技术和产品。

打造全球生物医药研发高地。顺应生物技术与数字技术融合新趋势，重点发展三大生物医药产业方向，包括创新药物研发、先进医疗设备及器械制造以及医学健康服务，依托良渚实验室、数字·健康小镇、健康谷、国际生命

健康小镇等创新平台，以及国家临床医学中心、浙大一院总部、创新药物成药性评价公共服务平台、省医疗器械检验研究院、省医疗器械审评中心等公共服务平台，大力集聚一批生物医药头部企业研发总部项目。

专栏 3　三大重点生物医药产业发展方向

1. 创新药物研发。大力发展用于重大疾病、感染性疾病治疗的化学创新药、生物技术药、新型疫苗，鼓励企业利用药品上市许可持有人制度推动创新药物产业化，积极布局干细胞库、生物基因库等创新资源，构建以药物研发为核心的创新药产业体系。

2. 先进医疗设备及器械制造。鼓励发展创新型医疗器械、智能诊疗设备、高端植（介）入医疗器械及高值耗材，重点支持关键核心技术产品的研制和产业化。

3. 医学健康服务。聚焦“互联网＋”生命健康，围绕智慧医疗、健康服务等领域，加快发展基于人工智能的远程诊疗、精准诊疗、AI 辅助诊疗、AI 辅助研发等生命健康服务。

打造全球未来产业发展高地。顺应前沿技术发展趋势，大力发展以引领式、颠覆性创新为主体的未来产业，包括区块链、AI＋生命健康、量子信息、未来网络、类脑计算以及绿色低碳产业等，培育一批“新星”产业群，争创未来产业先导区。到 2025 年，引进 1 家 ~ 2 家具有国际竞争力的区块链“名企”，培育孵化区块链初创企业、独角兽企业，将余杭打造成为国家区块链产业发展集聚区，抢占科技发展制高点。

专栏 4　一批重点未来产业发展方向

1. 区块链。依托区块链未来创新中心等，着力攻克高效共识算法、安全智能合约、侧链跨链、非对称加密算法等区块链关键技术，发展数字存证确权、数据确权和流通、跨境支付、IP 版权、产品溯源、供应链金融等领域区块链服务。

2. AI＋生命健康。加强脑科学及人机交互等前沿技术研究，大力发展高端数字医学影像和诊断设备、医用级可穿戴式设备、智能医疗辅助系统、医疗机器人等智能诊疗产品。

3. 量子信息。推进量子精密测量与传感大科学装置建设，积极发展量子电路模拟器、超导量子芯片、云端量子计算系统、量子计算机等，加快量子通信技术在 5G、互联网安全、无人驾驶、量子安全加密手机等领域产业化应用，谋划打造量子高端装备制造基地。

4. 未来网络。依托未来互联网计算研究中心、中国信息通信研究院等平台，鼓励头部企业积极参与 6G 网络通信技术和标准研究，推动互联网卫星、高空气球、无人机、地面基站、水下基站等数字基建立体化建设，构建天空、地面、地下和水中各空间万物智联的新型网络。

5. 类脑计算。发展高世代低功耗高并行类脑计算芯片、自主架构的大规模神经元类脑计算机、类脑计算机器人等，拓展复杂决策、空间立体导航等应用领域。

6. 绿色低碳。以绿色低碳技术创新和应用为重点，全面推进高效节能、先进环保和资源循环利用产业体 系建设，推动新能源和节能环保等绿色低碳产业加快发展。

打造全球科技企业和顶尖人才创新研发总部基地。以阿里全球总部、中电海康总部、vivo 全球 AI 总部、OPPO 全球移动终端研发总部、字节跳动杭州（余杭）研发中心等为标杆，发挥海内外重点城市招商中心、人才驿站作用，大力招引一大批科技企业研发总部项目和顶尖人才创业创新团队，在重点领域率先突破“卡脖子”技术、“硬核”技术，努力形成一批世界级科创成果。

全力推动智能装备产业发展。全面推进“新制造业计划”，聚焦智能制造装备、航空航天装备、节能环保及新能源装备等产业，以成套化、高端化、智能化为方向，加强 5G、物联网、人工智能等新一代信息技术集成应用，深化图像处理、语音识别等数字技术的融合应用，大力发展融合型智能化新装备，培育一批重大首台（套）技术装备。创新产品形态、丰富应用场景，延链发展“装备＋服务”，发展服务型制造，提升产品竞争力。

专栏 5　智能装备重点发展方向

1. 智能制造装备。集中突破机器视觉、单机智能控制与分析、人机协同等智能制造关键核心技术，加强智能机器人、智能制造单元和生产线协同集成，发展智能制造整体解决方案。

2. 航空航天装备。依托梦航小镇，推进航空关键核心零部件、电子元器件、新型飞行器、高性能材料等研发制造，创建国家民用无人驾驶航空试验区，打造全球无人系统产业高地。

3. 节能环保及新能源装备。做大做强水处理环保装备，攻关城镇生活垃圾智能化预处理、危废资源化利用与无害化处置等技术及成套系统。发展新型风能、太阳能、氢能等新型能源装备及智慧电网整体解决方案。

（二）提升产业链现代化水平

聚焦产业结构升级，大力推进产业基础再造和产业链提升，着力推动产业能级跃升、巩固实体经济根基，增强产业核心竞争力。

全面推进产业数字化。成立余杭数字化改革企业联盟，破解全领域数字化改革应用难题，加快数字化新应用成果落地。突出新智造发展路径，引导企业“上云用数赋智”，深化机器换人、工厂物联网、工业互联网等应用，培育一批数字化车间、智能工厂，支持企业积极争创省级“未来工厂”，培育对标全球、面向未来的“灯塔工厂”，构建“互联网＋制造”新模式。围绕主导产业，全力推进工业互联网应用，争取“未来工厂”试点项目。至2025年，实现规上工业企业数字化全覆盖。加快建设省级服务业数字化转型示范区，大力发展数字金融、数字设计、智慧供应链等新服务，推动数字技术与消费服务、民生服务深度融合。建设一批数字农业示范园区（基地），大力发展农村电商。

加快传统产业改造提升。紧抓“双循环”格局构建重大机遇，面向不断升级的消费新需求，聚焦产业链价值化、价值链高端化发展要求，以数字化、品质化为方向，加快推进新型建材、金属加工、纺织服装、食品加工等特色优势领域转型升级与高质量发展，重塑产业新优势。全面推进传统行业智能化技术改造，积极发展个性化定制、共享制造，强化创意设计，开展品牌创建，做优做强一批名企名品，加大对老字号品牌的传承保护，全面提升传统产业质效水平，重塑产业新优势。深化“亩均论英雄”改革，持续推动低效产能、落后产能提质增效或有序退出。

加快现代服务业高质量发展。推动生产性服务业向专业化、高端化、国际化转型，大力发展楼宇总部经济，加快信息服务、研发设计、科技服务、电子商务、法律服务、智慧物流、金融服务等生产性服务业发展，更好发挥生产性服务业支撑作用。推动生活性服务业向品质化、多样化、便利化升级，加快文化创意、家政服务、体育健康、养老育幼、旅游休闲等生活性服务业发展，加强公益性、基础性服务业供给，推进标准化、品牌化建设，更好满足人民群众美好生活需要。深化服务业改革创新，积极争取服务业扩大开放综合试点，创建高能级服务业创新发展区，到2025年，实现服务业增加值2800亿元以上，年均增长7.5%。

深化产业链协同创新。以新一代信息技术、创新药物研发、精准医疗、关键战略材料为重点，提高各类孵化器、双创空间科技成果的产业转化率，促进基础研究、应用研究与产业化对接融通。实施产业链创新能力提升行动，强化产业链创新链精准对接，根据重点产业链实际需要引进高端创新要素。创新产业链协同创新组织机制、成果转化机制、利益共享机制等，围绕我省重点产业及标志性产业链建设，密切关注国家、省科技攻关清单，联合承担行业关键技术攻关、科技应急攻关项目，形成一批高价值专利组合，打造一批具有国际话语权的先进标准。全力拓展“科研机构＋”模式，引进培育一批高层次有利于产业链上下游衔接的科技型企业。

（三）完善高质量产业支撑体系

推进产业融合发展、链式发展和品质发展，坚持“双招双引”，强化要素适配和服务保障，进一步提升产业竞争优势。

健全企业梯度培育体系。深入实施“雄鹰计划”“雏鹰行动”，完善“微成长、小升规、高壮大”梯次培育机制，加快培育一批“专精特新”企业和细分领域创新型领军企业。全面推进上市企业梯队培育，落实“凤凰行动”计划，对拟上市企业进行分类指导，到2025年，全区上市企业达到60家以上，动态梯度培育300家上市后备企业。建立以单打冠军为主体的培育发展体系，对隐形冠军、专精特新“小巨人”和制造业单项冠军示范企业，引导企业专注于创新、产品质量提升和品牌培育。建立起覆盖各培育阶段的“双百”企业培育库，优先支持智能制造示范、机器换人试点、产品升级、优秀新产品认定、企业技术中心建设等项目申报。

促进现代服务业与先进制造业深度融合。以数字化、柔性化、集成化、共享化、平台化为导向，加速数字经济与实体经济、战略性新兴产业与传统产业、先进制造业与现代服务业深度融合，推进两化融合、军民融合。支持企业发展服务型制造新模式，培育一批服务型制造示范企业。支持行业骨干企业搭建公共服务平台，面向行业提供专业性服务。引导生产性服务业企业提升服务创新能力，提升与制造企业的协同、配套服务水平。

强化招商引资统筹机制。持续推进招商引资机制创新，完善招商引资政策，优化服务环境。以“双招双引”为抓手，健全“一盘棋”的招商格局。积极推进选商选资，根据各大平台资源禀赋，实施差异化招商，加大对重点地区、重点企业和优质项目的招商力度，全力招引标志性、示范性、带动性强的头部企业和“单打冠军”项目。设立产业招商工作专班，强化产业链精准招商，实施靶向招引，切实发挥招商引资考核“指挥棒”作用，强化任务的督查考核。

强化要素适配和服务保障。以资源保障适配实体经济发展，在新一轮国土空间规划中，争取新增建设用地指标，保障重大项目未来发展空间。强化土地集约利用，盘活农村闲置建设用地，推动低丘缓坡、地上地下立体综合开发，以及城镇低效用地多功能再开发，促进空置楼宇、厂房等存量资源再利用，打造平台转型升级新空间。加快镇街平台转型升级，打造一批专精特新园区和特色产业基地，承载科技成果孵化和产业转化等功能。突出服务赋能，优化准入、退出、监管、政策、规划、信息等服务供给，为产业全链条、企业全生命周期发展做好服务支撑。

（四）建设高能级产业平台

落实省市重大战略部署，统筹优化全区产业平台布局，推动平台要素资源优化配置和空间重构，提升未来科技城、良渚新城和钱江经济开发区发展能级，合力建设杭州云城产业平台。

未来科技城重点发展新一代信息技术、生物医药、高端装备制造和科技服务四大产业。以数字经济和生命健康为核心领域，发展实验室经济，建好之江、湖畔、良渚三大实验室，推进核心技术研发和国家重大科技基础设施建设，提升基础研究和核心技术开发能力。推进建设杭州市人工智能创新发展区、浙江省物联网先进技术产业创新服务综合体和“空地一体”无人系统未来产业先导区。依托海创园、梦想小镇、人工智能小镇、浙江人才大厦等创新平台，打造科创型企业总部结算、研发中试设计以及核心制造集聚区。深入推进“梦想小镇”品牌对外输出推广，实现“沪杭、合杭”小镇创新资源集聚作用。深化工业用地“有机更新”，推动与周边街道的产业协同，打造一批特色鲜明、优势突出的专业化品牌示范试点园区。到2025年，实现数字经济增加值2200亿元。

杭州云城（余杭片区）聚焦“创新＋枢纽＋文化＋商务＋公共服务”等复合功能，打通良睦路、良祥路等城市主干道，完善区域交通网络，推进云城北部片区开发建设，依托城西高铁枢纽中心、西站站城综合体、浙大校友企业总部经济园等，实施站城一体化超级TOD开发，推动人口和产业在轨道站点高密度“云状”集聚、资源要素沿交通廊道便捷化“云态”流动，主动承接未来科技城产业溢出效应。推进以云计算为代表的数字科技创新和应用，成为数字变革策源地的核心区。

良渚新城依托梦栖小镇、良渚生命科技小镇，发挥中国美院良渚校区优势，全力推动数字文化、生命健康、总部经济“2＋1”核心产业创新发展，重点培育数字信息技术、数字创意设计、数字内容创作、数字文化消费等产业，提升发展健康医疗服务业、医疗器械制造业。到2025年，实现数字文化产业产值50亿元，健康产业主营业务收入突破10亿元，打造全国数字文化创新引领地、长三角生命科技成果转化高地。

钱江经济开发区作为杭州市城西科创大走廊北翼联动产业平台、先进制造业主平台和未来产业引领地，以智能制造为主攻方向，大力发展新材料、新装备、新能源产业，聚焦电子产品与集成电路、智能制造、生物医药、增材制造装备、新一代信息技术、医药器械、节能环保等七大赛道，打造“一智三新”产业体系。“十四五”期间完成整合提升，推进南部创新创业区开发，完成大运河工业园区提升改造，完善“北智中居南创”和“一轴两带双心”发展格局，打造长三角智能制造示范区、长三角创新发展总部基地。到2025年实现数字经济及智能制造产值500亿元，争创国家级经济技术开发区。

专栏 6 产业发展空间新载体

1. 万亩千亿新产业平台。依托未来科技城新一代信息技术、生物医药、高端装备制造和科技服务四大产业集群集聚的雄厚基础，充分发挥"双创示范基地""国家级海外高层次人才创新创业基地"金字招牌和省级特色小镇作用，积极申报新一批省级万亩千亿新产业平台。

2. 省级现代服务业创新发展区。依托余杭区雄厚的现代服务业产业基础，围绕电子商务服务集聚基地、双创示范基地及其周边区块，聚力信息技术服务、科技研发、数字贸易等高端服务业，推进服务业示范试点工程、企业培育工程、品牌打造工程、改革创新工程，申报现代服务业创新发展区。

3. 特色小镇。以产、学、研、用"四位一体"为路径，产业业态、空间形态、文化活态、环境生态"四态融合"为理念，高尖技术、高端产业、高效资本、高新人才"四高联动"为方向，打造特色小镇 2.0 版，形成"谋划—培育—创建—命名"的梯度发展格局。

4. 制造业平台经济创新试验区。依托钱江经济开发区高端装备智能制造基础，充分发挥制造龙头企业的带动作用，推动制造业数字化、智能化、绿色化转型发展，在工业板块均衡布局创新型企业，促进与产业紧密结合的应用型研究发展，提升产业发展能级，成为杭州"新制造业计划"的示范园区。

四、着力数字化引领，打造全面深化改革先行区

将数字化改革作为新发展阶段全面深化改革的总抓手，按照全省"152"数字化改革总框架，以"数字余杭"建设为主线，构建余杭"3352N"数字化改革工作体系，深入实施数字化改革"创景计划"，打造全面数字化改革引领区。

（一）全面构建数字社会与数字城市

以增强人民群众幸福感为导向，全面推进"城市大脑·余杭平台"特色应用场景建设，实施数 字赋能社会行动，率先形成数字生活高品质共享 格局。

加快推进数字社会建设。推进生活领域智慧化，推广数字生活场景应用。聚焦教育、医疗、就业、养老等重点领域，实施"智慧民生"工程。发展智慧商业，加强商圈数字化建设，打造新零售业态示范街区。加快推进数字图书馆、数字文化馆、数字博物馆等文化场馆智慧化建设，实施体育场馆智慧化提升工程。运用数字化手段盘活公共文体设施，提高文体资源使用效率。

推进新型智慧城市建设。深化城市大脑·余杭平台建设，构建数字化治理新形态。创新城市智慧运营，探索打造"数字孪生城市"。推进城市信息基因库建设，推动城市物理信息数字化、数据化。推动市政基础设施智能化升级，提升全生命周期综合效能。迭代升级"数字高速公路"，推进"数字余杭"全域一体新基建。建设能源互联网形态下的多元融合高弹性电网，加快推进城市燃气、供水管网智慧化改造。深化环境质量监控智慧化设施建设，加强山水林田湖草生态保护修复设施数字化和灾害性天气信息数字化建设，推动智慧监测监管，治理决策精准联动。

专栏 7 数字化改革"创景计划"首批重点培育应用场景

1. 数智市场。用数字化手段解构传统市场交易业务场景，多跨联动、综合集成、迭代升级，构建"3 链 2 端 1 云"的"321"数智市场体系。

2. 城市安全运行"CT"。该场景聚焦城市安全运行部分领域的痛点难点，充分融合地理信息服务、物联网、云计算及人工智能等技术，利用基础设施层、数据资源层和应用支撑层提供的各类资源构建系统平台，驱动城市安全发展重点场景智慧落地，显著提升风险防控智能化专业化水平，逐步实现城市安全发展全周期治理美好愿景。

3. 财智直通车。做优"人才创新创业全生命周期 e 件事"，在现有人才数字化服务系统基础上，新增人才金融模块。

4. 清朗网络。以一舱两侧八个"一件事"的"144x"项目框架为总架构，突出"服务＋治理"双功能，全面梳理编制依法治网多跨协同场景。

5. 禹上金扁担。建立"农管家"智慧服务平台，为家庭农场提供政策咨询、跟踪管理、金融产品交易、会计记账、肥药两制管理等服务。

6. 云上夕阳红。以智慧养老系统平台为支撑，整合线上线下服务资源，完善多层次助餐模式服务场景，打造送医入户服务场景，深化邻里互助服务场景。

7. 幸福计算器。建立"幸福计算器"平台，建立"幸福在线"服务中心，嵌入人口预测模型，实现三个"码上"功能（即个人政策事项码上知、政策对现码上办、群众诉求码上解）。

8. 泳池一件事。围绕游泳池办理申报、运营监管、安全救护等，采取"互联网＋体育"推动全民体育更便捷、更安全。

9. 舒心育儿。以"驾驶舱＋服务端＋治理端"的"一舱两端"建设为总架构，突出"服务＋治理"双功能，完善 0 岁 ~ 3 岁育儿发展数字化管理。

10. E 企成长。建设政府侧精密智治和企业侧精准服务的"E 企成长"多跨协同场景应用。一是建设产业链图谱、园区驾驶舱、企业画像等通用工具，二是建设企业外迁风险预警、金融需求预测、成果转化培育、创新资源共享等智能模块，三是建设惠企政策一网通办及基于区块链技术的创新券全周期服务体系。

以数字化推进社会治理现代化。坚持和发展新时代“枫桥经验”，推进社会治理争先。依托“雪亮工程”综治视联网和浙政钉等信息系统，迭代完善“一中心四平台一网格”基层社会治理体系，打造一站式服务、就地解决矛盾纠纷的社会矛盾纠纷调处化解中心，健全完善基层治理区、镇街、村社、全科网格四级综合信息指挥链，推进“智安小区”“智安街道”建设。以共建共治理念重塑城市治理程序，创新社会组织和群团组织参与机制，推进社区、社会组织、社会工作“三社联动”，完善“四源融合”治理体系，提升社会治理民主化水平。

以数字化健全法治建设。将法治量化评估体系纳入智治系统，深化“法治指数”品牌建设。深化法治余杭建设，完善“一网智治”数字法治体系，加大“互联网+普法”应用力度，实施好“法律援助惠民工程”，建设覆盖城乡、便捷高效、均等普惠、智慧精准的现代公共法律服务体系。健全政府购买、社会投入、公益赞助和市场运作相结合的运行模式，推进智慧公安、智慧检察、智慧法院、智慧司法、智慧矫正、智慧执行。开展数字法律服务，实现法律服务、矛盾化解、法律咨询“网上办、掌上办、指尖办”。

专栏8 数字社会十大应用场景

1. 数字乡村。开展面向未来的乡村社区建设，推动乡村数字化转型，建设覆盖全区的数字农业农村综合服务平台，助推乡村振兴创新发展新形态。实施乡村信息基础设施振兴行动，城乡“数字鸿沟”明显缩小。

2. 数字教育。推动全域5G智慧校园建设普及，推进教学设备和资源数字化改造。加快“互联网+教育”平台建设，构建学习为中心的网络应用环境，推进信息技术和教育教学深度融合，探索和推动基于人工智能、大数据、物联网等技术的智慧校园环境建设与教学创新应用。

3. 数字医疗。完善“健康余杭门户”，深化“互联网+医疗健康”服务，推进智慧卫生健康建设，助力医疗卫生体制改革，强化智慧医疗、智慧公卫、智慧服务和智慧管理之间的高效兼容，深化数据共享和治理赋能，推动人工智能、物联网、5G等新技术在医疗健康领域的应用。以浙一医院余杭院区为试点推进智慧医院建设，完善“健康余杭智慧云共享平台”，构建全生命周期数字化健康档案，推进“医后付”“无感付”等便民场景应用。

4. 数字交通。拓展交通数字化应用场景，完善余杭交通信息指挥中心，实现动静态交通数字化转型。以交通数字驾驶舱为重要抓手，推进交通信息化建设。围绕交通基础设施全周期行业监管重点，推动规划建设智能化。深化大数据应用，加快非现场执法设施建设，推进各种公共交通运力资源之间的高效衔接，提供更智能、更精准、更丰富的出行选择。

5. 数字文旅。加快建设文旅大数据中心，推进景区智慧化改造，提升旅游咨询点等数字化服务能力，深化线下场景应用，支持良渚文化与运河文化两大世界级文化遗产数字化保护，推进良渚古城遗址公园、大径山等景区数字化建设，推动数字技术和文旅产业融合发展，推进主流传播平台建设。

6. 数字就业。依托“数字就业”系统，深化“互联网+就业”智能服务平台建设，强化企业用工和失业动态监测和预警，完善就业统计分析决策系统，推进智能化就业服务。

7. 数字养老。对接“浙里养”智慧养老服务平台，拓展智慧养老服务平台模块，推进智慧化应用融入适老化改造，建设推广一批智慧养老院，构建社区智慧居家养老模式，重点建设“互联网+助餐服务”“互联网+护理服务”等特色服务项目。提升智能养老服务水平，发展智慧化康养。

8. 数字治理。以推进“杭州城市大脑·余杭平台”建设为抓手，统筹推进社会治理智能应用开发建设，进一步补齐数据采集、应用、配套机制等方面的缺陷短板，依托“基层治理四平台”下沉“城市大脑”的科技支撑能力，打造数据驱动、人机协同、跨界融合、共创共享的智能化治理新模式。推进“数智群团”“数字红会”建设，积极开发“生命髓缘”等应用场景，实现志愿者服务管理、杭红捐赠等应用场景镇街、村社全覆盖。

9. 数字人才。围绕构建“全生命周期”服务体系，深化人才服务“一件事”改革，推动数字赋能人才特区行动，建立全区人才数据管理服务平台，着重推进人才生活服务、创业服务、专享服务三方面建设，针对政策评估、人才引进、人才培育和人才服务等领域进行多维度数据分析，提升人才工作科学性和精准性。

10. 数字城管。深入推进城市管理智慧化运用，完善城市管理智慧化平台架构，建设城市综合管理服务平台，拓展生活垃圾分类系统、AI视频巡逻等城市管理场景应用，全面提升数字城管工作质效。

（二）数字引领现代政府建设

加强顶层设计，以数据共享实现跨部门、跨层级高效服务、协同治理，全面建成“移动办事之区”“移动办公之区”和“移动监管之区”，基本建成“整体智治、唯实惟先”的现代政府。

加强“互联网+政务服务”建设。深化政务服务2.0平台应用，依托浙江政务服务网、“浙里办”APP，优化政务服务流程，实现“一件事”“网上办”和“掌上办”。围绕企业服务、投资审批等重点政务服务领域，不断推出一批优质服务专区，推动各类政务服务场景应用“一端”集成，实现线上政务服务一键通达。

加快“互联网+监管”建设。加快构建以远程监管、移动监管、预警防控为特征的整体协同、高效运转的市场监管数字化体系，着力打造食品、药品、产品质量、特种设备、危化品等安全监管的全周期可追溯体系。构建政府投资数字化项目“全生命周期”标准化流程。加快建设精密智能的风险管控平台，推动企业生产安全、交通运输、自然灾害等领域的智慧化监管。

推进“互联网+协同办公”建设。创新数据驱动的政务运行机制，加快数据共享集成，提升数字驾驶舱功能，深化机关内部“一件事”改革。迭代深化浙政钉2.0，加速与云平台深度融合，推动开发“微应用”，构建统一行政办公应用生态。以“共创共用、集约整合”为理念，高标准建设政务“一朵云”，做好区智源中心异地容灾工作，优化技术支撑平台。

深化政府机构与职能改革。纵深推进“县乡一体、条抓块统”改革试点，建立健全党建统领“四治融合”的现代化基层治理体系。全面厘清区镇（街）权责界面，建立动态管理和事项准入机制，推进基层事务“一件事”改革。构建镇街管理能力矩阵，持续深化政务服务四级联动改革。推进“大综合、一体化”行政执法改革，完善“互联网+监管”的行政执法模式，优化配置执法资源，全面推进基层“一支队伍管执法”和跨部门跨领域综合执法。优化重大产业平台与所在区域街镇协同管理机制，健全产业平台与所在区域街镇利益分配共享 机制。

（三）打造营商环境最优区

以“最多跑一次”改革为统领，深入推动营商环境便利化，放宽市场准入，促进公平竞争，推进“信用余杭”建设，全力打造市场化、法治化、国际化的国际一流营商环境。

持续推动营商环境便利化。围绕高效办成一件事，深化“证照分离”“数字证照”，实现建设项目审批常态化运行。稳妥推进市场领域企业抽查“双随机、一公开”。加快“一窗受理”平台全面对接应用，实现“无差别全科受理”全覆盖，高水平建设“移动办事之区”和“网上行政服务中心”。加快政府各部门信息化项目和“产业大脑”开展数据交互，对全区产业经济运行进行实时监测和智能分析，基于数据智能推行企业精准服务。推进“信用余杭”建设，建立公共信用信息社会开放共享机制。建立健全政务失信记录、责任追究及责任倒查机制，深化“采信、评信、用信”全过程信用管理改革，依托“钱江分”“芝麻分”等信用机制，拓展信用惠民便企应用场景。

深化“放管服”改革。健全政府权责清单制度，全面实施市场负面清单制度。推进包容审慎监管和柔性执法，推广新经济新业态新模式不予处罚清单、减轻处罚清单和从轻处罚清单制度。实施涉企经营许可事项清单管理，健全涉企政策企业家参与机制、涉企政策评估机制，加强事中事后监管。完善企业服务机制，完善“企业码”建设，建立健全企业咨询服务和诉求受理处理“一张网”。

深入推进市场体制改革。健全产业“标准地”供应机制，创新完善“云读地”，探索增加混合产业用地供给，加快低效用地改造提升。保障劳动力要素合理畅通有序流动，扩大劳动力要素市场化配置范围。深化科技成果使用权、处置权和收益权改革，促进技术要素与资本要素融合发展。构建多元共治的数据要素市场治理监管规范，打造余杭“数据资源”配置标杆。营造公平竞争市场化环境。提升执行合同的质量、效率和诉讼服务水平。

（四）激发各类市场主体活力

坚持“两个毫不动摇”，以数字化改革撬动各类市场主体改革，提高资源要素配置效率，激发市场主体活力。

促进民营经济高质量发展。积极鼓励民间资本参与全区重大工程建设和国有企业混合所有制改革，支持民营企业参与盘活政府性存量资产，建立服务市场主体的整体智能政府的数字化应用场景、跨部门整体协调机制、督察机制和责任追究机制。健全“个转企、小升规、规改股、股上市”市场主体梯队培育体系。全面落实“三服务”2.0版，推进杭州“亲清在线”余杭平台建设，构建亲清政商关系。

深化国资国企改革。发挥国资国企在区域开发建设、基础设施、公共服务等方面支撑、保障和引领作用。根据职责定位、层级设置、产业特征、市场属性，科学设置考核指标，以管资本为主对各类国企实施分类考核管理。健全国资国企监管机制，建立以风险管理为导向、合规管理监督为重点的内控体系。推动国资国企混合所有制改革，推进国有企业市场化转型，提升国资国企影响力和控制力。

增强金融服务实体经济能力。大力实施强化金融多主体有效供给模式，健全金融服务实体经济长效机制。深入落实企业上市和并购重组“凤凰行动”计划，深化与上交所、深交所的战略合作，到2025年，新引进国内外知名股权投资机构50家以上，各类股权投资企业500家，累计达到2000家以上，管理资本规模累计达到5000亿元以上。实施“融资畅通工程”，深化政银企合作，加大天使投资和创业投资扶持力度，健全企业发债融资机制，推进普惠金融发展，聚焦民营企业、小微企业、“三农”等重点领域，推动金融机构创新产品和服务方式，着力提升服务实体经济能力。

五、深度融入长三角，打造开放合作新高地

深入落实国家和省市一系列重大区域一体化和对外开放战略，借力亚运会推动城市国际化水平持续提升，加快落实扩大内需，构建双循环发展新格局，发展更高层次的开放型经济。

（一）争当长三角一体化发展桥头堡

紧扣“一体化”和“高质量”两个关键，深入落实长三角一体化国家战略，全面承接长三角高端要素流入，全面提升综合能级和核心竞争力。

联通长三角重要节点城市。聚焦科技创新、生态环保、社会治理等领域，加强与上海、南京、合肥等长三角重要城市交流合作。争取与上海张江、苏州工业园区开展创新药物研发、生物制药和智能医疗设备科研成果产业化合作，主动对接上海航空科研机构、航空企业，积极参与长三角航空制造产业链。共建宁杭生态经济带，积极对接南京科教人才资源，促进产业联动发展，规划布局双向产业飞地。融入杭合创新带建设，加快合杭梦想小镇建设，打通项目异地孵化落地渠道，打造区外技术策源地和高端人才驿站。围绕唱好杭甬“双城记”，积极推进区域人才、产业、公共服务等领域交流合作，促进优势互补、协同发展。建立健全深度融入长三角一体化发展机制，完善产业、政策、公共服务、社会治理等领域跨行政区合作共享机制。

共建一体化发展先行区。共建杭湖一体化发展先行区，围绕产业、创新、生态、公共服务等领域，实施重大项目攻坚行动，积极推动两地经济开发区联动发展，建立跨区域生态协调保护补偿机制，打造城镇开发与生态保护协调示范区。共建杭州大城西一体化示范区，依托杭州西站高铁枢纽中心，东接上海全球科创中心，西连合肥综合性国家科学中心，深化共建城西科创大走廊，深度参与杭州大都市圈建设，协同推进科技创新、产业体系、基础设施、公共服务和环境治理一体化，打造杭州未来城市新中心。

专栏9　接轨上海融入长三角重点工程

1. 未来科技城人才特区建设工程。高水平建设浙江人才大厦，打造辐射全省的科技孵化器、人才高地和公共服务平台，服务全省人才引育留用。试点建设名校科技人才园。试点开展外国高端人才服务“一证通”试点，携手长三角城市打造人才交流活动平台。

2. 梦想小镇联盟工程。持续深化沪杭梦想小镇建设，优化提升合杭梦想小镇发展，推动梦想小镇模式 继续走出去，打造一批大学生创新创业新平台、杭企 在长三角城市研发孵化的新基地，建成长三角梦想小镇联盟。

3. 高端制造产业化承载工程。共同探索“上海科研溢出＋余杭智造落地”产业转化模式，在钱江经济开发区共建长三角高端制造合作园，争取一批长三角重大科技成果产业化项目在余杭落地，努力实现研发成果共享、产业化项目共推的良好局面。

4. 良渚文化共保与利用工程。以良渚古城遗址为核心，联合太湖流域和钱塘江流域的良渚文化资源，共同发掘好、梳理好、阐述好蕴藏在遗址文物资源的文化基因、文明记忆、民族精神，共同守护好良渚古城遗址这一实证中华五千多年文明史的圣地。

5. 优质公共服务资源共享工程。积极参与长三角优质教育资源共建共享计划，大力争取引进上海及长三角知名高校在我区建立分支机构、联合办学，继续引进上海优质基础教育资源。参与长三角专科联盟建设，大力引进上海专科类优质医疗资源，支持上海高水平医院到我区联合办医、设立医疗中心和分支机构，多形式吸引长三角专家到我区进行技术和科研指导。

持续加强区域合作水平。深入推进东西部协作工作，针对结对帮扶地薄弱环节、关键环节，强化协同、持续发力，推进产业合作、消费扶贫、劳务协作和社会帮扶，助力结对帮扶

地乡村振兴，推进共同富裕。开展全方位、多层次、宽领域的山海协作，围绕体制机制创新、产业协同合作、重点平台对接、创新创业共享、干部人才交流等方面，持续做好对口合作工作。

（二）加快发展高层次开放型经济

以国际化引领推动全面开放，积极探索自贸区杭州联动创新区余杭片区制度创新，为自贸区杭州片区建设提供创新样板，积极推动构建国内国际双循环新格局。

深度参与“一带一路”建设。着力深化与共建“一带一路”国家、非洲国家的贸易合作。鼓励外贸企业利用RCEP自由贸易协定，进一步拓展协定国家出口市场，加强原材料、大宗商品的进口，优化贸易结构。以境外投资带动外贸出口，鼓励企业以“一带一路”国家主要节点城市为主，布局建设一批境外经贸合作区、海外仓等。

推进自贸区联动片区建设。发挥自贸区联动创新区优势，争取自贸区政策、制度的覆盖和经验复制推广，争取实现差异化、特色化的改革创新和制度创新，提供余杭经验。深化数字经济、智能制造等方面优势，探索形成一批具有代表性、体现余杭特色的改革创新经验，努力培育区域发展增长极，将联动创新区的效能发挥到最大。推进与我市其他联动创新区的合作机制，争取自贸区杭州片区的联动创新、政策共享。

建设数字贸易重要枢纽。承接杭州举办全球数字贸易博览会效应，打造全球数字贸易中心核心区。加快eWTP秘书处实体化运作，全力支持阿里巴巴以市场化方式推进eWTP全球化布局。深化杭州跨境电商综试区余杭园区建设，打造国际化数字贸易全产业链，加强与国际第三方平台和产业集群运营商深度合作，推动余杭制造、余杭产品、余杭品牌跨境出海，打造跨境电商全国第一城先行区，到2025年，跨境电商出口额达到9.5亿美元。加快外贸转型升级，货物贸易进出口总额达到310亿元。

提升开放空间和能级。聚焦制造业开放，围绕人工智能、高端装备、生物医药等重点产业链加大外资招引。到2025年，实际利用外资达15亿美元。聚焦服务业开放，大力引进知名研发机构、头部企业功能性总部、金融机构、国际组织等。争创国家服务贸易创新发展试点，鼓励服务贸易新业态新模式发展，到2025年，服务贸易出口额达到3.5亿美元。高水平推动企业走出去，增强全球资源配置能力，鼓励龙头企业建立海外研发机构、生产基地和营销网络，加快国际产业合作园区建设，在更高水平上融入全球产业链、价值链分工。

（三）提升品质之区国际化水平

全力做好第19届亚运会和亚残运会举办工作，合力推动实施亚运会城市行动，充分把握赛前赛中赛后乘数效应，提升国际影响力和美誉度。

高质量服务保障亚运会。举全区之力精心筹备、服务保障2022年亚运会和亚残运会，深入推进亚运城市行动，加快杭州师范大学亚运会场馆建设，优化亚运竞赛场馆周边市政、节能、园林绿化、交通服务等配套设施规划建设工作，改造提升场馆周边环境，建设紧密连接交通快速路网、亚运场馆的亚运保障通道。持续完善公共体育设施网络，提升体育设施管理层次和智慧化水平，构建现代体育生活圈。加紧筹划建设大型综合公共体育场馆，加强智能安防、智能安检、智能交通等数字技术的应用，前瞻打造一流体育中心。

提升城市国际化水平。积极做好亚运会配套建设，推进国际化标识系统建设，设立多语种图文标识及语音服务系统。拓展对外传播阵地建设，打造有标识度的国际化城市形象。全方位营造国际化语言环境，提高市民国际交流能力。引进国际化社区、国际学校、国际医院，增强城市交流，加快推进余杭国际化进程。大力培育和引进一批有世界影响力的国际会议、品牌会展、高端论坛等国际商务活动。放大亚运效应，加快赛事经济、体育产业集聚发展，进一步推进与绿城足球的深度合作，推进国家级品牌赛事落户余杭。

（四）构建双循环发展新格局

坚持实施扩大内需战略同深化供给侧结构性 改革有机结合，增强循环畅通能力，全面促进消费，拓展有效投资空间，形成国内大循环的强劲动力源。

增强循环畅通内生动力。引导制造业企业提供个性化产品及“制造＋服务”整体解决方案，以高质量供给创造新需求。鼓励企业参与浙江制造拓市场“商超计划”，支持企业申报省级 C2M“超级工厂”。完善品牌培育服务体系，培育一批驰（著）名商标、出口名牌、“浙江制造精品”，到 2025 年品字标浙江制造企业数量达 40 家。打造智慧化供应链体系，推进菜鸟网络总部及智慧产业园、中国智能骨干网（杭州）项目建设。发展高效客货联程联运和货运多式联运，建成一批跨境电商和出口企业公共海外仓，培育一批具有外贸供应链综合服务能力的跨国物流企业，加快构建现代化物流体系。

建设国际消费优选地。大力培育消费新业态新模式，落实杭州消费新业态新模式“五大工程”。发展假日经济、夜间经济、直播经济等“全域、全时、多元”新业态，深化省级夜间经济试点城市建设。加快省级文化和旅游消费试点城市建设，发展定制消费、体验消费、时尚消费，加大对“潮经济”“首店经济”“首发经济”培育力度。提升地方特色品牌，推进名品名店名街联动，鼓励发展旗舰店、体验店等，打造多层次消费平台。争创全国全省领先的“智慧商圈”新模式，建设一批环境优美、商业繁华、文化浓厚、管理规范的高品质步行街。到2025年，社会消费品零售总额达到 800 亿元，网络零售额达到 1433 亿元。

拓展有效投资空间。创新投融资机制，积极争取中央及省市预算内投资支持，加强政府投资项目管理，发挥政府投资撬动作用带动社会投资，激发民间投资活力，提高直接融资比重。深入落实“152”省市县长项目工程，大力推进省重点、省“4＋1”、省“六个千亿”、市重点等重大项目建设，引导投资重点聚焦产业链现代化、新型基础设施、生态环保、公共服务和交通水利等领域，科学实施重大项目规划，实现固定资产投资增速与 GDP 增速基本同步。

六、优化空间布局，创建未来城乡融合发展新标杆

实施新型城镇化战略，推进区域协调发展战略，促进东西部发展均衡化，奋力创建品质未来 城市样板地，打造“一核九星”里最闪亮最耀眼之星。

（一）构筑“一廊一轴，一心三片”空间发展格局

抢抓行政区划调整后区域空间重构的机遇，在“多规融合”的国土空间“一张图”中，科学划定生态保护、文物保护、永久基本农田和城镇开发边界“四条线”，健全完善区域协调、城乡一体发展机制，优化重大基础设施、重大生产力和公共资源布局，提升资源、环境、经济和人口承载力。

——服务城西科创大走廊建设，辐射带动区域创新发展。强化未来科技城重大科技设施、人才等要素集聚，通过文一西路、天目山路、留祥路，以及地铁 5、16 号线和机场快线等东西向综合交通走廊，西溪湿地、五常湿地、和睦水乡、南湖等湿地湖链风景廊道，有机串联生态、科创、产业、生活、文化空间，打造杭州城西科创大走廊核心区，辐射带动良渚新城、钱江经济开发区和周边地区，构建产学研紧密协同、产城人高度融合的创新发展“金腰带”。

——推进南北千年发展轴建设，打造集中展示“重要窗口”。结合城西科创大走廊南北两翼拓展联动发展，加快推进瓶仓大道—运溪路、凤都路—良睦路等南北向交通主轴的提升和建设，串联良渚古城遗址、梦航小镇、云城核心区域、未来科技城中央公园，共同打造古城与新城辉映、历史与现代交汇、文化与科技融合的发展空间，成为集中展示未来城市样板地、未来科技策源地、未来产业引领地的“重要窗口”，集中展示践行创新、协调、绿色、开放、共享的新发展理念成果的“重要窗口”，集中展示全面真实古代中国和现代中国的“重要窗口”。

——加快区域新中心建设，着力补强城市核心功能。联动未来科技城和云城核心区域，重点打造产城人文高度融合，规划范围约 70 平方公里的城市核心建设区。贯彻“公园城市”理念，联动人与自然、城市与田园、科技与生活，聚焦“创新＋枢纽＋商务＋公共服务”复合功能，对标世界一流打造未来科技文化中心、城西高铁枢纽中心等区块地标建筑群，着力引进世界 500 强、国企央企、行业头部企业设立研发、销售总部，建设超级总部基地；完善核心区内部以及连接周边地区道路交通体系，加快国际化

高端公共服务配套设施规划建设，提升城市门户形象，强化中央活动区功能，高标准建设全区科创中心、经济中心和行政中心，打造杭州城市级新中心。

科学统筹三片区建设，确保区域均衡协调发展。全力做好城西片区科技创新、东部片区产城人文融合、西部片区两山理念实践三篇文章，推动三片共兴。

——城西片包括未来科技城、云城余杭区块，以及余杭、闲林、仓前、中泰、五常5个街道，发挥海创园、梦想小镇、人工智能小镇、5G创新园、区块链产业园等创新平台和名校名企名院资源集聚优势，重点建好之江、湖畔、良渚三大实验室和未来科技文化中心、城西高铁枢纽中心、南湖科学中心，大力发展以数字经济和生命健康为核心的未来产业，加快实现“城西腾飞”。

专栏 10　城西片相关街道发展定位

余杭街道。以建设“创新活力新城”为目标，服务保障菜鸟网络总部、5G创新园、南湖科学中心等重大平台项目建设，加快建设未来科技城义桥产业化示范园、鲲鹏AI产业园。全域开展“靓城行动”，推进产城融合智慧发展。探索苕溪以北都市农业高质量发展新模式，强化数字赋能运用，打造全国数字农业示范基地。

中泰街道。以“中泰全域皆为南湖科学中心”为总定位，打造生物医药研发高地，集聚一批生物医药产业园和企业研发总部，构建生物医药企业生态圈；建设科技企业创新基地，承接之江实验室、阿里达摩院产业溢出，强化与未来科技城产业协同；筑牢优质产业园区阵地，优化产业空间布局，推进“腾笼换鸟”“筑巢引凤”。

仓前街道。争当城西腾飞“加速器”、未来产业“领跑者”。深入探索社区化服务经济体新模式，持续拓展资本市场赋能新梯队。全面推动数智化转型，强化产学研深度融合的技术创新体系，推动先进制造业和现代服务业相融相长、耦合共生。与未来科技城、云城联动创新，打造未来产业，加速推进北部空间优化重构和城市能级跃升。

五常街道。与未来科技城做好招商联动、产业协同，构建“引人才”“留人才”并重的人才服务体系。通过腾空间、拆空间、优空间、控空间，对老旧产业园全面转型升级。推进智慧园区2.0建设，实现企业管理从模糊管理、事后干预向动态监测、主动服务转变。织密组织架构，打造园区党建品牌示范点，创建分类惠企服务联盟。

闲林街道。集聚数字终端、声光电集成和高精尖机械“2＋1”产业的中试加速、研发设计、智造集成，推动闲林工业园区腾笼换鸟、产业转型升级；高标准推进闲林老街改造，推进三站换乘综合体、未来科技文化中心等重大项目落地；紧扣“靓丽”做美城乡环境，有序有力推进国家卫生城镇、省级美丽城镇、省级森林城镇三项创建活动。

——东部片包括良渚遗址管理区、良渚新城、钱江经济开发区，以及良渚、仁和2个街道和瓶窑镇部分区域，依托良渚古城遗址、中法航空大学、中国美院良渚校区、梦栖小镇、浙大先进电气装备创新中心等历史文化、高校和创新平台资源集聚优势，着力打造中华文明朝圣地和文旅融合新引擎，加快建设良渚新城中央商务区，推进钱江经济开发区“南联东进”，深化瓶窑省级小城市培育，全力推动数字文化、生命健康、新材料、新装备、新能源、航空科技、电子信息等产业发展，加快实现“东部兴盛”。

专栏 11　东部片相关镇街发展定位

仁和街道。构建高质量发展的现代产业体系，形成一个产业平台、多个精品园区的“1＋X”产业发展模式；深化靓城行动，打造具有仁和地域特色的“湿地村庄”，串联形成南片红色文化精品示范带；开展“三治融合”，打造“全域协商”基层民主实践品牌，全面落实“三服务”2.0版。

良渚街道。坚持打造“一地三标杆”的发展愿景，依托良渚新城，融入主城，打造创新发展热地；依托云城，融入未来科技城，打造美丽乡村标杆；与古城合作，擦亮文化名片，打造共同富裕的乡村振兴标杆；加强数字赋能，整合提升，打造以文化村社区为样板的未来社区标杆，以跨越式发展多方位树立东部兴盛的良渚标杆。

瓶窑镇。深化推进“一地一城”建设。以航空产业为核心，梦航小镇建设和凤都工业园区转型升级双擎驱动，力争打造浙江“大航空”战略头部区域；围绕良渚古城遗址一个中心，聚焦田园湿地、瓶窑老街、世遗村落三个版块，全速推动文旅融合深度发展；围绕数字化改革重点，争取区级“揭榜挂帅”。

——西部片包括径山、黄湖、鸬鸟、百丈4个镇，以及余杭街道、瓶窑镇部分区域，以全域景区化为目标，启动大径山省级旅游度假区创建，依托国家现代农业产业园，大力发展数字农业、绿色金融、工厂化农业、田园综合体、大健康产业等美丽经济和现代科技农业，打造成为创新创业企业和人才的后花园，加快实现“西部富美”。

专栏12　西部片相关镇发展定位

黄湖镇。深入推进“未来乡村”青山试点，打造全国“未来乡村实验区”，促进农文旅融合发展，全力打造美丽经济的青山品牌，推动黄湖镇工业园区转型升级，打造以5G信息产业、生物制药为主导的“新制造业园区”。深入实施美丽城镇项目，优化完善群众评议、民主协商对话等制度，开展“数字乡村”建设，深入推进“三个一次”改革。

百丈镇。坚持以“乡村振兴排头兵、共同富裕先行镇”为目标，大力打造青少年研学基地，支持度假酒店和高端民宿集聚发展，倒逼工业园区提档升级，加快传统竹产业转型，推动农文旅产业融合发展，高水平打造“公益小镇”。围绕“一老一小”，高质量打造符合山区乡镇特点的民生服务体系和工作品牌。

鸬鸟镇。打造“全域美丽”排头兵、“绿水青山就是金山银山”理论示范镇“鸬鸟样板”。做强蜜梨产业、林业经济等优势产业，发展“网红经济”“带货经济”，创建省级蜜梨特色强镇。打造清凉山居、温泉度假等特色产业发展空间和旅游度假产品；深化“遇见鸬鸟”品牌建设，深化“数智鸬鸟”1.0版应用，谋划“数智鸬鸟”2.0开发，深化城市大脑应用，拓展未来乡村新场景。

径山镇。围绕建设“全省生态经济第一镇，共同富裕示范引领地、美丽中国样板地、全域旅游目的地”的“一镇三地”目标，做强“红党建、绿生态、金叶子”三色文章，以数字化改革为牵引，强力推进“数字乡村”“未来社区”建设，打响“共同富裕·乡村新社区”径山品牌。大力发展数字农业、田园综合体、大健康产业等美丽经济，全力构建“一寺、一路、一村、一廊、一街、一带、一谷、一田、一园、一圈”“十个一”融合发展格局，积极争创大径山省级旅游度假区。

（二）建设高品质中心城区

贯彻现代化、人本化、国际化发展要求，加快推进靓城行动“1466”计划向全域覆盖，推进“一心三片”区域一体化发展的配套服务优质共享，打造杭州世界名城的标杆城区。

打造靓丽城市升级版。实施“交通大发展、环境大提升、配套大完善、空间大优化”四大攻坚行动。全面推进市政基础设施建设，高标准建设未来科技文化中心、杭州西站、良渚中央商务区、钱江经济开发区南部创新创业区等城市门户和核心区块。践行公园城市、海绵城市、智慧城市、低碳城市发展理念，加强城市设计和风貌管理，精心勾勒城市轴线、城市天际线和建筑轮廓线，扎实做好历史街区、名镇、名村以及历史建筑保护利用工作。建设高品质中心城区，实施靓城行动“1466”计划，推动城市立体开发，高标准建设关键廊道、核心区块和地下空间。推进城市有机更新，加快推进一批老城区提升改造、文化街区开发利用项目。增加公共服务和公共活动空间，完善城市绿道、生态廊道、慢行游步道、生态停车场、旅游厕所建设，构建15分钟生活圈，打造友好型城市。

打造未来社区样板区。巩固提升“无违建”创建成果，优化提升老城区功能。统筹推进城镇老旧小区改造，按照“综合改一次”理念，结合“未来社区”建设理念，落实“保基础、促提升、拓空间、增设施”要求，重点保障小区居住安全、人居环境改善、配套服务提升，注重谋划布局或共享公共配套服务，结合数字化智慧化改造、健全长效管理机制及引导专业物业覆盖，打造“六有”宜居小区。

加强城市精细化管理。提高城市管理标准，推进城区智慧运营，提升城市管理精细度和韧性。推动城市立体开发，有序开展地下空间开发、建设和管理。按照地上空间、地面空间与地下空间“三位一体”的理念，提前谋划地铁站点周边交通流线组织，有效统筹站点周边机动车、非机动车、公共交通换乘以及公共停车。坚持平战结合，统筹人民防空工程建设与城市建设。

建设新时代美丽城镇。推进以人为核心的新型城镇化，深化瓶窑小城市培育试点和径山中心镇建设，大力推进市政基础设施建设，加快完善公共服务配套，建设成为全区统筹城乡的重要载体，推动城乡高质量融合发展。加快实施各个镇街美丽城镇建设工作，打造一批有文化、有特色、有产业的省市样板。

专栏13　建设公园城市绿道体系

推进城市绿道建设，提高公园绿地品质，构建“生态化、本土化、多样化、人性化和品质化”的绿道网络和公园体系，建设公园城市，全面提升居民生活品质。完成西站站前广场、南湖公园、北部新城中央公园等项目，努力打造有主题、有文化、服务性强的优质公园群。结合滨水绿带、田园、风景道路绿带等空间设置绿道，努力打造联网的绿道系统，串联京杭大运河、郁宅港、良渚港、良渚国家考古遗址公园、东苕溪、西塘河、良渚北部美丽乡村绿道，形成良渚绿道主环线；串联绕城高速、五常湿地、和睦水乡湿地、南湖、余杭塘河绿道，形成未来科技城绿道主环线；串联森林古道、骨干林道，形成大径山生态区环道。

（三）深入实施乡村振兴战略

坚持农业农村优先发展，推进西部富美“1355”计划，全面提升乡村振兴水平，推动工农互促、城乡互补、协调发展，在东部沿海发达地区推进农业农村现代化的进程中，打造乡村振兴和共同富裕的“余杭样板”，争创现代农业样板区。

提档升级现代都市农业。实施“强村富民”行动，加快推进农业现代化建设，大力发展生态、高效、精致农业。落实藏粮于地、藏粮于技战略，夯实粮食生产基础，加强高标准农田建设，开展粮食节约行动。加强区域合作，积极共建省级农业重点实验室。深化大径山国家现代农业产业园建设，推进“百园农业”建设。增加径山茶叶“金名片”成色，提升“菜篮子”基地建设水平，推动特优水果、特色林业、乡村休闲旅游业品质化发展。深耕“禹上田园”等农业区域公用品牌建设，提升径山茶、鸬鸟蜜梨等知名农产品品牌附加值。推进良渚遗址保护区农业品牌创建，促进遗产地乡村可持续发展，打造遗产地乡村示范区。强化数字农业基础设施建设，重点推广“稻香小镇”等数字化农文 旅融合发展模式。到2025年，农业增加值达44.5亿元，确保年粮食产量10万吨，建成区级以上“菜篮子”基地20家，农产品网络销售额突破17.5亿元。

打造美丽乡村升级版。深化“千万工程”，推进乡村“提质、扩面、增效”，深入推进美丽乡村全域环境扩面提升行动，推进农村垃圾、厕所和污水“三大革命”，进一步完善农村基础设施和公共配套设施，补齐农村人居环境短板，提升生态环境承载力。以“一核三线六点”为重点，深入实施西部富美行动，推动西部乡村振兴“一年见成效、两年大变样、三年全面决胜”。到2025年，实现新时代美丽乡村达标创建率100%。

专栏14 新时代美丽乡村建设

1. “一核三线六点”：即大径山美丽乡村核心样板区，西部访茶寻幽线、中泰慢谷风光线、良渚文化风情线等3条精品游线和6个产业链条完整、布局合理、功能多样、业态丰富的示范村（区块），带动引领全区美丽乡村升级版建设，加快构建城镇与乡村融合发展体系，打造宜居、宜业、宜游、宜文的“城市后花园”。

2. 全域环境扩面提升：按照“基础先行、自行申报、镇村实施、以奖代补”原则，推进美丽乡村扩面提升行动，进一步提升美丽乡村建设覆盖面，深入推进全域美丽大花园建设。

打造未来乡村样板区。围绕打造“未来村居、未来村业、未来村文、未来村治、未来村民”，实施“美丽普惠、数智赋能、未来引领”建设路径，聚力营造邻里、文化、健康、生态、创业、建筑、交通、数字、服务和治理等应用场景。推进生态保护补偿机制创新，建立政府引导、市场化运作、新老村民参与的未来乡村发展模式，打造有全国影响力的“未来乡村实验区”，把未来乡村打造成为以生态促乡村富裕的样板村，以公益促乡风文明的示范村，以旅游促乡村振兴的模范村。

深化农村集体产权制度改革。建立并完善农村土地承包经营权证动态化管理，发展新型农村集体经济。积极探索村镇联盟发展模式，各扬优势、互补短板，形成“共同富裕共同体”。推进农村闲置宅基地、闲置农房盘活利用，系统破解城乡融合发展中“人、地、钱”的核心问题。推进农村金融服务改革，健全农村金融服务，打造“禹上金融”服务平台，发挥乡村振兴基金、三农信贷风险池撬动作用，发展和用好农业政策性保险。推广小古城村“众人的事情由众人商量”模式，以数字化变革赋能乡村治理，推进村民自治模式创新。

专栏15 新时代乡村振兴重点工程

1. 粮食生产能力提升工程。开展粮食生产功能区非粮化整治，加强高标准农田、粮食生产功能区和中低产田等农田水利规划建设及管护利用，积极发展粮食规模经营，加大粮食生产扶持力度。开展绿色农田建设示范，推动耕地质量保护提升、生态涵养、农业面源污染防治和田园生态改善有机融合。

2. “菜篮子”稳产保供工程。加大蔬菜基地建设和扶持力度，增强基地抗灾能力，提升基地生产水平。加强蔬菜应急调运和应急生产能力建设，重点保障灾害性天气和淡季市场稳定供应。大力发展绿色生态畜牧业，推进标准化、规模化、智能化养殖，积极发展池塘循环流水养殖、智能温室和新型工厂化水产养殖等设施渔业，推广稻鱼综合种养和稻鱼共生轮作等种养结合模式。

3. 农产品安全提质工程。全力推行"农安码合格证"制度，健全完善"农安码"数字管理体系。深入推进以"一标一品"为代表的农产品公共安全品牌建设，鼓励引导规模化生产主体有序发展绿色食品，强化重大动植物疫病防控管理，有序推进国家级地理标志农产品保护工程等重点项目创建。构建农产品质量安全全过程监管体系，提升农业综合行政执法能力。

4. 数字农业建设工程。开展数字"三农"新基建，加快农业大数据云平台建设，推进农业领域"机器换人"、农业产业数字化应用和数字化技术管理服务，实现全区农业"一平台""一张网"。加速农村电商建设，大力培育电子商务平台、专业村和服务企业。打造全省乃至全国"5G＋农业"应用示范、都市农业农村新典范。

5. 农业科技创新工程。依托浙江大学人才和创新资源，打造浙大余杭农业科技创新园等一批农业科技支撑平台，进一步深化农业农学领域的校地合作。推进产学研合作平台、科技创新成果转化平台建设，积极探索农业现代化人才培育新机制，共同打造校地合作平台的实践典范。

6. 乡村休闲产业提升工程。促进农业与文化、旅游、教育、康养、服务等现代产业融合，发展创意农业、亲子体验、功能农业等新业态，打造一批地域特色的农文旅精品线。积极开展"春观花""夏纳凉""秋采摘""冬农趣"及鸬鸟蜜梨节、仓前羊锅节等活动，引导乡村休闲产业向高层次体验消费转型。加强乡村民宿（农家乐）监督管理、公共服务、宣传营销和政策扶持，形成"精品为引领、大众为底图"的产业格局。

七、加快提质升级，强化互联互通基础设施体系

着力建设布局完整、智慧高效、适度超前、生态环保的现代基础设施体系，为打造现代化国际大都市新区提供支撑和保障。

（一）构造区域协同联动的重要门户枢纽

全面推进立体交通先行区、美丽交通样板区、数字交通引领区三大余杭特色交通示范，形成辐射化、网络化、品质化、智慧化、现代化五化融合的综合交通运输体系。

打造区域性门户枢纽。建成杭州西站综合枢纽，打造长三角南翼西进通道的核心枢纽。加快形成"五快一普"铁路网，协同推进商合杭铁路、沪乍杭铁路、杭临绩铁路、杭义温铁路建设，推进杭宁二通道、杭深通道对接研究。加快"两环绕三射一连"高速路网建设，推进杭临高速建设，谋划杭州绕城抬升工程、杭徽高速复线工程、绕城高速三墩互通至留下互通段提升改造工程、杭长高速径山服务区改造工程，谋划高速收费站向杭州二绕方向外迁。完善国省道体系，推进104国道、320国道优化提升，推进杭徽老余杭互通接线工程、235国道留祥路西延、杭州中环等项目建设，落实235国道、214省道、212省道与305省道线位。

高水平建设现代化综合交通体系。合力建设杭州都市圈轨道交通"一小时通勤圈"，配合杭州轨道交通三期余杭段建设，对接杭州轨道交通网四期建设，加密区内轨道线网。优化市区一体化道路网络，建成东西向快速通道、杭州中环（余杭段）、文一西路快速路、文一西路西延工程、莫干山路快速路、留祥快速路西延等一批快速路网，到2025年，新建成快速路65公里以上。打通一批区内和跨区断头路，提升区内及与全市各区之间交通便捷性。打造水运复兴工程，完善"一干四支"航道网，加快内河航道建设，推进港区客货运提升工程。依托中环形成货运截留环，优化货运保护环，改造提升仁和港、城北物流园，建设货运枢纽。恢复部分有通航能力的航道功能，形成水上旅游客运网，与主城实现水上无缝对接。

提升公共交通服务水平。强化轨道、公交、慢行交通"三网融合"，锚固常规公交线网，形成"快—干—支—微"分级公交线网，实现轨道交通暂无覆盖片区的快速通勤，实现建制村公交通达率100%。推进公交设施改造提升，结合城市空间拓展和用地开发，每年新建、改建2个公交场站。充分利用划拨用地增配泊位、闲置用地和公共停车场产业化等多种方式，开展公共停车场项目建设。

（二）打造安全优质的市政基础设施体系

以提升城市运行保障功能为重点，统筹水、电、气、通信等市政设施建设，高标规划、合理布局，保障城市安全运行。

完善给排水保障体系。提高供水安全保障能力。结合杭州千岛湖水源工程实施，加快优化全区水资源布局，构建千岛湖水、钱塘江水、东苕溪水多水源供水新格局，到2025年，全区供水总量达到74.9万吨/日。提高山区加压供水、高层二次供水等供水保障能力，积极推进生活生产分质供水，建立健全"从源头到龙头"的全过程标准化建设和管护机制。提高污水处理水平。加快推进污水处理厂、污水管网项目建设，提高城镇污水处理能力和污水厂尾水再生利用

率，到 2025 年，全区城镇污水处理能力总量达到 44 万吨 / 日。因地制宜推进乡村污水处理设施布局，推进“污水零直排”。

加大电网建设力度。紧密围绕碳达峰碳中和目标要求，统筹推进安全高效、互动开放、清洁低碳、活力智慧多元融合高弹性电网建设。利用白鹤滩—浙江 ±800 千伏特高压直流 500 千伏送出工程增强 500 千伏电网输电能力，加快各电压等级电网协调发展，到 2025 年，新增 500 千伏、220 千伏、110 千伏电网容量分别为 135 万千伏安、120 万千伏安、95 万千伏安。保障高比例新能源消纳，提升电网运行效率。不断提升输变配环节的智能化水平，持续深化电网数字化转型，建设全域感知和高速通信网络。加强电力设施保护、保障规划变电站站址、规划电力廊道等电力资源，统筹电网与市政项目建设，积极推动电力廊道随道路等市政工程同步建设。

优化能源保障体系。完善燃气管网、气化站、LNG 应急站建设，扩大管道燃气供应范围，推进次高压管道及区域调压站建设，形成高效供气网络，推进智能调度平台和监控系统建设。优化能源结构，推进可再生能源利用。构建能源形态协同转化、集中式与分布式能源协同运行的综合能源网络。加快综合供能服务站选点与建设。

推进地下综合管廊建设。结合轨道交通建设、道路新改扩建、市政管线更新、老旧小区改造、地下综合体等建设，统筹协调各类相关专项规划衔接，推动供水、雨水、污水、再生水、天然气、热力、电力、通信等城市工程管线纳入综合管廊，提升城市地下管网的建设和管理水平。

（三）建设高标准现代化的水利设施

以提高防洪减灾、水资源保障、水生态环境治理能力等为重点，推进水利设施现代化建设，完善水安全保障体系。

构建高标准防洪保护网。统筹“蓄、挡、滞、排”工程，推进西险大塘达标加固、上南湖区块防洪排涝工程，确保干流堤防达到防洪标准。实施滞洪区调整、中苕溪及北苕溪综合治理等工程，提升区域分洪能力，加强东苕溪流域暴雨监测预报。到 2025 年，力争西险大塘防御东苕溪洪水达到 200 年一遇，西部圩区防御东苕溪洪水达到 20 年一遇。推进山塘水库除险加固，完善泵闸站整治更新和“三化”提升，加强河道综合治理及堤防建设，夯实防洪减灾基础。

构建高效能智慧水利网。推进气象、水文监测感知体系建设、水利检测感知体系及远程控制系统建设，加强重要河湖、水库、闸泵站的水雨情监测。到 2025 年，基本建成覆盖信息类型完善和时空尺度合理的水利监测感知体系。推进“数字水利”建设，初步建成智慧水利综合管理平台，基本实现信息数字化、控制自动化、决策智能化。

构建高水平水源配置网。明确水资源管理“三条红线”，优先满足城乡居民生活用水，推进多水源供水，到 2025 年，力争全区湖库型饮用水水源地供水人口覆盖率达到 20%。加强区域内水网连通，维护河道合理流量，确保正常灌溉需要。建设节水型社会，加强全区用水总量控制，提高用水效率，建立政府调控、市场引导、各方参与的节水社会体系。到 2025 年，万元工业增加值用水量下降 16%，农田灌溉水有效利用系数达到 0.626。

（四）构建智慧完善的新型基础设施体系

全面推进与人工智能、数字孪生等新技术相适应的新型基础设施系统建设，推动新型基础设施赋能经济社会发展。

建设新一代信息基础设施。加快 5G 基站、智能充电桩网络等“未来＋”新型信息基础设施建设，到 2025 年，实现 5G 网络高质量、广覆盖。优化布局云数据中心，鼓励支持重点企业建设绿色节能、集约高效的区域型、行业型云数据中心，重点推进之江实验室数据中心建设。推进下一代互联网（IPv6）规模部署和应用，推动人工智能融合平台建设，加快物联网基础设施建设。

加快城市智能化终端设施建设。尝试通过局部数据开放探索数字生态系统、数字化信用体系的终端设施建设，打造未来城市智能中枢，深化城市大脑、企业大脑等重点基础平台建设，完善医疗健康、科教、电网、政务信息等重点领域行业数据中心建设，加快之江实验室数据中心，中国电信浙江创新园（西区）B 组团数据中心建设。

拓展新型基础设施应用场景。建成一批基于场景模式的多业务协同应用，创新“互联网＋民生服务”模式，聚焦“城市大脑＋未来社区”探索更多元场景应用。打造“整体智治示范区”的核心样板地，配合未来生活方式，创新未来社区公共服务设施供给模式。创新智慧街道建设，率先启动智能街道体系提升改造。

专栏 16 “十四五”期间主要基础设施建设项目

一、综合交通

1. 干线铁路：湖杭铁路。

2. 市域（郊）铁路：普速铁路外绕、杭州至德清城际铁路、杭州至安吉城际铁路、余杭区市域（郊）铁路改造升级。

3. 高速公路：杭徽高速老余杭互通接线改建工程、杭州绕城高速公路留下互通改建工程。

4. 国省干道：235 国道留祥路西延、320 国道余杭良渚至老余杭、104 国道余杭良渚至崇贤、104 国道余杭彭公至连具塘段、320 国道老余杭至富阳高桥段、320 国道博陆至仁和（余杭段）、余杭区东西向快速通道下穿杭徽高速段工程、S214 余杭仁和至湖州德清段改建工程（仁和至德清快速路）（预备类）。

5. 城市快速路：文一西路（荆常大道至东西大道）隧道工程、文一西路西延（东西大道至余杭区界）工程、余杭区崇贤至老余杭连接线（高架）工程、康良快速路、杭州中环快速路、莫干山路提升改造（余杭区界－绕城北线 104 国道收费站）工程。

6. 城市主次干道：良睦路（东西大道—文二西路）工程、良睦路（文二西路—02 省道）工程、良睦路南延、良睦路（02 省道至泰闲路以南）提升工程、良祥路 / 荆长大道（余杭塘路—区界）、绿汀路（文二西路—良睦路）工程、常余路（良睦路至荆长大道）、嵩山路、凤都路南延、棕榈路西延（古墩路—天阳学校）、杭行路北延及综合管廊工程一期、文二西路地下隧道工程、古墩路西延、瓶窑镇前程路拓宽延伸工程、市一福院安置区块配套道路（嵩山路）、市一福院安置区块配套道路（凤都路一）等。

7. 城市轨道交通：机场快线、地铁 3 号线一期、地铁 4 号线二期、杭州地铁四期、地铁 5 号线二期、地铁 10 号线。

8. 铁路场站：杭州西站综合枢纽站及杭州西站综合配套、余杭区普速铁路站点改造。

9. 公交场站：凤新路公交中心站（余杭长途汽车站）工程、良渚考古遗址公园集散中心站、黄湖公交停保基地项目。

二、市政配套

1. 电力设施：白鹤滩至浙江 ±800 千伏特高压直流工程、白鹤滩至浙江 ±800 千伏特高压 500 千伏送出工程、勾庄 110 千伏迁建工程、东西向（瓶仓大道至 02 省道）电力隧道工程、留祥路综合管廊 / 电力隧道、东西向快速路配套电力廊道、余杭区 220 千伏输变电工程（杭州科创、杭州西站等）、余杭区 110 千伏输变电工程（杭州师大、超重力等用户间隔扩建、杭州南湖等）等。

2. 给排水设施：良渚自来水厂一期工程、南湖小镇供水加压泵站工程、余杭污泥处置厂工程、良渚污水厂五期工程、仁和污水厂工程、杭行路北延及综合管廊工程一期、污水零直排管网改造项目一期、二期工程。

三、生态环境类项目

1. 环境整治：张家坝港、下门坝港、杜甫港河道改道工程，良渚中央商务核心区提升工程、郁宅港（杭行路－京杭运河）及周边综合提升改造工程、闲林埠基础设施配建项目、余杭区大运河国家文化公园建设二期—运河大桥两侧环境综合整治工程、02 省道杭临轻轨段综合整治工程（一期）、南湖综保（一期）工程、杭徽高速余杭入城口周边整治提升工程。

2. 水利工程：富春江引水项目、东苕溪防洪后续西险大塘提标加固工程、杭州市上南湖区块（含之江实验室）防洪安全工程、杭州市余杭区滞洪区调整工程、良渚水上旅游集散中心。

3. 生态保护及修复：三白潭湿地规划开发项目、余杭塘河南片水系综合整治工程、和睦湿地项目（暂名）。

四、新型基础设施

5G 基站、充电桩网络建设、中国电信浙江创新园（西区）B 组团数据中心、之江实验室数据中心、余杭区全区域智慧停车建设项目。

八、加强文化传承，擦亮中华文明圣地“金名片”

全面打造历史文化与现代文明交相辉映、文化力与生产力和谐互动、文化事业繁荣与文化产业兴旺相得益彰的文化文明高地，中华文明圣地魅力更加彰显，努力在物质精神共富上示范先行。

（一）展示历史与现代交织的文化魅力

加强历史文化遗产的保护与传承利用，坚持以社会主义核心价值观为引领，丰富市民精神文化生活，共育余杭人文精神。

加强历史文化保护传承。不断做强良渚、运河、径山三大文化 IP，高水平保障遗址公园运维，加快良渚国家文化公园规划建设，推动之江艺术长廊与城西科创大走廊交相辉映，培育遗址公园、良渚文化艺术走廊、博物馆群等特色文化空间，协同大运河国家文化公园和大径山乡村国家公园规划建设，赋能联动区域发展，持续放大两大世界遗产品牌价值和叠加效应，持续办好“杭州良渚日”、径山禅宗祖庭文化论坛等活动，推进“城市记忆工程”、非遗保护工程，突出以现代科技赋能文化传承创新，打造中华文化展示地。促进文物有效保护和合理利用，推进各级非物质文化遗产名录体系建设和代表性传承人的认定和管理，加强非遗展示馆建设，提升非遗产品和服务供给能力，创建省文化传承生态保护区。实施“千年古城”复兴计划，推动余杭街道等古城镇焕发新生机。

专栏 17　高水平建设国家文化公园

1. 良渚国家文化公园。坚守“保护第一”的原则，推进保护、研究、传承、利用“四位一体”，推动文旅深度融合、线上线下互动，创新运用数字技术，全媒体、全景式构建“良渚大 IP”，建成大遗址保护利用典范和文旅融合发展样板。重点实施良渚古城遗址基础设施提升工程、良渚古城外郭城遗址周边基础设施配套工程、良渚遗址公园西入口综合提升改造工程、良渚古城外围水利工程遗址及瑶山遗址基础设施提升工程、良渚遗址公园现场陈列与展示二期、良渚遗址综合保护工程二期（良渚文化艺术走廊）、良渚遗址综合保护工程四期（鲤鱼山—老虎岭遗址）、良渚博物院二期综合体项目等。

2. 大运河国家文化公园。按照“河为线，城（镇、园）为珠，线串珠，珠带面”的布局理念，立足大运河（余杭段）文化资源分布，促进大运河文化科学保护、时代传承、合理利用，打响大运河（余杭段）“水乡名镇、漕运古道、湿地田园”的品牌形象，努力打造中国大运河文化保护传承利用和大运河国家文化公园建设保护的重要窗口。重点推进良渚绕城以北大运河以西四季田园工程等。

3. 大径山乡村国家公园。整合基层民主协商治理示范村径山镇小古城村、鸬鸟镇新四军被服厂、鸬鸟镇太公堂村抗战纪念馆、共青团团史陈列馆等红色文化资源。加快推进径山寺复建、同安寺改建等项目。加强大径山区域的历史文化遗迹的保护利用，开展中日禅宗文化交流，建成大径山旅游运营平台，将大径山乡村国家公园建设成为环境优美、配套完善、具有禅茶文化特色的乡村旅游度假区。

引领文化文明建设新风尚。坚持守正创新，强化理论传播阵地和学习宣讲平台建设。大力弘扬红船精神、浙江精神、良渚古城申遗精神，依托仁和中共西镇区委旧址、鸬鸟余杭抗日战争纪念馆、仓前“四无”粮仓、五常“五九批示”纪念馆、径山小古城村等红色文化基地，推动理想信念教育常态化制度化开展。持续推进社会主义核心价值观落细落实落地，深化拓展新时代文明实践中心建设，高标准实施新时代志愿服务建设，打通宣传群众、教育群众、服务群众的“最后一公里”。深入开展文明单位、文明村镇、文明校园、文明家庭等系列创建，以及“余杭好家风”“道德模范”和“最美”系列选树活动，实施古文明入城进村“活化行动”，将良渚文明因子融入城市与乡村形象设计、标志标识等系统，增强文明意识，养成文明习惯，提高文化素养。

塑造文化产业发展新优势。实施文化产业数字化战略，大力发展新型文化企业、文化业态、文化消费模式，壮大数字内容、设计服务、创意生活等文化产业，谋划建设中国（杭州）数字文化小镇，打造艺术和生活、文化和科技相互融合的文创产业功能区。加强与浙江大学、中国美院等高校合作，提升文化产业成果就地转化率。深度参与中国国际动漫节、杭州文化创意产业博览会，培育创建“良渚文化生活节”“梦栖设计双年展”等国际性文化交流活动，提升国际传播力及品牌美誉度。建设国际文化创意产业引领区。围绕建设“国际文化创意中心引领区、全国数字文化创新先行区、长三角大都市文化样板区”，打造“文化产业双创新高地、文化科技融合新高地、文化文明承扬新高地”。力争到 2025 年，文化产业增加值达到 1600 亿元以上，年均增长 6% 以上。

（二）促进文体事业繁荣发展

加强公共文化设施建设，创新实施文体惠民工程，推动公共文体资源有效整合和互联互通，推进科技文体强区建设，不断提升公共文体服务品质和公民科学素质水平。

推进公共文体设施建设。加快建设国家版本馆杭州分馆、良渚文化艺术走廊、“五馆一中心”“一场两馆”等重大文体地标和公共文体设施，创建一批杭州书房，实现 24 小时自助图书馆镇街全覆盖。提高镇、街道、村（社区）基层综合文化设施标准化、数字化建设水平，落实居住区公共文体设施配套指标实施标准。到 2025 年，建成城区 15 分钟文化服务圈、乡村地区 30 分钟文化生活圈，构建 10 分钟健身圈，全区具备基本科学素质的公民比例超过 22%。

推进公共文体服务高质量发展。创新实施文化惠民工程、文艺精品工程，整合文化礼堂、文化家园等载体开展丰富多彩的文化活动，让群众在家门口处处都能享受文化滋养。保障特殊群体基本文化权益。继续举办中国曲艺牡丹奖全国曲艺大赛等国家级赛事活动，办好余杭艺术节、新年音乐会等活动。加快“晴朗网络”

智治平台、未来社区宣传文化多跨场景建设。深入开展“美丽洲”系列、“相约”系列等公益性文化惠民活动，加强文艺精品创作投入，打造公共文化服务示范性活动品牌。推动全民阅读，建设书香余杭。引导和支持社会力量参与公共文化建设，适度增加社会委托运营、民办公助等供给模式创新，不断畅通群众文化需求和评价反馈渠道。普及科学健身知识和健身方法，扶持推广具有余杭特色的各类民间民俗传统运动项目，组织开展多样化健身活动，举办好余杭区第12届人民运动会，镇（街道）人民运动会、村（社区）运动会以及梦想小镇马拉松等比赛活动，满足群众体育健身需求。

（三）打造文化旅游融合发展样板地

以数字化融合、国际化提级、品牌化塑造为路径，以文旅融合发展为核心，打造全国文旅融合样板区。

加快文旅深度融合。提升文旅融合品质，提高文旅产品、服务供给质量，引进开发复合型、体验型、带动性的文化旅游项目，因地制宜形成文化遗产、禅茶竹海、湿地水乡、科创休闲的文旅融合空间。充分挖掘历史文化资源，打造一批文化休闲街区、购物休闲街区和景区镇、景区村。用好余杭“文旅融合指数”，实施文旅“1010”工程，推进世遗非遗、水乡人文、禅茶竹海、科创休闲等资源串珠成链，高质量打造全国文旅融合样板区。

全域推进“文旅＋”发展。推进“文旅＋城镇化”“文旅＋美丽乡村”，大力发展观光农业、乡村旅游，推广“百县千碗·余杭至味”，讲好美食故事。发展“文旅＋产业体验”，推进工业旅游，推广工厂店、工厂购。发展“文旅＋会议会展”，积极承接会议、研讨、论坛、展览等活动。发展“文旅＋遗产地”，利用良渚、瓶窑遗产地乡村的资源和区位优势，积极推进遗产旅游发展。

九、加快生态文明建设，打造生态宜居城市

实施更高水平的生态环境提质行动，积极探索“两山”转化通道，美丽余杭生态底色更加靓丽，努力在全域美丽大花园建设上示范先行，争创国家生态文明建设示范区。

（一）夯实“全域美丽”生态本底

按照山水林田湖草生命共同体建设要求，构建生态安全屏障，构筑蓝绿生态空间，勾勒山水相依生态画卷。

加强国土空间用途管控。按照长江经济带国土空间规划与省主体功能区规划要求，前瞻性考虑人口、资源、空间、气候和基础设施承载力，统筹布局生态、农业、城镇等功能空间，推动国土空间调整优化，严守生态保护红线、永久基本农田、城镇开发边界等三条控制线，强化环境质量底线、资源利用上线和环境准入负面清单约束，实现国土空间规划、生态环境管控“一张图”。坚持控制总量、保护优先原则，从严从紧、有保有压安排建设用地，管控国土开发强度。

打造最忆江南“湿地水城”。统筹实施湿地河湖系统治理与保护，实施“万顷湿地、万里碧水”工程，推进运河、苕溪、城西三大湿地群的生态修复，加强南湖、北湖、梦溪水乡、三白潭、东莲等湿地资源的保护利用。建立集湿地污染防治、湿地功能恢复为一体的湿地保护网络体系，禁止非法占用水域行为。落实“公园城市”理念，打造湿地公园群落，让湿地公园成为城市生态系统的平衡调节器、珍稀动植物的生命基因库、都市生活的心灵栖息地，高

三白潭夕阳（摄于2021年）　（仁和街道　供图）

品质打造云城“超级十字绿野”，绘就“湿地水城”亮丽风景线。

推进生态系统保护与修复。按照“山水林田湖草”系统治理要求，持续强化东苕溪水源涵养、水土保持和森林生态安全建设，筑牢西部生态安全屏障；以山水资源为本底，构建西溪—良渚—径山生态廊道，打造可持续经营的森林生态体系，构筑屏障—廊道—网络互动一体的生态格局。重点提升以东明山森林公园和苕溪、大运河等水系为代表的城市生态保护带的生态作用与生态质量。严格落实生态保护红线及河湖岸线管控要求，高标准推进河湖生态缓冲带试点建设。全面开展以湿地、自然保护地为主的生物多样性调查和保护工作，严厉打击野生动物非法狩猎，完善重点珍稀濒危物种保护抢救和栖息地保护长效机制。

全面推进森林城市建设。落实“森林浙江”建设要求，深入实施“绿化余杭”行动，创建森林城市和森林乡村，持续推进平原绿化和山地珍贵树种造林工程，全面推行林长制，积极创建森林城镇和森林乡村。完成“百万亩国土绿化”任务，加强彩色森林景观化营造。实施对退化竹林的阔叶化、彩色化、珍贵化改造，提高森林的水土保持功能和生态景观功能。保护珍稀古树名木，建立古树名木数字化保护管理系统，开展古树名木认养试点，推进古树公园建设。到2025年，全区森林覆盖率达到45.7%。

（二）打造“蓝天碧水净土”环境

巩固深化蓝天、碧水、净土、清废、治塑等工作成效，完善治水治气治土治废长效机制，提升生态环境品质，打造蓝天碧水美丽城区。

打好升级版蓝天保卫战。以“清洁排放区”“清新空气示范区”建设为抓手，优化产业、能源、运输、用地结构，持续推进“五气共治”，建立环境空气质量精准化管控体系，深入推进秋冬季大气污染综合治理、车辆清洁化专项行动，实现细颗粒物、臭氧“双控双减”，强化温室气体排放控制。巩固“禁燃区”建设成效，推进挥发性有机污染物综合治理，深化工业园区整治，推进涉挥发性有机物“绿岛”项目建设，打造绿色标杆企业。强化城市扬尘精细化管控，深化餐饮油烟、露天焚烧等城乡废气治理。到2025年，环境空气质量达到二级标准。

深入实施碧水行动。以水生态质量改善为核心，持续深化“五水共治”，建成“污水零直排区”。深化河（湖）长制，以东苕溪、运河两大流域为单元，以“美丽河湖”“幸福河湖”创建为抓手，强化重点河湖和平原河网水环境治理，推进全域水生态示范区建设。加强东苕溪、闲林水库等饮用水水源保护区规范化建设，持续推进饮用水水源地“划、立、治”。加强农业面源污染防治，落实“肥药两制”改革，扎实推进“肥药双控”、养殖污染防治工作。

全面推进净土行动。开展建设用地土壤污染状况调查，加强土壤污染风险管控，持续推进污染地块名录动态更新，深化涉重金属行业污染综合防治，强化企业关停过程中污染防治管控，构建覆盖全区的土壤环境质量监测体系。加快推进农用地和建设用地分类保护与治理，建立优先保护、安全利用、严格管控的修复利用模式，探索建立土壤污染治理技术模式和土壤污染防治工作机制。建立地下水污染防治分区、监测、监管体系，适时开展污染修复。

加快推进“无废城市”建设。完善废弃物源头收集和安全处置体系，打造生态循环、绿色低碳、多方共治的“无废余杭”。补齐一般工业固废处置能力，实施塑料污染治理和过度包装专项整治行动。完善固废（危废）监管，加大固体废物运输环节管控力度。扩大固体废物管理信息系统覆盖面，加强固体废物申报、登记、转移信息化管理，实现固体废物全过程的信息化闭环式监管。提升生活垃圾中转和处置能力，推进再生资源回收全覆盖，扩大“虎哥回收”模式覆盖范围。加强危险废物、医疗废物收集处理，加强区域协同合作、环境共保、设施共享。到2025年，实现城乡生活垃圾分类和无害化处理全覆盖。

专栏18 环境质量改善行动重点工程

1. 水环境改善工程。持续推进“五水共治”，严格落实饮用水源保护，加强工业、农业、生活污染防治力度，建立流域热点网格和污染源图谱库，实施精细化管控，加强水生态修复。到2025年，市控以上断面Ⅲ类水质占比达到100%。

2. 大气环境治理工程。统筹深化“五气共治”，实施以PM2.5、臭氧为核心的“双控双减”行动，推动氮氧化合物和挥发性有机物协同减排，开展工业园区废气治理，加强温室气体排放控制，做好重污染天气应对。到2025年，环境空气质量达到二级标准。

3. 土壤环境改善工程。加快土壤环境质量监测网络建设，推进污染地块治理修复和名录动态更新，开展耕地土壤污染溯源排查；建立地下水污染防治分区、监测、监管体系，适时开展污染修复。到2025年，受污染耕地安全利用率达到93%以上，污染地块安全利用率达到94%以上。

4. 无废城市建设工程。加快“无废城市”建设，抓好源头减量，完善废弃物源头收集和安全处置体系，实现固体废物减量化、资源化、无害化，打造“无废余杭”。2021年底，建成省级“无废城市”；到2023年，达到国内“无废城市”试点城市要求。

（三）建设绿色低碳美丽家园

树立绿色、循环、低碳发展理念，倡导和实践节能、环保、绿色、健康、可持续的生产生活方式，建设节约型社会，如期实现2030年前碳达峰、2060年前碳中和的目标。

推进二氧化碳排放达峰。落实国家能源消费总量和强度“双控”制度，全面开展能效创新引领，完善区域能评＋产业能效技术标准机制。优化能源结构，大力发展可再生能源，推进电网补强和电能替代，推进天然气中高压主干网全覆盖，提高清洁能源和可再生能源比例。提升天然气等能源储备能力，加快能源一体化综合利用和智慧用能示范建设。研究制定余杭区二氧化碳排放达峰行动方案，落实碳排放权、用能权交易制度，有效控制温室气体排放。

推进生产方式绿色转型。进一步严格高污染、高能耗产业的准入条件，加大淘汰落后产能、工艺和设备的力度，加强“散乱污”企业及集群综合整治，明确区域产业发展负面清单，推动小微企业入园。全面推进生产领域清洁化改造工作，推广绿色基础制造工艺，减少有毒有害原料使用，降低污染物排放强度。深入推进重点行业、重点企业能效提升专项行动，完善企业环境信用评价制度和治污激励机制，全面推行企业“环保码”。培育一批工业循环经济示范企业，开展产业园区循环化改造和“四节一利用”工作。推广超高效设备，提升产业体系的能效水平。

推行绿色低碳生活方式。广泛开展绿色生活行动，加快推动全社会生活方式绿色化转变。大力发展绿色建筑和装配式建筑。提倡绿色出行，提高绿色交通分担率，鼓励新能源汽车应用，到2025年，新能源或清洁能源车辆在社会机动车保有量中占比超过20%。促进绿色消费，抵制高能耗、高排放产品，提高节能、节水器具普及率，提升政府绿色采购比例。深化低碳城市建设，推动生态文明教育基地、绿色社区、绿色工厂、绿色学校、绿色企业、绿色医院、绿色家庭等细胞工程建设。

提高资源能源利用水平。将节约集约理念贯彻到空间利用和管理的全链条，有序配置城市空间资源，强化产业用地分类分区引导。大力推进节水技术改造，推进中水、再生水等非常规水资源的开发利用。加强自然资源调查评价监测和确权登记，提高森林资源、矿产资源开发保护水平，完善资源价格形成机制。加快构建废旧物资循环利用体系。深入推进节能降耗，完善能源消费总量和强度“双控”制度，实现减污降碳协同效应，加强公共机构节能，严格落实节能审查制度，推广合同能源管理。

专栏19　二氧化碳排放达峰行动

1. 能源领域。完善能源消费“双控”制度，减少煤炭消费，提高非化石能源占比，构建清洁低碳安全高效的能源体系。

2. 工业领域。压减过剩产能，淘汰落后产能，推进绿色制造，推广绿色低碳技术应用。

3. 建筑领域。发展绿色建筑，推广可再生能源建筑应用，实施公共建筑节能改造，开展建筑低碳化运营和能耗监管，促进既有建筑能效提升。

4. 交通运输领域。优化交通运输方式，完善绿色低碳综合交通体系，推进交通运输行业节能减排，提升公共交通出行分担率，推广新能源和清洁能源汽车。

5. 服务业及其他领域。推动服务业标准化、绿色化发展，实施商贸物流、餐饮服务等节能降耗工程。

6. 居民生活领域。倡导低碳健康生活方式，实施家庭减碳计划，探索推行减碳积分制等激励措施。

7. 农业领域。推进测土配方施肥，稳步减少工业化肥使用量，大力推行生态农业发展模式，力争率先走出一条低碳农业之路。

（四）构建环境治理现代化体系

围绕健全“市场有效、政府有为、企业有利、人民受益”绿色制度体系，激活市场、要素、主体，加快生态环境治理体系和治理能力现代化进程。

加强生态环境保护能力建设。强化生态环境保护党政同责和部门监管责任，优化考核机制，严格落实企业污染治理主体责任。落实生态环境损害赔偿制度，实行生态环境损害责任终身追究制。开展领导干部自然资源资产离任审计。健全环境污染问题发现和查处机制，完善生态环保督察迎检和整改机制，推广河长制、湖长制、林长制。完善生态环境网格化监管体系，逐步扩大“区域环评＋环境标准”改革覆盖面。引导各类社会资本参与环境治理，健全公众参与环境监督和治理机制。

完善“两山”转化体制机制。探索完善生态系统生产总值（GEP）核算应用体系，深化完善大径山生态区生态补偿政策，加大重点生态功能区转移支付，积极探索推行与生态产品价值相挂钩的财政奖补机制。培育“两山”转化新业态，发展“生态＋”“互联网＋”产业，做精大旅游、大健康等深绿产业。拓展生态经济转化路径，推进排污权、用能权、用水权、碳排放权市场化交易，探索建立“两山银行”，深化生态产品价值实现机制，发展绿色金融，探索建立生态信用行为与金融信贷相挂钩的激励机制。推动生态效益更好地转化为经济效益、社会效益。

十、坚持以人为本，构筑共同富裕美好新家园

始终坚持惠民利企、以人为本，建立共同富裕的体制机制和工作体系，推进公共服务优质共享争先，为百姓提供更高品质的公共产品，优质均衡的公共服务体系基本建成，努力在共建共享品质之区上示范先行，夯实共同富裕基础。

（一）推动人口均衡发展

优化人口结构，提高人口素质，积极应对老龄化等趋势，健全均衡优质的基本公共服务体系，持续推动人口与经济社会协调发展。

优化人口结构。增强生育政策包容性，构建生育友好型社会环境，提高优生优育服务水平，降低生育、养育、教育成本，促进人口长期均衡发展。推动产业转型升级，引导人口有序流动和合理布局，促进人口结构优化、总量适度、素质提升，实现人口发展与经济社会、资源环境相协调。

积极应对人口老龄化。建立健全高质量老年产品供给、多元化老年服务、多层次老年保障，加快区老年大学（区老干部活动中心）、老年活动中心等项目建设，推进老年友好社会建设。高质量推进智慧养老，对接“浙里养”智慧养老服务平台，打造“云上夕阳红”智慧养老应用市场。建设高品质老年公寓，积极引入和培育优质专业养老机构，加快区域性养老综合体建设，构建居家社区机构相协调、医养康养相结合的养老服务体系，推进医养专业护理团队建设，提供就近诊疗、特色治疗，开展送健康教育、健康体检、健康巡诊进养老机构等活动。推进老旧小区和家庭“适老化改造”，补齐居家养老服务设施基础薄弱短板。到2025年，每万老年人口拥有持证护理员数达25人。

健全均衡优质的基本公共服务体系。重点提高教育、医疗、养老、文化、育幼、交通出行等公共服务供给水平，合理规划布局基本公共服务网点，规范和丰富政府购买服务方式，提升基本公共服务质量。完善公众出行服务体系，推进城乡客运一体化，促进不同运输方式协调衔接，实现“零距离换乘”。健全殡葬公共服务体系，推动殡葬设施落地。优化农贸市场布局，保障与人口增长相适应的农贸市场项目建设。建立基本公共服务与常住人口挂钩机制，进一步缩小城乡、区域、群体间服务水平差距。

（二）加快推进教育现代化

全面实施教育高质量发展奋进计划，建设资源充裕、公平开放、选择多元、质量一流、特色鲜明的现代基础教育体系。

提升学生身心综合素养。实施“琢玉润玉”德育工程、“阳光体育”系列工程、新劳动教育工程、多彩艺术点亮工程，促进学生德智体美劳全面发展。构建综合评价指标体系，提升学生科技、创新、人文等综合素养。健全学校家庭社会协同育人机制，重视青少年身体素质和心理健康教育，增强学生文明素养、社会责任意识、实践本领。建立以素质教育为导向的评价体系，强化过程性和发展性评价，系统开

人工智能课程现场（摄于 2021 年）（区教育局　供图）

展体育、艺术、课业负担、学校办学水平等评估监测。

推动教育优质均衡发展。推进学前教育“未来计划”，完善等级评估和现代化幼儿园创建机制，推动学前教育优质普惠发展。实施公办中小学“强基计划”和初中“提质强校行动”，推进义务教育优质资源覆盖扩面普及。落实普通高中“鲲鹏计划”，加大公办普高建设力度，促进高质量特色化发展。实施中职教育“领航计划”，突出产教融合、校企合作，加快构建现代职业技术教育体系。完善特殊教育体系，实现基础教育学段全覆盖。创建现代化社区学校，构建终身教育体系。到 2025 年，优质学前教育覆盖率达 100%，优质高中段教育覆盖率达到 100%，创建全国学前教育普及普惠区、全国义务教育优质均衡发展区。

深化教育体制机制改革。优化教育项目建设机制，推动规划、时序、资金、用地、方案、审批统筹安排。完善教师保障机制，加大内育外引力度，全力打造新时代教师队伍。加快推进教育数字化改革，构建全域一体化教育服务管理平台，提升教育智治水平。有序推进民办学校分类管理改革，完善校外培训机构治理体系。深化名校集团化办学，加强高校、科研机构教育合作，多层面引进省内外名校到我区新办学校。到 2025 年，建设 100 个以上学校项目，全区市级及以上名优教师达到 1000 人以上，名校集团化（共同体）100%。

（三）建设更高水平的健康余杭

突出“医防融合、智慧联合、区域整合”特色，构建以健康为中心、公共卫生和医疗服务联动发展的大健康工作框架和全方位、全周期、全人群卫生健康体系，建设全国卫生健康示范标杆和卫生健康治理体系创新的策源地。

完善公共卫生应急管理体系。打造联防联控、统一高效、快速响应、科学精准的公共卫生应急管理体系，加快推进公共卫生中心（含疾控、监督、120 指挥中心、防疫研判指挥中心）项目建设。前瞻布局应急医疗设施，完善疾控机构、医疗机构、基层医疗卫生机构“三位一体”的疾控网络。完善信息共享机制，提升公共服务场所 AED、“红十字救护站”等应急救护设备设施覆盖率。健全应急医疗救助机制，推广紧急情况“先救治、后收费”，完善医疗异地即时结算机制。以传染病、慢性病等为重点，改革完善疾病预防控制体系。强化精神卫生和社会心理服务体系建设，提升妇幼保健和计生服务水平，提高流动人口公共卫生服务可及性。

加大医卫人才招引培养力度。深化与国内外知名医院、医疗团队建立长期稳定的医疗合作共享关系，深入推进“名医名护名科”培育工程，制定余杭区各卫生健康领域学科带头人和领军人才的培养计划。在临床领域，引进临床医学专家团队 3 个 ~ 5 个，柔性引进高层次卫生人才 35 人，引进高职称、高学历人才 300 人。加大自主培育医疗卫生人才力度，到 2025 年，全区卫健系统高级职称人数占比达 15% 以上。在公共卫生领域，着力引进与培养复合型公共卫生专业技术人员。每万常住人口全科医生 6 名以上。

增加医疗卫生服务资源供给。完善医疗卫生资源布局，建立由综合医院、区域诊疗中心、专科医院、康复医院、护理院以及现代大健康服务产业共同组成、分工协作的立体化医疗健康服务网络体系。加快区公共卫生中心项目、区中医院、区妇幼保健院、区良渚医院和社区卫生服务中心（服务站）等项目建设进度，增加山区优质医疗资源供给。推进仓前葛巷、良渚文化村未来社区健康应用场景落地，开展医疗服务、健康管理、疫情防控等多场景融合的智慧化管理，建设区域医学影像人工智能辅助诊断信息系统。到2025年，全区至少拥有2家三甲医院，基层就诊率达到80%以上。每千人口床位数、执业（助理）医师数（常住人口）分别达5.1张、4.82人。

提升区域医疗卫生服务能级。深化医共体改革，推进省市优质医疗资源“双下沉、两提升”，完善分级诊疗制度，完善城乡医疗互助机制，提升基层医疗卫生服务能力。聚焦医学高峰，以浙大一院总部、院士工作站专病专科建设提升为突破口，积极引进京沪等地优质医疗资源。探索余杭特色的中医药服务模式，提升中医药服务能力。到2025年，基本建成现代整合型医疗卫生健康服务体系，建立覆盖城乡居民的基本医疗卫生健康制度，居民主要健康指标持续保持在发达国家水平。

提升大健康共建共治共享水平。实施居民健康素养提升行动，构建健康科普知识发布和传播机制，推动健康细胞工程建设，到2025年，实现每万人拥有1.5名健康科普讲师。深入开展新时期爱国卫生运动，深化国家慢性病综合防控示范区建设。深化红十字会员、志愿者服务管理，每个镇街建1个以上符合“6＋X”标准的博爱家园。加快完善现代化全民健身服务体系，着力构建区、镇（街道）、村（社区）三级全民健身设施网络，持续开展具有地方特色、满足不同群众需求的品牌赛事活动。培育体育动漫、游戏、电子竞技等体育产业，深化体教融合发展，加强竞技体育后备人才培养。到2025年，全区人均体育场地面积达2.3平方米以上。

（四）健全多层次社会保障体系

持续实施社保、救助、安居、帮困等民生工程，构筑精准化、精细化社会民生保障体系，全面增强人民群众获得感、幸福感、满足感。

健全社会保险体系。引导各类群体参加社会保险，加快实现法定人员社保全覆盖。积极发展企业年金、个人储蓄型和商业养老等养老保险体系，完善城乡居民养老保险制度，落实基础养老金正常调整机制。健全重大疾病医疗保险和救助制度。到2025年，基本养老保险和基本医疗保险户籍人口参保率分别保持在99.6%和99.5%以上。

完善住房保障体系。发挥住房公积金制度宜居宜业保障作用。坚持“房住不炒”，推广“实物＋货币”安置模式。完善公开规范的住房公积金制度，试点利用公积金支持保障性租赁住房发展。加快构建以公租房、保障性租赁住房和共有产权住房为主体的住房保障体系，有效增加保障性住房供应。将符合条件对象及时纳入住房保障，实现低保、低收入住房困难家庭“应保尽保”。大力发展保障性租赁住房，探索研究保障性租赁住房的筹措方式和政策支持，落实省市要求，推行共有产权住房，扩大保障性租赁住房供应。大力推进城市有机更新，高质量实施城镇棚户区和老旧小区改造。优化征迁集体土地住宅房屋安置模式，到2025年，全面完成五年以上在外过渡户回迁安置。

加强妇女儿童权益保护。促进妇女全面发展，保障妇女平等就业、婚姻财产和参与社会事务等权利和机会。加大对妇女儿童犯罪的惩治与预防力度，全方位保障妇女儿童合法权益。完善婴幼儿照护服务，建立健全政府主导、社会各方共同参与的托育服务机制，建立多样化、多层次、覆盖城乡的3岁以下婴幼儿照护服务体系。加快推进“舒心育儿”场景建设，实现数字赋能“服务＋治理”双功能托育服务，加强社区婴幼儿成长驿站建设，设立1家～2家幼儿发育行为成长中心。加快儿童福利服务设施建设，建设基层儿童之家，到2025年，镇（街）示范性儿童之家实现全覆盖，村（社）基础性儿童之家服务全覆盖。

健全退役军人管理服务与残疾人救助体系。健全退役军人组织管理、工作运行和政策制度体系，构建退役军人全生命周期服务管理新模式。加强困难退役军人帮扶援助工作，不断提高救急济难水平。加强主题教育宣传及思想政治教育引导，开展学习宣传退役军人先进典型活动。完善残疾人救助体系，加强残疾人就业培训和帮扶。建设现代康复服务网络，构建全生命周期康复服务体系，强化专业康复服务，建成“15分钟康复圈”。推进无障碍标准化，全面提升公共服务场所、公共交通无障碍设施规范化建设。

高标准推进社会大救助体系建设。建成多元化、全方位的“1 + 8 + X”大救助体系，优化社会救助体制机制和操作流程，在确保实现“三不让”、困难群体精准救助、特殊群体关爱帮扶基础上，深挖救助服务的领域和功能，实现全方位“智慧救助”，救助保障水平与经济社会发展同步增长，低保、特困人员基本生活标准每年按不低于城镇常住居民人均消费支出的 30% 和 50% 同步调整。至 2025 年，建成具康复、特教、养育于一体的综合性未成年人救助保护中心。

高站位推进数字慈善—公益体系建设。加快搭建“公益大脑”、推进救助信息网上申报、创新善款溯源式监管模式、丰富公益慈善应用场景，建成政府推动、机构运作、社会参与的数字慈善—公益体系。大力实施“企业向善、商家向善、百姓向善、美好空间、美好治理”等五大工程，打造以互联网公益慈善为特色的“美好街区”。对标“慈善基地 1234”计划，不断完善基地体制机制，提升浙江省示范性慈善基地功能，鼓励和支持社会各界运用慈善信托方式参与慈善活动。至 2025 年，全区公益性社区基金会达到 12 个，实现镇街社区基金会全覆盖，注册慈善公益组织达到 20 个，登记志愿者人数达到总人口的 25%。

（五）大力推动高质量就业增收

提供更充分的就业机会，营造更公平的就业环境与和谐的劳动关系，着力提高居民收入，中等收入群体为主的橄榄型社会结构基本形成，努力在优化收入分配上示范先行，促进共同富裕。

促进更高质量就业创业。聚焦重点群体就业，多渠道帮助和引导高校毕业生、退役军人、农民工就业创业，扩容大学生创业见习基地，拓宽灵活就业发展渠道。支持劳动者通过临时性、非全日制、季节性、弹性工作等灵活多样形式实现就业，促进多渠道灵活就业，确保零就业家庭动态“清零”。实施职业技能提升行动，精准化开展职业技能培训、创业培训、项目制培训、技能提升培训，持续壮大高水平工程师和高技能人才队伍，力争全区技能人才总量达到 20 万人以上。研究制定平台就业劳动保障政策，加大援企稳岗扶持力度，健全就业援助和托底帮扶。优化落实新业态劳动用工服务政策措施，稳定新业态用工，促进小微企业用工更加规范。

着力提高居民收入。全面落实收入双倍增计划，推进收入分配制度改革争先。优化收入和财富分配格局，健全工资决定和正常增长机制，完善最低工资标准与经济增长、社会平均工资增长联动机制。推进机关和事业单位改革，健全优绩优酬的效绩工资创新和资本、知识、技术、管理、数据等要素报酬保障机制，完善股权激励和科技成果转化机制，推动居民收入与经济增长基本同步。完善企业工资集体协调制度和最低工资标准调整机制，建成薪酬调整和信息发布体系。全面拓宽城乡居民财产性收入渠道，探索创新农户增收办法，完善企业与农民利益联结机制，引导农民通过创业、就业、经营、持股等方式增加各类收入，持续提升低收入农户发展能力。合理调节城乡、区域、不同群体间分配关系，促进城乡居民共同富裕。

（六）打造平安余杭法治余杭

贯彻“大平安、大综治、大稳定”理念，提升应急管理水平，建设更高水平的平安余杭，推进以人民为中心的法治余杭建设，共建共治共享的社会治理体系更加完善，努力在全域治理现代化上示范先行。

高效能推进基层社会治理体系建设。持续深耕“法治、自治、德治、智治”融合体系，做实“三社联动”，建成“共建共治共享”的基层社会治理体系。融合社会组织服务中心、社会工作站、儿童之家、慈善基地于一体，建设社创中心。修订完善村规民约、居民公约和小区公约，构建立约—执约—评约闭环机制。坚持“众人的事情由众人商量”，深化基层民主协商议事“一会双推三延”机制，完善“1 + 3”协商议事体系。深化“物居业网”四方联动，引导社会组织参与社会治理，打造“全域协商”品牌。

维护人民群众生命安全。深入落实国家粮食安全战略，切实保障农产品供给。完善产（商）品质量安全和食品药品安全监管体系，建立更严格的食品药品安全和质量标准。依法开展打击黑恶势力、新型网络犯罪和跨国犯罪，提升人民群众安全感。坚持智慧赋能平安建设，深化安全监管“图码指数”、城市安全运行“CT”、交通安全“四色码”、健康码等数字技术在安全生产、事故灾害、交通运输、公共卫生、食药安全等领域的运用。健全食品药品安全全程管控体系，强化食药品动态监管和风险控制。提升应急管理能力，健全应急责任体系、应急救援体系、应急预案体系、应急科技体系、社会共治体系、基层应急体系。全面实施自然灾害综合风险普查与重点隐患排查，全面推进自然灾害和安全生产风险管控与应急救援数字化平台建设。

推动法治政府建设再上新台阶。健全公众参与重大公共决策机制，完善规范性文件、重大决策事前合法性审查及事后审查纠错机制，有效维护各类社会主体合法权益。深化行政执法体制改革，加大知识产权、生态环境等重点领域执法力度，全面推进严格规范公正文明执法。加强对行政权力的监督和制约，深入推进政府信息公开，着力推动行政复议“标准化、信息化、规范化”建设，严格落实信访案件、行政案件领导包案制度，防范垄断和地方保护，不断优化市场化、法治化、国际化营商环境。

推进以人民为中心的法治社会建设。持续开展习近平法治思想专题学习，加强社会主体履行社会责任制度建设。全面铺开“八五”普法宣传活动，进一步落实普法责任清单，建成若干个行业专门知识和法律知识教育“双普及”基地，镇街专门法治宣传教育阵地全覆盖。依法治理网络空间，依法防范打击涉网新型犯罪，完善涉网公益诉讼。进一步扩大公共法律服务覆盖面，依法推进诉源治理，加快建设覆盖城乡、便捷高效、均等普惠的现代公共法律服务体系，到2025年，律师万人比达到12人。

推进“清廉余杭”建设。始终保持反腐倡廉高压态势，积极推动政治清明、政府清廉、干部清正、社会清朗的清廉余杭建设。压实主体责任，强化四责协同，进一步完善标本兼治、贯通协同、全面覆盖的基层公权力监督体系，不断增强监督治理效能。扩大政务公开，持续强化正风肃纪，打造更加透明的阳光政府。拓宽信访举报渠道，加大群众知晓率，建立监督奖励机制和保护制度，提高群众参与监督的积极性，打造更加开放的亲民政府。

专栏20 幸福家园十大工程

1. 就业优先工程：开展高质量就业社区（村）建设活动，进一步提升基层公共就业服务能力，实现全区城乡就业局势更稳定，劳动者收入更高，就业创业环境更优，重点群体就业保障更充分的目标。到2022年底，力争全区所有社区（村）达到高质量就业社区（村）标准。

2. 教育提质工程：建设良渚高中、云城高中、良渚职高新建、闲林二中、良渚区块配套中学、良渚街道好运路九年一贯制学校、余杭街道西溪九年一贯制学校、余杭区中泰中学迁建项目、中泰街道南湖小镇安置农居点配套九年一贯学校、未来科技城第三初级中学、五常三小、未来科技城第六小学、未来科技城第四小学、闲林东路做地区块小学、双陈小学、仁和二中新建项目、闲林二中、闲林五小、闲林六小、新建中泰二小、中央商务区配套中学、杜甫中学、南庄兜行宫塘配套小学、瓶窑二中。提升中国美术学院良渚校区和中法航空大学高等教育水平。

3. 公共卫生提升工程：浙一医院总部二期项目、良渚医院整体迁建和配套工程项目、区三院二期宿舍楼感染楼项目、区公共卫生中心建设项目、区老年活动中心建设项目、区精神卫生中心建设项目、余杭国际医院（树兰医疗、华润医疗）等建设项目，以及五常、仁和、闲林、良渚社区卫生服务中心新改扩建项目等。

4. 城乡居民创业增收工程：探索创新农户增收实施办法，推行低收入农户动态管理，织密社会保障网，不断提高基本医疗、义务教育等民生保障水平。提升城乡居民综合素质和劳动技能，扩大转移就业和创新创业通道。

5. 住房保障工程：加快构建以公租房、保障性租赁住房和共有产权住房为主体的住房保障体系，有效增加保障性住房供应，规范发展住房租赁市场，形成“多层次、广覆盖、多主体”的住房保障体系。包括杜甫农民高层公寓四期、小洋坝农居点一期、良渚新城运河安置房四期、良渚新城勾庄安置房二期、东塘河、西塘河农民高层公寓及配套道路、南庄兜、行宫塘农民高层公寓及配套道路、杜甫农民高层公寓五期、仁和街道獐山安置房、仁康安置房等项目。

6. 社会救助工程：实现救助保障水平与经济社会发展同步增长，健全信息共享、资源统筹、供需对接的社会救助共同体，完善区、镇街、村社三级“家庭救助顾问”团队和救助对接平台，加强孤残儿童和困境儿童精准救助，实现镇（街）示范性儿童之家全覆盖，村（社）基础性儿童之家服务全覆盖。

7. 慈善公益工程：建成政府推动、机构运作、社会参与的现代慈善公益体系，加快推动慈善资源向农村、基层以及困难群众倾斜，助力乡村振兴和共同富裕先行示范区建设。发展公益性社区基金会，培育基层慈善公益组织，试点推出镇街、村社两级“慈善公益指数”。开设慈善超市或公益服务点，进一步拓宽资金募集渠道。

8. 养老服务提升工程：推进高龄和行动困难老年人家庭生活设施的适老化改造，建设以养老服务进家庭为支撑的家庭养老床位。加快康养体系建设，打造一批康养联合体。推动居家养老服务行业人才队伍建设。

9. 退役军人服务保障工程：加强思想政治建设和权益维护，健全服务保障机制，加强退役军人就业创业扶持，做好职业技能教育培训工作。推行“阳光安置”，计划分配军转干部和由政府安排工作的退役士兵（退出消防员）安置率达100%。做实优抚褒扬纪念，做好军休服务管理。

10. 文化惠民工程：推动基本公共文化设施和服务标准迭代升级，丰富公共文化产品供给，常态化开展“送文化”“种文化”“赛文化”等活动，推动全民阅读，建设书香余杭，打造公共文化服务示范性活动品牌。

十一、健全规划实施机制，开创美好余杭发展新篇章

（一）坚持党的全面领导

把发展规划作为党领导经济社会发展的基本方式，将党的领导贯穿“十四五”规划实施全过程，织密建强上下贯通、执行有力的组织体系，打造政治过硬、具有领导现代化建设能力的干部队伍，为顺利实现“十四五”规划目标任务提供坚强保证。加强规划实施的制度化建设，优化工作机制和方法，提高党领导经济和社会工作的能力水平。

（二）健全规划落实机制

建立健全以发展规划为统领，以空间规划为基础，以专项规划、区域规划为支撑，定位准确、边界清晰、功能互补、统一衔接的规划体系。高质量编制和实施好专项规划，加强专项规划之间以及与规划纲要的有效衔接。以专项规划实施为支撑，确保规划纲要确定的目标任务落到实处。强化规划的严肃性和实效性，加强规划实施监督，规范规划修编程序。健全规划监测评估制度，适时推进规划中期评估工作。建立健全重要目标任务实施跟踪反馈机制，提高规划实施的约束性。

（三）完善要素保障机制

建立健全“项目跟着规划走、要素跟着项目走”的机制，优先保障本规划提出的重大平台、项目等所需的要素资源。加强财政预算与规划实施的衔接协调，根据各镇街资源禀赋、发展导向，建立差异化的资金支持体系，合理安排财政支出规模和结构，加强资金绩效管理和使用监管。优化金融要素资源配置，引导和鼓励金融机构加强对规划明确的重大产业、薄弱领域的支持。探索创新闲置土地盘活高效利用机制，对重点工程项目优先落实用地指标。制定与规划相匹配的要素投入、能源消耗、污染排放等保障方案，依法依规做好各类资源要素供给保障。

余杭区国民经济和社会发展第十四个五年规划和二〇三五年远景目标纲要，是开启高水平全面建设社会主义现代化新征程的行动纲领。全区人民要更加紧密地团结在以习近平同志为核心的党中央周围，增强“四个意识”、坚定“四个自信”、做到“两个维护”，忠实践行“八八战略”，把握新发展阶段，贯彻新发展理念，构建新发展格局，奋力展现“重要窗口”的排头兵风采，为圆满完成本规划确定的各项目标任务、高水平全面建设社会主义现代化而努力奋斗！

▶资料

名词解释

1. **新制造业计划**：聚焦“高精尖”、聚焦创新驱动，坚定不移地推动制造业做大做强。以项目为载体、以创新为动力、以企业为主体，做好培育新兴产业、提升传统产业、传承经典产业、淘汰落后产能，加快实施制造业数字化改造专项行动，推动制造业高质量发展。

2. **凤凰行动**：以推进企业上市和并购重组为核心，进一步巩固提升浙江在资本市场上的全国领先地位，建设金融强省。

3. **双引擎**：数字经济“一号工程”和制造业高质量发展两个引擎，通过两个引擎统筹推进、融合发展，进而形成推动经济高质量发展的强大驱动力。

4. **四个面向**：2020年9月11日，中共中央总书记习近平在科学家座谈会上寄语广大科学家和科技工作者“坚持面向世界科技前沿、面向经济主战场、面向国家重大需求、面向人民生命健康，不断向科学技术广度和深度进军”。

5. **创新发展“翱翔计划”**：由“未来之星”“未来之光”“未来之源”“未来之力”四大模块共同组成，涵盖人才引育、金融服务、产业扶持、

大孵化器建设等服务创新发展各方面内容。

6. **“鲲鹏行动”计划**：浙江省聚焦数字经济、生命健康、新材料、先进制造等领域集聚“灵魂人物”的引才计划，重点引进培育基础研究方面具有全球影响力的顶尖人才。

7. **“未来之星”百千万计划**：通过5年（2021—2025年）的努力，引进100名以诺贝尔奖、国家最高科技奖获得者，海内外院士，MIT TR35榜单等入选者为代表的，引领带动行业发展的顶尖科学家、战略家等顶尖人才；1000名以全球名校优秀博士、博士后为代表的领军人才；1万名以全球名校毕业生为代表的科技创新、朝气蓬勃的青 年人才；20万名以各类高校毕业生为代表的储备人才。

8. **梦溪论坛**：一个民办、非营利的新型科技创新机构，论坛致力于为全球科技工作者和年轻团队提供一个探索未知世界、思考未知领域、解决未知问题的跨学科深度研讨平台。

9. **尖峰计划**：浙江省围绕提升原始创新能力提出的四大科技攻关计划之一，重点聚焦量子信息、人工智能、精准医疗等16个领域，每年组织实施100项左右重大前瞻性、引领性基础研究项目。

10. **产学研用金、才政介美云**：围绕创业创新生态系统建设，实现“产业、高校、科研院所、成果应用、金融、人才、政府政策、中介机构、美丽环境、企业上云（互联网＋）”等要素资源整合。

11. **数字经济“一号工程”2.0版**：深入实施数字经济五年倍增计划，大力建设国家数字经济创新发展试验区，加快建设数字社会，拓展新基建应用场景，推进生活数字化、公共服务数字化。

12. **未来工厂**：广泛应用数字孪生、物联网、大数据、人工智能、工业互联网等技术，实现数字化设计、智能化生产、智慧化管理、协同化制造、绿色化制造、安全化管控和社会经济效益大幅提升的现代化工厂。

13. **灯塔工厂**：由世界经济论坛（WEF）和麦肯锡咨询公司共同遴选的“数字化制造”和“全球化4.0”示范企业。

14. **雄鹰计划**：以数字经济、高端装备、汽车制造、医药化工、时尚消费等领域为重点，分年度在全省遴选100家左右企业，重点支持其成长为全球行业标杆。

15. **雏鹰行动**：建立健全覆盖各阶段中小微企业的培育机制，梯度培育中小微企业向“专精特新”发展，打造一批细分行业隐形冠军企业。

16. **小巨人**：专精特新“小巨人”，主要指战略性新兴产业、核心基础零部件（元器件）、关键基础材料、先进基础工业、产业技术基础以及基础软件等领域的中小企业。

17. **“1+5+2”工作体系**：其中“1”是一体化智能化公共数据平台，其作为智慧化平台中枢将支撑各级、各系统应用创新。“5”即5个综合应用——党政机关整体智治综合应用、数字政府综合应用、数字经济综合应用、数字社会综合应用和数字法治综合应用。“2”是构建理论体系和制度规范体系共两套体系。

18. **余杭区数字化改革“3352N”工作体系**：第一个“3”是打造全国数字经济先行区、全国数字生活引领区和全国整体智治示范区三大数字化改革总目标。第二个“3”是迭代升级“数字高速公路”、推进“数字余杭”全域一体新基建，迭代升级“数字资源超市”、打造区级一体化智能化公共数据平台，迭代升级“数字百科全书”、构建区级数字化改革理论体系和制度规范体系三项数字化改革基础工程。“5”是高效承接省市五大综合系统建设任务。“2”指的是打造杭州城市大脑·余杭平台和产业大脑·余杭平台两大平台。“N”指率先形成N个数字化改革实践成果，包括学习成果、系统应用评估成果、重大任务及核心业务梳理成果、标准建设成果、最佳实践案例。

19. **数字化改革“创景计划”**：通过建立健全“需求分析、孵化培育、评估激励、持续迭代、揭榜挂帅”的应用场景“全生命周期”管理机制，创造形成一批有余杭辨识度的硬核场景，力争在2021年底前，创新谋划区级典型场景50个以上，建成重大多跨场景10个以上，入选省级揭榜挂帅项目数量位居全省前列。

20. **TOD开发**：“以公共交通为导向的发展模式”。其中的公共交通主要是指火车站、机场、地铁、轻轨等轨道交通及巴士干线，然后以公交站点为中心、以400米～800米（5分钟～10分钟步行路程）为半径建立中心广场或城市中心。

21. **数字孪生城市**：是数字孪生理念和技术在城市范围的应用，是基于综合技术体系构建的物理城市的数字孪生体，是以虚拟服务现实、数据驱动治理为特征的未来城市智能化运行的先进模式。

22. **数字高速公路**：综合运用计算机数字化手段（GIS、遥感、遥测、网络、多媒体及虚拟现实等技术）对高速公路的基础设施、功能机制进行全方位的数字采集和处理，用于辅助决策的效果预演和对未来发展预测的技术系统。

23. **雪亮工程**：以县、乡、村三级综治中心为指挥平台、以综治信息化为支撑、以网格化管理为基础、以公共安全视频监控联网应用为重点的群众性治安防控工程。

24. **一中心四平台一网格**："一中心"指社会治理综合服务中心（矛盾纠纷调处化解中心），"四平台"指综治工作、市场监管、综合执法、便民服务四个功能性工作平台，"一网格"指全科网格。

25. **数字资源超市**：以"共享开放、共创共用、集约整合"为理念，归集上架包括基础设施、云资源、数据资源、应用组件、应用系统等各类数字化资源，是我区智慧城市数字"新基建"，是面向信息化项目管理者和建设者的数字标准零部件"超市"。

26. **三源融合**：聚焦报警、诉讼、信访三类矛盾纠纷聚集地，打好警源、诉源、访源"三源"融合治理组合拳，把矛盾纠纷消除在萌芽、解决在基层。

27. **"一网智治"数字法治体系**：围绕"一网智治"数字法治目标，完善"政法一体化办案体系、综合行政执法体系、风险闭环管控大平安体系"三大重点任务，协同建设政法一体化办案、综合行政执法、社会矛盾纠纷调处化解3个集成应用和"云上公安"、大数据检察监督系统、法院智能化办案等8个基础应用，提升"非接触性"执法、舆情检测系统等X个升级应用。

28. **数字驾驶舱**：依托城市大脑中枢算力支撑的数据协同数据化、在线化、智能化的城市管理和服务平台，使城市治理者可以实时掌握一手资料、一手舆情，并可通过分析、比较做出科学精准的决策和判断。

29. **政务"一朵云"**：统筹利用机房、计算、存储、网络、安全、应用支撑等基础信息资源搭建的政务专有云平台，为政务信息系统提供统一高效的云服务。

30. **钱江分**：由杭州市政府批准，杭州市发改委（信用办）牵头指导，杭州市民卡运营的，属于杭州人民自己的个人诚信分。

31. **企业码**：企业码是政府服务企业、社会了解认识企业的智慧码，是企业获取服务的绿色通道、产业合作的协同平台、数据驱动的应用系统。

32. **云读地**：只需通过线上平台，就能在线看地，获取地块详细信息，掌握土地出让进展。

33. **杭州消费新业态新模式"五大工程"**：欢乐购物在杭州、畅快旅游在杭州、舒心服务在杭州、夜间消费在杭州、放心消费在杭州"五大工程"，精心打造"数字消费之都"和新零售标杆城市。

34. **"152"省市县长项目工程**：省、市、县级主要领导谋划招引一批100亿、50亿、20亿产业大项目好项目落地开工。

35. **省"4+1"**：省"4+1"重大项目建设行动计划，"4"指四大工程包，即交通建设工程包、生态环境和公共设施工程包、高新技术产业工程包、社会资本参与PPP项目推介工程包；"1"指省市县长项目工程。

36. **省"六个千亿"**：省"六个千亿"产业投资工程实施计划，旨在大力推进数字经济、生命健康、高端装备、文化旅游、能源环保、技术改造等"六个千亿"产业投资工程建设，高水平谋划一批重大产业项目。

37. **"六有"宜居小区**：在老旧小区综合改造提升中，实现有完善设施、有整洁环境、有配套服务、有长效管理、有特色文化、有和谐关系的目标。

38. **西部富美"1355"计划**："1"即围绕打造"乡村振兴样板典范、共同富裕示范窗口"一个总体目标；"3"即实施"环境提升、产业发展、民生改善"三大攻坚行动；第一个"5"即惠及西部五镇（径山镇、黄湖镇、鸬鸟镇、百丈镇和瓶窑镇苕溪以北区域），兼顾其他农村地区；第二个"5"即在原有政策基础上三年新增投入不少于50亿元。

39. **禹上田园**：发挥全区特色产业、优质农产品、自有品牌等资源优势，建立准入评价体系、安全监管体系、品牌培育体系和品牌运营体系等四大体系，打造影响力大、竞争力强、产业链全、具有余杭特色的三产融合区域公用品牌。

40. **五馆一中心、一场两馆**：规划建设中的科技馆、图书馆、美术馆、文化馆、博物馆和青少年活动中心，以及专业足球场、体育馆和游泳馆，定位城市级文体设施，位于杭州未来科技文化中心南北中轴南端。

41. **文旅“1010”工程**：围绕打造“全国文旅融合样板区”目标，挖掘余杭三大文化历史底蕴，放大“双世遗”品牌效应，重点打造良渚文化艺术长廊等10个重大文旅项目、径山禅修酒店等10个酒店类项目。

42. **四节一利用**：节能、节水、节材、节地、资源综合利用。

43. **靓城行动“1466”计划**：“1”即围绕“高水平建设创新余杭、品质之区、文明圣地”一个总目标；“4”即实施“交通大发展、环境大提升、配套大完善、空间大优化”四大攻坚行动；第一个“6”即聚焦“八镇街四平台”总面积约605平方公里的范围；第二个“6”即“美化、序化、亮化、功能化、显文化、数字化”六化要求。

44. **教育高质量发展奋进计划**：围绕“三年大变样、五年攀高峰”总体要求，聚焦推进100个以上学校项目、名校集团化（共同体）100%等8项重点指标，创建全国学前教育普及普惠区、全国义务教育优质均衡区、浙江省教育现代化区3项综合成果，实施高水平塑造“未来教育”品牌、高水平保障资源供给等8项行动，打造全省示范、全国领先的未来教育。

45. **“物居业网”四方联动**：物业服务公司、社区居委会、业主委员会、社区治理网格化融合共治。

统计公报

杭州市余杭区2021年国民经济和社会发展统计公报

2021年余杭区委、区政府全面贯彻落实党中央和省委、市委决策部署，数智精准防控疫情，高水平建设“创新余杭、品质之区、文明圣地”，构建“一廊一轴、一心三片”空间格局，全面实施“五大计划”，经济社会稳健发展，民生福祉持续增进，实现了“十四五”良好开局。

一、综合实力

（一）经济总量

初步核算，2021年全区实现地区生产总值（GDP）2502.20亿元，按可比价计算，同比增长7.5%。主要经济指标继续位居省市前列。余杭区获评“国家生态文明建设示范区”、平安中国建设示范县，入选“2021中国县域综合实力百强榜”，位列全国第五、全省第一。

从GDP构成看，第一产业增加值39.74亿元，增长1.7%；第二产业增加值336.98亿元，增长13.5%；第三产业增加值2125.48亿元，增长6.7%。全区三次产业结构由2020年的1.7∶12.7∶85.6调整为1.6∶13.5∶84.9。其中全区数字经济核心产业实现增加值1605.70亿元，占生产总值比重为64.2%。

（二）财政收支

全年完成财政总收入745.31亿元、地方一般公共预算收入375.69亿元，分别增长15.2%、14.0%，总量均位列全市第一。从收入结构看，税收收入占地方财政收入比重为96.57%，保持较高占比；从主要税种看，增值税、企业所得税、个人所得税入库数分别增长14.9%、18.3%、21.1%。

全年完成财政预算支出335.61亿元，预算内用于民生支出242.48亿元，占财政预算支出的72.3%。在支出结构中，一般公共服务、社会保障和就业、教育、卫生健康、公共安全、节能环保占比分别为5.8%、8.5%、12.5%、4.0%、2.2%、1.8%。

二、农业和农村

全区实现农林牧渔业增加值41.63亿元，增长2.1%；农业总产值64.64亿元，增长3.7%。其中，种植业产值34.56亿元，增长4.4%；林业产值8.83亿元，下降0.5%；畜牧业产值3.39亿元，下降2.8%；渔业产值12.37亿元，增长4.6%；农林牧渔服务业产值5.48亿元，增长9.5%。实施“西部富美”计划，美丽乡村提质扩面，成功入选市级第一批共同富裕试点。推进美丽乡村“1510”示范创建项目10个，扩面提升新时代美丽乡村85个，创建市、区级数字乡村样板14个，鸬鸟镇获评全国“一村一品”示范乡镇，入选全国县域农业农村信息化发展先进县。

三、工业和建筑业

（一）工业

全区实现规模工业增加值248.44亿元，增长16.7%。规模工业实现高新技术产业增加值198.00亿元，增长22.2%，占规模工业比重为79.7%。规模工业新产品产值率46.7%，较上年提升4.4个百分点。装备制造业增加值141.83亿元，增长20.2%；战略性新兴产业增加值126.89亿元，增长33.4%。健康制造业增加值31.16亿元，增速133.8%，拉动全区规模工业增加值增长10.2个百分点。规模工业营业收入1049.56亿元，增长18.6%；利润总额85.91亿元，增长26.3%。企业成本费用利润率为8.88%，较上年提升0.5个百分点。

（二）建筑业

全区实现建筑业增加值37.68亿元，占GDP总量的1.5%。截至年末，全区共有在库建筑业企业177家。全年共核发建筑工程施工许可证195件，竣工备案173件。

四、固定资产投资和房地产业

（一）固定资产投资

全区固定资产投资增长4.9%。其中，项目投资增长21.7%，房地产开发投资下降15.7%。高新技术产业投资下降9.5%；交通投资增长314.9%；生态环保城市更新和水利设施投资增长41.5%；工业投资增长9.6%；民间投资增长13.8%。国有投资（含房地产开发投资）增长24.8%；新开工项目（含房地产开发项目）295个。

表1 固定资产投资情况表

指 标	2021年增长（%）
固定资产投资	4.9
其中：项目投资	21.7
房地产开发投资	-15.7
其中：交通投资	341.9
生态环境、城市更新和水利设施投资	41.5
高新技术产业投资	-9.5
民间投资	13.8
工业投资	9.6

（二）房地产业

全年新建商品房成交215.1万平方米，下降10.4%，成交金额669.5亿元，下降2.4%，成交均价31124元/平方米，上涨8.9%。其中住宅成交15057套，下降7.1%，成交面积183.1万平方米，下降9.6%，成交均价32526元/平方米，上涨8.5%；非住宅成交32万平方米，下降0.16%。

五、国内贸易

全区实现社会消费品零售总额676.29亿元，增长22.7%，增速居全市首位。新零售引领增长，限上单位通过公共网络实现零售额为396.7亿元，增长40.7%，增速快于社会消费品零售总额18.0个百分点。全年实现汽车类商品零售额92.12亿元，占限上社零总额比重17.4%，其中限上汽车销售企业实现新能源汽车零售额7.06亿元，增长243.2%。石油及制品类零售额13.86亿元，增长36.1%，限上住宿业、餐饮业零售额分别增长4.5%和15.0%。

表2 全区社会消费品零售总额情况表

指标名称	2021年实绩（亿元）	2021年增长（%）
1. 社会消费品零售总额	676.29	22.7
2. 限额以上社会消费品零售总额	529.32	30.2
其中：通过公共网络实现的商品零售额	396.70	40.7
其中：批发零售业	522.06	30.5
住宿餐饮业	7.26	13.1
其中：汽车类	92.12	-10.2
粮油、食品类	107.94	24.9
日用品类	104.59	43.9
石油类	13.86	36.1

六、对外经济

（一）外贸出口

全年实现货物进出口总额348.58亿元，增长34.3%，其中进口额23.57亿元，增长18.0%；出口额325.01亿元，增长35.6%。从出口产品看，化工医药、家具休闲用品和高新产品出口分别增长134.2%、46.5%、33.9%；机电产品、纺织品出口分别增长25.5%、12.0%。从出口地区看，对美国、欧盟27国、中东地区、“一带一路”国家出口分别增长25.8%、85.1%、20.2%、31.1%。

（二）招商引资

全区实际利用外资11.51亿美元。重点围绕“四高地一基地”积极招引，全年集中签约了强新科技、通策医疗、润丰氢能源分布式发电系统项目等225个重大产业项目，总投资超1000亿元。

（三）境外投资

全区共办理境外投资项目备案39个，新增境外投资额1.19亿美元，规模位居全市前列。完成“一带一路”投资项目20个，涉及境外投资额3920.10万美元；完成并购项目5个，涉及境外投资额2877.56万美元。

七、金融和上市

全区金融业实现增加值56.60亿元，增长10.1%。截至年末，全区金融机构本外币存款余额1942.32亿元，增长11.9%；金融机构本外币贷款余额1607.73亿元，增长26.2%。截至年末，全区不良贷款余额15.08亿元，不良贷款率0.38%，低于全省平均水平。深入实施“凤凰行动”，新增上市企业7家，累计22家。

八、交通和旅游

（一）交通运输

全年营运客车客运量47.66万人次，港区完成货运吞吐量3945.3万吨。高质量推进104国道改建工程、320国道改建工程、东西向快速通道下穿杭徽高速段工程等交通重点工程，运溪高架建成通车。全区范围内累计建成“四好农村路”404条，共计537.19千米。东西向快速通道文一西路互通、良祥路互通、杭徽高速老余杭互通改建等项目有序推进，国省道大中修及县道大中修及危桥改造项目、石横线拼宽整治工程如期完工。

（二）旅游经济

全区共接待国内外游客731.5万人次，增长10.3%；实现旅游总收入122.4亿元，增长18.6%。创建省级以上乡村旅游重点村3个、AAA级以上景区镇街5个、A级以上景区村庄8个，入选全省全域旅游示范区。新改造绿道33.03千米，径山绿道获评“浙江最美绿道”。实施“四好农村路”三年行动，建成“四好农村路”63条、105.55千米，余杭区被评为“四好农村路”全国示范区。

九、教育、科技和人才

（一）教育素养

全区幼儿园108所，比上年新增6所，共有1545个班；招生12977人，在园幼儿41091人，较上年增加1909人，3周岁~5周岁幼儿入园率99.80%；幼儿园专任教师3527人，较上年增加248人。优质学前教育覆盖率达96.79 %。

全区小学36所，比上年新增3所，招生12979人，较上年增加697人；在校学生65962人，较上年增加6243人；小学适龄儿童入学率达到100%，女童入学率达到100%；小学巩固率达到100%，女童巩固率达100%；小学专任教师3839人，较上年增加379人；专任教师学历高标率为99.90%，较上年提高0.03个百分点。

全区初中（含九年一贯制学校）23所，比上年新增1所；招生7632人，较上年增加390人；在校学生21803人，较上年增加1303人；初中阶段入学率100%，初中巩固率100%，初中毕业生升学率99.97%；初中专任教师1943人，较上年增加79人；专任教师学历高标率为99.38%，较上年提高1.26个百分点。

全区普通高中（含十二年一贯制学校）12所，比上年新增1所。招生3191人，较上年增加653人；在校学生8055人，较上年增加1204人；普通高中专任教师827人，较上年增加130人。

全区职业高中2所。招生1137人，在校学生3335人，较上年增加65人，毕业生1045人；职业高中专任教师219人，较上年增加28人。

2021年全面实施“余杭区教育高质量发展奋进计划”8项行动，引培省市级名优教师186人，其中，引进省市级名教师、名校长46人，新评市级及以上名优教师135人，培养正高级教师5人。招聘教师553人，其中，硕士及以上学历182人，占比33%，985、211、双一流高校毕业生98人，占比17.8%。成立余杭教育团队智库。引进省、市 27 名领军教育人才挂牌名师工作室。

（二）科技创新

启动新一轮科技企业“双倍增”行动，新增国家高新技术企业 507 家，位列全省第一；新增科技型中小企业 1292 家。新增专精特新“小巨人”6家、单项冠军产品企业1家。强化品牌建设，新增“浙江制造”品牌企业 10 家，发布浙江制造标准 6 项，授权专利 15481 件，申请 PCT 国际专利 187 件。迭代升级大孵化器战略，新增孵化载体 32 个、物理空间 158.83 万平方米，新增国家级孵化器、众创空间 15 家。新增省级新型研发机构 2 家、市级以上企业创新联合体 10 家。

全年新设市场主体 37882 户，增长 15.2 %，其中新设个体工商户 21134 户，增长 21.7%；新设企业 16738 家，增长 8.0%。之江实验室一期、中国美院良渚校区、浙大校友企业总部经济园一期等产学研平台建成投用。中法航空大学、超重力离心模拟与实验室装置等项目加快推进。人工智能小镇成功创建省级特色小镇，梦想小镇输出模式入选全省首批长三角一体化“最佳实践”案例。钱江经济开发区被评为省级双创示范基地。杭州师范大学科技园被认定为国家大学科技园，实现我区国家大学科技园零的突破。

全区 3 家企业获国家科技进步奖二等奖，之江实验室、良渚实验室、湖畔实验室等单位 15 项成果获省科学技术奖，仿生深海软体机器人登上《自然》杂志封面，神威量子模拟器获“戈登贝尔奖”，夺得全省首批“科技创新鼎”。截至 12 月底，全区规模以上工业中，有高新技术企业 455 家，占规模工业企业家数的 72.1%，高新技术产业增加值占规模工业增加值比重达 79.7%。规模工业新产品产值率居全市前列。

（三）人才引进

新引进顶尖人才 20 名、领军人才 310 名，入选省“鲲鹏行动”计划 5 名，海外高层次人才总量达到 4955 名，人才总量突破 31 万人，人才总量、增量持续领跑全省。新增省市领军团队 4 个、省市院士专家工作站 5 家、省级博士后工作站 4 家。扩大校地合作“朋友圈”，与清华大学、北京大学、浙江大学等 18 所重点高校签订合作协议。

十、文化、卫生和体育

（一）文化兴盛

良渚遗址入选全国“百年百大考古发现”，良渚博物院获评全国爱国主义教育示范基地，瑶山遗址公园建成开放。推进大运河国家文化公园建设，启动中央公园和郁宅港景观提升工程。径山镇（茶文化）入选“中国民间文化艺术之乡”，第五届径山禅宗祖庭文化论坛暨径山万寿禅寺重修落成活动成功举办。瓶窑镇、余杭街道分别入选省级、市级千年古城复兴试点。文体活动日益丰富，建成“余阅”空间 20 个，开展文化惠民活动 170 余场，新建区级全民健身场所 59 处，获评全省农村文化礼堂建设示范区，入选全国首批县域足球典型名单。

（二）卫生医疗

截至年末，全区共有各类医疗卫生机构 446 家，其中区属医院 3 家，社区卫生服务中心 12 家。全区各医疗机构实际开放床位 5873 张，其中区属医院 1299 张。区属医院、社区卫生服务中心共有卫生技术人员 2688 人，其中执业医师 1349 人，注册护士 921 人。全年家庭医生签约服务 28.58 万人。

（三）体育健康

全年新建省级体育公园 1 处、社区多功能运动场 3 个、足球场 1 个、百姓健身房 1 个、村级全民健身广场 1 处；新建市级体育健身公园 1 处、全民健身广场 1 处，提升体育小康村工程 2 个。区内高水平运动员陈莎莎获得第十四届全运会女子帆船 49erFX 级比赛冠军。由区少体校选送的运动员金孝轩获得第十四届全运会体操青年组女子团体冠军，也是浙江代表团在第十四届全运动会上获得的首金。

十一、人民生活和社会保障

（一）人口就业

截至年末，全区户籍人口 70.14 万人，比上年末增加 3.5 万人；年末总户数 21.70 万户，比上年末增加 1.45 万户。全区人口出生率 9.037‰；人口自然增长率 4.466‰。户籍出生婴儿性别比为 106.89。全年城镇新增就业人员 50787 人，引导和帮助 6281 名城镇失业人员再就业。登记失业率为 2.34%。新增本科及以上高校毕业生 5.45 万人。

（二）收入支出

城镇和农村常住居民人均可支配收入分别达到 77184 元、48705 元，增长 9.2%、10.4%。城乡居民收入差距继续缩小，由 2020 年的 1.60∶1 缩小为 1.58∶1。全年城镇常住居民消费支出为 49426 元，增长 17.1%；农村常住居民消费支出为 37727 元，增长 18.8%。

（三）社会保障

截至年末，全区基本医疗保险参保人数 93.0 万人，工伤保险参保人数 69.53 万人，比上年末净增 0.99 万人，生育保险参保人数 48.39 万人。全区职工养老保险参保人数 66.74 万人，比上年末净增 7.52 万人。城乡居民基本养老保险参保人数 7.89 万人。

（四）社会福利

2021 年，新增示范型居家养老服务照料中心 25 家，实施生活困难老年人适老化改造 367 户，发放老年人生活补贴、端午节、中秋节慰问费 9020 万元。建成示范型儿童之家 40 家，发放各类救助资金 1.2 亿元。

十二、公共事业、安全生产和环境保护

（一）城市供水

全年完成销售水量 1.13 亿吨，完成污水处理量 6754.88 万吨，出厂水水质合格率 100%。

（二）安全生产

全区各类事故起数、死亡人数同比分别下降 37.9%、11.1%，未发生滑坡、泥石流、地震等自然灾害。全区安全生产形势总体平稳，实现了较大事故的“零发生”。

（三）生态环境

稳步实施“迎亚运”市容市貌专项整治行动。深化“五水共治”，开工建设治水项目 108 个、完工 58 个，成功创建“污水零直排”镇街 2 个、工业园区 4 个，建成省级“美丽河湖”3 条，重点控制断面水质达到Ⅲ类及以上。新创建省级高标准生活垃圾分类示范小区 21 个、示范村 2 个。全区生活垃圾进场量同比减量 2.72%，生活垃圾回收利用量达到 1138.60 吨 / 日。“余杭解决方案”获评第二届“中国城市治理创新优秀案例奖”，获评 2021 年度全省农村生活垃圾分类处理工作优胜县（市、区）。全年环境空气质量优良天数 300 天，优良率 84.3%，同比上升 5.6 个百分点；PM2.5 平均浓度为 32.3 微克 / 立方米，同比下降 20.6%。

说明：

1. 本公报数据为初步统计数

2. 人口数为公安部门统计的户籍人口数

3. 本文使用的增长速度，除“生产总值”、一、二、三产业“增加值”以及涉及增加值相关指标按可比价计算外，其余均按现价计算

4. 数据来源于统计及各部门

5. 游客及旅游总收入数据根据浙江省文旅厅新测算方法计算

（区统计局）

统计资料

表1　省、市、区主要指标完成情况表

指标名称		全年实绩（亿元）	全年增幅（%）
地区生产总值	全省	73516.00	8.5
	杭州	18109.42	8.5
	余杭	2502.20	7.5
第三产业增加值	全省	40118.10	7.6
	杭州	12287.31	8.7
	余杭	2125.48	6.7
规模工业增加值	全省	20248.00	12.9
	杭州	4100.06	10.6
	余杭	248.44	16.7
财政总收入	全省	14516.96	16.9
	杭州	4561.72	18.4
	余杭	745.31	15.2
地方一般公共预算收入	全省	8262.57	14.0
	杭州	2386.59	14.0
	余杭	375.69	14.0
固定资产投资	全省	—	10.8
	杭州	—	9.0
	余杭	—	4.9
工业投资	全省	—	17.8
	杭州	—	15.2
	余杭	—	9.6
社会消费品零售总额	全省	29210.54	9.7
	杭州	6743.52	11.4
	余杭	676.29	22.7
自营出口（亿元）	全省	30121.30	19.7
	杭州	4460.76	27.2
	余杭	325.01	35.6

续表

指标名称		全年	
		实绩（亿元）	增幅（%）
到账外资（亿美元）	全省	183.00	16.2
	杭州	81.71	13.5
	余杭	11.51（上报数）	34.8
城镇常住居民人均可支配收入（元）	全省	68487.00	9.2
	杭州	74700.00	8.8
	余杭	77184.00	9.2
农村常住居民人均可支配收入（元）	全省	35247.00	10.4
	杭州	42692.00	10.3
	余杭	48705.00	10.4

说明：1.地区生产总值、第三产业增加值相关指标按季度发布

2.居民收入数据由国家统计局余杭调查队按季度发布。自营出口、到账外资数据由区商务局提供

表2　规模工业分行业增加值统计表

单位：亿元

行业名称	累计	增长（%）
农副食品加工业	3.67	8.5
食品制造业	6.05	19.7
酒、饮料和精制茶制造业	0.50	–54.2
纺织业	7.04	–26.0
纺织服装、服饰业	5.11	2.2
皮革、毛皮、羽毛及其制品和制鞋业	0.94	21.5
木材加工和木、竹、藤、棕、草制品业	3.84	13.7
家具制造业	1.68	14.6
造纸和纸制品业	3.38	–10.9
印刷和记录媒介复制业	2.37	10.6
文教、工美、体育和娱乐用品制造业	0.75	3.3
石油加工、炼焦和核燃料加工业	0.53	–34.6
化学原料和化学制品制造业	4.52	–12.0
医药制造业	31.16	223.7
橡胶和塑料制品业	5.84	5.6

续表

行业名称	累计	增长（%）
非金属矿物制品业	19.01	–2.1
黑色金属冶炼和压延加工业	0.71	0.7
有色金属冶炼和压延加工业	5.33	8.0
金属制品业	17.82	11.5
通用设备制造业	32.81	15.2
专用设备制造业	15.05	2.3
汽车制造业	5.46	1.7
铁路、船舶、航空航天和其他运输设备制	1.32	32.4
电气机械和器材制造业	26.55	23.7
计算机、通信和其他电子设备制造业	25.36	22.1
仪器仪表制造业	17.47	3.6
其他制造业	0.65	23.8
废弃资源综合利用业	0.90	-26.1
电力、热力生产和供应业	1.70	2.8
水的生产和供应业	0.92	0.0

表3　规模以上工业企业效益情况表

主要指标	计量单位	累计	增长（%）
企业家数	家	631	–
营业收入	亿元	1049.56	18.6
利税总额	亿元	110.35	16.2
利润总额	亿元	85.91	26.3
亏损企业家数	家	143	10.0
亏损企业亏损额	亿元	8.36	41.2
应收票据及应收账款	亿元	273.19	15.1
产成品	亿元	52.89	21.8
			± 百分点
总资产贡献率	%	18.80	–0.30
资本保值增值率	%	118.32	–2.12
资产负债率	%	52.51	–0.95
工业成本费用利润率	%	8.88	0.50
流动资产周转次数	次	1.40	–0.06
企业亏损面	%	22.66	2.06

表4　规模以上服务业企业效益情况表

单位：亿元

主要指标	累计	增长（%）
一、企业单位数（个）		
批发和零售业	364	—
住宿和餐饮业	42	—
交通运输业	39	—
信息传输、计算机服务和软件业	145	—
租赁和商务服务业	39	—
科学研究和技术服务业	39	—
其他	71	—
二、营业收入（亿元）		
批发和零售业	2357.71	22.50
住宿和餐饮业	9.49	8.90
交通运输业	110.05	70.70
信息传输、计算机服务和软件业	5339.21	12.40
租赁和商务服务业	670.89	27.00
科学研究和技术服务业	89.06	42.10
其他	50.97	13.10
三、营业利润（亿元）		
批发和零售业	36.17	46.90
住宿和餐饮业	-0.23	（-0.24）
交通运输业	1.01	1078.80
信息传输、计算机服务和软件业	743.91	-31.90
租赁和商务服务业	-9.43	-15.63
科学研究和技术服务业	6.08	75.70
其他	6.63	-40.90
四、经营税金（亿元）		
批发和零售业	12.25	-26.80
住宿和餐饮业	-0.09	-0.01
交通运输业	2.82	458.90
信息传输、计算机服务和软件业	71.36	-14.70
租赁和商务服务业	5.52	-44.20
科学研究和技术服务业	3.16	38.90
其他	28.58	18.50

说明：1.以上数据为各单位1-12月财务结算数据，（）内数据为上年同期数
2.以上数据不含房地产开发经营类数据
3.以上数据不含省标规上服务业单位数据
4.经营税金为税金及附加应交增值税

表5 固定资产投资情况表

主要指标	单位	累计	增长（%）
一、固定资产投资	亿元	—	4.9
其中：项目投资	亿元	—	21.7
房地产开发投资	亿元	—	-15.7
二、结构投资：			
交通投资	亿元	—	314.9
生态环保城市更新和水利设施投资	亿元	—	41.5
高新技术产业投资	亿元	—	-9.5
民间投资（含房地产）	亿元	—	13.8
工业投资	亿元	—	9.6
三、省市县长 152 项目			
项目个数	个	6	—
项目开工率	%	100	—

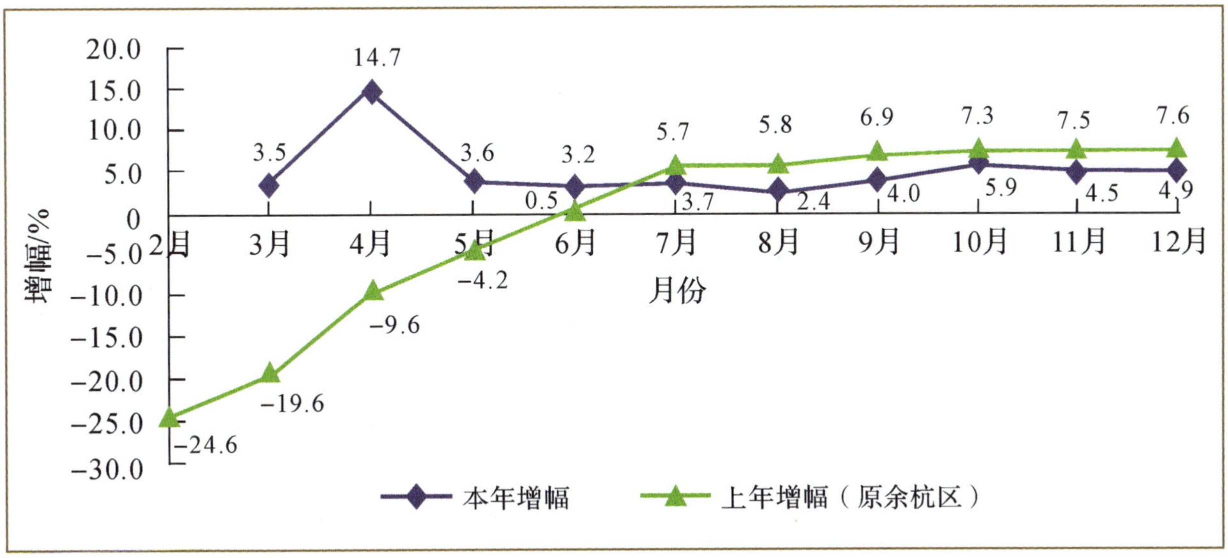

图1 固定资产投资月度累计增速趋势图

表6 财政、金融情况表

单位：亿元

主要指标	累计	增长（%）
一、财政总收入	745.31	15.2
其中：增值税	94.90	6.9
企业所得税	184.56	17.2
个人所得税	89.72	27.3
二、地方一般公共预算收入	375.69	14.0
三、地方一般公共预算支出	335.61	—
其中：一般公共服务	19.41	—
公共安全	7.41	—
教育	41.92	—
科学技术	25.24	—
社会保障和就业	28.52	—
卫生健康	13.48	—
节能环保	6.08	—
城乡社区	92.01	—
四、本外币存款余额	1942.32	11.9
五、本外币贷款余额	1607.73	26.2
六、不良贷款率（%）	0.38	—

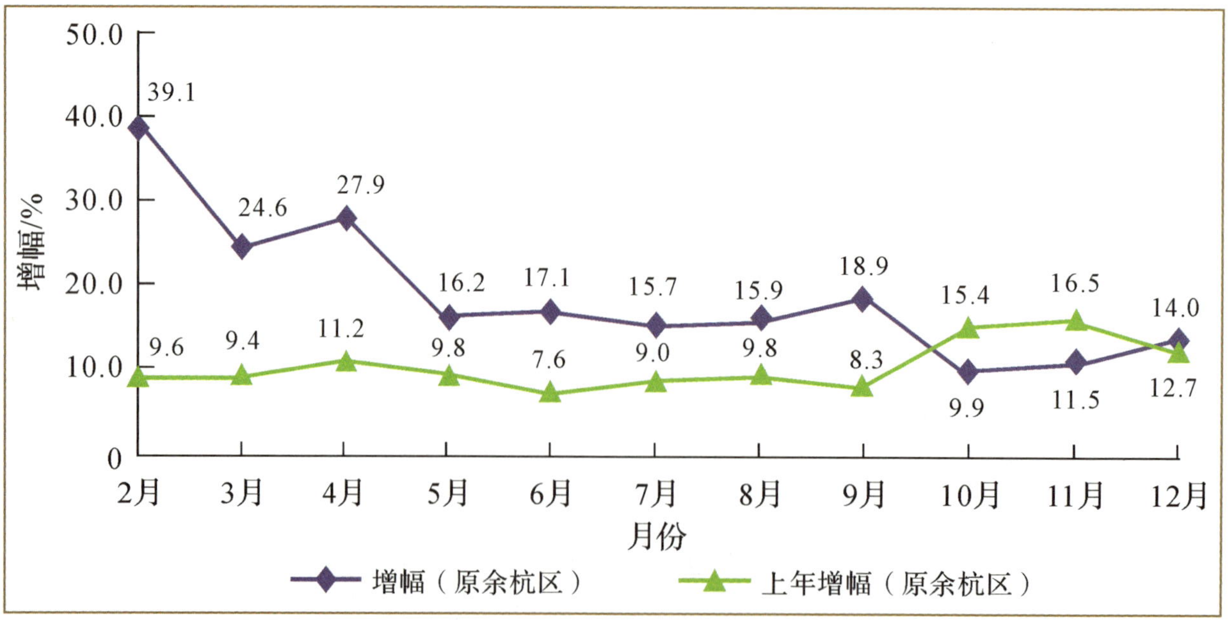

图2 地方一般公共预算收入月度累计增速趋势图

表7 创新创业、双招双引情况表

主要指标	累计	增长（%）
一、专利		
专利授权量（项）	15481	—
其中：发明专利（项）	2177	—
有效发明专利（项）	6331	—
PCT 国际专利申请（项）	187	—
二、创业		
新设市场主体（户）	37882	15.2
其中：新设个体工商户（户）	21134	21.7
三、双招双引		
新增高校毕业生（万人）	5.45	—
到账外资（亿美元）	11.51	34.8

说明：到账外资数据由区商务局提供

表8 国内贸易情况表

单位：亿元

主要指标	累计	增长（%）
一、社会消费品零售总额	676.29	22.7
二、限额以上社会消费品零售总额	529.32	30.2
其中：通过公共网络实现的商品零售额	396.70	40.7
其中：批发零售业	522.06	30.5
住宿餐饮业	7.26	13.1
其中：汽车类	92.12	-10.2
粮油、食品类	107.94	24.9
日用品类	104.59	43.9
石油类	13.86	36.1

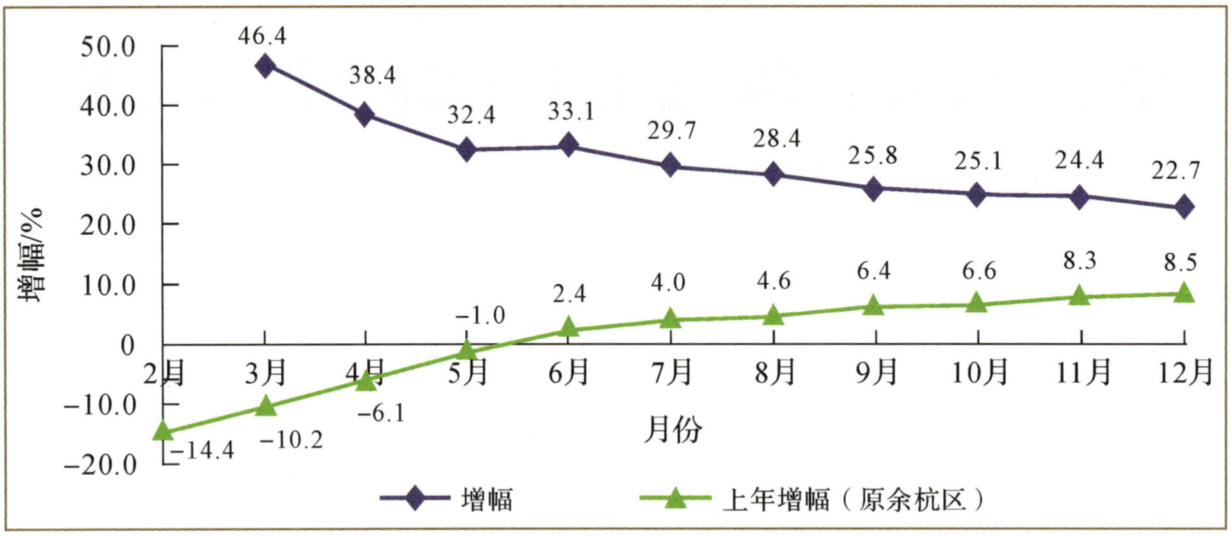

图3　社会品消费零售总额月度累计完成趋势图

表9　对外贸易情况表

单位：亿元

主要指标	累计	增长（%）
进出口总额	348.58	34.3
其中：进口额	23.57	18.0
出口额	325.01	35.6
出口分贸易方式：		
一般贸易	318.82	42.7
加工贸易	6.10	-22.6
其他贸易	0.09	-57.3
主要出口产品：		
高新产品（六部委口径）	34.13	33.9
机电产品	142.01	25.5
化工医药	87.41	134.2
纺织品	40.32	12.0
家具休闲用品	43.06	46.5
主要出口经济体：		
美国	58.67	25.8

续表

主要指标	累计	增长（%）
欧盟 27 国	132.20	85.1
金砖国家	21.42	23.3
中东地区 16 国	19.34	20.2
独联体 12 国	4.40	17.1
一带一路国家	90.97	31.1
其中：东盟 10 国	34.55	36.9

说明：进出口数据由区商务局提供

表10 人民生活情况表

主要指标	累计	增长（%）
一、全体居民人均可支配收入（元）	67760	9.9
城镇常住居民人均可支配收入	77184	9.2
城镇常住居民人均消费支出	49426	17.1
农村常住居民人均可支配收入	48705	10.4
农村常住居民人均消费支出	37727	18.8
二、劳保就业（万人）	累计	人数增减
城镇登记失业人员数	1.18	-0.52
城镇新增就业人数	5.08	-3.83
帮助失业人员再就业人数	0.70	-0.17
基本养老保险参保人数	66.74	7.52
基本医疗保险参保人数	—	—
失业保险参保人数	51.46	-28.32
参加工伤保险人数	69.53	0.99
参加生育保险人数	—	—

说明：居民收入按季度发布

表11 房地产、旅游情况表

主要指标	累计	增长（%）
一、商品房供应情况		
商品房可售套数（套）	4380.00	–55.4
商品房可售面积（万平方米）	67.00	–39.3
二、商品房成交情况		
商品房成交量（套）	18319.00	–13.0
成交面积（万平方米）	215.10	–10.4
成交金额（亿元）	669.50	–2.4
商品房成交均价（元/平方米）	31124.00	8.9
三、旅游总收入（亿元）	284.19	0.3
其中：国内收入（亿元）	—	—
外汇收入（万美元）	—	—
总游客（万人次）	—	—
其中：国内游客（万人次）	—	—
入境游客（万人次）	—	—

说明：商品房供应销售数据、旅游数据分别由区住建局、区文广旅体局提供

表12 杭州地区交流一览表

县（市、区）	财政总收入		地方一般公共预算收入		社会消费品零售总额		实际利用外资	规上工业增加值		战略性新兴产业增加值增长（%）	装备制造业增加值增长（%）	高新技术产业增加值增长（%）
	实绩（亿元）	增长（%）	实绩（亿元）	增长（%）	实绩（亿元）	增长（%）	实绩（亿美元）	累计（亿元）	增长（%）			
全市	4561.72	18.4	2386.59	14.0	6743.52	11.4	81.71	4100.06	10.6	17.6	14.8	13.1
上城区	377.79	5.7	201.38	7.6	976.86	10.6	6.27	466.65	6.5	8.6	10.7	12.5
拱墅区	322.04	7.3	179.54	6.9	1273.38	11.2	8.63	110.82	5.1	3.1	20.6	3.9
西湖区	345.67	8.8	175.67	8.5	787.63	14.2	8.31	91.75	20.5	39.3	9.4	24.1
滨江区	406.99	13.5	202.89	11.0	476.72	11.2	8.51	771.06	16.6	17.9	18.4	17.3
萧山区	564.98	22.5	343.03	14.3	813.43	14.4	8.86	554.11	8.5	13.8	14.7	9.8
余杭区	745.31	15.2	375.69	14.0	676.29	22.7	11.51	248.44	16.7	33.4	20.2	22.2
临平区	247.08	37.9	151.33	35.7	349.00	11.8	1.68	409.99	13.0	16.4	16.6	15.8
钱塘区	240.61	26.5	117.31	17.0	339.50	9.6	9.90	677.17	6.5	13.5	4.1	4.9
富阳区	174.60	25.9	105.02	16.5	417.43	9.2	3.39	269.85	9.1	21.4	20.4	14.9
临安区	148.92	35.9	90.39	31.9	212.68	11.4	2.63	230.82	13.2	14.0	20.0	16.4
桐庐县	67.58	15.9	38.40	12.2	158.62	15.4	2.60	107.33	11.6	16.5	20.4	10.5
淳安县	47.76	19.0	25.94	13.9	90.03	7.5	0.26	28.79	6.4	–16.8	–1.5	18.8
建德市	66.61	19.7	38.50	12.5	126.06	10.5	1.30	158.47	11.7	18.3	36.5	11.9

表13　省内十七强县（市、区）交流一览表

单位：亿元

县（市、区）	财政总收入累计	位次	增长（%）	位次	地方一般公共预算收入累计	位次	增长（%）	位次	规模工业增加值累计	位次	增长（%）	位次
柯桥区	223.46	6	10.6	11	147.14	5	7.2	15	517.77	3	19.6	3
余杭区	745.31	1	15.2	7	375.69	1	14.0	6	248.44	13	16.7	4
萧山区	564.98	2	22.6	2	343.03	2	14.3	5	554.11	2	8.5	17
慈溪市	387.68	4	9.0	12	225.27	4	12.3	10	—	—	12.9	10
余姚市	226.30	5	22.2	3	129.72	6	13.6	7	564.83	1	13.4	9
海宁市	188.08	8	11.3	9	114.40	8	13.3	8	444.79	7	9.2	15
桐乡市	178.10	9	16.2	6	109.30	9	16.3	4	396.10	8	14.5	7
上虞区	170.53	11	14.9	8	100.10	12	13.0	9	449.09	6	11.5	11
温岭市	131.85	16	10.8	10	80.38	16	11.5	11	241.53	14	16.0	5
鄞州区	494.40	3	8.3	13	294.20	3	7.6	13	458.10	5	15.1	6
诸暨市	154.83	14	6.4	14	100.20	11	10.9	12	314.87	10	21.4	2
瑞安市	134.12	15	5.1	16	84.25	15	2.9	16	219.38	15	10.7	13
义乌市	193.70	7	19.4	4	127.50	7	20.3	1	269.70	12	47.4	1
乐清市	166.86	12	6.4	14	97.01	13	2.8	17	385.47	9	10.8	12
平湖市	158.30	13	5.0	17	96.58	14	7.3	14	488.97	4	13.5	8
富阳市	174.60	10	25.9	1	105.00	10	16.5	3	269.90	11	9.1	16
永康市	112.20	17	19.2	5	71.00	17	17.1	2	193.50	16	10.7	13

表14　沿海强县（市、区）交流一览表

县（市、区）	规模工业增加值		社会消费品零售额		固定资产投资	财政总收入		地方一般公共预算收入		城镇居民人均可支配收入		农村居民人均可支配收入	
	累计（亿元）	增长（%）	累计（亿元）	增长（%）	增长（%）	累计（亿元）	增长（%）	累计（亿元）	增长（%）	累计（元）	增长（%）	累计（元）	增长（%）
余杭区	248.44	16.7	676.29	22.7	4.9	745.31	15.2	375.69	14.0	77184	9.2	48705	10.4
萧山区	554.11	8.5	813.43	14.4	13.0	564.98	22.6	343.03	14.3	75935	8.5	46657	9.5
滨江区	771.06	16.6	476.72	11.2	2.7	406.99	13.5	202.89	11.0	76498	9.2	—	—
慈溪市	—	12.9	700.76	9.0	—	387.68	9.0	225.27	12.3	71145	6.0	44862	9.6
鄞州区	458.10	15.1	964.30	9.7	7.3	494.40	8.3	294.20	7.6	80797	9.4	47093	10.0
义乌市	269.70	47.4	1033.70	9.2	20.3	193.70	19.4	127.50	20.3	86628	8.1	46121	9.4
柯桥区	517.77	19.6	383.62	8.3	0.7	223.46	10.6	147.14	7.2	79172	9.9	48029	10.5
武进区	—	13.0	876.61	19.0	3.6	—	—	216.55	10.9	68775	8.4	37901	10.5
江阴市	1233.39	8.1	704.84	4.4	4.8	—	—	273.94	5.5	78415	8.6	42519	10.7

续表

县（市、区）	规模工业增加值		社会消费品零售额		固定资产投资	财政总收入		地方一般公共预算收入		城镇居民人均可支配收入		农村居民人均可支配收入	
	累计（亿元）	增长（%）	累计（亿元）	增长（%）	增长（%）	累计（亿元）	增长（%）	累计（亿元）	增长（%）	累计（元）	增长（%）	累计（元）	增长（%）
昆山市	—	—	1625.68	16.3	0.6	—	—	466.88	9.1	77699	8.6	42420	10.7
顺德区	2017.88	10.5	1183.08	7.8	11.3	—	—	274.01	7.6	—	—	—	—
常熟市	—	—	1214.22	17.7	11.6	—	—	230.75	8.0	77325	8.2	41986	10.4
张家港市	—	7.0	800.06	16.2	5.4	—	—	264.13	5.5	77939	8.5	41859	10.3
宜兴市	788.58	11.3	588.62	14.9	10.5	—	—	142.39	11.6	66527	8.9	36017	11.1
江宁区	—	9.8	1032.02	8.2	10.3	—	—	256.30	0.4	70989	8.5	33391	10.0
南海区	1463.56	11.1	1200.74	9.5	10.5	588.45	3.8	266.57	7.5	—	—	—	—
嘉定区	—	—	1609.90	6.4	18.1	798.70	4.6	243.50	10.5	—	—	—	—
青浦区	—	—	574.34	10.6	6.9	648.25	11.2	231.10	10.0	—	—	—	—
吴江区	—	13.6	720.12	16.6	12.5	—	—	258.06	9.1	76781	8.3	41086	10.4
锡山区	515.68	17.0	245.31	10.7	13.7	—	—	—	—	67218	8.9	40052	10.8

表15　余杭区营业收入前百强工业企业一览表

序号	企业名称	序号	企业名称	序号	企业名称
1	杭州五星铝业有限公司	12	杭州仓前钱潮商品混凝土有限公司	23	杭州明云混凝土有限公司
2	杭州鼎福铝业有限公司	13	杭州恒立制造科技有限公司	24	杭州钱潮商品混凝土有限公司
3	南方泵业股份有限公司	14	杭州炬华科技股份有限公司	25	杭州汉特建材有限公司
4	浙江华正新材料股份有限公司	15	杭州永耀科技有限公司	26	浙江八方电信有限公司
5	杭州隆基生物技术有限公司	16	杭州杭锅工业锅炉有限公司	27	杭州恒基混凝土有限公司
6	杭州钱江制冷压缩机集团有限公司	17	杭州盈江机械制造有限公司	28	杭州新恒裕不锈钢制品有限公司
7	杭州益利素勒精线有限公司	18	杭州鸿星电子有限公司	29	申江集团有限公司
8	杭州比亚迪汽车有限公司	19	杭州星华反光材料股份有限公司	30	杭州国瑞混凝土有限公司
9	杭州博拓生物科技股份有限公司	20	杭州赛凯生物技术有限公司	31	杭州钱神商品混凝土有限公司
10	杭州华光焊接新材料股份有限公司	21	杭州安费诺嘉力讯连接技术有限公司	32	千年舟新材料科技集团股份有限公司
11	杭州余杭恒力混凝土有限公司	22	浙江正裕科技股份有限公司	33	杭州建工建材有限公司

续表

序号	企业名称	序号	企业名称	序号	企业名称
34	杭州申昊科技股份有限公司	57	杭州瀚真电器制造有限公司	80	浙江新迪嘉禾食品有限公司
35	杭州知味观食品有限公司	58	浙江麦迪制冷科技股份有限公司	81	威腾斯坦（杭州）实业有限公司
36	杭州建筑构件集团有限公司	59	杭州同创顶立机械有限公司	82	杭州鸿光浪花豆业食品有限公司
37	杭州联生绝缘材料有限公司	60	杭州高新橡塑材料股份有限公司	83	杭州盛泽服饰有限公司
38	杭州西子混凝土有限公司	61	光大环保能源（杭州）有限公司	84	杭州绿洁环境科技股份有限公司
39	杭州台霓混凝土有限公司	62	杭州力澳商品混凝土有限公司	85	浙江恒天粮食股份有限公司
40	杭州杭丝时装集团有限公司	63	杭州市沥青拌和有限公司	86	杭州良联五金机械有限公司
41	杭州舟桥建材有限公司	64	杭州山立混凝土有限公司	87	杭州余杭獐山钢瓶有限公司
42	杭州迪安生物技术有限公司	65	浙江恒强科技股份有限公司	88	杭州牡丹面粉有限公司
43	杭州米格电机有限公司	66	杭州国光旅游用品有限公司	89	浙江杭真能源科技股份有限公司
44	浙江达峰科技有限公司	67	浙江宜顿家具有限公司	90	杭州天创环境科技股份有限公司
45	杭州申江新型材料科技有限公司	68	杭州诚品实业有限公司	91	杭州利富豪机电设备有限公司
46	杭州弘通线缆有限公司	69	通号万全信号设备有限公司	92	杭州蓝然技术股份有限公司
47	杭州纳美科技有限公司	70	杭州万瑞达新材料有限公司	93	浙江华意科技有限公司
48	浙江双金机械集团股份有限公司	71	杭州富义仓米业有限公司	94	杭州新霓虹制冷设备有限公司
49	杭州三星工艺玻璃有限公司	72	杭州久益机械股份有限公司	95	杭州精工机械有限公司
50	杭州新坐标科技股份有限公司	73	杭州斯诺康技术有限公司	96	杭州彭公包装有限公司
51	杭州衡美食品科技有限公司	74	杭州凯贝奈特科技有限公司	97	杭州伊蓓佳护理用品有限公司
52	杭州杭氧低温容器有限公司	75	杭州顿力电器有限公司	98	杭州诠世传动有限公司
53	浙江日风电气股份有限公司	76	杭州早川电线有限公司	99	杭州柯力达家纺有限公司
54	杭州天农生物营养技术有限公司	77	杭州洲钜电子科技有限公司	100	杭州宇谷科技有限公司
55	杭州沪宁电梯部件股份有限公司	78	杭州九味食品有限公司		
56	浙江盛唐环保科技有限公司	79	杭州华聚复合材料有限公司		

说明：该排名只针对单个法人企业2021年1—12月营业收入前100位企业进行

表16　余杭区营业收入前五十强服务业企业一览表

序号	企业名称	序号	企业名称
1	杭州阿里妈妈软件服务有限公司	26	浙江同花顺智能科技有限公司
2	浙江天猫技术有限公司	27	浙江未来酒店网络技术有限公司
3	淘宝（中国）软件有限公司	28	天尚设计集团有限公司
4	杭州菜鸟供应链管理有限公司	29	杭州淘鲜达网络科技有限公司
5	浙江阿里巴巴通信技术有限公司	30	德信盛全物业服务有限公司
6	杭州巨量引擎网络技术有限公司	31	浙江正元智慧科技股份有限公司
7	浙江菜鸟供应链管理有限公司	32	浙江杭徽高速公路有限公司
8	浙江大搜车融资租赁有限公司	33	慧博云通科技股份有限公司
9	浙江心怡供应链管理有限公司	34	杭州万科物业服务有限公司
10	杭州滴滴出行科技有限公司	35	杭州炫步网络科技有限公司
11	中移（杭州）信息技术有限公司	36	杭州澳比网络科技有限公司
12	杭州今日卖场供应链管理有限公司	37	杭州杭港地铁五号线有限公司
13	浙江驿栈网络科技有限公司	38	阿里巴巴达摩院（杭州）科技有限公司
14	浙江飞猪网络技术有限公司	39	苏柏科技有限公司
15	钉钉（中国）信息技术有限公司	40	同盾科技有限公司
16	杭州小电科技股份有限公司	41	杭州遥望网络科技有限公司
17	阿里健康科技（杭州）有限公司	42	杭州一骑轻尘信息技术有限公司
18	维沃移动通信（杭州）有限公司	43	杭州橙鹰数据技术有限公司
19	浙江阿里商旅旅行社有限公司	44	浙江华坤道威数据科技有限公司
20	浙江游菜花网络科技有限公司	45	杭州蚂蚁聚慧网络技术有限公司
21	浙江同花顺智富软件有限公司	46	杭州中联筑境建筑设计有限公司
22	杭州溪鸟物流科技有限公司	47	浙江臻善科技股份有限公司
23	仁励家网络科技（杭州）有限公司	48	杭州猫悦企业管理有限公司
24	浙江华东工程建设管理有限公司	49	浙江保融科技股份有限公司
25	杭州友电科技有限公司	50	杭州次元岛科技有限公司

表17 余杭区零售额前五十强企业一览表

序号	企业名称	序号	企业名称
1	杭州昊超电子商务有限公司	26	杭州广瑞食品有限公司
2	浙江天猫供应链管理有限公司	27	浙江裕旗汽车有限公司
3	浙江森马电子商务有限公司	28	杭州和泽汽车有限公司
4	杭州盒马网络科技有限公司	29	杭州云泽汽车有限公司
5	浙江星杭汽车有限公司	30	麦德龙商业集团有限公司杭州金家渡商场
6	杭州元麦汽车有限公司	31	可靠福祉（杭州）科技有限公司
7	杭州大搜车汽车服务有限公司	32	杭州新七天网络科技有限公司
8	杭州金昌至宝汽车销售服务有限公司	33	杭州吉客汽车销售服务有限公司
9	杭州心选电子商务有限公司	34	杭州漫轩电子商务有限公司
10	杭州德奥城西汽车有限公司	35	杭州满屋家居科技有限公司
11	杭州中升雷克萨斯汽车销售服务有限公司	36	杭州联华华商集团余杭世纪联华超市有限公司
12	杭州余杭杭石交通能源有限责任公司	37	浙江亿盛食品有限公司
13	杭州商旅知味观电子商务有限公司	38	杭州保捷宏迪汽车有限公司
14	浙江万友汽车有限公司	39	杭州斐途科技有限公司
15	浙江豪众汽车销售服务有限公司	40	杭州宏立汽车销售有限公司
16	浙江一汽汽车销售服务有限公司	41	杭州众祺汽车销售服务有限公司
17	浙江新世纪汽车销售服务有限公司	42	杭州山兑山贸易有限公司
18	杭州天猫车站科技有限公司	43	杭州叶氏兄弟果品超市连锁有限公司
19	浙江捍康健康科技有限公司	44	杭州久久超市有限公司
20	杭州杭石文一村加油站有限公司	45	浙江金诚上通汽车销售服务有限公司
21	杭州农副物流加油站有限公司	46	浙江蓝颂供应链管理有限公司
22	杭州宏盛粮油贸易有限公司	47	杭州迈志豪餐饮管理有限公司
23	杭州朗硕农产品有限公司	48	杭州小儿郎蔬菜配送有限公司
24	浙江杨大妈农副产品配送有限公司	49	杭州东润润源加油站有限公司
25	浙江绿而康农副产品有限公司	50	杭州众新泰汽车销售服务有限公司

说明：以上名单根据2021年1—12月财务数据进行排名

（区统计局）

统计分析

工业增速排名靠前 高质量发展扎实推进

——2021年余杭区规模工业经济运行情况

2021 年以来，余杭区奋力争当展示“重要窗口”和共同富裕示范区的排头兵，加快推进制造业高质量发展。全年规模工业增加值增速 16.7%，居全市各县（市、区）第二位。工业增速较快增长，但工业经济所面临的问题和困难在新的一年仍需加强应对。

一、规模工业运行情况

1. 主要指标完成情况较好。2021 年，全区规模工业企业 631 家，实现增加值 248.44 亿元，增长 16.7%，增速居全市第二位，分别高于省、市平均 3.8、6.1 个百分点，两年平均增长 13.5%。规模工业增加值占地区生产总值比重为 9.9%，占比较上年提升 1.5 个百分点。战略性新兴产业增加值占规模以上工业增加值比重达 51.1%，占比居全市第三位。规模以上制造业增加值 245.81 亿元，增长 16.8%，增速居全市第二位。

2. 增加值增量稳定，增速逐月放缓。2021 年，

表1　2021年度全市区、县（市）规模工业增加值情况表

指标名称	规上工业增加值				规上工业制造业增加值			2021 年新产品产值率（%）
内容	2021 年度绝对值（亿元）	2021 年度累计增速（%）	绝对值排名	增速排名	2021 年度绝对值（亿元）	2021 年度累计增速（%）	增速排名	
浙江省	20248.07	12.9	—	—	18713.97	12.7	—	40.8
杭州市	4100.06	10.6	—	—	3881.28	10.8	—	39.9
其中：上城	466.65	6.5	4	10	416.32	6.0	11	6.3
拱墅	110.82	5.1	10	13	97.10	2.8	13	41.1
西湖	91.75	20.5	12	1	86.16	20.5	1	37.8
滨江	771.06	16.6	1	3	750.78	16.8	2	50.6
萧山	554.11	8.5	3	9	522.64	8.6	9	36.1
余杭	248.44	16.7	7	2	245.81	16.8	2	46.7

续表

指标名称	规上工业增加值				规上工业制造业增加值			2021 年新产品产值率(%)
内容	2021 年度绝对值(亿元)	2021 年度累计增速(%)	绝对值排名	增速排名	2021 年度绝对值(亿元)	2021 年度累计增速(%)	增速排名	
临平	409.99	13.0	5	5	388.58	13.3	5	54.4
钱塘	677.17	6.5	2	1	655.25	5.7	12	38.1
富阳	269.85	9.1	6	8	253.13	10.0	8	39.7
临安	230.82	13.2	8	4	220.81	13.6	4	36.3
桐庐县	107.33	11.6	11	7	99.61	11.9	6	41.4
淳安县	28.79	6.4	13	12	25.01	6.5	10	11.5
建德市	158.47	11.7	9	6	142.16	11.9	6	41.1

全区实现工业增加值 248.44 亿元，平均每月实现增加值 21.85 亿元，增量整体平稳。增加值增速回落趋势前急后缓，逐步走实，全年保持两位数增长。上半年，企业同期生产受疫情影响较大，基数较低，增速回落较快，2—6 月平均每月回落 9.1 个百分点；下半年，企业同期生产恢复正常并逐步增长，增速回落减缓，7—12 月平均每月回落 1.2 个百分点。

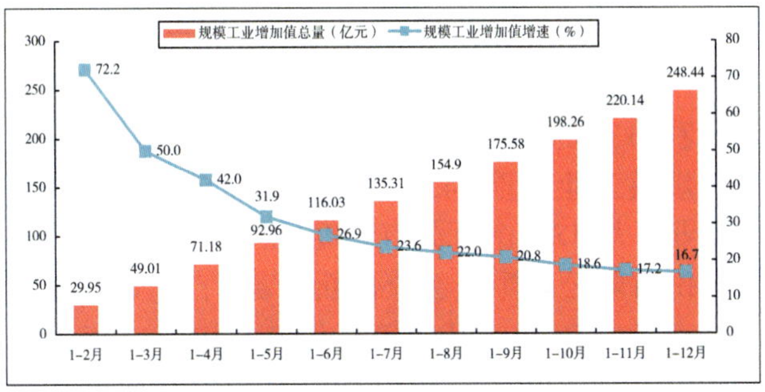

图 1　2021 年余杭区规模工业增加值总量及增速趋势图

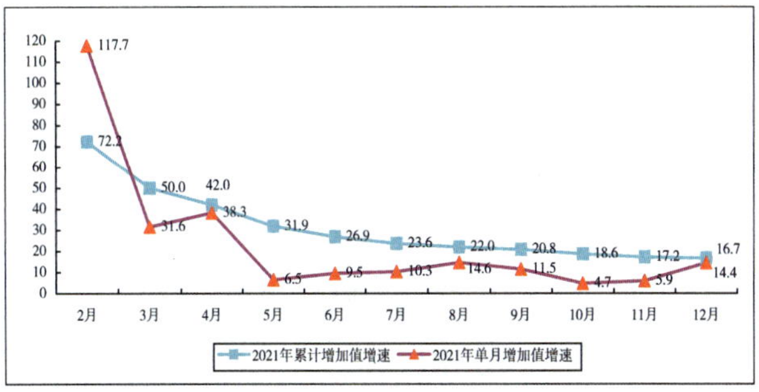

图 2　2021 年单月及累计增加值增速趋势图

二、运行亮点

1. 优势产业稳健发展。一是高新技术产业占比高。截至 2021 年 12 月底，全区规模工业共有高新技术企业 455 家，较上年末增加 63 家，实现增加值 198.00 亿元，占规模工业增加值比重为 79.7%，占比较上年同期提升 3.8 个百分点。二是战略性新兴产业增长快。全区战略性新兴产业实现增加值 126.89 亿元，增长 33.4%，增速位列全市第二位。三是健康制造业带动强。在杭州隆基生物技术有限公司、杭州博拓生物科技股份有限公司、杭州赛凯生物技术有限公司的拉动下，健康制造业实现增加值 31.16亿元，增速 133.8%，拉动全区增加值增长 10.2 个百分点。此外，高新技术产业、装备制造业、战略性新兴产业、高技术制造业、数字经济制造业、健康制造业增速均超 20.0%。

表2　2021年度全区规模工业主要产业完成情况表

指标名称	2021年累计实绩（亿元）	2020年累计实绩（亿元）	占规模工业比重（%）	本期增速（%）	本期增速排名
一、规模工业增加值	248.44	197.43	100.0	16.7	2
其中：高新技术产业	198.00	149.85	79.7	22.2	2
装备制造业	141.83	116.63	57.1	20.2	5
战略性新兴产业	126.89	86.60	51.1	33.4	2
高端装备制造业	73.31	62.52	29.5	14.4	6
高技术制造业	59.08	37.84	23.8	46.0	2
环保制造业	52.44	45.52	21.1	6.8	9
数字经济制造业	34.98	28.98	14.1	23.1	4
健康制造业	31.16	11.11	12.5	133.8	2
时尚制造业	10.23	8.74	4.1	14.4	7
文化制造业	2.93	2.60	1.2	10.2	7

2. 多数行业快速增长。一是超七成行业正增长。30个行业大类中有23个行业正增长，7个行业增速超过全区平均水平，12个行业增速超过10.0%。其中医药制造业增长223.7%，增速居行业首位。二是主要行业拉动明显。增加值居前三的分别为通用设备制造业、医药制造业、电气机械和器材制造业，累计实现增加值90.52亿元，拉动全区增加值增长18.8个百分点。通用设备制造业经营形势较好，实现增加值32.81亿元；医药制造业受益于生产新冠检测试剂企业的强力拉动，实现增加值31.16亿元；杭州益利素勒精线有限公司带动电气机械和器材制造业实现增加值26.55亿元。

3. 重点企业大力提升。一是从百强企业看，累计实现增加值157.36亿元，占规模工业比重63.3%，增长28.5%，高出规模工业平均11.8个百分点。浙江华正新材料股份有限公司、杭州华光焊接新材料股份有限公司因产品价格上涨快、订单量多，产值增长较快。二是从上市企业看，13家上市工业企业实现增加值35.52亿元，占规模工业比重14.3%，增长35.0%，高出规模工业平均18.3个百分点。微泰医疗器械（杭州）股份有限公司生产医疗诊断设备，自上市以来，生产效益较好，订单较多。杭州沪宁电梯部件股份有限公司、杭州炬华科技股份有限公司、杭州星华反光材料股份有限公司等均保持较好增长态势。

4. 企业效益趋势向好。2021年，规模工业企业实现营业收入1049.56亿元，增长18.6%，两年平均增长11.7%。30个行业中，23个行业营业收入实现正增长。实现利润总额85.91亿元，增长26.3%，两年平均增长32.3%，30个行业中有29个行业实现盈利，16个行业正增长。实现营收利润率8.19%，同比提高0.50个百分点。随着外卖行业不断壮大，锂电池需求量较大，杭州宇谷科技有限公司（生产电动车充电桩）利润总额增幅较高。

（高红艳）

工业经济稳中向好 营收利润实现双增

——2021年余杭区规模工业效益运行分析

2021 年是“十四五”开局和行政区划调整之年，余杭区锚定目标，聚焦高质量发展，奋力争当展示“重要窗口”和共同富裕示范区的排头兵，规模工业经济稳定发展，营收利润实现普涨，总体效益趋势向好，但也存在企业规模普遍偏小，部分企业亏损较多，个别效益指标偏弱等状况，需要在新的一年加强研究，精准施策。

一、规模工业效益总体情况

2021 年全区 631 家规模工业企业实现营业收入 1049.56 亿元，同比增长 18.6%，因同期基数不断增高，同比增速逐月放缓。实现利润总额 85.91 亿元，同比增长 26.3%，增速高于全市平均 12.8 个百分点。亏损企业 143 家，亏损面 22.7%，呈逐月下降态势，比 6 月末收窄 13.4 个百分点。

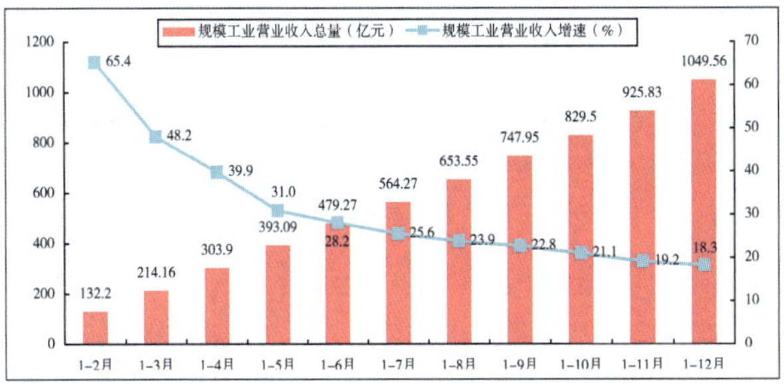

图 1 余杭区规模工业营业收入总量图

二、规模工业效益主要特点

一是主要行业营收增长，多数行业实现盈利。一是从营业收入看，2021 年，30 个行业中有 23 个行业营业收入实现增长，12 个行业增速超过规模工业平均增速。营业收入超 100 亿元的行业有通用设备制造业、非金属矿物制品业、有色金属冶炼和压延加工业，分别达到 163.01 亿元、127.56 亿元和 106.59 亿元。医药制造业、有色金属冶炼压延加工业、通用设备制造业、电气机械和器材制造业增长较快，分别拉动规模工业增长 4.9、3.7、3.3、2.4 个百分点。二是从利润总额看，29 个行业实现盈利，只有 1 个行业亏损，16 个行业正增长，12 个行业增长超过全区平均数。有 16 个行业利润总额超过亿元，医药制造业实现利润总额 23.52 亿元，增长 219.5%，拉动规模工业利润总额增长 23.8 个百分点；电气机械和器材制造业利润总额 8.64 亿元，增长 43.4%，拉动规模工业利润总额增长 3.8 个百分点。

二是新兴产业快速增长，传统制造业稳步回升。一是高新技术产业带动大，实现营业收入 751.75 亿元，占规模工业总量的 71.6%，增速 23.6%，高出规模工业平均水平 5.0 个百分点；实现利润总额 73.89 亿元，增长 33.2%，利润总额占规模工业总量的 86.0%。二是战略新兴产业增长快，实现营业收入 447.84 亿元，增长 29.4%；户均营业收入达到 2.36 亿元，平均每户同比增加 0.54 亿元；实现利润总额 54.75 亿元，增长 61.5%。三是健康制造业质效高，实现营业收入 71.52 亿元，增长 174.2%，利润总额 24.72 亿元，增长 201.5%，营收利润率高达 34.6%。四是数字经济核心制造业涨势强，实现营业收入 150.85 亿元，增长 27.6%，实现利润总额 17.74 亿元，增长 31.1%。五是传统制造业增长稳，16 个重点传统制造业合计营业收入 694.36 亿元，增长 13.3%，其中半数行业增速超过规模工业平均水平；规模排前五中的有色金属加工、泵阀轴承、金属制品、低压电气增速分别达到 44.0%、19.3%、20.3%、36.7%。有 15 个重点传统制造业实现盈利，11 个实现正增长，其中有色金属加工和低压电器利润总额增幅较大，增速分别达到 203.5%、59.8%。利润总额

表1 2021年全区规模工业主要效益指标一览表

指标名称	企业数（家）	营业收入（亿元）	增速（%）	利润总额（亿元）	增速（%）
全区规模工业	631	1049.56	18.6	85.91	26.3
一、营业收入前十行业			—		
通用设备制造业	78	163.01	21.4	12.70	0.0
非金属矿物制品业	44	127.56	2.0	7.24	-13.4
有色金属冶炼和压延加工业	7	106.59	44.0	2.95	203.5
电气机械和器材制造业	56	92.15	29.8	8.64	43.4
金属制品业	47	73.72	20.3	4.52	1.0
医药制造业	11	60.84	249.3	23.52	219.5
仪器仪表制造业	48	52.46	10.3	9.79	11.4
计算机、通信和其他电子设备制造业	36	51.46	27.3	2.40	-10.8
专用设备制造业	62	51.24	4.9	3.06	-11.9
橡胶和塑料制品业	37	35.25	18.7	1.42	扭亏为盈
二、新兴产业			—		
高新技术产业	455	751.75	23.6	73.89	33.2
装备制造业	343	517.09	17.5	42.19	9.1
战略性新兴产业	190	447.84	29.4	54.75	61.5
高端装备产业制造业	187	275.62	15.0	26.93	17.1
节能环保制造业	77	224.85	15.6	20.11	8.2
数字经济核心产业制造业	94	150.85	27.6	17.74	31.1
健康制造业	22	71.52	174.2	24.72	201.5
三、传统制造业	368	694.36	13.3	38.72	6.1

回落较大的主要为纺织、非金属矿物制品、造纸、文体用品和化工，分别回落 1.9、1.1、0.9、0.9、0.5 亿元。

三是多数企业增收盈利，百强企业效益较好。一是从总体看，439 家企业营业收入实现增长，增长面 69.6%，营收 40 亿元以上企业 1 家，30 亿元 ~40 亿元 2 家（新余杭区辖区同期无），10 亿元 ~30 亿元 11 家，亿元以上企业总计达 221 家（新余杭区辖区同期 192 家），亿元以上企业家数占比达到 35.0%。482 家企业实现盈利，盈利面 76.4%，316 家企业利润总额同比增长，87 家企业扭亏为盈或减少亏损，利润总额超过

1亿元的有19家企业，超过5000万元的共计35家，超过1000万元的共计133家。二是从百强企业看，百强企业合计营业收入678.13亿元，占规模工业营业收入总量的64.6%，增速25.0%，高出规模工业平均增速6.4个百分点。百强企业中83家营业收入实现增长，其中7家增长超过5亿元。百强企业合计利润总额69.24亿元，增长40.8%，高出规模工业平均水平14.5个百分点，合计利润总额占到规模工业总量的80.6%。百强企业盈利面96.0%，54家企业利润总额同比增长，6家企业扭亏为盈。

*四是经济质量指标改善，横向排名缺乏优势。*一是从经济质量看，2021年规模工业营收利润率8.19%，同比提高0.50个百分点；资产负债率52.51%，同比下降0.95个百分点；每百元营业收入中的生产成本78.68元，同比下降0.35元；户均利润1361.5万元/户，同比提高283.41万元/户；产成品存货周转天数20.86天，同比减少1.44天。二是从全市排名看，余杭区营业收入总量全市第七位，增速第八位，增速低于全市平均0.3个百分点；利润总额总量排第七位，增速第五位；营收利润率仅排全市第八位；出口交货值总量排第五位，增速第二位，高于全市13.4个百分点；亏损面高于全市平均2.7个百分点，亏损额增速高于全市平均55.9个百分点。

（郑刚）

表2　2021年全市规模工业主要效益指标一览表

市，区、县（市）	企业家数（家）	营业收入（亿元）	增幅（%）	出口交货值（亿元）	增幅（%）	利润总额（亿元）	增幅（%）	亏损面（%）	亏损额（亿元）	增幅（%）
杭州市	6057	19357.13	18.9	2387.04	25.6	1428.25	13.5	19.94	108.21	-14.7
上城区	88	925.79	5.4	43.65	8.3	77.83	-2.9	18.18	1.51	277.0
拱墅区	101	351.92	5.3	15.93	27.8	49.46	-0.4	16.83	0.94	58.4
西湖区	131	431.86	35.1	75.56	282.5	56.38	100.3	18.32	2.18	-42.8
滨江区	219	3095.92	18.3	459.94	23.0	319.29	2.1	21.46	19.14	42.7
萧山区	1513	3746.52	24.0	388.75	18.8	202.48	40.1	16.59	15.06	-31.4
余杭区	631	1049.56	18.6	185.40	39.0	85.91	26.3	22.66	8.36	41.2
富阳区	645	1830.87	23.4	145.23	22.0	87.13	19.9	19.69	8.31	-14.0
临安区	661	1332.18	25.1	150.15	25.7	90.77	3.6	18.91	9.15	131.8
临平区	624	1639.34	22.6	228.37	34.9	114.84	-3.2	25.00	10.75	6.5
钱塘区	616	3664.92	11.5	511.52	16.4	221.19	9.1	20.62	24.29	-50.6
桐庐县	360	515.10	19.7	93.86	31.7	44.56	48.8	21.94	4.42	19.8
建德市	379	654.56	28.7	84.78	18.9	64.74	19.6	16.89	2.37	19.3
淳安县	88	116.40	5.8	3.91	24.3	12.08	47.0	36.36	1.73	-21.2

社会消费品零售总额增速全市第一 引擎企业带动发展

——2021年余杭区消费品市场运行情况简析

2021 年以来，余杭区坚持扩大内需，积极努力营造浓厚促销氛围，数字赋能传统消费，消费升级不断加快，居民消费潜力持续释放，在高质量打造“全域、全时、多元”的消费经济发展新业态的背景下，全区消费品市场运行态势良好。

一、消费品市场基本情况

（一）增速排名稳居首位。2021 年全区实现社会消费品零售总额 676.29 亿元，同比增长 22.7%，增速分别高出全省、全市 13.0 和 11.3 个百分点，高于第二的桐庐县 7.3 个百分点。在杭州市部分行政区划优化调整后，增速连续九个月居全市首位，对杭州市社会消费品零售总额贡献率为 18.2%。从总量看，余杭区排名第五，前四位分别为拱墅区、上城区、萧山区和西湖区。

（二）增速高开低走逐月回落。全区社会消费品零售总额增速受限于上年基数逐月抬升及全年翘尾因素影响，2021 年 1—4 月增速达 38.4%，随后逐渐放缓，呈惯性回落趋势，全年增速分别较二季度和三季度下降 10.4 和 3.1 个百分点。

表1　2021年杭州市各区、县（市）社会消费品零售总额总量及增幅排名情况表

市，区、县（市）	累计（亿元）	总量排名	增速（%）	增速排名
杭州市	6743.52	—	11.4	—
拱墅区	1273.38	1	11.2	8
上城区	976.86	2	10.6	9
萧山区	813.43	3	14.4	3
西湖区	787.63	4	14.2	4
余杭区	676.29	5	22.7	1
滨江区	476.72	6	11.2	7
富阳区	417.43	7	9.2	12
临平区	349.00	8	11.8	5
钱塘区	339.50	9	9.6	11
临安区	212.68	10	11.4	6
桐庐县	158.62	11	15.4	2
建德市	126.06	12	10.5	10
淳安县	90.03	13	7.5	13

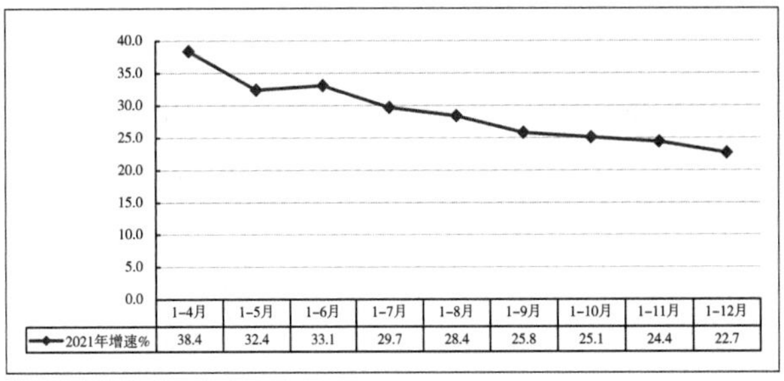

图 1　2021 年 4–12 月社会消费品零售总额累计增速趋势图

（三）限上单位运行良好。全区共有限上单位 433 家，同比净增 25 家，其中批发零售业单位 366 家，住宿餐饮业 67 家。全区限上单位共实现零售额 529.32 亿元，增长 30.2%，高于全区社会消费品零售总额增速 7.5 个百分点。其中，有 43 家单位突破亿元，共实现零售额 491.79 亿元，增长 33.2%，占限上单位零售额比重的 92.9%。按消费形态分，实现商品零售 522.08 亿元，增长 30.5%；餐饮收入 7.24 亿元，增长 13.1%。

（四）头部企业拉动明显。头部企业对社零高增长拉动作用显著。从重点零售企业看，全区零售额排名前十的企业共实现零售额 415.6 亿元，占总额的 61.5%，增长 35.3%，高于全区社会消费品零售总额增速 12.6 个百分点。前十家企业中同比实现正增长的有 7 家，其中杭州昊超电子商务有限公司、浙江天猫供应链管理有限公司、浙江森马电子商务有限公司、杭州盒马网络科技有限公司四家单位拉动全区社零额增长 22.2 个百分点。

二、消费品市场运行特点

（一）纳统商品升多降少。全区纳入统计的二十类商品中有十七类实现正增长，吃穿用民生类商品实现零售额 307.75 亿元，增长 30.0%。基本生活类商品增长稳健，饮料类、日用品类、服装类、粮油食品类分别增长 58.8%、43.9%、20.8% 和 24.9%。部分升级类商品增速加快，体育娱乐用品类增长 297.8%、化妆品类增长 116.7%。智能电子产品需求扩大，可穿戴智能设备、计算机及其配套产品、智能手机零售额分别增长 148.6%、31.9% 和 378%。

（二）汽车销售喜忧参半。疫情影响导致车用芯片普遍供货不足，进而影响汽车类商品消费行情。2021 年全区实现汽车类商品零售额 92.12 亿元，占限上社会消费品零售总额比重 17.4%，同比下降 10.2%。另一方面，相较于燃油车市场，新能源汽车销售旺盛，挤占传统汽车消费市场，限上汽车销售企业实现新能源汽车零售额 7.06 亿元，增长 243.2%，占限额以上汽车零售比重由上年的 2% 提高到了 7.7%。

（三）石油销售量价齐升。2021 年石油行业进入上行通道，油价在年内历经多轮上涨。以余杭区某加油站 92 号汽油为例，12 月底价格较去年同期增长 20.5%。在量价齐升的拉动下，全年余杭区限上 15 家成品油销售企业共实现石油及制品类零售额 13.86 亿元，增长 36.1%。

（四）住宿餐饮增长放缓。今年疫情多点散发，对我区住宿餐饮企业影响较为明显，全年全区限上住宿业实现零售额 1.21 亿元，增长 4.5%；餐饮业实现零售额 6.05 亿元，增长 15%。住宿餐饮业零售额增速明显放缓，较上半年分别回落 58.9 和 29.9 个百分点，较前三季度分别回落 19.2 和 12.8 个百分点。疫情之下，住餐行业不断探索新的发展方式，餐饮业线上销售有所增长，全年通过互联网实现餐费收入 0.79 亿元，增长 5.1%。

（五）网络消费持续释放。后疫情时代电商产业迅速发展，新业态新模式应运而生。随着京东“6·18”大促、天猫 99 划算节、双十一促销这些大型营销活动的推出，天猫超市、天猫国际直营业务销量增长迅猛，全年限上单位通过公共网络实现零售额 396.7 亿元，增长 40.7%，占限上单位零售额比重达 74.9%。

（曹逸凌）

编辑：范雅君

索　引

Index

说明：

一、本索引采用分析索引法，按索引条目第一字汉语拼音（同音字按声调）顺序排列，第一字相同，按第二字音序排列，依次类推。

二、标引词后的阿拉伯数字表示内容所在的页码。

三、本年鉴的“特载”“特辑”“大事记”“全区组织机构及负责人名录”“先进人物·先进集体”“附录”均未作索引。

主题索引

A

AED配置　122
AED网络布点　260
艾滋病防治　256
爱国卫生运动　261
爱心公益　110
安全生产标准化　216
安全生产监督管理　215
安全生产责任体系建设　96
安全生产综合治理三年行动　216
安置房建设　141
按月转账合作银行　273

B

白蚁防治　189
“百地千名行长进民企送服务”专项行动　224
“百年奋斗路 逐梦在余杭”　69
“百万亩”国土绿化　173
“百县千碗·余杭至味”美食征集　197
百园农业工作　171
百丈镇　298
百丈镇公益文化活动　299
百丈镇与浙江理工大学生命科学与医药学院校地党建共同体　299
百丈镇中心小学　300

办公场址搬迁 97
帮扶救助 264
保密工作 85
保密行政管理 85
保密宣传教育 85
保密制度建设 85
保险公司 205
北村遗址 246
殡葬管理服务 266
病媒生物防制 261
博爱帮困 122
不动产登记服务 145
布鲁氏菌病防治 257

C

财政 207
财产净收入 277
财政服务经济发展 206
财政管理与监督 207
财政数字化改革 206
财政资金审计 213
菜鸟智谷产业园 280
参政议政 106
残疾人按比例就业 121
残疾人保险 121
残疾人康复服务 121
残疾人权益维护 122
残疾人社会保障 121
残疾人体育 121
残疾人文化建设 121
“残疾人之家” 121
仓前街道 281
测绘管理 145
测土配方施肥 167
产前查和无创DNA 259
产业发展 62
产业社区党建试点 286
产业质效提升 95
陈莎莎 251
陈文忠 251
成人教育 230
城建档案 140
城区绿化 139
城市安全运行 142
城市安全运行CT智治平台 96
城市管理与综合执法 142
城市基层党建 70
城市基础设施建设 139
城市建设 95
城市品质升级 142
城市数字化建设 160
城市文明创建 72
城市治理痛点难点破解 143
城乡风貌整治提升 141
城乡规划 138
城乡建设 138
城乡居民收入 275
城乡社区建设 265
持续葡萄糖监测系统 185
储备粮油管理 193
“传承红色基因，争做时代新人”主题教育 274
船舶与港口防污染工作 152
“创景计划” 67，74，160
创新动力赋能激发 95
创新发展“翱翔计划” 67，210
创新载体提档升级 62
春运期间道路安全运输 149
慈善救助 265
村级集体经济 171
村社共建 195

D

DeepTech中国创新中心 302
大党建 69
大健康发展理念宣传 253
大气污染防治 146
大学生创新创业 269
“大综合一体化”行政执法改革 125，143
代表建议办理 91
代表履职能力提升 90

代表履职平台拓展　90
“党建＋信访”工作法　78
党建品牌矩阵构建　288
党史、地方志工作　79
党史学习教育　45，47，62，71
党史学习教育助力　80
党校工作　80
党校科研工作　83
党员“四联”工作　283
党员轮训示范班　83
党政机关整体智治　162
档案工作　241
档案基层治理国家级试点　241
档案宣传　241
档案征集编研　241
地方病工作　258
地理位置　56
地名管理　266
地下空间及综合管廊　140
地下文物考古及科技保护　239
地形地貌　56
地质灾害防治　145
第11个“浙江生态日”主题宣传活动　296
第14届全运会　251
第18届余杭区蜜梨生活节　298
第18届中国ECR大会　302
第19届中国焊接之桥（杭州华光）行业发展论坛　306
第20届中国茶圣节　198
第二批全国乡村治理示范村镇　171
第六届浙大校友创业大赛浙江赛区暨全球浙江大学兄弟校友会高峰论坛　304
第七次乡镇（街道）综合文化站评估定级　233
第三批全国中小学中华优秀传统文化传承学校评定　230
第五届径山禅宗祖庭文化论坛　294
第五届世界生命科技大会　119
“点亮圣地，点亮文明”主题元宵灯会　247
电动自行车综合治理　218
电力服务　158
电力行业安全管理　158
电力行业绿色转型　158
电视广播　239
电网建设　158
电信网络诈骗打击　127
电子商务　192
电子商务领域营商环境优化　193
调研阿里巴巴　224
东京奥运会参赛资格　251
东塘大桥水域航道治理　152
东西部协作结对帮扶　110
东西大道运河大桥改造工程可行性研究报告　149
东西向快速路高架主体工程　150
东西向快速通道下穿杭徽高速段项目　150
“动漫IP＋乡村旅游”模式　199
动物卫生监督　169
督查工作　77
“独特余韵·梦想之城”　233
对口帮扶　192
对外经济贸易　191

E

儿童发育监测筛查　259
儿童之家建设　264

F

发热门诊　254
法院　132
法院参与基层社会治理　133
法院数字化改革　132
法治建设　62
法治营商环境优化　132
“法治余杭”建设　134
“法治余杭”建设监督　90
法治政府建设　125
法治政府建设评议考核　127
法治政府建设推进会　131
反家暴工作　117
反邪教宣传　118
防洪排涝工程建设　175

防汛防台工作 175
防汛防台演练 136
防汛防台整体智治 96
防疫科普 254
防灾减灾救灾能力建设 97
房地产市场监管 189
房地产业 188
非商品住宅类项目监管 189
非收费国省道养护工作 151
非物质文化遗产保护 236
肥药定额制试点 167
“肥药两制”改革 167
“肥药双控”工程 167
风险管控 95
孵化器 178，181，225
“服务传承人月”活动 236
服务企业 112
服务职工 112
妇儿工委工作 117
妇女儿童家庭服务项目 116
妇幼保健 258

G

改革工作 74
干部关心关爱 99
干部监督管理 69
干部配备 69
港澳台事物 100
港航管理 151
高层次人才培养服务 269
高层住宅二次供水改造 159
高科技企业助残 61
高烯科技公司石墨烯产品 186
高质量发展 94
高中教育 229
戈登·贝尔奖 225
革命文物 239
葛巷社区 282
耕地保护 144
耕地功能恢复 175
工程建设项目审批制度改革 188
工程质量检测管理 188
工会改革 113
工会宣传 113
工会志愿者服务 113
工商联防疫抗疫 110
工商联宣传 110
工业园区有机更新 284
工资集体协商 112
工资性收入 275
公安 127
公安部目标制贩毒案 129
公安领域基层治理 128
公安系统疫情防控 127
公车管理 98
公共场所母婴设施建设 262
公共法律服务供给 134
公共服务优化供给 64
公共检测服务 219
公共停车场及充电桩 140
公共政策健康影响评价 253
公共资源交易监管 211
公积金服务网点 274
公积金管理 273
公积金卡通形象 273
公交线路 152
公路养护与管理 150
公路养护智能化管理 151
公务接待 98
公物仓 99
公益林 173
公益诉讼检察 129
供电 157
供排水 158
供排水服务 159
供排水基础设施建设 159
供排水体制改革 159
供排水专项规划方案 159
供销合作商业 195
宫殿巨型木构展示点 247
共青团杭州市余杭区委二十届三次全体（扩大）会议 115
共青团杭州市余杭区委员会 103

共同富裕领导小组　61
共同富裕示范区建设　60
共同富裕　132，294
古树名木保护　174
股份制银行　204
固定资产投资审计　213
固体废物监管　147
关爱帮教未成年人　274
关心下一代工作　274
管道燃气改造　140
光影博物馆余杭仁和广场站　305
广播电视安全播出保障机制　239
广播电视节目制作经营机构业绩审核　239
规划编制　138
规划监督　138
规划审批　138
轨道交通建设　139
国防教育　136
国家级科技企业孵化器　178
国家级专精特新“小巨人”名单　179
国家科学技术进步奖　180，306
国家现代农业产业园　171
国家智能社会治理实验基地　251
国内经济合作　191
国内招商主要活动　191
国企加村集体经济模式　200
国庆期间公交安全运输　149

H

海关　221
海关服务企业　22
“海绵城市”　140
海纳智能装备国际控股有限公司　182
韩国国际旅游展　248
杭红公益联盟余杭子联盟　122
杭嘉湖地区泥浆渣土船舶联动执法行动　151
杭州·心血管医疗科技全球创新中心总部基地　185
杭州供销农信融资担保有限公司余杭分公司　195
杭州恒丰家具有限公司　307
杭州巨岩欣成科技有限公司　251
杭州良渚新城　303
杭州良渚遗址管理区管理委员　248，249
杭州钱江经济开发区　305
杭州三叶青农业科技有限公司院士指导站　300
杭州申昊科技股份有限公司　183
杭州市绿色低碳工业园区　307
杭州市“十佳文物保护利用案例”　240
杭州市第20届运动会（青少年部）比赛　251
杭州市第九批科技特派员与入驻镇（街道）对接会　225
杭州市市级绿色学校评定　227
杭州市先进制造业和现代服务业融合发展试点名单　307
杭州市余杭区、临平区党员代表会议　66
杭州市余杭区残疾人联合会　120
杭州市余杭区妇女联合会　116
杭州市余杭区红十字会　122
杭州市余杭区科学技术协会　117
杭州市余杭区科学技术协会第九次代表大会　118
杭州市余杭区文学艺术界联合会　119
杭州市余杭区总工会　111
杭州市中小学生研学旅行市级优秀学校评定　230
杭州市综合考评　76
杭州市“最美志愿服务组织”　244
杭州“未来工厂”培育名单　179
杭州五星铝业有限公司　183
杭州亚运人文体验点　196
杭州益利素勒精线有限公司　183
杭州优稳自动化系统有限公司　306
“好人群像”　72
和谐劳动关系　112
河道综合整治项目　175
核酸检测　254
红色旅游精品线路　197
“红色智库”　83
“红十字救在身边”基层联系站点示范项目　123
红十字宣传　123
后勤管理“四减量”　98
“护航民企发展”检察开放日　131
环保服务　147
环保企业上市　186

环保制造业 186
环境保护 145
环境监测 147
环境监管执法 145
环境卫生监督 255
环境应急管理与信访处置 145
黄赌打击处理 122
黄湖镇 294
黄湖镇微融媒体中心 243
婚姻和收养登记 266
货币管理 202
获奖和参展（入选）作品 119

J

机场快线（地铁）安置房项目 283
机构编制工作 75
机构编制和人员管理信息平台 76
机构编制审批保障 76
机构调整及设立 76
机关单位招聘 269
机关事务管理 97
“机器换人” 170
基层党组织 68
基层妇女组织改革 116
基层工会组织 113
基层监督检查 104
基层农技推广体系改革与建设项目 165
基层人大工作 91
基层社会治理 130
基层体育设施建设 250
基层团组织建设 113
基层卫生 259
基层应急体制机制 96
基层政务资源配置体系 211
基层治理 124，128，241，265
疾病预防控制 255
疾控检验检测 258
计划管理 209
计划生育利益导向 262
计划生育特殊家庭“暖心行动” 263
计划生育协会基层组织 262
计量合格评定 219
纪检监察工作 104
技能人才培养 269
既有住宅加装电梯 189
寄递行业平安建设 153
寄递业务巡视整改 154
家庭农场培育 171
家庭适老化改造 263
家庭医生签约服务 260
“家政一键通” 154
价费改革 209
价格服务 210
价格管理 209
监督履职 89
减税降费 207
减污降碳工作 65
检察 129
“检爱同行，共护未来” 131
检察工作服务 130
建设工程招投标管理 188
建设工程质量与安全 187
建议提案办理 95
建置沿革 58
建筑工地标准化建设 188
建筑工地起重机械安全监管 188
建筑工业化 188
建筑企业资质管理 187
建筑市场定期巡查 187
建筑市场规范管理 187
建筑业 187
建筑业行政处罚 187
健康教育及控烟 256
健康细胞工程 253
健康余杭 253
“健康真周到”应用建设 162
健康制造业 184
交通管理 128
交通建设 149
交通配套设施建设 152
交通区位 60
交通通信、教育文化娱乐支出 278
交通银行股份有限公司杭州余杭支行 204

交通运输 149
“交邮快农商融合发展”项目 153
教师队伍建设 231
教育部重点推荐项目评定 230
教育对口帮扶 231
教育高质量发展奋进大会 227
教育高质量发展奋进计划 68
教育网升级 154
节约集约用地 144
结对帮扶云签约 74
进出口货物查验 222
金融生态维护 201
金融数字赋能 201
金融消费权益保护 202
金融业“良渚文化传承示范基地” 249
金孝轩 251
“金钰良源” 249
经济案件打击处理 128
经济建设 61
“经济体”建设 282
经济体制改革 208
经济责任审计 213
经济责任审计规范创新 213
经济总量 61
经营净收入 276
精品民宿项目 200
精神卫生 258
警企共建 128
径山茶品牌 168
径山寺复建工程 274
径山镇“3×N”共富行动试点 60
径山镇 292
竞技体育 251
靓城行动“1466”计划 68
靓城行动项目 138
境外投资与服务外包 191
“九谷同心荟” 74
九三学社余杭区基层委员会 108
救护培训 122
就业村（社区）建设 270
就业数字化改革 270
居家养老服务 263
居民健康素养监测 256
居民生活 275
居住支出 277
卷烟打假 194
决议决定 86
军休服务 268

K

开发区（平台）运行体制 76
开明·同心服务基地 73
科创金融 201
科技成果 225
“科技创新鼎” 48，225
科技创新项目 223
科技管理 224
科技企业孵化器 178
科普阵地 117
科普知识进企业 118
垦造耕地后续管护 167
跨境电商产业集群 192
跨省通办专窗 273
快乐假日学校 274
矿政管理 145
困境儿童 264
困境儿童关爱队伍 264
困难职工帮扶 111

L

劳动保障 270
劳动争议调处 270
劳模工作 112
劳务扶贫 270
老干部服务管理 84
老干部工作 84
老干部思想政治工作 84
老干部支部规范化建设 84
老旧小区综合改造提升 139
老龄工作 272

老龄品牌创评　272
老年健康服务体系建设　273
老年人健康体检　260
老年人智能手机科普专项行动　118
冷链物防监管　221
理论调研写作　234
理论制度成果　182
历代名人　59
历史文化　58
利用外资　191
联东U谷产业园　179
练兵备战　136
“良良的世界”系列绘本　245
良企俱乐部　303
《良渚》项目　244
良渚古城南城墙遗址剖面　245
良渚古城遗址公园西门　246
良渚街道“最多跑一次”改革　288
良渚街道　286
良渚街道区域规划　287
良渚老集镇更新改造　288
良渚生命科技小镇创新攻坚大会暨“良企陪跑计划”发布仪式　224
良渚市民客厅　288
良渚司法所　289
良渚同心荟　288
良渚文创　249
良渚文创箱包　249
良渚文化村社区　288
良渚文化文创产业　249
良渚文化宣传与推广　247
良渚文化志愿者总队　244
良渚文化主题展　248
良渚文明线上主题展　247
良渚遗址保护与研究　244
《良渚》　247
《良渚遗址和鲤鱼山、老虎岭水坝遗址保护总体规划》　245
良渚遗址文物安全巡查网格智治模块　245
良渚元素　248，249
良渚中央商务核心区提升工程　304
良渚主题系列文化交流活动　248
粮食订单与收购　193
粮食流通　193
粮食流通监管　193
粮食企业安全生产管理　193
两个“三品一标”融合发展　165
“两新”党建　70
烈士褒扬　268
林业　173
林业项目建设　173
林业有害生物防治　174
“零犯罪学校”　274
领军型创新创业团队服务　225
领头雁系列培训班暨村（社区）书记党史学习教育示范班　83
流浪乞讨人员救助　267
龙坞水源保护项目受益者付费模式　295
鸬鸟山花节暨鸬鸟户外季　198
鸬鸟镇　296
禄丰恐龙　184
旅游规划　197
旅游开发建设　199
旅游数字化　199
旅游宣传推广　198
旅游业“微改造、精提升”行动　197
绿色防控技术示范推广　168

M

美丽城镇建设　139，281
美丽家园建设　116
美丽乡村建设　164
美丽洲大讲堂　80
“梦想书会”系列读书会　238
梦想小镇建设　301
免疫规划管理和预防接种服务　256
民兵整组　136
民间信仰场所“控量提质”工作　274
民商事纠纷化解　133
民生保障支出水平提升　206
民生工作监督　89
民生审计　213
民生实事工程　142

民事检察工作　129
民事诉讼程序改革　133
民营企业和小微企业金融服务　201
民政事务　263
民主党派　106
民主党派换届　73
民族与宗教事务　274
名胜古迹　59
母婴安全保障　259

N

内部审计　214
南方泵业股份有限公司　182
“你创@我投”医疗健康创新创业大赛　224
年轻干部全周期培育　69
农产品检测　165
农产品销售　195
农村产权网拍交易　172
农村基层党建　70
农村金融体制改革　171
农村经营管理　172
农村人居环境整治提升行动　166
农村土地制度改革　173
农村污水改造　159
农村物流　149
农村宅基地管理　171
农机购置补贴　170
农机监理　170
农机免费实地检验　170
农机作业环节补贴　170
农林资产经营　174
农民培训视频　166
农民素质教育培训　165
农田氮磷生态拦截渠道　168
农田建设任务　167
农文旅融合示范创建行动　166
农业产业化经营　170
农业机械　170
农业科技项目　165
农业农村电商　166
农业企业　172
农业全产业链和孵化创业　172
农业生产服务　193
农资供应　195
女性创业创新工作　116
女性人才工作　116
女子取快递被造谣出轨案　131
疟疾防治　257

P

品字标浙江制造工业产品及其企业　181
“平安BOX”　285
平安创建　125，274
“平安家庭”　116
平安中国建设示范县　48
瓶窑镇　291
瓶窑镇紫塍路（前程路—蒿山路）道路工程　150

Q

其他用品和服务支出　277
企业经营能力　110
企业理想信念教育　109
企业联动服务　221
企业上市　210
企业上市氛围　210
企业上市工作机制　210
气候特征　56
汽车图书馆流动服务　237
器官遗体捐献　123
钱江经济开发区人才公寓　306
钱江经济开发区智能制造创新中心　306
侨联“群团集市”　100
侨务工作　105
“亲清”政商关系　109
青春健康教育　256
青年就业创业服务　114
青年商会工作　115

青少年党史学习教育 114
青少年校园足球特色学校评定 229
“清朗网络”智治系统 71
清廉建设 105
清廉乡村建设 172
清露拆棚行动 261
区“两会”宣传报道 243
区第十六届人大常委会会议 88
区工商联（总商会） 109
区工商联（总商会）第十二次会员代表大会 109
区供销联社第七次代表大会 195
区管副职“护航计划”培训班 83
区管干部学习贯彻党的十九届五中全会精神集中轮训 82
区管领导干部党史专题培训班 83
区划及人口 59
区级机关疫情防控 99
区级传统工艺工作站 236
区级应用场景建设协调 162
区级政府投资项目 209
区级综合考评体系 76
区旅游专班 197
区侨联换届 100
区人武部 136
区十六届人大一次会议 87
区委“学习贯彻党的十九届六中全会精神”专题学习会 67
区委检察工作会议 131
区委社会建设委员会 61
区委十五届二次全体（扩大）会议 67
区委巡察 105
区文广旅体局被评为全国文化和旅游系统先进集体 196
区镇两级换届 69
区政府常务会议 92
区政府筹备组会议 93
区政府全体（扩大）会议 94
区政府主要工作 94
区政协常务委员会会议 102
区政协十二届一次会议 101
全国高校巡展 248
全国农业社会化服务创新试点单位 171
全国农业综合行政执法示范窗口 166
全国县域农业农村信息化发展水平评价工作先进县 167
全国乡村旅游重点村 197
全国巡察试点工作 105
全国“一村一品”示范村镇 298
全民4K普及活动 154
全民终身学习活动周 230
全区党史学习教育动员部署会 66
全区教育系统庆祝中国共产党成立100周年系列活动 227
全省首家全流程在线共享法庭 303
全省首批“满意图书馆” 237
全省县（市、区）融媒排行榜20强 243
全省新闻协作特等奖 242
全域美丽 130
“全域数字法院” 134
群众体育 250
群众文化 234

R

燃气行业管理 140
人才编制保障 76
人才队伍与医学科研 260
人才服务 71
人才人事 268
人才招引 70
人大工作数字化改革 91
人大信息工作 91
人防建设 137
人工智能产业产学研直播培训会 225
人工智能小镇 280
人工智能与慢病管理发展高峰论坛 224
人口 59
人口监测与家庭发展 262
人民防空 137
人物同防 241
仁和街道“同心守安”红色联盟 290
仁和街道 289
仁和街道慈善分会 290
融媒体 242

“入学早知道”应用场景　227

S

“三不”机制　104
“三改一拆”（城中村改造）专项行动　139
三孩政策落实　262
“三级联动”服务体系　211
三级矛调中心　124
三级志愿服务阵地　123
“三农”人才工作　165
“三资”专项整治　172
扫黑除恶　127
“扫黄打非”进基层　64
森林防火灭火　97
森林火灾　174
森林资源　173
山海协作　192
商会建设　109
商贸管理　190
商贸领域数字化改革　190
商品市场规范化　219
商事登记全流程智能化办理审批系统　208
上跨宣杭老线工程　150
苕溪话共富主题行动暨第四届浙艺金鹄电影节启动仪式　292
少先队工作　115
社保　271
社保业务　271
社会保障　271
社会工作人才队伍　265
社会化运营管理项目　234
社会建设　64
社会培训　83
社会评价工作　77
社会评价意见　77
社会普法　134
社会事业　95
社会稳定维护　124
社会治理　64，124，130
社会组织　265
社区高血压、糖尿病随访管理　257
涉水违法建筑　176
审计　213
“审计红盟”品牌　214
审计整改成果　213
生活用品及服务支出　278
“生命髓缘”造血干细胞应用场景　123
生态环境保护督察　145
生态环境行政审批　147
生态环境宣传教育　147
生态环境状况　145
生态建设　95
生态廊道建设　173
生态文明建设　65
生态文明建设成果　65
生态文明建设目标责任制　65
生态文明制度体系建设　65
生物医药产业　219
生物医药企业　185
生育关怀行动　262
生猪产业　175
声乐创作　235
省级双创示范基地　305
省、市文化和旅游IP　196
省A级景区镇　197
省A级以上景区村庄　197
省工业旅游示范基地　197
省级示范慈善分会　290
省级“数字红会”试点单位　122
省级文化强镇　233
省级文化示范村　233
省级应用　162
省集体经济数字系统　172
省企业码应用镇（街道）级试点　286
省四星级小微企业园区　175
省网慢性病　257
省文化和旅游系统宣传员培训班　199
省现代化学校　227
省义务教育标准化学校　227
食品安全风险　258
食品安全监管　220
食品烟酒支出　277
食盐网络配送　194

“食药环知”领域打处 128
史志正本编研 80
市场监督管理 217
市场监管数字化改革 220
市场体系建设 190
市场主体发展 220
市级“菜篮子”基地（蔬菜类）建设项目 168
市中职师生职业能力大赛 230
事业单位法人登记管理 75
事中事后监管 221
视察调研 102
视觉艺术创作 235
首部良渚主题日历 249
首届全国大学生乡村振兴创意大赛暨第四届浙江省大学生乡村振兴创意大赛 296
首批浙江省公共文化服务现代化先行区培育名单 233
首席数据官制度 161
受污染耕地安全利用 167
“书香校园·伴我成长”主题展览 238
数智大市场 220
数智治理系统 163
数字电视 154
数字电视疫情防控 154
数字法治系统 163
数字赋能 125，201
数字改革创新 142
数字化改革成果 75
数字化改革工作机制 74
数字化改革体系 160
数字化改革专题培训班 83
数字检察 130
数字经济产业 184
数字经济人力资源服务产业园 269
数字经济系统 162
数字孪生底座 161
数字社会系统 163
数字社会系统应用成果 163
“数字审计”模式应用 214
数字政府门户 161
数字政府系统 162
双枪科技股份有限公司 300
“双随机、一公开” 221，254
双拥共建 136
“双证制”教育学员 230
水利 175
水产健康养殖示范场 169
水产业 169
水肥一体化技术 167
水利工程 176
水利审批 176
水利信息化 176
水利宣传和水情教育 176
水文监测预报预警 176
水污染防治 146
水务精细化管理 159
水雨汛情 175
水质卫生监测 258
水资源保护 175
税务 207
税收征管改革 207
税务领域营商环境优化 207
税小余云服务 209
司法系统平安建设 135
司法行政 134
司法行政数字化改革 135
“四好农村路”全国示范县 151
“四无”粮仓陈列馆 194
诉求渠道 79

T

台湾青年设计团队 100
淘宝小镇（中国杭州）电子商务线上产业园 302
特大荐股诈骗案 129
特大网络组织领导传销案 129
特大销售假冒注册商标汽配案 129
特种设备安全监管 218
提案办理 102
体育产业 251
体育活动 250
田畈儿牌孝顺米 168
通信 155

同心抗疫 73
“同心守安”红色联盟 215，290
“同心童梦，致敬百年”主题活动 300
“同心筑梦跟党走”主题活动 73
统计“最多报一次”试点改革 215
统计法治 214
统计分析 214
统计服务 214
统计管理 214
统计基层 215
统计监督 214
统计数字员工 215
统计信用建设 215
统一战线工作 72
统战工作专题培训 73
投资项目服务 212
图书馆 237
土地市场管理 144
土地征收 145
土壤环境监管 146
团干部队伍 113
退休业务“家门口办理”试点 290
退役军人服务 267
退役军人工作体系 267
退役军人就业创业 268
退役军人权益保障 267
退役军人事务 267
退役军人移交安置 268
退役军人志愿服务 268
托幼机构保健管理 259

V

VEF-1锂电扩管器 182

W

外国专家 225
外汇管理服务 202
外来务工人员 198
外卖业党建 219
外贸出口 191
外贸公共服务 191
外媒采访团 248
外事工作 99
外事会议及活动 99
《万里走单骑——遗产里的中国》 247
万劢德数字产业园项目 304
网络生态空间治理 130
网络市场监管 217
网上工会 112
网上共青团 115
危险化学品专项整治 216
微融媒矩阵建设 71
为老服务 272
违法用地整治 144
维修驾培行业 149
卫生健康监督执法 254
卫生健康领域行政审批 255
卫生健康系统科研立项 261
卫生镇（街道）创建复审 261
未成年人保护 115
未成年人检察工作 130
“未来大厅” 218
未来科技城企业 180
未来科技城省级研发中心新增数 301
“未来科学家”进学校科普活动 118
未来社区建设 141，286
未来乡村2.0“民生议事堂”活动 296
未来乡村建设 295
文博单位安全管理 240
文二西路至凤新路段 150
“文化赋能”大会 284
文化活动 103
“文化基因”解码工程 233
文化建设 63
文化市场“护校安园”专项行动 237
文化市场管理 236
文化养老 85，272
文旅市场防疫和安全专项检查 236
文物保护 239
文物保护和民生实事项目 239

文物保护政策机制 240
文学创作 235
文艺创作 234
文艺赛事 120
文艺题材作品扶持 120
文艺展览 120
文艺志愿活动 120
《我们圆桌会》 199
“我在中华文明圣地学党史”主题展 248
污染减排 147
“污水零直排区” 159
无障碍建设 121
无证行医打击 255
五常街道 285
五常街道数字治理 286
五常街道未来社区 286
“五水共治”专项行动 139
舞蹈创作 235
物业行业管理 189

X

西部富美“1355”行动 68，164
“西部富美”行动举措 60
戏剧曲艺创作 235
系统顶层设计 162
先哲——章太炎先生生平展 241
闲林埠老街 200
闲林街道 281
闲林街道首个数字化垃圾收集点 281
县道大中修 151
县道危桥改造工程 151
“县乡一体、条抓块统”改革 75
线上线下招聘平台 270
乡村博物馆 239
“乡村振兴·共同富裕”第二届慢生活节 200
乡村振兴 174，296
“相约”“美丽洲”系列文化活动 234
“相约你我他·文化进万家”万册图书下基层活动 238
项目与服务组织建设 170
消除艾滋、梅毒、乙肝母婴传播试点项目 259
消毒产品与餐饮具集中消毒企业监管 255
消防管理 141
消费促进工作 190
消费举报投诉“一件事”改革 218
小包装盐及高端精品盐 194
小额公共资源交易智慧监管体系 212
小微企业安全生产综合整治 217
小微水体治理 246
效能监督综合考评工作 76
协商平台建设 101
协商议政 103
谢欣 251
新春系列文化活动 234
新冠疫苗接种 253
新冠疫情防控 253
新建社区揭牌 280
新阶层人士培养 73
新联会换届 74
新联会交流调研 74
新生儿疾病筛查 259
“新时代创客说”宣讲 71
新时代乡村振兴综合集成改革 171
新型农机设备 170
新一届村（社区）党组织书记培训班 82
新英网络年会 73
信贷投放 201
信访代办 79
信访工作 78
信访工作责任 79
信访积案 79
刑事犯罪惩治 132
刑事检察工作 129
行政服务 211
行政复议 126
行政规范性文件 126
行政机关合同 126
行政检察工作 129
行政区划 59
行政区划调整 62
行政区划优化调整机构设置 75
行政区划优化调整 94
行政应诉 127

行政争议化解　127，133
行政执法规范　126
行政执法监督　126
行政执法体系　143
休闲观光农业（农家乐）　172
畜牧生产数字化　169
畜牧业　169
畜禽养殖兽用抗菌药减量化和饲料环保化行动　169
宣传思想工作　71
学军小学　300
学前教育　227
学前教育宣传月活动　227
“学习强国”优秀作品月赛　242
学校卫生监测　257
巡察　105
汛期道路养护安全巡查　151

Y

“Yoohoo”绿计划　153
亚运城市建设　141
烟草行政许可　194
烟草专卖　194
烟草专卖终端　194
盐业　194
延安革命纪念地管理局　248
养老队伍　264
养老服务设施　263
养老资金　264
窑山宴　292
瑶山遗址公园　247
野生动物保护　174
一窗通办　128
“一键借阅”平台　237
一体化智能化公共数据平台　161
“一网一心一脑”项目　161
“一证一码”监管模式　164
衣着、医疗保健支出　278
医保“两定”机构　271
医保基金　271
医保系统疫情防控　272
医保信息业务编码　272
医保药品、耗材带量采购　272
医疗保障　271
医疗服务　260
医疗服务价格改革　272
医疗服务监督　255
医疗人才培养　261
移民安置　266
遗址公园建设与运营　246
义务教育　228
疫情防控科普宣传　118
疫情期间食盐供应　194
益民农业生产服务专业合作社　170，290
因病致贫返贫专项治理　271
“银领护杭”活动　85
银行和保险业监管　282
应急管理　96
应急救援　122
应急救援保障体系　96
迎亚运活动　100
“迎亚运盛会 融多彩非遗”中国传统工艺展　236
拥军优抚　267
“永远的丰碑·光辉的历程”百篇优秀作品征集　237
“泳池‘一件事’”创景方案　251
用地保障　144
优生检查　259
邮政　153
邮政行业转型发展　153
邮政业务　154
余杭被评为省农村文化礼堂建设示范区　63
《余杭辞典》　72
《余杭高质量发展建设共同富裕示范先行区实施方案（2021—2025年）》　61
“余杭工匠”　112
余杭街道　279
余杭科技产品　184
余杭蜜梨科技小院　118
《余杭年鉴（2021）》　80
余杭企业3D扫描打印技术　184
余杭区“全国科普日”科普宣传周　117

余杭区创新发展大会宣传报道 242
余杭区单季晚稻亩产 168
余杭区第16个“非遗保护月” 236，292
余杭区第51届中小学生田径运动会 229
余杭区第十三次妇女代表大会 117
余杭区国民经济和社会发展第十四个五年规划和二〇三五年远景目标的建议 67
余杭区贸促会工作 191
“余杭区美丽乡村与美丽经济共建共享”实践试点 60
余杭区少先队工作委员会十届二次全体（扩大）会议 115
余杭区社会矛盾纠纷调处化解中心良渚分中心 288
余杭区首个省级制造业创新中心电磁兼容检测实验室 182
余杭区首批综合供能站竣工 152
余杭区数字政协系统 102
余杭区水上应急搜救中心第一艘搜救艇 151
余杭区外语外事人才库交流活动 100
余杭区文物局 240
余杭区委、区纪委揭牌 67
余杭区小微企业园联合会 180
余杭区义务教育段特殊儿童就学情况调研活动 275
余杭区自然灾害综合风险普查 97
余杭数字化改革企业联盟 161
《余杭微村（社区）志》（第一辑） 80
“余杭一码通”应用建设 161
“余悦警心”暖警工程 128
余阅公共阅读空间 238
“余韵非遗·梦想live季”系列活动 236
渔业生产设施项目 169
渔业资源增殖放流 169
禹见未来——杭州未来科技城孵化载体行业交流会 224
“禹上田园” 172
“禹雁先锋”行动 70
预防青少年违法犯罪 115
院感防控 254
院感消毒监测 258
院前急救 260
院士之家 117
“院士专家余杭行” 117
“阅读悦享——你点书·我买单”惠民活动 238
“阅读照亮童心·书香溢满校园”阅读讲座进校园 238
运溪高架路 48，150
“韵味杭州·游礼相伴”伴手礼创意设计大赛 199

Z

造血干细胞捐献 123
渣土码头双挖机备案 152
章太炎嫡孙章念驰文物捐赠仪式 241
獐山港绿道 306
浙江港澳青年人才服务中心 280
浙江杭州未来科技城（海创园） 301
浙江杭州余杭农村商业银行股份有限公司 204
浙江省第五批特色小镇 280
浙江省非遗保护发展指数 236
浙江省“枫桥式”司法所 289
浙江省广播电视新闻奖新媒体奖 242
浙江省教坛新秀 231
浙江省融合传播新闻协作榜 243
浙江省首单知识产权证券化产品 209
“浙江省四星级旅游购物场所” 197
浙江省小微企业园 179，181
浙江省智慧医疗创新中心 302
浙江省智能工厂（数字化车间） 184
浙江文化和旅游总评榜 198
“浙江外卖在线”推广 218
“浙江制造”标准制（修）订企业 182
“浙里好玩·尽享余杭48小时”专题活动 198
“浙里拍”手机智能证件照拍摄系统 208
《振兴路上》 199
镇（街道）分馆专职图书管理员派驻 238
镇（街道）合法性审查 125
镇（街道）投资项目 209
征兵工作 136
征迁清零 141
政策跟踪审计 213

政策性农业保险“扩面提标增品” 170
政策性银行和国有商业银行 203
政法队伍 125
政法委及综治 124
政法信访系统干部培训班 82
政府改革 95
政府门户网站 161
政府投资信息化项目管理 161
政府质量奖 217
政务服务“一码通办” 212
政协筹备工作 102
政协统战工作 103
政治建设 62
政治协商 106
政治巡察 104
之江实验室先进计算机研究中心 301
之江实验室研究成果 225
知识产权保护 219
知识产权质押登记线上办理 202
执法监督 125
执行难题 133
直播电商产业 193
职工技能竞赛 111
职工建功立业工程 111
职工素质提升工程 111
职工文化阵地 112
职工医疗互助 112
职业卫生 255，257
植保社会化服务 162
植树造林 173
志愿服务 115，244
质量提升行动 217
智汇科创讲堂 118
智荟动力公园 307
“智慧慈善”试点 61，265
智慧后勤 98
智慧健康应用 253
智慧景区二期建设 246
智慧农机建设 170
智慧停车项目 152
智慧养护信息化管理系统 150
中共杭州市余杭区第十五次代表大会宣传报道 243
中共西镇区委旧址 290
中国（良渚）绿色设计助力碳中和高峰论坛 185
中国（浙江）人工智能产业知识产权运营中心 200
中国电信股份有限公司杭州余杭区分公司 155
中国工商银行股份有限公司杭州余杭支行 203
中国共产党成立100周年 66，69，71，80，127，154，227，234，237
中国共产党杭州市余杭区第十五次代表大会 66
中国国民党革命委员会余杭区基层委员会 106
中国建设银行股份有限公司杭州余杭支行 203
《中国考古大会》 248
中国联合网络通信有限公司余杭区分公司 156
中国美术学院良渚校区 304
中国民间文化艺术（茶文化）之乡 236
中国民主促进会余杭区基层委员会 107
中国民主建国会余杭区基层委员会 107
中国民主同盟余杭区基层委员会 106
中国农工民主党余杭区基层委员会 108
中国农业发展银行杭州市余杭支行 203
中国农业银行股份有限公司杭州余杭支行 203
中国人民财产保险股份有限公司杭州市余杭支公司 205
中国人民银行余杭支行 201
中国太平洋财产保险股份有限公司杭州市余杭支公司 205
中国移动通信集团浙江有限公司余杭分公司 155
中国银行股份有限公司杭州余杭支行 203
中国致公党余杭区基层委员会 108
中泰街道 283
中小学生艺术节 228
中信银行股份有限公司杭州余杭支行 204
中医药事业发展 252
种植业 167
种质资源普查和保护 169
种子产业 175
重大动物疫病防控 169
重大行政决策规范化建设 126
重点传染病 255
重点改革任务 75
重点企业走访 212
重点群体帮扶 270

重点项目服务保障 69
重点应用场景 163
重温中共中央总书记习近平关于良渚遗址重要批示精神理论研讨会 245
重要会议 66，87，92，101
重要决策和活动 67
主动接受监督 134
主题文艺创作 120
主旋律文艺精品 63
主要工作 89，102
主要气候事件 57
住房和城乡建设系统“最多跑一次”改革 140
住宅小区“小区长”制 283
助餐服务 263
转移净收入 277
装备制造业 182
紫荆村创建“中国竹笛第一村”项目 284
自然地理 56
自然生态保护 65
自然资源 56
自然资源管理 144
宗教场所平安创建 274
综合执法 221
走亲连心“四必访”活动 116
“走向辉煌”余杭区庆祝中国共产党成立100周年系列活动 234
组织部机关建设 71
组织财政收入 206
组织工作 68
“最美径山人”颁奖典礼暨径山镇第四届群众文化艺术节 294
“最美系列”评选 113
作风效能建设 104

0—9

3岁以下婴幼照护 258
5G基站 141，155
12个新园（区） 227
24小时自助图书馆 237
30秒入住、20秒入园场景应用 199
104国道至涉铁段 150
2020年度创新指数 225
2020年度中国产业区块链核心聚集区 184
2020年浙江省节水型企业 179
2021“创客中国”双创大赛杭州赛区新能源和新材料专场 186
2021高性能复合材料国际论坛——余杭论坛 185
2021杭州市海外高层次人才创新创业大赛外国人专场决赛 302
2021杭州市文创新势力评选活动总决赛 298
2021杭州市毅行大会（余杭站） 251
2021良渚古城风筝文化节 246
2021年度浙江省首台（套）产品工程化攻关重点项目 179，183
2021年杭州百丈杜鹃花节 198
2021年杭州市国际盲人节主题活动暨余杭区百丈心路之旅推介会 300
2021年联合国中文日 248
2021年全省数字经济“五新”优秀案例 184
2021年余杭区“活力机关·共迎亚运”机关文体活动 250
2021年余杭区小学生“三棋”比赛 229
2021年余杭区中小学生乒乓球比赛 229
2021年余杭区中学生篮球比赛 229
2021年浙江省体育产业领军人物（个人） 251
2021年浙江省现代化成校 230
2021年中国国际服务贸易交易会 248
2021年中国体育彩票第四届体育产业领军人物（个人） 251
2021全球区块链企业创新50强 184
2021全球人工智能技术大会 301
2021世界生命科技大会 304
2021浙江科技成果竞价（拍卖）会中电海康集团余杭区专场活动 224
2021中国（杭州）数字健康大会 302

表格索引

表1　2021年余杭各镇（街道）气象要素实况一览表　57
表2　党员年龄、文化结构一览表　69
表3　2021年主体班一览表　81，82
表4　美丽洲大讲堂（含机关干部大讲堂）一览表　82
表5　2021年获“品字标浙江制造”认证工业产品及其企业一览表　181
表6　“浙江制造”标准制（修）订企业一览表　181
表7　2021年余杭区城乡居民收入与省、市周边四区三县（市）横向比较一览表　276
表8　2021年余杭区城乡居民四大类收入及增长情况表　277
表9　2021年余杭居民消费支出增长情况表　278